주역전해(상)

《周易全解(修订本)》金景芳、吕绍纲 著
韩文版由上海世纪出版股份有限公司古籍出版社授权出版。

주역전해(상)

초판 1쇄 발행일 2013년 12월 31일

지 은 이 | 김경방 · 여소강
옮 긴 이 | 안유경
발 행 인 | 최원필
편 집 | 이찬희
발 행 처 | 심산출판사
주 소 | 서울시 은평구 불광동 219-7 예은 101호
전 화 | 02-357-0633
팩시밀리 | 02-357-0631
E-mail | simsan@korea.com
등록번호 | 제1-2114호(1996년 11월 28일)

ISBN 978-89-94844-31-2 93150

＊책값은 뒤표지에 표시되어 있습니다.

주역전해(상)

周易全解 上

김경방 · 여소강 지음
—
안유경 역주

심산

주역전해(상) **차례**

주역 상경周易 上經

주역 하경周易 下經

주역 하경周易 下經

■ 수정판 서문

스승이신 김경방金景芳(1902~2001) 선생은 2001년 5월에 세상을 떠나셨다. 임종하실 때에 나의 손을 꼭 잡고서 "이 책은 꼭 수정되어야 한다"라고 말씀하시면서 『주역전해』를 수정해 달라고 부탁하셨다. 실제로 나 역시 일찍부터 이 책이 수정되어야 한다는 사실에 공감하고 있었다. 1989년에 『주역전해』가 출판된 이후로 15년간 역학은 급속도로 발전하였고 새로운 성과가 연이어 발표되었으며, 청년青年·간백簡帛·역사易辭라는 세 분야의 연구 성과는 더욱 사람들을 놀라게 하였다. 『주역전해』가 제때 수정되지 못하면 시대의 조류에 부응하는 정신에 위배된다. 시대의 조류에 부응하는 것이 『주역』의 참된 정신이기 때문이다.

당시 김경방 선생이 나와 공동으로 이 책을 저술할 때는 둘이 힘을 합쳐서 10개월에 끝낼 수 있었으나, 지금 수정하는 이 책은 건강상의 문제로 2년의 시간을 들이고서야 간신히 완성하였다.

재판 『주역전해』가 마침내 독자 앞에 모습을 드러냈다. 재판 『주역전해』는 이전 『주역전해』와는 어떤 변화가 있는가? 여기에서 나는 네 가지의 문제로 요약하여 독자의 물음에 대답하고자 한다.

첫째, 김경방 선생의 유저遺著가 재판 『주역전해』의 골간을 이루었다는 것이다. 스승이신 김경방 선생은 돌아가시기 3년 전에 두 박사생의 도움으로 독자적으로 역학의 새로운 저서인 『주역계사전신편상해周易繫辭傳新

編詳解』[1]를 완성하였다. 이 책은 선생이 평생 『역』을 연구하고 체득한 것이다. 「계사전」과 「설괘전」은 『주역』에서 연구하기가 어렵다고 공인하는 중요한 부분이다. 김경방 선생은 『수역』의 베일을 벗기고 『주역』이 변증법 이론으로 쓰인 책이라는 사실을 지적하였다. 이것은 실제로 중국의 은주殷周 시기에 이미 변증법이 있었다고 말이다. 김경방 선생은 또한 「설괘전」의 비밀을 읽어 냈으며, 「설괘전」이 공자가 『역경』의 전傳을 지을 때 의식적으로 보존해 오던 『연산連山』과 『귀장歸藏』[2] 두 역의 유설遺說임을 알아냈다. 『연산』과 『귀장』 두 역의 유설이 「설괘전」 속에 있다. 다시 말하면, 「설괘전」에는 『주역』을 말하는 외에도 『연산』과 『귀장』의 내용이 들어 있다는 것이다. 두 역과 『주역』에는 근본적인 차이가 있으며, 『주역』으로만 「설괘전」을 읽으면 글의 내용이 분명하지 않다. 김경방 선생의 이 관점은 새롭고 분석적이며 글이 매우 정련하였다. 나는 선생의 책을 가지고 와서 곧바로 『주역전해』에 삽입하고 이전에 해설한 「계사전」과 「설괘전」의 옛글을 빼 버렸다. 이렇게 하는 것이 내가 해야 할 일이기도 하지만 독자들도 반드시 찬성할 것으로 생각한다.

둘째, 요명춘廖明春(1956~)[3]의 성과를 받아들였다는 것이다. 요명춘은 오늘날 저명한 청년 역학자이다. 당시 그가 길림대학에서 김경방 선생을 따라 박사 과정을 공부할 적에 나의 수업을 들었는데, 이러한 관계로 요명춘은 줄곧 나를 스승이라 불렀다. 나를 스승으로 대하는 일은 과분한 것이었으니, 도덕과 문장을 보더라도 요명춘은 나와 비교가 되지 않았기 때문이다. 이제 10년이 지났지만 나는 '나중에 발탁된 사람이 윗자리에

1) 金景芳, 『周易繫辭傳新編詳解』, 遼海出版社, 1998.
2) 『周禮』, 「春官・大卜」. "掌三易之法, 一曰連山, 二曰歸藏, 三曰周易." 참조.
3) 요명춘(廖明春, 1956~): 현재 청화(淸華)대학 역사학과 교수. 대표 저서로는 『帛書易傳初探』・『周易經傳與易學史新論』・『周易經傳十五講』 등이 있다.(역자 주)

오른다(선배보다 뛰어난 후배를 지칭)'라는 옛말이 확실히 일리가 있다고 느껴진다. 현재 역학의 여러 분야에서 나는 요명춘의 강의를 들어야 했기 때문이다. 수정 『주역전해』에서 요명춘의 성과를 받아들일 수 있어서 진심으로 기쁘다. 요명춘은 역사易辭 해석에서 남보다 뛰어났다. 예를 들면 건괘乾卦 구삼九三의 효사에서 '척惕'자를 조목조목 설명하였는데, '석척약려夕惕若厲'의 구절을 철저히 이해하여 이전의 많은 사람들을 논박하여 꼼짝 못하게 만들었다.[4] 한당漢唐 이후 주석에는 모호하고 정확하게 말한 것이 없었는데, 오늘날의 요명춘이 정확하게 말하였다. 그래서 그의 역학 저서인 『주역경전과 역학사 신론』[5]의 성과에서, 나는 90%를 받아들였다.

셋째, 독자들의 의견을 받아들인 것이 적지 않다. 『주역전해』가 출판된 지 15년 동안 독자로부터 편지가 끊이지 않았는데, 정확하고 구체적이며 다룰 만한 의견이 많이 제기되었다. 광동성廣東省 심수深圳에 사는 청년 기업가인 진의무陳義武는 『역』에 심취하여 두 차례나 특별히 장춘으로 올라와서 나와 직접 『주역』을 토론하였다. 『주역전해』를 수정하는 데 있어 진의무는 두 가지 견해를 제기하였는데 모두 핵심을 찔렀다. 그중의 하나는, 『주역전해』에서 송괘訟卦·손괘損卦·풍괘豊卦·태괘兌卦·기제괘旣濟卦 다섯 괘의 경우에는 「서괘전」에서 말한 이치가 견강부회하였다는 것이다. 진의무 선생이 나에게 지적한 것은 「서괘전」에서 말한 이치가 견강부회한 것이 아니라 『주역전해』의 비평이 견강부회하였다는 것이다. 다른 하나는 『주역전해』에서 「계사전」의 서법을 말할 때, 분이分二·괘일掛一·설사揲四·귀기歸奇를 거쳐서 7·8·9·6의 네 숫자를 얻는 방법을 말

---

4) 요명춘은 '척(惕)'자를 '두려워하는 것'으로 해석하지 않고 '편안하고 한가롭게 쉬는 것'으로 해석하고 있다.(역자 주)

5) 廖名春, 『周易經傳與易學史新論』, 齊魯書社, 2001.(역자 주)

한 것은 다만 평범한 소개일 뿐이고 내포하는 의미는 언급하지 못하였다는 것이다. 실제로 7·8·9·6을 얻는 확률에는 같고 다른 문제가 존재한다. 7·8·9·6을 얻는 확률은 각자 서로 다르나, 음(6·8)을 얻고 양(7·9)을 얻는 확률은 각각 50%가 되어 모두 같다. 서법을 만든 자가 이와 같이 설계한 것은 의미가 있는 것이다. 때문에 『주역전해』에서 설명을 보충해야 하였으나, 김경방 선생과 나는 당초에 이 점을 생각하지 못하였다. 진의무 선생의 의견은 매우 옳았으며, 지금 재판을 내면서 나는 진의무 선생의 견해에 따라 수정하였다.

여기에서 나는 특별히 길림성吉林省 장춘長春에 사는 왕춘청王春青·유하劉霞 부부를 언급하려고 한다. 그들 중 한 분은 고위 장교이고 또 한 분은 대학교수로, 모두 젊고 성실하며 『주역』을 매우 좋아하였다. 여러 해 동안 나와 함께 『주역』을 연구하였으며, 역학에 상당한 수준을 가지고 있었다. 『주역전해』를 수정하면서 얻은 나의 많은 새로운 생각은 그들의 깨우침을 통해 이루어진 것들이다. 그들은 『주역전해』 수정 작업의 실질적인 공로자였다. 만약 그들의 도움이 없었다면 『주역전해』의 재판은 불가능했을 것이다.

『주역전해』의 문제점에 대해 수정을 건의한 사람들로, 북경北京의 오빈吳斌과 주철周哲 부부, 장춘長春의 노태盧泰 선생과 곽지성郭志成 선생, 사천四川 인수鄰水의 왕선승王先勝 선생, 강소江蘇 사양射陽의 원수관袁壽寬 선생, 하남河南 이천伊川의 상안가常安鎵 선생, 하남 겹현郟縣의 고향양高向陽 선생 등이 있다. 그들의 건의는 매우 가치가 있었고 이미 내 생각 속에 녹아들었으니, 즉 재판의 『주역전해』에는 그들의 견해가 복합되어 들어 있다.

넷째, 두 분의 스승은 나를 도와준 작은 힘이었다. 내가 『주역전해』를 수정하면서 만난 청나라의 호후胡煦와 오늘날의 정석천程石泉 두 스승의 도움은 적지 않았다. 호후(1655~1736)는 300년 전의 옛사람으로, 내가 그의 책을 300년 후에 읽었는데도 여전히 특별한 신선함을 느꼈다. 특히 괘변卦變의 문제는 애초 『주역전해』를 저술할 때 김경방 선생과 내가 모두 의문의 상태로 남겨 둔 것이었다. 한나라의 순상荀爽(128~190)과 우번虞翻은 괘변설을 만들어 지대한 영향을 미쳤다. 송나라의 주희朱熹가 지은 『주역본의周易本義』에는 모두 열아홉 괘를 가지고 괘변을 설명하였는데, 「단전」의 '왕래내외상하종시往來內外上下終始' 여덟 글자가 괘변을 말한 것이라고 보았다. 주희는 대학자로 「단전」의 글을 모를 리 없었으나 괘변의 선입견에 따라 「단전」을 말하였기 때문에 말할수록 더욱 모호해졌다. 적어도 김경방 선생과 나는 이해하지 못하였다. 20세기 1990년대에 와서, 내가 『사고전서四庫全書』에서 호후의 대작인 『주역함서周易函書』[6]를 보고서야 비로소 괘변설이 본래 『주역』의 고유한 것이 아니라 모두 한나라와 송나라의 사람들이 터무니없이 날조한 것이라는 사실을 알았다. 호후는 이론적으로 괘변설을 철저히 뒤엎었다. 호후는 『주역』이 확실히 변화를 말하지만, 『주역』에서 말하는 변화는 8괘와 64괘의 생성 과정 속의 변화를 가리킨다고 말하였다. 괘가 이미 생성되면 이 괘가 다른 괘로 변할 가능성은 없는데, 이것은 사람이 제 몸의 살을 도려내어 다른 사람의 몸을 때울 수 없는 것과 같은 이치이다. 괘변설에서 한 괘가 다른 괘로 변할 것이라고 보는 것은 황당무계한 일이다. 따라서 호후는 '체괘주효體卦主爻'설을 만들어 괘변의 '강유상역剛柔相易'설을 대신하였다. 호후의 견해에 따르면, 「단전」에서 항상 쓰는 '왕래내외상하종시' 여덟 글자는 64괘가 생성된 뒤에 공자가 사람들에게 상象을 보고 주효主爻[7]를 자세히 택할 것

6) [淸]胡煦 著, 程林 校, 『周易函書』, 中華書局, 2008.(역자 주)
7) 주효(主爻)는 한 괘의 중심이 되는 효(爻)를 말한다.(역자 주)

을 가르치던 방법인 것이다. '체괘주효' 설이 말하는 것은 바로 괘가 생성되는 과정 속의 일이고 '강유상역' 도 마땅히 이와 같지만, 괘변설은 확실히 '강유상역' 설을 이룬 괘가 이미 생성된 뒤의 일이다. 괘변설의 잘못된 논의는 호후에 이르러 없어져야 했으나 그렇지 않았으며, 황당한 괘변설은 여전히 역학계의 주된 관점이 되었다. 20세기 역학의 저작들은 대부분 괘변의 관점을 지지하지 않는 것이 없었다. 이것은 매우 슬픈 일이다. 지금 재판의 기회를 빌어서 호후의 '체괘주효' 설을 받아들여 진부한 괘변설을 대신하였다. 나를 어리석게 만들었던 몇 년간의 문제가 하루아침에 안개가 걷히고 푸른 하늘을 드러냈다. 호후는 300년 전에 태어났으나 그가 나에게 책을 수정하도록 지도해 주었으니, 직접 마주 대하는 것처럼 친밀감을 느낀다.

나에게 책을 수정하도록 도와준 또 다른 스승은 정석천程石泉(1909~2005) 선생이다. 정석천 선생은 내가 사숙한 역학 선생이다. 정석천 선생은 1909년에 태어나서 남경南京중앙대학에서 방동미方東美(1899~1977) 선생을 따라 철학을 배웠으며, 특히 『주역』을 깊이 공부하였다. 뒷날 영미英美에 유학하여 워싱턴대학에서 철학박사를 받았다. 만년에 대만으로 돌아와서 여러 대학에서 교직을 맡다가 후에 동해東海대학에서 퇴직하였는데, 역학삼서易學三書[8]가 대륙과 대만에서 연이어 출판되었다. 나는 '역학삼서' 를 읽었고 또한 세 번이나 선생님의 직접 가르침을 들으면서 진실로 많은 도움을 받았다.

호후는 의리義理를 중시하고 점복占卜을 가볍게 보았지만 또한 상수象數를 잊지 않았고 상수에 대해서도 깊은 연구가 있었다. 정석천 선생도 이

8) 정석천(程石泉)의 역학삼서(易學三書)는 『易學新探(文行出版社, 1979)』, 『易辭新詮(文景書局, 1995)』, 『易學新論(文景書局, 1996)』을 말한다.(역자 주)

와 같았다. 정석천 선생은 『주역』이 바로 3대三代(하 · 은 · 주) 이래 민족의 지혜를 한데 모은 유일한 철학 저작이라고 단언하고 『역』의 형이상학적 도에 나아가서 10현十玄의 문을 열거하였는데, 모두 상수에 대한 철저한 이해를 기초로 하였다.

호후와 정석천 두 스승의 경우 시대는 달랐으나 놀랍게도 비슷한 점이 있었으니, 그들이 『역』을 연구한 것은 모두 의리와 상수를 함께 중시하였으나 의리를 앞에 두고 상수를 뒤에 두었다는 점이다. 이 점은 나를 크게 깨우쳐 주었다. 스승이신 김경방 선생도 돌아가시기 몇 년 전에 여러 차례 당부하셨으니, 즉 "『역』에서 의리와 상수는 하나라도 빠뜨려서는 안 된다. 공허하게 의리만을 말하면 밑 없는 항아리와 같아서 술을 담을 수 없다. 공자도 상수를 소홀히 하지 않았다. 상수가 우리에게는 취약한 항목이니 마땅히 보충해야 한다. 그러나 점치는 것과 같은 일을 하지 않는 것은 절대로 깨서는 안 된다"라고 당부하였다. 세 분 선배의 격려를 받고서 이번 『주역전해』를 수정하면서 나는 마음속으로 다음과 같은 방향을 정하였다. 즉 의리를 꾸준히 선두에 두고, 상수를 적절히 보강하며, 점복은 종전대로 끊어 버린다는 것이다. 나는 확실히 이 방향으로 나아가려 노력할 것이며, 결과가 어떠하든 독자들의 비평을 기다리겠다.

상해고적출판사 장효민張曉敏과 진지화秦志華 두 분의 열정적인 격려와 지지도 『주역전해』를 수정하여 재판을 완성하는 데 중요한 부분을 이루었으니, 나는 특별히 감사드린다.

여소강呂紹綱

2004년 스승의날 장춘長春에서

■ 서문

『주역전해』는 『역경易經』과 『역전易傳』[1] 전체를 해석한 것이다. 처음에는 이 책에다 내가 몇십 년간 연구한 『주역』에 대한 성과를 반영하고 싶었으나, 유감스럽게도 나는 이미 늙었고 나이가 87세여서 오랜 시간 책상에 앉아 일할 경우 체력이 따라가 주지 못할까 걱정되었다. 나의 조교인 여소강呂紹綱(1933~2008) 선생과 함께 일할 것을 결정함에 따라, 원고는 여소강 선생이 쓰고 나는 산삭과 윤색, 그리고 최종적으로 원고를 확정하는 일을 맡았다.

내가 몇십 년간 『주역』을 연구하여 무엇을 깨달았는지? 이 책은 어떠한 특징을 반영하고 있는지? 여기에서 몇 가지로 간단히 소개하겠다.

(1) 가장 먼저 말할 것은, 이 책의 해설이 공자가 『역전』을 지을 때에 열어 놓은 길을 충실히 따르고 있다는 것이다. 이것은 『주역』이 점치는 책이라는 것을 부인하지는 않지만, 주안점은 점치는 것에 있지 않고 그 속에 내포된 사상에 있다. 분명히 말할 수 있는 것은 미신을 널리 알리는 데

1) 『주역』은 경(經)과 전(傳) 두 부분으로 구성되어 있다. '경' 부분은 서(筮), 괘(卦), 효(爻), 사(辭)를 포괄하고 있다. 그리고 '전' 부분은 「단전」상 · 하, 「상전」상 · 하, 「계사전」상 · 하, 「문언전」, 「설괘전」, 「서괘전」, 「잡괘전」 등 모두 7종 10편으로 구성되어 있다. 한대(漢代) 사람들은 〈역전〉 부분을 '십익(十翼)' 이라고도 하고 〈역대전(易大傳)〉이라고도 하였다.(역자 주)

있지 않고 진리를 널리 알리는 데 있다는 것이다.

(2) 내가 보기에는 옛사람들의 공자 『역전』에 대한 이해가 매우 부족하며, 「계사전」에 대한 이해도 크게 잘못되었다. 예를 들면 『주역』에는 점치는 일과 괘, 두 가지가 똑같이 중요하다. 어떤 사람은 점치는 데서 괘가 따라 나오기 때문에 점치는 것이 조금 더 중요하다고 말하기도 한다. 그러나 옛사람들은 『역』을 말하면서 대부분 괘를 보았지 점치는 것을 보지 않았다. 실제로 이 문제는 이해하기가 그다지 어렵지 않으니, 「계사전」에는 두 곳에서 이 문제를 말하였다. 하나는, 점치는 법을 말할 때 "이 때문에 네 번 경영하여 역을 이루고 열여덟 번 변하여 괘를 이룬다"[2]라고 하였다. 다른 하나는, "『역』은 무엇을 하는 것인가?"[3]를 말할 때 "이 때문에 시초의 성질은 둥글어서 신묘하고 괘의 성질은 네모져서 지혜롭다. …… 신묘하여서 미래를 알고 지혜로워서 지나간 일을 안다"[4]라고 하였다. 「설괘전」에서도 "옛날에 성인이 『역』을 지을 때 은밀히 신명을 도와 시초를 내었고, 하늘에서 셋을 취하고 땅에서 둘을 취하여 수를 세웠다. 음양에서 변화를 보아 괘를 세우고 강유剛柔에서 발휘하여 효를 낳았다"[5]라고 하였다. 이 문제는 『역전』에서 이미 분명히 말하였으나 사람들은 보고도 못 본 척 그냥 지나쳐 버렸다. 내가 1939년에 『역통易通』을 저술할 때에 이

2) 『周易』, 「繫辭傳(上)」, 第9章. "是故四營而成易, 十有八變而成卦." '네 번 경영한다[四營]'고 하는 것은 둘로 나누고, 하나를 걸며, 넷씩 세고, 나머지를 되돌리는 것을 말한다. 역이 변하여 바뀌는 것을 일변(一變)이라 한다. 세 번 변하여 효를 이루고 18번 변하여 6효(한 괘)를 이룬다.(『周易本義』. "四營謂分二掛一揲四歸奇也. 易變易也謂一變也. 三變成爻, 十八變則成六爻也.")(역자 주)

3) 『周易』, 「繫辭傳(上)」, 第11章. "夫易何爲者也?"

4) 『周易』, 「繫辭傳(上)」, 第11章. "是故蓍之德圓而神, 卦之德方以知 …… 神以知來, 如以藏往."

5) 『周易』, 「說卦傳」, 第1章. "昔者聖人之作易也, 幽贊於神明而生蓍, 參天兩地而倚數, 觀變於陰陽而立卦, 發揮於剛柔而生爻."

문제를 분명히 지적하였으며, 지금도 여전히 내 견해가 옳다고 생각한다.

(3) 전해 오는 판본 「계사전」에는 점치는 법을 말하는 부분에 글의 순서가 뒤섞이거나 빠진 글도 있다는 것이다. 글의 순서가 뒤섞인 부분에 대해서는 송나라 정이程頤·주희朱熹와 항안세項安世[6]가 이미 깨닫고 바로잡아 놓았다. 그렇지만 빠진 글에 대해서는 오랫동안 어떤 사람의 언급도 없었다. 이 때문에 경방京房·마융馬融·순상荀爽·정현鄭玄·요신姚信·동우董遇[7]에서 주희에 이르기까지[8] 모두 "대연의 수 50"[9]을 잘못 해석하였다. 실제로 '대연의 수 50'은 '대연의 수 55'가 되어야 하니 끝에 '5[有五]'라는 글자가 빠져 있다. 분명한 것은, 이 구절의 앞 단락인 "하늘은 1이고 땅은 2이며 하늘은 3이고 땅은 4이며 하늘은 5이고 땅은 6이며 하늘은 7이고 땅은 8이며 하늘은 9이고 땅은 10이다"[10]라는 구절에서 "무릇 천지의 수는 55이니 이것이 변화를 이루고 귀신을 부리는 까닭이다"[11]라는 구절까지가 바로 이 '대연의 수'를 위한 설명이다. 그렇지 않으면 이 '50'은 근거가 없게 되고 앞의 긴 글도 부질없는 말이 되니, 이것은 결코 있을 수 없는 일이다. 이 문제는 1939년에 내가 『역통易通』을 저술할 때에 이미 제기하였다. 1955년에 내가 『역론易論』을 저술할 때도 "사용하는 것은 49이다"[12]라는 구절에 대한 설명을 보충하였다. 간단히 '55'를 다 쓰지 않는다고 말한 것은, 다 쓰게 되면 분이分二·괘일掛一·설사揲四·귀기歸奇[13]

---

6) 항안세(項安世, 1129~1208): 송대의 학자, 자는 평보(平父 혹은 平甫라고도 한다), 호는 평암(平庵), 그 선조는 괄창(括蒼: 지금의 浙江省 麗水)에 살았으나 후에 강릉(江陵: 지금의 湖北에 속한다)으로 이사하였다. 저서로는 『周易玩辭』 등이 있다.(역자 주)

7) 孔穎達, 『周易正義』에 보인다.

8) 『周易本義』에 보인다.

9) 『周易』, 「繫辭傳(上)」, 第8章. "大衍之數五十."

10) 『周易』, 「繫辭傳(上)」, 第8章. "天一, 地二, 天三, 地四, 天五, 地六, 天七, 地八, 天九, 地十."

11) 『周易』, 「繫辭傳(上)」, 第8章. "凡天地之數五十有五, 此所以成變化而行鬼神也."

12) 『周易』, 「繫辭傳(上)」, 第8章. "其用四十有九."

의 과정이 끝난 뒤에 7·8·9·6이 나오지 않아 효를 정하여 괘를 이룰 수 없어 예상한 목적에 이르지 못하기 때문이다. '사용하는 것'이라고 말한 것은 바로 쓰이지 않는 것이 있기 때문이다. 이것은 완전히 인위적 안배에서 나온 것이지만, 주희는 '하도河圖'라는 것을 덮어놓고 믿고서 마침내 "모두 이치와 형세의 자연스러운 것에서 나온 것이지 사람의 지력知力으로 더하거나 뺄 수 있는 것이 아니다"[14]라고 하였으니 확실히 잘못된 것이다.

(4) 나는 『주역』이라는 책의 핵심은 사상에 있고, 사상은 주로 64괘의 구조 속에 담겨 있다고 생각한다. 이 점은 공자가 지은 「계사전」에서 반복적으로 설명하였다. 이 밖에도 「서괘전」과 「잡괘전」 및 건·곤 두 괘의

---

13) '어떻게 시초 줄기의 수를 셈하여 괘상이 도출하는가'에 대한 초기의 기록은 「계사전」의 '대연지수장(大衍之數章)'에서 제시하고 있는 방법 이외에는 별다른 것을 찾아볼 수 없다. '대연지수장'에서 기술하고 있는 바에 의하면, 먼저 50줄기의 시초를 준비하고 그 가운데 하나를 덜어 내어 쓰지 않는데, 이렇게 하면 49줄기가 남는다. 다시 이 49줄기를 임의로 왼쪽과 오른쪽 두 무더기로 나누는데, 이것이 바로 "둘로 나눈다[分二]"는 것이며, 그중에서 한 줄기를 뽑아내는 것이 "하나를 걸어 둔다[掛一]"는 것이다. 나머지 시초 줄기를 네 개씩 한 조로 나누어서 셈하는데, 이것이 바로 "넷씩 센다[揲四]"는 것이며, 다시 나머지 시초 줄기(설사揲四-이후 남은 시초 줄기를 말한다)를 합해서 한 무더기를 만들고 한쪽에 두는 것이 "나머지를 되돌린다(歸奇)"는 것이다. 이상의 과정이 일변(一變)이다. 이어서 한 번 변하고 남은 시초 줄기를 다시 위에서 설명한 순서대로 두 무더기로 나누고[分二], 한 줄기를 뽑아내며[掛一], 넷씩 한 묶음으로 나누어 세고[惕四], 나머지 시초 줄기를 한편에 두고서[歸奇] 셈하는 것을 이변(二變)이라고 한다. 이어서 다시 위에서 기술한 과정대로 셈하는 것을 삼변(三變)이라고 한다. '삼변'의 결과로 나오는 전체 수는 네 가지만 가능한데, 바로 36·32·28·24로 각각 4로 나누면 9·8·7·6이 된다. 만일 나누어서 나온 수가 9라면 노양(老陽)의 효상이 되고, 6이라면 노음(老陰)의 효상이 되며, 7이라면 소양(少陽)의 효상이 되고, 8이라면 소음(少陰)의 효상이 된다. 이와 같이 '삼변'의 과정을 거쳐서 하나의 효상을 얻는 것이다. 그러므로 18변을 거칠 때 하나의 괘, 여섯 획의 상(象)을 얻게 되는데, 이것이 바로 "열여덟 번 변하여 괘를 완성한다(十有八變而成卦)"는 것이다.(역자 주)

14) 『周易本義』에 보인다. "蓋皆出於理勢之自然, 而非人之知力所能損益也."

「단전」에서도 모두 언급하였다. 전체적으로 보면, 이 사상은 이미 하나의 완전한 체계를 형성하였다. 그렇지만 공자가 『역전』을 저술한 이래로 2천여 년 동안 외우고 익힌 사람들이 하나같이 어리석어 그 의미에 통한 사람이 없었다. 나는 1930년대 후반에 레닌의 『변증법 문제를 말한다』라는 책을 읽고 깨우침을 얻은 뒤에 비로소 『주역』의 이 사상을 조금이나마 이해할 수 있었다. 오래지 않아, 나는 『역통易通』을 저술하면서 마침내 이러한 이해를 『역통』 속에 기술해 넣었다. 해방 후에 오랫동안 마르크스주의 이론을 학습함에 따라 『주역』 속의 이러한 사상에 대한 이해도 깊어졌다. 이러한 문제를 분명히 설명하기 위해서, 아래에 많은 지면을 할애하여 관련된 원문을 인용하고 또한 자세한 해석을 덧붙였다.

먼저 「서괘전」부터 말하겠다. 「서괘전」은 첫머리에서 "천지가 있은 뒤에 만물이 생겨났다"[15]라고 하였다. 이 '천지'는 무엇을 가리키는가? 분명한 것은 64괘 가운데 머리가 되는 건괘와 곤괘 두 괘를 가리킨다. 건은 순양純陽으로 하늘을 상징하고, 곤은 순음純陰으로 땅을 상징한다. 『역위易緯』「건착도乾鑿度」에는 "건과 곤은 서로 함께 생겨났다"[16]라고 하였다. 때문에 건괘와 곤괘 두 괘는 실제로 하나의 모순된 통일체이다. 『주역』의 작가는 실제로 64괘 구조를 이용하여 자신의 세계관을 반영하면서 머리가 되는 건괘와 곤괘 두 괘로 하늘과 땅을 대표하였다. 그렇다면 『주역』의 이러한 관점에 근거하여 볼 때 건과 곤 앞은 무엇인가? 나는 건과 곤 앞이 태극이라고 생각한다. 「계사전(상)」에는 "역에 태극이 있으니 이것이 양의兩儀를 낳는다"[17]라고 하였다. 이 '양의'는 바로 한 쌍의 모순으로, 음양이라 말할 수 있고 천지 혹은 건곤이라고도 말할 수 있다. 그러나 태극

15) 『周易』, 「序卦傳」. "有天地, 然後萬物生焉."

16) 『易緯』, 「乾鑿度」. "乾坤相竝俱生."

17) 『周易』, 「繫辭傳(上)」, 第11章. "易有太極, 是生兩儀."

은 또한 태일太一이라고 부르니 절대적인 하나, 전체로서의 하나, 혼돈되어 나누어지지 않는 하나이다. 허신許愼의 『설문說文』「일부一部」에는 '일一'에 대해 다음과 같이 말하였다.

> 오직 처음에는 태극이요, 도가 하나에서 세워지며, 천지로 나누어지고 변화하여 만물을 이룬다.[18]

허신의 이러한 견해는 『주역』의 관점을 다시 기술하여 오늘날의 말로 번역한 것이다. 허신이 말한 '천지로 나누어진다'라는 것은 바로 하나가 나누어져 둘이 된다는 것이며, 마찬가지로 허신이 말한 '변화하여 만물을 이룬다'라는 것은 「서괘전」에서 말한 "천지가 있은 뒤에 만물이 생겨난다"[19]라는 것이다. 64괘의 구조에서 보면, 건과 곤은 하늘과 땅이며 그 나머지 괘는 하늘과 땅이 낳은 만물이다.

「계사전(상)」에는 점치는 법을 말할 때 다음과 같이 말하였다.

> 건의 책수策數가 216이고 곤의 책수가 144이다. 모두 360이니 1년의 날에 해당된다. 두 편의 책수가 11,520이니 만물의 수에 해당된다.[20]

여기서는 실제로 천지가 있은 뒤에 만물이 생겨나는 문제를 말하였다. 그러나 이 속에는 설명해야 할 문제가 있으니, 이것은 바로 「계사전(상)」에서 말한 "두 편의 책수가 11,520이니 만물의 수에 해당된다"라는 것이

---

18) 『說文』, 「一部」. "惟初太極, 道立於一, 造分天地, 化成萬物."

19) 『周易』, 「序卦傳」. "有天地然後萬物生焉."

20) 『周易』, 「繫辭傳(上)」, 第8章. "乾之策二百一十有六, 坤之策百四十有四, 凡三百有六十, 當期之日. 二篇之策萬有一千五百二十, 當萬物之數也."

다. 이 '만물의 수'는 물론 건과 곤 안에 포함된다. 그렇다면 '하늘과 땅이 만물을 낳는다'라는 것은 무슨 말인가? 나의 이해로는 건괘와 곤괘 두 괘는 만물을 낳는 하늘과 땅일 뿐만 아니라, 동시에 하늘과 땅이 만물을 낳는 과정 속에 있는 하나의 독립된 부분이라는 말이다. 이 점은 "모두 360이니 1년의 날에 해당된다"라는 것에서 알 수 있다. 왜냐하면 기期는 1년이고, 1년은 사계절로 나누어지기 때문이다. 사계절 중에서도 하늘에서 말하면 추위와 더위가 있고, 땅에서 말하면 '낳는 것[生]'과 '이루어지는 것[成]'이 있다. 전체적으로 말하면 하늘과 땅이 만물을 낳는 것이요, 나누어 말하면 하늘을 바탕으로 시작하고 땅을 바탕으로 생겨난다는 것이다. 때문에 하늘과 땅이 만물을 낳는다고 볼 때 건과 곤은 또 하나의 독립된 부분이다. 이것은 무엇을 설명하는가? 그것은 '하늘과 땅이 만물을 낳는 것'이 결코 한 번에 이루어지는 것이 아니라 하늘과 땅이 쉬지 않고 운행하여 만물이 끊임없이 생겨난다는 것을 설명한 것이다. 『노자』에서 "하늘과 땅 사이는 마치 풀무와 같구나! 텅 비었어도 다 없어지지 않는 것이 풀무질할수록 바람이 더 많이 나오는 것과 같다"[21]라고 하였는데, 옳은 말이다.

「계사전(상)」에는 다음과 같이 말하였다.

> 건곤은 『역』의 온축이다. 건곤이 배열을 이룸에 『역』이 그 가운데 서 있다. 건곤이 무너지면 『역』을 볼 수 없고, 『역』을 볼 수 없으면 건곤도 아마 거의 그치게 될 것이다.[22]

---

21) 『老子』, 第5章. "天地之間其猶橐籥乎! 虛而不屈, 動而愈出."

22) 『周易』, 「繫辭傳(上)」, 第13章. "乾坤其易之緼邪! 乾坤成列而易立乎其中矣. 乾坤毁則無以見易, 易不可見, 則乾坤或幾乎息矣."

이 단락의 말은 공자가 『주역』 64괘 구조의 사상에 대해 내린 가장 전체적이고 가장 정확한 해석이다. "건곤이 『역』의 온축이다"라는 것은 바로 『주역』 64괘 구조의 전체 뜻이 모두 건괘와 곤괘 두 괘 속에 내포되어 있다는 말이다. '전체의 뜻'이란 첫째 건곤이 하늘과 땅이라는 것이며, 둘째 64괘는 건곤이 하늘과 땅이 되어 낳은 만물이라는 것이며, 셋째 64괘에는 하늘과 땅이 만물을 낳는 발전 과정 속에 형성된 여러 단계와 각 단계 사이의 변천규율이 들어 있다는 것이며, 넷째 가장 마지막 두 괘인 기제괘既濟卦와 미제괘未濟卦에는 64괘 가운데 특별한 의미를 담고 있다는 것을 포함한다.

"건곤이 배열을 이룸에 『역』이 그 가운데 서 있다"라는 것은 건괘와 곤괘 두 괘가 64괘의 첫머리에 배열될 때에 『역』, 즉 64괘의 변화발전이 이미 그 속에 들어 있다는 말이다. 구체적으로 말하면, 건은 순양純陽이고 곤은 순음純陰으로 건과 곤은 하나의 모순 통일체이다. 이러한 모순 통일체의 변화발전으로 64괘가 발생한다. 64괘의 배열은 두 괘씩 반反을 이루거나 대對를 이룬다. 예를 들어 건괘(䷀)와 곤괘(䷁)는 '대'이고 둔괘(䷂)과 몽괘(䷃)는 '반'이다. 「서괘전」을 보면, 둔괘 이하부터 괘와 괘 사이의 자리바꿈에는 모두 '…… 반드시[必] ……' 혹은 '…… 할 수 없기 때문에[不可以] ……' 등의 말을 써서 64괘의 형성이 건괘와 곤괘 두 괘의 변화발전에서 나왔고 이러한 변화발전에는 법칙이 있다는 것을 분명하게 나타내었다.

"건곤이 무너지면 『역』을 볼 수 없고, 『역』을 볼 수 없으면 건곤도 아마 거의 그치게 될 것이다"라는 말은, 실제로 64괘의 마지막 두 괘인 기제괘와 미제괘의 특수한 의미에 대해 내린 설명이다. 즉 "건곤이 무너지면 『역』을 볼 수 없다"라는 것은 기제괘를 말한 것이고, "『역』을 볼 수 없으면 건곤도 아마 거의 그치게 될 것이다"라는 것은 미제괘를 말한 것이다.

64괘를 하나의 발전 과정에서 보면, 처음 시작하는 건은 순양純陽이고 곤은 순음純陰으로 가장 균형을 이루지 못한다는 것을 볼 수 있다. 발전하여 기제괘에 이르면 여섯 효는 "강유가 바르고 자리가 마땅하다"[23), 즉 이미 균형에 이르는데, 건과 곤의 변화발전이 본래 음양의 불균형에서 일단 균형에 이르면 이것은 건과 곤이 무너진 것과 같다. "건곤이 무너지면 『역』을 볼 수 없다"라는 뜻은 모순이 이미 해결되었으면 더 이상 변화발전을 볼 수 없다는 말이니, 「잡괘전」에서 "기제는 정해진 것이다"[24)]라고 말한 것도 이 문제이다. "『역』을 볼 수 없으면 건곤은 아마 거의 그치게 될 것이다"라는 구절에서 '거의 그치게 될 것이다'라는 말은 깊이 음미해 볼 만하다. '거의 그치게 될 것이다'라는 것은 실제로 그치지 않고 다만 그친 것과 같을 뿐이라는 말이다. 거의 그친다는 것은 기제괘를 가리키고, 그치지 않는다는 것은 미제괘를 가리킨다. 「서괘전」에서 "사물은 다할 수 없기 때문에 미제괘로 받아서 마쳤다"[25)]라고 말한 것은 바로 미제괘가 그치지 않는다는 것을 설명한 것이다. 64괘의 구조 속에서 기제괘와 미제괘가 각각 하나의 단계에 처해 있으나, 기제괘는 거의 그친다는 것을 말하고 미제괘는 그치지 않는다는 것을 말한 것은 무슨 뜻인가? 이것은 괘가 건괘와 곤괘로부터 기제괘와 미제괘에 이르기까지 하나의 커다란 발전 단계의 완성임을 말한 것이다. 변화발전은 그치지도 않고 또한 그칠 수도 없는데, 왜냐하면 시간과 공간이 끝이 없으며 물질 운동도 영원히 쉬지 않기 때문이다. 어떤 사람은 "「계사전」에서 말한 변화발전은 음과 양의 다툼에서 나온 것이 아니라 음과 양의 조화에 따른 것이며, 앞으로 발전하는 것이 아니라 끝나면 다시 시작하는 순환과 반복이다"라고 하였다.

23) 『周易』, 「旣濟」. "剛柔正而位當也."

24) 『周易』, 「雜卦傳」. "旣濟, 定也."

25) 『周易』, 「序卦傳」. "物不可窮也, 故受之以未濟終焉."

나는 이러한 생각이 고의로 『주역』의 뜻을 왜곡하려는 것은 아니라고 하더라도 『주역』을 제대로 읽지 못한 데서 나온 말이니, 확실히 옳지 않다고 생각한다.

「계사전(하)」에는 다음과 같이 말하였다.

> 공자께서 말하기를, "건곤은 『역』의 문이다. 건은 양의 물건이고 곤은 음의 물건이다. 음양이 덕을 합하여 강유가 형체를 가진다. 이로써 천지의 일을 체득하고 신명의 덕에 통한다"라고 하였다.[26]

이것은 공자가 또 한 번 『주역』 64괘의 구조 문제를 자세히 설명한 것이다. 그렇다면 '역의 문'과 '역의 온축'에는 무슨 차이가 있는가? 내가 생각하기에, 차이는 '역의 온축'이 전체적으로 말한 것이라면 '역의 문'은 건과 곤이라는 모순에 치중해서 말한 것에 있다. "건은 양의 물건이고 곤은 음의 물건이다"라는 것은 바로 건과 곤이 한 쌍의 모순임을 말한 것이다. "음양이 덕을 합하여 강유가 형체를 가진다"라는 것은 64괘의 강유가 다른 것이 아니라 건괘와 곤괘 두 괘 내부의 모순과 투쟁으로 발생한 결과라는 말이다. 여기에서 보충 설명이 필요한 문제는 이 '문門'자가 「계사전」의 또 다른 곳에 정확한 해석이 있다는 것이다. 그곳에는 "문을 닫는 것을 곤坤이라 하고, 문을 여는 것을 건乾이라 하며, 한 번 닫혔다 한 번 열리는 것을 변變이라 하고, 왕래하여 다함이 없는 것을 통通이라 한다"[27]라고 하였다. 때문에 이 '문'자는 실제로 건과 곤이 가지고 있는 각

---

26) 『周易』, 「繫辭傳(下)」, 第4章. "子曰乾坤其易之門邪? 乾陽物也, 坤陰物也, 陰陽合德而剛柔有體, 以體天地之撰, 以通神明之德."

27) 『周易』, 「繫辭傳(上)」, 第10章. "闔戶謂之坤, 闢戶謂之乾, 一闔一闢謂之變, 往來不窮謂之通."

자의 특징을 생동감 있게 설명한 것이다. "천지의 일을 체득하고 신명의 덕에 통한다"라는 것은 64괘 전체를 가리켜서 말한 것이다. '체體'란 '강유유체剛柔有體'의 '체'이고 '덕'이란 '음양합덕陰陽合德'의 '덕'이다. 전체의 뜻은 64괘의 강유가 건과 곤의 강유로 체를 삼고, 64괘의 덕이 건과 곤의 덕과 서로 통한다는 말이다.

「계사전(상)」에는 다음과 같이 말하였다.

> 하늘에서 상象을 이루고 땅에서 형체를 이루니 변화가 나타난다. 이 때문에 강유剛柔가 서로 마찰하고 팔괘가 서로 섞인다. 우레로써 고동시키고, 바람과 비로써 적셔 주며, 해와 달이 운행하고, 한 번 추웠다가 한 번 더웠다 한다. 건의 도는 남자가 되고 곤의 도는 여자가 된다.[28)]

여기에서 말한 것은 실제로 "천지가 있은 뒤에 만물이 생겨나는" 문제이다. 구체적으로 "하늘에서 상을 이루고 땅에서 형체를 이룬다"라고 말한 것은 하늘과 땅인 건과 곤의 이러한 모순이 발생하는 변화이다. 아래의 "강유가 서로 마찰한다"라는 구절에서 "한 번 추웠다가 한 번 더웠다 한다"라는 구절까지는 "변화가 나타나는 것"에 대해 구체적이고 생동감 있게 설명한 것이다. "건의 도는 남자가 되고 곤의 도는 여자가 된다"라는 것은 다른 것이 아니라, 천지의 변화 속에서 생겨나는 만물을 말한다. 여기서의 남녀는 「계사전(하)」에서 말한 "천지의 기운이 서로 엉킴에 만물이 화순化醇하고 남녀가 정기를 맺어 만물이 생겨난다"[29)]라는 것과 「서괘전」에서 말한 "천지가 있은 뒤에 만물이 있고, 만물이 있은 뒤에 남녀

28) 『周易』, 「繫辭傳(上)」, 第10章. "在天成象, 在地成形, 變化見矣. 是故剛柔相摩, 八卦相蕩, 鼓之以雷霆, 潤之以風雨, 日月運行, 一寒一暑, 乾道成男, 坤道成女."

29) 『周易』, 「繫辭傳(下)」, 第3章. "天地絪縕, 萬物化醇, 男女構精, 萬物化生."

가 있다"[30]라는 것과 마찬가지로, 여기에서 말한 남녀는 만물 속에 있는 음적인 성질과 양적인 성질을 가리킬 뿐이지 인류 속의 남녀로 이해해서는 안 된다.

(5) 왕필王弼은 『주역약례周易略例』 「명상明象」편에서 "뜻을 얻으면 상象을 잊고, 상을 얻으면 말을 잊을 것"[31]을 주장하였다. 그는 다음과 같이 말하였다.

> 그러므로 상을 세워 뜻을 다하면 상은 잊어버릴 수 있고, 획을 포개어 정황을 다하면 획은 잊어버릴 수 있다. 이 때문에 비슷한 부류를 찾아서 그 상으로 삼을 수 있고, 뜻에 맞으면 그 증거로 삼을 수 있다. 뜻이 진실로 강건한 것에 있다면 어찌 반드시 말뿐이겠는가? 부류가 참으로 유순한 것에 있다면, 어찌 반드시 소이어야 하겠는가? 효(爻)가 참으로 유순한 것에 합한다면 어찌 반드시 곤(坤)이 소가 되어야 하고, 뜻이 참으로 강건한 것에 응한다면 어찌 반드시 건(乾)이 말이 되어야 하겠는가? 그러나 혹자는 말을 '건'에 고정시켜 두고 글을 살피고 괘를 따져서 말은 있으나 '건'이 없으니 거짓말만 가득 차서 법칙으로 삼기 어렵다. 호체互體로도 부족하면 마침내 괘변卦變까지 언급하고, 괘변도 부족하면 납갑오행納甲五行까지 따져 들어가니, 한 번 그 근원을 잃자 기교가 갈수록 심해졌다. 혹 설명이 맞는 것일지라도 그 뜻이 취할 만한 것이 없으니, 대체로 상을 남겨 두고 뜻을 잊었기 때문이다. 상을 잊어버리고 뜻을 구하면 뜻이 이에 드러난다.[32]

30) 『周易』, 「序卦傳」. "有天地然後有萬物, 有萬物然後有男女."

31) 王弼, 『周易略例』, 「明象」. "得意忘象 …… 得象忘言."

32) 王弼, 『周易略例』, 「明象」. "故立象以盡意, 而象可忘也; 重畫以盡情, 而畫可忘也. 是故觸類可爲其象, 合義可爲其徵. 義苟在健, 何必馬乎? 類苟在順, 何必牛乎? 爻苟合順, 何必坤乃爲牛? 義苟應健, 何必乾乃爲馬? 而或者定馬於乾, 案文責卦, 有馬無乾, 則僞說滋漫, 難可紀矣. 互體不足, 遂及卦變, 變又不足, 推致五行, 一失其原, 巧愈彌甚, 縱復或値, 而義

왕필의 설이 제기된 이후에 학자들 사이의 평가는 칭찬과 비방이 반반이었다. 나는 건에 말을 고정시켜 두고서 글을 살피고 괘를 따지는 상수파象數派(한나라 때의 상수 역학)에 대한 왕필의 비판이 타당하다고 생각한다. 그렇지만 왕필은 뜻을 얻으면 상을 잊고 상을 얻으면 말을 잊는 방법을 응용하면 이 문제를 해결할 수 있다고 생각하였으나, 나는 결코 그렇게 생각하지 않는다. 나는 「설괘전」 자체가 이미 이 문제를 해결하였다고 보는데, 다만 사람들이 입이 닳도록 읽어 대면서도 마음으로 그 뜻을 알지 못하였을 뿐이라고 생각한다. 1985년에 내가 『설역說易』을 저술할 때 이 문제를 언급하였다. 나의 견해는 「설괘전」에 말한 "건乾은 강건함하고, 곤坤은 유순함이며, 진震은 움직임이고, 손巽은 들어감이며, 감坎은 빠짐이고, 리離는 붙음이며, 간艮은 그침이고, 태兌는 기뻐함이다"[33]라는 것이 "건은 말이고, 곤은 소이며, 진은 용이고, 손은 닭이며, 감은 돼지이고, 리는 꿩이며, 간은 개이고, 태는 양이다. 건은 머리이고, 곤은 배이며, 진은 발이고, 손은 다리이며, 감은 귀이고, 리는 눈이며, 간은 손이고, 태는 입이다"[34]라는 것과 다르다는 것이다. 전자는 팔괘의 성질을 말한 것이고, 후자는 팔괘가 취한 상을 말한 것이다. '건건야乾健也'는 건이 강건하다는 것을 말한 것이고, '건위마乾爲馬'는 건이 말이 될 수 있다는 것을 말한 것이다. '야也'의 뜻은 시是와 같아서 바뀌지 않는 것을 나타낸다. '위爲'의 뜻은 화化와 같아서 바뀔 수 있는 것을 나타낸다. 호위胡渭[35]의

無所取, 蓋存象忘意之由也. 忘象以求其意, 義斯見矣."

33) 『周易』, 「說卦傳」, 第2章. "乾, 健也. 坤, 順也. 震, 動也. 巽, 入也. 坎, 陷也. 離, 麗也. 艮, 止也. 兌, 悅也."

34) 『周易』, 「說卦傳」, 第2章. "乾爲馬, 坤爲牛, 震爲龍, 巽爲鷄, 坎爲豕, 離爲雉, 艮爲狗, 兌爲羊. 乾爲首, 坤爲腹, 震爲足, 巽爲股, 坎爲耳, 離爲目, 艮爲手, 兌爲口."

35) 胡渭(1633~1714): 청대 경학자, 처음 이름은 渭生, 자는 朏明, 호는 東樵, 浙江省 德淸 사람이다. 대표 저서로는 『易圖明辨』·『禹貢錐指』·『洪範正論』·『大學翼眞』 등이 있

『우공추지禹貢錐指』에는 "나누어져 아홉 강이 되었다[播爲九河]"[36]라는 글 아래에 임씨의 설을 인용하여 "무릇 '위爲'라고 말한 것은 모두 이것으로부터 저것이 되는 것이다"[37]라고 하였는데, 임씨가 '위'자를 해석한 것은 옳다. 이와 같기 때문에 건은 말이 될 수 있으며, 또한 머리·하늘·뜰·임금·아버지 등도 될 수 있다. 말을 건에 고정시켜 놓고서 글을 살피고 괘를 따지는 것은 물론 옳지 않다.

(6) 「계사전(하)」에는 다음과 같은 긴 글이 있다.

> 옛날에 포희씨가 천하에 왕 노릇 할 때 우러러 하늘에서 상을 관찰하고 구부러 땅에서 법法을 관찰하며, 새와 짐승의 무늬와 땅의 마땅함을 관찰하며, 가깝게는 자신에게서 취하고 멀게는 사물에서 취하였으니, 이에 처음으로 8괘를 만들어 신명의 덕에 통하고 만물의 실상을 분류하였다. 노끈을 묶어 그물을 만들어 사냥하고 물고기를 잡았으니 대개 그 이치를 리괘離卦에서 취하였다. …… 옛날에는 노끈을 묶어 다스렸으나, 후세에 성인이 글과 문자로 바꾸어서 백관이 〈이것으로 백성들을〉 다스리고 만백성들이 〈이것으로 번거로운 일을〉 살폈으니 대개 그 이치를 쾌괘夬卦에서 취하였다.[38]

이 단락의 글은 후세에 미친 영향이 매우 크다. 1939년에 내가 『역통易通』을 저술할 때는 이러한 설명을 믿었다. 해방 후 연구가 깊어지면서 이

다.(역자 주)

36) 『尙書』, 「禹貢」. "播爲九河."

37) 胡渭, 『禹貢錐指』. "凡言爲者, 皆從此而爲彼也."

38) 『周易』, 「繫辭傳(下)」, 〈후대에 추가된 글〉. "古者包犧氏之王天下也, 仰則觀象於天, 俯則觀法於地, 觀鳥獸之文與地之宜, 近取諸身, 遠取諸物, 於是始作八卦, 以通神明之德, 以類萬物之情. 作結繩而爲罔罟, 以佃以漁, 蓋取諸離. …… 上古結繩而治, 後世聖人易之以書契, 百官以治, 萬民以察, 蓋取諸夬."

설명에 근거가 부족하다는 것을 알았는데, 이유는 다음과 같다. 첫째, 이 설명은 윗글의 "『역』에 태극이 있으니, 이것이 양의를 낳고 양의가 사상을 낳고 사상이 팔괘를 낳는다"[39]라는 설명과 일치하지 않는다. 둘째, 아랫 글인 "이로써 천지의 일을 체득하고 신명의 덕에 통한다"[40]라는 것은 바로 8괘가 겹쳐져 64괘가 되어 이미 『역』이 있을 때이고, 아울러 64괘의 순서가 건괘와 곤괘 두 괘로 첫머리를 삼을 때이다. "처음으로 팔괘를 만들었다면"[41] 어떻게 "신명의 덕에 통하고 만물의 실정을 분류할 수 있었겠는가?"[42] 셋째, 사마천司馬遷은 "백가들이 황제黃帝 때의 일을 말하였지만, 그 문장이 우아하지 못하고 순리에도 맞지 않아 수많은 학식 있는 선비들이 이에 대해 말하기 어려워했다"[43]라고 말하였다. 이른바 '포희씨'는 『장자』·『관자』·『회남자』에만 보일 뿐이고 공자의 책에는 보이지 않는다. 이로써 「계사전」에 포희씨가 처음으로 팔괘를 만들었다는 설은 근거가 부족하다는 것을 알 수 있다. 넷째, 『역』의 정괘井卦와 정괘鼎卦는 모두 실물에서 상을 취하였으나, 지금 "노끈을 묶어 그물을 만들어 사냥하고 물고기를 잡았으니 대개 리괘에서 취하였다"라고 하니 본말이 전도되어 사리에 통하지 않는다. 다섯째, 『역전』에서는 『역』을 지은 자를 언급할 때에 일반적으로 '성인'이라고만 불렀지 지금껏 어떤 사람인지를 명확히 가리키지 않았다. 그러나 이곳에서는 "포희씨가 처음으로 팔괘를 지었다"라고 분명히 말하였으니 믿을 수 없다. 위에서 말한 다섯 가지에 기초하여, 나는 이 단락의 글이 후세에 참견하기를 좋아하는 자가 끼워 넣은

39) 『周易』, 「繫辭傳(上)」, 第11章. "易有太極, 是生兩儀, 兩儀生四象, 四象生八卦."
40) 『周易』, 「繫辭傳(下)」, 第4章. "以體天地之撰, 以通神明之德."
41) 『周易』, 「繫辭傳(下)」, 〈후대에 추가된 글〉. "始作八卦."
42) 『周易』, 「繫辭傳(下)」, 〈후대에 추가된 글〉. "以通神明之德, 以類萬物之情."
43) 『史記』, 「五帝本紀贊」. "百家言黃帝, 其文不雅馴, 薦紳先生難言之."

것이지 「계사전」의 원문이 아니라고 단언한다.

(7) 「계사전(상)」에 있는 "하늘이 상을 드리워 길흉을 나타내자 성인이 본받았고, 하수에서 그림이 나오고 낙수에서 책이 나오자 성인이 법칙으로 삼았다"[44]라는 두 구절이 "이 때문에 하늘이 신물神物을 내시자 성인이 그것을 본받았고, 천지가 변화하자 성인이 그것을 본받았다"[45]라는 구절 아래에 있는데, 나는 이 두 문장이 「계사전」의 원문이 아니라 후인들이 끼워 넣은 것이라고 의심한다. 무엇 때문인가? 왜냐하면 윗 글인 "이 때문에 하늘이 신물을 내시자 성인이 그것을 본받았고, 천지가 변화하자 성인이 그것을 본받았다"라는 것은 "시초와 거북보다 더 큰 것이 없다"[46]라는 것을 이어서 말한 것이기 때문이다. 그러나 "시초와 거북보다 더 큰 것이 없다"라는 것은 또한 "팔괘가 길흉을 정하고 길흉이 큰 사업을 낳으니, 이 때문에 법法과 상象은 천지보다 더 큰 것이 없고, 변하고 통하는 것은 사계절보다 더 큰 것이 없다"[47]라는 구절을 이어서 말한 것이다. 여기서의 '하늘이 신물을 내셨다'는 것은 분명히 '시초와 거북'을 가리키며, '천지가 변화한다'는 것은 분명히 "법法과 상象이 천지보다 더 큰 것이 없고, 변하고 통하는 것이 사계절보다 더 큰 것이 없다"라는 말을 가리킨다. 결론적으로, '팔괘가 길흉을 정한다'라고 말하였을 뿐인데, 어떻게 "하늘이 상을 드리워 길흉을 나타낸다"라고 말할 수 있겠는가? 그리고 윗글에서 이미 "하늘이 신물을 내시자 성인이 본받았다"라고 하였는데, 어떻게 "하수에서 그림이 나오고 낙수에서 책이 나오자 성인이 법칙으로 삼았

---

44) 『周易』, 「繫辭傳(上)」, 〈후대에 추가된 글〉. "天垂象, 見吉凶, 聖人象之, 河出圖, 洛出書, 聖人則之."

45) 『周易』, 「繫辭傳(上)」, 第11章. "是故天生神物, 聖人則之, 天地變化, 聖人效之."

46) 『周易』, 「繫辭傳(上)」, 第11章. "莫大乎蓍龜."

47) 『周易』, 「繫辭傳(上)」, 第11章. "八卦定吉凶, 吉凶生大業. 是故法象莫大乎天地, 變通莫大乎四時."

다"라고 말하였겠는가? 말뜻이 겹치고 서로 모순될 뿐만 아니라, 또한 '하도'와 '낙서'가 무엇인지 『주역』 경전 속에는 그림자조차도 볼 수 없는데, "성인이 법칙으로 삼았다"라는 말은 무슨 소리인가? 이 때문에 나는 "하늘이 상을 드리워 길흉을 나타내자 성인이 본받았고, 하수에서 그림이 나오고 낙수에서 책이 나오자 성인이 법칙으로 삼았다"라는 두 구절은 「계사전」의 원문이 아니고 후인이 끼워 넣은 것이라고 본다.

(8) 「설괘전」에는 다음과 같이 말하였다.

> 옛날에 성인이 『역』을 지을 때에 은밀히 신명神明의 도움을 받아 시초를 내었고, 하늘을 셋으로 하고 땅을 둘로 하여 수를 세웠다.[48]

옛사람들은 "은밀히 신명의 도움을 받아 시초를 냈다"라는 말과 "하늘을 셋으로 하고 땅을 둘로 하여 수를 세웠다"라는 말을 제대로 이해하지 못하였다. 주희가 『주역본의周易本義』에서 "하늘을 셋으로 하고 땅을 둘로 한다"라는 말을 "하늘은 둥글고 땅은 네모지니, 둥근 것은 지름이 하나에 둘레가 셋이고 셋은 각각 하나의 홀수가 되기 때문에 하늘을 셋으로 하여 3이 되며, 네모진 것은 한 변이 하나에 둘레가 넷이고 넷은 두 짝수를 합한 것이기 때문에 땅을 둘로 하여 2가 되었다"[49]라고 해석한 것은 더욱 잘못되었다. 실제로 이 두 구절은 모두 시초를 말하였는데, 앞 구절은 시초의 발생을 말하였고 뒷 구절은 시초의 응용을 말하였다. 앞 구절의 뜻은 시초가 본래 일종의 풀이니 그것만으로는 길흉을 알지 못한다는 말이다. 그것이 길흉을 알아서 '신물神物'·'신명神明'으로 불리는 것은 성

48) 『周易』, 「繫辭傳(下)」, 第11章. "昔者聖人之作易也, 幽贊於神明而生蓍, 參天兩地而倚數."
49) 『周易本義』, 「說卦傳」. "天圓地方, 圓者一而圍三, 三各一奇, 故參天而爲三; 方者一而圍四, 四合二偶, 故兩地而爲二."

인의 '은밀한 도움', 즉 성인이 남모르게 도움을 주기 때문이다. 어떻게 남모르게 도움을 주는가? 이것이 바로 다음 구절에서 말한 "하늘을 셋으로 하고 땅을 둘로 하여 수를 세웠다"라는 것이다. 삼參과 양兩은 옛말이다. 예를 들어 『주례周禮』「천관天官・질의疾醫」에는 "아홉 구멍[50]의 변화를 참조하고 아홉 장기[51]의 움직임을 참고한다"[52]라고 하였으며, 『일주서逸周書』「상훈常訓」에는 "둘로써 뜻을 의심해 보고 셋으로써 둘을 고르게 한다"[53]라고 하였다. '삼'과 '양'에는 서로 뒤섞이는 뜻이 있다. 천지는 1・3・5・7・9 다섯의 천수天數와 2・4・6・8・10 다섯의 지수地數를 가리킨다. "하늘을 셋으로 하고 땅을 둘로 하여 수를 세웠다"라는 것은 바로 점치는 법에서 말한 "하늘의 수가 다섯이고 땅의 수가 다섯이니, 다섯 자리가 서로 얻어서 각각 합하게 된다. 하늘의 수는 25이고 땅의 수는 30이니 하늘과 땅의 수는 55이다. 이것이 변화를 이루고 귀신을 부리는 까닭이다"[54]라는 것이다.

(9) 「계사전(상)」에는 다음과 같이 말하였다.

> 이 때문에 하늘의 도에 밝고 백성의 일을 살펴서 이에 신물神物인 시초를 만들어 일하기 전에 백성들이 사용하게 한다.[55]

---

50) 구규(九竅): 눈 둘, 입, 코 둘, 귀 둘, 항문, 요도의 아홉 구멍을 말한다.(역자 주)

51) 구장(九藏): 위(胃), 방광(膀胱), 대장(大腸), 소장(小腸), 폐(肺), 심(心), 간(肝), 비(脾), 신(腎)의 아홉 군데를 말한다.(역자 주)

52) 『周禮』, 「天官・疾醫」. "兩之以九竅之變, 參之以九藏之動."

53) 『逸周書』, 「常訓」. "疑意以兩, 平兩以參."

54) 『周易』, 「繫辭傳(上)」, 第8章. "天數五, 地數五, 五位相得而各有合. 天數二十有五, 地數三十, 凡天地之數五十有五, 此所以成變化而行鬼神也."

55) 『周易』, 「繫辭傳(上), 第10章. "是以明於天之道, 而察於民之故, 是興神物, 以前民用."

여기서의 '신물神物'은 분명히 시초를 가리킨다. 이 점은 다음 장인 "하늘이 신물을 내었다"[56]라는 '신물'로 증명할 수 있다. 그렇다면 "신물을 만든다"라는 말 앞에 먼저 "하늘의 도에 밝고 백성의 일을 살핀다"라고 말한 것은 무슨 뜻인가? 1985년에 내가 『설역說易』을 저술할 때에 이 문제를 집중적으로 다루었다. 나는 시초가 "하늘의 도에 밝고 백성의 일을 살피는 것"을 전제 조건으로 만들어진다고 생각한다. 이른바 '하늘의 도에 밝다'는 것은 지금 말로 바꾸면 자연을 이해한다는 것이고, '백성의 일을 살핀다'는 것은 지금 말로 바꾸면 사회를 이해한다는 것이다. 예를 들어 점치는 법에서 '양의를 상징한다'거나 '사계절을 상징한다'는 것은 바로 '하늘의 도'를 이해했다는 증거이고, '삼재를 상징한다'는 것은 바로 '백성의 일'을 이해했다는 증거이다.[57] 이뿐만 아니라 「계사전(하)」에는 "『역』이라는 책은 광대하여 모두 갖추고 있어 하늘의 도가 있고 사람의 도가 있고 땅의 도가 있다"[58]라고 하였으며, 「설괘전」에는 "옛날에 성인이 『역』을 지은 것은 장차 성명性命의 이치를 따르려고 한 것이다. 이 때문에 하늘의 도를 세워서 음陰과 양陽이라 하고, 땅의 도를 세워서 유柔와 강剛이라 하고, 사람의 도를 세워서 인仁과 의義라 하였다"[59]라고 하였다. 또한 예괘豫卦 「단전」에는 "천지가 순응하여 움직이는 까닭으로 해와 달이 잘못되지 않아 사계절이 어긋나지 않고, 성인이 순응하여 움직이니 형벌이 분명해져서 백성이 복종한다"[60]라고 하였고, 비괘賁卦 「단전」에는 "천문을 관찰하여 사계절의 변화를 살피고 인문을 관찰하여 천하를

---

56) 『周易』, 「繫辭傳(上)」, 第11章. "天生神物."

57) 『周易』, 「繫辭傳(上)」, 第8章. "象兩 …… 象三 …… 象四時."

58) 『周易』, 「繫辭傳(下)」, 第8章. "易之爲書也, 廣大悉備, 有天道焉, 有人道焉, 有地道焉."

59) 『周易』, 「繫辭傳(下)」, 第12章. "昔者聖人之作易也, 將以順性命之理. 是以立天之道曰陰與陽, 立地之道曰柔與剛, 立人之道曰仁與義.

60) 『周易』, 「豫卦」, 彖傳. "天地以順動, 故日月不過而四時不忒, 聖人以順動, 則刑罰淸而民服."

교화하여 이룬다"[61]라고 하였으며, 박괘剝卦「단전」에는 "군자가 소식과 영허를 숭상하는 것은 자연계 변화의 규율이다"[62]라고 하였고, 이괘頤卦「단전」에는 "천지가 만물을 기르며, 성인이 어진 이를 길러서 만백성에게 미치게 한다"[63]라고 하였으며, 함괘咸卦「단전」에는 "천지가 감응하여 만물이 화생하고 성인이 사람의 마음을 감화시켜 천하가 화평하다"[64]라고 하였고, 항괘恒卦「단전」에는 "해와 달이 하늘을 얻어 오래도록 비출 수 있고, 사계절이 변화하여 오래도록 이룰 수 있으며, 성인이 그 도를 오래하여 천하가 교화되어 이루어진다"[65]라고 하였으며, 규괘睽卦「단전」에는 "천지가 어긋나도 그 일은 같으며, 남녀가 어긋나도 그 뜻은 통하며, 만물이 어긋나도 그 일은 비슷하다"[66]라고 하였고, 혁괘革卦「단전」에는 "천지가 바뀌어 사계절이 이루어지고, 탕무湯武가 혁명하여 하늘을 따르고 사람에게 응하였다"[67]라고 하였으며, 풍괘豊卦「단전」에는 "해가 중천에 있으면 기울고 달도 차면 줄어든다. 천지의 차고 비는 것도 때와 더불어 소식消息하거늘 하물며 사람에 있어서이며 하물며 귀신에 있어서랴"[68]라고 하였다. 이것들은 모두 "하늘의 도에 밝고 백성의 일을 살피는 것"이 확실히 시초를 만드는 전제 조건임을 증명하고 있다. 시초를 만드는 전제 조건이 "하늘의 도에 밝고 백성의 일을 살피는 것"이기 때문에 이러한 사상은 매우 자연스럽게 괘 속에 반영되어 있을 뿐만 아니라 심지어 전체

61) 『周易』, 「賁卦」, 彖傳. "觀乎天文以察時變, 觀乎人文以化成天下."
62) 『周易』, 「剝卦」, 彖傳. "君子尙消息盈虛, 天行也."
63) 『周易』, 「頤卦」, 彖傳. "天地養萬物, 聖人養賢以及萬民."
64) 『周易』, 「咸卦」, 彖傳. "天地感而萬物化生, 聖人感人心而天下和平."
65) 『周易』, 「恒卦」, 彖傳. "日月得天而能久照, 四時變化而能久成, 聖人久於其道而天下化成."
66) 『周易』, 「睽卦」, 彖傳. "天地睽而其事同也, 男女睽而其志通也, 萬物睽而其事類也."
67) 『周易』, 「革卦」, 彖傳. "天地革而四時成, 湯武革命, 順乎天而應乎人."
68) 『周易』, 「豊卦」, 彖傳. "日中則昃, 月盈則食, 天地盈虛與時消息, 而況於人乎? 況於鬼神乎?"

『역』 속에 반영되어 있다. 이로부터 "하늘의 도에 밝고 백성의 일을 살펴서 이에 신물인 시초를 만들어 일하기 전에 백성들이 사용하게 한다"라는 말이 『주역』을 이해하는 데 있어 매우 중요하고 소홀시해서는 안 된다는 것을 알 수 있다.

(10) 『주역』과 『귀장』 두 책은 "기본이 되는 괘가 모두 8개이고,[69] 거기서 갈라져 나온 괘가 모두 64개이다"[70]라는 점에서 보면 서로 같다. 그러나 갈라져 나온 괘의 순서는, 『귀장』의 경우 곤괘가 첫머리에 오고 건괘가 그다음에 오나, 『주역』은 건괘가 첫머리에 오고 곤괘가 그다음에 오니 둘은 상반되는 듯하다. 이것은 우연한 것인가? 나는 그 원인을 따져 보았는데, 이러한 차이가 실제로 은주시대의 정치사상에 나타난 중대한 차이를 반영한다는 것을 알았다. 예를 들어 『사기史記』 「양효왕세가梁孝王世家」에는 다음과 같은 저소손褚少孫의 글이 있다.

> 두태후竇太后가 경제景帝에게 말하기를, "내가 듣건대, 은나라의 도는 친한 이를 친애하고[親親], 주나라의 도는 존귀한 자를 존대하는데[尊尊], 그 뜻은 일치한다. 편안한 수레와 큰 가마는 양 효왕梁孝王(경제의 동생)[71]이 타게 쓰라"라고 하였다. …… 원앙袁盎 등이 말하기를, "은도친친殷道親親은 동생을 태자로 세우는 것이고, 주도존존周道尊尊은 자식을 태자로 세우는 것입니다. …… 주나라 도는 태자가 죽으면 제위에 맏손자를 세우고, 은나라 도는 태자가 죽으면 그 동생을 세웁니다"라고 하였다.[72]

69) 기본이 되는 경괘(經卦)는 乾☰, 坤☷, 震☳, 坎☵, 艮☶, 巽☴, 離☲, 兌☱ 여덟 가지이다.(역자 주)

70) 『周禮』, 「春官宗伯」. "其經卦皆八, 其別皆六十有四."

71) 양 효왕(梁孝王) 유무(劉武)는 한 문제(漢文帝)의 아들이며, 경제(景帝)의 동복(同腹) 아우로, 모친은 두태후(竇太后)이다.(역자 주)

『예기』「표기表記」에서 말한 "어머니는 친애하지만 존귀하게 여기지 않고, 아버지는 존귀하지만 친애하게 여기지 않는다"[73]라는 것과 합쳐서 고찰하면, '은도친친殷道親親'은 모계의 혈통을 중시한 것이고 '주도존존周道尊尊'은 부계의 혈통을 중시한 것이다. 다만 모계의 혈통을 중시하였기 때문에 은나라 역은 곤괘를 첫머리에 두었고, 부계의 혈통을 중시하였기 때문에 주나라 역인 『주역』은 건괘를 첫머리에 두었다. 『주역』이 건괘를 첫머리에 두고 곤괘를 그다음에 둔 것은 주나라 사람의 임금을 높이고 신하를 낮추며, 아버지를 높이고 자식을 낮추며, 남편을 높이고 아내를 낮추는 사상을 집중적으로 반영하고 있다. 이 점은 『역』을 배우는 자가 마땅히 알아 두어야 하는 것이다.

위에서 말한 10가지는 내가 『역』을 배우면서 깨달은 것이기도 하고 이 책의 특징이기도 하다. 전체적으로 이전 사람들의 견해와 큰 차이가 있음이 여기에서 잘 드러난다.

여소강 선생은 사람됨이 신중하고 온후하며 오랫동안 글을 써 왔다. 1950년대에 내게 공부를 했고 1979년 초에 길림吉林대학에 와서 나의 조교가 되었다. 어느덧 10년이 지나도록 나를 도와 적지 않은 일을 하였다. 내가 출판한 『중국노예사회사中國奴隷社會史』[74]와 『주역강좌周易講座』[75] 두 책은 특히 그의 도움이 컸다. 금년에 나와 함께 『주역전해』를 쓰면서 그의 뛰어난 글재주로 '미세한 것을 드러내고 숨어 있는 이치를 밝혀서'[76] 남들이 말하지 못하는 것을 말하였을 뿐만 아니라, 또한 발전시키

---

72) 『史記』, 「梁孝王世家」. "太后謂帝曰, 吾聞殷道親親, 周道尊尊, 其義一也. 安車大駕, 用梁孝王爲寄 …… 袁盎等曰, 殷道親親者, 立弟; 周道尊尊者, 立子 …… 周道, 太子死, 立嫡孫; 殷道, 太子死, 立其弟."

73) 『禮記』, 「表記」. "母親而不尊, 父尊而不親."

74) 金景芳, 『中國奴隷社會史』, 上海人民出版社, 1983.(역자 주)

75) 金景芳 講述 · 呂紹綱 整理, 『周易講座』, 廣西師範大學出版社, 2005.(역자 주)

고 보충하고 바로잡아 그가 기술하는 사람이 아니라 글을 짓는 작가임을 증명하였다. 특히 건괘·곤괘·기제괘·미제괘 등 중요한 여러 괘의 해석과 「계사전」 중 비교적 어려운 장절章節의 해석에서는 더욱 솜씨가 돋보였다. 『주역』의 글 뜻이 심오하여 설령 그 뜻에 모두 통달한 사람이라 하더라도 책을 써내면 일반 독자들은 이해하기 어렵다고 불평한다. 지금 여소강 선생이 쓴 해석은 사리에 합당하고 상세하며 심오한 내용을 알기 쉽게 표현하여 전체가 살아 있는 것처럼 분명하여 이러한 부족한 점을 메우기에 적당하다. 이 점은 참으로 얻기 어려운 일이다.

여소강 선생은 1987년 말에 이 일을 시작하여 겨우 1년 남짓한 시간에 40만 자의 원고를 끝냈으니, 그의 놀랄 만한 정력과 민첩한 글솜씨에 놀라지 않을 수 없다.

원고가 끝나자 바로 길림대학출판사에서 출판을 허락하여 『주역전해』가 빠르게 독자와 만날 수 있게 되었다. 나는 늘그막에 이러한 성대한 일을 직접 보게 되어 기쁘기 그지없다. 출판사 편집부께도 깊은 감사의 마음을 전한다.

여든일곱의 늙은이 김경방이
장춘長春의 길림대학에서 서문을 쓰다

76) 『周易』, 「繫辭傳(下)」, 第4章에 나오는 글이다. 미현(微顯)이란 '이미 보이는 것은 보이지 않는 원천을 거슬러 밝혀 놓았다' 라는 뜻이며, 천유(闡幽)란 '깊이 가려져 있는 것을 드러내어 보이는 것' 을 말함이다.(역자 주)

■ 역자 서문

(1)

『주역』은 가장 오래된 유가 경전 중의 하나인 동시에 가장 난해한 글로 일컬어진다. 『사기史記』에는 공자가 만년에 역을 좋아하여 가죽끈이 세 번이나 떨어질 정도로 『주역』을 보았다는 고사가 실려 있는데, 그 사실성을 떠나서 사람들에게 『주역』이 얼마나 심오하고 난해한 책이었음을 보여 준다. 그리고 후대에 주희가 역경易經이라 이름 하여 숭상한 이래로 『주역』은 오경의 으뜸으로 손꼽히게 되었다.

『주역』은 상경上經과 하경下經 그리고 십익十翼으로 구성되어 있다. 상경·하경을 보충 해석한 십익은 단전彖傳 상하, 상전象傳 상하, 계사전繫辭傳 상하, 문언전文言傳, 설괘전說卦傳, 서괘전序卦傳, 잡괘전雜卦傳 등 10편을 말한다. 이들 전傳은 본래 경문經文 뒤에 따로 수록되어 있었으나, 한대漢代에 비직費直이 처음으로 「단전」과 「상전」을 괘사 뒤에 두었고, 후에 정현鄭玄과 왕필王弼이 다시 괘사와 효사의 뒤에 두었으며, 문언전도 건괘와 곤괘의 뒤에 옮겨 놓은 것으로 전한다.

『주역』의 기원과 작가에 대해서는 전통적으로 복희伏羲가 팔괘와 64괘를 그렸고, 문왕文王이 괘사를 짓고, 주공周公이 효사를 지었으며, 공자가 십익을 지었다고 말한다. 이 말대로라면 『주역』은 아득한 상고시대로부터 기원하여 주나라 초기에 그 골격이 갖추어지고 춘추시대의 공자에 의해 완성되었음을 알 수 있다.

일반적으로 우리가 알고 있는 것은 주역이지만 원래 이름은 역이다. 역이라는 글자에는 이간易簡·변역變易·불역不易 등의 의미가 함축되어 있다. '이간'이란 천지의 모든 현상들이 음과 양 두 효爻의 조화로 이루어졌기 때문에 알기 쉽고 따르기 쉽다는 뜻이다. '변역'은 천지 만물이 끊임없이 변화한다는 뜻으로, 예를 들어 낮이 가면 밤이 오고, 가을이 가면 겨울이 오고, 겨울이 가면 또다시 봄이 오는 것과 같은 것이다. '불역'은 변화하는 가운데 결코 변하지 않는 법칙이 있으니, 예를 들어 일월성신의 운행과 춘하추동 사계절의 교체는 항상 변화하지만 운행과 교체의 법칙은 수만 년이 지나도 바뀌지 않는 것이다.

'역'자의 구성과 뜻에 대해서는 여러 가지 설이 있는데, 그중에서 가장 대표적인 것으로는 도마뱀蜥蜴설과 일월日月설이 있다. 도마뱀설이란 '역'자를 도마뱀의 상형문자로 해석한 것으로, '역易'자의 윗부분 일日은 도마뱀의 머리를, 구口 안의 점은 눈을, 그리고 아랫부분의 물勿은 도마뱀의 몸체와 발과 꼬리를 상형한 것이다. 도마뱀은 주위 환경에 대응하여 하루에도 12번씩 피부 빛깔이 바뀌는 데 착안하여 자연현상이나 인간사도 변화무상하다는 이론에 근거를 둔 설이다. 일월설이란 역이 일日과 월月의 회의 문자에서 비롯되었다는 것이다. '일'은 양을, '월'은 음을 상징하므로 결국 음양의 양의에 입각하여 자연의 변화나 인간의 변화가 모두 음양의 조화로 이루어진다는 설이다.

오늘날 전해지는 역은 주역뿐이기 때문에 역과 주역은 동의어로 쓰이지만, 실제로 세 가지 역이 있었으니 연산역連山易·귀장역歸藏易·주역周易이 그것이다. 『주례周禮』「대복大卜」에는 "첫째는 연산이요, 둘째는 귀장이요, 셋째는 주역이다"라는 대목이 보이고, 정현鄭玄의 『역찬易贊』에는 "하나라에서는 연산이요, 은나라에서는 귀장이요, 주나라에서는 주역이다"라는 기록이 보인다. 즉 연산역은 하나라 때 사용한 것으로 간괘艮卦를 시작으로 64괘를 배열한 것이고, 귀장역은 은나라 때에 사용한 것으로 곤괘坤卦를 시작으로 64괘를 배열한 것이며, 주역은 주나라 때 사용한 것으로 건괘乾卦를 시작으로 64괘를 배열한 것이다. 즉 『주역』이 있기 이전에도 하나라 때의 연산과 은나라 때의 귀장과 같은 역서易書가 있었음을 알 수 있다.

(2)

『주역』을 읽기 전에는 반드시 괘와 효에 대한 몇 가지 개념과 용어에 대한 이해가 선행되어야 한다. 그 대략을 소개하면 다음과 같다.

역은 근본적으로 음(--)과 양(—)으로 이루어졌다. 「계사전」에는 "역에 태극이 있으니 이것이 양의를 낳고 양의가 사상을 낳고 사상이 팔괘를 낳는다"라고 하였다. 태극에서 음과 양으로 나뉘고, 음과 양은 또한 사상四象, 즉 노양老陽·소음少陰·소양少陽·노음老陰으로 나뉜다. 사상에서 팔괘, 즉 건乾·태兌·리離·진震·손巽·감坎·간艮·곤坤으로 나뉘고 팔괘가 겹쳐져서 64괘가 된다.

기본 괘인 팔괘가 상징하는 내용을 분류하면 아래와 같다.

괘체(卦體)	☰	☱	☲	☳	☴	☵	☶	☷
괘명(卦名)	건(乾)	태(兌)	리(離)	진(震)	손(巽)	감(坎)	간(艮)	곤(坤)
괘상(卦象)	하늘(天)	못(澤)	불(火)	우레(雷)	바람(風)	물(水)	산(山)	땅(地)
괘덕(卦德)	강건함(健)	기쁨(說)	붙음(麗)	움직임(動)	들어감(入)	험난함(險)	그침(止)	유순함(順)
가족	아버지(父)	소녀(少女)	중녀(中女)	장남(長男)	장녀(長女)	중남(中男)	소남(少男)	어머니(母)

효爻는 음과 양을 나타낸 최소 단위의 부호를 말한다. 즉 음은 -- 로, 양은 ━ 로 나타낸다. 효의 순서는 아래에서 위로 올라간다. 맨 아래 효를 초효라 하고, 아래에서 둘째 효를 2효라 하며 …… 맨 위의 효를 상효라 한다. 또 효의 순서에 음양의 구별을 붙여 초구(또는 초육), 구이(또는 육이) …… 상구(또는 상육)이라 하니 '구'와 '육'은 양과 음을 나타낸다. 또한 여섯 효를 사람의 사회적 지위에 맞추어 초효는 백성, 2효는 선비, 3효는 제후, 4효는 대신, 5효는 왕, 상효는 상왕을 나타내기도 한다.

괘는 효가 셋 겹친 ☰·☷·☵ 등이 소성괘小成卦이고, 소성괘가 둘 겹친 ䷀·䷁·䷂ 등이 대성괘大成卦이다. 대성괘에서 아래에 있는 소성괘를 내괘內卦 또는 하괘下卦라고 하고, 위에 있는 소성괘를 외괘外卦 또는 상괘上卦라고 한다. 대성괘의 내괘와 외괘만 가지고 설명이 미진할 때는 호괘互卦를 가지고 보충하기도 하는데, 대성괘의 2효에서 4효까지를 내호괘內互卦, 3효에서 5효까지를 외호괘外互卦라고 한다.

중中·정正과 부중不中·부정不正은 괘효의 덕을 표현할 때 쓰는 말이다. '중'은 내괘와 외괘의 가운데 자리에 있는 것으로 2효와 5효를 말한다. 이 자리에 양효가 있으면 강중剛中이라 하고, 음효가 있으면 유중柔中이라 한다. 양효가 양의 자리인 초효·3효·5효에 있고 음효가 음의 자리인 2효·4효·상효에 있으면 '정'이고, 양의 자리에 음이 있고 음의 자리에 양이 있으면 '부정'이다. 특히 내괘와 외괘의 가운데 효가 '정'의 자리에 있는 것을 중정中正이라 하여 길한 것을 나타낸다.

응효應爻는 내괘와 외괘의 각 효가 2효씩 격한, 즉 초효와 4효, 2효와 5효, 3효와 상효 상호 간의 관계를 두고 이르는 말이다. 이때 서로 다른 양효와 음효로 상응하는 것을 정응正應이라 하고, 서로 같은 양효끼리 또는 음효끼리 상응하는 것을 적응適應이라 한다.

비효比爻는 아래위에 서로 이웃한 효, 즉 초효와 2효, 2효와 3효, 3효와

4효, 4효와 5효, 5효와 상효 사이의 관계를 두고 이르는 말이다. 이때에도 서로 다른 양효와 음효가 이웃하고 있을 때가 같은 양효끼리 또는 음효끼리 이웃하는 것보다 친근한 정을 주고받을 수 있다.

승承과 승乘은 아래위에 서로 이웃한 두 효가 음효와 양효인 경우에 해당한다. 양효가 위에 있고 음효가 아래에 있으면 아래에 있는 음효는 위에 있는 양효에 대해서 승承의 관계에 있고, 반대로 음효가 위에 있고 양효가 아래에 있으면 위에 있는 음효는 아래에 있는 양효에 대해서 승乘의 관계에 있다. 일반적으로 승承은 길한 뜻을, 승乘은 흉한 뜻을 나타낸다.

(3)

김경방 · 여소강의 『주역전해』를 처음 접하게 된 것은 대학원 시절 최영진 선생의 주역 수업을 통해서였다. 최영진 선생은 수업 도중 몇 번씩이나 『주역전해』의 해설이 명쾌하고 분명하다고 감탄하셨다. 이를 계기로 『주역전해』가 훌륭한 책이라는 사실을 알게 되었으며, 당시에도 막연하게나마 우리말로 번역해 놓았을 때 공부하는 초학자들에게 매우 유익할 것이라는 생각이 들었다.

그 후 유학, 즉 성리학과 관련된 많은 번역서를 내면서 『주역』에 대한 공부를 도외시할 수 없다는 사실을 절감하였다. 그 와중에 최영진 선생의 도움으로 『주역전해』 번역을 시작할 수 있었고, 지금 이 책이 나오기까지도 선생님의 많은 가르침에 힘입은 바가 크다. 이 기회를 통해 다시 한번 감사의 마음을 전한다.

원래 『주역전해』는 1989년 길림대학출판사에서 처음으로 출판되었으며, 2005년에는 상해고적출판사에서 수정본 『주역전해』가 출판되었다. 이 책은 수정본 『주역전해』를 번역한 것이다. 어떤 사람들은 수정 전의 『주역전해』가 내용이 더 분명하다고 지적하기도 하였다. 그러나 역자는 김경방과 여소강이 수정해야 할 필요성을 분명히 강조했던 것에서 알 수 있듯이, 수정본 『주역전해』가 수정 전 『주역전해』보다 내용이 더 풍부하고 해설이 더 분명하리라고 생각하였다. 왜냐하면 수정본 『주역전해』에서는 요명춘의 고증학적 성과를 받아들였을 뿐만 아니라 호후의 '체괘주효' 설로 기존의 괘변설을 대신하였으며, 동시에 수정 전 『주역전해』가 갖는 문제점에 대한 독자들의 견해를 종합할 수 있었기 때문이다. 이러한 몇몇 이유로 수정본 『주역전해』를 번역하였다.

번역서에는 독자의 편의를 위해 몇 가지 사항을 보완하였다. ①『주역』 경문經文에 대한 해석은 김경방과 여소강의 해설에 따랐으며, ②내용에서 〈 〉 표시는 표현을 명료하고 부드럽게 읽을 수 있도록 역자가 보충하여 서술한 것이며, ③보충 설명이 필요하거나 원서에 인용된 인물과 사건 등을 설명하기 위해 (역자 주)를 충실히 달았다. ④『주역전해』 한국어판 출판은 분량이 많아 상 · 하 두 권으로 나누었으며, 분량의 현격한 차이 때문에 리괘離卦를 끝으로 하는 상경上經과 함괘咸卦를 시작으로 하는 하경下經으로 나누지 않고, 64괘 중 36 명이괘明夷卦를 끝으로 상 · 하 두 권으로 나누었음을 밝혀 둔다. ⑤또한 이 책을 저술한 김경방과 여소강 두 분이 모두 작고함에 따라 상해고적출판사에서 이 책의 한국어 출판을 승인해 주었음을 밝힌다.

끝으로, 『주역』 전공자가 아닌 초학자로서 이러한 대작을 완역해 낼 수 있어서 너무도 기쁘다. 분량 면에서도 알 수 있듯이 많은 시간이 들었고 많은 인내가 필요했다. 번역하여 출판하는 3년의 시간 사이에는 역자의 정신적 의지처였던 언니가 뇌출혈로 세상을 떠나는 슬픈 일을 겪기도 하였다. 그런 와중에도 번역 작업은 계속되었고 결국은 출판의 결실을 보게 되었다. 이 모든 결실의 기쁨을 유명幽明을 달리한 언니에게 전하고 싶다. 먼 세상에서나마 함께 기뻐해 주리라 믿는다. 그리고 이 책의 출판을 허락해 주신 심산출판사 최원필 사장님께 감사드리고, 번거로운 교정과 편집 일을 맡아 준 이찬희 선생께도 고마움을 표한다.

2013년 11월 20일

안유경

周易上經

주역상경

1
건괘(乾卦)

䷀ 건하건상乾下乾上

이것은 64괘의 첫 번째 괘로, 괘의 이름은 건乾이며 여섯 개의 양효陽爻로 이루어졌다. 양효는 '—'의 부호로 표시한다. 왜냐하면 '—'는 홀수이고 홀수는 양의 숫자이기 때문이다. 양효와 서로 대응하는 음효는 '--'의 부호로 표시한다. 왜냐하면 '--'는 짝수이고 짝수는 음의 숫자이기 때문이다. '건하건상乾下乾上'은 주석의 글이지 경서의 글이 아니며, 후대 사람들이 이것으로 한 괘의 괘체卦體의 구성을 설명하였다. '건'이 가리키는 것은 3획괘, 즉 여덟 개 경괘經卦[1]의 '건'이다. 아래의 '건'은 내괘內卦를 가리키고, 위의 '건'은 외괘外卦를 가리킨다. 64괘는 모두 3획괘가 겹쳐져서 이루어진 것이다. 옛날에는 세 가지 역서易書가 있었으니, 『주례周禮』「대복大卜」에 근거하면 다음과 같다.

삼역三易의 법을 관장하였으니, 첫째는 『연산連山』이고 둘째는 『귀장歸藏』이

---

1) 경괘(經卦)는 기본 괘로, 건(乾☰)·곤(坤☷)·진(震☳)·감(坎☵)·간(艮☶)·손(巽☴)·리(離☲)·태(兌☱) 여덟 개를 말한다.(역자 주)

며 셋째는 『주역周易』이다. 기본 괘는 모두 8개이고, 거기서 갈라져 나온 괘가 모두 64개이다.[2)]

『주역』 이전의 두 역서로 『연산』은 하나라 시대의 것이고 『귀장』은 은나라 시대의 것이다. 『연산』과 『귀장』에도 『주역』과 마찬가지로 8괘와 64괘가 있다. 다시 말하면, 8괘와 64괘의 출현은 하나라 시대보다 늦지 않다. 먼저 여덟 개의 3획괘가 있는데, 이로써 만사만물의 여덟 가지 성질을 대표한다. 3획괘의 '건'은 만사만물 중에 '건'의 이러한 성질을 대표한다. '건'은 실제로 강건함[健]이다. 여덟 개 3획괘의 성질은 각각 하나가 있어서 어떠한 때와 장소를 막론하고 모두 변할 수 없지만, 취한 상은 각각 많이 있어서 때와 장소에 따라 변화하고 일정하지 않다. 3획괘 '건'은 하늘을 상징할 수 있고, 또한 말·머리·아버지·임금 등을 상징할 수 있다. 3획괘는 여덟 개만 있어 이것만으로는 변화무궁한 사물의 동태 과정을 반영하기에 부족하다. 이에 8괘가 겹쳐져서 64괘가 되었다. 64개의 6획괘가 대표하는 사물의 성질은 여덟 개의 3획괘보다 더 구체적이고 취한 상도 더 안정되었다. 3획괘 '건'의 성질은 강건함[健]이고, 6획괘 '건'의 성질은 지극히 강건함[至健]이다. 3획괘 '건'이 취한 상은 하늘이고, 6획괘 '건'이 취한 상도 하늘이다. 하늘은 가장 큰 양물陽物이고 가장 큰 강건함이다. 6획괘 건은 하늘과 같은 성질, 즉 '순양으로 지극히 강건한[純陽至健]' 성질을 가지고 있다. 『주역』 64괘는 건괘를 첫머리에 두는데, 이 점은 간단하지 않고 은주 시기 사람들의 관념상의 일대 변화를 반영한다. 은나라 사람은 모계 혈통을 중시하였기 때문에 은나라 역인 『귀장』은 곤괘를

2) 『周禮』, 「春官·大卜」. "掌三易之法, 一曰連山, 二曰歸藏, 三曰周易. 其經卦皆八, 其別皆六十有四."

첫머리에 두고 건괘를 그다음에 두었으며, 반면 주나라 사람들은 부계 혈통을 중시하였기 때문에 『주역』은 건괘를 첫머리에 두고 곤괘를 그다음에 두었다. 주대周代의 거의 모든 제도는 건괘를 첫머리에 두고 곤괘를 다음에 두는 관념을 반영하고 있다. 『주역』이 건괘와 곤괘 두 괘를 64괘의 첫머리에 둔 것은 주나라 사람의 자연철학과 밀접한 관계가 있다. 『주역』의 작가는 천지가 만물의 본원이고 천지간에는 오직 만물이 있을 뿐이라고 보았다. 그러나 "역은 천지와 더불어 표준이 되기 때문에 천지의 도를 두루 포괄할 수 있으며"[3], "천지와 서로 같으며"[4], "천지의 조화에 따라 일을 처리하여 잘못이 없고, 만물을 곡진히 이루어서 빠뜨리는 것이 없다"[5] 이처럼 『역』이라는 책은 광대하여 모두 구비하였으니 "하늘의 도가 있고 땅의 도가 있고 사람의 도가 있다"[6] 『역』은 천지와 천지가 생성한 만물의 모사模寫이고, 천지와 천지가 생성한 만물은 『역』의 근원이다. 천지의 도는 모두 『역』의 범위 안에 있다. 건과 곤은 하늘과 땅을 상징한다. 하늘과 땅이 만물보다 먼저 있기 때문에 건과 곤이 64괘의 첫머리에 있다. 64괘는 만물을 상징하기 때문에 둔괘와 몽괘의 여러 괘가 건괘와 곤괘의 다음에 놓였다. 『역위易緯』 「건착도乾鑿度」에서 건과 곤이 "음양의 근본이고 만물의 조상이다"[7]라고 말한 것은 매우 정확하다. 이것은 「계사전」에서 말한 "건곤은 『역』의 문이다"[8], "건곤은 『역』의 온축이다"[9]라는 의미와 완전히 일치한다. 우리가 『주역』을 연구하는 데 특별히 건괘와

---

3) 『周易』, 「繫辭傳(上)」, 第4章. "易與天地準, 故能彌綸天地之道."
4) 『周易』, 「繫辭傳(上)」, 第4章. "與天地相似."
5) 『周易』, 「繫辭傳(上)」, 第4章. "範圍天地之化而不過, 曲成萬物而不遺."
6) 『周易』, 「繫辭傳(下)」, 第8章. "有天道焉, 有地道焉, 有人道焉."
7) 『易緯』, 「乾鑿度」. "陰陽之根本, 萬物之祖宗."
8) 『周易』, 「繫辭傳(下)」, 第4章. "乾坤其易之門."
9) 『周易』, 「繫辭傳(上)」, 第13章. "乾坤其易之縕."

곤괘를 중시해야 한다. 그것이 64괘 가운데 두 괘로 그 자체의 의미가 있다는 것을 알아야 할 뿐만 아니라, 그것이 64괘의 조상이고 64괘의 근본임을 잊어서도 안 된다.

乾, 元亨利貞.(건은 크고 형통하고 이롭고 바르다.)

☰은 건괘의 부호이고 문자로 나타낸 것이 '건'이다. 괘의 부호는 매우 중요하니, 만약 문자만 있고 부호가 없으면 『역』도 『역』이 될 수 없다. 한 괘의 사상적 의미는 모두 한 괘 혹은 6개 괘획으로 이루어진 부호로 나타낸다. 그러나 부호만 있고 문자나 명칭이 없는 것도 안 되기 때문에 괘의 부호가 있은 뒤에 또한 괘의 명칭이 있고 동시에 괘사卦辭가 있다. 8개 3획의 부호와 64개 6획의 부호는 누가 그린 것이고 누가 겹쳐 놓은 것인지, 옛사람들은 서로 모순된 견해를 가지고 있어서 모두 설득력이 없다. 우리는 지금 그것이 아득히 먼 고대에 발생하였거나 원시사회에 발생하였다고 말할 수 있을 뿐이다. 괘의 문자나 명칭 및 괘사가 누구의 손에서 나왔는지에 대해, 옛사람들은 은주 시기에 발생하였고 문왕文王이 지은 것이라고 하였다. 이것은 실제 상황에 부합한다.

'원형이정元亨利貞' 네 글자는 괘의 아래에 연결되어 있는데, 이를 '괘사'라고 한다. 괘사는 단사彖辭라고도 부르기 때문에 공자가 괘사를 해석한 글을 「단전彖傳」이라고 한다. 단彖은 단斷의 뜻이니, 단斷은 판단하거나 개괄함이다. 단사는 가능한 간결하고 세련된 말로 한 괘의 괘 뜻을 개괄한다. 많은 괘의 단사는 상象으로 나타내는데, 건괘는 하늘의 형체를 상으로 취한 것이 아니라 하늘의 성질을 상으로 취한 것이다. 하늘의 성질을 한 글자로 개괄하면 바로 '강건함'이다. '건'은 바로 강건함이다. 강건함은 무엇인가? 강건함은 천체天體가 규칙적으로 운행하여 영원히 그치지 않으며 어떤 힘으로도 저지하거나 바꿀 수 없는 것이다. 괘사의 '원형이정'은 바로 강건함이다. 합하여 말하면 강건함이고, 나누어 말하면 원형이정이다. 옛사람들이 '원형이정'을 춘하추동으로 해석한 것은 일리가 있다. 춘하추동은 천체 운행의 분명한 지표이니, 옛사람들은 춘하추동이 서로 교대하고 바뀌는 속에서 천의 운동변화를 보았고 천행天行의 강건함을 보았다. 『논어』에 있는 "천이 무엇을 말하더냐? 사계절이 운행하고 온갖 만물이 자라는데, 천이 무엇을 말하더냐!"[10]라는 공자의 말이 바로 이 뜻이다. 이 춘하추동을 '춘하추동'이라 하지 않고 '원형이정'이라고 말한 것은, 만약 '춘하추동'이라 하면 강건함의 특징을 죽이지만 '원형이정'은 자연계의 춘하추동을 가리킬 수 있을 뿐만 아니라 또한 인사人事상의 문제, 예를 들어 사람의 인의예지 사덕四德과 다른 건괘의 강건한 뜻을 갖는 사물을 가리킬 수 있기 때문이다. 전체적으로 말하면 '원형이정' 네 글자는 융통성이 있어서 '건'의 강건한 뜻을 갖는 모든 사람·일·사물에 적당할 수 있다는 것이다. 만약 '원형이정'이 춘하추동을 가리켜서 말하였다면, '원元'은 봄으로 한 해의 시작이고 만물이 발생하며, '형亨'은 여름으로 만물이 성장하며, '이利'는 가을로 만물이 성숙하며, '정貞'은 겨울로 만물을 거두어 저장한다. 만약 사람의 수덕修德으로 논한다면, '원'은 인仁에 해당되고, '형'은 예禮에 해당되며, '이'는 의義에 해당되고, '정'은 지智에 해당된다. '원형이정' 네 글자는 네 가지 독립된 의미이지만 긴밀히 서로 연관되어 있으므로 하나라도 빠뜨릴 수 없다. 네 글자가 합쳐져야 비로소 '강건하다'는 의미가 있다. 다른 괘의 괘사에도 어떤 것은 '원형이정'을 말하였지만 글자를 보탠 것이 있고[11], 어떤 것은 '원형이'만을

10) 『論語』, 「陽貨」. "天何言哉! 四時行焉, 百物生焉, 天何焉哉!"

11) 『周易』, 「屯卦」. "元亨利貞, 勿用有攸往, 利建侯." 「隨卦」. "元亨利貞, 无咎." 「臨卦」. "元亨利貞, 至于八月有凶." 「无妄卦」. "元亨利貞, 其匪正有眚, 不利有攸往." 「革卦」. "元

말하고 '정'이 없으며[12], 어떤 것은 '형이정'을 말하고 '원'을 말하지 않았으며[13], 어떤 것은 '원형'만 있고 '이정'을 말하지 않았거나[14], 어떤 것은 '이정'만 있고 '원형'을 말하지 않은 것이 있다.[15] 한 글자가 많거나 한 글자가 적은 것은 모두 온전하지 않으며, 온전하지 않는 것에는 '건'의 강건한 뜻이 없다. 다만 건괘에 순건純乾·순강純剛·지건至健이 있어야 비로소 '원형이정'의 네 글자에 해당될 수 있다.

初九, 潛龍勿用.(초구는 잠겨 있는 용이니 쓰지 말라.)

'초구初九'는 효의 제목이다. "잠겨 있는 용이니 쓰지 말라[潛龍勿用]"라는 것은 건괘 첫 번째 효의 효사爻辭이다. 효사는 한 효의 효 뜻을 해석한 것이다. 64괘의 괘사와 효사에 대해, 옛사람들은 문왕文王이 모두 지었다고 말하기도 하고, 괘사는 문왕이 지었고 효사는 주공周公이 지었다고 말하기도 한다. '괘사는 문왕이 지었다'는 것은 긍정할 수 있지만, 효사가 주공이 지었는지는 아직 연구되어야 필요가 있다. 그러나 효사와 괘사가 한 사람의 손에서 나온 것이 아니라고 하더라도, 발생한 시간이 서로 멀지 않고 모두 은주 시기이니 사실에 가까울 수 있다. '초구' 두 글자는 두 가지 뜻을 포함하니, 초初는 자리이고 구九는 효이다. 초구는 양효가 처음 자리에 있는 것이다. 괘를 그릴 때 여섯 효는 아래에서 위로 그려 나가기 때문에 괘의 여섯 효가 아래에서 위로 순서대로 초효初爻·2효二爻·3효三

亨利貞, 悔亡." 참조

12) 『周易』, 「蠱卦」. "元亨利." 참조

13) 『周易』, 「萃卦」, 「咸卦」. "亨利貞." 참조

14) 『周易』, 「大有卦」. "元亨." 참조

15) 『周易』, 「臨卦」, 「大畜卦」, 「恒卦」, 「遯卦」, 「大壯卦」. "利貞." 참조

爻·4효四爻·5효五爻·상효上爻라고 부른다. 첫 번째 효를 '초'라고 하면 여섯 번째 효는 종終이라고 해야 하고, 여섯 번째 효를 상上이라 하면 첫 번째 효는 하下라고 해야 한다. '종'이라고 해야 하나 '상'이라 하였고 '하'라고 해야 하나 '초'라고 한 것은, 첫 번째 효와 여섯 번째 효의 관계에 이미 종시終始의 뜻이 있고 또한 상하上下의 뜻이 있어서 호문互文[16]으로 뜻을 드러내는 방법을 취하였음을 나타내기 위한 것이다. 첫 번째 효를 '초'라고 말하면 여섯 번째 효에는 '종'의 뜻이 있으니 두 효는 '종시'의 관계이다. 여섯 번째 효를 '상'이라 말하면 첫 번째 효에는 '하'의 뜻이 있으니 두 효는 '상하'의 관계이다. 만약 첫 번째 효를 '초'라 하고 여섯 번째 효를 '종'이라고 하거나 여섯 번째 효를 '상'이라 하고 첫 번째 효를 '하'라고 말하면, 두 효의 '종시' 혹은 '상하'라는 일종의 관계만을 나타낼 수 있다. 양효는 어째서 구九를 써서 나타내는가? 이것은 점치는 법에 근거하여 나온 것이다. 사람들은 한 괘를 얻기 위해 점을 쳐야 한다. 점칠 때 49개의 시초蓍草를 사용하는데 둘로 나누고[分二], 하나를 걸어 두고[掛一], 넷씩 세고[揲四], 나머지를 되돌리는[歸奇] 네 단계를 거쳐서 마지막으로 7·8·9·6 네 숫자 중 하나를 얻는다. 7과 9는 홀수, 즉 양수陽數이니 만약 7을 얻거나 9를 얻으면 양효를 그린다. 6과 8은 짝수, 즉 음수陰數이니 만약 6 혹은 8을 얻으면 음효를 그린다. 192개의 양효는 모두 9를 쓰고 7을 쓰지 않으며, 192개의 음효는 모두 6을 쓰고 8을 쓰지 않는다. 이것은 9와 6은 변하고 7과 8은 변하지 않으며 『주역』은 변하는 효로 점치는 까닭 때문이다. 『주역』보다 더 오래된 『연산』과 『귀장』 두 역이 변하지 않는 효로 점치는 것에 근거하면, 아마도 그것들의 양효와 음효는 7과 8을

16) 호문(互文): 두 개 이상의 문장이나 글귀에서 양쪽의 설명이 서로 상통하여 뜻이 잘 통하도록 하는 서술법.(역자 주)

써서 나타내고 9와 6을 쓰지 않을 것이다. 건괘는 하늘을 상으로 취하였으나 '건'의 여섯 효는 용龍을 상으로 취하였는데, 이것은 「설괘전」의 "건乾은 하늘이고 진震은 용이다"[17]는 견해와는 맞지 않는다. 이러한 상황은 64괘 속에서도 많이 있지만 실제로 사람들을 곤혹스럽게 만든다. 이에 한나라 사람들은 호체互體·납갑納甲·효진爻辰·오행五行·비복飛伏 등의 여러 방법을 만들어 견강부회하거나 함부로 해석하였으니, 그 설이 비록 자세하였으나 통하지 않았고 오늘날에도 여전히 통하지 않는다. 이러한 문제는 위魏나라 왕필王弼에 의해 분명히 말해졌다. 왕필은 다음과 같이 말하였다.

> 뜻이 진실로 강건한 것에 있다면 어찌 반드시 말뿐이겠는가? 효가 참으로 유순한 것에 합한다면 어찌 반드시 소이어야 하겠는가?[18]

건괘의 강건함과 곤괘의 유순함의 의미를 나타낼 수 있으면 무슨 상을 취하든 융통성이 있으니 고집해서는 안 된다는 것이다. 괘는 시대를 대표한다. 건괘라는 시대는 강건함, 즉 원형이정의 특징을 가지고 있기 때문에 하늘을 상으로 취하였다. 효는 한 시대 속의 한 단계를 대표한다. 효는 변화하는 것이고 동태적인 것이다. 건괘의 여섯 효는 부단한 변화, 즉 동

---

17) 『周易』, 「說卦傳」, 第2章. "乾爲天 …… 震爲龍."

18) 저자는 왕필의 글을 "義苟在健, 何必馬乎? 爻苟合順, 何必牛乎?"(『周易略例』 「明象」)라고 인용하고 있으나 왕필의 원문 내용과 약간의 차이가 있다. 원문은 "義苟在健, 何必馬乎? 類苟在順, 何必牛乎? 爻苟合順, 何必坤乃爲牛?"로 되어 있다. 또한 金景芳·呂紹綱 著, 『周易全解』, 吉林大學出版社, 1989년 판에는 왕필의 "義苟應健, 何必乾乃爲馬? 爻苟合順, 何必坤乃爲牛?(뜻이 참으로 강건함에 응한다면 하필 건이 말이 되어야만 하고 효가 참으로 유순함에 합한다면 하필 곤이 소가 되어야만 하겠는가?)"를 인용하고 있다.(역자 주)

태 속에서 건괘의 강건한 특징을 반영한다. 따라서 그것에는 올라가고 내려옴이 있으며, 위와 아래가 있으며, 크고 작음이 있으며, 잠기고 드러남이 있으며, 뛰어오름과 낢이 있으니 반드시 융통성이 있고 변화가 많다. 어떤 것이 이와 같을 수 있는가? 말은 될 수 없고 하늘은 더더욱 될 수 없다. 이와 같을 수 있는 것으로는 용이 있을 뿐이다. 용은 실제로 볼 수 없고 비할 데 없이 고귀한 동물이니, 그것을 건괘 여섯 효의 상으로 간주하는 것은 더없이 적합하다.

'잠용물용潛龍勿用'에서의 '잠'은 숨어 있음이다. '물용勿用'은 시행하거나 행동하는 바가 없는 것이다. 건괘의 초구는 양이 괘의 아래에 처해 있으니, 바로 양의 도가 장차 싹틀 것이지만 아직 싹트지 않은 때로 용이 숨어 엎드려 있는 것과 같아서 움직일 수도 없고 움직여서도 안 된다. 사람이 건괘 초구에 처했을 때는 숨어서 때를 기다려야 하고 시행하거나 행동함이 있어서는 안 된다.

九二, 見龍在田, 利見大人.(구이는 나타난 용이 밭에 있으니 대인을 보는 것이 이롭다.)

'현見'은 나타남이다. '전田'은 땅 위이다. 괘에는 천·지·인 삼재三才가 있으니 5효와 상효는 천도天道이고, 3효와 4효는 인도人道이며, 초효와 2효는 지도地道이다. 2효는 '지도'의 위에 있고 '지도'의 위가 바로 밭이기 때문에 구이는 "나타난 용이 밭에 있다[見龍在田]"라고 하였다. "나타난 용이 밭에 있다"라는 것은 용이 이미 잠겨 있던 곳에서 나오거나 숨어 있던 곳을 떠나서 지상에 출현하였으니, 마땅히 작용을 발휘하여 시행하는 바가 있는 때에 이른 것이다. 자연계에서 말하면, 이것은 양기의 싹이 발하여 이미 지상으로 올라가서 만물이 머지않아 소생하는 것이다. 인사

人事에서 말하면, 구이는 강건하고 중中을 얻어 대인大人의 상이 있다. 『역』에서 '대인'은 모두 덕과 지위를 동시에 갖춘 사람을 가리킨다. 구이는 비록 군주의 자리는 아니지만 군주의 덕이 있으며, 또한 건괘는 다른 괘와 달리 항상 한 효가 하나의 상을 취하고 한 효가 한 사람을 대표한다. 건괘의 여러 효가 하나의 상을 공유하니 '잠룡潛龍'에서 '항룡亢龍'까지 모두 한 마리의 용이다. 그것들이 대표하는 사람도 한 사람이니, '물용勿用'에서 '유회有悔'까지 모두 한 사람이 서로 다른 시간 속에서의 다른 경우와 표현이다. 이 용은 고귀한 동물이고 이 사람은 보통 사람이 아니며, 지금 또한 '중'에 처해 있기 때문에 '대인'이라 불렀다. 이 큰 덕을 가진 대인이 이미 세상에 나왔으니, 그 은혜가 반드시 천하에 미칠 것이고 천하 사람들이 모두 기쁘게 그를 보기 때문에 "대인을 보는 것이 이롭다[利見大人]"라고 하였다.

九三, 君子終日乾乾, 夕惕若, 厲, 无咎.(구삼은 군자가 종일토록 힘쓰고 힘쓰다가 저녁이 되어 편안히 쉬면 위태로우나 허물이 없을 것이다.)

양으로 3효의 자리에 있기 때문에 '구삼'이라 하였다. 구삼은 자리가 '중'을 얻지 못하였기 때문에 '대인'이라 부르지 않았다. 그러나 양효가 양의 자리에 있어 '정'을 얻었기 때문에 군자라고 하였다. 효에는 음양이 있고 자리에도 음양이 있다. 3효와 5효는 홀수이고 홀수는 양에 속하니 양의 자리이다. 2효와 4효는 짝수이고 짝수는 음에 속하니 음의 자리이다. 양효가 양의 자리에 있고 음효가 음의 자리에 있는 것이 '정正'이다. 양효가 음의 자리에 있거나 음효가 양의 자리에 있는 것은 '부정不正'이다. '정'을 얻으면 좋고, '부정'을 얻으면 좋지 않다. 여섯 효 중에 초효와 상효는 자리가 없는 것에 속하니 '정'과 '부정'의 문제를 문제 삼지 않는다. 2효와 5효는 모두 '중'에 있고, '중'에 있는 것은 '정'을 얻는 것보다 중요하다. '중'에 있으면서 또한 '정'을 얻는 것이 가장 좋지만, 비록 '정'을 얻지 못하더라도 '중'에 있으면 또한 '정'을 얻은 것으로 볼 수 있다. 한 괘 중에서 '정'을 얻고 '정'을 얻지 못한 관계가 가장 중대한 것은 3효와 4효이다. 건괘 구삼은 양으로써 양의 자리에 있어 '정'을 얻었으니, 이 점은 매우 중요하다. '정'을 얻은 것이 "종일토록 힘쓰고 힘쓰다가 저녁이 되어 편안히 쉬면 위태로우나 허물이 없을[終日乾乾, 夕惕若, 厲, 无咎]" 수 있게 한다. '종일건건終日乾乾'은 종일토록 삼가고 두려워하며 '스스로 힘쓰고 쉬지 않는 것[自强不息]'[19]이다. '석척약夕惕若'은 저녁에 이르렀어도 마음이 걱정하고 두려워하여 조금의 해이함도 있지 않는 것이다. 이것은 전통적 해석으로, 왕필의 『주역주周易注』와 공영달孔穎達의 『주역정의周易正義』에서 제기하여 역대 대다수 사람들이 받아들인 견해이다. 1990년대에 와서 저명한 청년 역학자이자 청화淸華대학 교수인 요명춘廖名春은 백서帛書 『역전』의 새로운 자료에 근거하고, 또한 「문언전文言傳」과 서로 대조하고 『회남자淮南子』 「인간훈人間訓」 자료의 증거를 참고하여 『주역』 주석의 해석을 수정하였다. '석척약夕惕若'의 척惕 자가 백서 『역전』에는 기沂로 쓰였으며 기沂는 본래 석析으로 썼다. 기沂·석析·척惕은 그 뜻이 일치한다. 본래는 '없앤다'는 뜻이었지만 '편안하고 한가롭게 쉰다'는 뜻으로 전이되었다. 요명춘이 '척'자를 편안하고 한가롭게 쉬는 것으로 해석한 것은 옳다. 이 때문에 요명춘은 건괘 구삼의 효사에서 강조한 것이 '때'라고 인정하고, 군자에게 때에 따라 행하거나 그칠 것을 요구하였다. 그는 『회남자』 「인간훈」의 "종일건건終日乾乾은 양으로써 움직

19) 자강불식(自强不息)은 스스로 힘쓰고 쉬지 않는다는 뜻으로 끊임없이 노력하는 것을 말한다.(역자 주)

이는 것이고, 석척약려夕惕若厲는 음으로써 쉬는 것이다. 낮이 되면 움직이고 밤이 되면 쉬는 것은 오직 도가 있는 자만이 행할 수 있는 것이다"[20] 라는 견해가 옳으며, 근본적으로 우환의식을 말한 것이 아니라고 정확히 지적하였다.[21]

九四, 或躍在淵, 无咎.(구사는 혹 뛰어오르거나 연못에 있으면 허물이 없을 것이다.)

양효가 4효의 자리에 있고 4효는 군주의 자리인 5효와 매우 가까우니 두려움이 많은 곳이다. 구九는 양효이고, 양효이면서 음의 자리에 있으니 더욱 조심하고 신중해야 하며 경거망동해서는 안 된다. 때가 나아갈 수 있으면 나아가고 때가 나아갈 수 없으면 물러나서, 나아가고 물러남이 때에 따라 결정되기 때문에 용이 혹 뛰어오르거나 연못에 있는 상이다. '혹或'은 정해지지 않는 말이다. '약躍'은 도약이다. 도약은 나는 것과 다르니, 나는 것은 연못을 떠나가는 것이고, 도약은 나는 준비 동작으로 날고자 하지만 아직 날지 않는 상태이다. '연淵'은 깊은 물로 용이 편안히 사는 곳이다. 어떤 경우는 도약하여 연못을 떠나고 어떤 경우는 연못 속에서 움직이지 않지만, 도약하든 연못에 있든 간에 상황을 보고 결정해야 한다. 구사는 이 점을 이룰 수 있다. 구사가 양효로 음의 자리에 있어 '부정'한 것은 불리한 일면이지만 유리한 일면도 있다. 즉 양은 나아가는 것을 주로 하고 음은 물러나는 것을 주로 하는데, 양이 음의 자리에 있으니 때에 따라 나아가고 물러날 수 있다. 또한 구사는 상체의 아래에 있고 하

20) 『淮南子』, 「人間訓」. "終日乾乾, 以陽動也. 夕惕若厲, 以陰息也. 因日而動, 因夜以息, 唯有道者能行之."

21) 『周易硏究』, 1999年 1期에 수록된 요명춘, 「周易乾坤卦爻辭五考」에 보인다.

체에서 상체로 진입하는 변혁의 때에 있으니, 나아가고 물러남이 아직 결정되지 않는 뜻이 있다. 이미 때를 기다려서 나오고 가능성을 보고 움직일 수 있다면 어디에 허물이 있을 수 있겠는가?

九五, 飛龍在天, 利見大人.(구오는 나는 용이 하늘에 있으니 대인을 보면 이로울 것이다.)

양효가 5효의 자리에 있기 때문에 '구오九五'라고 하였다. 구오는 강건하고 '중'에 있고 '정'을 얻었으며 또한 군주의 자리에 있으니, 모든 괘 중에서 가장 좋은 효이다. 건괘의 경우는 다른 괘의 경우와 다르다. 건괘는 순양純陽이고 지극히 강건한 괘이니, 건괘 구오는 강건할 뿐만 아니라 강건하고 순수하며, 중정할 뿐만 아니라 중정하고 순수하다. 강건하고 중정하며 순수함이 지극하여 군주의 덕이 있고 또한 군주의 지위가 있다. 양기가 아래에서 올라와서 여기에 이르면 이미 성대함이 하늘에 이르고, 용이 아래에서 올라와서 잠겨 있고[潛] 나타나고[見] 편안히 쉬고[惕] 뛰어올라[躍] 여기에 이르면 이미 하늘을 나니, 사람에서 말하면 구오는 덕이 높고 지위도 높으며 강건하고 중정하며 순수하여 이미 성인의 경지에 들어섰음을 나타낸다. 성인은 군자나 대인 중에서 가장 훌륭하고 가장 위대한 자이니, 그의 수양·지혜·능력과 지위는 어떤 어려움에 대해서도 자유자재로 대처할 수 있다. 용이 하늘을 날고 있는 것처럼 거룩하고 고귀하며 자유롭게 뛰어넘어 구름·천둥·바람·비가 동시에 내리는 데 이르러 온 천하가 그 이로움을 받는 것과 같다. 이러한 대인은 천하 사람에게 이롭게 보이는 것이다.

上九, 亢龍有悔.(상구는 지나치게 높이 오른 용이니 후회가 있다.)

양효가 상효에 있기 때문에 '상구上九'라고 하였다. 상효는 한 괘 중에서 가장 마지막 효이다. 자리가 끝에 처해 있으며, 일이 이미 끝나고, 때가 이미 중간을 지났기 때문에 초효의 좋은 것만 못하다. 초효는 대체로 허물을 면할 수 있으나 상효는 언제나 구제할 수 없다. 괘가 발전하여 상효에 이르면, 좋은 일이든 나쁜 일이든 모두 작은 것이 쌓여 성대해지고 궁함이 다하여 변하는 정도에 이른다. 어떤 것은 변할 수 없으며, 어떤 것은 변하지 않을 수 없다. 나쁜 일이 나쁘게 극처極處에 이르면 장차 좋은 것으로 변하는데, 효사는 '어떻게 좋게 변할 수 있는지'의 방법을 가리켜 준다. 좋은 일이 좋게 극처에 이르면 장차 나쁘게 변하는데, 효사는 어떻게 보존하면 나쁘게 변하지 않을 수 있는지의 방법을 알려 준다. 어떤 상황이든 그 결과가 어떠하든 길吉·흉凶·회悔·린吝이니, 효사에서는 모두 간명하고 알기 쉬운 답안을 준다. 반드시 성공할 것은 효사에서 곧바로 '길'이라 하고, 반드시 실패할 것은 효사에서 곧바로 '흉'이라고 한다. 길흉이 아직 정해지지 않아 성패득실成敗得失이 주관적인 노력이 어떠한지를 보고, 잘못을 알고 고칠 수 있는 것은 효사에서 '회悔'라고 하고, 잘못을 알지만 고칠 수 없는 것은 효사에서 '린吝'이라고 한다. '회'는 길한 것보다 우선한다. '회'는 잘못이 있으면 고칠 줄 알고 문제가 있으면 해결할 줄 알아서 좋게 바뀔 수 있기 때문이다. '린'은 흉하는 근본이다. '린'은 잘못이 있어도 고치지 않고 문제가 있어도 해결할 수 없으니 반드시 나쁘게 바뀌기 때문이다. 전체적으로, 상효는 비교적 알기 쉬우나 다른 여러 효와 달리 항상 한 효에 뜻이 많아 알기가 쉽지 않다. 그러나 분명한 것은 모든 상효가 '회'와 '린'이라는 두 가지 상황에 속하는 것이지만, 대부분 '회'와 '린'을 분명히 말하지 않아 그 뜻이 항상 효사가 취하는 상 속에 포함되어 있으니, 『역』을 읽는 자가 스스로 체득해야 한다. 건괘 상구의 '항룡유회亢龍有悔'는 뜻이 분명하여 비교적 이해하기가 쉽다. '항'은 지나치다는 뜻이다. 구오는 나는 용이 하늘에 있어서 용이 이미 매우 높은 곳에 이르렀고 양기가 이미 지극히 성대한 때에 이르러서 강건剛健하고 중정中正하여 더 이상 좋을 수가 없다. 상구에 와서는 용이 이미 높이 올랐고 양이 이미 지나쳤으니, 나아가는 것을 멈추고 물러날 때에 이르렀으나 계속 전진하고 물러나지 않으면 반대로 나아가기 때문에 후회가 있다. 후회가 있고 문제가 있지만, 조심하여 해결할 수 있고 잘못이 있지만 고칠 수 있다. '높이 오른 것[亢]'은 상구의 객관적 경우이고, '후회[悔]'는 상구의 주관적 수양이다. 상구의 핵심은 '회悔' 자에 있으니, 오직 후회가 있어야 때를 알고 변화에 통하여 건도乾道가 끝나는 데 이르지 않게 할 수 있다.

用九, 見群龍无首, 吉.(용구는 여러 용을 보되 머리가 없으면 길하다.)

건괘와 곤괘 두 괘의 경우, 다른 괘와 달리 여섯 효 뒤에 '용구用九'와 '용육用六'이 나온다. 건괘의 '용구'는 여섯 효가 모두 9를 쓰고 7을 쓰지 않는 것을 말한다. 곤괘의 '용육'은 여섯 효가 모두 6을 쓰고 8을 쓰지 않는 것을 말한다. 7·8·9·6은 무엇을 의미하는가? 괘는 점을 쳐서 얻는다. 점치는 방법에 근거하면, 점을 칠 때는 49개의 시초를 사용하고 사영四營과 삼변三變[22]을 거쳐 하나의 숫자를 얻는다. 이 숫자에는 네 가지 가능성이 있으니 7이 아니면 8이고, 8이 아니면 9이며, 9가 아니면 6이다. 9와 7은 홀수, 즉 양수陽數이니 9를 얻거나 7을 얻으면 양효를 그린다. 6과 8은 짝수, 즉 음수陰數이니 6을 얻거나 8을 얻으면 음효를 그린다. 이처럼 여

22) 삼변(三變)은 사영(四營)을 세 번 되풀이하는 것. 괘(卦) 하나를 그리기 위해서는 사영이 18번 되풀이된다.(역자 주)

섯 번을 진행하면 여섯 효를 그려서 한 괘를 이룰 수 있다. 9와 7은 모두 양효이지만, 9는 변효變爻이고 7은 불변효不變爻이다. 6과 8은 모두 음효이지만, 6은 '변효'이고 8은 '불변효'이다. 괘를 이루는 문제에서 '변효'인 9·6과 '불변효'인 7·8은 같은 것이지만, 점치는 문제에서 둘은 매우 다르다. 괘를 이룬 후에 『주역』은 '변효'로 점치고 '불변효'로 점치지 않는다. 예를 들어 건괘의 경우 여섯 개 양효 중에서 몇 개는 9이고 몇 개는 7로 일정하지 않다. 『주역』은 9를 사용하여 점치고 7을 사용하여 점치지 않는다. '변효'의 의미는 비록 양효이지만 장차 음효로 변하는 것이고, 비록 음효이지만 장차 양효로 변하는 것이다. 어째서 9와 6은 '변효'이고 7과 8은 '불변효'라고 하는가? 이것은 옛사람들의 수학 관념과 관계가 있다. 수의 변화 과정은 질과 양의 상호 변화 과정이다. 양이 나아가면 음은 물러나기 때문에 9는 노양老陽이고 6은 노음老陰이며, 8은 소음少陰이고 7은 소양少陽이 된다. 7·8·9·6 네 개의 숫자 중에서 9는 양수陽數의 늙은 것이고 6은 음수陰數의 늙은 것이다. 늙은 것은 반드시 질적 변화를 발생한다. 양은 나아가는 것으로 나아감을 삼으니, 9가 이미 늙어서 나아갈 곳이 없으면 바로 물러나고 물러나서 8로 변하기 때문에 양이 음으로 바뀐다. 음은 물러나는 것으로 나아감을 삼으니, 6이 이미 늙어서 물러날 곳이 없으면 바로 나아가고 나아가서 7로 변하기 때문에 음이 양으로 바뀐다. '노양'과 '노음'의 변화는 질적 변화이기 때문에 '변효'라고 부른다. 7은 아직 늙지 않았고 나아갈 곳이 있으면 바로 나아가서 9가 되니, 양이 나아가나 여전히 양이 된다. 8은 아직 늙지 않았고 물러날 곳이 있으면 바로 물러나서 6이 되니, 음이 물러나나 여전히 음이 된다. '소양'과 '소음'의 변화는 양적 변화이기 때문에 '불변효'라고 부른다. 7·8·9·6이 무엇을 의미하는지를 알고, 또한 9와 6은 '변효'이고 7과 8은 '불변효'이며 『주역』이 '변효'로 점치고 '불변효'로 점치지 않는 것을 알면, 건괘 '용구'의 의미가 분명해진다. 건괘의 점쳐서 얻은 여섯 개 양효는 모두 9이고 7은 없다. 9는 '변효'이니, 변하여 6이 되는 것은 건괘가 변하여 곤괘가 되는 것과 같다. 그러나 그것이 곤괘이지만 곤괘와 같지 않는 것은 건괘가 곤괘로 변한 것이기 때문이다. 이것은 『주역』을 지은 사람이 건곤과 음양에 대립적 사상이 있고, 또한 건곤과 음양에 상호 전환하는 사상이 있음을 반영한 것이다. 건 속에 곤이 있고 곤 속에 건이 있어 건과 곤의 전환하는 사상을 나타내기 위하여 『역』을 지은 자가 건괘 여섯 효 뒤에 교묘하게 '용구'를 더하여 "여러 용을 보되 머리가 없으면 길하다[見群龍无首吉]"라는 말을 이어 놓았다. 이 말에는 '건'의 특징이 있고 또한 '곤'의 특징도 있다. 주희가 "여섯 양이 모두 변하였으니 강하면서 유순할 수 있다"[23]라고 말한 것은 옳다. "여러 용을 본다"는 것은 건의 강건함이고, "여러 용을 보되 머리가 없다"는 것은 곤의 유순함이다. 강건함을 체體로 삼고 유순함을 용用으로 삼아 강건하면서 유순할 수 있으니 길함을 얻는 것은 필연적이다. 정이程頤(1033~1107)는 '무수无首'를 "우두머리가 되지 않는 것"[24]으로 해석하였으니, 자질이 강건한 영웅 인물이 스스로 천하 사람들의 우두머리가 되지 말고 천하 사람들로 하여금 자신을 우두머리로 떠받들도록 하는 것을 말하니 일리가 있다. 전체적으로, 여기에서 말한 '군용무수群龍无首'는 오늘날 말하는 '군용무수'와 의미가 아주 다르다. 64괘 전체에 있는 여섯 효는 모두 변화의 문제이지만 유독 건괘와 곤괘 두 괘에만 '용구'와 '용육'이 있으니, 이것은 건과 곤이 『역』의 문이고 건과 곤이 문제 해결의 근본이기 때문이다. 또한 건과 곤은 순양純陽과 순음純陰으로 여섯 효가 모두 변하는데, 모두 양으로 변하거나 모두 음으로 변하

23) 『周易傳義』, 〈本義〉. "六陽皆變, 剛而能柔."
24) 『周易傳義』, 〈傳〉. "無爲首."

기 때문에 모두 '용구' 혹은 '용육'이라 말할 수 있다. 다른 62괘는 순양과 순음이 아니니, 설령 여섯 효가 모두 변하더라도 양으로 변하거나 음으로 변하여 뒤섞여 순수하지 않기 때문에 '용구' 혹은 '용육'이라 말할 수 없다. 요명춘은 백서 『주역』에 근거하여 건과 곤의 '용구'와 '용육'의 '용' 자가 본래 '통通' 자가 되어야 한다고 고증하였다. '통'은 전부나 모두의 뜻이다. '용구'와 '용육'은 바로 여섯 효가 모두 9이고 모두 6이라는 뜻이다. 요명춘의 설이 옳다.

「彖」曰: 大哉乾元, 萬物資始, 乃統天. 雲行雨施, 品物流形, 大明終始, 六位時成, 時乘六龍以御天. 乾道變化, 各正性命, 保合太和, 乃利貞. 首出庶物, 萬國咸寧.(「단전」에서 말하기를, 위대하다 건원이여. 만물이 <건원을> 바탕으로 시작하니 이에 하늘을 통솔하는구나. 구름이 움직여서 비가 내리니 만물이 <각자의 모습대로> 형체를 갖춘다. 시작과 끝을 크게 밝히면 여섯 자리가 때에 맞게 이루어지니, 때에 맞게 여섯 마리의 용을 타고 천도를 행한다. 건도가 변화함에 각각 성명을 바르게 하여 태화를 보합保合하니 이에 이롭고 바르다. 여러 사물 중에서 으뜸으로 나오니 모든 나라가 다 평안하다.)

'「단」왈'은 고본古本에 따르면 마땅히 '「단전」왈'로 되어야 하지만, 후대의 판본에서는 '전' 자를 빼 버리고 '「단」왈'로 바뀌었다. 괘 아래의 말, 즉 괘사가 '단彖'이다. 공자가 괘사를 해석한 글을 「단전」이라 한다. 공자는 『역경』을 위해 모두 10편篇 7종種의 전傳을 지었다. 「단전」은 그중의 하나이다. 이 10편의 전을 '십익十翼'이라고도 부른다. '십익'을 순서대로 배열하면, ①「단전(상)」, ②「단전(하)」, ③「상전(상)」, ④「상전(하)」, ⑤「계사전(상)」, ⑥「계사전(하)」, ⑦「문언전」, ⑧「설괘전」, ⑨「서괘전」, ⑩「잡괘전」이다. 『한서』 「예문지」에는 "『역경』이 12편이다"[25]라고 기록하고 있다. 12편은 상경上經·하경下經과 '십익'을 포괄한 것이다. 한대漢代 관방官方본에는 10편의 '전'이 두 편의 '경' 뒤에 붙어 있어 '경'과 '전'이 뒤섞여 있지 않음을 볼 수 있다. 유독 고문의 『역』을 전했던 비직費直[26]이 「단전」과 「상전」을 각 괘의 뒤에 두면서 처음으로 '경'과 '전'이 섞이지 않게 되었다. 동한東漢 말에 이르러 정현鄭玄과 위나라 왕필王弼이 연이어 『주역』을 주석하면서 사용한 것이 비직의 고문 『역』본이다. 한편으로는 비직의 방법을 계승하면서 다른 한편으로는 독자들이 『역』을 배우기 쉽도록 「단전」과 「상전」을 경문經文의 괘사와 효사 뒤에 붙여서 '경'과 '전'을 한데 합쳐 놓았다. 비직이 전해 준 『역』은 「단전」과 「상전」을 괘사와 여섯 효 효사의 말이 모두 끝난 뒤에 두었으나, 정현과 왕필이 주석한 『역』은 한 걸음 더 나아가 「단전」을 괘사의 뒤에 두고 「상전」을 「단전」의 뒤와 각 효의 효사의 뒤에 두었다. 다만 건괘에는 비직이 지키던 원래 방법이 있으니, 「단전」·「상전」과 「문언전」을 모든 괘의 경문經文 뒤에 두었다. 「단전」은 괘사를 해석한 것이다. 일반적으로 말하면, 먼저 괘명卦名을 해석한 다음에 괘사를 해석한다. 괘명과 괘사를 해석하는 목적은 한 괘의 뜻을 해석하는 데 있다. 괘명을 해석하는 것은 주로 괘상卦象·괘덕卦德과 괘체卦體에 근거한다. 어떤 것은 세 가지를 동시에 취하기도 하고, 어떤 것은 그중의 하나 혹은 둘을 취하기도 한다. 「단전」 중에 괘명을 해석한 글은 첫 번째 구절이 가장 중요하다. 「단전」에서 괘사를 해석한 글은 체제가 한결같지 않다. 어떤 것은 괘명의 의미에 근거하여 괘사를 전개하였고, 어떤 것은 괘상·괘덕·괘체를 섞어서 괘사를 말하여 괘사를 해석한

25) 『漢書』, 「禮文志」. "易經十二篇."

26) 비직(費直): 생몰년 미상, 자는 장옹(長翁), 동래(東萊: 지금의 萊州市) 출신이다. 서한(西漢) 고문역학(古文易學) '비씨학(費氏學)'의 창시자이다.(역자 주)

것과 괘명을 해석한 것이 한데 섞여서 구분하기가 쉽지 않다. 이것은 또한 이상하지 않다. 왜냐하면 괘사와 괘명은 본래 서로 연결되고 서로 통하여 의미가 일치하기 때문이다. 64괘 중에서 건乾·곤坤·감坎·리離·진震·간艮·손巽·태兌의 8개 순괘純卦에서 감괘를 제외하고, 「단전」에서는 모두 괘사만을 해석하고 괘명을 해석하지 않았다. 건괘 「단전」에서는 괘명을 해석하지 않고 처음부터 직접 "건은 크고 형통하고 이롭고 바르다[乾元亨利貞]"라는 말을 해석하였다.

"위대하다 건원이여. 만물이 〈건원을〉 바탕으로 시작하니 이에 하늘을 통솔하는구나[大哉乾元, 萬物資始, 乃統天.]"라는 구절에서, 괘사에서는 '건'을 말하면서 '건'이 취한 상이 하늘임을 말하지 않았으나, 공자가 「단전」을 지어 천도天道로써 '건'의 뜻을 밝히는 데 이르러서야 비로소 건괘가 취한 상이 하늘임을 분명히 지적하였다. 건괘가 취한 상이 하늘이지만 바로 하늘이 아니다. 하늘은 하늘의 형체를 가리켜서 말한 것이고, 건은 하늘의 성질에서 말한 것이다. 하늘의 성질은 강건함이고 강건하여 그치지 않는 것이 '건'이니, '건'은 바로 강건함이다. '건'과 강건함은 같은 것으로, 하늘에는 강건한 성질이 있기 때문에 '건'이 하늘일 수 있다. 그러나 강건한 성질을 가지고 있는 것은 하늘만이 아니라 다른 것도 있기 때문에 '건'은 또한 양陽·아버지·임금·말 등이 될 수 있다. 그렇다면 왜 건괘는 하늘을 상으로 취하고 다른 것을 상으로 취하지 않는가? 왜냐하면 하늘은 강건한 성질을 갖는 여러 사물 중에서 가장 큰 것이니, 하늘을 거론하면 다른 어떤 것도 모두 개괄되기 때문이다. 더 중요한 것은 하늘은 만물이 시작되는 소이所以이나, 다른 강건한 성질을 갖는 사물은 아니다. 때문에 공자가 「단전」을 지을 때 "만물이 〈건원을〉 바탕으로 시작하니 이에 하늘을 통솔하는구나"라는 말로 '건원乾元'의 위대함을 찬양하였다. '건원'은 무엇인가? '건원'은 하나의 뜻이고 두 가지 뜻이 아니니, '건의 원' 이지 '건' 과 '원' 이 아니다. '건의 원' 은 바로 '원형이정' 의 '원' 이다. '건의 원' 이라 하고 간단히 '원' 이라 말하지 않는 것은 '건의 원' 이지 어떤 다른 사물의 '원' 이 아님을 강조하기 위해서이다. '건의 원' 이 있어야 비로소 "만물이 〈건원을〉 바탕으로 시작하니 이에 하늘을 통솔하는" 작용이 있다. '원' 은 시작[始]이나 크다[大]로 해석하는데, 이는 만물이 처음 생겨나는 상태로서 만물이 '원' 에 의지하여 발생하고 시작된다는 것이다. '내통천乃統天' 은 비록 '원' 자를 말하지만, '원' 자는 천지가 만물을 낳는 법칙을 모두 포괄한다. 천지가 만물을 창조하는 것은 봄의 발생이 있어야 비로소 여름의 '형亨', 가을의 '이利' 와 겨울의 '정貞' 이 있다. 이 「단전」은 「서괘전」에서 말한 "천지가 있은 뒤에 만물이 생겨난다"[27]라는 것과 의미가 상통한다. 따라서 천지가 만물의 시작임을 말하였으며 또한 건과 곤이 『역』의 문이고 64괘의 조상임을 말하였다. 건괘(또한 곤괘)가 있어야 비로소 다른 여러 괘가 발생할 수 있다.

"구름이 움직여서 비가 내리니 만물이 〈각자의 모습대로〉 형체를 갖춘다[雲行雨施, 品物流形]" 라는 것은 괘사인 '형亨' 자를 해석한 것이다. 괘사인 '원 · 형 · 이 · 정' 네 글자가 「단전」에는 '원 · 이 · 정' 세 글자만 보이고 '형' 자가 보이지 않는다. "구름이 움직여서 비가 내리니 만물이 〈각자의 모습대로〉 형체를 갖춘다" 라는 두 구절은 글의 뜻에서 보면 '형' 자를 해석하기 위한 것임이 확실하다. 이 '형' 은 일반적으로 어떤 사물의 '형' 이 아니라 '건의 형' 이다. 건원乾元이 만물을 낳은 뒤에 만물이 성장하고 자라는 때에 진입하였음을 말한 것이다. 이때 천도의 운행은 형통하지 않음이 없으니 "구름이 움직여서 비가 내리니 만물이 형체를 갖추는 것" 으로 나타난다. '운행우시雲行雨施' 는 기氣의 형통함이니 기는 만물의 바탕이

27) 『周易』, 「序卦傳」. "有天地然後萬物生焉."

다. '품물유형品物流形'은 형체의 형亨이니 형체는 만물의 형체이다. 만물이 천天에 의지하여 생겨난 뒤에는 형질이 모두 갖추어지고 만물이 각각 분류되어 구별될 수 있다. 유流는 바로 물이 흐른다는 '흐름'이다. '유형流形'은 동태적인 것에서 만물의 형체를 본 것으로, 만물의 형체는 영원히 낳고 낳아 그치지 않는 변화 속에 있으니 그것들의 형체는 긍정적일 뿐만 아니라 또한 부정적이다. '품물品物'은 만물이다. 만물이라고 하지 않고 '품물'이라 말한 것은 만물이 각각 분류되어 만물에 각각 형체가 있음을 강조한 데 뜻이 있다.

"끝과 시작을 크게 밝히면 여섯 자리가 때에 맞게 이루어지니, 때에 맞게 여섯 용을 타고서 천도를 행한다[大明終始, 六位時成, 時乘六龍以御天]"라는 몇 구절은 하늘의 도를 말한 것이니, 이 세 구절은 하늘의 도로부터 사람의 도를 이끌어 낸 것이다. 「단전」에는 다음과 같은 특징이 있으니, 즉 「단전」에서는 항상 역상易象과 천도天道를 먼저 말한 뒤에 인사人事의 문제를 말한다는 것이다. 천도를 참조하여 인사를 말하고 인사를 통하여 천도를 보았다. 천도와 인사는 일치하는 것이니 역상과 천도를 말한 뒤에 반드시 인사의 문제를 응용하였다. 이 세 구절은 사람에게 어떻게 건괘의 원·형을 응용할 것인지의 문제를 알려 주었다. '대명종시大明終始'는 건괘를 연구하면 건도에 끝과 시작이 있어 '원'이 있으면 '정'이 있고 '정'이 없으면 또한 '원'이 될 수 없음을 분명히 하였다. 건괘의 여섯 효는 모두 때에 따라서 이루어지고 때에 따라 순응한다. 때가 잠겨 있어야 하면 잠겨 있고, 때가 나타나야 하면 나타나고, 때가 편안히 쉬어야 하면 편안히 쉬고, 때가 도약해야 하면 도약하고, 때가 날아야 하면 날고, 때가 높이 오르는 데 이르러야 하면 높이 오르는 것을 분명히 하였다. 여섯 용, 즉 건괘 여섯 효의 변화는 모두 '때'라는 글자 위에서 결정된다. 사람들이 '건의 도'의 이러한 특징을 분명히 하면 그로써 "천도를 행할 것이다[御天]."

'어천御天'은 사람이 '건의 도'를 부려서 인사에 미루어 행하는 것이다. 앞에서 말한 '통천統天'은 건에 원·형·이·정 사덕四德이 있으며, 하나의 '원'자가 원·형·이·정, 즉 건의 도를 모두 통섭하고 모두 관통하여 포괄한다는 말이다. 전체적으로 '건의 체體'의 문제를 말한 것이다. 여기에서 말한 '어천'은 '건의 용用'의 문제를 말한 것으로, 사람은 마땅히 건의 도를 파악하여 인사상의 문제로 응용해야 한다는 것이다.

"건도가 변화함에 각각 성명을 바르게 하여 태화를 보합하니 이에 이롭고 바르다[乾道變化, 各正性命, 保合太和, 乃利貞]"라는 몇 구절은 보기에도 '이·정'을 말한 것 같고 실제로 '이·정'을 말하였으나 '원·형'도 포괄한다. 왜냐하면 그것은 '건도변화乾道變化'가 어떠어떠하여 '내이정乃利貞'하는지를 말하였기 때문이니 '건도변화'에 어찌 '원·형'이 내재되어 있지 않겠는가? '건도乾道'는 건원乾元과 같은 것으로 모두 변화를 말한 것이다. 변화의 근원에서 말하면 '건원'이라 부른다. '원'에서 시작하여 '형'하고 '이'하며 '정'한 다음에 새로운 '원'이 시작된다. 건도에서 말하는 것도 원·형·이·정의 변화이지만 '건도'라고 부르고 '건원'이라고 부르지 않는 것은, 여기에서 강조하는 것이 변화의 근원이 아니라 전체의 과정이기 때문이다. '변화'라는 말은 오늘날의 말과 다르다. 오늘날 말하는 '변화'는 하나의 말이지만, 고대의 변화에는 두 가지 뜻이 있다. 변變은 사물의 점진적인 변화이고, 화化는 점진적인 변화에서 질적인 변화에 이르는 것이다. '건도변화'는 "위대하다 건원이여. 만물이 〈건원을〉 바탕으로 시작하니 이에 하늘을 통솔하는구나"와 "구름이 움직여서 비가 내리니 만물이 형체를 갖춘다"라는 '원·형' 단계를 거쳐 지금에 이르러 "각각 성명을 바르게 하여 태화를 보합하니", 이에 '이·정'이 실현되어 전체 '건도변화'의 과정이 완성됨을 선언하는 것이다. 건도가 변화하여 '이'의 단계에 이르면 만물이 바로 성숙으로 나아가니, 이때는 모든 사물들이 변화의 속에 있어 자기 특유의 성명性命, 존재의 가치, 상응하는 위치를 얻는다. 만물마다 각자의 성명이 있고 각자의 존재 가치가 있으며 각자의 위치가 있으니, 즉 각자 올바름을 얻는다는 것이다. 이것이 '이' 의 단계이다. '성명' 은 두 글자로 이루어진 말이나 실제로 하나의 말이니, 그것은 사물이 사물 되고 사람이 사람 되는 근본적인 성질을 결정한다. 세상에 있는 동식물의 종류가 각각 다른 것은 모두 각자의 성명이 다르기 때문이다. 『대대례기大戴禮記』에는 "도에서 나누어진 것을 명命이라 하고, 하나로 형체를 이루는 것을 성性이라 한다"[28]라고 하였으며, 『중용中庸』에는 "하늘이 명한 것을 성이라고 한다"[29]라고 하였으니, 성명은 하나의 일이면서 두 가지 뜻임을 알 수 있다. 하나의 것도 두 방면에서 보면 각자 다른 뜻이 있다. 도道, 즉 기화가 유행하여 낳고 낳아 그치지 않는 '건의 도' 가 바로 자연규율이다. 하나는 한 개, 한 종류이다. 자연이 부여한 관점에서 말하면 그것을 '명' 이라고 부르며, 이 사물과 저 사물 혹은 이 종류의 사물과 저 종류의 사물의 차이를 결정하는 관점에서 말하면 그것을 '성' 이라고 부른다. '성' 은 명의 성으로, 자연히 부여된 것이지 인위적인 것이 아니다. '명' 은 성의 명으로, 각자 차별이 있고 천편일률적이지 않다. '각정성명各正性命' 은 세계의 통일성과 만물의 차별성을 인정하고, 만사만물의 존재가 합리적이고 만사만물 간의 관계가 조화로운 것이라고 믿는 것이다. '각정성명' 은 천차만별의 만물이 생장하고 형체가 정해지지만, 아직 가득 차거나 성숙하지 못하여 여전히 '정' 의 단계에 있음을 나타낸다. 예를 들어 한 포기의 벼가 여름날의 일조와 강우량을 거쳐 열매를 맺지만, 아직 낟알이 옹골지게 여물지 못한 것과 같으니, 한층 더 배양

28) 『大戴禮記』, 「本命」. "分於道謂之命, 形於一謂之性."
29) 『中庸』, 第1章. "天命之謂性."

하여 응축시키고 성숙시켜서 수확할 수 있는 정도에 이르러야 비로소 모든 생장 과정을 완성하였다고 할 수 있다. 이것이 바로 '정'이다. 「단전」에서는 '정'을 '보합태화保合太和'로 해석하였다. 보합保合은 동사이고, 태화太和는 목적어이다. '태화'는 기로, 기는 일종의 추상이고 일종의 존재이다. 왜냐하면 그것은 추상적인 것이기 때문에 사람이 볼 수 없다. 실제로 그것은 물질이다. 옛사람들은 그것을 일종의 '기'로 상상하여 '태화'라고 불렀다. 태화의 기는 또한 천지에 자욱한[氤氳] 기이고 음양이 모여 합쳐진 기이니, 즉 충화沖和의 기이다. 이른바 '건도변화 각정성명乾道變化, 各正性命'은 실질적으로 다른 것이 아니라 바로 태화인 기의 변화이고 태화인 기의 '각정성명'이다. '정'의 단계에 이르면 반드시 '보합태화'해야 한다. '보保'는 항상 존재하는 것을 말하고, '합合'은 항상 조화로운 것을 말한다. '보합태화'는 태화의 기로 하여금 항상 운행하여 그치지 않게 하고 영원히 융합하여 치우침이 없도록 하는 것이다. 만물이 이러한 기를 얻어 생장하고 성숙하여 여기에 이르면 보존하기를 조화롭게 하고 보존하기를 오래도록 하여 이미 완전무결하고 조금의 부족함도 없게 된다. 「단전」의 이 단락에서 우리는 『주역』 작가의 발전관이 사물의 차별성을 중시하고 물질세계의 조화성을 강조하였음을 볼 수 있다.

"여러 사물 중에서 으뜸으로 나오니 모든 나라가 다 평안하다[首出庶物, 萬國咸寧]"라는 구절에서, 윗글인 '건도변화' 이하 여러 구절이 천도를 말하고 자연의 규율을 말하였다면, 이 두 구절은 어떻게 천도를 본받고 아울러 인사상의 문제로 응용하는지, 즉 『역』을 쓰는 문제를 말하였다. '건도변화乾道變化'에서 '내이정乃利貞'까지는 건도의 '이·정'을 말하였으며, 이 두 구절은 건도의 '이·정'을 인사상에 응용하여 사람들의 '이·정' 문제를 말하였다. 이미 "여러 사물 중에서 으뜸으로 나오니 모든 나라가 다 평안하다"라고 말하였다면, 가리키는 것이 통치 계급이고 성인이며 큰 인물이지 서민이나 일반 백성이 아님을 알 수 있다. 천하 국가를 통치하는 천자나 제후는 반드시 건도의 '이 · 정'을 본받아 "여러 사물 중에서 으뜸으로 나오게 하여 모든 나라가 다 평안하도록" 해야 한다. '서물庶物'은 만물이다. 대자연 속에서 만물이 각자 성명을 바르게 하고 각자 돌아갈 곳이 있는 것은 바로 건도의 변화가 자연히 이루어진 것이지 어떠한 힘으로 그들을 주재하는 것이 아니다. 인사상에 반영하면, 성인은 '각정성명各正性命'을 본받아 '수출서물首出庶物'하여 천하 사람들의 지도자가 될 뿐이지 결코 천하를 주재하지 않는다. 제작하는 것도 있지만 그 자연함을 따르는 데 불과하고 사람들에게 어떠한 것을 강요하지 않는다. 이것은 건괘 용구用九 효사인 "여러 용을 보되 머리가 없으면 길하다[見群龍無首吉]"라는 뜻과 완전히 일치한다. "여러 용을 보되 머리가 없다"라는 것은 스스로 천하 사람들의 우두머리가 될 수 없다는 것이다. 「단전」에서 말한 '수출首出'은 실제로 머리가 없는 것이다. 용이 잠겨 있고[潛], 나타나고[見], 편안히 쉬고[惕], 뛰어오르고[躍], 날고[飛], 높이 올라가 있는[亢] 것은 모두 때에 따라 정해진 것이다. '수출'은 오로지 나는 데에만 있지 않고 잠겨 있는 용에도 '수출'이 있으니 여섯 효에는 모두 '수출'이 있다. 이 '수출'은 자연에 내맡기고 때에 따라 바뀌는 것이지 결코 억지로 머리를 내미는 것이 아니다. 때문에 '수출서물首出庶物'과 '군룡무수群龍無首'는 뜻이 같으며, 또한 스스로 천하 사람들의 우두머리로 자처하지 않는다는 말이다. '보합태화保合太和'는 '건도변화 각정성명乾道變化, 各正性命'의 결과로서, 건도 사덕四德의 '정'은 만물이 발전하여 이때에 이르면 완전히 성숙한 상태에 도달하게 된다. 태화의 기가 오랜 발전을 거쳐 지금은 이미 완전무결하다. 사회의 정황도 이와 같다. 성인이 '수출서물'하여 스스로 천하 사람들의 우두머리로 자처하지 않고 천하의 모든 나라에 맡겨 두어 각자 자리를 얻고 각자 일을 편안히 하면, 모든 나라가 자연히 조화를 이루고 서로 편안하여 침략하거나 싸우는 일이 없을 것이다. 여기에서 『주역』의 주목할 만한 정치 관점, 즉 사회의 조화와 이성의 통일을 추구하였음을 나타내었다.

「象」曰: 天行健, 君子以自强不息.(「대상」에서 말하기를, 하늘의 운행이 강건하니 군자가 그것을 본받아 스스로 힘쓰고 쉬지 않는다.)

이것은 「상전象傳」이다. 「상전」에는 「대상」과 「소상」의 구분이 있다. 「대상」은 전체 괘에 대해 말한 것으로 「단전」의 뒤에 있고, 「소상」은 효사를 해석한 것으로 여섯 효의 효사 뒤에 나누어져 있다. 「대상」과 「단전」은 모두 전체 괘에 대해서 말한 것이지만, 둘에는 매우 큰 차이가 있다. 「단전」은 괘명을 해석하거나 혹은 괘상卦象·괘덕卦德·괘체卦體를 거론하지만, 「대상」은 오로지 괘의 상·하 두 상을 취하여 뜻을 세운 것으로 '괘덕'과 '괘체'는 문제 삼지 않는다. 「단전」은 항상 천도에서 인사에 미치지만 「대상」은 인사만을 말한다. 「단전」에서 말한 인사는 움직임을 본받고 때를 좇아가서 각각 가리키는 것이 있으나, 「대상」에서 말한 인사는 대체로 선왕先王·대인大人·후后·군자君子를 위해 설계되어 어떤 것은 「단전」과 서로 밝혀 주기도 하고 어떤 것은 스스로 하나의 뜻을 세워 「단전」과는 근본적인 관계가 없으니 완전히 공자의 역리易理에 대한 발전과 응용이다. 「대상」의 용어는 매우 규범적이어서 64괘가 거의 같은 격식으로, 앞부분에서는 상·하 두 상과 괘명을 지적하였고 뒷부분에서는 무엇을 해야 하는지와 어떻게 해야 하는지를 지적하였다. 이 앞부분의 내용은 8개의 순괘純卦가 나머지 여러 괘와 다르다. 상경上經 4개의 순괘와 하경下經 4개의 순괘도 다르다. 상경 4개의 순괘는 건괘에서 "하늘의 운행이다[天行]", 곤괘에서 "땅의 형세이다[地勢]", 감괘에서 "물이 거듭 이른다[水

洊至]", 리괘에서 "밝음이 두 번 일어난다[明兩作]"라고 하였으니 '체'가 앞에 있고 '용'이 뒤에 있다. 하경 4개의 순괘는 진괘에서 "우레가 거듭된다[洊雷]", 간괘에서 "산이 겹쳐 있다[兼山]", 손괘에서 "바람을 따른다[隨風]", 태괘에서 "못에 붙어 있다[麗澤]"라고 하였으니 '용'이 앞에 있고 '체'가 뒤에 있다. 건괘와 곤괘 두 괘가 다른 여섯 괘와도 다르다. 그것들은 괘가 겹쳐짐을 말하여 두 개 3획괘가 중첩되어 한 괘를 이룬다는 것을 분명히 지적하였으나, 건괘와 곤괘 두 괘는 겹쳐짐을 말하지 않았으며 하늘을 겹친다거나 땅을 겹친다고 말하지 않았다. 왜냐하면 하늘은 하나만 있어서 겹칠 수 없으며, 하나로 문제를 설명할 수 있어 겹칠 필요가 없기 때문에 '천행天行'이라 하였다. 땅도 하나만 있어서 겹칠 수 없으며, 하나로 문제를 설명할 수 있어 겹칠 필요가 없기 때문에 '지세地勢'라고 하였다. 건과 곤에도 차이가 있으니, 곤괘에서 말한 '지세곤地勢坤'은 괘명을 말한다. 건괘에서 말한 '천행건天行健'은 괘명인 '건'을 말하지 않고 '강건함'을 말한다. 행行은 도이니, 천행天行은 천도天道이다. 천도의 본질적 특징은 강건함이다. 강건함은 건의 덕이고 건이 바로 강건하기 때문에 「대상」에서는 괘덕으로 괘명을 대신하여 '천행건天行健'이라고 하였다. 강건함은 운행하여 그치지 않는다는 뜻이다. 하늘의 운행, 사계절의 교체, 주야의 교체가 해가 거듭되어도 그치지 않고 어긋나지 않기 때문에 "하늘의 운행은 강건하다[天行健]"라고 하였다. 군자는 천도의 강건함을 본받아 스스로 힘쓰고 쉬지 않는다. 군자와 하늘은 모두 건의 덕을 하나로 하기 때문에 자강自强할 수 있고 외부의 힘을 기다리지 않고 스스로 전진한다. 식息은 그침이니, 불식不息은 그치지 않음이다. 군자는 덕이 있고 지위가 있는 사람이니 모든 통치 계급을 포괄한다. 「대상」에서 말한 군자에는 천자·제후·대부·사가 모두 포괄된다. 「대상」에서 말한 선왕은 이전 시대에 나라를 열고 법전을 만든 천자를 가리킨다. 후后라고 말한 것은 제후나 군왕을 가리킨다.

潛龍勿用, 陽在下也.('잠겨 있는 용이니 쓰지 말라'는 것은 양이 아래에 있다는 것이다.)

이 아래의 여섯 구절은 「소상」이고, 「소상」은 효사를 해석한 것이다. 「소상」의 효사에 대한 해석은 충분하지 않으니 「문언전」이 역리易理를 발굴하는 것처럼 깊지 않다. 이 여섯 개의 「소상」은 마땅히 '「상」왈'이라는 두 글자를 두어 아래의 「문언전」과 구별해야 한다. 양陽은 용을 해석한 것이고, 하下는 잠겨 있는 것을 말한다. 효사가 용에서 상을 취한 것은 매우 특이하다. 「소상」에서는 사람들이 이해하지 못할까 걱정하여 "양이 아래에 있다"라고 해석하여, 효사에서 말한 용이 가리키는 것이 양기陽氣이고 양기가 아직 지면으로 올라오지 못하고 여전히 땅 아래에 잠겨 있음을 나타내었다. 『역』의 괘사와 효사에는 음·양 두 글자가 없다. 「소상」이 건괘 초구에서는 "양이 아래에 있다[陽在下]"라고 말하고 곤괘 초육에서는 "음이 처음으로 응결한다[陰始凝]"라고 말하여 처음으로 음양 두 글자를 제기하였다. 음양의 명칭이 세워지자 동정動靜·건순健順·강유剛柔·기우奇偶·대소大小·존비尊卑·진퇴進退·왕래往來 등이 나타났다.

見龍在田, 德施普也.('나타난 용이 밭에 있다'는 것은 덕을 널리 베풀 수 있다는 것이다.)

'현見'은 나타남이다. '전田'은 토지이다. '시施'는 오늘날 말의 영향과 같다. 양기가 땅 아래에서 땅 위로 올라와 지면 위로 출현하였으니, 비록 아직 뛰어오르거나 나는 정도에 이르지는 못하지만 양기가 이미 밭에 나타나고 성인이 이미 세상에 나와서 천하 사람들이 반드시 그 영향을 널리 받는다는 것이다.

終日乾乾, 反復道也.('종일토록 힘쓰고 힘쓴다'는 것은 도를 반복하는 것이다.)

'종일건건終日乾乾'은 효사의 '구삼종일건건 석척약려무구九三終日乾乾, 夕惕若厲无咎'의 생략된 말이다. 효사의 뜻은 낮이 되면 움직이고 밤이 되면 쉰다는 말이다. 동정動靜·작위作爲가 때에 따라 정해지니 때가 움직여야 하면 움직이고 때가 고요해야 하면 고요하다. 「소상」에서의 "도를 반복한다[反復道也]"라는 말은 효사를 해석한 것이다. 효사인 '종일건건 석척약려終日乾乾, 夕惕若厲'는 해가 뜨면 일하고 해가 지면 쉬어 반복하는 것이 모두 옳다는 말이다. 왜냐하면 반복하는 것이 모두 때, 즉 도에 맞기 때문이다.

或躍在淵, 進无咎也.('혹 뛰어오르거나 연못에 있다'는 것은 나아가도 허물이 없다는 것이다.)

구사는 위아래가 사귀는 데 있고 나아가고 물러나는 자리에 있다. '혹약재연或躍在淵'은 뛰어올라 연못에서 나온 것도 맞고, 뛰어오르지 않고 연못에 있는 것도 맞다. 그러나 구사는 마땅히 행동이 있어서 나아가기 때문에 「소상」에서는 "나아가도 허물이 없다[進无咎]"라고 하였다. 효사에서는 다만 구사가 때가 마땅한지 때가 마땅하지 않는지를 돌아보지 않고 무모하게 나아가는 것을 걱정하여 '혹或'자를 써서 의심하였다.

飛龍在天, 大人造也.('나는 용이 하늘에 있다'는 것은 대인이 하는 일이다.)

'대인'은 '용龍'자를 해석한 것이고 '조造'는 '비飛'자를 해석한 것이니, '대인조大人造'는 바로 '비룡재천飛龍在天'의 뜻이다. '조'는 일을 함이다. 구오의 대인은 구이와 다르다. 구이의 대인은 군주의 덕이 있으나 군주의 지위가 없지만, 구오의 대인은 군주의 덕이 있고 또한 군주의 지위도 있다. 구오의 "대인이 하는 일[大人造也]"은 건괘를 체득하고 강건함을 실행하여 작은 도를 행하지 않고 천하에 나아가서 성인이 해야 하는 일을 하는 것이다.

亢龍有悔, 盈不可久也.('높이 오른 용이니 후회가 있다'는 것은 가득 차면 오래가지 못한다는 것이다.)

초구의 '잠용물용潛龍勿用'에서 구오의 '비룡재천飛龍在天'에 이르기까지 한 효가 한 효보다 나아 상구의 '항亢'에 이르렀으니, '항'은 지나치거나 가득 차다는 뜻이다. 객관적 형세가 지나칠 뿐만 아니라 주관적 의식도 지나치다. 좋은 것도 정도가 지나치면 나쁜 것으로 바뀐다. 이것이 바로 "후회가 있다[有悔]"라는 것이다. "후회가 있다"라는 것은 두 가지 뜻을 포함하니, 즉 객관적으로 나쁘게 바뀌는 것과 주관적으로 고칠 것을 알고 후회하는 것이다.

用九, 天德不可爲首也.(용구는 천덕은 우두머리가 되어서는 안 된다는 것이다.)

점을 칠 때에 건괘의 여섯 효가 얻은 것에 7이 없고 모두 9이면, 9는

'변효'이기 때문에 6으로 변해야 한다. 그렇다면 모든 건괘는 곤으로 변할 것이다. 건이 곤으로 변해야 하지만 변한 곤은 여전히 건이니, 이것을 '용구用九'라고 부른다. '용구'의 여섯 효가 모두 9이기 때문에 '천덕天德'이라 부른다. 천덕은 지극히 순수하여 조금의 흠도 없는 덕이니 인의仁義 등의 덕처럼 한쪽으로 치우치지 않는다. 이 때문에 그것은 우두머리가 될 수 없다. '동정에 단서가 없고 음양에 시작이 없다[動靜無端 陰陽無始]'라는 것과 같은 것은 언제나 상호 전환하여 어느 것이 앞이고 어느 것이 뒤인지 분명하지 않다. '용구'는 '천덕'으로서, 그것은 이미 지극한 건이고 또한 장차 곤으로 변하여 건과 곤의 변화하는 가운데 처해 있으니 우두머리가 될 수 없다.

> 「文言」曰: 元者善之長也, 亨者嘉之會也, 利者義之和也, 貞者事之幹也. 君子體仁, 足以長人, 嘉會足以合禮, 利物足以和義, 貞固足以幹事. 君子行此四德者, 故曰乾元亨利貞.(「문언전」에서 말하기를, "원은 선의 우두머리이고, 형은 아름다움의 모임이고, 이는 마땅함의 조화이고, 정은 일의 근간이다. 군자가 인을 체득하여야 남의 우두머리가 될 수 있고, 모인 것을 아름답게 하여야 예에 합치할 수 있으며, 물건을 이롭게 하여야 의로움과 조화될 수 있고, 바르고 견고해야 일의 근간이 될 수 있다. 군자는 이 네 가지 덕을 행하는 자이기 때문에 '건은 원·형·이·정이다'라고 하였다.")

여기에서 끝까지는 「문언전」이다. 「문언전」은 '십익十翼'의 하나이다. 「문언전」은 건괘와 곤괘 두 괘에만 있고 다른 괘에는 없다. 이것은 건괘와 곤괘 두 괘가 『역』의 온축이요, 『역』의 문이요, 『역』의 근본이며 나머지 괘는 모두 건괘와 곤괘 두 괘에서 나왔으니, 건괘와 곤괘 두 괘가 가장 중요하여 반복하여 설명해야 하고 이하의 여러 괘를 배우는 데 본보기가 되어 사람들에게 『역』을 어떻게 배워야 하는지를 알게 하는 것이다. '문언' 이라는 두 글자는 무슨 뜻인가? 유환劉瓛[30]은 "글에 근거하여 이치를 말하기 때문에 문언이라고 한다"[31]라고 하였는데, 옳은지 모르겠다. 전체적으로 「문언전」은 건괘와 곤괘를 전문적으로 해석한 것이다. 「문언전」 속에는 '무엇을 말하는가[何謂也]', '공자께서 말하였다[子曰]' 등의 글이 많이 있는데, 이것은 공자가 제자의 질문에 대답하고 제자가 쓴 기록으로 『논어』의 상황과 비슷하다. 비록 공자가 직접 쓴 것은 아니지만 그 사상은 확실히 공자에게 속하는 것이니, 「문언전」을 공자가 지은 것이라 말하더라도 불가하지 않다.

이 단락은 『좌전左傳』 「양공襄公 9년」에 목강穆姜이 말한 것이다. 목강이 이 말을 하였을 때 공자는 아직 세상에 나오지 않았다. 공자가 제자들에게 "건은 원·형·이·정이다[乾元亨利貞]"라고 말하였을 때 이 단락을 인용하여 제자가 기록한 것이다. 목강이 말한 것은 아마도 당시 사회상에서 보편적으로 유행하던 말이지 그 자신이 이해한 것은 아니다. 사상 이론의 관점에서 『역경』을 해석한 것이 공자 이전에도 있었음을 볼 수 있다. 공자가 지은 『역전』에서 논술한 사상이 『역경』 자체의 고유한 것이지 공자의 조작이 아니라는 말이다. 그러나 공자 『역전』의 사상은 『역경』 자체에 속할 뿐만 아니라 공자한테도 속한다.

원·형·이·정 네 글자는 원래 한눈에 바로 알 수 있다. 후대 주 초周初에서 춘추春秋에 이르는 200여 년의 역사 발전이 춘추시대에 이르러서는 해석이 필요하였다. 때문에 목강의 이 말이 있었고, 후대에 목강의 이 말

30) 유환(劉瓛): 중국 남북조시대 제나라 학자요 문학자이다. 자는 자규(子珪), 어린 때 이름은 아칭(阿稱)이다. 패국상(沛國相: 지금의 安徽 濉溪 西北) 출신이다.(역자 주)

31) [唐]李鼎祚, 『周易集解』, 卷1. "依文而言其理, 故曰文言."

을 사람들이 또한 이해하지 못하여 이에 주석을 붙였다. '원'은 시작이고 크다는 뜻이다. 모든 선한 사물의 시작은 '원'이라고 부를 수 있기 때문에 '원'을 '선의 우두머리[善之長 혹은 善之首]'라고 말하였다. 봄은 가장 전형적이고 가장 쉽게 보이는 '선의 우두머리'이다. 만물의 발생은 모두 봄에 시작한다. '형'은 통함이고, 가嘉는 아름다움이다. '가지회嘉之會'는 아름다움의 모임이다. 만물은 봄에 발생하기 시작하여 여름에 왕성하고 무성한 데 이르러 모든 선하고 아름다운 것이 이때에 모이니 '형'이 된다. '이'는 수축·성숙이니 가을에 만물이 수축하고 성숙하여 말라죽는다. 말라죽는 것은 뜻에 부합하는 것이다. '의지화義之和'는 비록 말라죽는 상황에 있지만 만물은 조화를 이루고 어지럽지 않아 각각 돌아갈 곳이 있다는 말이다. 인사人事에 확대하면, '이'는 사회가 안정된 때이니 사람들이 각자 그 분수에 편안하고, 각자 그 직분을 지키고, 각자 그 책임을 다하는 것이다. '정'에는 바르고 견고한 뜻이 있다. 겨울에는 생기가 완고하여 안에다 거두어 저장하여 일이 선하고 아름다운 것이 여기에 이르러서 완성됨을 선언한다. 인사에서 말하면, '정'은 사람들이 일하여 성공을 얻는 핵심이다. 구체적으로 말하면, '정'은 한 사람이 정확한 방향과 견고한 뜻을 갖는 것과 같다. "군자가 인을 체득하여야 남의 우두머리가 될 수 있다[君子體仁足以長人]"는 아래의 네 구절은 '원형이정'을 한층 더 군자의 수양으로 응용하여 대조적으로 말하였다. 하늘에는 하늘의 원형이정이 있고, 사람에는 사람의 원형이정이 있다. 자연계의 원형이정을 나타낸 것으로 가장 분명한 것이 춘하추동春夏秋冬이며, 사람의 원형이정을 나타낸 것으로 가장 큰 것이 인의예지仁義禮智이다. '원'은 군자의 수양을 나타낸 것이니 바로 인仁이다. 군자는 '인'으로 본체를 삼고 '인'으로 입신행사立身行事의 근본을 삼는다. '인'은 군자가 수양하는 머리이니, 군자는 오직 '인'으로 본체를 삼고 수양은 '인'으로 머리를 삼아야 비로소 남보다 뛰어나고 남의 우두머리가 되어 사람들을 통치할 수 있다. 때문에 "군자가 인을 체득하여야 남의 우두머리가 될 수 있다[君子體仁足以長人]"라고 하였다. '형'은 자연계에서 여름이 되고 사람에서는 '예'에 해당한다. '예'는 삼백·삼천이라 불릴 정도로 가장 복잡한데, 이것은 만물의 아름다운 것이 모여 있는 것과 비슷하기 때문에 "모인 것을 아름답게 하여야 예에 합치할 수 있다[嘉會足以合禮]"라고 하였다. '이'는 자연계에서 가을이 되고 사람에서는 의義가 된다. 때문에 "물건을 이롭게 하여야 의로움과 조화될 수 있다[利物足以和義]"라고 하였다. '정'은 자연계에서 겨울이 되고 사람에서는 지智가 된다. '지'는 사람들이 일을 처리하는 핵심이니, 오직 지혜로운 자만이 정확한 방향과 확고한 의지를 견지하여 굳게 지킬 수 있기 때문에 "바르고 견고하여야 일의 근간이 될 수 있다[貞固足以幹事]"라고 하였다. "군자는 이 네 가지 덕을 행하는 자이기 때문에 '건은 원형이정이다'라고 하였다[君子行此四德者, 故曰乾元亨利貞]"라는 이 말은 공자가 옛사람들의 말을 인용한 뒤에 자신이 내린 결론이다. 군자는 인의예지 사덕을 행하는 사람으로 건도가 헤아릴 수 없을 정도로 정미하고 심오하지만, 이 사덕을 행하면 원형이정이라 부를 수 있다는 뜻이다. 공자의 이러한 결론에서 우리는 『역경』이 하늘의 도를 말하였고 또한 사람의 일을 말하였지만, 결국 사람의 일을 말하였음을 볼 수 있다.

'군자'라는 말에 대해 설명을 보태야 한다. '군자'는 역사적 개념이니 변화의 과정이 있다. '군자'가 최초에는 계급적 개념이었다. 제후의 아들을 공자公子라 불렀고 천자의 아들을 왕자王子라고 불렀던 것처럼, 군자는 바로 군주의 아들이었다. 군주의 아들은 당연히 귀족이고 통치 계급이다. 군자와 서로 대응하는 것이 소인이고 노동에 종사하는 자이다. 공영달孔穎達(574~648)은 "군자라는 것은 윗자리에 군림하고 아래의 백성을 자식처럼 사랑하며 천자와 제후에서 공경대부에 이르기까지 땅을 소유한 자를 말한다"[32]라고 하였으니, 즉 군자는 통치 계급이다. 그러나 이것은 절반만 옳게 말한 것이다. 역사의 발전을 거치면서 군자에는 계급적 의미 외에도 도덕적 품성을 구분하는 의미가 있었다. 군자는 도덕이 고상한 사람이고 소인은 도덕이 낮은 사람이다. 『논어』의 "군자라야 본래 곤궁할 수 있으니 소인은 곤궁하면 넘친다"[33]라는 말이 이것을 증명한다. 만약 군자가 통치 계급일 뿐이라면 "군자라야 본래 곤궁할 수 있다"라는 구절을 이해할 수 없다. 통치 계급이 어떻게 곤궁할 수 있겠는가?

> **初九曰潛龍勿用, 何謂也? 子曰, 龍德而隱者也. 不易乎世, 不成乎名, 遯世无悶, 不見是而无悶, 樂則行之, 憂則違之, 確乎其不可拔, 潛龍也.**(초구에 말하기를, '잠겨 있는 용이니 쓰지 말라'는 것은 무엇을 말하는가? 공자께서 말하였다. "용의 덕을 가지고 있으면서 숨어 있는 자이다. 세속의 일에 의해 <자기 뜻을> 바꾸지 않으며, 헛된 명성을 이루려 하지 않으며, 세상에 은둔하여도 근심하지 않으며, <남이> 옳다고 보아주지 않아도 걱정하지 않으며, 즐거우면 행하고 걱정되면 하지 않으니 <뜻이> 확고하여 뽑아낼 수 없는 것이 잠겨 있는 용이다.")

이 아래는 군자가 건괘를 보고 어떻게 자기의 도덕 수양으로 응용할 것인지를 전체적이고 반복적으로 설명하였다. 즉 어떻게 『역』을 배우는지의 문제를 구체적으로 설명하였다. 건괘와 곤괘의 「문언전」이 이와 같은 것은 실제로 이후 62괘를 배우는 본보기가 되어 『역』을 배우는 자에게 『역』의 괘사와 효사의 글이 간략해 보이지만 이면에 포함하는 내용은 매

32) 『經史講義』, 卷5, 「周易」. "言君子者, 謂君臨上位, 子愛下民, 通天子諸侯兼公卿大夫有地者."

33) 『論語』, 「衛靈公」. "君子固窮, 小人窮斯濫矣."

우 풍부하다는 것을 알도록 말해 준 것이다. 이들에 대해 글자상의 뜻에 따라 간단히 이해하는 것은 『역』을 배우는 데 좋지 않다. 건괘 「문언전」에서 군자의 수양 문제를 반복하여 설명한 것에서 보면, 『주역』은 하늘을 도와서 사람의 일을 모두 말하였지만 그것의 최종 사고의 목표는 사람의 일이다. 이 아래의 글에서는 대체로 제자들이 묻고 공자가 대답하는 방식을 취하여 설명하였는데, 요점이 분명하여 대강 말하여도 이해하기가 어렵지 않다. "초구의 잠용물용은 무엇을 말하는가?"라는 글은 '물용勿用'의 의미를 해석한 것으로 모두 인사를 말하고 천도를 언급하지 않았다. '물용'은 무슨 뜻인가? '물용'은 숨어 있다는 뜻이다. 숨어 있는 것은 간단한 일이 아니어서 일반인은 할 수 없고 오직 용의 덕을 가진 사람만이 숨어 있을 수 있다. 공자의 마음속에 용의 덕을 가진 사람은 군자·대인·성인의 부류이지만, 또한 보통 사람도 용의 덕을 가질 수 있는 수양을 배제하지 않았다. '은隱'이라는 말의 의미는 사람들을 오해시키기가 매우 쉽다. 때가 쓰이지 않는다고 보았기 때문에 공자는 깊은 설명을 덧붙여 세 개의 '부不'자, 두 개의 '무无'자, 두 개의 '즉則'자를 써서 '은'이 때가 버려져서 할 수 없게 된 것이 아니라 때가 고르지 못하여 할 수 없음을 알고 하지 않는 것이라고 지적하였다. 여기에서 '둔遯'자는 매우 중요하니 '은隱'이 바로 '둔' 위에 나타난다. "세속의 일에 의해 자기 뜻을 바꾸지 않는 것[不易乎世]"이 은둔하는 첫 번째 단계로 초보적이다. 그러나 이 한 걸음은 매우 중요하다. 다만 자기의 의지나 주장이 세속 일에 의해 바뀌지 않고 나라가 무도하여 죽음에 이르더라도 자기의 뜻을 바꾸지 않아, 그와 함께 더러운 데 흐르지 않을 수 있어야 비로소 헛된 명성을 이루지 않는 '불성호명不成乎名'을 실현할 수 있다. '불성호명'하여야 진정한 은둔이다. '불성호명'의 한 걸음을 이루면 『장자』「소요유」에서 말한 송영자宋榮子처럼 "온 세상 사람들이 칭찬하여도 애쓰지 않고, 온 세상 사람들이 비난하여도 기죽지 않는다"[34]는 것이다. 비난과 칭찬이 다른 데 있지 않고 나에게 있어야 진정한 은둔의 경지에 도달한다. 은둔 자체도 명성을 이루는 것이 될 수 있으나 '불성호명'은 이러한 은둔이 결코 자기 한 몸을 깨끗이 하기 위한 것이 아니기 때문에 고결하다. 세상에 은둔하는 것이 이미 쉽지 않으니 "세상에 은둔하여도 근심하지 않는 것[遯世无悶]"은 당연히 더 어렵다. 세상에 은둔하는 것은 반드시 세상과 고립되어 남이 알아주지 않는 것이니, 이것은 보통 사람에 있어서는 본래 매우 괴로운 일이지만 용의 덕을 가진 사람은 스스로 믿고 후회하지 않아서 평소와 같이 행할 수 있다. "옳다고 보아 주지 않아도 걱정하지 않는다[不見是而无悶]"라는 것은 한층 더 나아가서 세상에 은둔하는 것이 용이 칩거하는 것과 같아 오히려 그것이 용임을 알 수 있으나, 지금은 "옳다고 보아 주지 않아" 그것이 용인지 아닌지도 문제가 되어 물고기인지 뱀인지도 알지 못한다는 것이다. 이러한 상황에서 의연히 "걱정하지 않고" 이미 나를 잊는 정도에 이르렀으니 도가의 자연무위自然無爲·포박반진抱朴返眞의 사상과 부합한다. 그러나 아래의 "즐거우면 행하고 걱정되면 하지 않는다[樂則行之, 憂則違之]"라는 두 구절에서 절대로 도가의 것이 아니라는 것을 알 수 있다. '락樂'은 내 마음이 즐거워하는 것이고, '우憂'는 내 마음이 걱정스러워하는 것이다. '행行'은 그것을 하는 것을 말하고 '위違'는 그것을 하지 않는 것을 말한다. "즐거우면 행하고 걱정되면 하지 않는 것"은 천하에 도가 있으면 나와서 하는 바가 있고 천하에 도가 없으면 숨어서 하는 바가 없는 것이지, 결코 도를 굽혀서 사람을 따르는 것이 아니라는 말이다. 이 확고한 의지인 "확고하여 뽑아낼 수 없다[確乎其不可拔]"라는 것은 어떠한 힘에도 동요되지 않는다는 것이다. 이 입세入世의 사상은 도가의

34) 『莊子』, 「逍遙遊」. "擧世譽之而不加勸, 擧世非之而不加沮."

출세주의와 분명히 다르다.

九二曰見龍在田, 利見大人, 何謂也? 子曰, 龍德而正中者也. 庸言之信, 庸行之謹. 閑邪存其誠, 善世而不伐, 德博而化. 易曰見龍在田, 利見大人, 君德也.(구이에 말하기를, '나타난 용이 밭에 있으니 대인을 만나면 이롭다'는 것은 무엇을 말하는가? 공자께서 말하였다. "<대인은> 용의 덕을 가지고 있으면서 올바르고 치우치지 않는 자이다. 평소 말은 미덥고 평소 행동은 신중하다. 사악함을 막아 그 진실함을 보존하며, 세상을 선하게 하고도 공을 자랑하지 않으며, 덕을 널리 교화시킨다. 『역』에 '나타난 용이 밭에 있으니 대인을 만나면 이롭다'라고 한 것은 군주의 덕이다.")

구이와 초구는 비록 모두 용의 덕이지만 때가 다르기 때문에 둘은 도덕 수양과 도덕 실천에서도 다르다. 전체적으로 말하면, 구이는 이미 은둔에서 벗어났으나 아직 뛰어오르는 데 이르지 못하고 잠깐 밭에 나타난 때이다. 여섯 효가 모두 용의 덕이지만 구이의 특수한 점은 그것이 정중正中에 있다는 것이다. '정중'을 말하지만 주요한 것은 '중'이다. 구이에서 이二는 음의 자리이고 구九는 양효로, 양효가 음의 자리에 있으니 본래는 '정'이 되지 않는다. 구이는 '중'으로, '중'은 『주역』에서 가장 중요하고 이미 '중'에 있으면 '부정不正'하여도 '정'이라 할 수 있기 때문에 '정중'이라 하였다. 구오도 '중'에 있으나 구오는 군주의 자리이기 때문에 군주의 덕이 있고 또한 군주의 지위가 있다. 구이는 '중'에 있으나 군주의 덕은 있어도 군주의 지위는 없다. '용庸'은 평소이다. '용언지신 용행지근庸言之信, 庸行之謹'은 말이 항상 진실하고 행실이 항상 신중하다는 말이다. '한閑'은 말 마구간의 울타리로, 말이 달아나지 못하게 하거나 들짐승이 들어오지 못하게 하는 것이다. '한사존기성閑邪存其誠'은 사악함이 마음에 침입하지 못하게 막아서 내심의 진실함을 보존하는 것이다. 『주역』은 이 '성誠'자를 매우 중시하여 그것을 모든 수양의 근본과 출발점으로 간주하였다. 왜냐하면 사악함을 막아 '성'을 보존할 수 있어야 말이 미덥고 행실이 신중할 수 있기 때문이다. 『주역』에서는 양이 실實하고 음이 허虛하다. '실'하면 진실하기 때문에 건괘 구이에서는 '성誠'을 말하였다. '허'하면 공경함이 생기기 때문에 곤괘 구이에서는 경敬을 말하였다. '성'과 '경' 두 글자는 글자가 비록 다르지만 뜻은 서로 멀지 않다. 진실하면 공경하고 공경하면 반드시 진실하다. '성'을 말할 때에 중점이 '성'에 있으나 또한 '경'의 뜻을 함유하며, '경'을 말할 때에 중점이 '경'에 있으나 '성'의 뜻이 또한 그 속에 있다. '벌伐'은 자랑함이다. 천하 국가를 위해 좋은 일을 하고 큰 공헌을 하였지만 그 덕을 자랑하지 않고 그 공을 소유하지 않는다. '덕박德博'은 덕을 널리 시행하여 그 덕의 영향이 광대한 것이다. '화化'는 교화이고 변화이다. '덕박이화德博而化'는 만물을 교화시킨다는 말이다. 만물을 교화시키는 것은 윗글의 '선세善世'와 같은 뜻이니, '선세'는 "천하를 동시에 선하게 한다"[35]는 뜻이다. 만물을 교화시키는 것은 자신의 교화에서 얻어지는 것이니, 그 몸을 선하게 해야 비로소 천하를 선하게 할 수 있다. 말이 미덥고 행실이 신중하며, 사악함을 막아 진실함을 보존하며, 세상을 선하게 하여도 자랑하지 않을 수 있어야 비로소 "덕을 널리 교화시킬 수 있다." '군덕야君德也' 한 구절에는 두 가지 의미가 있다. 하나는 윗글의 자신을 교화하여 만물을 교화시키고 자신을 선하게 하여 세상을 선하게 하는 덕을 말하니, 이것은 대인의 일이고 일반 사람들이 할 수 없는 것이다. 다른 하나는 구이 자신이 군주의 덕을 가진 대인

35) 『孟子』, 「盡心(上)」. "兼善天下."

이라는 말이다. 대인은 다른 것을 가리키는 것이 아니니, 구이에 군주의 지위는 없지만 군주의 덕은 있다는 것이다.

九三曰君子終日乾乾, 夕惕若厲无咎, 何謂也? 子曰, 君子進德修業. 忠信所以進德也. 修辭立其誠所以居業也. 知至至之, 可與幾也; 知終終之, 可與存義也. 是故居上位而不驕, 在下位而不憂, 故乾乾因其時而惕, 雖危无咎矣.(구삼에 말하기를, '군자가 종일토록 힘쓰고 힘쓰다가 저녁이 되어 편안히 쉬면 위태로우나 허물이 없을 것이다' 는 것은 무엇을 말하는가? 공자께서 말하였다. "군자는 덕을 진전시키고 사업을 닦는다. 충신은 덕을 진전시키는 것이고, 말을 닦아 그 진실함을 세우는 것이 사업을 보존하는 것이다. 이를 데를 알고 이르니 더불어 기미를 알 수 있고, 마칠 데를 알고 마치니 더불어 의義를 보존할 수 있다. 이 때문에 윗자리에 있어도 교만하지 않고 아랫자리에 있어도 근심하지 않는다. 때문에 힘쓰고 힘쓰다가 때에 따라 편안히 쉬면 비록 위태로우나 허물이 없을 것이다.")

구삼의 효는 하체의 윗자리에 있어 군주의 덕이 이미 나타난 것이다. 현재 삼三이라는 위태로운 자리에 있으니 무엇을 해야 하는가? 종일토록 힘쓰고 힘쓰다가 때에 따라 쉬어야 하니, 공자가 말한 진덕進德과 수업修業이다. '진덕'과 '수업'은 같은 일의 두 방면이지 두 가지 일이 아니다. '진덕'은 덕이고 '수업'도 덕이다. '진덕'은 내심의 수양을 가리키고, '수업'은 내심의 수양이 어떻게 밖으로 나타나는지의 문제이다. '충신소이진덕야忠信所以進德也'에서 '진덕'의 문제가 근본하는 것은 '충신'이니 '충신'해야 비로소 '진덕'할 수 있다. '진덕'은 자기 내심의 진취적 정신으로 일종의 이상적 추구이다. 날마다 진보를 이루는 것이다. 날마다 진보하는 것은 '충신'으로 전제로 삼아야 한다. '충신'은 진실하고 참된 것이다. 곡식을 심는 것과 같으니, 곡식의 씨앗이 땅속에 들어간 뒤에는 반드시 싹이 트지만 전제는 반드시 곡식의 씨앗이 있어야 한다는 것이다. 만약 곡식의 씨앗이 빈껍데기이면 싹이 트는 것은 말할 수 없다. 이것은 자기 내심의 '진덕' 문제를 말한 것이다. 밖으로 나타나려면 또한 어떻게 해야 하는가? 마땅히 '거업居業'해야 한다. 거居는 보존하여 잃지 않고 영원히 간직하는 것이다. 업業도 덕이니 밖으로 나타나서 볼 수 있는 덕이다. 합하여 말하면, '거업'은 항상 이와 같아서 조금의 끊어짐도 없는 것이다. 즉 오늘 이와 같고 내일도 이와 같다는 뜻이다. '거업'하는 방법은 "말을 닦아 그 진실함을 세우는 것이다[修辭立其誠]." 수사修辭는 말이다. 사람의 외적 표현은 다양한데, 무엇 때문에 간단히 '수사'를 들어 대표하였는가? 왜냐하면 말은 가장 직접 사상을 나타낼 수 있지만, 흔히 사람들이 중시하지 않고 쉽게 경시하는 것은 말이 마음대로 하는 일이고 깊이 따지지 않는 것으로 여기기 때문이다. '수사입기성修辭立其誠'에서의 '성'은 바로 앞에서 말한 '충신'이다. 말을 할 경우 조금의 거짓도 용납되어서는 안 되며 입에서 말한 것은 모두 마음속에 있는 것으로 마음과 입이 일치되어야 하는데, 이것이 "그 진실함을 세운다"는 것이다. 앞에서 '수업'이라 하고 뒤에서 '거업'이라 한 것에는 어떠한 차이가 있는가? 둘은 같은 일이다. '업'은 덕의 외적 표현을 가리킨다. '수업'이라 말한 것은 덕의 나아감을 강조하는 데 중점이 있고, '거업'이라 말한 것은 덕의 지킴을 강조하는 데 중점이 있다. '진덕'은 수양이 날로 새로워지고 날로 새로워져서 날마다 진보가 있는 것이다. 진보는 맹목적인 것이 아니라 반드시 일정 부분 분투하는 목표가 있은 뒤에 목표로 나아갈 수 있으니, 이것을 "이를 데를 알고 이른다[知至至之]"라고 하였다. '지지知至'는 마음으로 자신의 분투하는 목표가 무엇인지를 아는 것이다. '지지至之'는 목표에 도달하기 위해 노력하는 것이다. '지지지지知至至之' 구절의 중점은 '지知'에 있으니, '지'는 곧 정신을 자각하는 것이다. 사람이 일하기 전에 먼저 정신을 자각하면 도달할 목표와의 거리가 멀지 않기 때문에 "더불어 기미를 알 수 있다[可與幾也]"라고 하였다. '거업居業'은 바로 '업'을 지키는 것이다. 내심에 충신이 있는 사람이라야 "말을 닦아 그 진실함을 세울 수 있다." "말을 닦아 그 진실함을 세우는" 문제는 변치 않게 굳게 지켜서 오늘이와 같고 내일도 이와 같은 것이니, 이것이 "마칠 데를 알고 마친다[知終終之]"는 것이다. '지종知終'은 종신토록 이와 같아야 함을 아는 것이고, '종지終之'는 이미 종신토록 이와 같아야 함을 알았으면 실제로 종신토록 이와 같이 하는 것이다. '지종종지知終終之' 구절의 중점은 행行에 있으니, '행'은 바로 힘써 행하는 것이나 행동이다. 사람이 종신토록 "말을 닦아 그 진실함을 세울 것"을 견지할 수 있으면 "더불어 뜻을 보존할 수 있다." '존의存義'는 변하지 않게 뜻을 지키는 것이니 "마칠 데를 알고 마치는" 도리가 항상 마음속에 존재하는 것이다. 이상의 여러 구절은 "군자가 종일토록 힘쓰고 힘쓰다가 저녁이 되어 편안히 쉰다[君子終日乾乾夕惕若]"라는 말에 대한 해석이다. '시고是故' 이하는 '무구无咎'를 해석한 것이다. 구삼은 하괘의 윗자리에 있기 때문에 "윗자리에 있다[居上位]"라고 하였으며, 또한 상괘의 아랫자리에 있기 때문에 "아랫자리에 있다[在下位]"라고 하였다. 윗자리에 있어도 교만하지 않고 아랫자리에 있어도 걱정하지 않는다. "힘쓰고 힘쓰다가 때에 따라 편안히 쉰다"라는 것은 낮에는 쉬지 않고 일하다가 밤이 되어 쉬어야 할 때에 쉰다는 말이다.

九四曰或躍在淵无咎, 何謂也? 子曰, 上下无常, 非爲邪也; 進退无恒, 非離群也. 君子進德修業, 欲及時也, 故无咎.(구사에 말하기를, '혹 뛰어오르거나 연못에 있으면 허물이 없다'는 것은 무엇을 말하

는가? 공자께서 말하였다. "오르고 내림에 일정함이 없는 것은 간사함이 되지 않으며, 나아가고 물러남에 항상 됨이 없는 것은 동류를 떠남이 아니다. 군자가 진덕進德하고 수업修業하는 것은 때에 미치려는 것이기 때문에 허물이 없는 것이다.")

'상上'과 '진進'은 '약躍'자를 해석한 것이다. '하下'와 '퇴退'는 '재연在淵'을 해석한 것이다. '무상无常'과 '무항无恒'은 '혹或'자를 해석한 것이다. '비위사非爲邪'·'비리군(非離群'·'욕급시欲及時'는 '무구无咎'를 해석한 것이다. '혹약재연或躍在淵'은 주로 때의 문제이다. 일을 하는데 일찍 하지도 않고 늦게 하지도 않는 것이 바로 때이니, '급시及時'라고 한 것은 모든 것이 때를 따르고 기필해서는 안 된다는 말이다. 군자는 건괘 구사의 때에 처하여 마땅히 이와 같아야 한다. 그러나 결국은 올라가야 하고 나아가야 한다. 왜냐하면 구사의 "진덕과 수업은 때에 미치려는 것이니[進德修業欲及時]" 올라갈 만하면 반드시 때에 미쳐 올라가고 나아갈 만하면 반드시 때에 미쳐 나아가기 때문에 허물이 없다.

九五曰飛龍在天, 利見大人, 何謂也? 子曰, 同聲相應, 同氣相求. 水流濕, 火就燥, 雲從龍, 風從虎, 聖人作而萬物覩. 本乎天者親上, 本乎地者親下, 則各從其類也.(구오에 말하기를, '나는 용이 하늘에 있으니 대인을 보면 이롭다'는 것은 무엇을 말하는가? 공자께서 말하였다. "같은 소리는 서로 응하고 같은 기운은 서로 구한다. 물은 습한 곳으로 흐르고 불은 건조한 곳으로 나아가며, 구름은 용을 따르고 바람은 범을 따르니, 성인이 일어남에 만인이 우러러본다. 하늘에 근본하는 것은 위와 친하고 땅에 근본하는 것은 아래와 친하니 각각 그 부류를 따르는 것이다.)

“같은 소리는 서로 응한다[同聲相應]”라는 아래 일곱 구절은 “성인이 일어남에 만인이 우러러본다[聖人作而萬物覩]”는 한 구절을 위주로 한 것이다. ‘성인작聖人作’은 ‘비룡재천飛龍在天’을 해석한 것이고, ‘만물도萬物覩’는 ‘이견대인利見大人’을 해석한 것이다. 위의 “같은 소리는 서로 응하고 같은 기운은 서로 구한다[同聲相應, 同氣相求]”라는 여섯 구절은 모두 같은 부류끼리 서로 감응한다는 뜻으로, 어째서 “성인이 일어남에 만인이 우러러보고” 어째서 “대인을 보면 이로운지”를 설명하였다. 구오에는 이미 군주의 덕이 있고 또한 군주의 지위가 있으니, 여섯 효 중에서 가장 좋은 효이다. ‘성인작이만물도聖人作而萬物覩’에서의 ‘작’은 일어남이고 ‘물’은 사람이다. 성인이 일어남에 만인이 모두 그를 우러러보고 그의 인도와 교화를 받는다. “하늘에 근본하는 것은 위와 친하고 땅에 근본하는 것은 아래와 친하다[本乎天者親上, 本乎地者親下]”라는 두 구절은 한 걸음 더 나아가 천지간의 동류끼리 감응하는 도리를 확대하여 말하였으니, 이 또한 어째서 “성인이 일어남에 만인이 우러러보는지” 어째서 “대인을 보면 이로운지”를 설명하기 위한 것이다. “하늘에 근본하는 것”은 동물을 가리키고 “땅에 근본하는 것”은 식물을 가리킨다. 왜냐하면 동물은 머리가 위로 향하고 발은 아래에 있지 않음이 없으며, 식물은 뿌리가 아래에 있고 가지가 위에 있지 않음이 없기 때문이다. 동물 중에 금수의 머리는 대부분 옆으로 나왔지만, 사람만은 머리가 위에 있기 때문에 여기서는 실제로 인류를 가리켜서 말한 것이다. 성인과 만인은 동류同類이나, 성인이 그 무리에서 나와서 일어나면 만인은 반드시 친애하여 그를 따른다. 그 도리가 “하늘에 근본하는 것은 위와 친하다”라는 것과 같으니 “각각 그 부류를 따른다[各從其類]”라는 것이다.

上九曰亢龍有悔, 何謂也? 子曰, 貴而无位, 高而无民, 賢人在

下位而无輔, 是以動而有悔也.('상구에 말하기를, '높이 오른 용이니 후회가 있다'는 것은 무엇을 말하는가? 공자께서 말하였다. "귀하여도 지위가 없으며, 높아도 따르는 백성이 없으며, 현인이 아랫자리에 있으나 도와주는 이가 없다. 이 때문에 움직이면 후회가 있는 것이다.")

"여섯 자리가 때에 맞게 이루어지니[六位時成]" 항亢도 여섯 용의 하나이지만 "귀하여도 지위가 없다[貴而无位]"라고 하였다. 이것은 상구가 한 괘의 가장 높은 곳에 있어서 '귀하다'고 부를 수 있지만, 상구는 군주가 아니고 신하도 아니어서 정치상의 지위가 없기 때문에 귀하다고 말하지만 지위가 없다. 상구는 높은 곳에 있으며, 높은 데 있으면 따르는 백성이 있어야 하지만 상구에는 백성이 없다. "백성이 없다[无民]"라는 것은 아래에 음이 없음을 가리켜서 말한 것이다. '현인賢人'은 구오 이하의 각 효를 가리킨다. 현인이 있고 또한 아래에 있지만, 현인이 와서 그를 보좌하지 않는다. 높이 윗자리에 있지만 지위가 없고 따르는 백성이 없고 현인의 보좌가 없어서 처지가 매우 불리하다. 이 때문에 "움직이면 후회가 있다[動而有悔]." 상구는 높이 오른 용이니 움직여서는 안 되지만, 사람은 언제나 움직이지 않을 수 없다. 한번 움직이면 후회가 있고, 후회가 있으면 곧 잘못이 있다. 후회가 있는 것은 잘못이 있음을 아는 것이고, 또한 후회를 고칠 줄 아는 것이다. 후회를 고칠 줄 알면 일은 반드시 호전될 것이다.

潛龍勿用, 下也.('잠겨 있는 용이니 쓰지 말라'는 것은 아랫자리에 있기 때문이다.)

공자가 「문언전」을 지어 건괘 여섯 효의 효사를 반복하여 설명한 것은 바로 「계사전」에서 말한 "군자가 〈평소에 일이 없을 때〉 처해서는 그 상을 보고 그 말을 완미한다"[36]라는 뜻이다. 즉 『역』을 읽는 자에게 하나의 본보기를 만들어 줌으로써 사람들에게 64괘를 모두 이와 같이 읽어야 한다는 것을 알려 준 것이다. 『역경』은 『시경』·『서경』 등과 다르다. 『시경』·『서경』과 같은 책은 한 글자나 한 구절에 비교적 명확한 뜻이 있어서 훈고의 방법을 통하여 글자나 구절의 의미를 밝히면 되지만, 『역경』의 괘사와 효사는 말뜻이 정확하지 않고 다양하며 심지어 모호하기까지 하여 훈고의 방법으로는 그 문제를 해결할 수 없으며 다방면의 깊은 탐색과 추측이 필요하다. '잠용물용 하야潛龍勿用, 下也'는 건괘의 초효는 쓰지 말아야 한다는 말이니, 왜냐하면 그것은 건괘의 아래에 있어서 쓸 수 없기 때문이다.

見龍在田, 時舍也.('나타난 용이 밭에 있다'는 것은 때가 편안하고 여유가 있다는 것이다.)

'사舍'는 편안하고 여유가 있음이다. '시사時舍'는 처지가 편안하고 여유가 있으니 초구의 '잠용물용潛龍勿用'처럼 긴박하지 않다. 때에서 보면, 구이는 초구보다 조금 좋다.

終日乾乾, 行事也.('종일토록 힘쓰고 힘쓴다'는 것은 일을 하는 것이다.)

때가 구삼에 이르면 일을 해야 할 때에 이르렀으니 구이보다 한 걸음 더 나아간 것이다. 일을 하는 것이 때에 따라 정해지니 일을 해야 하면 하고 쉬어야 하면 쉰다.

---

36) 『周易』, 「繫辭傳(上)」, 第2章. "君子居則觀其象而玩其辭."

或躍在淵, 自試也.('혹 뛰어오르거나 연못에 있다'는 것은 스스로 결정하는 것이다.)

구사의 때는 구삼보다 한 걸음 더 나아간 것이다. 어떤 것은 위로 뛰어오르고 어떤 것은 움직이지 않고 연못에 있는데, 이것은 모두 자신에 의해 결정된다.

飛龍在天, 上治也.('나는 용이 하늘에 있다'는 것은 위에서 <아래의 백성을> 다스리는 것이다.)

'상上'은 상尙과 통한다. '상치上治'는 가장 좋은 통치이다. 구오에는 군주의 덕이 있고 또한 군주의 지위가 있으니 천자나 제후로 국가를 소유하거나 천하를 소유한 자이다. 그들의 통치가 가장 좋은 통치이다.

亢龍有悔, 窮之災也.('높이 오른 용이니 후회가 있다'는 것은 궁한 지경의 재앙이다.)

상구는 괘의 끝에 처하여 용이 이미 지나치게 높은 때에 이르렀으니 양적 변화가 궁한 지경으로 발전한다. "궁하면 변하고, 변하면 통하고, 통하면 오래간다."[37] 양적 변화가 궁한 데 이르면 곧 질적 변화가 발생한다. 때문에 이때는 "후회가 있고[有悔]" 궁함을 바꾸어야 하지만 바꿀 줄 모르니, 이것이 "궁한 지경의 재앙이다[窮之災]."

37)『周易』,「繫辭傳(下)」, 第2章. "窮則變, 變則通, 通則久,"

乾元用九, 天下治也.(건원의 용구는 천하가 다스려지는 것이다.)

한 몸, 한 가정, 한 국가의 다스림이 아니라 천하의 다스림이다. 이 '치治' 자는 치란治亂의 '치'로서 윗글인 '상치上治'의 '치'와는 용법에 차이가 있다. 구오는 한 효일 뿐이기 때문에 '상치上治'라고 하였다. 용구用九로 건원乾元을 말한 것은 분명히 건괘 여섯 효를 안에 포괄하기 때문에 "천하가 다스려진다[天下治]"라고 하였으니, 천하가 크게 다스려지는 것이다.

潛龍勿用, 陽氣潛藏.('잠겨 있는 용이니 쓰지 말라'는 것은 양의 기운이 잠겨서 숨어 있는 것이다.)

이상 일곱 가지는 인사人事의 관점에서 효사를 해석하여 때에서 말할 것을 중시하였다. 이 아래의 일곱 가지는 한 걸음 더 나아가서 때의 관점에서 효사를 해석한 것이다. "잠겨 있는 용이니 쓰지 말라"는 것은 양기가 잠겨서 숨어 있는 때이다.

見龍在田, 天下文明.('나타난 용이 밭에 있다'는 것은 천하가 문명의 교화를 입는 것이다.)

'현룡재전見龍在田'은 천하가 문명의 때이다. 숨어 있는 것은 기氣이고 나타난 것은 빛이다. 음은 어둡고 양은 밝으니, 구이의 양광陽光이 나타나서 천하에 문명의 상이 있는 것이다.

終日乾乾, 與時偕行.('종일토록 힘쓰고 힘쓴다'는 것은 때와 함께 행한다는 것이다.)

'종일건건終日乾乾' 은 '종일건건 석척약려終日乾乾, 夕惕若厲' 의 생략된 말이다. '여시해행與時偕行' 은 이 두 구절의 효사를 해석한 것으로, 낮에는 쉬지 않고 열심히 일하고 밤이 되어 쉬어야 할 때에 쉰다는 말이다. 무엇을 해야 할 때가 되면 무엇을 하는데, 이것을 "때와 함께 행한다[與時偕行]" 라고 하였다.

或躍在淵, 乾道乃革.('혹 뛰어오르거나 연못에 있다' 는 것은 건도가 이에 변혁한 것이다.)

'혁革' 은 변혁이다. 구사는 하체의 건이 이미 끝나고 상체의 건이 시작되는 때이다. 구삼은 하체의 건이 되고 구사에 이르러 변하여 상체의 건이 된다. 하체의 건에서 상체의 건으로 들어가는 것은 건도乾道가 개혁의 때이기 때문에 "건도가 이에 변혁한다[乾道乃革]" 라고 하였다. 이것은 괘획에 나아가서 구사가 취한 상인 '혹약재연或躍在淵' 의 뜻을 해석한 것이다.

飛龍在天, 乃位乎天德.('나는 용이 하늘에 있다' 는 것은 천덕에 자리하였다는 것이다.)

건괘 구오에는 군주의 지위가 있고 또한 군주의 덕이 있으니 "천덕에 자리하였다[位乎天德]" 라고 말할 수 있다. 만약 군주의 지위만 있고 군주의 덕이 없으면 천위天位에 자리하였다고 말할 수 있을 뿐이다.

亢龍有悔, 與時偕極.('높이 오른 용이니 후회가 있다' 는 것은 때가 모두 다했다는 것이다.)

구삼의 경우 "때와 함께 행하면[與時偕行]" "위태로우나 허물이 없는데[厲无咎]", 상육은 때가 이미 다하는 데 이르러서 때와 함께하는 것이 다하면 궁하기 때문에 후회가 있다. 건괘의 위아래 여섯 효가 분별하여 서로 응한다. 초효와 4효는 시작이 되니, 초효는 잠겨서 숨어 있고 4효는 잠겨 있는 것이 변혁하여 도약한다. 2효와 5효는 '중'이 되니, 2효는 문명文明이고 5효는 천덕天德이다. 3효와 상효는 끝이 되니, 3효는 때와 함께 행하고 상효는 모두 다했다는 것이다.

乾元用九, 乃見天則.(건원의 용구는 이에 하늘의 법칙을 볼 수 있다.)

'칙則'은 법칙이다. '천칙天則'은 자연계의 법칙이다. 건원乾元의 용구用九는 건의 여섯 효가 모두 변하여 '곤'이 되니 천도가 변화하고 무상함을 나타낸다. 천도의 변화에 지나침도 없고 부족함도 없는 것은 한도와 절제가 있기 때문이다. 춘하추동은 언제나 각각 한계에 이르면 교체되며, 겨울이 가면 봄이 오고 끝과 시작이 상인相因하여 어느 것이 처음이라고 말할 수 없다. 건의 원·형·이·정에서 '정'이 다하면 다시 '원'으로 돌아가서 천도와 일치하기 때문에 "건원의 용구는 이에 하늘의 법칙을 볼 수 있다[乾元用九, 乃見天則]"라고 하였다.

乾元者, 始而亨者也. 利貞者, 性情也. 乾始能以美利利天下, 不言所利, 大矣哉.(건원은 시작하여 형통하는 것이다. 이와 정은 <건원의> 성정이다. 건의 시작이 아름다운 이로움으로 천하를 이롭게 하므로 <굳이> 이로운 것을 말하지 않았으니 <그 이로움이> 크다.)

여기서는 괘사의 원형이정을 또다시 해석하였다. 「문언전」은 처음부터 인사人事를 논하는 데 중점을 두어 원형이정을 사덕四德으로 나누어 말하였다. 여기에 이르러서는 인사로부터 전환하여 천도天道를 논하였기 때문에 또한 원형이정을 합쳐서 말하였다. '건원'은 '원'으로 원형이정의 사덕을 통섭한다. '시형始亨'과 '건시乾始'의 두 '시始'자는 '원'과 같은 뜻이다. 괘사에서 말한 '건원'은 무슨 뜻인가? 공자는 "시작하여 형통하는 것[始而亨者也]"이라고 하였다. '건원'은 별도로 하나가 있는 것이 아니라 기가 시작하여 형통하는 것이다. '형'은 형통하게 발전하는 것이다. 괘사에서 말한 '이정利貞'은 무슨 뜻인가? '이정'은 바로 건원의 성정性情으로, 별도로 '이정'이 존재하는 것이 아니다. 무엇으로 아는가? 건원의 능한 것에서 알 수 있다. 건원은 봄과 같으니, 봄은 만물을 낳는 시작이고 '원'도 만물을 낳는 시작이다. '원'은 만물을 낳는 시작으로 "아름다운 이로움[美利]"으로 천하를 이롭게 할 수 있으니, 무릇 천하의 사물이 그 이로움을 받지 않음이 없다. "〈군이〉 이로운 것을 말하지 않았다[不言所利]"는 것은, 건괘 괘사에서는 다만 '이로움'만을 말하고 '이로움'이 무엇인지를 말하지 않았다는 것이다. 왜냐하면 건원의 이로움이 너무 넓고 커서 천지간에 포괄되지 않는 것이 없으니, 만약 이로운 것이 무엇인지를 말한다면 한정하여 이롭지 않음이 없는 범위를 크게 축소시키기 때문이다. "이정은 성정이다[利貞者, 性情也]"라는 구절에서, 성정은 무엇인가? 건원의 성정이라면 성정은 '강건함[健]'이다. 강건함은 건의 본성으로, 표현된 것이 바로 정情이다. 『역경』에서 '성정' 두 글자를 함께 말한 것은 여기에서 시작된다. '성'과 '정'은 실제로 하나의 일이다. '성'은 정태에서 본 것이고 '정'은 동태에서 본 것이다. 만물은 봄에 생겨나고 '원'에서 시작된 뒤에 하나의 동적인 과정이니, 움직임이 다하면 거두어들이고 저장하게 되고 다시 정적인 상태로 돌아간다. '정貞' 뒤가 또한 '원元'이다. '정'에서

'원'이 되고 고요함에서 움직임이 되며 끝나면 다시 시작하니 낳고 낳는 도가 다할 때가 없다. 만약 '성性'만을 말하고 '정情'을 말하지 않으면, 정貞에서 그치고 고요함에서 그쳐서 정貞 뒤에 원元이 없고 고요함 속에 움직임이 없는 것을 의미하니, 그렇다면 결국 쉬지 않고 낳고 낳는 강건함이 아니다.

大哉乾乎, 剛健中正, 純粹精也.(위대하다, 건이여. 강건하고 중정하며 순수함이 지극하다.)

공자는 건괘 원형이정의 위대함을 매우 찬미하였다. 위대함은 바로 "강건하고 중정하며 순수함이 지극하다[剛健中正, 純粹精]"는 데 있다. 건괘의 여섯 효는 모두 강하기 때문에 "강건하다"라고 하였다. '중정中正'은 전체 『역경』의 핵심으로, 공자는 건괘의 첫머리에서 제기하였다. '중'은 2효와 5효를 가리켜서 말한 것으로, 2효는 하체의 가운데 있고 5효는 상체의 가운데 있으니 2효와 5효는 모두 '중'이다. 모두 '중'이라도 반드시 모두 '정'한 것은 아니다. 양효가 양의 자리에 있고 음효가 음의 자리에 있는 것이 '정'이다. 건괘 구이는 양효가 음의 자리에 있으니 '부정'이다. 구오는 양효가 양의 자리에 있으니 '정'이다. 건괘에서는 유독 구오만 '중정'하고 구이는 '중'하나 '부정'하다. 괘마다 한 괘의 주효가 되는 효가 있으니, 건괘의 괘주는 구오이니 '강건중정剛健中正'은 바로 구오를 가리켜서 말한 것이다. 『역』 속의 384효에서 중효中爻는 128개이다. 128개의 중효 가운데 '중'이면서 '정'인 것은 64개이고, '중'이면서 '부정'인 것도 64개이다. 64개의 '중'이면서 '정'인 효 가운데 오직 건괘의 구오만이 "강건하고 중정하다." 건괘 구오는 순건純乾의 중정한 것이다. 다른 괘도 비록 중정할 수는 있으나 '순건'은 아니다. 또한 '건의 덕'의 신묘함은 '강건·중정'으로도 다할 수 없으니, 공자는 이 때문에 "강건하고 중정하다[剛健中正]"라는 외에 다시 "순수함이 지극하다[純粹精]"라는 말을 추가하였다. 두 괘가 섞이지 않는 것을 '순純'이라고 하니, 8개의 순괘純卦가 이것이다. 음양이 섞이지 않는 것을 '수粹'라고 하니, 건괘와 곤괘 두 괘가 이것이다. 건괘와 곤괘 두 괘는 이미 '순'하고 또한 '수'하다. 그 나머지 6개의 순괘는 '순'하지만 '수'하지 않다. 정精은 순수함이 지극한 것이다. '순수정純粹精'은 가장 순수한 것으로, 더 이상 순수할 수 없을 정도로 순수한 것이다.

六爻發揮, 旁通情也.(여섯 효로 발휘함은 <만물의> 실정에 두루 통함이다.)

「문언전」에서 이 두 구절의 해석은 역대로 여러 학자들의 설이 다르다. 육적陸績[38]은 "건의 여섯 효가 발휘하고 변동하여 곤에 두루 통하고, 곤이 와서 건에 들어가서 64괘를 이루었기 때문에 '만물의 실정에 두루 통함이다[旁通情]'라고 하였다"[39]라고 주석하였다. 청나라 왕인지王引之[40]의 『경의술문經義述聞』 권2에는 "육적의 설이 그르다"[41]라고 하였다. 왕인지는 여섯 효의 발휘가 "강건하고 중정한 괘가 발동하여 여섯 효를 이루는 것을 말하지, 이미 여섯 효를 이루고 또 발동하여 다른 괘를 이루는 것을

38) 육적(陸績, 187~219): 중국 삼국시대 오나라의 학자, 자는 공기(公紀), 오군(吳郡) 오현(吳縣) 사람이다. 역학과 천문학에 정통하였으며, 대표 저서로는 『渾天圖』·『太玄經注』 등이 있다.(역자 주)

39) 『陸氏易解』, 「乾卦」. "乾六爻發揮變動旁通於坤, 坤來入乾, 以成六十四卦, 故曰旁通情也."

40) 왕인지(王引之, 1766~1834): 청대의 한학자, 자는 백신(伯申), 호는 만경(曼卿), 강소(江蘇) 고우(高郵) 사람이다. 대표 저서로는 『經義述聞』·『經傳釋詞』 등이 있다.(역자 주)

41) 王引之, 『經義述聞』, 卷2. "陸說非也."

말하는 것이 아니다"라고 보았다. 왕인지는 또한 다음과 같이 말하였다.

육효발휘六爻發揮는 "여섯 자리가 때에 따라 이루어진다[六位時成]"라고 말하는 것과 같다. 방旁은 '널리'·'두루'이다. 여섯 효가 강함을 발휘하여 만물의 실정에 두루 통함이지, 변하여 곤에 통하여 64괘를 이루는 것을 말하는 것이 아니다. 아랫글인 "때로 여섯 용을 타고 하늘을 부린다[時乘六龍, 以御天也]"는 것도 '육효발휘六爻發揮'를 이어서 말한 것이다. 여섯 효는 순양純陽이기 때문에 여섯 용을 말한다. 만약 변하여 곤에 통하고 곤이 와서 건에 들어가면 반드시 음효와 섞여서 여섯 용이라 말할 수 없다. '육효발휘'에서 변동하여 여러 괘를 이룬다고 오해하였으니, 이에 두루 통한다는 뜻도 곤에 두루 통하는 것으로 잘못 보았다. 그러나 우중상虞仲翔[42]은 여러 괘의 효에서 모두 두루 통하는 것으로 뜻을 취하였다. 따라서 그 괘의 효에 부합하는 것은 그 괘에서 상을 취하지 않고 통하는 괘에서 취하였으니 음양이 상반되는 괘효는 모두 뒤섞여서 변론할 수 없다.[43]

나는 지금껏 왕인지의 설보다 더 믿을 만한 견해를 보지 못하였다.

時乘六龍, 以御天也. 雲行雨施, 天下平也.(때로 여섯 용을 타고 하

42) 우번(虞翻, 164~232): 중국 삼국시대 오나라의 학자, 자는 중상(仲翔), 회계(會稽) 여요(餘姚: 지금의 절강성 여요) 사람이다. 경학에 조예가 깊었으며 특히 역학에 정통하였다.(역자 주)

43) 王引之, 『經義述聞』, 卷2. "六爻發揮猶言六位時成耳. 旁者溥也. 六爻發揮於剛以溥通萬物之情, 非謂變而通坤, 以成六十四卦也. 下文時乘六龍以御天也, 亦承六爻發揮言之. 六爻純陽, 故謂之六龍. 若變而通坤, 坤來入乾, 則必雜以陰爻, 不得謂之六龍矣. 自六爻發揮誤解爲變動而成諸卦, 于時旁通之義, 亦誤以爲旁通於坤, 而虞仲翔乃於諸卦之爻皆以旁通取義. 遂合本卦之爻不取象於本卦而取於所通之卦, 而陰陽相反之卦爻皆雜糅而無辨矣."

늘을 부린다. 구름이 가고 비가 내리니 천하가 평안하다.)

구오는 건괘의 주효로, 건괘의 "강건하고 중정하며 순수함이 지극하다[剛健中正, 純粹精]"는 덕이 구오에 모두 갖추어져 있다. 구오는 여섯 효의 덕을 통섭한다. 여섯 효의 덕, 예를 들어 잠潛·현見·척惕·약躍·비飛·항亢 등은 모두 구오의 덕, 즉 건의 덕에 대한 발전이다. 구오는 높은 자리에 처하여 여섯 효를 동시에 통섭하니, 그 상은 '비룡재천飛龍在天'으로 전체의 건괘를 대표한다. "때로 여섯 용을 타고 하늘을 부린다[時乘六龍以御天]"라는 것은 때를 표준으로 여섯 효를 부리니, 때가 잠겨 있어야 하면 잠겨 있고, 때가 나타나야 하면 나타나고, 때가 쉬어야 하면 쉬고, 때가 도약해야 하면 도약하고, 때가 날아야 하면 나니, 이로써 천도인 자연법칙을 반영한다. 나는 용이 하늘에 있으면 반드시 구름이 가고 비가 내리며, 음양이 화창和暢하며, 은택이 널리 미쳐서 천하가 편안하다. 이 또한 건원이 "아름다운 이로움[美利]"으로 천하를 이롭게 하는 것이다.

君子以成德爲行, 日可見之行也. 潛之爲言也, 隱而未見, 行而未成, 是以君子弗用也.(군자는 덕을 이루는 것을 행동으로 삼으니 날로 볼 수 있는 것이 행동이다. '잠'이란 말은 숨어 있어 나타나지 않고 행하여도 이루어지지 않는다는 것이다. 이 때문에 군자가 쓰지 않는 것이다.)

이 아래에서는 재차 여섯 효의 미진한 뜻을 나타내었다. 이 단락은 초구의 '잠용물용潛龍勿用'을 말한 것이다. '성덕成德'은 이미 이루어진 덕이고, '행行'은 행동이다. 군자는 자기의 덕을 완전하게 수양한 뒤에 비로소 행동하거나 작위하는 바가 있을 수 있다. '덕'과 '행'은 같은 것으로, 내심에 숨어 있고 아직 드러나지 않으면 '덕'이고 행동으로 나타나면

'행'이다. 초구는 이미 덕을 이루었으니, 이미 덕을 이루었으면 매일 행동에서 볼 수 있다. 그러나 초구의 효사에서는 "잠겨 있는 용이니 쓰지 말라[潛龍勿用]"라고 하였으니 행동이 있어서는 안 된다. 왜냐하면 초구는 잠겨 있는 때에 처해 있기 때문이다. '잠潛'의 뜻은 숨어 있고 아직 나타나지 않는 것이다. 숨어 있고 아직 나타나지 않는 것은 행동하여도 이루지 못하는 것이고, 행동하여도 이루지 못하는 것은 덕이 아직 이루어지지 않는 것이다. 한마디로 말하면, 초구는 잠겨 있는 때에 처하여 마땅히 숨어 있고 나타나지 말아야 한다.

君子學以聚之, 問以辨之, 寬以居之, 仁以行之. 易曰, 見龍在田, 利見大人, 君德也.(군자는 배워서 <지식을> 모으고, 물어서 <시비를> 분별하며, 관대함으로 자처하고, 인으로 행하는 것이다. 『역』에 이르기를, "나타난 용이 밭에 있으니 대인을 보면 이롭다"라고 하니 군주의 덕이다.)

이 단락은 구이를 말한 것이다. 구이는 용이 이미 땅 위로 나타났으니, 군주의 지위는 없으나 군주의 덕이 있는 대인이다. '군덕君德'이란 학學·문問·관寬·인仁의 네 가지 조건을 갖추어야 한다. '학이취지學以聚之'는 학문을 널리 섭렵하고 많이 듣고 보아 배워야 하는 지식을 모두 배워서 손에 넣고 빠뜨리지 않는 것이다. '문이변지問以辨之'는 학문이 쌓인 뒤에는 대체로 지식이 더 해박한 사람에게 가르침을 청하여 시비是非와 정조精粗를 분별하는 것이다. '관이거지寬以居之'는 관대하여 도량이 넓고 여유가 있으며 조급해하지 않는 것이다. 배워서 이미 쌓이고 물어서 이미 분별하며, 특히 넓고 큰 도량이 있어서 여러 방면에 정통해야 한다. '인이행지仁以行之'는 배워서 쌓이고 물어서 분별하며 또한 관대함으로 자처하면 남은 문제는 어떻게 행동하느냐는 것이다. 군자의 행동은 마땅히 '인'

으로써 근본을 삼아야 한다. '인'은 사덕四德의 으뜸이요 사덕의 전체로서, 사람이면서 '인'할 수 있으면 그 나머지 수양은 모두 이루기가 어렵지 않다. 구이가 비록 군주의 덕을 가지고 있을지라도 또한 배우고 물어서 이루어진 것이지 실제로 태어나면서 만들어진 것이 아니니, 공부는 온전히 인을 체득하고 인을 행하는 데 있다.

九三, 重剛而不中, 上不在天, 下不在田. 故乾乾因其時而惕, 雖危无咎矣.(구삼은 강이 겹쳐 있고 부중하며, 위로는 하늘에 있지 않고 아래로는 밭에 있지 않다. 그러므로 힘쓰고 힘쓰다가 때에 따라 편안히 쉬면 비록 위태로우나 허물이 없을 것이다.)

구삼은 강으로 강(양)의 자리에 있기 때문에 "강이 겹쳐 있다[重剛]"라고 하였다. 한 괘 중에서 2효와 5효는 '중'이고 3효는 '부중'이기 때문에 "강이 겹쳐 있고 부중하다[重剛而不中]"라고 하였다. 구삼은 3효에 있고 5효에 있지 않기 때문에 "위로는 하늘에 있지 않다[上不在天]"라고 하였다. 또한 3효에 있고 2효에 있지 않기 때문에 "아래로는 밭에 있지 않다[下不在田]"라고 하였다. "위로는 하늘에 있지 않고 아래로는 밭에 있지 않다"는 두 구절은 실제로 구삼이 '부중'하다는 것을 말한 것이다. 전체적으로, 구삼은 위태롭고 두려운 곳에 처해 있다. 처지가 좋지 않지만 구삼은 때에 따라서 행할 수 있으니, 부지런히 힘써야 할 때면 부지런히 힘쓰고 쉬지 않고 분투노력하며 저녁에 쉬어야 할 때면 때에 맞게 쉬기 때문에 비록 위태로우나 허물이 있는 데에 이르지 않는다.

九四, 重剛而不中, 上不在天, 下不在田, 中不在人, 故或之. 或之者, 疑之也, 故无咎.(구사는 강하고 부중하며, 위로는 하늘에 있지 않

고 아래로는 밭에 있지 않고 가운데로는 사람에 있지 않기 때문에 '혹'이라고 하였다. '혹'은 <서둘러 결정하지 않고> 의심하는 것이기 때문에 허물이 없다.)

구사는 양으로써 음의 자리에 있어 중강重剛이 아니기 때문에 '중重' 자는 아마도 잘못 들어간 글자이다. 구사의 "위로는 하늘에 있지 않고 아래로는 밭에 있지 않다[上不在天, 下不在田]"는 것은 구삼과 같고, 다만 "가운데로는 사람에 있지 않다[中不在人]"는 한 구절이 더 들어가 있다. 괘효는 5효와 상효가 하늘의 도이고, 초효와 2효가 땅의 도이며, 하늘과 땅 사이의 3효와 4효가 사람의 도이다. 3효와 4효가 비록 모두 '사람의 도'에 속하지만, 비교해 보면 구삼이 2효와 가깝고 5효와 먼 것은 '사람의 도'이고, 구사가 5효와 가깝고 2효와 먼 것은 위로 하늘과 가깝고 아래로 땅과 멀어서 사람이 처해야 할 곳이 아니기 때문에 "가운데로는 사람에 있지 않다"라고 하였다. 전체 글 뜻은, 구사가 비록 "강하고 부중한 것[剛而不中]"은 구삼과 비슷하지만, 구삼은 지위가 낮고 아랫자리에 가까우며 위로 향하기 어려우니 그 위험이 크고 근심이 깊다는 말이다. 반면 구사는 양의 덕이 점차 성대해져서 5효로 가는 것이 또한 가깝고 위로 나아가기가 쉽다. 문제는 '혹 나아갈 것인지 혹 물러날 것인지' 주저하고 결정하지 못하는 데 있으니 그 걱정이 비교적 적다. '혹약재연或躍在淵'의 '혹' 자는 의심하다는 뜻이다. 의심할 수 있기 때문에 허물이 없다. 의심은 '여우처럼 의심이 많다'는 의심이 아니라, 이 의심은 '혹 나아갈 것인지 혹 물러날 것인지'를 서둘러 결단하지 않고 자세히 고려하는 것을 말한다.

夫大人者, 與天地合其德, 與日月合其明, 與四時合其序, 與鬼神合其吉凶. 先天而天弗違, 後天而奉天時. 天且弗違, 而況於

人乎! 況於鬼神乎! (대인은 천지와 그 덕이 합하고 일월과 그 밝음이 합하며 사계절과 그 순서가 합하고 귀신과 그 길흉이 합한다. 천에 앞서 있으면서도 천에 어긋나지 않으며 천의 뒤에 있으면서도 천시天時를 받든다. 천도 어기지 않거늘 하물며 사람에 있어서며 귀신에 있어서랴.)

이 단락에서 말한 것은 구오이다. 구오는 건괘의 주효로, 건의 덕이 구오 위에 집중적으로 나타나 있다. 구오는 이미 군주의 덕이 있고 또한 군주의 지위가 있는 대인이며 대인은 천덕天德을 가지고 있으니, 그의 수양은 절정에 이르렀다고 말할 수 있다. 그의 사상 · 의식 · 행위는 천지 · 일월 · 사시 · 귀신과 합치할 수 있다. 보기에는 거의 불가사의에 가깝지만 실제로는 그렇지 않다. 그가 이와 같이 할 수 있는 것은 천명天命을 아는 사람이고 또한 "마음이 하고자 하는 바를 따라도 법도에 어긋나지 않는"[44] 사람이기 때문이다. 천명은 자연규율이다. 그는 자연규율을 충분히 인식하고 아울러 자연규율에 순응할 수 있으며, 심지어 어느 정도로는 자유를 얻었다고 말할 수 있다. 대인의 덕 · 밝음 · 순서 · 길흉이 천지 · 일월 · 사시 · 귀신과 합치할 수 있는 것은 결코 이상하지 않으나, 그가 "강건하고 중정하며 순수함이 지극하기" 때문에 자연규율과 상통한다. 여기서의 귀신은 또한 종교 미신의 귀신이 아니라 조화의 자취를 가리키니, 즉 자연규율의 공용功用이다. 길흉은 성패成敗 · 득실得失에 불과할 뿐이다. "천에 앞서 있다[先天]"거나 "천의 뒤에 있다[後天]"라는 이하의 여러 구절에서는 대인이 천지 · 귀신의 배합과 사람들의 지지를 얻음을 상세히 해석하였다. "천에 앞서 있으면서도 천에 어긋나지 않는다[先天而天弗違]"라는 것은 선례가 없는 일을 하고 창조적인 일을 하여도 천도에 위배되지 않는

44) 『論語』, 「爲政」. "從心所欲不逾矩."

다는 것이다. 실제로 대인은 '천덕'을 가지고 있어서 본래 자연규율과 상통하고 부합한다는 말이다. "천보다 뒤에 있으면서도 천시를 받든다[後天而奉天時]"라는 것은 시세時勢로 결정하는 것이지 할 수 없는 일을 하는 것이 아니니 또한 자연규율에 부합할 수 있다. 대인이 하는 일은 하늘도 어기지 못하거늘, 사람이 또한 어길 수 있겠는가? 이러한 사람은 개체의 사람이 아니라 군체群體의 사람이며, 인류 사회이며, 인류 사회의 규율이다. 다시 말하면, 건괘 구오와 같은 대인이 하는 일은 자연규율에 부합하고 사회규율에도 부합한다는 것이다.

> **亢之爲言也, 知進而不知退, 知存而不知亡, 知得而不知喪. 其唯聖人乎, 知進退存亡而不失其正者, 其唯聖人乎.**('항'이란 말은 나아가는 것만 알고 물러나는 것을 알지 못하며, 보존하는 것만 알고 없어지는 것을 알지 못하며, 얻는 것만 알고 잃는 것을 모른다. 오직 성인뿐인가. 나아가고 물러남, 보존하는 것과 없어지는 것을 알아 그 바름을 잃지 않는 자는 오직 성인뿐일 것이다.)

이것은 상구 '항룡유회亢龍有悔'의 '항'자를 해석한 것이다. 항룡의 '항'자는 지나치다는 뜻이다. 사물에는 언제나 두 방면이 있다. 나아가는 것은 좋지만 나아감이 지나치면 반대로 물러나게 되니, 나아감이 있으면 반드시 물러남이 있다. 보존하는 것은 좋지만 보존하는 것이 지나치면 반대로 없어지게 되니, 보존함이 있으면 반드시 없어짐이 있다. 얻는 것은 좋지만 얻는 것이 지나치면 반대로 잃는 것이 되니, 얻음이 있으면 반드시 잃음이 있다. 건괘의 상구에서 용이 지나치는 데 이른 것은 시세時勢의 필연이고 객관적 규율이며 주관적으로 피할 수 없지만, 사람은 주관적으로 이러한 규율을 인식할 수 있기 때문에 이 규율에 순응하여 해를 입지 않도록 한다. 그렇지만 이 점에 도달하는 것은 매우 어려우니 사람이 '항'의 때에 처해서는 언제나 득의양양하여 돌아올 것을 잊어버린다. 나아가지만 물러날 줄 알고, 보존하지만 없어질 것을 알며, 얻지만 잃을 것을 알아서 진퇴존망進退存亡의 분수를 파악할 수 있는 것으로는 오직 성인이 있을 뿐이고 보통 사람은 할 수 없는 것이다.

● 총론

『주역』은 주나라 시대의 『역』이다. 그것이 은나라 시대의 역인 『귀장歸藏』·『곤건坤乾』과 근본적으로 구별되는 것은, 『곤건』이 곤을 첫머리에 두고 건을 그 뒤에 두었으나 『주역』은 반대로 건을 첫머리에 두고 곤을 그 뒤에 두었다는 것이다. '곤을 첫머리에 두고 건을 그 뒤에 둔 것'이 '건을 첫머리에 두고 곤을 그 뒤에 둔 것'으로 바뀐 것은 사회의식형태의 중대한 변화를 반영한다. 은나라 역인 『곤건』이 곤을 첫머리에 둔 것은 '은도친친殷道親親'을 반영한 것이다. 그리고 『주역』이 건을 첫머리에 두고 곤을 그 뒤에 둔 것은 '주도존존周道尊尊'을 반영한 것이다.[45] '은도친친'은 혈연관계를 강조하여 왕위 계승에서 모계 혈통을 중시하여 동생에게 왕위를 전수함으로써 은나라 시대 씨족제의 영향이 여전히 중시되고 있음을 설명한 것이다. '주도존존'은 정치 관계를 강조하여 왕위 계승에서 부계 혈통을 중시하여 아들에게 왕위를 전수함으로써 주나라 시대에 계급사회가 이미 완전히 확립되었음을 설명한 것이다. '친친親親'에서 '존존尊尊'으로 바뀐 것은 이러한 중대한 역사적 변혁이 『주역』 속에 반영된 것

45) 이 책의 서론 부분 pp.34~35를 참조한다.(역자 주)

으로, 『주역』이라는 책에서 이러한 변혁을 가장 잘 나타낼 수 있는 것이 건괘를 첫머리에 두는 것이다.

건괘는 64괘 중에서 유일하게 여섯 괘획이 모두 양효인 괘로서 "양이 순수하고 강건함이 지극한 것이다."[46] 건괘(또는 곤괘)는 64괘 가운데 특수한 지위를 차지한다. 그것들은 "음양의 근본이요 만물의 조상이다."[47] 때문에 「계사전」에는 "건곤은 『역』의 문이다"[48], "건곤은 『역』의 온축이다"[49]라고 하였다. 『주역』의 작가는 역이 '천'을 본받아 역의 이치가 천도天道의 모방이라고 생각하였다. 그들이 건괘와 곤괘 두 괘를 강조한 것은 나머지 62괘의 조상이고 『역』의 문이며 『역』의 온축이기 때문이니, 이것은 그들의 우주관에서 결정된 것이다. 그들은 건과 곤을 우주로 간주하였으나, 우주는 바로 창조 과정에서 나타나는 시간 작용과 공간 작용이다. 시간과 공간은 원래 나눌 수 없지만 언어 방편의 차원에서 세상 사람들은 상하 사방의 공간을 우宇라고 하였고 예로부터 지금까지의 시간을 주宙라고 하였다. 건만 있고 곤이 없는 것은 "높이 오른 용이니 후회가 있는 것이다[亢龍有悔]." 반면 곤만 있고 건이 없는 것은 "용이 들에서 싸우는 것이다[龍戰于野]." 건만 있고 곤이 없거나 곤만 있고 건이 없는 것은 모두 짝을 잃은 상이다. 그러므로 반드시 '건곤상여乾坤相與'하고 '천지교태天地交泰'[50]하며 '음양합덕陰陽合德'[51]하고 강유유체剛柔有體해야 한다."[52] 그러므로 그들은 천지가 만물의 본원이니 "천지가 있은 뒤에 만물이 생겨

46) 『周易本義』, 「乾卦」. "陽之純而健之至也."
47) 『易緯』, 「乾鑿度」. "陰陽之根本, 萬物之祖宗."
48) 『周易』, 「繫辭傳(下)」, 第4章. "乾坤其易之門."
49) 『周易』, 「繫辭傳(上)」, 第13章. "乾坤其易之縕."
50) 『周易』, 「泰卦」. "天地交泰."
51) 『周易』, 「繫辭傳(下)」, 第4章. "陰陽合德."
52) 『周易』, 「繫辭傳(下)」, 第4章. "剛柔有體."

나고 천지간에 가득 찬 것은 오직 만물뿐이다"[53]라고 보았다. 천지가 어디에서 왔는지 그들은 더 이상 캐묻지 않았다.

건괘는 나머지 63괘와 마찬가지로, 경經과 전傳 두 부분으로 구성되었다. '경'의 부분은 괘명卦名·괘획卦畫·괘사卦辭·효사爻辭를 포괄하고 '전'의 부분은 「단전」·「상전」·「문언전」을 포괄한다. 「상전」은 「대상」과 「소상」 두 가지로 나눈다. 「문언전」은 건괘와 곤괘 두 괘에만 있고 나머지 괘에는 없다. 건괘(☰)는 여섯 개의 양효로 구성되었는데, 이것은 순수한 양효로 지극히 강건하기 때문에 괘명을 '건'이라고 하였다. 건의 「단전」과 「대상」에서 보면, 건괘는 하늘을 상으로 취하였다. 하늘을 상으로 취하였으나 괘명을 '건乾'이라 하고 '천天'이라 하지 않은 것은 괘명이 괘의 성질과 괘의 뜻을 반영하고 괘의 상을 반영하지 않기 때문이다. 괘명은 어째서 괘의 상을 반영하지 않는가? 왜냐하면 한 괘 중에서 상을 취한 것은 수단이지 목적이 아니며, 목적은 괘의 성질과 괘의 의미에 있기 때문이다. 건괘의 '건'은 바로 강건함[健]이다. 강건함에는 건괘의 성질과 의미가 들어 있다. 전체 건괘가 말하려는 것은 강건함이다. 하늘은 강건한 특징을 가장 잘 반영할 수 있기 때문에 건괘는 하늘을 상으로 취하였다. 하늘은 다만 강건한 '상'일 뿐이지 강건함 자체가 아니기 때문에 건괘를 '건'이라 부르고 '천'이라 부르지 않는다. 건괘의 괘사는 '원형이정' 네 글자이다. 건괘 괘명의 '건'자의 의미는 바로 강건함이니, 강건함은 운동변화가 그치지 않는다는 뜻이다. 합쳐서 말하면 '건'은 강건함이며, 나누어서 말하면 원형이정이다. '원형이정' 네 글자는 천의 운동변화를 말한 것이다. 옛사람들이 말하는 '천'은 실제로 태양을 가리켜서 말한 것이니 천은 곧 태양이라고 말할 수 있다. 『예기禮記』 「교특생郊特牲」에는 "하

53) 『周易』, 「序卦傳」. "有天地然後萬物生焉. 盈天地之間者唯萬物."

늘의 은혜에 크게 보답하여 해를 주신主神으로 삼았다"[54]라고 하였다. 『한서漢書』「위상전魏相傳」에는 "천지변화는 반드시 음양에 말미암고, 음양의 구분은 해로써 법도를 삼는다"[55]라고 말하였다. 태양의 운동은 (실제로 지구의 운동이고 태양은 상대적으로 움직이지 않는다) 한서寒暑의 변화나 사계절의 교체를 이룬다. 이 때문에 옛사람들은 춘하추동 사계절로 원형이정을 해석하였다. '원'은 봄이고, '형'은 여름이며, '이'는 가을이고, '정'은 겨울이다. '정'이 지나가면 다시 '원'이고, 겨울이 지나가면 다시 봄이다. 이처럼 영원히 그치지 않고 운동변화하여 강건함의 특징을 충분히 나타내었다. 건괘의 괘사는 하늘을 상으로 취하였으나 여섯 개의 효사는 용을 상으로 취하였다. 괘사와 효사가 상을 취한 것이 다른 것은 64괘의 통례通例이며 대다수의 괘가 모두 이와 같다. 이것은 괘와 효의 특징이 다른 것에서 결정된다. 왕필王弼은 "괘는 때이고, 효는 때에 따라 변하는 것이다"[56]라고 말하였다. 괘가 한 시대를 대표하지만, 이 시대를 벗어나지 못하는 것은 모두 이 시대의 특징을 가지고 있기 때문이다. 건괘의 성질이 강건하지만, 건괘에만 속하는 것은 그것이 강건한 성질을 가지고 있기 때문이다. 이러한 의미에서 말하면, 괘는 상대적으로 변하지 않는 것이고 정태적인 것이다. 여섯 효는 아래에서 위로 한 괘를 구성하며, 한 효는 한 시대 속의 다른 발전 단계를 대표하기 때문에 효는 상대적으로 변화하는 것이고 동태적인 것이다. 하나는 정태적이고 하나는 동태적이니, 상을 취한 것이 자연히 서로 같아서는 안 된다. 괘는 정태적이기 때문에 하나의 상을 취하는 것이 옳지만, 효는 동태적이기 때문에 항상 많은 상을 취한다. 즉 여섯 효가 동일한 상을 취하나, 이 하나의 상도 반드시

54) 『禮記』, 「郊特牲」. "大報天而主日."
55) 『漢書』, 「魏相傳」. "天地變化必由陰陽, 陰陽之分以日爲紀."
56) 王弼, 『周易略例』, 「明卦適變通爻」. "卦者時也, 爻者適時之變者也."

동태적인 상황을 반영할 수 있다. 건괘는 하늘을 상으로 취하였고 하늘은 강건한 특징을 반영할 수 있다. 만약 여섯 효가 하늘을 상으로 취하였다면, 여섯 효에는 강건한 공통된 성질만 있고 각자의 개성이 없다고 말할 수 있다. 효에 개성이 없으면 효는 존재의 의미를 잃는다. 때문에 건괘가 하늘을 상으로 취하였으나 여섯 효는 용을 상으로 삼았다. 건괘 여섯 효는 천지의 기와 군자의 도를 말한 것이다. 천지의 기에는 오르고 내림이 있으며 군자의 도에는 나아가고 물러남이 있으니, 용은 사람들의 상상 속에서 잠겨 있을 수 있고 날 수도 있는 동물이기 때문에 건괘 여섯 효는 용을 상으로 취하였다. 용은 양물陽物이며 또한 변화가 다양하고 헤아릴 수 없을 만큼 신령스러운 양물이니, 용의 움직임으로 건괘 여섯 효의 움직임을 나타내는 것은 더욱 합당하다. 하늘은 강건함을 나타낼 수 있으며, 용은 강건함을 나타낼 수 있을 뿐만 아니라 또한 변화 속의 강건함을 나타낼 수 있다. 건의 괘와 효가 상을 취한 것이 다른 것은, 괘의 성질이 고정불변한 것으로 건은 강건하고 건은 어떠한 상황에서도 모두 강건하지만 건이 취한 상은 융통성이 있고 변화가 다양하다는 것을 한층 더 설명한 것이다. 건은 하늘을 상징할 수 있고 용 등을 상징할 수도 있다. 우리가 『역』을 읽을 때 '상'을 죽은 것으로 보아서는 안 되며, 또한 어떤 것이 반드시 어떤 것을 상징한다고 보아서도 안 된다.

건괘의 전傳 부분으로 가장 먼저는 「단전」이다. 「단전」은 괘사를 해석한 것으로 일반적으로 두 부분의 내용이 있으니, 한 부분은 괘명을 해석하였고 다른 부분은 괘사를 해석하였다. 다만 건乾·곤坤·감坎·리離·진震·간艮·손巽·태兌 8개의 순괘는 괘명을 해석하지 않고 바로 괘사를 해석하였다. 괘사를 해석한 것은 일반적으로 모두 괘덕卦德·괘상卦象·괘위卦位에 근거하는데, 어떤 것은 세 가지를 동시에 취하였으며 어떤 것은 하나 혹은 둘을 취하였다. 건괘 「단전」에서 처음으로 '천'을 말하였는데, 즉 건의 괘상에 근거하여 해석하였다. 이어서 "여섯 자리가 때에 맞게 이루어지니 때에 맞게 여섯 용을 탄다[六位時成, 時乘六龍]"라고 말한 것은 건괘 여섯 자리가 구오를 가장 높이고 구오가 '천'의 자리에 처하여 여섯 효의 덕을 갖추고 있음을 설명하였다. 이것은 괘의 자리에 근거하여 괘사를 해석한 것이다. 논술한 내용에서 보면, 「단전」에서는 항상 괘상卦象과 천도天道를 섞어서 말하고 인사 문제로 끝을 맺었다. 이것은 괘가 취한 상이 모두 '천도' 방면의 문제이나, 천도를 말한 목적이 인사를 실현하기 위한 것임을 설명한 것이다. 건괘 「단전」이 바로 이와 같다. 건괘 「단전」에는 매우 풍부한 철학 사상을 함유하고 있다. 그중에서 "건도가 변화함에 각각 성명을 바르게 하여 대화를 보존하니 이에 이롭고 바르다[乾道變化, 各正性命, 保合太和, 乃利貞]"라는 구절은 특히 주의할 가치가 있다. 그것은 만물이 어떻게 '원형'에서 '이정'으로 발전하는지를 말하였고 '이정'이 어떤 상태인지를 말하였다. 그것은 만물이 '건도변화'를 거쳐 "각각 성명을 바르게 하고 태화를 보존"하는 관점을 제기하였다. '성명性命'이라는 말에 관해서는 옛사람들이 각자 다양한 해석을 내려 이따금 복잡하다. 실제로 '성명'은 어떤 사물이 어떤 사물이 되는 본질적 규정에 불과하다. '각정성명各正性命'은 만물의 공통성을 인정할 뿐만 아니라 또한 만물이 각각 지니는 개성을 긍정하는 것이다. 천지간의 사물마다 그것 자체의 생성, 존재의 이유, 가치와 의미를 갖지 않는 것이 없다. 그것들의 '각정성명'은 저절로 생겨나고 저절로 자라며 저절로 소멸하는 것이지, 어떤 초자연물이 그것들을 주재하는 것이 아니다. 『주역』의 사상은 종교와 전혀 어울리지 않는다는 것을 알 수 있다. 만물은 '각정성명'할 뿐만 아니라 각자 '보합태화保合太和'할 수 있다. '보합保合'은 동사이니 무엇을 보합하는가? 보합해야 하는 것은 '태화太和'이다. '태화'는 무엇인가? '태화'는 음양이 모여 조화를 이룬 기이다. 수렴하여 성숙한 하나의 사물은 음양의 두 기가 모여 조화를 이룬 결과이다. 『역』을 지은 자는 만물이 음양 두 기가 모여서 조화를 이루는 데서 이루어진다는 것을 강조하여 만물 내부의 화해와 통일을 중시한다는 것을 설명하였다. 『주역』은 만물이 '각정성명'하여 각각 그 마땅함을 얻어 서로 방해하지 않음을 말하였으며, 만물이 '보합태화'하여 안으로는 음양이 조화를 이룬 기이고 묘사한 것은 무한한 생기로 충만하거나 온화한 화해와 통일의 세계임을 말하였다. 이것은 유가 및 전체 중국 전통문화가 '조화[和]'를 중시하는 사상적 원천이다.

건괘에는 「단전」과 「상전」 외에도 「문언전」이 있다. 「문언전」은 「단전」과 「상전」의 미진한 뜻을 나타내어 다양한 관점과 차원에서 건괘 괘사와 여섯 효의 효사를 해석하였다. 뒤의 곤괘도 이와 같다. 괘사와 효사, 「단전」과 「상전」에서 이미 분명히 말하였지만, 공자는 별도로 「문언전」을 지어 반복하여 해석하였다. 그 의도는 아마도 『역』을 배우는 자들에게 역의 괘사와 효사의 의미가 매우 융통성 있다는 것을 알게 하는 데 있다. 즉 다른 관점과 다른 차원에서 다른 이해가 있을 수 있으니 자세히 살피고 인내심을 갖고 연구해야 한다는 것이다. 만약 괘사와 효사를 죽은 것으로 보고 한 가지 의미만 있고 다른 의미가 없다고 여긴다면, 영원히 『역』을 이해하지 못할 것이다. 공자가 「문언전」을 지어 건괘와 곤괘를 상세히 분석한 것은 『역』을 배우는 자에게 하나의 본보기를 만들어 준 것으로, 사람들에게 나머지 62괘에 대해서도 모두 「문언전」과 같이 이해를 하게 하려던 것이다.

2
곤괘(坤卦)

䷁ 곤하곤상坤下坤上

이것은 64괘의 두 번째 괘로, 괘명은 곤坤이라 하고 여섯 개의 음효로 이루어졌다. '곤하곤상坤下坤上'은 주석 글로서 6획괘가 곤임을 분명히 가리켰으니, 그 내괘는 3획괘의 곤이고 외괘도 3획괘의 곤이다. 6획괘 곤과 6획괘 건은 서로 대응하는 두 괘이다. 나누어 보면 그것에는 각각의 성질과 특징이 있고, 합쳐서 보면 또한 분리할 수 없는 전체이다. 3획괘 건의 성질은 강건함이고 6획괘 건의 성질은 지극히 강건함이며, 3획괘 곤의 성질은 유순함이고 6획괘 곤의 성질은 지극히 유순함이다. 강건함이 있어야 유순함이 있고, 유순함이 있어야 강건함이 있다. 강건함과 유순함은 서로 전제가 되어 대립 통일한다. 천지·음양·남녀가 쌍으로 나눌 수 없는 것과 같다. 때문에 옛사람들은 건과 곤을 "음양의 근본이요 만물의 조상이며"[57], "『역』의 문이요"[58], "『역』의 온축이다"[59]라고 하였지 단순히 '건'만을 말하거나 '곤'만을 말하지 않았다. 「서괘전」에서 "천지가 있은

57) 『易緯』, 「乾鑿度」. "陰陽之根本, 萬物之祖宗."
58) 『周易』, 「繫辭傳(下)」, 第4章. "乾坤其易之門邪."
59) 『周易』, 「繫辭傳(上)」, 第13章. "乾坤其易之緼邪."

뒤에 만물이 있다"[60]라고 말한 것은 바로 천지가 만물을 낳는 것과 건곤이 여러 괘를 이루는 것을 같은 일로 본 것이다. 건과 곤이 함께 여러 괘를 이루니 건은 있고 곤이 없다고 할 수 없으며, 하늘과 땅이 합쳐져서 만물을 낳으니 하늘은 있고 땅이 없다고 말할 수 없다. 하늘과 땅은 동시적이고 건과 곤도 동시적이다. 하늘과 땅은 만물의 시작이고, 건과 곤은 64괘의 시작이다. 만물과 64괘의 생성 의미에서 말하면, 만물의 시작은 하늘과 땅이지 '하늘'만이 아니며, 64의 시작은 건과 곤이지 '건'만이 아니다. 『주역』 64괘에서 곤괘를 건괘 뒤에 둔 것은 필연적이고 주나라 사람의 우주관과 부합한다. 『주역』은 건과 곤을 64괘의 시작으로 간주하였는데, 이에 대한 깊은 철학적 의미는 반드시 아래의 두 단계로 나누어 보아야 한다. 고대의 역에서 『연산』은 간괘艮卦를 첫머리에 두었는데, 우리가 그 의도를 분명히 알지는 못하지만 『연산』이 이미 건과 곤을 중시하지 않았다면 64괘가 건과 곤에서 생성된다는 사상을 갖고 있지 않았다는 것은 확실하다. 또한 하나라 시대에는 '천지가 있은 뒤에 만물이 있다'는 도리를 알지 못하였고 주나라 사람이 '만물이 천지에서 생겨난다'는 관념을 명확히 제기하였다는 것을 설명해 준다. 이것이 첫 번째 단계의 의미이다. 두 번째 단계로, 『귀장』이 곤과 건을 첫머리에 둔 것은 은나라 사람이 이미 곤괘와 건괘를 중요한 지위로 제기하여 64괘의 첫머리에 두게 하였음을 반영한 것이다. 그렇지만 그것들은 "위대하다 건원이여! 만물이 〈건원을〉 바탕으로 시작하니 이에 하늘을 통솔하는구나[大哉乾元, 萬物資始, 乃統天]", "지극하다 곤원이여! 만물이 〈곤원을〉 바탕으로 생겨나니 이에 하늘을 따르고 받든다[至哉坤元, 萬物資生, 乃順承天]"라는 뜻을 이해하지 못하여 여전히 '천지가 만물을 낳는다'는 의식이 없었으며, '64괘가 건과

60) 『周易』, 「序卦傳」. "有天地然後萬物生焉."

곤에서 생겨난다'는 관념을 확립하지 못하였다. 『주역』이 건을 첫머리에 두고 곤을 그다음에 두고서야 참으로 "천지가 있은 뒤에 만물이 있다"거나 64괘가 건과 곤에서 생겨났으니 건과 곤이 "『역』의 문이요 『역』의 온축이다"라는 사상을 완전하고 깊게 나타내었다.

坤, 元亨利牝馬之貞. 君子有攸往, 先迷後得主[61], 利西南得朋, 東北喪朋, 安貞吉.(곤은 크게 형통하고 암말의 바름이 이롭다. 군자가 가는 바가 있으니 먼저 하면 주인을 잃고 뒤에 하면 주인을 얻는다. 서남에서 벗을 얻고 동북에서 벗을 잃는 것이 이로우니 편안하고 바르면 길하다.)

건괘 괘사의 '원형이정' 네 글자는 천도 변화의 네 단계로, 건괘의 순강純剛하고 지극히 강건한 성질을 나타내었다. 공자는 이 네 글자를 사덕四德으로 이해하였다. 사덕을 구비한 사람·일·사물은 건의 강건한 성질을 가지고 있다. 사덕으로 나타낸 이러한 건의 강건한 성질은 지극히 큰 추상성과 보편성을 띤다. 곤괘 괘사에서도 '원형이정'을 말하였으나 '정貞'자 앞에 '빈마牝馬'라는 수식어를 더하여 '정'자에 제한을 가하였으니, 곤괘의 '정'은 건괘의 '정'과 다르며 '암말의 정'이지 일반적인 '정'이 아니라는 뜻이다. 이에 '정'의 의미가 전체적인 것에서 치우치게 되고, 이에 '원형이정'은 균형적인 사덕이 아니라 편중된 '원형元亨'과 '이빈마지정利牝馬之貞'의 세 가지 의미로 바뀌었다. 중점은 분명히 '이빈마지정'에 있지 '원형'에 있지 않다. '군자유유왕君子有攸往'과 그 아래의 여러 말들은 '이빈마지정'이 한층 더 발전한 것이다. 때문에 '이빈마지정' 한 구절의 의미를 분명히 하는 것이 곤괘 괘사를 이해하는 관건이다. 『흑달사략黑韃

61) 주자의 『周易本義』에서는 "先迷後得, 主利"로 보고 있다.(역자 주)

事略』이라는 북방 소수민족의 유목 생활에 관한 기록은 우리가 '이빈마지정' 이라는 말을 이해하는 데 많은 깨우침을 준다. 그 책에서는 다음과 같이 말하였다.

> 수말 중에 매우 건장하고 좋은 말을 남겨서 종마種馬(씨말)로 삼고 나머지는 대부분 거세하기 때문에 강하고 튼튼하지 않은 것이 없다. 종마는 수말로 일찍이 거세하지 않고 전문적으로 암말의 무리를 관리하고 거세한 말의 대열에 넣지 않는다. 거세한 말과 암말은 각자 무리를 이룬다. 또한 암말의 무리 중에서 종마 한 필이 암말 5~60필을 관리한다. 암말이 무리를 이탈하면 종마는 반드시 물고 발길질하여 돌아오게 한다. 다른 무리의 종마가 넘어오면 이쪽 무리의 종마가 반드시 물거나 걷어찬다.[62)]

여기서 암말은 수말의 제약을 받고 수말의 관할에 순종한다는 것을 알 수 있다. 수말은 강건하고 자강自强해야 하고, 암말은 유약하고 순종해야 한다. 수말에는 수말의 곧고 바름이 있고 암말에는 암말의 곧고 바름이 있다. 곤괘의 성질은 순종함[順]이다. 무엇에 순종하는가? 건에 순종한다. 곤은 반드시 건에 순종해야 하기 때문에 건괘에서 '원형' 을 말하였고 곤괘에서도 '원형' 을 말하였다. 곤은 '순종' 이라는 글자를 부각시켜야 하기 때문에 건괘는 '이정利貞' 을 말하였으나 곤괘는 '이빈마지정利牝馬之貞' 을 말하였다. '이빈마지정' 은 곤이 건의 올바름을 지키고 따르는 것으로 이로움을 삼는다는 말이다.

---

62) 彭大雅, 『黑韃事略』. "其牡馬留十分壯好者, 做伊刺馬種, 外除者多騸了, 所以無不强壯也. 伊刺者公馬也, 不曾騸, 專管騍馬群, 不入騸馬隊. 騸馬騍馬各自爲群隊也. 又其騍馬群每伊刺馬一匹管騍馬五六十匹. 騍馬出群, 伊刺馬必咬踢之使歸. 它群伊刺馬逾越而來, 此群伊刺馬必咬踢之."

"군자가 가는 바가 있으니 먼저 하면 주인을 잃고 뒤에 하면 주인을 얻는다[君子有攸往, 先迷後得主]"라는 구절에서 "군자가 가는 바가 있다"라는 구절은 아래의 글을 총괄하였다. 군자가 작위하거나 행동하는 바가 있을 때는 무엇을 하든 모두 "먼저 하면 주인을 잃고 뒤에 하면 주인을 얻는다"는 원칙을 따라야 한다. 그러나 이것은 곤의 순종하는 지위에 처해 있는 사람·일·사물을 가리켜서 말한 것이다. 곤의 순종하는 지위에 처해 있는 사람·일·사물은 건의 강건한 지위에 처해 있는 사람·일·사물에 순종해야 하고, 곤은 건의 강건한 뒤에 있어야지 절대로 건의 강건함과 앞을 다투어서는 안 된다. 곤의 순종함은 건의 강건함을 위주로 해야지 자신을 위주로 해서는 안 된다. '미迷'와 '득주得主'는 서로 대응되는 두 말로, '미'는 주인을 잃는다는 뜻이다. 어떻게 해야 주인을 얻고 주인을 잃지 않을 수 있는가? 뒤에 해야 하고 먼저 해서는 안 된다. 『노자』의 '세 가지 보배[三寶]' 중에는 "감히 천하 사람들 앞에 나서지 않는다"[63]라는 하나의 보배가 있는데, 『주역』의 '선미후득주'는 아마도 『노자』의 영향을 받은 것이다. 그러나 『노자』는 어느 정도 은나라 역인 『귀장』, 즉 『곤건』의 영향하에서 쓰인 것이다. 그것이 유柔를 귀하게 여기고 모성을 중시하였기 때문에 "감히 천하 사람들 앞에 나서지 않는다"라고 말한 것은 절대적으로 뒤에 하고 먼저 하지 않을 것을 강조한 것이다. 이것은 『주역』의 '선미후득주'의 사상과 다르다. '선미후득주'의 뒤에 하는 것을 높이고 먼저 하는 것을 높이지 않는 것에는 조건이 있다. 즉 곤의 순종함은 건의 강건함을 뛰어넘어 먼저 해서는 안 되며, 곤의 순종함은 건의 강건함으로 앞을 삼고 자기는 뒤에 있어야 하며, 건의 강건함으로 주인을 삼고 자기는 짝이 되어야 한다는 것이다. 다만 곤의 순종함은 곤과 대대하

63) 『老子』, 第67章. "不敢爲天下先."

는 건의 강건함과의 관계에서 이와 같아야 한다는 말이다. 『주역』은 모든 성질의 사람·일·사물이 일체의 상황에서 먼저 하지 않을 것을 말한 것은 아니다.

"서남에서 벗을 얻고 동북에서 벗을 잃는 것이 이로우니 편안하고 바르면 길하다[利西南得朋, 東北喪朋, 安貞吉]"라는 구절에서 '서남'과 '동북' 두 방향의 말은 어떻게 이해해야 하는가? 어떤 사람은 그것을 소옹邵雍(1011～1077)의 선천팔괘先天八卦와 후천팔괘後天八卦의 관계에서 해석하였으나 해석이 통하지 않는다. 정이程頤와 주희朱熹가 말한 "서남쪽은 음의 방향이고 동북쪽은 양의 방향이다"[64]라는 것이 따를 만하다. 서남쪽이 음의 방향을 대표하고 동북쪽이 양의 방향을 대표하는 것은 일종의 오래된 관념이다. 『예기禮記』「향음주의鄕飮酒義」에는 다음과 같이 말하였다.

> 사면四面의 자리는 사계절을 상징한다. 천지의 굳게 얼어붙은 기는 서남쪽에서 시작하여 서북쪽에서 왕성해지니, 이는 천지의 존엄한 기요 천지의 의기義氣이다. 천지의 온후한 기는 동북쪽에서 시작하여 동남쪽에서 왕성해지니, 이는 천지의 성덕盛德한 기요 천지의 인기仁氣이다. 주인은 손님을 높이기 때문에 손님은 서북쪽에 앉고, 개介(손님을 보좌하는 사람)는 서남쪽에 앉아서 손님을 돕는다. 손님은 사람을 의義로써 대하는 자이기 때문에 서북쪽에 앉는다. 주인은 사람을 인仁으로 대하여 후덕한 자이기 때문에 동남쪽에 앉고 준僎(주인을 보좌하는 사람)은 동북쪽에 앉아서 주인을 돕는다.[65]

64) 『周易』, 「坤卦」, 〈傳〉. "西南陰方, 東北陽方."

65) 『禮記』, 「鄕飮酒義」. "四面之坐, 象四時也. 天地嚴凝之氣, 始於西南而盛於西北, 此天地之尊嚴氣也, 此天地之義氣也. 天地溫厚之氣, 始於東北而盛於東南, 此天地之盛德氣也, 此天地之仁氣也. 主人者尊賓, 故坐賓於西北, 而坐介於西南而輔賓. 賓者, 接人以義者也, 故坐於西北. 主人者, 接人以仁以德厚者也, 故坐於東南, 而坐僎於東北而輔主人也."

「향음주의」의 이러한 견해는 아마도 『주역』 곤괘의 서남·동북과 일종의 오래된 인식에서 함께 나왔으니, 즉 서쪽을 음의 방향으로 보고 동쪽을 양의 방향으로 본 것이다. 그렇다면 곤괘에서 말한 "서남에서 벗을 얻고 동북에서 벗을 잃는 것이 이롭다"라는 것은 무슨 뜻인가? '서남득붕西南得朋'과 '동북상북東北喪朋'은 똑같이 이롭다. 붕朋은 벗이다. 벗을 얻거나 벗을 잃는 것은 윗글의 "주인을 얻는 것[得主]"과 서로 호응한다. 곤으로써 말하면, 근본적 문제는 어떻게 건의 강건함을 얻어 자기의 주인으로 삼느냐는 것이다. 건의 강건함을 얻어 자기의 주인으로 삼으면 길하고, 건의 강건한 주인을 잃으면 흉하다. 곤의 순종함은 어떻게 해야 주인을 얻을 수 있는가? "동북에서 벗을 잃어야 한다." 동북은 양의 방향으로 건을 대표하니, 곤의 건에 대한 태도에서 말하면 충성하고 다른 마음을 품지 말아야 한다. 충성하고 다른 마음을 품지 않으려면 근본적인 문제는 "벗을 잃는 데" 있다. 즉 끼리끼리 모여 서로 먼저 아부하는 무리를 만들지 않는다는 것이다. '서남득붕西南得朋'에서의 '서남'은 음의 방향으로 곤을 대표하니, 곤이 건에 대해 충성을 다해야 하는 방식에서 말하면 온 힘을 다해야 한다. 온 힘을 다하려면 근본적 문제는 "벗을 얻는 데" 있다. 벗을 잃고 벗을 얻는 것은 한 문제의 두 방면이다. 곤이 건에 대해 이미 순종해야 하고 건을 얻어 자기의 주인으로 삼아야 한다면, 한편으로는 사당私黨을 결성하지 않고 건에 충성을 다해야 하고, 다른 한편으로는 대중의 힘을 연합하여 건에 충성을 다해야 한다. '안정길安貞吉'은 곤이 편안하여 안정을 이루고 두 마음을 품지 않고 충성을 다하여 건에 순종하기 때문에 길하다는 것이다.

그 밖에 요명춘 선생의 고증에 근거하면, 곤괘의 괘사는 팔괘 괘기설卦氣說[66]의 기초 위에 세워진 것으로, 백서帛書 『역전』의 「충衷」편에서는 곤괘의 괘사를 인용하여 '동북상붕 서남득붕東北喪朋, 西南得朋'이라 하였으니 순서가 정확하다. 곤괘 괘사의 "군자가 가는 바가 있으니, 먼저 하면 잃고 뒤에 하면 주인을 얻어서 이롭다. 동북에서 벗을 잃고 서북에서 벗을 얻는다. 편안하고 바르면 길하다[君子有攸往, 先迷, 後得主, 利. 西南得朋, 東北喪朋. 安貞吉]"라는 사이에는 내재적 논리 관계가 있다. '선미先迷'는 '동북상붕東北喪朋'이고 '후득주後得主'는 '서남득붕西南得朋'이다. 그것들은 모두 "군자가 가는 바가 있다"라는 것의 구체적인 전개이다. '동북상붕'은 음기가 12월 입춘부터 점차 없어지는 것을 가리킨다. '서남득붕'은 음기가 6월 입추부터 점차 자라나는 것을 가리킨다. 요명춘의 이 설은 「설괘전」과 백서 『역전』 및 괘기설의 이론에 근거한 것이다. 어느 정도 일리가 있으니 하나의 설로 삼을 수 있다. 이 설은 요명춘이 지은 『주역경전과 역학사 신론』[67]이라는 책에 보인다.

건의 효는 용을 상으로 취하였고 곤의 괘는 말을 상으로 취하였으나 「설괘전」에서는 "건은 말이 되고 곤은 소가 되며 진震은 용이 된다"[68] 등을 말하였으니, 어떤 사람은 괘효가 취한 상이 「설괘전」과 맞지 않는다고 생각할 수 있다. 실제로 맞지 않는 것이 아니라 매우 맞는 것이다. 「설괘전」에서 말한 건乾·곤坤·진震·손巽이 각각 무엇을 상으로 삼은 것은 사례를 든 것에 불과하지, '건'은 반드시 말을 상으로 삼아야 하고 '곤'은

66) 전한(前漢) 말의 맹희(孟喜)에게서 시작되어 경방(京房)에 의해 집대성되었으며, 이것에 사분력(四分曆)이 가해져 역서(曆書)를 구성하기도 하였다. 맹희와 경방은 한대(漢代) 관방 역학(官方易學)을 대표하는 인물로, 이들은 기우(奇偶)의 수와 팔괘가 상징하는 물상(物象)으로 『주역』의 경문(經文)과 전문(傳文)을 해설하고, 괘기설로 『주역』의 원리를 해석하였으며, 『주역』을 이용하여 재변(災變)에 대해 논설하였다. 당승(唐僧) 일행(一行)의 『괘의(卦議)』에 의하면 맹희 역학의 특징은 『주역』의 괘상(卦象)으로 1년 절기(節氣)의 변화를 해설한 것, 즉 64괘를 사시(四時), 십이월(十二月), 이십사절기(二十四節氣)에 배치한 것이라고 하는데, 이것이 이른바 괘기(卦氣)이다.(역자 주)

67) 廖名春, 『周易經傳與易學史新論』, 齊魯書社, 2001.(역자 주)

68) 『周易』, 「說卦傳」, 第2章. "乾爲馬, 坤爲牛, 震爲龍."

반드시 소를 상으로 삼아야 하며 '진'은 반드시 용을 상으로 삼아야 한다는 말이 아니다. 어떤 괘나 어떤 효에서 무엇을 상으로 삼는 것은 매우 융통적이니 고집해서는 안 된다. 용은 건의 강건한 성질을 충분히 나타낼 수 있기 때문에 건의 여섯 효는 용을 취하여 상으로 삼고 말을 취하여 상으로 삼지 않았다. 말은 곤의 순종하는 성질을 충분히 나타낼 수 있기 때문에 곤괘에서는 말을 취하여 상으로 삼았고 소를 취하여 상으로 삼지 않았다. 소가 비록 온순하지만 건의 강건함에 대한 곤의 순종함의 특정 관계를 나타낼 수 없다. 왜냐하면 곤은 건의 강건함을 따를 뿐 다른 어떤 사물을 따르지 않으나, 소는 일체의 모든 사물을 따르기 때문이다. 암말은 다른 어떤 것도 모두 따르지 않고 수말만을 따른다. 암말의 무리 속에서 암말이 종자 말을 따르는 이러한 현상은, 건괘와 곤괘 두 괘의 이러한 모순 속에서 '곤이 건을 따르는' 이러한 특정의 관계를 매우 정확하고 합당하게 나타내고 있다. 『역』을 지은 자가 상을 취한 것이 이와 같이 정교하고 구상한 것이 이와 같이 분명하니, 참으로 놀랍다.

「彖」曰: 至哉坤元, 萬物資生, 乃順承天. 坤厚載物, 德合无疆, 含弘光大, 品物咸亨. 牝馬地類, 行地无疆, 柔順利貞, 君子攸行. 先迷失道, 後順得常. 西南得朋, 乃與類行; 東北喪朋, 乃終有慶. 安貞之吉, 應地无疆.(「단전」에서 말하기를, 지극하다 곤원이여! 만물이 <곤원에> 바탕하여 생겨나니 이에 하늘을 따르고 받드는구나. 곤의 두터움이 만물을 실어 주는 것은 덕이 끝이 없음에 합하며, 포용력이 넓고 커서 만물이 모두 형통하다. 암말은 땅과 같은 부류이니, 땅 위를 걸어감이 끝이 없으며 유순하여 올바름을 지키는 것이 이로우니 군자가 행하는 바이다. 먼저 하면 미혹하여 도를 잃고 뒤에 하면 순종하여 상도常道를 얻는다. '서남에서 벗을 얻는다'는 것은 같은 부류와 함께 가는 것이고, '동북에서 벗을 잃는다'는 것은 끝내 경사가 있다는 것이다. 편안하고 바름의 길함이 땅의 무한한 덕에 응하는 것이다.)

"지극하다 곤원이여! 만물이 〈곤원에〉 바탕하여 생겨나니 이에 하늘을 따르고 받드는구나[至哉坤元, 萬物資生, 乃順承天]"라는 구절은 '곤원坤元'을 해석한 것이다. 여기서는 "지극하다 곤원이여"라고 하였고 건괘의 「단전」에서는 "위대하다 건원이여"라고 하였다. 건원乾元에서는 '크다'고 하였고 곤원坤元에서는 '지극하다'고 하였는데, 큰 것과 지극한 것에는 차이가 있다. 건은 하늘을 상징하니 하늘의 형체는 크고 끝이 없어 내포하지 않는 것이 없다. 곤은 땅을 상징하니 땅의 형체는 넓고 유한하여 다하지 않는 것이 없다. 곤의 형체는 건의 형체처럼 크지는 않지만 곤은 건을 본받으니, 곤이 건을 본받아 건의 큼에 이른 뒤에 그치기 때문에 건원에서는 '크다'라고 하였고 곤원에서는 '지극하다'라고 하였다. 건괘의 「단전」에서는 '만물자시萬物資始'라고 하였고 곤괘에서는 '만물자생萬物資生'이라고 하였다. 천지가 합덕合德하여 함께 만물을 낳고 만물을 생성하는 문제에서 천지가 없어서는 안 되고 어느 하나가 없어서도 안 된다. 그렇다면 어째서 건괘에서는 '자시資始'라고 하고 곤괘에서는 '자생資生'이라고 하였는가? 시始와 생生에는 무슨 차이가 있는가? 이것은 사람이 부모에게서 생겨나는 것과 같다. 아버지에게서 기질을 얻으니, 아버지는 그에게 생명의 기초를 마련해 주지만 형체는 어머니에게서 얻는다. '만물자시'를 말한 것은 만물이 건에서 시작하여 생명의 기질을 얻는다는 말이고, '만물자생'을 말한 것은 만물이 곤에서 생명의 형체를 얻는다는 말이다. '건원'은 만물이 건원에 의지하여 시작하니 여기에는 어떠한 조건도 없다. 다시 말하면, 상대가 없으니 이 때문에 클 수 있고 이 때문에 끝이 없다. '곤원'은 만물이 곤원에 의지하여 생겨나니 여기에는 조건이 있다.

다시 말하면, 상대가 있으니 이 때문에 지극할 수 있고 이 때문에 한계가 있다. 곤은 건을 기다려서 가야 마침내 큰 데 이를 수 있다. 만물에는 건의 기질이 있어야 비로소 곤의 형체를 가질 수 있다. 이어지는 '내순승천乃順承天' 한 구절은 결정적인 말로 다음의 문제를 설명할 수 있다. 그것은 곤의 성질이 건을 따르고 건을 받들어 건을 위주로 하고 곤은 건의 짝으로 여기는 것을 가리킨다. 그것은 우리에게 다음과 같은 사실을 알게 해 준다. 즉 곤은 반드시 건을 따르고 받들어야 하며, 건도 반드시 곤이 와서 따르고 받들어야 한다. 만물은 건과 곤이 합덕合德하는 작용 속에서 생성되며, 건과 곤이 '합덕' 하지만 결코 동등한 것이 아니라 만물을 생성하는 조화의 과정 속에서 건이 주가 되고 곤이 짝이 되니, 곤은 건의 행위를 따르고 받들어 행할 때에 자신의 행위가 비로소 의미가 있는 것이다.

"곤의 두터움이 만물을 실어 주는 것은 덕이 끝이 없음에 합하며, 포용력이 넓고 커서 만물이 모두 형통하다[坤厚載物, 德合无疆, 含弘光大, 品物咸亨]" 라는 구절은 '형亨' 을 해석한 것이다. 주요한 뜻은 여전히 건이 주가 되고 곤이 짝이 되는 관계를 강조하고 있다. '무강無疆' 은 하늘의 큰 덕이다. '천행건天行健' 은 동적인 관점이나 시간에서 말한 것으로, 하늘이 운행하여 그치지 않는다는 것이다. '무강' 은 정적인 관점이나 공간에서 말한 것으로, 하늘은 덮어 주지 않는 것이 없다는 것이다. '곤후坤厚' 는 곤의 순종함을 쌓아 두터움을 이루는 것이다. '재물載物' 은 땅이 낳는 만물, 즉 땅이 실어 주는 만물이다. 땅이 실어 주는 것은 하나라도 하늘이 덮어 주는 것이 아님이 없기 때문에 '덕합무강德合無疆' 이라 하였다. '덕합무강' 은 곤이 잡아 주고 실어 주는 것이 하늘의 끝이 없음과 짝을 이루니, 즉 곤이 건과 짝을 이루고 땅이 하늘과 짝을 이루는 것이다. '함홍광대 물품함형含弘光大, 品物咸亨' 은 '곤의 덕' 과 '건의 덕' 의 관계를 말한 뒤에 다시 '곤의 덕' 의 위대함을 극찬한 것이다. '함홍광대' 네 글자는 옛사람들이 한 글자씩 해석하였다. '함'은 포용하지 않음이 없는 것이고, '홍'은 있지 않음이 없는 것이며, '광'은 드러나지 않음이 없는 것이고, '대'는 〈은택을〉 입지 않음이 없는 것이다. 실제로 이와 같이 번거로울 필요는 없다. '함홍'이 하나의 뜻이고 '광대'가 하나의 뜻이다. '함홍'은 땅의 덕이 깊고 두터워서 포용하지 않는 것이 없고 실어 주지 않은 것이 없어서 어떠한 것도 그것의 품속에 있지 않은 것이 없다는 말이다. 바로 이와 같기 때문에 그것이 건의 덕과 짝을 이루는 자격이 있는 것이다. '광대'는 광대함이다. 『역』에서 '광'자에는 두 가지 뜻이 있다. 하나는 광명함이고, 다른 하나는 넓음이다. 여기에서 '광'자는 넓음으로 해석하는 것이 가장 적당하다. 광대함은 '함홍'의 가중된 뜻으로, 의미는 사람들에게 '곤의 덕'의 위대함에 대한 깊고 두터운 인상을 한층 더 심화시키는 데 있다. 만물은 곤의 이러한 위대하고 깊고 두터운 환경 속에서 생존하고 활약하니 당연히 순조롭고 형통하다.

"암말은 땅과 같은 부류이니 땅 위를 걸어감이 끝이 없으며, 유순하여 올바름을 지키는 것이 이로우니 군자가 행하는 바이다[牝馬地類, 行地无疆, 柔順利貞, 君子攸行]"라는 구절은 괘사의 "암말의 바름이 이로우니 군자가 가는 바가 있다[利牝馬之貞, 君子有攸往]"라는 두 구절을 해석한 것이다. '지류地類'는 음의 부류이고, 음의 부류는 곤을 가리켜서 말한 것이다. '빈마지류牝馬地類'는 괘사에서 말한 암말이 곤의 순종함을 대표한다는 말이다. 바꾸어 말하면, 곤의 순종함이 암말을 상으로 취하였다는 것이다. 암말이 땅 위를 걷는 것은 반드시 건의 강건함의 끝이 없음에 순종하거나 본받는다는 말이다. 무엇으로 알 수 있는가? 다음 구절에서 '유순이정柔順利貞'을 말하지 않았던가! 만약 전체 네 구절을 연결해서 말하면, 다음과 같은 이해는 일리가 있다. 즉 곤괘는 암말에 비유되어 그것은 수말의 통제를 받고, 곤괘가 하는 것은 유순함으로 올바름을 삼아 건의 강건함을 따르고 받들어야 한다는 것이다. 군자가 행하는 것은 대체로 이와 같다. 조금 더 개괄하면, "암말이 땅 위를 걷는다"라는 것은 곤의 상을 말한 것이고, "유순하여 올바름을 지키는 것이 이롭다"라는 것은 곤의 덕을 말한 것이다. 합쳐서 말하면, 곤이 순종함으로 건의 강건함을 따르는 것은 곤의 바른 도이니 군자는 이것을 본받아서 행해야 한다.

"먼저 하면 미혹하여 도를 잃고 뒤에 하면 순종하여 상도를 얻는다. 서남에서 벗을 얻는다는 것은 같은 부류와 함께 가는 것이고, 동북에서 벗을 잃는다는 것은 끝내 경사가 있음이다[先迷失道, 後順得常. 西南得朋, 乃與類行, 東北喪朋, 乃終有慶.]"라는 단락은 괘사의 "먼저 하면 주인을 잃고 뒤에 하면 주인을 얻으니 서남에서 벗을 얻고 동북에서 벗을 잃는 것이 이롭다[先迷後得主, 利西南得朋, 東北喪朋]"라는 구절을 해석한 것이다. 위에서 말한 것처럼, 곤이 건에 순종하여 움직이는 것은 곤이 지켜야 하는 바른 도이다. 만약 곤이 건에 순종하지 않고 움직이면 자신이 건보다 앞서 움직이는 것이니, 그렇다면 방향을 잃고 잘못된 길로 들어갈 수 있다. 실제로 곤이 곤 되는 바른 도를 상실하게 된다. '후순득상後順得常'은 '후순'으로 '득상'을 해석한다. 곤은 원래 건의 뒤에 있어야 하고 오직 건만을 따른다. 만약 앞에 있으면 거스르는 것이 되고 뒤에 있으면 따르는 것이 되니, 뒤에 있어서 따르는 것이 바로 곤의 상도常道이다. '류類'는 동류同類이니, '내여류행乃與類行'은 동류와 함께 있는 것이다. '서남득붕 내여류행西南得朋, 乃與類行'에서의 '서남'은 음의 방향이니 곤이다. 건을 따르고 받들며 건에 복종하는 과정에서 그 동류들과 단결하여 함께 행동할 수 있으니, 이것은 옳은 것이고 이로운 것이다. 또 다른 관점에서 말하면, 그것은 '동북상붕東北喪朋'해야 최종적으로 성공을 이룰 수 있다, 즉 "끝내 경사가 있다[乃終有慶]"라는 것이다. 동북은 양의 방향이고 양의 방향은 바로 건이다. '동북상붕'은 곤이 건에 복종하고 순종할 때에 자기의 동류들과 사상적으로 한계를 분명히 하고 그들과 사당私黨을 결성하지 않아야 하는데, 이렇게 해야 원만하다. 전체적으로, 자기의 사람과 잘 단결하고 또한 사당을 만들지 않는 것이 곤의 순종함으로 건의 강건함을 따르는 본분이다. 두 방면에 모두 도달해야 최종적으로 "경사가 있다"라고 말할 수 있고 완전한 성공이다.

"편안하고 바름의 길함이 땅의 무한한 덕에 응한다[安貞之吉, 應地无疆]"라는 마지막 두 구절은 괘사의 "편안하고 바르면 길하다[安貞吉]"는 것을 해석한 것이다. '안정길安貞吉'은 주로 인사에서 말한 것이다. 곤의 덕을 가진 군자는 곤의 두터운 덕이 만물을 실어 주는 것과 같이 기량이 두텁고 재주가 있으나 드러내지 않으니 곤괘인 땅의 무강함과 서로 응할 수 있다. 이처럼 대지大地와 같이 안정을 이루고 조급해하지 않으며 또한 올바름을 지킬 수 있는 사람만이 반드시 길함을 얻는다. 곤괘의 「단전」에는 세 개의 '무강无疆'이 있으나 가리키는 것이 다르다. '덕합무강德合无疆'은 곤의 덕이 건의 덕과 짝을 이루니 이 '무강'은 건의 덕을 가리켜서 말한 것이다. '행지무강行地无疆'은 곤이 건의 행실을 본받아 행하니, 이 '무강'도 건의 덕을 가리켜서 말한 것이다. '응지무강應地无疆'은 사람이 곤의 덕을 본받는다는 말이니, 이 '무강'은 곤의 덕을 가리켜서 말한 것이다. 어떠한 '무강'이든 모두 공간적인 무한성과 시간적인 영원성이라는 두 의미를 함유하고 있다.

「象」曰: 地勢坤, 君子以厚德載物.(「대상」에서 말하기를, 땅의 형세가 곤이니 군자가 <곤괘를 본받아> 두터운 덕으로 만물을 실어 준다.)

건괘 「대상」에서는 '천행건天行健'이라 하였고 곤괘에서는 '지세곤地勢坤'이라 하였는데 두 구절은 서로 대응한다. 천天과 지地가 대응하고, 행

行과 세勢가 대응하며, 건健과 곤坤이 대응한다. '천'과 '지'가 대응하는 것은 이해하기가 쉬워서 문제 될 것이 없다. '행'과 '세'의 대응은 설명이 필요하다. '행'은 바로 도道이니 명사이다. '천행天行'은 바로 천도天道이다. '천도'는 동태적이니 움직이는 특징은 무엇인가? '천'의 움직이는 특징은 강건함이다. 곤괘에서는 '지행地行'이라고 하지 않고 '지세地勢'라고 하였다. 왜냐하면 지도地道는 정태적(이것은 옛사람들의 견해이고 실제는 땅도 움직이는 것이다)이기 때문에 '세'라고 하였다. '천행'이라 한 것은 '천도'의 특징을 말한 것이다. '지세'라고 한 것은 실제로 '지도'의 특징을 말한 것이다. 건괘에서는 직접 강건함[健]이라 칭하였으나, 곤괘에서는 괘명인 '곤'을 말하고 직접 순종함[順]이라 칭하지 않았다. 이것은 무슨 까닭인가? 옛사람들은 다르게 해석하였다. 주희는 이것이 당시 글자를 사용할 때 우연히 얻은 것이요 어떠한 깊은 뜻도 없으니 학자는 천착할 필요가 없다고 하였다. 주희의 설이 맞는 것 같다. 곤이 바로 순종함이니 '지세곤地勢坤'은 바로 지세순地勢順이다. 땅의 형세에서 보면, 실제로 순종한다고 볼 수 없다. 옛사람들 가운데 어떤 사람은 땅의 형세에 높고 낮음이 서로 이어져 있기 때문에 '지세순地勢順'이라고 하였다고 하는데, 이것은 완전히 견강부회하여 믿을 수 없다. 왕필王弼이 말한 "땅의 형체가 순종하지 않고 그 형세가 순종한다"[69]는 것이 옳다. 그러나 왕필은 그 형세가 어떻게 순종한지를 말하지 않았다. 공영달孔穎達의 "땅의 형세가 방정하고 곧은 것은 순종하지 않고, 그 형세가 하늘을 받드는 것이 순종한다"[70]라는 말이 매우 정확하다. 땅이 순종하는 것은 하늘은 높고 땅은 낮아 땅의 형세가 하늘을 받들기 때문이다. 바꾸어 말하면, 곤이 순종하는

69)『周易正義』, 王弼注. "地形不順, 其勢順."

70)『周易正義』, 孔穎達疏. "地勢方直, 是不順也. 其勢承天, 是其順也."

것은 건이 강건하고 곤이 순종하여 곤이 건을 따르기 때문이다. "군자가 두터운 덕으로 만물을 실어 준다[君子以厚德載物]"라는 것을, 옛사람 중에 어떤 사람은 땅이 두터우므로 순종한다고 하였다. 만약 땅이 얇으면 높고 낮음이 서로 이어지는 것이 무너져서 순종한다고 말할 수 없다. 이 또한 견강부회한 말이다. 땅은 본래 두터운 것이기 때문에 '후덕厚德'이라 하였다. 순종함을 말하는 데 이르러서는, 위의 글에서 말하였듯이 땅의 순종함은 하늘을 따르고 받드는 데 있으니, 왜냐하면 하늘은 높고 땅은 낮아야 비로소 "땅의 형세가 순종한다"라고 말할 수 있기 때문이다. 땅의 형세가 순종하는 것과 땅이 두터운 것은 관계가 없다. 그러나 곤의 덕에서 말하면, '순종함'과 '두터움'에는 어떠한 관계도 없다고 말할 수 없다. 예를 들면 사람의 경우, 유순한 사람은 항상 관대하고 관대한 사람은 항상 유순하기 때문이다. 「대상」에서 말한 "군자가 두터운 덕으로 만물을 실어 준다"라는 뜻은 『역』을 배우는 사람에게 곤괘인 땅의 '후덕'을 본받아 만물을 수용하고 실어 주는 것을 알려 주는 데 있다. 군자는 곤괘의 땅과 같은 관대한 도량으로 천하 사람들과 사물을 포용하여 천하 사람들에게 편안히 여기지 않는 자가 없도록 하며, 심지어 조수·곤충·초목까지도 그들 자신으로 명命을 삼지 않음이 없도록 한다. 반대로, 각박하고 은혜가 적으며 교활하고 마음이 좁은 사람은 절대로 할 수 없는 것이다.

初六, 履霜堅冰至.(초육은 서리를 밟으면 단단한 얼음이 이를 것이다.)

초육은 음효가 초효에 있는 것이다. 육六은 음효의 이름이고 팔八도 음효의 이름이다. 그러나 '6'은 노음老陰이고 '노음'은 장차 양으로 변하니 변효變爻이다. '8'은 소음少陰이고 소음은 양으로 변할 수 없으니 불변효不變爻이다. 그러나 『주역』은 '변효'로 점치고 '불변효'로 점치지 않기 때문에 『주역』 192개의 음효는 모두 '6' 이라 부르고 '8' 이라 부르지 않는다. 곤괘 초육의 효사에서 "서리를 밟으면 단단한 얼음이 이른다[履霜堅冰至]" 라고 말한 것은 의미가 비교적 이해하기 쉽다. 이것은 하나의 상이고 상은 또한 하나의 형상을 써서 비유하는데, 이러한 비유를 가지고 하나의 도리를 설명한다. 상을 써서 도리를 설명하는 것은 『주역』의 중요한 특징이다. 무엇 때문에 직접 도리를 말하지 않고 상을 써서 비유하는가? 왜냐하면 직접 말하면 반드시 말이 죽고 말이 치우치니, 다만 상을 써서 나타내야 비로소 괘효의 의미를 원만하고 완전하게 말할 수 있기 때문이다. 64괘와 384효는 각각 어떠한 상을 취하니, 보기에는 규율이 있는 것 같지만 실제로는 매우 융통적이다. 예를 들어 건괘 괘사에서 말한 '원형이정' 은 실제로 하늘을 상으로 삼았으나 또한 분명히 말하지 않았는데, 우리는 「단전」에 근거해서 그것이 하늘을 상으로 취하였음을 알았다. 건괘의 여섯 효는 하늘을 상으로 취하지 않고 용을 상으로 취하였다. 곤과 건은 서로 대응하니 건괘의 괘사가 하늘을 상으로 취하였다면 곤괘는 땅을 상으로 취해야 한다. 그렇지만 곤은 암말을 상으로 취하였고 곤의 여섯 효는 상을 취한 것이 다양하고 말[馬]만을 말하지 않았다. "서리를 밟으면 단단한 얼음이 이른다" 라는 것은 다음과 같은 상이다. 즉 발아래에 이미 서리를 밟았으니 단단한 얼음이 반드시 이를 것이다. 한 걸음 더 나아가서 사람들에게 은미한 것을 보고 드러날 것을 알며, 작은 것을 방비하여 점차 커지는 것을 막을 것을 경고하였다. 음이 양을 없앨 수 있고, 유약한 것이 강한 것을 물리칠 수 있으며, 소인이 군자를 다치게 할 수 있는 것은, 모두 아주 작은 것에서 시작하여 점차 왕성해지는 과정에 있다. 작고 미세할 때 조심하고 그 세력이 매우 적을 때 잘하면 그것들을 간파하여 조기에 방비하고 제거할 수 있다는 뜻이다.

「象」曰: 履霜堅冰, 陰始凝也. 馴致其道, 至堅冰也.(「소상」에서 말하기를, '초육에 서리를 밟는다'는 것은 음이 응결하기 시작하는 것이다. 그 도를 계속 따라가면 단단한 얼음에 이른다는 것이다.)

'리상견빙履霜堅冰'에서의 '견빙' 두 글자는 아마도 쓸데없는 말이다. 왜냐하면 "서리를 밟는 것[履霜]"과 "단단한 얼음[堅冰]"은 동시의 일이 아니니, "서리를 밟는 것"을 음이 처음으로 응결한다고 말하는 것은 옳지만 "단단한 얼음"을 음이 처음으로 응결한다고 말하는 것은 옳지 않기 때문이다. 또한 『삼국지三國志』「위문제기魏文帝紀」의 주석에 태사인 허지許芝가 이 상의 말을 인용한 기록에 근거하면, '리상履霜' 앞에 '초육初六' 두 글자가 있고 '리상' 뒤에 '견빙堅冰'은 없기 때문이다. 고본古本에는 아마도 '초육리상初六履霜'으로 되었으나 후세에 잘못 베껴 쓰다가 마침내 '리상견빙'으로 바뀌었을 것이다. '순馴'은 계속 따르는 것이다. '순치기도 지견빙야馴致其道, 至堅冰也'는 이미 서리를 밟으면 음기가 응결되기 시작하고 발전해 가서 반드시 단단한 얼음에 이른다는 말이다. 인사人事로 말하면 "그 도"는 소인의 도이고, 소인의 도는 시작할 때는 비록 작지만 오래도록 점차 숙련하고 답습하여 자라서 반드시 왕성함에 이른다는 것이다. 효사에서 말한 '견빙지堅氷至'는 일이 발전한 결과를 강조한 것이고, 「소상」에서 말한 '지견빙至堅氷'은 일의 시작을 강조한 것이다. 건괘 초구의 「소상」에서는 "양이 아래에 있다[陽在下]"라고 하고 곤괘 초육의 「소상」에서는 "음이 응결하기 시작한다[陰始凝]"라고 하여 '음과 양' 두 글자를 제기하였다. 이것은 9가 양이고 6이 음으로서 한 권의 『주역』이 바로 384개의 음효와 양효가 대립 통일하고 교체 변화하는 과정임을 설명하는 데 뜻이 있다. 어떤 사람은 『주역』 경문에 음양 두 글자가 보이지 않는 데 근거하여 『주역』은 음양을 말하지 않았다고 단언하기도 하였는데, 이것은 매우 잘못된 관점이다. 9·6은 음양이고 건·곤도 음양이다. 공자는 건괘와 곤괘 두 괘의 초효에서 9와 6이 바로 음양임을 명확히 지적하였을 뿐만 아니라 『역전』의 다른 부분에서도 여러 차례 음양을 말하였다. 예를 들면 「계사전」에서 말한 "건은 양의 물건이고 곤은 음의 물건이니 음양이 덕을 합하여 강유가 형체를 가진다"[71], "음양의 헤아릴 수 없는 것을 신이라 한다"[72], "한 번 음하고 한 번 양하는 것을 도라 한다"[73]는 등이다. 만약 『주역』이 음양을 말하지 않았다고 한다면 『주역』은 더 이상 존재하지 못한다. 실제로 음양에는 어떤 신비함도 없으며, 음양은 사물의 대립 통일과 부단히 변화하는 두 방면에 불과하다. 『주역』의 특징은, 한편으로는 음양이 합덕合德하여 서로 없을 수 없음을 인정하면서도, 다른 한편으로는 양은 선하고 음은 악하며 양은 좋고 음은 나쁜 것임을 강조하여 높고 선하고 옳은 것은 모두 양으로 돌리고 낮고 악하고 그른 것은 모두 음으로 돌려 '양을 높이고 음을 누르는[扶陽抑陰]' 태도를 취하였다는 것이다.

六二, 直方, 大, 不習, 无不利.(육이는 바르고 방정하면 방대할 수 있고 실패하지 않을 수 있으며 이롭지 않음이 없을 수 있다.)

64괘에는 괘마다 모두 괘주가 있으며 괘주는 한 괘를 대표하니, 한 괘의 특징은 괘주에서 비교적 완전하게 나타난다. 건괘의 괘주는 구오인데, 건의 도가 여기에서 나타나기 때문이다. 곤괘의 괘주는 육오가 아니고 육이이다. 왜냐하면 곤괘는 단지 육이가 가장 순수하기 때문이다. 곤괘 육

71) 『周易』, 「繫辭傳(下)」, 第4章. "乾, 陽物也; 坤, 陰物也, 陰陽合德而剛柔有體."
72) 『周易』, 「繫辭傳(上)」, 第4章. "陰陽不測之謂神."
73) 『周易』, 「繫辭傳(上)」, 第4章. "一陰一陽之謂道."

이의 효사에 대한 옛사람들의 주석이 모두 옳은 것 같으나 옳지 않다. 오늘날 사람인 요명춘의 새로운 해석이 상당히 따를 만하다. 요명춘의 설에 의하면, 이 효사는 복구復句인데 '직방直方'에서 끊은 것이 분구分句이다. '대大'·'불습不習'·'무불리无不利'는 세 개의 작은 구절로 구성된 결과 분구이다. '대'는 보통의 형용사이다. '습'은 '절摺'자와 관계되는 가차이다. 절摺은 절折과 같은 뜻이니 모두 실패하다[敗]로 해석할 수 있다. 이 효사의 전체 뜻은 다음과 같다. 즉 바르고 방정하면 방대할 수 있고 실패하지 않을 수 있고 이롭지 않음이 없을 수 있다는 것이다. '대'·'불습'·'무불리'는 모두 곤괘(육이는 괘주로 곤괘를 대표한다)의 덕성이 "바르고 방정한" 중요성을 강조한 것이다. 건괘의 괘주는 구오이고 곤괘의 괘주는 육이이다. 곤괘의 육이에는 '유순중정柔順中正' 네 가지가 갖추어져 있다. 효사인 '직방'은 확실히 곤괘의 본질적 특징을 나타낸다. 「계사(상)」에서는 건에 대해 "그 움직임이 바르다"[74]라고 하였다. 바른 것은 건의 특징이다. 「계사(상)」에서는 또한 "본받는 것을 곤이라 한다"[75]라고 하였다. 곤의 덕은 다만 건과 관계가 발생할 때라야 비로소 실재적인 의미가 있다. 이 때문에 건에는 '바른[直]' 특징이 있고 곤이 건을 본받는 것에도 '바른' 특징이 있다. 그러나 곤과 건은 서로 대응하는 것으로, 건에는 둥글고[圓] 움직이는 특징이 있고, 곤에는 또한 네모지고[方] 고요한 특징이 있다. 따라서 직直과 방方을 연결하면 바로 곤의 본질적인 특징이 된다.

「象」曰: 六二之動, 直以方也. 不習无不利, 地道光也.(「소상」에서 말하기를, 육이의 움직임이 바르고 방정하다. '실패하지 않을 수 있고 이

74)『周易』,「繫辭傳(上)」, 第5章. "其動也直."

75)『周易』,「繫辭傳(上)」, 第4章. "效法之謂坤."

롭지 않음이 없을 수 있다'는 것은 땅의 도가 광대하기 때문이다.)

'직이방直以方'의 '이以'자는 '이而'자로 해석하니 '이而'는 여기에서 접속사이다. '직이방'은 바르고 또한 방정하다는 뜻이다. 효사에서 '직방直方'을 말하였으나 '직直'은 본래 건의 덕이다. 어째서 곤괘 육이의 효사에서 '방'을 말하는 외에 또 '직'을 말하였는가? 공자는 『역』을 배우는 자가 분명히 알지 못할까 걱정하여 "육이의 움직임[六二之動]"이라고 대답하였다. 건이 강하고 곤이 유약한 것은 확실하다. 건이 움직이고 곤이 고요한 것도 확실하다. 그러나 곤에는 유약함만 있고 강함이 있을 수 없는가? 아니다. 곤은 고요할 뿐이고 움직일 수 없는가? 역시 아니다. 우리는 곤의 성질이 순종적이라는 것을 알 수 있다. 무엇에 순종하는가? 건에 순종한다. 곤은 언제나 건을 본받아서 움직이고 곤을 본받아서 행한다. 곤이 비록 지극히 고요하지만 일단 건의 영향이 곤의 몸에 가해지면, 곤은 건에 순종하여 움직인다. 동기가 한번 발동하면 굽히는 것을 막을 수 없으니, 이에 곤에도 '바른[直]' 특징이 있다. 곤 자체에 본래 가지고 있는 '방정함[方]'의 특징은 실제로 "육이의 움직임"을 통하여 나타난다. 곤은 고요한 것으로 건의 동기를 기다려서 곤에 시행되면, 곤은 만물을 도야하여 각각 일정한 형체를 갖게 하고 바뀔 수 없게 한다. 만물을 도야하여 각각 일정한 형체를 갖게 하면 "육이의 움직임"은 동시에 곤의 '방정함'이다. 이 때문에 곤은 유약함 속에 강함이 있고 고요함 속에 움직임이 있다고 말할 수 있다. 오직 이와 같아야 곤이 비로소 "바르고 방정"할 수 있다. '광光'자는 실제로 '광대하다'는 뜻이다. '지도광地道光'은 땅의 도가 광대하다고 해석해야 한다. 육이가 무엇 때문에 "실패하지 않을 수 있고 이롭지 않음이 없을 수 있는지"에 대해, 공자는 "땅의 도가 광대하기 때문이다"라고 대답하였다. 육이는 곤의 주효로, 완전히 곤괘의 덕을 대표할 수 있다. "실패하지 않고 이롭지 않음이 없다"라는 것은 육이 한 효의 특징일 뿐만 아니라 전체 곤괘를 가리켜서 말하였기 때문에 "땅의 도가 광대하다"라고 하였다. '지도광地道光'은 땅의 도가 광대하다, 즉 곤의 덕이 "바르고 방정하다"는 것이다. "바르고 방정한" 실질은 다른 것이 아니라, 건의 덕을 본받고 건의 행동을 본받으며 자기는 자연함에 맡겨 두고 움직여서 함이 없어도 저절로 이루어지기 때문이다.

六三, 含章可貞, 或從王事, 无成有終.(육삼은 아름다움을 머금어서 바름을 지킬 수는 있으나, 혹 왕의 일에 종사하면 이룸은 없어도 마침은 있을 것이다.)

육삼의 효는 '부중'하고 '부정'하여 육이와는 비교가 안 되지만 또한 육사와는 다르다. 육사는 음효가 음의 자리에 있어 완전히 음유陰柔하고 조금의 양기陽氣도 없지만, 육삼은 음효가 양의 자리에 있어 음 속에 양을 포함하고 있어 반은 움직이고 반은 고요한 특징이 있기 때문에 '함장가정含章可貞'의 상이 있다. 장章은 꾸며서 문채를 이루어 본래 밖으로 드러나는 물건이나, 육삼은 결국 음효이고 고요함을 주로 하여 곤의 '함홍광대含弘光大'한 덕이 있으며 또한 하괘의 윗자리에 있어서 지위를 얻은 효가 되니, 아름다움을 머금고서 오래도록 바름을 지켜서 밖으로 드러나지 않게 할 수 있다. 육삼은 음효가 양의 자리에 있고 또한 움직이는 일면이 있어 육삼의 '함장가정'은 결코 영원히 작위함이 없는 것이 아니라 '혹종왕사或從王事', 즉 '왕의 일'에 대해서는 움직여서 따르고 그를 위해 충성을 다한다. 여기서의 '종從'자는 매우 중요하다. '종'은 남이 하는 일에 순종하고 일을 주도하지 않아 부르면 응하며, 더욱이 일을 주관하지 않고 명령을 기다려서 행동을 취하는 것을 나타낸다. '왕사王事'의 '왕'은 건을 가리킨다. 곤괘는 다른 괘가 5효로 군주를 삼는 것과 다르다. 곤괘의 여섯 효는 모두 신하의 도이다. 여기에서 '혹或' 자는 더욱 주의해야 한다. 건괘 구사에서는 '혹약재연或躍在淵'이라고 하였고, 곤괘 육삼에서는 '혹종왕사或從王事'라고 하였다. 두 효는 모두 나아가고 물러남이 정해지지 않은 때에 처하여 오직 물러나는 것을 '재연在淵'이라 하거나 '함장含章'이라 하고, '약躍'과 '종왕사從王事'의 나아가는 것을 모두 '혹'이라고 하였다. 이것은 『역』을 지은 자가 사람들에게 나아가는 것을 신중히 하고 나아가는 것을 조급히 하지 않을 것을 알려 주려는 것이다. 『주역』에서 양은 주로 나아가는 것이고 음은 주로 물러나는 것이다. 건괘 구사는 양효로 음의 자리에 있고 곤괘 육삼은 음효로 양의 자리에 있어 음이 있고 양이 있어 나아갈 수 있고 물러날 수 있기 때문에 나아감에 신중해야 하고 조급히 굴어서는 안 된다는 것을 강조하였다. 대비시켜 보면, 건괘 구삼과 곤괘 육사는 다르다. 건괘 구삼은 양효로 양의 자리에 있고 양은 주로 나아가기 때문에 '건건乾乾'이라고 하였고, 곤괘 육사는 음효로 음의 자리에 있고 음은 주로 물러나기 때문에 '괄낭括囊'이라고 하였다. '무성유종无成有終'은 한 걸음 더 나아가서 곤괘 육삼이 어떻게 왕의 일을 따르는지를 말하였다. 윗글에서 말하였듯이, 곤괘의 여섯 효는 모두 신하의 지위이니 실제로 그것들은 모두 건으로 군주를 삼는다. 육삼이 '왕종사從王事', 즉 건을 따른다면 육삼에는 어떠한 따르는 문제가 있다. 첫째, 육삼은 반드시 '무성无成'할 수 있다. '무성'은 작위하는 바가 없는 것이 아니라 성취하는 바가 없는 것이며, '무성'은 공을 이루어도 자처하지 않고 군주에게 돌리는 아름다움이 있다. 둘째, 비록 '무성'하지만 반드시 '유종有終'하니, '유종'은 공이 있어도 자처하지 않고 직분을 다하여 조금의 빈틈도 없이 자기가 해야 하는 일을 잘 성취하는 것이다. 만약 '무성유종'을, 예를 들어 하는 일이 10분이어야 하는데 5~6분만 하고 다할 필요가 없는 것으로 이해한다면 근본적으로 잘못된 것이다.

「象」曰: 含章可貞, 以時發也. 或從王事, 知光大也.(「소상」에서 말하기를, 아름다움을 머금어서 바름을 지킬 수 있으나 때에 따라 드러내는 것이다. '혹 왕의 일에 종사한다'는 것은 지혜가 광대한 것이다.)

'함장가정 이시발야含章可貞, 以時發也'에서의 '함장含章'은 영원히 머금고 감추어서 드러내지 않는 것이 아니다. '함장'은 단지 평소에는 드러내지 않다가 드러내야 할 때에 이르러서는 반드시 드러낸다는 말이다. 경문經文의 뜻에 따르면, '이시발以時發'의 '시時'는 바로 '종왕사從王事'를 가리켜서 말한 것이다. '함含'과 '발發'은 서로 대응된다. 평소에 '함'하지 않으면 '발'한다고 말할 수 없고, '발'하여도 '때'로써 하지 않고 수시로 모두 '발'하면 '함'한다고 말할 수 없다. 두각을 드러내기 좋아하는 사람은 '함장'할 수 없다. '함장'할 수 없는 사람은 '이시발'할 수 없다. '함장'과 '이시발'은 한 가지 일의 두 방면이라 말할 수 있다. '혹종왕사 지광대야或從王事, 知光大也'는 실제로 "혹 왕의 일에 종사하면 이루는 것은 없어도 마침은 있으니 지혜가 광대한 것이다"라는 것을 말한 것이다. '지광대知光大'는 지혜가 광대한 것이다. 곤괘 육삼은 어째서 "혹 왕의 일에 종사하면 이루는 것은 없어도 마침은 있을" 수 있는가? 근본적 원인은 육삼의 '지광대', 즉 안목이 깊고 도량이 넓은 데 있다. 안목이 깊고 도량이 넓은 사람은 자연히 머금고 감출 수 있다. 보통 사람도 언제 머금고 감추고자 하지 않았겠는가마는, 어찌하랴! 도량이 얕고 좁아서 다만 교만을 다스리거나 명성과 업적을 감추는 표면적 공부만 하였지 근본적인 인식이 없어서 조그마한 공이나 선행이 있으면 억제하지 못하고 나타내지 않으면 안 되니, 어찌 머금고 감출 수 있겠는가! 예를 들어 항아리는 작은데

물이 많은 것과 같으니, 당신이 아무리 눌러 단단히 막을지라도 물은 끝내 넘쳐흐를 것이다. 만약 큰 항아리면 물은 자연히 넘쳐흐르지 않을 것이니 따로 힘을 소비할 필요가 없을 것이다.

六四, 括囊, 无咎无譽.(육사는 주머니를 묶으니 허물도 없고 명예도 없을 것이다.)

육사는 육삼과 다르다. 육삼은 음으로 양의 자리에 있어 고요함이 있고 움직임도 있으며 물러날 수 있고 나아갈 수도 있으니 '함장含章' 해야 하고 또한 '종왕사從王事' 해야 한다. 육사는 음으로 음의 자리에 있으며 또한 위태롭고 두려운 곳에 있어서 위아래가 교제하지 않아 승承도 없고 응應도 없으니 현인이 은둔하지 않을 수 없는 때이다. 육사는 또한 기미를 아는 군자와 같으니 완전히 부드러운 덕으로 자처하여 "주머니를 묶으니 허물도 없고 명예도 없을[括囊, 无咎无譽]" 수 있다. '괄낭'은 주머니 입구를 묶어 안의 것이 완전히 나오지 못하게 하는 것이다. 머금고 감추어 침묵을 지키며 악을 짓지도 않고 선을 행하지도 않아 선악을 하나로 개괄하여 드러내지 않는 것이다. 악을 짓지 않으면 허물이 없고 선을 행하지 않으면 명예가 없다. 보통 사람은 허물이 죄가 될 수 있다는 것만 알고 명예가 해가 될 수 있다는 것은 알지 못한다. 실제로 명예가 있으면 허물을 초래할 수 있다. 명예와 허물이 같은 일이라고 말하는 것이 나을 것이다. 『장자莊子』「양생주養生主」의 "선을 행하여도 이름이 날 정도로 하지 말고 악을 지어도 형벌에 저촉되지 않게 하여 〈선악에 얽매이지 않는〉 중간의 입장을 따라 그것으로 기준을 삼는다"[76]라는 것은 이 효의 뜻과 비슷하다.

---

76) 『莊子』, 「養生主」. "爲善無近名, 爲惡無近刑, 緣督以爲經."

「象」曰: 括囊无咎, 愼不害也.(「소상」에서 말하기를, '주머니를 묶으니 허물도 없고 명예도 없다'는 것은 삼가면 해가 없다는 것이다.)

이 「소상」에서 '괄낭무구括囊无咎'라고 하고 '무예无譽'를 말하지 않은 것은 생략된 것이니 실제로 '무예'가 안에 있다. '괄낭'의 실질은 삼가는 것이고, '무구무예无咎无譽'의 실질은 "해가 없는" 것이다. "주머니를 묶었기" 때문에 "허물도 없고 명예도 없으며" 삼가기 때문에 해가 없다. 공자는 "삼가면 해가 없다[愼不害]"는 말로써 효사의 실질을 보여 주었다.

六五, 黃裳, 元吉.(육오는 황색 치마이니 크게 길할 것이다.)

황은 황색이다. 황색이 대표하는 것이 무엇인지 옛사람들에게는 두 가지 견해가 있다. 하나는 동·서·남·북·중앙에 각자 청靑·백白·적赤·흑黑·황黃 다섯 가지 색으로 표시하였으니 황색은 중앙을 대표한다. 다른 하나는 하늘은 검고 땅은 누르니 하늘과 땅이 서로 대응할 때에 검은색은 하늘을 대표하고 누른색(황색)은 땅을 대표한다. 여기서의 황색은 중앙을 대표하고 또한 땅을 대표하는데, 옛사람들에게는 또한 두 가지 설이 있다. 어떤 사람은 이러한 황색이 중앙을 대표하니 중앙의 색이라고 하였고, 어떤 사람은 땅을 대표하니 땅의 색이라고 하였다. 자세히 살펴보면, 뒤의 설이 조금 더 낫다. 첫째, 바로 이어서 상육의 효사에서는 "용이 들에서 싸우니 그 피가 검고 누렇다[龍戰于野, 其血玄黃]"라고 하였다. '기혈현황其血玄黃'에서 황색과 검은색을 연이어 거론하였으니, 분명히 현玄은 건을 가리키고 하늘을 가리키고 양을 가리키며, 황黃은 곤을 가리키고 땅을 가리키고 음을 가리킨다. 『의례儀禮』「사관례士冠禮」 경문經文의 "신랑의 예복으로는 검은 치마, 황색 치마, 잡색 치마면 좋다"[77]라는 아래에 정현鄭玄이 다음과 같이 주석하였다.

상사上士는 검은색 치마를 입고 중사中士는 황색 치마를 입고 하사下士는 검은색과 황색이 섞인 잡색 치마를 입는다. 잡색 치마는 앞이 검은색이고 뒤가 황색이니 『역』에서 말한 '검고 누런 것은 하늘과 땅이 섞인 것이니 하늘은 검고 땅은 누렇다'는 것이다.[78)]

정현의 주석에서 인용한 『역』은 바로 곤괘 「문언전」에서 곤괘 상육의 효사인 '기혈현황其血玄黃'을 해석한 말이다. 정현이 검은 치마의 '현玄'은 하늘의 색이고 황색 치마의 '황黃'은 땅의 색이라고 본 것은 옳은 것이다. 육오에서 '황상黃裳'을 말하고 상육에서 '기혈현황其血玄黃'을 말하여 두 효가 서로 이웃하니, 같은 '황黃'자를 두 가지로 해석해서는 안 된다. 둘째, 사리事理상에서 말하면 5효가 '중'인 것은 이미 분명하고 의심할 여지가 없는데, 다시 황색을 써서 나타낼 필요가 있겠는가? 단지 '황'자를 땅의 색으로 이해하여 곤을 대표할 때 '황'자가 여기에서 비로소 의미가 있다. 옛사람들의 의복은 윗몸에 입는 것을 의衣라 하고 아랫몸에 입는 것을 상裳이라고 한다. 상裳은 치마를 둘러서 허리 위에 매는 것과 같다. '의'와 '상'은 서로 대조되니 '의'는 위에 있어 건을 상징하고 '상'은 아래에 있어 곤을 상징한다. '황黃'과 '상裳'을 합쳐서 말한 것은 곤의 유순한 도를 말한 것이다. 곤은 아래에 있는 것을 바르다고 하고 건은 위에 있는 것을 바르다고 하기 때문에 2효와 5효는 모두 '중'이고 건의 하늘의 덕이 구오에 있어 "나는 용이 하늘에 있으니 대인을 보면 이롭다[飛龍在天,

---

77) 『儀禮』, 「士冠禮」. "玄端玄裳黃裳雜裳可也."

78) 『儀禮』, 「士冠禮」, 鄭玄注. "上士玄裳, 中士黃裳, 下士雜裳. 雜裳者, 前玄後黃, 易曰夫玄黃者天地之雜也, 天玄而地黃."

利見大人]"라고 하였고, 곤의 땅의 도가 육이에 있어 "바르고 방정하면 광대하고 실패하지 않으며 이롭지 않음이 없을 수 있다[直方, 大, 不習, 无不利]"라고 하였다. 반대로, 2효는 건의 바른 자리가 아니기 때문에 건의 구이는 양의 덕이 있으나 아랫자리에 있고, 5효는 곤의 바른 자리가 아니기 때문에 곤의 육오는 윗자리에 있으나 음의 덕이 있다. '원길元吉'은 크게 길함이다. 그러나 '황상원길黃裳元吉'은 한 사람이 곤의 시대에 처해 있어 비록 지위가 높지만 유순한 덕을 지켜야 하는데, 이와 같아야 비로소 크게 길함을 얻을 수 있다는 말이다.

「象」曰: 黃裳元吉, 文在中也.(「소상」에서 말하기를, '황색 치마이니 크게 길하다'는 것은 문덕文德이 속에 있기 때문이다.)

"문덕이 속에 있다"는 것은 육삼의 "때에 따라 드러낸다[以時發]"는 것과 대조시켜 볼 수 있다. 육삼의 '함장含章'은 곤의 유순한 미덕美德을 머금고 감추어 드러내지 않지만, 언제나 드러내지 않을 수 없고 때가 적당하면 드러낸다는 말이다. 육오의 "황색 치마"는 곤의 유순한 미덕이 이미 나타났음을 말하지만, 이 미덕은 거짓된 것이 아니라 그것의 내재적 근거가 있기 때문에 "문덕이 속에 있다[文在中也]"라고 하였다. 육삼이 처한 위치는 '부중'하니 반드시 아름다움을 머금고 드러내지 않거나 때를 기다려서 드러내야 한다. 육오는 유순하고 '중'에 처하여 바로 "황색 치마"가 밖으로 나타나고 '함장'이 이미 드러나는 때이나 문文은 밖에서 엄습해 오는 것이 아니라 문덕文德은 실제로 그 속에 갖추어져 있다.

上六, 龍戰于野, 其血玄黃.(상육은 용이 들에서 싸우니 그 피가 검고 누렇다.)

한 괘에서 한 시대를 볼 수 있다면, 한 효는 한 시대 속의 하나의 발전 단계에 해당한다. 건괘는 초효에서 상효에 이르기까지 하나의 완전한 발전 과정이니, 즉 건의 강건함이 어떻게 잠겨 있고[潛], 나타나고[見], 쉬고[惕], 뛰어오르고[躍], 나는 것[飛]에서 높이 오르는 데[亢] 이르러 후회가 있는지의 과정이다. 건의 강건한 발전 과정은 자기의 표현이며 자기 변화발전의 과정이다. 곤괘의 초효에서 상효에 이르기까지도 하나의 발전 과정이지만, 곤괘의 본질적 특징은 순종함이다. 곤이 건에 순종하고 음이 양에 순종하니, 이 때문에 곤괘의 여섯 효는 실제로 곤이 건에 순종하고 음이 양에 순종하는 하나의 발전 과정이다. 곤괘의 모든 변화는 곤이 건에 순종하고 양에 순종하는 발전 과정임을 반영한다. 초육의 "서리를 밟는다[履霜]"라는 것은 음기가 응결하기 시작하는 것이다. 육이의 "바르고 방정하다[直方]"라는 것에는 이미 음유陰柔하고 중정中正한 모든 곤의 덕을 갖추고 있다. 육삼의 "아름다움을 머금는다[含章]"라는 것은 머금고 감추어 드러내지 않지만, 수시로 건괘를 위해 충성을 다하고 공로에 자처하지 않는다. 육사의 "주머니를 묶는다[括囊]"라는 것은 음의 유순함이 상당한 정도로 발전하여 감추고 침묵하는 데 이른 것이다. 육오의 "황색 치마[黃裳]"는 곤의 유순한 도가 날로 완전한 데 이르러 높은 지위에 있지만 유순한 덕을 지킬 수 있다. 상육에 이르면 지극히 왕성한 상태로 발전하여 '따르는 것'이 '거역하는 것'으로 바뀌고 '곤이 건에 순종하는 것'이 '곤이 건과 대적하는 것'으로 바뀌어 건과 싸우는 데 이른다. 효사에서는 음과 양이 싸운다고 말하지 않고 "용이 들에서 싸운다[龍戰于野]"라고 말한 것은 음이 양에 대적하는 이러한 현실을 고의로 인정하지 않고 음과 양이 싸우거나 곤과 건이 싸우는 현실을 "용이 들에서 싸운다"는 다른 표현으로 나타낸 것이다. "들에서 싸운다"라는 것은 음이 양을 핍박하고 곤이 건과 대적하는 전쟁이 아니라 양이 주동적으로 밖으로 출격하여 음과 싸우는 것이니, 『춘추』의 "천왕이 하양河陽(황하 북쪽 기슭)에서 사냥한다"[79]라는 것과 거의 동일한 필법이다.[80] 왜냐하면 요점은 양이 주동적으로 밖으로 출격하여 음과 싸우는 것이지 음이 주동적으로 양의 중앙부에 접근하여 양과 싸우는 것이 아니기 때문에 "용이 들에서 싸운다"라고 하였다. 고대 국가의 통치 중심지대를 '나라'라고 하고, 나라 밖을 '교외'라 하고, 교외 밖을 '들'이라고 하였다. '용'을 말한 것은 양이 음과 싸우는 것을 강조하는 데 뜻이 있는 것이지 음이 양과 싸우는 것이 아니다. 왜냐하면 음이 양에 대적하는 것은 말할 수 없기 때문이다. '들'을 말한 것은 나라 밖에서 싸우는 것을 가리키고 나라 안에서 싸우는 것이 아니며, 한 걸음 더 나아가 음이 양에게 핍박되는 사실을 숨기는 데 뜻이 있다. '기혈현황其血玄黃'에서 어떤 사람은 '혈血'은 혈전血戰으로, '피가 강물처럼 흘러 무기가 떠다닌다'는 뜻이라고 말하였다. 실제로 그렇지 않다. '기혈현황'이라는 말은 중점이 '현황玄黃'에 있지 '혈血'에 있지 않다. 하늘은 '현'이 되고 땅은 '황'이 된다. '현황'을 합쳐서 말하면 하늘과 땅이 뒤섞이고 건과 곤이 분별되지 않는다는 뜻이다. 하늘과 땅이 뒤섞이고 건과 곤이 분별되지 않는 것은 옛사람들의 사상 관념 속에서 가장 잘못된 것이요 통하지 않는 일이다. 때문에 효사에서 비록 '후회'나 '부끄러움'을 말하지 않았으나 '기혈현황'의 결과는 후회나 부끄러움보다 더 심각하다.

---

79) 『春秋』, 「僖公 28年」. "天王狩于河陽."

80) 희공(僖公) 28년 기사에 겨울에 천왕(天王: 天子)이 하양(河陽)에서 사냥했다고 하였으나, 실은 진문공(晋文公)의 요청으로 왕이 제후들의 회의에 참석한 것인데, 편집자는 그의 요청을 부인하는 기분으로 사냥했다고 고쳐 쓴 것이다. 천자가 현실에서 제후들의 요청에 이리저리 끌려다니고 있지만, 역사에서는 차마 사실 그대로 쓸 수가 없었던 것이다.(역자 주)

「象」曰: 龍戰于野, 其道窮也.(「소상」에 말하기를, '용이 들에서 싸운다'는 것은 그 도가 다하였다는 것이다.)

상효는 마땅히 변하는 효이다. 건괘 「문언전」에서는 "높이 오른 용이니 후회가 있다는 것은 궁한 지경의 재앙이다[亢龍有悔, 窮之災也]"라고 말하였고, 곤괘 「소상」에서는 "용이 들에서 싸운다는 것은 그 도가 다하였다는 것이다[龍戰于野, 其道窮也]"라고 말하였으니 뜻이 일치한다. 건의 도가 상효로 발전하면 궁극의 지경에 이르러서 궁하면 변하고 변해야 비로소 통할 수 있다. "높이 오른 용이니 후회가 있다"라는 것은 건의 도가 궁극에 이르러 이루어진 것이다. "용이 들에서 싸우니 그 피가 검고 누렇다[龍戰于野, 其血玄黃]"라는 구절에서 하늘과 땅이 구분되지 않고 음과 양이 분별되지 않는 것도 곤의 도가 성대함이 다하여 이루어진 결과이다.

用六, 利永貞.(용육은 영원히 바름을 지켜야 이롭다는 것이다.)

'용육用六'의 뜻은 건괘 '용구用九'와 같다. '용구'는 건괘 여섯 양효가 모두 9를 쓰고 7을 쓰지 않는 것이고, '용육'은 곤괘 여섯 음효가 모두 6을 쓰고 8을 쓰지 않는 것이다. 점을 쳐서 곤괘를 얻을 때는 여섯 효가 모두 음이지만, 어떤 것은 '6'일 수 있고 어떤 것은 '8'일 수 있다. '6'은 노음老陰이고 변효變爻이며, '8'은 소음少陰이고 불변효不變爻이다. 『주역』은 '변효'로 점치고 '불변효'로 점치지 않는다. 가령 곤괘의 여섯 효가 모두 6이면 모두 '변효'로서 여섯 개의 6은 모두 7로 변한다. 즉 양효로 변하니 모든 괘가 곤에서 건으로 간다. 곤이 비록 건으로 변하지만 곤의 성질은 여전히 있고, 곤의 성질이 여전히 있지만 이미 건의 영향에 있다. 그러므로 『역』을 지은 자가 특별히 이것을 위해 "영원히 바름을 지켜야 이롭다

[利永貞]" 라고 하였다. 뜻은 음유陰柔하여 굳게 지킬 수 없어서 양으로 변하고 양으로 변하지만 또한 양이 아니라면 이로움은 영원히 바름을 지키는 데 있다는 것이다. 건괘와 곤괘 두 괘가 모두 '원형이정'을 말하였지만, 건은 '원'을 중시하여 '원'으로 통솔하고 곤은 '정'을 중시하여 '정'을 주로 삼기 때문에 곤의 '정'은 '빈마지정牝馬之貞'이 된다. 곤의 본질적 특징은 건에 순종하는 것이니, 한편으로는 건과 합덕合德하여 만물을 낳기 때문에 건은 '원형'이고 곤도 '원형'이며, 다른 한편으로는 건으로 군주를 삼아 건을 따르고 받든다. 여기에서 '이영정利永貞'을 말하고 '원형'을 언급하지 않은 것은 그 의도가 매우 분명하니, 곤의 '용육'의 변하는 괘가 건을 따르고 받드는 일면을 부각시켜 강조한 데 있다.

「象」曰: 用六永貞, 以大終也.(「소상」에서 말하기를, '용육은 영원히 바름을 지킨다'는 것은 크게 마치기 때문이다.)

『역경』은 양을 '크다'고 하고 음을 '작다'고 하니, 곤괘 '용육'의 여러 효는 모두 음이 양으로 변하고 작은 것에서 시작하여 큰 것으로 마치기 때문에 "크게 마친다[以大終]"라고 하였다.

「文言」曰: 坤至柔而動也剛, 至靜而德方. 後得主而有常, 含萬物而化光. 坤道其順乎, 承天而時行.(「문언전」에서 말하기를, 곤이 지극히 유약하나 움직임은 또한 강하고 지극히 고요하나 덕은 방정하다. 뒤에 하면 주인을 얻어서 떳떳함이 있고 만물을 머금어 화육이 광대하다. 곤의 도가 유순하구나! 하늘을 받들어 때에 따라 행한다.)

공자는 64괘에서 특별히 건괘와 곤괘 두 괘를 중시하고 이 두 괘의 뜻이 매우 심원하고 다른 여러 괘와 다르다고 보았기 때문에 건괘와 곤괘 두 괘에서 특별히 「문언전」을 지어 괘사와 효사를 반복적으로 분석·설명하였다. 곤괘 「문언전」은 모두 일곱 단락의 글로, 차례대로 괘사와 여섯 효의 효사를 해석하였다. 이 단락에서는 괘사를 해석하였다. 괘사의 「단전」에서 이미 전체적으로 해석하였는데 「문언전」에서 다시 해석한 것은, 깊이 이해하기 위한 것이고 한 걸음 더 나아가 핵심을 파악하는 데 뜻이 있다. 건괘의 상황도 이것과 같다. 그러나 차이가 있다. 건괘 「문언전」에서는 괘사의 '원형이정' 네 글자를 한 글자씩 해석하였다. 왜냐하면 네 글자에 각자 독립적인 뜻이 있어 한 글자씩 해석하지 않으면 설명할 수 없기 때문이다. 곤괘 「문언전」에서는 괘사에 대해 "뒤에 하면 주인을 얻는다[後得主]"라는 말만을 취하였고 그 나머지는 대부분 찬미하는 말인데, 분석의 중점은 "하늘을 따르고 받드는[順承天]" 세 글자에 있다. 이것은 대체로 곤괘의 괘사와 효사가 취한 상이 비교적 복잡하기 때문에 괘의 뜻을 파악하기가 쉽지 않기 때문이다. "곤은 지극히 유약하나 움직임이 또한 강하고, 지극히 고요하나 덕은 방정하다. 뒤에 하면 주인을 얻어 떳떳함이 있다[坤至柔而動也剛, 至靜而德方. 後得主而有常]"라는 구절에서, 건이 지극히 강하고 곤이 지극히 유약한 것은 건과 곤의 고유한 본성이지만, 곤의 유약함은 반드시 건을 따라 움직이는 과정에서 나타난다. 건이 강건하여 쉬지 않는다면, 곤은 건의 강건한 영향을 따라 만물을 생장시키고 만물을 실어 준다. 만물을 생장시키고 만물을 실어 주는 것은 움직임이고, 움직이면 반드시 강한 성질이 나타난다. 건이 움직이면 곤도 따라서 움직이고, 건이 강하면 곤도 따라서 강해진다. 곤이 지극히 고요하지만 고요함 자체는 형체도 없고 자취도 없어 볼 방법이 없다. 곤의 지극히 고요함은 그 덕의 방정한 곳에서 보아야 한다. 바꾸어 말하면, 곤의 지극히 고요함은 곤의 '방정함' 위에서 나타난다는 것이다. '방정함' 은 육이 효사의 "바르고 방정하다[直方]"라는 '방정함'이다. '방정함'은 곤이 건의 영향하에서 만물을 도야하여 각종 동식물에게 각자 일정한 형체의 안정성과 보편성을 갖도록 해 주는 것이다. 곤이 건의 움직임을 따르는 이러한 상황에서 보면, 곤이 지극히 유약하지만 "그 움직임은 또한 강하고", 곤이 지극히 고요하지만 그 덕은 또한 방정하다. 건을 앞에 두고 자기는 뒤에 있는, 즉 "뒤에 하면 주인을 얻는다[後得主]"라는 것이 곤의 바뀔 수 없는 특징이다. 유약해도 좋고 고요해도 좋은 것은 모두 건을 앞에 두고 곤을 뒤에 두는 것을 전제로 한 것이다. 지적하는 김에 『노자』가 "유약함을 귀하게 여기고, 뒤에 하는 것을 귀하게 여기며, 천하의 지극한 유약함으로 천하의 지극한 강함을 이길 수 있다고 여기고, 천하 사람들 앞에 나서지 않을 것"을 주장한 것은 『주역』 곤괘의 사상과 일치하는 것 같지만 실제로 다르다. 『노자』의 유약함을 높이고 강함을 억누르며, 음을 높이고 양을 억누르는 것은 곤을 첫머리에 놓은 것이다. 『노자』가 말한 "천하 사람들 앞에 나서지 않는다"라는 것은 일체의 사물 뒤에 있고 일체 사물의 뒤에 있다는 뜻이다. 반면 『주역』의 곤괘는 건을 앞에 두고 곤을 뒤에 두며 곤이 건의 뒤에 있을 것을 강조하는 것이지, 일체의 사물이 모든 상황에서 뒤에 있다는 것은 아니다. 이러한 차이는 매우 중요하다. 왜냐하면 『노자』 사상은 은나라 역인 『귀장』에 연원하고, 『귀장』은 곤을 첫머리에 두고 건을 그다음에 두기 때문이다. 『주역』이 비록 『귀장』과 관계가 없지 않지만, 『주역』은 이미 『귀장』의 원칙을 개조하여 '곤을 첫머리에 두고 건을 그다음에 두는 것'을 '건을 첫머리에 두고 곤을 그다음에 두는 것'으로 바꾸었다. 이것은 근본적인 변화이다. 아래의 "만물을 머금어 화육이 광대하다[含萬物而化光]"라는 구절은 「단전」의 "포용력이 넓고 커서 만물이 모두 형통하다[含弘光大, 品物咸亨]"라는 것과 뜻이 같으니 더 이상 언급하지 않겠다. "곤도가 유순하구나! 하늘을 받들어 때에 따라 행한다[坤道其順乎, 承天而時行]"라는 이 두 구절은 총괄적인 의미가 있어서 곤괘의 '지유至柔'·'지정至靜'·'후득주後得主'의 여러 특징을 최종적으로 '순종함[順]'이라는 글자 위에 귀결시켰다. '순종함'은 곤의 근본적 성질로서 '강건함'이 건의 근본적 성질인 것과 같다. "곤의 도가 유순하다"는 것은 곤의 도가 순종한다는 말이다. 누구에게 순종하는가? 누구든 모두에게 순종하는가? 아니다. 곤은 하늘에 순종하고 건에만 순종한다. '순종함'은 제멋대로 순종하는가? 역시 아니다. 하늘이 움직이면 땅이 따르니, 하늘은 때에 따라 운행하고 곤도 때에 따라 운행한다. 하늘은 앞지르지 않고 뒤처지지 않으며, 곤도 앞지르거나 뒤처지지 않는다. "하늘을 받들어 때에 따라 행한다[承天而時行]"라는 한 구절은 곤의 순종하는 성질을 전혀 틈이 없을 만큼 세밀하고 깊게 말한 것이다. 지금 우리가 머리를 돌려 잠시 "암말의 바름이 이롭다[利牝馬之貞]"라는 괘사를 한번 음미해 보면 확실히 깨달을 수 있고 조금의 막힘도 없을 것이다.

> **積善之家, 必有餘慶; 積不善之家, 必有餘殃. 臣弑其君, 子弑其父, 非一朝一夕之故, 其所由來者漸矣, 由辨之不早辨也. 易曰履霜堅冰至, 蓋言順也.**(선을 쌓은 집안은 반드시 경사가 남고, 불선을 쌓은 집안은 반드시 재앙이 남는다. 신하가 그 군주를 시해하고 자식이 그 아버지를 시해하는 것은 하루아침이나 하룻저녁의 연고가 아니라 그 따라 나온 것이 점차 이루어진 것이니 분별할 것을 일찍이 분별하지 못하였기 때문이다. 『역』에서 말하기를, '서리를 밟으면 단단한 얼음이 이른다'라고 하였으니 대개 순차적임을 말한 것이다.)

이것은 곤괘 초육의 "서리를 밟으면 단단한 얼음이 이른다[履霜堅冰至]"라는 것에 대한 공자의 해석이다. '여경餘慶'은 복이 자손에 미치는 것이고, '여앙餘殃'은 화가 후세에 미치는 것이다. 오랜 기간 길러진 선 혹은 불선은 매우 심원한 영향을 미친다. 때에 앞서 뿌려진 씨앗의 화근은 오랜 뒤에 비로소 나쁜 결과를 맺는다. 예를 들어 임금을 시해하거나 아버지를 시해하는 일은 결코 하루아침이나 하룻저녁에 우연히 발생하는 것이 아니라 유래가 이미 오래되어 점차 쌓여서 이루어진 것이다. 문제가 갑자기 나타났을 때는 종종 경미하여 사람들이 알지 못하거나 분별하지 못하는데, 그 결과 큰 화를 초래한다. 이러한 것들은 모두 "서리를 밟으면 단단한 얼음이 이르는" 도리를 말한 것이다. 공자가 "서리를 밟으면 단단한 얼음이 이른다"라고 말한 것은 '순차적'임을 말한 것이다. 여기에 문제가 있다. '순종함'은 곤의 본성이고 곤의 지극한 덕이며 건의 강건함과 마찬가지로 그 뜻이 긍정적이다. 그러나 초육의 "서리를 밟으면 단단한 얼음이 이른다"라는 것은 음의 도가 작은 것에서 점점 왕성해지는 도리를 말한 것이다. 음의 도는 바로 소인의 도이다. 소인의 도는 곤괘 괘사와 「단전」, 곤괘 「문언전」 첫 번째 구절에서 말한 곤의 도와는 일치하지 않는다. 이것은 어떻게 이해해야 하는가? 『역』에서 괘사와 효사의 의도가 건괘에서 완전히 서로 같은 것은 모두 긍정적이기 때문에 괘사에서는 건의 강건함을 말하였고, 효사에서도 모두 긍정적인 방면에서 건의 강건함을 말하였으며, 다른 것은 다만 효사가 동태적 관점에서 말하였다는 것이다. 곤괘는 그렇지 않다. 곤괘의 괘사에서 곤의 순종함을 말하고 곤의 덕을 말한 것은 긍정적인 의미이기 때문에 「대상」에서는 "땅의 형세가 곤이니 군자는 두터운 덕으로 만물을 실어 준다[地勢坤, 君子以厚德載物]"라고 하였으나, 효사의 어떤 것에서는 음의 도가 소인을 대표한다고 말하였으니 그 의도가 괘사와 상반된다. 초육 효사의 "서리를 밟으면 단단한 얼음이 이른다"라는 것이 바로 전형적인 예이다. "서리를 밟으면 단단한 얼음이 이른다"라는 것은 음의 도, 즉 소인의 도가 점차 성장하여 최종적으로 큰

해를 이루게 된다는 말이니, 말한 것이 또한 '순順' 자이지만 괘사의 "곤이 건을 따르고 받든다"라는 뜻은 아니다. 이러한 '순'은 군자가 따르지 말고 제지해야 한다. 효사의 뜻이 괘사의 뜻과 다르거나 심지어 위배되는 현상은 아래의 여러 괘에서 우리는 종종 볼 수 있다.

> 直其正也, 方其義也, 君子敬以直内, 義以方外, 敬義立而德不孤. 直方, 大, 不習无不利, 則不疑其所行也.(직은 바름이고 방은 마땅함이니 군자는 '경'으로써 안을 바르게 하고 '의'로써 밖을 방정하게 하여 '경'과 '의'가 확립되면 덕은 외롭지 않다. '바르고 방정하면 광대할 수 있고 실패하지 않을 수 있으며 이롭지 않음이 없을 수 있다'는 것은 그 행동하는 바를 의심하지 않는 것이다.)

곤괘 「문언전」의 이 단락의 글은 육이의 효사인 "바르고 방정하면 광대할 수 있고 실패하지 않을 수 있으며 이롭지 않음이 없을 수 있다[直方, 大, 不習无不利]"라는 구절을 해석한 것이다.[81] 육이는 곤괘의 괘주로, 유순하고 중정中正하여 곤괘의 모든 미덕을 가지고 있으니 괘사에서 말한 곤의 성질은 육이가 모두 포괄하고 있다. 이 효는 그 의도가 괘사와 서로 같으니 모두 군자의 도이다. 곤의 도가 '직방 대 불습 무불리直方, 大, 不習, 无不利' 하다면 군자는 곤의 도를 본받아 어떻게 실행해야 하는가? 공자는 여기에서 일일이 지적해 주었다. '직기정야直其正也'의 '직' 안에는 '정'

---

81) 곤괘 육이의 효사에 대해 1989년판 『주역전해』와 2005년판 수정 후 재판된 『주역전해』의 내용이 다르다. 수정 전에는 '直方大, 不習无不利'로 해석하였으나, 수정 후에는 '直方, 大, 不習, 无不利'로 해석하여 '直方'에 끊어서 '大'·'不習'·'无不利'를 '直方'에 대한 결과 분구로 해석하였다. 그런데 이 단락에서는 1989년판 수정 전 내용이 그대로 실려 있다. 수정 작업이 충실히 이루어지지 않은 것으로 볼 수 있다.(역자 주)

을 포함하고 있다. 단도직입적으로 자기의 뜻을 따라 곧바로 행하는 것은 '직'이라 할 수 없다. '직'은 또한 '정'해야 분명해져서 조금의 잘못도 없다. '군자경이직내君子敬以直內'의 '경'은 마음이 전일하여 잡념이 없고 부딪치는 일마다 전일하게 처리하고 소홀히 하지 않는 것이다. '방기의야方其義也'의 '방'에는 '의'를 포함하고 있다. 다만 방정하고 매사가 안정적인 것은 '방'이라고 할 수 없다. '방'에는 또한 '의'가 있어야 처리하는 일의 옳고 그름이 분명하여 행해야 할 때에 행하고 그쳐야 할 때에 그치게 된다. '경이직내敬以直內'는 사람의 내적인 수양을 가리키고, '의이방외義以方外'는 사람의 외적인 표현을 말한다. 사람은 안과 밖 두 방면에서 관계를 파악하니, 일이 없을 때는 마음이 전일하여 조금의 잡념에도 물들지 않고, 일이 있을 때는 옳고 그름을 분명히 하여 옳은 것은 하고 그른 것은 하지 않아 각각 마땅함을 얻으니, 이에 사람이 하는 문제가 완전히 해결된다. "경과 의가 확립되면 덕은 외롭지 않다"라는 것은 '경'과 '의' 두 항목이 이루어지면 덕이 또한 외롭지 않다는 것이다. 이른바 "덕이 외롭지 않다"라는 것은 안과 밖이 서로 길러 주고 겉과 속이 서로 의지하여 그 덕의 영향이 지극히 광대하여 천지간이나 사해四海 안에 선을 행하는 자가 그와 함께하고 그와 응하지 않음이 없다는 말이다. "외롭지 않다"라는 것은 바로 '크다[大]'는 것을 알 수 있다. '경'이 이루어지고 '의'가 이루어지면 덕은 자연히 외롭지 않다. "경과 의가 확립되면 덕은 외롭지 않다"라는 것은 실제로 "바르고 방정함"이 한 개인의 신상에서 실현된 것이다. "바르고 방정함"을 실현하면 "광대할 수 있고 실패하지 않을 수 있으며 이롭지 않음이 없을 수 있다." 자기가 더 만들 필요 없이 일체를 자연에 맡겨 두고 건을 본받아 행하면 함이 없어도 저절로 이루어진다. 이와 같으면 "행동하는 바를 의심하지 않으니[不疑其所行也]", 비록 일에 응하거나 남과 교제할 때에도 전적으로 자기가 하는 정확성을 의심할 필요가 없다는 것이다.

陰雖有美含之, 以從王事, 弗敢成也, 地道也, 妻道也, 臣道也. 地道无成而代有終也.(음이 비록 아름다움이 있으나 그것을 머금어 왕의 일에 종사하고 감히 <스스로> 이루지 못하니, 땅의 도이며 아내의 도이며 신하의 도이다. 땅의 도는 <스스로> 이룸은 없으나 <건을> 대신하여 마침은 있다.)

이 단락은 육삼의 효사를 해석한 것이다. 곤과 건의 관계에서 문제를 설명하였다. 곤이 비록 자신에게 훌륭한 재능은 있지만 "머금고[含之]" 드러내지 않아 명성을 이루는 것이 없도록 해야 한다. 이렇게 하는 것은 "왕의 일에 종사하기[以從王事]" 위한 것이고 건의 일에 복무하기 위한 것이다. 곤은 스스로 명성을 이룰 조건이 없는 것이 아니라 '불감성弗敢成', 즉 감히 스스로 명성을 이루지 못하도록 한다. 효사에서 "혹 왕의 일을 따른다[或從王事]"라는 뒤에 "이룸은 없어도 마침은 있다[无成有終]"라고 말한 것은 곤에 비록 아름다움이 있어도 명성을 이루지 못하고 공이 있어도 공을 자랑하지 못하지만 반드시 일을 타당하게 완성한다는 말이다. 「문언전」에서 한 걸음 더 나아가 곤의 "마침이 있다[有終]"라는 것을 "대신에 마침이 있다[代有終]"라고 지적한 것은, 건을 대신하여 마침이 있으니 완성한 것은 건의 일이지 곤의 일이 아니라는 것이다. 이로부터 보면, 곤과 건의 관계는 '일은 언제나 건에서 시작하고 곤에서 완성된다'는 것이다. 건은 일을 마칠 수 없고 곤은 일을 시작할 수 없다. 그러나 일을 완성하는 과정에서 곤은 분투노력하고 전력을 다하여 공로와 영예를 건에 돌리고 자기는 명성을 이루지 않으니, 이것이 곤의 도이고 또한 땅의 도이다. 신하가 군주에 있어서나 아내가 남편에 있어서는 이와 같지 않음이 없다.

「계사전」에서 말한 "건은 크게 시작하는 것을 알고 곤은 만물을 도와서 완성시킨다"[82]라는 뜻이 대체로 이와 같다.

天地變化, 草木蕃; 天地閉, 賢人隱. 易曰括囊无咎无譽, 蓋言謹也.(천지가 변화하면 초목이 번성하고 천지가 닫히면 현인이 숨는다. 『역』에서 말하기를, '주머니를 묶으니 허물도 없고 명예도 없다'라고 하였으니 대개 삼가야 함을 말한 것이다.)

육사는 음으로 음의 자리에 있어 '부중'하여 천지가 막히고 끊어지는 상이니, 이는 건과 곤의 도가 끊어지고 현자賢者가 은둔하는 때이다. '천지변화天地變化' 두 구절이 초목을 말하고 현인을 말하지 않거나 '천지폐天地閉' 두 구절이 현인을 말하고 초목을 말하지 않은 것은 호문互文이다. 옛사람들은 '인사'와 '천도'가 일치한다고 보고 항상 사회문제와 자연현상을 함께 연결시켰다. 예를 들어 『시경詩經』「소남召南·추우서騶虞序」에서 "조정이 이미 다스려지면 …… 온갖 사물이 번식한다"[83]라고 하였다. 『상서尙書』「홍범洪範」에는 "일日·월月·세歲의 때가 이미 바뀌면 온갖 곡식이 성장하지 못하고 …… 뛰어난 백성들이 숨는다"[84]라고 하였다. 여기에서 말한 천지의 '변화'는 천지가 교감하여 만물을 변화시키면 초목이 번식하고 무성하여 현인도 나온다는 말이다. 천지가 '닫힌다[閉]'고 말한 것은 천지가 끊어져서 음양이 통하지 않으면 초목이 번식하지 못하고 현인이 은둔한다는 말이다. 현인이 은둔하는 표현 방식은 '괄낭括囊'이다. '괄낭'은 말을 하지 않으며 지혜를 보이지 않으며 몸을 드러내지 않아서

82) 『周易』, 「繫辭傳(上)」, 第1章. "乾知大始, 坤作成物."
83) 『詩經』, 「召南·騶虞序」. "朝廷既治 …… 則庶類蕃殖."
84) 『尙書』, 「洪範」. "日月歲時既易, 百穀用不成 …… 俊民用微."

한편으로는 근신하여 자신을 지키는 것이고, 다른 한편으로는 안으로 덕을 채우고 때를 기다리는 것이다. 그러나 관건은 여전히 '근謹' 자 위에 있다. 주머니를 묶듯이 근신하면 비록 좋은 명예는 없을지라도 또한 허물은 없을 수 있다.

君子黃中通理, 正位居體, 美在其中, 而暢於四支, 發於事業, 美之至也.(군자는 곤의 덕이 안에 있어 이치에 통하고 바른 자리에 몸을 두고 아름다움이 그 안에 있어 사지에 퍼져 나가고 일에 나타나니 아름다움이 지극한 것이다.)

이 단락은 곤괘 육오의 "황색 치마이니 크게 길하다[黃裳元吉]"라는 구절을 해석한 것이다. '황중통리黃中通理'는 '황상黃裳'의 '황黃'의 뜻을 해석한 것이고, '정위거체正位居體'는 '황상黃裳'의 '상裳'의 뜻을 해석한 것이다. '황'은 땅의 색으로 곤을 대표한다. '황중黃中'은 곤이 안에 있는 것이고, '안에 있다'는 이 점은 곤에 대해 말하면 매우 중요하다. 그것은 유순한 덕이 안에 감추어져 있고 속에 있는 것이지, 겉에 있거나 거짓된 것이 아니라는 것을 나타낸다. 아래의 '미재기중美在其中'의 말은 한 걸음 더 나아가 유순한 미덕이 속에 감추어져 있음을 분명히 가리킨 것이다. 속에 순수하고 흠이 없는 아름다운 덕을 감추고 있으면 이치에 통하지 않음이 없기 때문에 '통리通理'라고 하였다. 이것은 육오 '황상원길黃裳元吉'의 덕이 안에 감추어져 있는 일면을 말한 것이다. 육오는 육사와 다르다. 육사의 '괄낭括囊'은 감추고 나타내지 않는 것이며, 육오는 속에 감추고 있던 아름다운 덕을 나타내야 하고 그것의 작용을 발휘해야 하기 때문에 '정위거체正位居體'라고 하였다. '정위正位'는 육오가 높은 자리에 있는 것이다. '거체居體'는 결국 '치마[裳]'이기 때문에 하체를 말한다. 합쳐서 말하면, '정위거체'란 몸은 높은 자리에 있지만 기꺼이 남의 아래에 처할 수 있으니 지극히 유순하되 공손하며, 고요함을 지키되 앞장서지 않으며, 유순함에 처하되 작위함이 없는 것이다. 안에 유순한 아름다움을 감추고 있던 것이 나타나서 또한 높은 자리에 처하여 큰일을 하나 분수에 지나친 행동을 하지 않을 수 있다. 이러한 사람은 곤의 유순한 미덕이 이미 "사지에 퍼져 나가서" 머리에서 발끝까지 있지 않는 곳이 없으며, 더 중요한 것은 "사지로 퍼져 나갈[暢於四支]" 뿐만 아니라 또한 "일에 나타나서[發於事業]" 자기의 재주와 덕을 천하 국가를 다스리는 데 쓸 수 있다고 말할 수 있다. '미지지야美之至也'는 곤의 유순한 덕이 이러한 정도에 도달하면 극치에 이르렀다고 말할 수 있다. 옛사람들은 항상 이윤伊尹[85]과 주공周公 단旦의 덕행으로 곤괘 육오의 이 효에 비유하였으니 일리가 없지 않다.

陰疑於陽必戰, 爲其嫌於无陽也, 故稱龍焉. 猶未離其類也, 故稱血焉. 夫玄黃者, 天地之雜也. 天玄而地黃.(음이 양과 대등해지면 반드시 싸우니 양이 없다고 의심할까 <염려하였기> 때문에 '용'이라고 하였다. 여전히 그 부류를 떠나지 못하였기 때문에 '피'라고 하였다. 검고 누런 것은 하늘과 땅이 뒤섞인 것이니 하늘은 검고 땅은 누렇기 때문이다.)

이것은 상육인 "용이 들에서 싸우니 그 피가 검고 누렇다[龍戰于野, 其血玄黃]"라는 구절을 해석한 것이다. 곤이 상육에 이르면 음이 지극히 왕성하게 발전하여 양과 대등한 데 이른다. '의疑'는 음과 양 둘의 힘이 서

85) 이윤(伊尹): 생몰년 미상, 상나라 초의 대신, 이름은 이(伊), 일설에는 지(摯)라고도 하였다. 지금의 낙양(洛陽) 사람이다.(역자 주)

로 필적하여 크고 작으며 높고 낮음을 분간하지 못하는 것이다. 음이 왕성하여 양과 대등할 정도에 이르면 반드시 양과 서로 싸운다. 본래 음과 양이 싸우지만 "음과 양이 싸운다"라고 말하지 않고 "용이 싸운다"라고 말한 것은 사람들이 양이 없다고 오해할까 염려해서이다. "용이 싸운다"라고 말한 것은 음이 왕성하여 양을 침범하고 양이 와서 음과 싸우는 것을 말한다. 음과 양이 모두 적이라는 것은 인정하지 않는다. '현玄'은 하늘의 색이고 '황黃'은 땅의 색이다. '피'라고 말한 것은 음양이 모두 그 부류를 떠나지 않아 음은 여전히 음이고 양은 여전히 양임을 설명한 것이다. '현황玄黃'이라 말한 것은 천지와 음양이 뒤섞여 구분하기 어렵다는 것을 나타낸다. 그러나 결국 "하늘은 검고 땅은 누렇다"라는 것은 하늘은 여전히 하늘이고 땅은 여전히 땅이며, 하늘은 높고 땅은 낮으며 건은 강건하고 곤은 유순하다는 큰 분류는 결국 바뀔 수 없다는 것이다.

● 총론

곤괘는 64괘의 두 번째 괘이다. 곤괘의 여섯 괘획은 모두 음효이니 건괘의 여섯 양효와 서로 대립한다. 64괘는 건과 곤에서 시작하여 두 괘마다 괘획의 배열에서 모두 일정한 관계, 즉 두 괘의 괘획이 반反을 이루지 않으면 대對를 이루는 것으로 나타난다.[86] '대'는 두 괘의 여섯 효가 초효에서 상효까지 음양이 서로 대립하니 건괘(䷀)와 곤괘(䷁) 두 괘가 이와 같다. '반'은 앞의 한 괘가 초효에서 상효까지 발을 마는 것처럼 뒤집어

86) 64괘의 배열은 두 괘씩 반(反)을 이루거나 대(對)를 이룬다. 예를 들어 건괘(䷀)와 곤괘(䷁)는 '대'이고 둔괘(䷂)와 몽괘(䷃)는 '반'이다.(역자 주)

놓은 것이 뒤의 괘이고, 뒤의 괘도 같은 방법에 따라 뒤집어 놓은 것이 앞의 괘이다. 건괘와 곤괘 뒤에 바로 이어지는 둔괘(䷂)와 몽괘(䷃) 두 괘가 이러한 상황에 속한다. 또한 어떤 것은 '대'를 이루면서 또한 '반'을 이루는 관계이니, 가장 전형적인 '대'를 이루면서 '반'을 이루는 두 괘가 64괘가 끝나는 기제괘(䷾)와 미제괘(䷿)이다. 서로 이웃한 두 괘가 이러한 관계를 갖는 것은 물론 우연한 것이 아니라 반드시 의미가 있는데, 이러한 문제는 이후에 점차 언급할 것이다. 지금 우리는 먼저 건괘와 곤괘 두 괘를 보았다. 건괘는 여섯 개의 양효로 이루어지고 사물의 순양純陽으로 지극히 강건한 성질을 대표하며, 곤괘는 여섯 개의 음효로 이루어지고 사물의 순음純陰으로 지극히 유순한 성질을 대표한다. 두 괘가 대표하는 사물의 성질은 근본적으로 대립하는 것이지만 동시에 통일적이어서 나눌 수 없으니 그것들은 하나의 전체이다. 「서괘전」에서 말한 "하늘과 땅이 있은 뒤에 만물이 생겨난다"[87]거나, 『역위易緯』「건착도乾鑿度」에서 말한 "건곤이 서로 함께 생겨난다"[88], "건곤은 음양의 근본이고 만물의 조상이다"[89]라는 것은 모두 옳은 말이다. 그것들은 모두 세상의 만물이 하늘과 땅에서 생겨나서 하늘과 땅을 함께 제기하고 '하늘'만을 말하지 않거나, 『역』 속의 64괘가 건과 곤에서 생겨나서 건과 곤을 함께 거론하고 '건'만을 말하지 않는다는 것을 명확히 제기하였다. 실제로 64괘의 나머지 62괘는 모두 건괘와 곤괘 두 괘가 서로 뒤섞여서 나온 것이니 건과 곤이 없으면 어느 하나도 생겨날 수 없다. 하늘과 땅이 함께 만물을 생성하는 것처럼 건과 곤도 함께 『역』의 괘를 낳는다.

비록 하늘과 땅이 함께 만물을 낳고 건과 곤이 함께 『역』의 괘를 이루

87) 『周易』,「序卦傳」. "有天地然後萬物生焉."
88) 『易緯』,「乾鑿度」. "乾坤相竝俱生."
89) 『易緯』,「乾鑿度」. "陰陽之根本, 萬物之祖宗."

지만, 하늘과 땅은 같지 않으니 하늘은 높고 땅은 낮으며, 건과 곤도 같지 않으니 건은 강건하고 곤은 유순하다. 건은 하늘을 상징하고 강건하여 쉬지 않으며, 곤은 땅을 상징하고 유순하여 건을 받든다. 실제로 건은 높고 곤은 낮다고 말할 수 있으니, '건은 높고 곤이 낮은 것'은 『주역』의 처음과 끝을 관철하는 근본 사상이기 때문에 공자는 「계사전」을 지어 그 뜻을 밝혔으니, 즉 "하늘은 높고 땅이 낮으니 건과 곤이 정해진다"[90]라고 하였다. 하늘은 높고 땅이 낮은 사상은 곤괘 안에서 매우 분명히 나타난다. 곤괘 괘사와 건괘 괘사는 참으로 하늘과 땅과 같은 차이가 난다. 건괘 괘사에서는 '원형이정' 네 글자만을 말하였다. 공자가 「단전」을 지어 "위대하다 건원이여! 만물이 〈건원을〉 바탕으로 시작하니 이에 하늘을 통솔하는구나[大哉乾元, 萬物資始, 乃統天]"라고 하거나, 「대상」을 지어 "하늘의 운행은 강건하다[天行健]"라고 말하여 건이 하늘을 상징하였음을 설명하였다. 반면 곤괘 괘사에서는 "크게 형통하고 암말의 바름이 이롭다[元亨, 利牝馬之貞]"라고 말하고, "먼저 하면 주인을 잃고 뒤에 하면 주인을 얻는다. 서남에서 벗을 얻고 동북에서 벗을 잃는 것이 이로우니 편안하고 바르면 길하다[先迷後得主, 利西南得朋, 東北喪朋, 安貞吉]"라는 제한된 말을 추가하였다. 공자는 「단전」에서 곤을 "지극하다 곤원이여! 만물이 〈곤원을〉 바탕으로 생겨나니 이에 하늘을 따르고 받든다[至哉坤元, 萬物資生, 乃順承天]"라고 말하고, 「대상」에서 "땅의 형세가 곤이다[地勢坤]"라고 말하여 곤이 땅을 상징하는 것을 설명하고 동시에 "하늘을 따르고 받든다[順承天]"라는 것을 강조하였다. 공자의 인식이 경문經文의 뜻에 부합함이 정확하고 확실하다. '천행건天行健'은 건이 하늘과 같이 조건도 없고 제한도 없이 독자적으로 끊임없이 운행하여 일종의 완전하고 독립적인 강건

90) 『周易』, 「繫辭傳(上)」, 第1章. "天尊地卑, 乾坤定矣."

한 성격을 나타낸다는 것이다. 건은 다른 어떠한 힘에서도 제약을 받지 않고 제약을 받을 필요도 없다. 곤괘는 그렇지 않다. 곤은 건을 따르고 받들어야 한다. 곤은 땅과 같이 고요함을 주로 하고 움직이지 않는다. 곤이 설령 움직여야 하고 또한 만물을 생성하는 데 참여해야 할지라도 곤은 완전히 건의 영향하에서 진행된다. 건이 만물에게 시작을 주어야 곤이 비로소 만물에게 생명을 준다. '건의 원'이 위대해야 '곤의 원'이 비로소 지대할 수 있다. 건의 큼이 있어야 곤도 따라서 클 수 있다. 곤은 하늘과 같이 독자적으로 쉬지 않고 운행할 수 없고 곤의 성격은 지극히 유순하다. 따라서 곤의 행위는 반드시 건에서 제약을 받으니 건의 '원형'이 있어야 비로소 곤의 '원형'이 있다. 건에는 '원·형'이 있고 또한 '이·정'이 있으니 '원·형·이·정'은 건의 강건한 내용을 구성한다. 곤은 건의 '원·형'을 따라 '원·형'하지만 건의 '이·정'을 따라 '이·정'할 수 없다. 곤은 '이빈마지정利牝馬之貞'하여 암말이 종자 말의 통제에 복종하는 것처럼 유순하게 건의 통제에 복종해야 한다. 곤의 일체 행위는 모두 건을 앞에 두고 자기는 뒤에 있어 암말이 종자 말보다 먼저 달려가면 안 된다. 그렇게 하면 방향과 길을 잃는다. 영원히 건의 뒤에서만 행동해야 바른 도이고 건의 지지와 보호를 받을 수 있다. 곤은 모두 건을 본받고 건에 복종해야 한다. "서남에서 벗을 얻는다[西南得朋]"라는 것은 건에 복종하기 위해서는 같은 부류와 단결하여 힘을 합쳐서 가야 하며, "동북에서 벗을 잃는다[東北喪朋]"라는 것은 건에 충성하기 위해서는 완전히 사당私黨을 버리고 한마음으로 공무工務를 위해 힘써야 한다. 공자는 「문언전」에서 곤괘 괘사의 의미를 더 분명히 말하였다. 즉 "곤의 도가 유순하구나! 하늘을 받들고 때에 따라 행한다[坤道其順乎! 承天而時行]"라고 하였으니 한마디로 진상을 드러냈다고 말할 수 있다. 첫째, '곤의 도'의 실질은 온전히 '유순함'에 있으며 둘째, 곤은 모두를 따르고 받드는 것이 아니라 건만을 따르고 받들 뿐이며 셋째, 건을 따르고 받드는 과정에서 더 주의해야 하는 문제는 건이 때에 따라 행하고 곤도 때에 따라 행한다는 것이다.

"곤의 도가 유순하다"라는 것은 괘에 나타날 뿐만 아니라 효에도 나타난다. 육이의 "바르고 방정하면 광대할 수 있고 실패하지 않을 수 있고 이롭지 않음이 없을 수 있다[直方, 大, 不習, 无不利]", 육삼의 "아름다움을 머금어서 바름을 지킬 수는 있으나 혹 왕의 일에 종사하면 이룸은 없어도 마침은 있다[含章可貞, 或從王事, 无成有終]", 육오의 "황색 치마이니 크게 길하다[黃裳元吉]"라는 구절에서 말한 것은 모두 곤이 건을 따르는 유순한 도이다. 육이의 "바르고 방정하면 광대할 수 있고 실패하지 않을 수 있고 이롭지 않음이 없을 수 있다"라는 것은 전체적으로 곤의 덕과 곤의 도를 개괄한 것이다. "바르고 방정하다[直方]"라는 것은 곤 자신의 수양과 곤의 덕을 말한 것이고, "광대할 수 있고 실패하지 않을 수 있고 이롭지 않음이 없을 수 있다[大, 不習, 无不利]"라는 것은 곤이 건을 앞에 두고 자기는 뒤에 있는 곤의 도를 말한 것이다. 육삼의 "아름다움을 머금어서 바름을 지킬 수 있다"라는 구절과 그 이하의 효사는 더욱 "곤의 도가 유순하다"는 특징을 설명하였다. 공자는 「문언전」에서 이것이 바로 땅의 도이며, 아내의 도이며, 신하의 도임을 분명히 말하였다. '곤의 도'의 본질은 건이 제창하면 곤이 화답하고 건이 시작하는 일은 곤에 의해 완성되니, 이것은 다만 건을 대신하여 마침이 있는 것이다. 명명明明은 곤이 성취한 것이지만, 곤은 감히 자처하지 않고 일체의 아름다움을 모두 건에게 돌려야 한다. 곤괘 여러 효의 뜻은 괘의 뜻과 기본적으로 일치하지만, 괘의 뜻은 비교적 안정적이고 명확하나 효의 뜻은 때에 따라 움직이고 비교적 다변하기 때문에 곤괘의 효사는 괘의 뜻과 완전히 일치하지 않는다. 육사의 "주머니를 묶으니 허물도 없고 명예도 없다[括囊无咎无譽]"라는 의미는 분명히 지키고 수렴하고 삼가는 것이니, 이것은 괘의 유순한 뜻과 조금의 관계도 없는 것은 아니지만 결국 '유순함'으로 이해하는 것은 마땅하지 않다. 효의 뜻과 괘의 뜻은 다 같지 않으며, 심지어 서로 같지 않는 상황이 이후에 자주 보인다. 64괘 가운데 몇몇 괘의 괘사는 군자에 대해 긍정적인 면에서 지도하여 사람들에게 마땅히 이와 같이 해야 한다는 것을 알려주었으니, 이 방면의 가장 전형적인 예가 건괘와 곤괘 두 괘이다. 또한 몇몇 괘의 괘사, 예컨대 몽괘蒙卦·박괘剝卦와 같은 것은 부정적인 면에서 경계하여 사람들에게 이렇게 하지 않을 것을 가르쳐주었다. 후자의 상황은 많지 않다. 그러나 384효 가운데 후자의 상황에 속하는 것은 결코 적지 않다. 특히 각 괘의 초효와 상효 두 효의 뜻은 경계하는 말에 속하는 것이 적지 않다. 건괘 괘사는 64괘 가운데 뜻이 가장 좋다고 말할 수 있다. 비교할 수 없을 정도로 좋지만 때에 따라 차이가 있기 때문에 효사의 뜻에도 차이가 있다. 초구는 건의 강건함이 시작하는 때에 처해 있기 때문에 "잠긴 용이니 쓰지 말라[潛龍勿用]"라고 경계하였다. 상구는 건의 강건함이 이미 궁한 데 이르고 궁한 데서 변화가 생기기 때문에 높이 오르지 말 것을 지적하였으니, "높이 오른 용이니 후회가 있어야[亢龍有悔]" 비로소 허물을 얻는 데 이르지 않을 수 있다는 것이다. 곤괘의 초효와 상효 두 효의 상황은 또한 건괘와 차이가 있다. 건괘의 초효와 상효에서는 "쓰지 말라[勿用]"거나 "후회가 있다[有悔]"라고 말하여 군자 자신이 마땅히 이와 같을 것을 경계하였다. 곤괘 초효와 상효에서는 "서리를 밟는다[履霜]"거나 "용이 싸운다[龍戰]"라고 말하여 군자가 "음이 응결하기 시작한다[陰始凝]", 즉 소인의 도가 싹트는 것을 경계한 것은 작을 때 잘 방비하고 처음에 신중하여 그 도를 계속 따라가서 단단한 얼음을 이루지 않도록 한다는 것이다. 만약 음의 도가 발전하여 양과 대등해지거나 심지어 양과 싸우는 정도에 이르면, 군자는 분명한 인식을 갖고서 건과 곤을 분별하고 하늘과 땅은 결국 섞일 수 없고 섞여서도 안 된다는 것을 굳게 믿어야 한다. 여기에서 우리는 한 걸음 더 나아가서 비록 '건의 도'와 '곤의 도'가 모두 군자의 도이지만, '건의 도'는 어떠한 상황에서도 모두 군자의 도이지만 '곤의 도'는 일정한 상황에서 소인의 도가 될 수 있다는 것을 발견할 수 있다. 『역』 속에 '부양억음扶陽抑陰'의 사상이 관철하고 있음을 볼 수 있다.

3
둔괘(屯卦)

䷂ 진하감상震下坎上

건괘와 곤괘 두 괘의 뒤를 이은 것이 둔괘이다. 이 괘를 무엇 때문에 둔괘라고 부르는가? 「서괘전」에는 "하늘과 땅이 있은 뒤에 만물이 생겨난다. 하늘과 땅 사이에 가득 차 있는 것은 오직 만물이기 때문에 둔괘로 받았다. '둔'은 가득 참이다. '둔'은 만물이 처음 생겨나는 것이다"[91]라고 하였다. 『주역』 64괘의 구조에서 말하면, 건괘와 곤괘 두 괘는 하늘과 땅을 상징하고 그 나머지 62괘는 건괘와 곤괘 두 괘가 서로 뒤섞여서 발생한 만물을 상징한다. 둔괘는 건괘와 곤괘가 처음으로 교제하여 생겨난 첫 번째 괘로, 만물이 처음 생겨나고 하늘과 땅 사이에 가득 차 있는 것을 상징한다. 옛사람들의 관점에서 보면, 하늘과 땅이 처음으로 만물을 발생할 때 만물은 혼돈한 가운데 처하여 막히고 엉키어 아직 형통하지 못하다. 이때 이러한 상태가 바로 '둔'이다. 건괘와 곤괘 두 괘의 뒤를 이은 이 괘는 바로 이러한 상태를 반영하기 때문에 둔괘라고 하였다. 괘획 자체에서

91) 『周易』, 「序卦傳」. "有天地然後萬物生焉. 盈天地之間者唯萬物, 故受之以屯, 屯者盈也, 屯者物之始生也."

보면, 둔괘의 하괘는 진震으로 '진'의 뜻은 움직임이며, 상괘는 감坎으로 '감'의 뜻은 험난함이다. 움직이다가 험난함을 만나고 움직임이 험난한 가운데 있기 때문에 이 괘에는 '어려움[屯難]'의 뜻이 있다. 둔괘의 「단전」에서 말한 "강유가 처음 사귀어 어려움이 생긴다[剛柔始交而難生]"라는 '난생難生'이 바로 전체 둔괘의 특징이다.

'어려움'을 말한 것은 다른 어려움과 다르다. 그것은 일을 시작할 때의 어려움으로 노력하면 결국 극복된다. 어린 싹이 진흙 속에서 싹트기 시작할 때, 비록 잠시 막혀서 통하지 않아서 처한 상황이 매우 어렵지만 반드시 흙을 뚫고 나와 무성하게 성장하는 것과 같다. 둔괘는 사람들에게 어려운 때를 지나면 일의 성공을 이루니 다음의 두 방면에서 노력할 것을 말해준다. 첫째는 바르게 처신하고 기본을 고수하며 경거망동하지 않는다는 것과, 둘째는 "제후를 세우는[建侯]", 즉 지도 조직을 세운다는 것이다.

> 屯, 元亨利貞, 勿用有攸往, 利建侯.(둔은 크게 형통하고 바름을 지키는 것이 이로우니 가는 바를 두지 말고 군주를 세우는 것이 이로울 것이다.)

둔괘에서 말한 '원형이정'은 건괘와 다르다. 건괘 '원형이정'의 네 글자에 네 가지 뜻이 말한 것은 바로 '하늘의 도', 즉 자연규율이다. 둔괘의 '원형이정' 네 글에 두 가지 뜻이 말한 것은 바로 '백성의 일', 즉 인간 사회의 규율이다. '원형元亨'은 크게 형통함이고, '이정利貞'은 바름을 굳게 지키는 것이다. 둔괘에는 크게 형통한 도가 있어 장래에 반드시 순조롭고 막힘이 없는 경지에 도달할 것이다. 관건은 기본을 굳게 지키고 경거망동하지 않는 것이다.

'물용유유왕勿用有攸往'은 가는 바가 있어서는 안 된다는 것이다. 어려운 때에 처하여 황급히 발전을 도모해서는 안 되고 군주를 세워야 할 것을 강조하였다. '건建'은 세우는 것이고, '후侯'는 군주이다. 한 국가가 초창기에 처해서 가장 중요한 것은 군주를 세우는, 즉 효과적인 통치 질서를 세우는 것이다. '이건후利建侯'는 하나의 비유로서 보편적인 지도의 의미를 지닌다. 그것은 한 국가, 한 집단, 한 개인이 어려운 때에 처하여 마땅히 자신의 내부 문제를 해결하는 데 착안점을 두어야 한다는 말이다.

「彖」曰: 屯, 剛柔始交而難生, 動乎險中, 大亨貞. 雷雨之動滿盈, 天造草昧, 宜建侯而不寧.(「단전」에서 말하기를, 둔은 강유가 처음 사귀어 어려움이 생기고 험난한 가운데 움직이니 큰 것이 형통하고 바르다. 우레와 비의 움직임이 가득하여 시운이 어지러울 때는 군주를 세우고 편안히 처해서는 안 된다.)

"강유가 처음 사귀어 어려움이 생기고 험난한 가운데 움직이니 큰 것이 형통하고 바르다[剛柔始交而難生, 動乎險中, 大亨貞]"라는 구절에서 '강'은 5효와 초효 두 양효를 말하고, '유'는 위아래의 네 음효를 말하며, "강유가 처음 사귄다"는 것은 건과 곤이 처음으로 사귀는 것이다. 전체 64괘에서 건괘와 곤괘 두 괘를 제외한 나머지 62괘는 모두 건과 곤의 두 3획괘가 겹쳐져서 이루어진 것이다. 둔괘는 건괘와 곤괘 뒤의 첫 번째 괘이기 때문에 "강유가 처음으로 사귄다"라고 하였다. "강유가 처음으로 사귄다"는 것은 하늘과 땅이 처음으로 만물을 낳았으나 아직 원활하지 못한 것과 같다. 이것은 감坎의 양이 두 음 속에 빠져 있고 진震의 양이 '감'의 아래에 빠져 있기 때문에 "어려움이 생긴다[難生]"라고 하였다. "험난한 가운데 움직인다[動乎險中]"라는 것은 두 개의 양효에서 초효가 '감'의 아래에서 움직이는 것은 물론 움직이는 것이고, 5효가 '감'의 중간에 빠진 것에도 움직임이 있기 때문에 "험난한 가운데 움직인다"라고 하였다. 험난한 데 처하였으나 움직일 수 있기 때문에 "큰 것이 형통하고 바르다[大亨貞]"라고 하였다. '대大'는 두 양효를 가리켜서 말한 것이니, '대형정大亨貞'은 큰 것이 형통하고 바르다는 말이다. '대'는 원元을 가리키는 것이 아니다. 형통하고 바르면 이로움이 그 가운데 있다. 괘 가운데 주효가 음효이면 곧바로 '원형元亨'이라 말하고, 양효이면 '대형大亨'이라 말하니 '대'는 모두 양을 가리켜서 말한 것이다.

"우레와 비의 움직임이 가득하여 시운이 어지러울 때는 군주를 세우고 편안히 처해서는 안 된다[雷雨之動滿盈, 天造草昧, 宜建侯而不寧]"라는 구절에서 "우레와 비의 움직임이 가득하다"는 것은 크게 형통한 상이다. 둔괘는 건괘와 곤괘가 처음으로 교제할 때이니 막히고 통하지 않는 상태에 있다. 그렇지만 '진'에는 우레의 상이 있고 '감'에는 물의 상이 있어 시간의 추이에 따라 우레와 비가 결국 내릴 것이고 음양이 결국 화합할 것이다. 우레와 비가 천지 사이에 충만하여 만물이 무성하게 자라고 생기가 넘쳐흐른다. '천조초매天造草昧'에서의 '천조'는 시운時運을 말하고, '초매草昧'는 혼란하고 질서가 없는 것이다. '의건후이불녕宜建侯而不寧'은 국가가 초창기에 처해서는 급선무가 군주를 세워서 통치하는 것이다. 그러나 군주를 세웠다고 바로 일이 없다고 여겨서는 안 되고, 사상적으로도 여전히 걱정하고 경계하여 편안히 처할 겨를이 없어야 한다.

「象」曰: 雲雷屯, 君子以經綸.(「대상」에서 말하기를, 구름과 우레가 둔괘이니 군자가 <둔괘의 상을> 보고서 다스린다.)

구름은 우레 위에 있으나 아직 비를 이루지 못한 것이니 자연히 어려운 상이다. '경륜經綸'은 옛사람들이 대부분 두 개의 말로 해석하였으나 실제로 합쳐서 보아야 한다. 그것은 실을 푸는 것과 관계되는 동사로, 실제로 다스린다는 뜻이다. 군자는 둔괘를 배우고 둔괘의 사상으로 지도하여 국가사회를 다스려야 한다.

初九, 磐桓, 利居貞, 利建侯.(초구는 머뭇거리고 나아가지 않으니 바른 데 처하는 것이 이롭고 군주를 세우는 것이 이롭다.)

'반磐'은 돌이다. '환桓'은 큰 기둥이다. '반'과 '환'을 연결하여 말하면 집의 기둥과 주춧돌을 가리킨다. 확대하여 해석하면 머뭇거리고 나아가지 않는다는 뜻이다. 초구는 양효이니 양효는 강명剛明한 재질이다. 강명한 재질로 아랫자리에 있으니, 둔괘의 때에 실제로 앞으로 나아가서 둔괘의 어려움을 구제하지 못하기 때문에 머뭇거리고 나아가지 않는다. 만약 머뭇거리지 않고 갑자기 나아가면 반드시 어려움을 만날 것이다. 때문에 이때에 가장 좋은 방법은 바른 데 처하는 것이며, 바른 데 처하는 것은 올바름을 지키는 것이다. 사람이 어려운 가운데 처하여 오직 올바름을 지킬 수 있어야 비로소 어려움을 건너갈 수 있다. 머뭇거리고 나아가지 않는 것은 어떤 것도 하는 바가 없는 것이 아니다. 이때에 유일하게 할 수 있고 또한 하지 않을 수 없는 일이 "군주를 세우는 것"이다.

「象」曰: 雖磐桓, 志行正也. 以貴下賤, 大得民也.(「소상」에서 말하기를, 비록 머뭇거리고 나아가지 않을지라도 뜻은 올바름을 행하는 데 있다. 귀한 신분으로 천한 이에게 몸을 낮추니 크게 민심을 얻을 것이다.)

초구의 머뭇거림은 나아가려 하지 않는 것이 아니라 형세가 급박하여 나갈 수 없는 것이다. 비록 나아가지는 않지만 그 뜻은 올바름을 행하는

데 있다. 『역』은 양효를 중시하고 음효를 천시한다. 초구는 양효로 강양剛陽한 재주가 있어 어려운 때에 결국 여러 음들 아래에 자처할 수 있으니, 이는 "귀한 신분으로 천한 이에게 몸을 낮추기[以貴下賤]" 때문에 지지를 받거나 크게 민심을 얻을 수 있다.

六二, 屯如邅如, 乘馬班如, 匪寇婚媾, 女子貞不字, 十年乃字.(육이는 머뭇거리며 말을 탔다가 내려오니 침범하는 것이 아니라 혼인하는 것이니, 여자가 바름을 지키면 출산하지 못하다가 10년이 되어서야 출산한다.)

이 효의 전체적인 뜻은 배회하고 머뭇거리며 앞으로 나아가지 않는다는 것이다. '둔屯'과 '전邅'은 모두 머뭇거리고 나아가지 않는 뜻이다. '여如'는 어조사이다. 『역』에서 '여如'자를 거듭 말한 것은 모두 양 끝이 확실하지 않는 뜻을 취한 것이다. '승마乘馬'는 말을 타고 가고자 하는 것이고, '반여班如'는 말에서 내려서 나아가지 않는 것이다. '승마반여乘馬班如'는 가고자 하나 황급히 가지 못한다는 뜻이다. '비구혼구匪寇婚媾'는 초구가 육이를 침범하는 것이 아니라 육이가 앞으로 가서 육오와 혼인한다는 말이다. 또한 가고자 하나 갈 수 없는 뜻을 함유하고 있다. '여자정女子貞'은 육이가 음효이기 때문에 '여자'라고 하였다. 육이는 음효로 음의 자리에 있어 '중'에 있고 또한 '정'을 얻었기 때문에 "여자가 바름을 지킨다[女子貞]"라고 하였다. '자字'는 자육字育이니 출산이다. '부자不字'는 출산하지 못하는 것이다. 육이가 '중'에 있고 '정'을 얻어 여자로서 마땅히 출산해야 하지만 출산하지 못하는 것이 둔괘의 어려운 상과 같다. 옛 사람들은 십十을 조금 찬 수로 보고 만萬을 크게 찬 수로 보았다. '십년내자十年乃字'는 육이의 '여자'가 어려운 때에 처하여 지금은 출산할 수 없고 일정한 때에 이르러야 비로소 출산할 수 있다는 말이다.

「象」曰: 六二之難, 乘剛也. 十年乃字, 反常也.(「소상」에서 말하기를, 육이의 어려움은 강을 타고 있기 때문이다. '10년이 되어서야 비로소 출산한다' 는 것은 정상으로 돌아온 것이다.)

육이에 어려운 상이 있는 것은 초구 양효의 위에 있어 강양剛陽에 의해 핍박을 받기 때문이다. 여자가 출산하는 것은 정상적이고 출산하지 못하는 것은 비정상적이다. 육이가 '중' 에 있고 '정' 을 얻었으니 당연히 순조롭고, 순조로워야 비로소 정상의 상태이다. 현재는 정상이 아니나 결국 정상인 것은 여자가 잠시 출산하지 못하지만 장래에는 결국 출산하는 것과 같다.

六三, 卽鹿无虞, 惟入于林中, 君子幾, 不如舍, 往吝.(육삼은 사슴을 쫓되 몰이꾼이 없어 숲으로 들어갈 뿐이니, 군자가 기미를 알고 그만두는 것만 못하니 그대로 가면 부끄러울 것이다.)

'즉록卽鹿' 은 사슴에게 나아감이니, 즉 사슴을 쫓는 것이다. '우虞' 는 몰이꾼이다. '무우无虞' 는 사냥할 때에 몰이꾼의 길잡이가 없는 것이다. '기幾' 는 기미이고, '사舍' 는 그만두는 것이다. 부끄러움[吝]은 후회[悔]와 서로 대응한다. '후회' 는 양에 속하고 강(剛)에 속하며 움직임에 속한다. '부끄러움' 은 음에 속하고 유柔에 속하며 고요함에 속한다. '강' 이 지나치면 '후회' 가 되고, '유' 가 지나치면 '부끄러움' 이 된다. 무슨 일이든지 지나쳐서 잘못되면 후회가 생긴다. 후회하면 반드시 부끄럽다. '부끄러움' 은 잘못을 한 뒤에 이어서 생기는 사소한 소극적 상태이다.

옛사람들이 사냥할 때는 반드시 몰이꾼을 두어 반대쪽으로 몰아내는 수레를 설치하여 짐승을 들 안으로 내몬 뒤에 사냥물을 얻었다. 사슴을 쫓는데 몰이꾼이 없으면 사슴은 반드시 숲 속으로 달아나서 사람들은 사슴을 잡을 수 없다. 군자가 "사슴을 쫓되 몰이꾼이 없는[卽鹿無虞]" 상황에 직면하면, 기미를 예견하고 당장 그만두는 것이 낫다고 생각한다. 만약 꼭 가야 한다면 반드시 부끄럽고 곤궁한 경지에 빠질 것이다.

둔괘의 육삼은 어째서 "사슴을 쫓되 몰이꾼이 없는" 처지에 있는가? 괘의 자리에서 보면, 한 괘의 세 번째 효는 '중'에 있지 않고 또한 위아래가 교제하거나 내괘와 외괘의 사이에 있어 처지가 가장 어렵다. 둔괘의 육삼은 음효로 양의 자리에 있어 '부중'하고 '부정'하며, 또한 진震의 극처에 있어 상효의 응함이 없으니 마땅히 고요함을 지키고 기다려야 한다. 그러나 육삼은 '진(☳)'의 끝에 있어 본성이 그것을 결정하는데 반드시 갈팡질팡 움직여서 탐내고 구하는 것이 있다.

「象」曰: 卽鹿无虞, 以從禽也. 君子舍之, 往吝窮也.(「소상」에서 말하기를, '사슴을 쫓되 몰이꾼이 없다'는 것은 짐승을 탐내는 것이다. '군자가 그만둔다'는 것은 계속 가면 부끄럽고 곤궁하기 때문이다.)

'종從'은 욕심이다. '종금從禽'은 짐승을 탐내는 것이니, 마음이 짐승에 있어 짐승에 의해 가려진 것이다. "사슴을 쫓되 몰이꾼이 없다"는 것은 마음속으로 짐승을 얻을 것만을 생각하기 때문이다. 비록 몰이꾼의 길잡이가 없는데도 멋대로 가서 구하는 것은, 이렇게 해서는 안 된다는 것을 알지 못하는 것이다. 이것은 사람이 이록利祿을 보면 마음이 움직여서 구해서는 안 되는 것을 구하는 것과 같다. "군자가 그만둔다[君子舍之]"라는 것은 군자는 이러한 일을 하지 않는다는 것이다. 몰이꾼이 없는 상황에서 사슴을 보더라도 잡으러 가지 않는 것은, 그렇게 한 결과가 반드시 부끄럽고 곤궁하기 때문이다.

六四, 乘馬班如, 求婚媾, 往吉, 无不利.(육사는 말을 탔다가 내려옴이니 혼인할 짝을 구하여 계속 가면 길하여 이롭지 않음이 없을 것이다.)

육사는 음효로써 군주와 가까운 자리에 있어 '정'을 얻으며 또한 구오와 서로 얻는다. 그러나 육사는 유순한 재주로 독자적으로 어려움을 건너갈 능력이 부족하니 마땅히 기다려서 행동해야 한다. 때문에 "말을 탔다가 내려온다[乘馬班如]"라는 것은 나가고자 하나 나아가지 못하고 나가더라도 다시 그치는 형세를 나타낸다. 육사는 초구와 정응正應[92]하니 자기의 혼인할 짝이다. 만약 초구를 찾아가서 같이 구오인 양강陽剛하고 중정中正한 군주를 함께 보좌할 수 있으면 길하여 이롭지 않음이 없다.

「象」曰: 求而往, 明也.(「소상」에서 말하기를, 구하여 나아가는 것은 현명한 것이다.)

육사는 어려움을 구제할 힘이 부족하다는 것을 스스로 알고서 현자賢者인 초구의 도움을 가서 구하는 것이니, 이것은 현명한 것이다.

九五, 屯其膏, 小貞吉, 大貞凶.(구오는 은택을 베풀기가 어려우니 작은 일에 바르면 길하고 큰일에 바르면 흉할 것이다.)

---

92) 상괘와 하괘의 같은 위치에 있는 효, 즉 초효와 4효, 2효와 5효, 3효와 상효의 음양이 다른 것을 정응(正應)이라 하고, 음양이 같은 것을 불응(不應)이라 한다.(역자 주)

'고膏'는 은택이다. '둔기고屯其膏'는 은택이 모였으나 아래로 베풀어지지 않는 것이다. 구오는 양효로 두 개의 음효 가운데 빠져 있으니 외부와 단절되어 행동이 있기가 어렵기 때문에 "은택을 베풀기가 어렵다[屯其膏]"라고 하였다. 『역』에서는 음을 작다고 하고 양을 크다고 한다. '소정길小貞吉'은 육이를 가리켜서 말한 것이고, '대정흉大貞凶'은 구오의 효를 가리켜서 말한 것이다. 육이는 구오에 응하니 구오의 보조자이다. '정貞'은 바름이니 일종의 고요한 상태이다. 음효이면서 '정貞'하면 바름을 얻기 때문에 "작은 일에 바르면 길하다[小貞吉]"라고 하였다. 그러나 구오는 양효이고 또한 괘주이니, 구오이면서 '정貞'하면 마땅하지 않기 때문에 "큰일에 바르면 흉하다[大貞凶]"라고 하였다. 이 효사의 뜻은 구오가 둔괘의 주효로서 마땅히 적극적으로 행동하여 어려움을 힘써 돌파해야 하며, 소극적으로 조용히 기다리는, 즉 육이가 와서 자기를 보조해 주기를 앉아서 기다려서는 절대로 안 된다는 것이다.

「象」曰: 屯其膏, 施未光也.(「소상」에서 말하기를, '은택을 베풀기가 어렵다'는 것은 베풂이 아직 광대하지 못한 것이다.)

"은택을 베풀기가 어렵다[屯其膏]"는 것은 일종의 어떠한 상태인가? 이것은 은택이 있으나 아직 광대하게 발휘하지 못한 것이다.

上六, 乘馬班如, 泣血漣如.(상육은 말을 탔다가 내려와서 피눈물을 흘리는 것이다.)

'승마반여乘馬班如'는 나아가고 물러나서 머뭇거리는 뜻이다. 둔괘는 2효·4효·상효의 세 효에서 모두 '승마반여'를 말하였으나 의미는 구별된다. 육이와 육사의 '승마반여'는 모두 기다림이 있는 것이다. 상육은 그렇지 않다. 상육은 둔괘의 끝에 있고 감坎의 험난함의 극처에 처하여 어려움이 절정에 이르러 통해야 하는 때이다. 그러나 상육은 음효로서 육삼과 '정응'이 아니니 곤경을 벗어나서 어려움을 통하게 바꿀 능력이 없다. 이 때문에 몹시 슬퍼하여 울기를 그치지 않다가 피눈물을 흘리는 데 이른다.

「象」曰: 泣血漣如, 何可長也.(「소상」에서 말하기를, 피눈물을 흘리니 어찌 장구할 수 있겠는가.)

"피눈물을 흘리는" 국면이 어떻게 장구할 수 있겠는가? 어려움이 절정에 이르러 통하거나 철저히 망하거나 둘 중에 하나가 될 것이니 더 이상 기다릴 필요가 없다.

총론

둔괘의 어렵고 통하지 않는 것에는 보편적인 의미가 있다. 위로는 국가 사회의 커다란 국면에서 아래로 백성들의 사소한 일에 이르기까지 모두 어려움을 만날 가능성이 있다. 보편성 속에는 또한 특수성이 있다. 특수성은 여섯 효 위에 나타나 있다. 모두 어려운 상태에 처해 있어도 각 효에는 각 효의 상황이 있다. 초구는 스스로 초구의 어려움이 되니, 그 덕을 행할 수 있으나 시기가 아직 이르지 못한 것이다. 육이는 스스로 육이의 어려움이 되니, 그 때가 매우 어렵지만 기다리는 것이 가장 마땅하다. 구오는 스스로 구오의 어려움이 되니, 은택이 멀리 베풀어지지 못하여 적극적이고 주동적으로 힘써 어려움에서 벗어나야 한다. 나머지 세 효도 이와 같지 않음이 없다. 여섯 효가 모두 둔괘에 있으니 모두 둔괘의 기본적인 특징을 가지고 있다. 여섯 효가 처한 효의 위치가 각각 다르고, 각 효에도 각각의 구체적인 특징이 있다.

4
몽괘(蒙卦)

☶☵ 감하간상坎下艮上

「서괘전」에는 "둔괘는 사물이 처음으로 생겨나는 것이다. 사물이 생겨나면 반드시 어리기 때문에 몽괘로 받았다. '몽'은 몽매함이니 사물의 어린 것이다"[93]라고 하였다. 둔괘와 몽괘 두 괘가 서로 이웃하는 것은 의미가 있다. 사물이 처음 생겨난 뒤에는 반드시 어린 상태에 처한다. 어린 특징은 어리고 몽매하여 아직 계발되지 못한 것이다. '몽'은 곧 몽매함이고 밝지 않은 것이다. 사물의 본체가 밝지 않은 것이 아니라, 사물이 어떤 것에 가려져서 밝지 못한 것이다. 마치 거울에 때가 끼었거나 눈에 막이 낀 것과 같으니, 만약 때와 막을 제거하면 그 본체는 밝게 될 것이다. 몽괘가 강조하는 것은 어떻게 계몽하고 어떻게 교육하느냐는 문제이다. 옛사람들이 둔괘에서 군주를 세우는 뜻을 취하여 "군주로 삼은 것"[94]이나, 몽괘에서 나를 구하는 뜻을 취하여 "스승으로 삼은 것"은 일리가 있다.

괘체에서 보면, 몽괘는 위에 있는 것이 간艮이고 아래에 있는 것이 감坎

---

93) 『周易』, 「序卦傳」. "屯者盈也, 屯者物之始生也. 物生必蒙, 故受之以蒙. 蒙者蒙也, 物之穉也."

94) 『孟子』, 「梁惠王(下)」. "作之君, …… 作之師."

이다. '간'은 산이 되고 그침이 되며, '감'은 물이 되고 험난함이 된다. 위아래에 있는 것을 합쳐서 보면, 아래에 험난함이 있어 위로 갈 수 없는 상이다. 이것은 사람이나 사물이 처음 생겨날 때 어리고 몽매한 것과 같으므로 몽괘라고 하였다.

蒙, 亨. 匪我求童蒙, 童蒙求我. 初筮告, 再三瀆, 瀆則不告, 利貞.(몽은 형통하다. 내가 동몽에게 구하는 것이 아니라 동몽이 나에게 구하는 것이다. 처음 점치면 말해 주고 두 번 세 번 하면 모독하는 것이니, 모독하면 말해 주지 않으니 올바름을 지키면 이롭다.)

몽괘는 사람이나 다른 생물이 처음 생겨나서 어린 상태에 처하여 몽매하고 밝지 못하니 마치 가려진 것과 같다. 그러나 몽괘는 형통할 수 있으니 형통하면 통하고 밝다. 몽괘는 반드시 계발되어 밝지 못한 것에서 밝은 것으로 바뀐다. '형亨' 자 이하는 몽매함을 계발하는 기본 과정을 말한 것이다. '나[我]'는 괘 가운데 구이를 가리켜서 말한 것이고, 구이는 몽매함을 계발하는 자이다. '동몽童蒙'은 괘 가운데 육오를 가리켜서 말한 것이고, 육오는 몽매한 자이다. 몽매함을 계발하는 자와 몽매한 자의 관계는 바로 교육자와 교육을 받는 자의 관계로, 둘이 문제의 관건이다. '동몽'이 '나'를 구할 것을 강조하는 것은 실질적으로 교육의 성공 여부가 주로 교육을 받는 자의 자발성과 적극성을 본다고 말하는 것과 같다. 이것은 『논어』의 "마음속으로 통하려고 노력하지 않으면 열어 주지 않고, 애태워하지 않으면 말해 주지 않는다"[95]는 사상과 일치한다. "처음 점치면 말해 주고 두 번 세 번 하면 모독하는 것이니 모독하면 말해 주지 않는

95) 『論語』, 「述而」. "子曰, 不憤不啓, 不悱不發. (擧一隅, 不以三隅反, 則不復也.)"

다[初筮告, 再三瀆, 瀆則不告]"라는 것은 점서에 비유한 것으로, 교육을 받는 자가 남에게 가르침을 구할 때 지성스러운 마음을 가질 것을 한층 더 강조한 것이다. '초서고初筮告'의 '초'는 초육을 가리킨다. 초육은 양을 받들고[承] 양과 가깝기[比] 때문에 말해 주는 것이다. '재삼독再三瀆'의 '재삼'은 육삼과 육사를 가리킨다. 3효와 4효는 양을 타서[乘] 지성스럽지 않으며 또한 구이와 응하지 않으니 몽매한 사람을 업신여기고 어지럽히기 때문에 말해 주지 않는 것이다. 구이의 강중剛中이 본괘의 주효이고 몽매함을 계발하는 자이다. '고告'는 초육을 가리키는 외에 또한 육오를 가리킨다. 육오는 구이와 '정응'으로, 육오는 계발을 받고 교육을 받는 대상—동몽童蒙이다. '이정利貞'은 몽매함을 계발하는 자는 마땅히 올바름을 지켜야 하고 나쁜 방법으로 몽매함을 계발해서는 안 된다는 말이다.

「彖」曰: 蒙, 山下有險, 險而止, 蒙. 蒙, 亨. 以亨行時中也. 匪我求童蒙, 童蒙求我, 志應也. 初筮告, 以剛中也. 再三瀆, 瀆則不告, 瀆蒙也. 蒙以養正, 聖功也.(「단전」에서 말하기를, 몽은 산 아래에 험난함이 있고 험난하여 그치는 것이 몽이다. 몽은 형통하다. 형통함으로 시중時中을 행한다. '내가 동몽에게 구하는 것이 아니라 동몽이 나에게 구한다'는 것은 뜻이 응하기 때문이다. 처음 점치면 말해 주는 것은 강중하기 때문이다. '두 번 세 번 하면 모독하는 것이니 모독하면 말해 주지 않는다'는 것은 몽매함을 업신여기기 때문이다. 몽매함으로 올바름을 기르는 것이 성인의 공부이다.)

"몽은 산 아래에 험난함이 있고 험난하여 그치는 것이 몽이다[蒙, 山下有險, 險而止, 蒙]"라는 구절은 괘상卦象으로 괘명卦名을 해석한 것이다. 내괘는 감坎이고 '감'은 험난함이 되니, 험난하면 처해서는 안 된다. 외괘는 간艮이고 '간'은 산이 되고 그침이 되니, 그치면 앞으로 나아가서는 안 된다. 이처럼 처해서도 안 되고 나아가서도 안 되어 해야 할 것을 알지 못하는 상으로 어둡고 몽매한 뜻이 있기 때문에 몽괘라는 이름을 취하였다.

"몽은 형통함이다. 형통함으로 시중을 행한다[蒙, 亨. 以亨行時中也]"라는 이하의 구절은 괘체로 괘사를 해석한 것이다. 몽매함[蒙]과 형통함[亨]은 서로 대립하는 개념이지만, 몽매함 속에 형통한 뜻을 포함하고 있다. 왜냐하면 몽매함은 끝까지 몽매할 수 없고 결국 계발되어 몽매함에서 형통함에 도달하기 때문이다. 몽괘는 어째서 험난함을 만나서 그치고, 동시에 형통함으로 시중時中을 행하는 상이 있는가? 이것은 괘 속에 '시중'의 뜻이 있기 때문이다. '시중'의 뜻은 괘의 자리에 나타난다. '시중'은 바로 구이를 가리켜서 말한 것이다. 구이가 육오의 '정응'을 얻는 것을 시(時)라고 한다. 구이가 또한 하괘의 가운데 있는 것을 중中이라 한다.

"내가 동몽에게 구하는 것이 아니라 동몽이 나에게 구한다는 것은 뜻이 응하기 때문이다[匪我求童蒙, 童蒙求我, 志應也]"라는 구절에서 '동몽'은 육오이고 '나'는 구이이다. 구이가 육오를 구하는 것이 아니라 육오가 구이를 구하는 것은 "뜻이 응하기[志應]" 때문이다. "뜻이 응한다"는 것은 어떻게 이해해야 하는가? 2효와 5효 두 효가 서로 응하는 것이지, 어느 한쪽에서 응하는 것이 아닌 것으로 이해해야 한다. 육오가 구이에 응하고 '동몽'이 '나'에게 구하는 것은 물론 문제가 되지 않는다. 그러나 구이가 육오에 응하고 '내'가 '동몽'에 응하는 요소도 존재한다는 것을 보아야 한다. 가르치는 자가 배우는 자에게 먼저 구하지 않지만, 가르치는 자는 반드시 가르침을 즐거워하는 정신과 마음이 있어서 배우는 자를 감발시켜야 배우는 자가 그에게 가르침을 구하고 뜻이 그에게 응할 수 있다. 느낌이 없는데 어떠한 응함이 있겠는가? "뜻이 응한다"는 것은 반드시 상호적이다.

"처음 점치면 말해 주는 것은 강중하기 때문이다[初筮告, 以剛中也]"라는 구절은 구이가 괘주임을 나타낸 것이다. '초서初筮'는 초육을 가리킨다. 초육은 괘주인 구이에 가까이 있어 강한 것에 포용되고 몽매함이 계발되는 상이다. "처음 점치면 말해 준다"는 것은, 비유하면 학자가 처음에 와서 구할 때 지성스러운 마음으로 의심스러운 것을 결단해 줄 것을 구하면, 가르치는 자는 말해 주고 계발해 주어야 한다는 것이다. "처음 점치면 말해 준다"는 것은 누가 와서 말해 주는가? 몽괘의 네 음효는 모두 몽매함이고 두 양효는 몽매함을 다스리는 자이지만, 상구는 강하나 '부중'하고 구이만 강하면서 '중'에 있어 몽매함을 계발할 능력이 있다.

"두 번 세 번 하면 모독하니 모독하면 말해 주지 않는다는 것은 몽매함을 업신여기기 때문이다[再三瀆, 瀆則不告, 瀆蒙也]"라는 구절에서 구이는 괘주이고, 괘주는 초육·육오와 관계가 발생한다. 즉 초효를 포용하고 5효와 응하니 이 두 효가 모두 말해 주는 것이다. 다른 두 효인 육삼과 육사는 구이와 관계가 없으니 말해 주지 않는다. 원인은 무엇 때문인가? 육삼과 육사는 업신여기고 불경한 사람이기 때문에 말해 주지 않는다. 몽매함을 업신여기는 자는 누구인가? 육삼과 육사의 두 몽매한 자이다. 몽매함을 계발하는 자인 구이가 아니다.

"몽매함으로 바름을 기르는 것이 성인의 공부이다[蒙以養正, 聖功也]"라는 구절에서 몽매함은 반드시 길러야 그것의 천진天眞하고 순정純正한 품성을 지킬 수 있다. 몽매함을 기르는 것은 성인의 공부이지 일반 사람들이 할 수 있는 것이 아니다. 몽매함을 기르는 것과 몽매함을 계발하는 것은 의미가 일치하지만, 몽매함을 기르는 것이 조금 더 넓은 뜻을 포함한다. 몽매함에 대해 가장 이상적이고 가장 정당한 방법은, 계발할 수 있을 때 계발하고 계발할 수 없을 때 놓아두어 그 본질을 기르고 자승自勝하기를 기다리는 것보다 더 나은 것이 없다. 몽매함을 계발하는 데 조급하여 구멍을 뚫는 방법은 해서는 안 된다.

「象」曰: 山下出泉, 蒙. 君子以果行育德.(「대상」에서 말하기를, 산 아래에서 샘물이 나오는 것이 몽괘이다. 군자가 <몽괘의 상을> 보고서 행동을 과감하게 하고 덕을 기른다.)

샘물이 산 아래에서 나오되 나와서 험난함에 부딪치고 방해를 받는 것은, 사람이 처음 태어나서 어린 단계에 처하여 갈 곳을 모르는 것과 같다. 이것은 어둡고 몽매한 상이기 때문에 몽괘라고 하였다. 군자가 이 괘를 배워서 실제에 응용함에 있어서는 주로 "행동을 과감하게 하고 덕을 길러야 한다[果行育德]." 하나의 양이 감坎 속에서 형통하나 음에 의해 가려진 것이 샘물과 같고 산에 의해 가려져서 일사천리로 흐를 수 없기 때문에 몽괘의 상을 취하였다. "행동을 과감하게 한다"는 것은 양의 선한 움직임을 따라서 나오고 양의 형통할 수 있음을 상징한 것이다. "덕을 기른다"는 것은 물이 만물에 영양분을 공급해 주는 데서 나와서 양이 형통할 수 있고 또한 몽매함을 계발하여 형통할 수 있음을 상징한 것이다. 샘물이 처음 나올 때는 가늘고 느리지만 그 행동에 결단력이 있어서 험난하더라도 피하지 않는다. 산은 고요히 정지해 있으나 샘물은 산 아래에서 솟아나와 끝이 없다. 군자의 행동은 물이 흐르는 것처럼 결단력이 있고 의심하지 말아야 하며, 군자의 수덕修德은 물에 근본이 있는 것처럼 바탕이 깊고 두터워야 한다.

初六, 發蒙, 利用刑人, 用說桎梏, 以往, 吝.(초육은 몽매함을 계발하는데 사람에게 형벌을 써서 질곡을 벗겨 주는 것이 이롭고 그대로 가면 부끄러울 것이다.)

초육은 음효이고 또한 아래에 있기 때문에 여기에서 말한 '발몽發蒙'의 '발發'은 바로 '초서고初筮告'의 '고告'이다. '발몽發蒙'의 '몽蒙'은 사회의 하층 군중으로 이해할 수 있다. 하층 군중의 몽매함을 계발하는 데 유리한 방법은 "사람에게 형벌을 쓰는[用刑人]" 것이다. "사람에게 형벌을 쓴다"는 것은 바로 명확하고 합당한 법규를 제정하여 대중에게 알려 주어 그들을 구속하고 두려워하게 하여 방자하고 함부로 행동하지 못하게 한 뒤에 점차로 그들을 인도하여 교화를 받아들이게 하는 것이다. '용설질곡用說桎梏'에서의 '설說'은 탈脫과 같다. '질곡'은 손발을 속박하는 형틀이다. 가령 "사람에게 형벌을 쓰는" 방법을 취하지 않고 일제히 그들에 대한 구속을 없애 버리고 그들에게 경계하고 두려워하는 것을 없게 하면 결과는 부끄러울 것이다.

「象」曰: 利用刑人, 以正法也.(「소상」에서 말하기를, '사람에게 형벌을 쓰는 것이 이롭다'는 것은 법을 바로잡는 것이다.)

"사람에게 형벌을 쓰는 것이 이로운[利用刑人]" 의도는 무엇인가? "법을 바로잡기[正法]" 때문이다. "법을 바로잡는다"는 것은 법규를 명확히 하여 백성들에게 모두 알려서 백성들이 법의 구속 속에서 점차 교화되게 한다는 말이다.

九二, 包蒙吉, 納婦吉, 子克家.(구이는 몽매함을 포용해 주면 길하고 부인을 받아들이면 길하니 자식이 집안을 잘 다스릴 것이다.)

구이는 몽괘의 주효이고 몽매함을 다스리는 주인이다. '포包'는 안는 것이다. 대체로 안는 데 있어서 양이 음을 안거나 음이 양을 안는 것은 모두 밖이 안을 안는 것이다. 음과 음, 양과 양은 안는다고 말하지 않는다. 여기에서 말한 "몽매함을 포용한다[包蒙]"라는 것은 구이가 강효로써 '중'에 있고 구이를 받드는 초육을 포용하는 것을 가리킨다. "부인을 받아들인다[納婦]"는 말은 구이와 육오가 '정응'인 것에 근거하여 말한 것이다. "집안을 잘 다스린다[克家]"는 것은 구이의 본래 자리에 근거하여 말한 것이다. 구이가 아랫자리에 처하여 위의 일을 맡을 수 있으니 자식이 부모를 대신하여 가업家業을 다스리는 상이다. 구이가 이와 같이 도량이 있어 몽매함을 포용할 수 있고 또한 부인을 받아들일 수 있으면 당연히 길함을 얻을 수 있다.

「象」曰: 子克家, 剛柔接也.(「소상」에서 말하기를, '자식이 집안을 잘 다스린다'는 것은 강유가 만나기 때문이다.)

「소상」에서는 간혹 '강유지접剛柔之接'을 말하기도 하고 '강유지제剛柔之際'를 말하기도 하는데, 접接과 제際는 다르다. '제'는 때를 말하고 '접'은 자리를 말한다. 구이는 강중剛中하지만 상하가 모두 유약하기 때문에 '만나다[接]'라고 한 것이지 오로지 육오에 응하는 것만을 가리키는 것은 아니다. "강유가 만난다"라고 말한 것은 구이가 강중剛中하여 위아래의 존비尊卑 관계를 조절할 수 있으니, 이는 집안을 잘 다스리는 사람임을 강조하는 데 뜻이 있다. 그러므로 "자식이 집안을 잘 다스린다는 것은 강유가 만나기 때문이다[子克家, 剛柔接]"라고 하였다.

六三, 勿用取女, 見金夫, 不有躬, 无攸利.(육삼은 여자를 취하지 말 것이니 돈 많은 사람을 보아도 <제> 몸에 있는 것이 아니니 이로운 바가 없다.)

육삼은 몽괘의 네 음효 중의 하나로, 괘 가운데 몽매한 자이다. 네 효는 몽매함을 초래하는 원인이 각각 다르다. 초효는 교육을 받지 못하였기 때문에 몽매하고, 4효는 배우지 못하였기 때문에 몽매하며, 5효는 성질이 개방되지 못하였기 때문에 몽매하니 모두 객관적인 원인이 있다. 오직 3효만은 주관적으로 수신修身을 이루지 못하였기 때문에 몽매하다. 때문에 효사에서 몽매함을 다스리는 것을 경계하여 "여자를 취하지 말라[勿用取女]"라고 하였다. 육삼은 부정한 여자이니 그녀를 취해서는 안 된다. 육삼이 부정한 여자인지 어떻게 알 수 있는가? 육삼은 음유陰柔하고 '부중' 하며 또한 '부정' 하다. 그녀는 여자로서 당연히 그녀와 '정응' 인 상구를 기다려서 상구에게서 구해야 하지만, 그녀는 오히려 가까이 있는 구이의 훌륭한 남자를 보고 마음이 움직여서 기뻐하고 따르니 몸을 보존할 수 없다.

「象」曰: 勿用取女, 行不順也.(「소상」에서 말하기를, '여자를 취하지 말라' 는 것은 행실이 불순하기 때문이다.)

무엇 때문에 "여자를 취하지 말라[勿用取女]"라고 하였는가? 왜냐하면 육삼의 이 여자는 행실이 불순하여 나쁜 길로 나아가기 때문이다.

六四, 困蒙, 吝.(육사는 몽매함에 막혀 있으니 비루할 것이다.)

육사는 몽괘 중에서 처지가 가장 좋지 않다. 그것은 양효인 구이·상구와 멀리 떨어져 있고 두 음효 가운데 처해 있으며 또한 '정응' 이 없어 육사와 가까운 양효가 와서 육사를 계발시키지 못하기 때문에 "몽매함에 막혀 있다[困蒙]"라고 하였다. 사람이 "몽매함에 막혀 있는" 처지에 있으면서 윗자리에 있으면 반드시 도를 잃어 도와주는 자가 적을 것이고, 배움을 말하면 반드시 고루하여 견문이 적을 것이다. '인吝'은 부족함이니 이러한 사람은 비루할 수 있다.

「象」曰: 困蒙之吝, 獨遠實也.(「소상」에서 말하기를, '몽매함에 막혀 있으니 비루하다'는 것은 홀로 양과 멀기 때문이다.)

음은 허한 몸이니 양을 얻어야 실하다. 육사의 응應·비比는 모두 양이 없기 때문에 "양과 멀다[遠實]"라고 하였다. 『주역』이 양을 높이고 음을 억누르는 것을 볼 수 있다.

六五, 童蒙, 吉.(육오는 어린아이의 몽매함이니 길하다.)

육오는 유순함으로 높은 자리에 있으며 또한 아래의 구이와 '정응'하니, 몸은 유순한 덕을 가지고 있으면서 또한 강명剛明한 재주를 가진 사람을 임용할 수 있다. 이로써 천하의 몽매함을 다스려서 성공하지 않음이 없기 때문에 길하다. 여기에서 '동몽童蒙'이라는 말의 의미는 괘사에서 말한 '동몽'과 대략 차이가 있다. 괘사에서는 다만 몽매하여 밝지 못한 뜻을 취하였다면, 효사에서는 자신을 드러내지 않고 남에게 의지하는 뜻을 취하였다. 만약 군주의 자리에 있는 사람이면, 그가 '동몽'으로 자처하고 자신을 드러내지 않으며 매우 현명한 신하를 신임하여 그들에 의지하여 국가를 다스릴 수 있다.

「象」曰: 童蒙之吉, 順以巽也.(「소상」에서 말하기를, '어린아이의 몽매함이니 길하다'는 것은 순종하고 겸손하기 때문이다.)

육오는 어린아이의 몽매함으로 자처하여 진심으로 구이에게 가르침을 구하면 길하다. 여기서 "어린아이의 몽매함이니 길하다[童蒙之吉]"라는 것은 육오의 구이에 대한 순종하고 겸손한 태도에서 얻어진 것이다. '순順'은 다른 사람의 의견을 잘 받아들이는 것이고, '손巽'은 다른 사람의 의견을 잘 흡수하여 자신의 행동으로 바꾸는 것이다. '순'과 '손' 둘은 하나라도 없어서는 안 된다. 현명한 군주가 어진 신하의 가르침을 듣는 것과 같으니 순종해야 할 뿐만 아니라 또한 겸손해야 한다. 만약 순종하고 겸손하지 않으면 따라서 바뀌지 않는다.

上九, 擊蒙, 不利爲寇, 利御寇.(상구는 몽매함을 치는 것이니, <스스로> 도적이 되는 것은 이롭지 않고 도적을 막는 것은 이롭다.)

몽괘 가운데 두 양효는 몽매함을 다스리는 것이다. 두 양효가 몽매함을 다스리는 것에는 서로 다른 특징이 있다. 구이는 강하면서 '중'에 있어 구이가 몽매함을 다스리는 범위는 광대하고 몽매함을 다스리는 방법은 관대하기 때문에 '포몽包蒙'이라 하였다. 상구는 강함이 다하고 '부중'하여 상구에 의해 다스려지는 몽매함은 지극히 어둡고 몽매한 것으로 상구가 몽매함을 다스리는 수단이 사납기 때문에 '격몽擊蒙'이라 하였다. '격몽'의 가장 중요한 것은 치는 범위나 한계를 파악하는 것이다. '격몽'은 반드시 너무 심하거나 너무 지나쳐서는 안 되며, 목적은 정확해야 하고, 방법은 타당해야 하며, 이유는 충분해야 하는데, 이것이 바로 "도적을 막는[御寇]" 작용을 할 수 있다. 반대로 치는 것이 지나치게 과격하고 지나치게 사나워서 결과가 매우 나쁘면, 몽매함을 치는 자체가 바로 도적이 된다. "도적을 막는 것"은 좋으나 "도적이 되는 것"은 좋지 않다.

「象」曰: 利用御寇, 上下順也.(「소상」에서 말하기를, '도적을 막는 것이 이롭다' 는 것은 위아래가 순조롭기 때문이다.)

"도적을 막는다[御寇]" 는 것은 무슨 뜻인가? 위에서 지나치게 포악한 수단을 취하지 않아 아래에서 지극히 어둡고 몽매한 문제를 해결하여 위아래가 모두 순조로운 것이다. 이것이 바로 "도적을 막는 것" 이다.

● 총론

몽괘는 교육을 말한 것이다. 몽괘가 말한 교육의 기본 사상과 기본 원칙은 주로 괘사 속에 반영되어 있다. 몽괘의 여섯 효에서 두 양효는 몽매함을 다스리는 것이고, 네 음효는 몽매한 것이다. 초효와 상효는 서로 대립하니, 초효는 형벌을 써서 몽매함을 계발하고 상효는 군대를 써서 몽매함을 치는 것이다. 2효와 5효는 서로 대립하니, 2효는 몽매함을 다스리는 주효로서 포용이 광대하여 5효와 서로 만나고, 5효는 어리고 몽매하여 2효에서 가르침을 구하는 것이다. 2효와 5효의 관계는 전형적인 교육자와 교육을 받는 자의 관계이다. 3효와 4효는 서로 대립하니, 3효는 자신의 원인에 의해 몽매함을 초래하고 4효는 처지가 불리하기 때문에 몽매함에 막혀 있는 것이다. 3효와 4효는 자포자기하여 비자발적으로 교육을 받는 사람을 대표한다.

5
수괘(需卦)

䷄ 건하감상 乾下坎上

「서괘전」에는 "몽괘는 몽매함이니 사물의 어린 것이다. 사물이 어리면 기르지 않을 수 없기 때문에 수괘로 받았다. '수'는 음식의 도이다"[96]라고 하였다. 「서괘전」의 관점에 따르면, 몽괘의 다음이 수괘인 것은 실제로 우연이 아니다. 몽괘는 사물이 처음 생겨나는 처음으로, 어리고 몽매한 단계에 처하여 양육이 필요하기 때문에 수괘가 몽괘의 뒤에 있다는 말이다. 양육의 최대 문제는 음식이다. 수괘는 음식의 도를 말한 것이다.

'수需' 자가 고대에는 기다린다는 뜻이다. 『좌전』「애공 6년」의 "기다리는 것은 일을 처리하는 데 가장 좋지 못하다"[97], 「애공 14년」의 "기다리는 것은 일을 그르치는 것이다"[98]라는 두 개의 '수' 자는 모두 기다림을 말한 것이다. 『좌전』에서는 기다리는 것이 좋지 않다고 보았으나, 『역경』에서는 어떤 상황에서 기다리는 것은 필요한 것이고 좋은 것이라고 보았다. 유종원柳宗元(773~819)의 글에는 곽탁타郭橐駝의 나무를 심는 방법을 말

96) 『周易』, 「序卦傳」. "蒙者蒙也, 物之穉也. 物穉不可不養也, 故受之以需, 需者飮食之道也."
97) 『左傳』, 「哀公 6年」. "需, 事之下也."
98) 『左傳』, 「哀公 4年」. "需, 事之賊也."

하고 있다. 즉 〈곽탁타가 심은 나무는〉 크게 자라고 열매도 일찍이 맺는데, 다른 묘법妙法이 있는 것이 아니라 곽탁타가 기다리기를 잘하는 데 있었으니, 좋은 것을 심은 뒤에는 더 이상 그것을 상관하지 않았다. 다른 사람들은 그와 달리 나무가 살지 못할까 걱정하여 아침에 보고 저녁에 어루만지며, 심지어 껍질을 갈라서 살았는지 죽었는지를 확인하거나 뿌리가 엉성한지 촘촘한지를 흔들어 보았다. 『사기史記』에는 조삼曹參[99]이 재상이 되어 일에 종사하지 않고 종일 잔치를 베풀고 즐겼으나 국가가 태평하고 생산이 발전하였음을 기록하고 있다. 곽씨의 나무를 심는 것과 조삼의 나라를 다스리는 것이 일에 있어서 크고 작은 차이가 있지만 그 도리는 일치한다. 그들은 모두 구하여 이루는 것을 서두르지 않고 인내와 기다림을 잘하였으니 실제로 수괘의 사상이다.

괘체에서 보면, 아래에 있는 것은 건乾이고 위에 있는 것은 감坎이며, '건'에는 강건한 성질이 있어 반드시 앞으로 나아가야 한다. 앞으로 나아가면 '감'의 험난함에 부딪쳐서 방해를 받으니 기다릴 수 있을 뿐이다.

需, 有孚, 光亨, 貞吉, 利涉大川.(수는 믿음이 있으면 광명하고 형통하며 바름을 지키면 길하니 큰 내를 건너는 것이 이롭다.)

수괘의 기본 사상은 기다림이지만 기다림에는 조건이 있다. 이 조건이 바로 '유부有孚'이다. '유부'는 진실로 믿어서 속이 충실하다는 뜻이다. 어떤 사업을 완성하려면 조급하게 굴거나 무모하게 돌진하고 기다릴 줄 몰라서는 안 되며, 기다릴 줄은 알지만 기다릴 줄만 알고 실력이 부족해

99) 조삼(曹參, ?~B.C. 190): 중국 서한(西漢)의 개국 공신이고 명장(名將)이다. 자는 경백(敬伯), 사수패(泗水沛: 지금의 江蘇 沛縣) 사람이다. 숙하(肅何)의 뒤를 이은 한대(漢代)의 두 번째 재상이다.(역자 주)

서도 안 된다. 한나라 문경文景[100]이 청정무위淸靜無爲와 여민휴식與民休息의 정책을 실행한 것도 일종의 기다림이다. 이러한 기다림이 실행되고 또한 성공을 얻은 것은 한 고조高祖(劉邦)가 그들에게 경제와 정치의 여러 방면에서 견실한 기초를 다져 주었기 때문이다. 괘에서 보면, 속이 충실한 유부有孚는 구오의 효 위에 나타나 있다. 수괘의 구오가 바로 이 괘의 주효이다. 구오는 강건하고 중정하며 감체坎體가 중실中實하고 또한 높은 자리에 있어 믿음이 있고 '정'을 얻은 상이다. 수需는 험난함을 만나서 기다리니 나아갈 수 없는 것이 아니라 나아가지 않는 것이다. 일단 앞으로 나아가면 앞길이 반드시 광명하고 형통하다. 만약 올바름을 지키고 바른 것으로써 바르지 않는 것을 기다릴 수 있으면, 험난하여도 장애가 없고 이루지 못하는 것이 없다. 즉 큰 내를 건너는 것과 같은 난관이라도 돌파하는 데 의심의 여지가 없다. 전체적으로, "믿음이 있다[有孚]"거나 "광명하고 형통하다[光亨]"는 것은 기다림의 길을 말한 것이고, "바름을 지키면 길하다[貞吉]"는 것은 기다림의 실현 과정을 말한 것이며, "큰 내를 건너는 것이 이롭다[利涉大川]"는 것은 기다림의 효과를 말한 것이다.

「彖」曰: 需, 須也, 險在前也. 剛健而不陷, 其義不困窮矣. 需, 有孚光亨, 貞吉, 位乎天位, 以正中也. 利涉大川, 往有功也.

(「단전」에서 말하기를, 수는 기다림이니 험난함이 앞에 있다. 강건하여 <험난함에> 빠지지 않으니 그 뜻이 곤궁하지 않을 것이다. '수는 믿음이 있으면 광명하고 형통하며 올바름을 지키면 길하다'는 것은 천위天位에 위치하고 중정하기 때문이다. '큰 내를 건너는 것이 이롭다'는 것은 가면 공이 있다는

100) 한(漢)나라 문제(文帝)와 그의 아들 경제(景帝)를 말하는데, '문경의 다스림(文景之治)'으로 유명하다. 한나라 때 있었던 태평성대를 가리킨다.(역자 주)

것이다.)

수괘의 뜻은 수須이니, '수須'는 바로 기다림이다. 수괘에 기다림의 뜻이 있는 것은 감坎이 밖에 있으면서 '감'이 험난하여 내괘인 건乾의 세 양효의 가는 길을 막고서 나아가지 못하게 하면 반드시 잠시 기다려야 하기 때문이다. 건괘는 강건하니, 그 본성에 따라 말하면 건괘는 움직여야 하고 앞으로 나아가야 한다. 그러나 건괘가 험난함을 만나면 그치고 경거망동하거나 조급하게 나아가지 않아서 위험에 빠지지 않을 수 있다. 행해야 할 때 행하고 그쳐야 할 때 그치니 곤궁하지 않다. 수괘는 무엇 때문에 진실로 믿음이 있으면 광명하고 형통하며 바름을 지켜서 길할 수 있는가? 왜냐하면 괘주인 구오가 "천위에 위치하고 중정하기 때문이다[位乎天位, 以正中也]." 괘의 상효와 5효는 천위天位이다. 구오는 양효로 '천위'에 있고 또한 중정中正을 얻어 그 지위와 덕이 모두 매우 유리하기 때문에 진정으로 때를 기다릴 수 있다. 시기가 일단 도래하여 행동함이 있고 앞으로 나아감이 있으면 반드시 성공을 얻는다.

「象」曰: 雲上於天, 需. 君子以飮食宴樂.(「대상」에 말하기를, 구름이 하늘 위에 있는 것이 수괘이다. 군자가 <수괘의 상을> 보고서 먹고 마시며 잔치를 베풀고 즐긴다.)

'건'은 하늘이고 '감'은 구름으로 구름이 하늘 위에 있으나 아직 비가 되지 못하고 기다리는 뜻이 있다. '감'은 본래 물이니 "비가 하늘 위에 있다"라고 말하지 않고 "구름이 하늘 위에 있다"라고 말한 것은, 물이 하늘 위에 있는 것으로는 구름을 말할 수 있을 뿐이고 비를 말할 수 없기 때문이다. 군자가 수괘를 배워서 수괘의 기다림에 관한 사상을 자기의 일에 응용하면, 시세를 잘 살펴서 하지 말아야 할 때 하지 않으며, "먹고 마시며 잔치를 베풀고 즐기면서" 힘을 쌓아야 한다. 『역경』에서 말한 "먹고 마시며 잔치를 베풀며 즐긴다"라는 것은 실제로 일종의 비유이다. 착안점은 사람이 기다려야 할 때에 힘을 쌓고 함부로 행동하지 말아서 후대의 우매한 무리가 주색酒色을 탐하는 사도邪道와 근본적으로 같은 일이 아니라는 것을 강조하는 데 있다.

初九, 需于郊, 利用恒, 无咎.(초구는 교외에서 기다림이니, 상도를 잃지 않으면 이로우니 허물이 없을 것이다.)

고대에는 한 국가 안에 나라[國]와 들[野]의 구분이 있었다. 교외[郊]의 안은 '나라'가 되고 교외의 밖은 '들'이 된다. 교외는 나라와 들 사이에 있다. 여기에서 말한 "교외에서 기다린다[需于郊]"라는 것은 초구의 양효가 수괘의 처음에 있어 감(坎)인 물의 위험에서 가장 멀리 있어 경솔하게 위험을 무릅쓸 가능성이 가장 적음을 비유한 것이다. 그러나 초구는 이미 양효이고 양강陽剛한 성질이 있어 〈난관을 두려워하지 않고〉 용감하게 위험을 무릅쓰고 가니 또한 수괘의 상도常道를 잃기가 가장 쉽다. 때문에 효사에서는 초구가 교외에 처하여 가장 중요한 것은 기다림, 즉 인내심을 갖고 기다리며 굳게 지켜서 영원히 변치 않을 것을 경계하였다. 만약 이와 같을 수 있으면 허물이 없을 수 있다.

「象」曰: 需于郊, 不犯難行也. 利用恒, 无咎, 未失常也.(「소상」에서 말하기를, '교외에서 기다린다'는 것은 위험을 무릅쓰고 가지 않는 것이다. '상도를 잃지 않으면 이로우니 허물이 없다'는 것은 아직 상도를 잃지 않았기 때문이다.)

"교외에서 기다린다[需于郊]"라는 것은 아주 먼 곳에서 기다리는 것이니, 나아가지 말아야 할 때에 위험을 무릅쓰고 나아가지 않는 것이다. "상도를 잃지 않으면 이로우니 허물이 없다[利用恒, 无咎]"라는 것은 영원히 변치 않는, 즉 영원히 위험을 무릅쓰고 가지 않는다는 것이다. 이것이 바로 '용항用恒'이다. '용항'은 수괘의 상도常道를 잃지 않는 것이다. '상도'를 잃지 않는 것은 실제로 가장 하기가 어렵다. 왜냐하면 강건한 사람은 혹 재능이 시키기도 하고, 혹 의기意氣가 움직이기도 하며, 혹 일의 형세가 격해지기도 하여, 이성의 제약을 잃기가 쉬워서 매번 위험을 무릅쓰고 돌아보지 않다가 일을 망치기 때문이다. 오늘날의 속담에서 말한 "굳게 지키는 것이 바로 승리하는 것이다"라는 것이 이 효 「소상」의 뜻과 대체로 같다.

九二, 需于沙, 小有言, 終吉.(구이는 모래에서 기다림이니 조금 말이 있으나 끝내는 길할 것이다.)

감(坎)은 물이고 물 옆에 모래가 있으니, 구이는 '감'의 위험에 점점 가까이 가기 때문에 "모래에서 기다린다[需于沙]"라고 하였다. "모래에서 기다린다"는 것은 위험에 가까이 가지만 아직 위험에 이르지 않았음을 말한 것이다. 비록 재앙의 정도에 이르지는 않았지만 이미 조금 말의 손상이 있다. 그러나 구이는 여러 사람들의 말에 미혹되지 않고 조용히 기다려서 마침내 길함을 얻는다.

「象」曰: 需于沙, 衍在中也. 雖小有言, 以吉終也.(「소상」에서 말하기를, '모래에서 기다린다'는 것은 여유가 가운데 있는 것이다. 비록 조금 말이 있으나 길하게 마칠 것이다.)

『설문』에는 "연衍은 물이 바다로 흘러들어 가는 모양이다"[101]라고 하였고, 단옥재段玉裁(1735~1815)의 주석에는 "여유가 있다는 뜻으로 확대되었다"[102]라고 하였으니, 여기서의 '연'은 여유가 있다는 뜻이다. "여유가 가운데 있다[衍在中]"라는 것은 구이를 가리켜서 말한 것이다. 구이는 강효로써 유효의 자리에 있고 또한 마땅히 여유가 있어 비록 말에 손상이 조금 있지만 조용히 기다릴 수 있고 움직이지 않기 때문에 끝내는 반드시 길함을 얻는다.

九三, 需于泥, 致寇至.(구삼은 진흙에서 기다림이니 도적을 불러들일 것이다.)

'니泥'는 물에 바싹 다가간 것이다. "진흙에서 기다린다"는 것은 비록 아직 험난한 가운데 이르지 않았지만 이미 험난한 가장자리에 인접하였다는 것이다. '구寇'는 재앙이 가장 큰 것이다. "도적을 불러들인다[致寇至]"라는 것은 구삼이 지나치게 강하고 '중'에 있지 않으며 또한 건乾의 윗자리에 처하여 감坎의 험난함과 아주 가까워서 도적을 불러들일 가능성이 크다는 것이다.

「象」曰: 需于泥, 災在外也. 自我致寇, 敬愼不敗也.(「소상」에서 말하기를, '진흙에서 기다린다'는 것은 재앙이 밖에 있는 것이다. 나로부터 도적을 불러들였으니 공경하고 삼가면 실패하지 않을 것이다.)

101) 『說文』. "衍, 水朝宗於海貌也."
102) 『說文』, 段玉裁注. "引伸爲凡有餘之義."

외外는 외괘, 즉 감괘坎卦이다. 구삼이 비록 감괘와 매우 가깝지만, 결국 감괘에 있지 않기 때문에 재앙이 밖에 있다고 말하였다. 구삼에 대하여 말하면, 재앙이 이미 밖에 있다면 재앙(도적)이 이를 가능성도 있고 이르지 않을 가능성도 있다. 도적이 이르거나 이르지 않는 관건은 구삼 자신에게 있으니, 도적이 과연 온다면 구삼 자신이 초래한 것이다. 구삼은 어떻게 해야 하는가? 구삼은 신중히 일에 종사하며, 마땅한지를 헤아려서 나아가며, 때를 기다려서 움직이며, 절대로 조급하게 일을 처리해서는 안 된다.

六四, 需于血, 出自穴.(육사는 피에서 기다림이니 구멍에서 나온다.)

'혈血'은 음에 속하며 분수를 따르고 스스로 편안히 여기는 특징이 있다. "피에서 기다린다[需于血]"는 것은 육사의 이 효가 음효로 음의 자리에 있으니 또한 매우 성실하게 기다리는 태도를 보여야 한다는 것이다. 괘체에서 보면, 마땅히 수괘의 내괘인 세 양효가 감坎을 기다려야 하지 '감'이 내괘의 세 양효를 기다리는 것이 아니다. 육사에서도 '기다림'을 말한 것은 세 양효가 태연자약하여 '감'이 비록 험난하여도 실제로 내괘의 세 양효를 어찌할 수 없기 때문이다. 또한 육사는 유순하고 '정'을 얻었으며 그 본성에 따라서 육사가 세 양과 곤란한 데 이르지 않는다. "구멍에서 나온다[出自穴]"는 것은 육사가 스스로 편안히 여기는 곳을 떠나 세 양에게 앞으로 나아가는 길을 열어 주는 것이다.

「象」曰: 需于血, 順以聽也.(「소상」에서 말하기를, '피에서 기다린다'는 것은 순종하여 따르는 것이다.)

육사의 "피에서 기다리는" 뜻에는 두 가지가 있으니, 순종하는 것[順]과 따르는 것[聽]이다. 육사는 구오를 받들고[承] 육삼을 타고[乘] 초구와 응하니, 받들고 타고 응하는 것은 모두 양이다. 음이 양에 순종하고 양을 따르는 것으로 뜻을 삼기 때문에 "순종하여 따른다[順以聽]"라고 하였다.

九五, 需于酒食, 貞吉.(구오는 술과 음식에서 기다림이니 올바름을 지키면 길할 것이다.)

구오는 강건하고 중정하며 높은 자리에 있어 수괘의 뜻을 가장 잘 반영할 수 있으니, 이것이 수괘의 주효이다. "술과 음식에서 기다린다[需于酒食]"는 것은 일종의 비유이다. 본뜻은 주인이 술과 음식을 가지고서 손님을 초대하는 것이다. 사회정치상으로 확대해 가면, "술과 음식에서 기다린다"는 것은 통치자가 천하 국가를 다스리는 일종의 성공적인 방법이다. 즉 '백성을 쉬게 하여 편안히 살도록 하는 것[休養生息]'은 백성들에게 즐거운 것을 즐거워하게 하고 이로운 것을 이롭게 여기게 하여 자연히 그러하여 편안하고 즐거운 길로 나아가게 하는 것이다. 둔괘는 다스림을 말하였으며, 몽괘는 가르침을 말하였으며, 수괘는 기르는 것을 말하였다. 기르는 뜻이 괘 안에서 술과 음식으로 표현되었다. 수괘의 이러한 기본 사상이 구오의 효 속에 포함되어 있다. 술과 음식으로 천하 국가를 기르면 마땅히 일정한 법도를 지켜야 하는데, 하지 않아서도 안 되고 멋대로 해서도 안 되니 이른바 "올바름을 지킨다[貞]"라는 것이다. 정貞 혹은 正이 여기에서 말한 것은 효爻의 덕이지 경계하는 말이 아니다.

「象」曰: 酒食, 貞吉, 以中正也.(「소상」에서 말하기를, '술과 음식에서 기다리니 올바름을 지키면 길하다'는 것은 중정하기 때문이다.)

이 「소상」에서는 구오가 '먹고 마시고 잔치를 베풀고 즐기는 것'으로 천하 국가를 기를 수 있고 또한 올바름을 지켜서 성공을 이루는 근거를 해석하였다. 구오가 바를 수 있는 것은 잔치를 베풀고 즐거워하되 즐거움에 빠지지 않고, 다스림을 구하되 다스리는 데 조급해하지 않기 때문이다. 왜냐하면 구오가 처한 위치가 이미 '중'하고 또한 '정'하여 덕이 있고 권력이 있어 비록 '감'의 험난한 가운데 있지만 빠지는 데 이르지 않기 때문이다. 「단전」의 '정중正中'은 바로 이 효를 가리킨다. '정중'은 중정中正이 뒤집어진 것이다.

上六, 入于穴, 有不速之客三人來, 敬之終吉.(상육은 구멍에 들어감이니 부르지 않은 손님 세 사람이 올 것이니 그들을 공경하면 끝내 길할 것이다.)

수괘의 두 음효에는 모두 구멍의 상이 있다. 육사의 "구멍에서 나온다[出自穴]"라는 것은 하괘의 세 양이 닥쳐와서 길을 비켜 주는 것이다. 상육은 이미 '감'의 험난함의 극단에 이르러 어디에도 물러날 곳이 없고 다만 험난한 지경에 처하여 움직이지 않을 수 있을 뿐이니, 즉 "구멍에 들어간다[入于穴]"라는 것이다. 이때 세 자리는 부르지 않았는데 온 손님(즉 아래의 세 양)이니 상육을 위협한다. 상육은 어떻게 대처해야 하는가? 상육은 음효이고 또한 험난한 끝에 처하였기 때문에 다만 "공경하는[敬之]" 방법을 취해야 험난한 지경에서 벗어날 수 있다. "공경하면" 세 자리의 부르지 않은 손님에 대해 치욕을 참으며, 양보하며, 공경하고 기다리며, 그들과 다투지 않는다. 상육은 이와 같을 수 있어야 비로소 험난함에서 평탄함으로 바뀌고 곤경에서 벗어날 수 있다.

「象」曰: 不速之客來, 敬之終吉, 雖不當位, 未大失也.(「소상」에 말하기를, '부르지 않은 손님이 오니 그들을 공경하면 끝내 길하다'는 것은 비록 자리는 마땅하지 않더라도 크게 잃지는 않는다는 것이다.)

여기서의 "자리가 마땅하지 않다[不當位]"는 것은 바로 상육을 가리켜서 말한 것이지 부르지 않았는데 온 하괘의 세 양을 말한 것이 아니다. 상육은 음효로 음의 자리에 있어 실제로 자리가 마땅하다. 「소상」에서 "비록 자리가 마땅하지 않다[雖不當位]"라고 하였는데, 이것은 무슨 이유 때문인가? 「소상」에서 말한 "비록 자리가 마땅하지 않다"는 것은 가설한 말이다. 그 말뜻은 다음과 같다. 즉 세 분의 부르지 않은 손님을 대우하는 주요한 방법은 "공경하는" 것이다. 다만 이렇게 해야 어떤 일이 발생하든 최종 결과는 반드시 잘못되지 않는다. 상육은 자리가 마땅하지 않아도 큰 문제에 이르지 않거늘, 하물며 상육이 본래 마땅한 자리임에 있어서랴.

● 총론

수괘에서는 매우 중요한 인생과 정치의 철학을 제기하였으니, 즉 국가든 개인이든 앞에서 위험을 만나면 시세를 잘 살펴서, 앞으로 나아가야 하면 마땅히 앞으로 나아가야 하지만, 잠시 앞으로 나아가서는 안 되면 인내하고 때를 기다리며 절대로 조급하게 나아가서는 안 된다. 그렇지 않으면 반드시 실패한다. 이러한 사상은 주로 강건하고 중정하며 또한 높은 자리에 있는 구오의 효에서 나타난다. 괘사·단전·대상에서 말한 것은 모두 이러한 사상이다. 같은 위험에 직면하더라도 시간·장소·조건의 차이에 따라 대처하는 구체적 태도에도 차이가 있다. 하괘의 세 양효가 함께 요구하는 것은 조급하게 나아가는 것을 극력 피하지만, 초구는 "교외에서 기다리고[需于郊]", 구이는 "모래에서 기다리며[需于沙]", 구삼은 "진흙에서 기다려서[需于泥]" 감坎의 험난함에서 벗어남에도 멀고 가까운 차이가 있고 근신하는 태도를 보인 것에도 경중輕重의 구분이 있다. 육사와 상육 두 효는 '감'의 험난함 속에 처하여 다른 네 양효와 처한 위치가 다르지만, 이 두 효의 효사가 강조하는 것은 근본적으로 여전히 기다림에서 벗어날 수 없다는 사상이다.

6
송괘(訟卦)

䷅ 감하건상 坎下乾上

송訟은 남과 옳고 그름을 논쟁하다가 남의 판결을 기다리는 것이니, 즉 소송의 뜻이다. 「서괘전」에는 "음식에는 반드시 송사가 있기 때문에 송괘로 받았다"[103]라고 하였다. 사람마다 음식이 필요하고 음식은 반드시 분쟁을 일으키기 때문에 송괘가 수괘의 뒤에 놓인 것이다. 「서괘전」에서 제기한 괘의 배열 순서에는 내재적 필연성이 있으니 매우 중요하다.

訟, 有孚, 窒惕, 中吉, 終凶. 利見大人, 不利涉大川.(송은 진실함이 있으나 막혀서 두려우니 중도를 지키면 길하고 끝까지 하면 흉하다. 대인을 보는 것이 이롭고 큰 내를 건너는 것은 이롭지 않다.)

'유부有孚'는 속이 견실하고 진실한 것이다 '질窒'은 막혀서 뜻을 펼 수 없는 것이다. '척惕'은 두려워하고 신중한 것이니 비록 뜻을 펼 수는 없지만 반드시 억지로 펴는 것은 아니다. '중中'은 차분하고 과격하지 않는 것

103) 『周易』, 「序卦傳」. "飮食必有訟, 故受之以訟."

이다. 사람이 만약 속이 견실하고 진실하면 뜻을 펼칠 수 없는 어려움을 만나더라도 조심하고 신중하여 소송하는 데 이르지 않을 수 있으며, 부득이하여 소송해야 할 때에도 사고를 냉철히 하고 차분하고 과격하지 않을 수 있으니 이와 같으면 길함을 얻을 수 있다. 보통 사람들이 말하는 소송은 소송에 이기면 길하고 소송에 지면 흉하다. 『역』에서 말하는 소송은 처한 곳에 따라서 길흉을 논한다. 만약 "진실함이 있으나 막혀서 두려우니 중도를 지키는 데[有孚窒惕中]" 이르지 못하면, 비록 소송에 이기더라도 흉한 것과 같다. 괘명을 송괘라고 한 것은 사람들에게 소송을 부추기려는 것이 아니라 사람들로 하여금 소송을 그만두게 할 것을 희망한 것이다. 소송을 그만두는 것이 가장 좋고, 부득이하여 소송할 때도 "진실함이 있으나 막혀서 두려우니 중도를 지키는 것"으로써 하면 길하다.

"끝까지 하면 흉하다[終凶]"라는 것은 상구를 가리킨다. 상구는 송괘의 끝에 있어서 소송을 끝까지 하는 상이다. 『역경』의 관점에 의하면, 가장 좋은 것은 소송이 없는 것이다. 그다음은 소송이 일어나지만 조정을 거쳐 중지하는 것이다. 가장 좋지 않은 것은 소송을 끝까지 견지하는 것이다. 대인은 구오를 가리킨다. 구오는 강건하고 중정하며 높은 자리에 있으니 소송을 판결하는 주체이다. 소송의 때에 처하여 덕과 명망이 높은 권위 있는 인물에게 판결해 달라고 부탁하는 것이 유일하게 할 수 있는 방법이다.

송괘(䷅)와 수괘(䷄) 두 괘는 상반된다. 괘사에서는 모두 '유부有孚'를 말하였지만, 수괘에서는 "큰 내를 건너는 것이 이롭다[利涉大川]"라고 하였고, 송괘에서는 "큰 내를 건너는 것이 이롭지 않다[不利涉大川]"라고 하였다. 큰 내를 건너는 것은 큰 위험이나 어려움을 지난다는 뜻이다. 수괘는 감坎이 밖에 있어 속이 견실하고, 분수를 지키며, 온당하기 때문에 큰 내를 건너는 것이 이롭고 큰 위험이나 어려움을 지날 수 있다. 송괘는

'감'이 안에 있어서 속이 견실하나 분수를 지키지 않으며, 혈기가 강하여 화를 내거나 이기기를 좋아하는 상으로 항상 자신을 억제하지 못하기 때문에 큰 내를 건너는 것이 이롭지 않다. 즉 큰 위험이나 어려움을 이겨 낼 조건이 없는 것이다.

「彖」曰: 訟, 上剛下險, 險而健, 訟. 訟, 有孚窒惕中吉, 剛來而得中也. 終凶, 訟不可成也. 利見大人, 尙中正也. 不利涉大川, 入于淵也.(「단전」에서 말하기를, 송은 위는 강하고 아래는 험하여 험하고 강건한 것이 송이다. '송은 진실함이 있으나 막혀서 두려우니 중도를 지키면 길하다'는 것은 강이 와서 중을 얻는 것이다. '끝까지 하면 흉하다'는 것은 소송을 끝까지 이루어서는 안 되기 때문이다. '대인을 보는 것이 이롭다'는 것은 중정을 숭상하기 때문이다. '큰 내를 건너는 것이 이롭지 않다'는 것은 <깊은> 연못으로 들어가기 때문이다.)

송괘에는 어째서 소송의 뜻이 있는가? 송괘의 구조에서 보면, 상괘는 건乾으로 '건'은 강건하고 하괘는 감坎으로 '감'은 험난하다. '건'의 강건함이 '감'의 험난함을 만나는 것이 소송을 일으키는 근본 원인이다. 만약 강건함이 있고 험난함이 없으면 소송할 필요가 없으며, 만약 험난함이 있고 강건함이 없으면 소송할 수 없다. 두 사람으로 말하면, 저쪽이 음험하고 이쪽이 강건하면 반드시 소송이 일어난다. 한 사람으로 말하면, 속이 음험하고 겉이 강건하여도 반드시 마음속의 자책(소송)이 일어난다. 두 사람이 소송하거나 한 사람이 마음속으로 자책하는 것에는 모두 소송의 뜻이 있다.

송괘의 "진실함이 있으나 막혀서 두려우니 중도를 지키면 길하다[有孚窒惕中吉]"라는 것은 "강효가 와서 중을 얻기[剛來而得中也]" 때문이다.

"강효가 와서 중을 얻는다"라는 것은 구이의 효를 말한 것이다. 구이는 송괘의 주효이고 강효로써 '중'에 처하여 속이 견실한 상이다. 왜냐하면 구이에는 속이 견실한 상이 있기 때문에 '유부有孚'한 뜻이 있으며, 막히고 두려워하는 뜻이 있으며, 차분하고 과격하지 않는 뜻이 있다. 괘가 취한 뜻에는 서로 다른 다양한 관점이 있으니, 어떤 것은 그 상을 취하고, 어떤 것은 그 효를 취하며, 어떤 것은 그 변화를 취한다는 것이다. 송괘의 괘 뜻은 주로 구이의 효에서 취한다. 바꾸어 말하면, 구이의 '강래이득중剛來而得中'이 송괘의 괘 뜻을 결정한다. 그렇다면 무엇 때문에 구이를 '강래剛來'라고 하였는가? 첫째, 한 괘의 상하 두 체 가운데 하체의 어떤 효를 '래來'라고 부를 수 있다. 둘째, 하체에 있는 어떤 효가 반드시 다른 종류라야 '래'라고 부를 수 있다. 즉 하체가 만약 두 개의 유효柔爻(음효)와 한 개의 강효剛爻(양효)이면, 그 한 개의 강효를 '래'라고 부를 수 있다. 만약 두 개가 강효이고 한 개가 유효이면, 그 한 개의 유효를 '래'라고 부를 수 있다. 송괘의 구이는 하체에 있고 또한 두 개의 유효에 대해서 말하면 다른 종류이기 때문에 '강래剛來'라고 하였다. 이것은 괘에서 말한 것이고, 효에서는 또한 별도로 논해야 한다. 그러나 이러한 문제에 관하여 옛사람들의 견해는 다르다. 주희의 『주역본의周易本義』에는 우번虞翻[104]과 촉재蜀才(즉 范長生)[105]의 설에 근거하여 '강래이득중'을 괘변卦變으로 보았다. 그들은 『역』에서 건괘와 곤괘 두 괘를 제외하고 나머지는 모두 분별하여 복괘復卦 · 구괘姤卦 · 태괘泰卦 · 비괘否卦 · 대장괘大壯卦 · 관괘觀卦 · 쾌괘夬卦 · 박괘剝卦 등 여러 괘에서 변한 것으로 보았다. 송괘(䷅)는 돈괘(䷠)에

104) 우번(虞翻, 164~233): 중국 삼국시대 오나라의 학자, 자는 중상(仲翔), 회계여요(會稽餘姚: 지금의 浙江省 餘姚) 사람이다. 특히 역학에 정통하였다.(역자 주)

105) 범장생(范長生, 218~318): 중국 서진(西晉) 때의 승상, 일명 연구(延久) 또는 중구(重久)라고 불렀다. 자는 (元), 부릉단홍(涪陵丹興: 지금의 四川 黔江) 사람이다.(역자 주)

서 변한 것이다. 돈괘의 세 번째 효가 내려와서 2효에 있고, 두 번째 효가 올라가서 3효에 있다. 즉 구삼과 육이의 위치를 바꾸면 송괘(䷅)로 변한다는 것이다. 한나라 사람이 제기한 이러한 괘변설은 『주역』에 본래 있던 것이 아니고 그들의 조작에서 나온 것이니 더 이상 말하고 싶지 않다. 때문에 송나라의 소식蘇軾(1037~1101)과 정이程頤(1033~1107)는 반대하는 동시에 그 자신들의 괘변설을 제기하였다. 소식의 괘변설을 간단히 말하면 다음과 같다. 즉 한 괘의 상하 두 체 중의 하나는 진(☳)·감(☵)·간(☶) 세 개의 양괘陽卦 중의 하나이고, 다른 하나는 손(☴)·리(☲)·태(☱) 세 개의 음괘陰卦 중의 하나이다. 64괘 가운데 이처럼 하나의 양괘와 하나의 음괘로 구성된 괘는 모두 18개가 있다. 이 18괘 가운데 한 괘 속의 양괘는 원래 모두 곤(☷)인데, 건괘가 그것에 한 개의 강효를 줌에 따라 곤의 하나의 유효를 변화시켜 진(☳)·감(☵)·간(☶)으로 변한다. 이 18괘 가운데 한 괘 속의 음괘는 원래 모두 건(☰)인데, 곤괘가 그것에 한 개의 유효를 줌에 따라 건의 하나의 강효를 변화시켜 손(☴)·리(☲)·태(☱)로 변한다. 이 18개는 하나의 양괘와 하나의 음괘로 이루어졌으며 강유가 서로 바뀌는 현상의 괘로 괘변의 문제가 있으나 다른 괘에는 없다. 소식의 견해에 근거하면, 송괘(䷅)는 괘변의 조건에 부합되지 않으니 괘변의 문제가 없다. 소식의 괘변설은 「단전」의 연구에 근거하여 나온 것으로, 한나라 사람의 괘변설보다 한층 발전하였지만 여전히 문제가 있다. 후대에 청나라 초기 호후胡煦[106]가 제기한 체괘주효설體卦主爻說은 이전 사람들의 괘변설을 완전히 뒤집어 놓았다. 호후의 설이 가장 일리가 있다. 아래의 비괘賁卦에서 호후의 설을 자세히 말하였다. 호후의 『주역함서

106) 호후(胡煦, 1655~1736): 청대 초기의 학자, 자는 창효(滄曉), 호는 자현(紫弦), 특히 『주역』에 정통하였다. 대표 저서로는 『周易函書』가 있다.(역자 주)

周易函書』는 『사고전서四庫全書』 속에 수록되어 있다.

"끝까지 하면 흉하다는 것은 소송을 끝까지 이루어서는 안 되기 때문이다[終凶, 訟不可成也]"라는 것은 소송은 부득이하여 하는 나쁜 일이라는 것이다. 소송이 이미 시작되어 의견이 펼쳐지면 그쳐야지 그 일을 끝까지 해서는 안 된다. 그 일을 끝까지 하려고 하면 반드시 흉하다. "끝까지 하면 흉하다"는 것은 괘 가운데 상구를 가리켜서 말한 것이다.

"대인을 보는 것이 이로운 것은 중정을 숭상하기 때문이다. 큰 내를 건너는 것이 이롭지 않은 것은 깊은 연못에 들어가기 때문이다[利見大人, 尙中正也. 不利涉大川, 入于淵也]"라는 구절에서, 소송의 일에서 가장 중요한 것은 공정한 판결을 구하는 것이다. 즉 '중정'을 숭상하기 때문에 대인을 만나는 것이 이롭다. 대인은 괘 가운데 구오를 가리켜서 말한 것이다. 구오는 강중剛中하고 '정'에 처하여 이러한 임무를 감당할 수 있다. 또한 소송은 마땅히 이치에 맞아야 하고 힘으로 다투지 말아야 하니, 스스로 편안한 곳에 머물고 위험한 곳을 건너지 않는 것이 마땅하다. 그렇지 않으면 깊은 연못에 들어가는 것과 같아서 선회할 수 없기 때문에 "큰 내를 건너는 것이 이롭지 않다"라고 하였다.

『象』曰: 天與水違行, 訟. 君子以作事謀始.(「대상」에서 말하기를, 하늘과 물이 어긋나게 가는 것이 송괘이다. 군자가 <송괘의 상을> 보고서 일을 하되 처음을 잘 도모한다.)

하늘은 위로 올라가고 물은 아래로 흘러가서 하늘과 물의 방향이 상반되어 둘이 가는 것이 서로 어긋나니, 이것은 서로 소송하는 상이기 때문에 이 괘를 송괘라고 하였다. 군자는 이 괘에서 어떤 깨우침을 얻을 수 있는가? 괘사에서는 다만 "중도를 지키면 길하다[中吉]"거나 "끝까지 하면 흉하다[終凶]"라는 것을 말하였는데, 「대상」에서는 "처음을 잘 도모한다[謀始]"는 글을 보충하여 사람들에게 일을 한번 시작하면 여러 가지 관계에 주의하여 근본적으로 소송의 단서를 막을 것을 요구하였다.

初六, 不永所事, 小有言, 終吉.(초육은 소송을 길게 하지 않으면 조금 말이 있으나 끝내 길할 것이다.)

초육은 음효로 아랫자리에 있어 유약하여 이기기가 어렵다. '일[事]'은 소송이다. 여기에서 '일'이라고 하고 '소송'이라고 말하지 않은 것은 일이 막 일어나고 있으나 아직 소송이 이루어지지 않았기 때문이다. 만약 "소송을 길게 하지 않을[不永所事]" 수 있으면, 비록 이미 약간의 문제가 있어 작은 해害가 생길지라도 결국에는 길하다.

「象」曰: 不永所事, 訟不可長也. 雖小有言, 其辯明也.(「소상」에서 말하기를, '소송을 길게 하지 않는다'는 것은 소송을 길게 해서는 안 되기 때문이다. 비록 조금 말이 있으나 분별함이 밝다.)

초육은 유약하니, 그 조건에서 말하면 초육은 소송할 수 없다. 그러나 지금 어쩔 수 없이 소송해야 한다면 가장 유리한 방법은 소송을 길게 진행하지 않는 것이다. 그렇지 않으면 소송에서 이길 수 없을 뿐만 아니라 또한 장차 어려움이 이를 것이다. 비록 조금 말이 있는 것은 이미 피할 수 없지만, 결국에는 길함을 얻을 것이다. 이것은 결국 조금 말이 있으나 서로 이해하여 논쟁하더라도 논쟁이 분명하여 바로 그치기 때문이다.

九二, 不克訟, 歸而逋, 其邑人三百户, 无眚.(구이는 소송할 수 없

으니, 물러나서 3백 호인 작은 읍으로 도망가면 재앙이 없을 것이다.)

구이는 송괘의 주효이다. 구이와 구오는 둘 다 양효인데, 두 강효는 사이가 좋지 않아 서로 소송한다. 그러나 구오는 양효로 양의 자리에 있고 군주의 자리에 있어서 중정中正하니, 구이는 당연히 구오의 적수가 못되어 구오와의 소송을 근본적으로 진행할 수 없다. 가장 좋은 방법은 은퇴하여 다만 3백 호의 작은 읍으로 도망가서 숨는 것이다. 이와 같으면 재앙을 면하고 무사할 수 있다. 구이는 송괘의 주효이다. 주효의 말은 일반적으로 괘사의 뜻과 일치하거나 서로 비슷하다.

象曰: 不克訟, 歸逋竄也. 自下訟上, 患至掇也.(「소상」에서 말하기를, 소송할 수 없으니 물러나 도망하여 숨는 것이다. 아랫사람으로서 윗사람과 소송하면 재앙이 물건을 잡는 것처럼 바로 이르기 때문이다.)

구이는 구오와 소송할 수 없다는 것을 스스로 알고 바로 도망가서 화를 면한다. 왜냐하면 지위가 낮은 사람이 지위와 권세가 높은 사람과 소송하면 재앙이 손을 뻗어 물건을 잡는 것처럼 바로 이르기 때문이다.

六三, 食舊德, 貞厲, 終吉, 或從王事无成.(육삼은 옛 덕을 간직하여 올바름을 지키면 위태로우나 끝내 길하니, 혹 왕의 일에 종사하더라도 이룰 수 있는 것이 없다.)

'구덕舊德'은 옛날의 나쁜 덕이다. '식食'은 울분을 참고 아무 말도 하지 않는 것이다. 육삼은 음유陰柔하여 자신을 낮추기 때문에 남의 옛 덕을 간직하여 참고 보복하지 않는 상이다. 결국 해를 입지 않을 수 있어 길함을 얻는다. '정貞'은 음유한 덕이다. '무성无成'도 음유한 덕이다. '왕사王事'는 분쟁의 일을 말한다. 육삼은 음유함이 많고 강한 결단력이 부족하니 남과 소송하면 어찌 성과가 있을 수 있겠는가? 초육에서 말한 '불영不永'과 육삼에서 말한 '식구덕食舊德'은 모두 음효이기 때문에 결국에는 길하다. 구이는 강중剛中하여 그 일을 끝까지 하지 않으면 "재앙이 없다[无眚]"라고 하였으니, 소송을 중지할 수 있으면 당연히 잘못이 없다.

「象」曰: 食舊德, 從上吉也.(「소상」에서 말하기를, '옛 덕을 간직한다'는 것은 윗사람을 따르면 길하다는 것이다.)

육삼이 소송할 때는 두 개의 강효를 타고[乘] 받드는[承] 위험한 상황에 부닥쳤으나 옛날의 녹을 잃지 않도록 지킬 수 있는데, 주된 원인은 육삼이 위에서 남을 따라서 움직이고 스스로 일을 주관하지 않기 때문이다. "윗사람을 따른다[從上]"라는 것은 상구를 따르는 것을 말한다. 음효는 양효를 따르는 것으로 일을 삼는다. 이미 따랐으면 비록 옛날의 덕이 있더라도 스스로 참아야 한다.

九四, 不克訟, 復卽命, 渝安貞, 吉.(구사는 소송할 수 없으니, 바른 이치로 돌아가서 올바름을 편안히 여기는 것으로 바뀌면 길하다.)

'즉卽'은 나아감이다. '명命'은 바른 이치이다. '유渝'는 바뀐다는 뜻이다. 구사는 강건함으로써 '부중'하고 '부정'한 자리에 있어서 그 본성에서 말하면 소송을 좋아한다. 그러나 구사는 소송할 적수가 못 된다. 구오는 군주의 자리이니 구사와 소송할 수 없다. 육삼은 음유陰柔하고 아래에 있어 소송이 일어나는 데 이르지 않는다. 초육은 구사와 '정응'하고 순종하여 구사와 소송할 수 없다. 좌우전후에 모두 구사와 소송할 만한 대상이 없으니, 구사가 비록 소송을 원해도 소송할 수 없기 때문에 "소송할 수 없다[不克訟]"라고 하였다. 이러한 상황에서 구사가 조급하게 소송하려는 마음을 극복하여 바른 이치로 돌아가서 '올바름을 편안히 여기지 않는 것'에서 '올바름을 편안히 여기는 것[安貞]'으로 바뀌면 반드시 길함을 얻는다.

「象」曰: 復卽命, 渝安貞, 不失也.(「소상」에서 말하기를, 바른 이치로 돌아가서 올바름을 편안히 여기는 것으로 바뀌면 이치를 잃지 않을 것이다.)

구사는 본래 소송하여 이기기를 좋아하는 사람이지만, 결국 이지적 태도를 취하여 바른 이치로 돌아와서 '올바름을 편안히 여기지 않는 것'에서 '올바름을 편안히 여기는 것'으로 바뀐다. 이것이 이치를 잃지 않는 것을 나타낸다. 이치를 잃지 않으면 길하고, 이치를 잃으면 흉하다. 『역』에서 송괘는 이기고 지는 것으로 길흉으로 삼지 않는다.

九五, 訟元吉.(구오는 소송함에 크게 길하다.)

구오가 군주의 자리에 있는 것은 소송을 다스리는 사람이다. 소송을 잘 다스리면 옳고 그름을 공정하게 판단하여 백성들의 다툼이 그치게 된다. 이것은 더할 수 없이 훌륭하고 흠잡을 데 없이 크게 길한 것이다.

「象」曰: 訟元吉, 以中正也.(「소상」에서 말하기를, '소송함에 크게 길하다'는 것은 중정하기 때문이다.)

구오는 무엇 때문에 천하의 소송을 다스려서 크게 길함을 얻을 수 있는가? 근본적 원인은 구오가 '중'에 있고 '정'을 얻어 치우침도 없고 사사로움도 없기 때문이다. '중정'한 태도로 옳고 그름을 판단하여 '중'하여 지나치지 않고 '정'하여 나쁘지 않기 때문에 크게 길함을 얻는다.

上九, 或錫之鞶帶, 終朝三褫之.(상구는 혹 관복을 하사받더라도 하루 아침에 세 번 빼앗길 것이다.)

송괘의 초효에는 '소송[訟]'이란 글자가 없고 상효에도 소송이란 글자가 없다. 초효에 소송이란 글자가 없는 것은 소송이 시작되는 것을 막은 것이고, 상효에 소송이란 글자가 없는 것은 소송을 끝까지 하는 것을 싫어한 것이다. 그 속에서 『역』을 지은 자가 소송에 반대하는 사상을 나타낸 것이다. 상구는 양효로써 윗자리에 있고 유리한 지위에 처해 있으니, 상구는 강함을 뽐내어 반드시 소송을 끝까지 진행하려는 사람이다. 이러한 사람은 일반적으로 말하면 좋은 결말이 없고 언제나 화를 초래하고 몸을 망친다. 가령 한발 물러나서 생각하면, 상구가 소송을 잘하여 이길 수 있고 심지어 복명服命의 상을 받는 데 이르더라도, 결과는 지켜 낼 방법이 없으니 반드시 하루아침에 세 번이나 관복이 박탈된다.

「象」曰: 以訟受服, 亦不足敬也.(「소상」에서 말하기를, '소송으로 관복을 받는다'는 것은 공경할 만한 것이 못 된다.)

사람이 소송을 끝까지 하여 복명服命의 총애를 받는 것은 영예로운 것이 아니라 남에게 미움을 받는 것이다.

● 총론

전체 괘를 관철하는 사상은 소송은 나쁜 일이고 소송하지 않는 것이 가장 좋다는 것이다. 구오는 군주의 자리이고 '중'에 있으며 '정'을 얻어 치우침도 없고 사사로움도 없어 결국 천하의 소송을 평정할 수 있다. 초육은 음유陰柔하고, 음유한 것은 소송하지 않기 때문에 초육은 "소송을 길게 하지 않는다[不永所事]"라고 하였다. 육삼도 음유하기 때문에 오직 옛 덕을 간직할 따름이다. 구이와 구사는 모두 양효로서 비록 소송하는 성질이 있지만, 2효가 5효와 짝을 이루어서 스스로 해서는 안 된다는 것을 헤아려서 소송하지 않는다. 4효는 초효와 짝을 이루어 이치가 순조롭지 않음을 고려하여 또한 소송하지 않는다. 유독 상구만이 괘의 끝에 처하여 육삼과 짝을 이루지만, 육삼이 유약하여 저항할 수 없기 때문에 상구가 소송에 이길 가능성이 있다. 비록 소송에 이겨서 복명服命의 상을 받을지라도 결국에는 갑자기 박탈되는 치욕을 면치 못한다.

7
사괘(師卦)

䷆ 감하곤상 坎下坤上

사師는 많은 사람이니 많은 사람은 바로 군대이다. 고대 국가에는 상비병을 두지 않고 군인이 농사를 병행하는 '병농일치제' 였다. 평소에는 경작하다가 전쟁이 일어나면 집결하는 것이 군대였고, 군대가 이동하면 전쟁할 수 있다. 사괘의 '사'는 바로 어떻게 군대를 일으키고 많은 사람을 움직이며 군대를 출동시켜 전쟁하는지를 말한 것이다. 세분하여 말하면, 사괘에는 두 가지 의미를 포괄하니, 하나는 군사를 모아 대열을 조성하는 것이고, 다른 하나는 군사적 행동을 취하는 것이다.

이러한 뜻은 사괘의 괘상卦象에서 설명을 얻을 수 있다. 내괘와 외괘의 괘체에서 보면, 물은 아래에 있고 땅은 위에 있어 땅속에 물이 있으니 많은 사람이 모이는 상이다. 내괘와 외괘의 의미에서 보면, 감坎의 험난함이 안에 있고 곤坤의 유순함이 밖에 있어 험난한 길을 순조롭게 가는 것이니 군대를 출동시켜 전쟁한다는 뜻이다. 여섯 효에서 보면, 하나의 양효와 다섯 음효로서 하나의 양효가 아래에 있어 여러 음효의 주인이 되니 장수가 군사를 통솔하는 상이다.

사괘가 송괘 뒤에 배열한 것은 「서괘전」의 견해에 의하면 그 내재적 원인이 있다. 소송의 결과는 반드시 군대를 일으키고 많은 사람을 움직이게 한다는 것이다. 전쟁은 결국 평소의 소송에서 야기되기 때문에 송괘 뒤에 사괘를 배열한 것이다.

師, 貞, 丈人, 吉无咎.(사는 바르고 장인이라야 길하고 허물이 없다.)

'정貞'은 바르다는 뜻이니 전쟁의 목적이 정확해야 한다는 말이다. '장인丈人'은 재능·책략·인품·사업이 모두 많은 사람으로부터 경외敬畏되는 사람이니, 전쟁은 이러한 사람을 선택하여 통솔해야 한다는 말이다. "길하고 허물이 없다[吉无咎]"라는 것은 이 두 문제를 잘 해결해야 전쟁이 승리를 얻고 또한 사람들의 마음을 얻을 수 있다는 말이다. 사괘에서 말하는 전쟁은 주로 이 두 조건을 말한 것이다. 『역』의 작가는 군대를 일으켜서 전쟁할 때에 가장 중요한 것이 전쟁의 성질을 파악하고 통솔자의 선택을 확실히 하는 것이라고 보았다. 이러한 사상은 오늘날에 보더라도 취할 만한 것이다.

「彖」曰: 師, 衆也. 貞, 正也. 能以衆正, 可以王矣. 剛中而應, 行險而順. 以此毒天下而民從之, 吉又何咎矣.(「단전」에서 말하기를, 사는 많은 사람들이다. 정은 바름이다. 많은 사람들을 바르게 할 수 있으면 왕 노릇 할 수 있다. 강이 중에 있고 응하며, 험난함을 행하지만 유순하다. 이로써 천하에 해독을 끼치나 백성들이 따르니 길하고 또 무슨 허물이 있겠는가.)

「단전」의 앞부분인 "사는 많은 사람들이다. 정은 바름이다. 많은 사람들을 바르게 할 수 있으면 왕 노릇을 할 수 있다[師, 衆也. 貞, 正也. 能以衆正, 可以王矣]"라는 구절은 괘사를 해석한 것이다. '이以'는 좌지우지한다는 뜻이다. 뜻은 군사들을 좌지우지하여 군사들을 충심으로 신복시켜 지휘를 따르게 하여 정의로운 전쟁을 할 수 있다는 말이다. 만약 이 점을 해내면 천하에 왕 노릇을 할 수 있다.

「단전」의 뒷부분은 괘상으로 괘사인 "길하고 허물이 없다[吉无咎]"라는 구절을 해석한 것이다. "강효가 중에 있고 응한다[剛中而應]"라는 것은 구이와 육오를 가리켜서 말한 것이다. 구이는 바로 양의 강효가 '중'에 있어 군대의 통솔을 상징한다. 육오는 음효가 군주의 자리에 있어 군주를 상징한다. 구이는 육오와 '정응'하니 군대의 통솔자가 군주의 완전한 신임을 얻어 그 재능이 충분히 발휘될 수 있음을 의미한다. "험난함을 행하지만 유순하다[行險而順]"라는 것은 상괘는 곤坤으로 '곤'은 유순함이고, 하괘는 감坎으로 '감'은 험난함이기 때문이다. '곤'의 유순함은 정의로써 군대를 움직여서 사람들의 마음을 얻는 것을 상징하고, '감'의 험난함은 군대가 흉하고 전쟁이 위태롭기 때문에 험난함을 상징한다. 합쳐서 말하면, 군대를 일으키고 많은 사람들을 움직이는 것은 반드시 천하에 해독을 끼치지만, 군대를 순조롭게 움직여서 전쟁이 백성들의 고난을 제거해 주기 때문에 백성들은 환영하는 것이다. 호병문胡炳文(1250~1323)은 "독毒의 글자에서 왕의 군대가 부득이하여 군대를 쓰는 것을 볼 수 있다. 마치 독약으로 병을 치료하는 것과 같으니, 중병이나 심각한 증상이 아니면 경솔하게 쓰지 않는다"[107]라고 하였다.

「象」曰: 地中有水, 師. 君子以容民畜衆.(「대상」에서 말하기를, 땅속에 물이 있는 것이 사괘이다. 군자가 <사괘의 상을> 보고서 백성을 포용하

107) 『周易本義通釋』, 卷11, 「象上傳」. "毒之一字, 見得王者之師不得已而用之, 如毒葯之攻病, 非有沉痾堅症不輕用也."

고 대중을 기른다.)

사괘는 위가 곤坤으로 '곤'은 땅이고 아래가 감坎으로 '감'은 물이니, 땅속에 물이 있고 물이 땅속으로 모이는 상이다. 군자는 이 괘를 배워서 백성을 포용하고 대중을 기르는 도리를 알아야 한다. 고대에는 병농兵農이 일치하여 평소에는 쟁기를 잡는 농부이다가 전쟁이 일어나면 무기를 잡는 병사가 되기 때문에 백성을 포용하고 대중을 기르는 것이 군사를 연구하는 중요한 내용이 된다.

初六, 師出以律, 否臧凶.(초육은 군대를 출동시키는데 규율로써 하니 규율을 잃으면 흉하기 때문이다.

'율律'은 규율이다. '부否'는 '아니다'는 뜻이다. '부장否臧'은 불선不善이니 규율의 반대, 즉 규율을 잃은 것이다. 군대를 출동시켜 전쟁하는데 일단 시작하면 규율을 강조해야 한다. 이 점을 해내지 못하거나 이 점을 잘하지 못하면 결과는 반드시 흉하다. 초육은 음유하고 아래에 있어 "군대를 출동시키는데 규율로써 하는 것[師出以律]"을 쉽게 하지 못하기 때문에 효사에서는 "규율을 잃으면 흉하다[否臧凶]"라는 경계를 두었다. 어째서 "군대를 출동시키는데 규율로써 하는 것"을 길하다고 말하지 않고 "규율을 잃으면" 흉하다고 하였는가? 왜냐하면 "군대를 출동시키는데 규율로써 하는 것"은 다만 승리를 얻는 전제 조건이지 유일한 조건이 아니니, 이것에 근거하여 승부를 판단할 수 없기 때문에 '길하다'고 말하지 않았다. 그러나 군대를 출동시키는데 규율로써 하지 않으면 패전을 맛보는 것은 의심할 여지가 없이 확실하기 때문에 "규율을 잃으면 흉하다"라고 하였다.

「象」曰: 師出以律, 失律凶也.(「소상」에서 말하기를, 군대를 출동시키는데 규율로써 하니 규율을 잃으면 흉할 것이다.)

'실율失律'은 위에서 말한 '부장否臧'이다 "군대를 출동시키는데 규율로써 한다[師出以律]"라는 것은 군대를 쓰는 상도常道로서 반드시 이와 같아야 한다는 것이다. 이길지 질지 길한지 흉한지는 아직 단정하기 어렵다. 만약 규율을 잃으면 반드시 패배하기 때문에 '흉하다'라고 하였다.

九二, 在師中, 吉无咎, 王三錫命.(구이는 군대에서 중도를 얻어서 길하고 허물이 없으니 왕이 세 번이나 명을 내렸다.)

이 효에서는 '어떠해야 군대를 잘 통솔하는 장수가 될 수 있는지'를 말한 것이다. 사괘의 구이는 하괘의 가운데 있고 한 괘의 주효로 여러 음효가 돌아가는 곳이며, 또한 군주의 자리에 있는 육오와는 '정응'이다. 이것은 정치상의 군대를 통솔하는 장수와 매우 비슷하다. 군대를 통솔하는 장수는 군주의 위임을 받아 파견되어 밖에서 전쟁할 때 독단적인 권력을 가진다. '재사중在師中'의 '중中'자는 군대의 통솔자와 군주의 관계로 이해해야 한다. 통솔자가 밖에서 독단적으로 처리하지 않으면 군대를 거느려서 전쟁에서 승리할 수 없으나, 지나치게 독단적이면 아랫사람으로 해야 할 도리를 잃는다. 군대에서 독단적이고 중도中道를 얻기 때문에 길하고 허물이 없다. 길하고 허물이 없으면 반드시 성공하기 때문에 왕이 "세 번 내린 명령[三錫命]"을 받을 수 있다. 『주례周禮』에는 "첫 번째 명에는 작위를 받으며, 두 번째 명에는 의복을 받으며, 세 번째 명에는 마차를 받는다"라고 하였다. "세 번 명을 내렸다"는 것은 최고의 포상이다. 이 괘의 괘사에서 말한 "사는 바르고 장인이라야 길하고 허물이 없다[師, 貞, 丈人,

吉无咎]"라는 것과 이 효의 효사에서 말한 "군대에서 중도를 얻어서 길하고 허물이 없다[在師中, 吉无咎]"라는 사상은 일치한다.

「象」曰: 在師中吉, 承天寵也. 王三錫命, 懷萬邦也.(「소상」에서 말하기를, '군대에서 중도를 얻어서 길하다'는 것은 하늘의 총애를 받은 것이다. '왕이 세 번이나 명을 내렸다'는 것은 만방을 회유하는 것이다.)

「소상」에서는 한 걸음 더 깊이 들어가 괘사 속에 포함된 철학 사상과 정치사상을 미루어 밝혔다. 장수가 밖에서 군대를 통솔하여 "군대에서 중도를 얻어서 길할 수 있는 것[在師中吉]"은 그가 왕의 총애와 지지를 받기 때문이다. 왕의 총애와 지지를 받는 것은 구이가 "군대에서 중도를 얻어서 길할 수 있기" 때문이다. 왕은 어째서 "세 번이나 명을 내려[三錫命]" 전공을 얻은 장수에게 최고의 포상을 주는가? 공로를 크게 기뻐하는 것을 좋아하기 때문이 아니라 만방(萬邦)을 회유하고 천하에 인정仁政을 실행하기 위한 것이다. 이것은 괘사에서 말한 "사는 바르고 장인이라야 길하다[師, 貞, 丈人, 吉]"라는 사상과 부합한다. '사정師貞'은 군대의 출동이 정의로운 것을 말하고 '장인丈人'은 선택이 부합하는 것을 말한다. 즉 "군대에서 중도를 얻어서 길하고 허물이 없는" 통솔자이다.

六三, 師或輿尸, 凶.(육삼은 군대가 혹 여러 사람이 주장하면 흉할 것이다.)

육삼은 구이의 위에 있고 유효로 강효의 자리에 있어 '부중'하고 '부정'하다. 재주가 약하나 의지가 강한 사람이 군대에서 권력을 장악하여 일을 망치는 것과 매우 비슷하니, 지위를 뛰어넘어 대장이 군을 통솔하는 권한을 침입하여 일을 맡기는 것이 전일하지 못하고 실무에 대해 잘 알지 못하면서 아는 체하는 상황을 조성한다. 군대가 밖에서 전투할 때 일단 이러한 상황을 만나면 반드시 패배한다. 이 효의 "군대가 혹 여러 사람이 주장하면 흉하다[師或輿尸, 凶]"라는 것은 이러한 문제를 반영한 것이다. '여輿'는 많은 사람이고, '시尸'는 주장함이다. "군대가 혹 여러 사람이 주장한다"라는 것은 구이와 같이 대장에게 권력이나 위엄이 있는 것이 참으로 이상적이지만, 군대에서 "여러 사람이 주장하는" 상황이 발생하면, 즉 직권이 통일되지 않아 결과는 반드시 잘못된다.

「象」曰: 師或輿尸, 大无功也.(「소상」에서 말하기를, 군대가 혹 여러 사람이 주장하면 크게 공이 없을 것이다.)

"군대가 혹 여러 사람이 주장하면" 반드시 크게 공로가 없음을 초래한다. 이것은 전쟁 중에 나타날 수 있는 가장 나쁜 상황이다.

六四, 師左次无咎.(육사는 군대가 후퇴하여 머무르니 허물이 없다.)

이 효에서는 실제로 작전지휘상의 융통성을 강조하였다. 고대 병가에서는 오른쪽을 숭상하여 오른쪽을 앞으로 하고 왼쪽을 뒤로 하였다. 『좌전左傳』에 근거하면, 군대가 하루 묵는 것을 사舍라고 하였고, 다시 묵는 것을 신信이라고 하였으며, 신信을 지나는 것을 차次라고 하였다. '좌차左次'는 군대가 후퇴하여 주둔하는 것이다. 육사는 유효로써 음의 자리에 있어 스스로 단시간에 앞으로 나아가서 승리할 힘이 없다는 것을 알고, 이에 때에 따라 적당히 처리하여 어려움을 알고 물러난다. 자기의 실력을 보존할 수 있을 뿐만 아니라, 또한 변화를 조용히 살펴서 기회를 엿보아 진격할 수 있다. 이렇게 하면 잠시 공로가 없는 것 같지만 결국에는 원망과 허물이 없으며, 또한 수시로 후퇴하는 것에서 진격하는 것으로 바뀌어 승리를 쟁취할 수 있다.

「象」曰: 左次无咎, 未失常也.(「소상」에서 말하기를, '후퇴하여 머무르니 허물이 없다'는 것은 아직 상도를 잃지 않는 것이다.)

보통의 상황에서 말하면, 군대가 출동하는 목적은 적을 쳐부수거나 소멸시키는 것이니, 적을 소멸시키고자 하면 반드시 진격해야 한다. 그러나 특정의 상황에서 진격이 불리할 때는 물러나는 책략을 취해야 한다. 대장이 적시에 임기응변을 잘하는 것은 하나의 원칙에 구애받지 않아 상도를 잃는 것 같지만 실제로는 상도를 잃지 않는다. 왜냐하면 전쟁을 지휘할 때는 본래 융통성이 있고 다변해야 하기 때문이다.

六五, 田有禽, 利執言, 无咎. 長子帥師, 弟子輿尸, 貞凶.(육오는 밭에 짐승이 있으면 잡는 것이 이로우니 허물이 없다. 장자가 군대를 거느렸으나 제자들이 여럿이 주장하면 바르더라도 흉할 것이다.)

육오는 음유하고 군주의 자리에 있으며 구이와 '정응'하니 군대를 일으키고 군사를 쓰는 주체이다. 그것은 주로 두 가지를 결정한다. 하나는 군대를 출동시키는 것이 명분이 있는지 명분이 없는지, 정의로운지 정의롭지 않은지이다. 다른 하나는 어떠한 사람을 선택하여 통솔하는지이다. 이것은 전쟁에서 가장 중요하고 가장 기본적인 두 조건이다. 이 괘의 괘사와 구이의 효사에서 말한 것은 모두 이러한 문제이다. 지금 육오의 효사에서도 이 문제를 말하였다. 『역』의 작가가 군사 문제에 대해 이미 상당히 깊은 수준에 도달하였음을 알 수 있다. '금禽'은 짐승이다. '언言'은 허사이다. "밭에 짐승이 있다[田有禽]"라는 것은 짐승이 밭에 들어가서 농작물을 해치는 것이다. "잡는 것이 이로우니 허물이 없다[利執言, 无咎]"라는 것은 밭에 들어간 짐승을 잡는 것은 마땅하고 필요하며 잘못이 없다는 것이다. 비유하면 적이 우리의 영토를 침범하면 일어나서 싸우지 않을 수 없으니, 군대를 출동시키는 것이 명분이 있고 의리가 있으며 이치에 마땅하다는 것이다. "장자가 군대를 거느렸으나 제자들이 여럿이 주장하면 바르더라도 흉하다[長子帥師, 弟子輿尸, 貞凶]"라는 구절에서 '장자'는 괘 가운데 구이를 가리키고 '제자'는 육삼과 육사를 가리킨다. 육오는 왕이나 제후로서, 덕과 재주가 무리를 통솔할 수 있는 사람을 위임하면 군대를 통솔하여 출정할 수 있으나, 또한 낮은 재주를 가진 소인을 파견하여 군대 일에 참여시키면 군대의 출동이 정의로울지라도 패망을 면치 못한다.

「象」曰: 長子帥師, 以中行也. 弟子輿尸, 使不當也.(「소상」에서 말하기를, '장자가 군대를 거느린다'는 것은 중도로써 행한 것이다. '제자들이 여럿이 주장한다'는 것은 부림이 마땅하지 않는 것이다.)

'장자長子'는 구이를 가리킨다. 구이는 양강으로 '중'에 있고 '중도'로 군대를 부리니 지휘를 잘하는 자이다. 육오가 군주로서 구이를 시켜 통솔하도록 임명한 것은 옳다. 이미 '장자'를 써서 군대를 통솔하고 또한 '제자'인 육삼을 임용하여 '장자'의 권력을 분산시키지만, 책임은 육오에 있으니 육오의 사람 씀이 마땅하지 않다.

上六, 大君有命, 開國承家, 小人勿用.(상육은 대군이 명을 내려 제후를 봉하고 경대부를 삼을 적에 소인은 쓰지 말아야 한다.)

이 효의 효사는 바로 전체 괘에서 말한 것이니 이 효의 효상爻象과는 무관하다. '대군大君'은 육오를 가리키고, 상육은 명을 받들어 관직의 지위를 낮추거나 올리는 일을 담당한다. "제후를 봉하고 경대부를 삼을 적에 소인은 쓰지 말라[開國承家, 小人勿用]"라는 것은 마땅히 "대군이 명을 내린[大君有命]" 내용이다. 전쟁에 승리하여 공을 논하고 상을 줄 때에 공이 큰 자는 나라에 봉하여 제후로 삼았고 공이 작은 자는 가업을 이어 경대부로 삼았다. 엄격한 등급의 차별을 나타낸 것이다. 공을 논하고 상을 줄 때는 '중'을 지켜야 하고 "소인을 쓰지 말아야 하는" 원칙을 관철해야 한다. 실제로 사괘는 처음부터 끝까지 줄곧 군자를 쓰고 소인을 쓰지 말 것을 강조하였다. 큰 공이 이루어져 벼슬로 공신에게 상을 줄 때는 더욱 신중하고 조심해서 소인들이 국정에 참여하는 기회를 주어서는 안 된다.

「象」曰: 大君有命, 以正功也. 小人勿用, 必亂邦也.(「소상」에서 말하기를, '대군이 명을 내린다'는 것은 공을 바르게 하는 것이다. '소인을 쓰지 말라'는 것은 반드시 나라를 어지럽히기 때문이다.)

"공을 바르게 한다[正功]"는 것은 상과 공에 해당하는 말이다. 공이 크면 큰 상을 주고, 공이 작으면 작은 상을 주며, 공이 없으면 상을 주지 않는다. 사괘는 처음부터 소인을 쓰지 말 것을 강조하였다. 소인이 전공을 세우더라도 일정한 포상은 주어야 하지만, 절대로 소인에게 "제후를 봉하고 경대부를 삼는[開國承家]", 즉 권력을 장악하는 기회를 얻게 해서는 안 된다. 그러면 반드시 국가가 망하고 집안이 기울어져서 결과가 상상조차 할 수 없게 된다.

총론

사괘는 전쟁의 이론을 말한 것이다. 고대의 전쟁에 관한 몇 가지 중요한 문제를 인식할 수 있고 그것들이 모두 깊이 있게 논술되었다. 예를 들어 "군대는 발라야 한다[師貞]"거나 "밭에 짐승이 있다[田有禽]"라는 것은 전쟁의 정의로움을 말하였고, "장인丈人"이나 "장자가 군대를 거느린다[長子帥師]"라는 것은 군대의 통솔자를 선택하는 중요성을 말하였으며, "군대를 출동시키는데 규율로써 한다[師出以律]"라는 것은 규율을 잃는 엄중성을 말하였고, "제자들이 여럿이 주장하면 바르더라도 흉하다[弟子輿尸, 貞凶]"라는 것은 지휘권이 집중되지 않는 위험성을 말하였으며, "군대가 후퇴하여 머무르니 허물이 없다[師左次, 无咎]"거나 "군대에서 중도를 얻어서 길하다[在師中, 吉]"라는 것은 장수가 전쟁을 지휘하는 데 융통성이 있어야 한다는 것을 말하였다. 이 밖에도 사괘에서는 처음부터 끝까지 모두 하나의 원칙, 즉 군자를 쓰고 소인을 쓰지 말 것을 강조하였다.

8
비괘(比卦)

䷇ 곤하감상 坤下坎上

비比 자는 『설문』에서 "가깝다"[108]로 해석하였으며, 단옥재段玉裁의 주석에는 '비' 자의 본뜻이 "서로 친밀하다"[109]라고 하였다. 『주역』의 정전程傳에는 "비는 친히 돕는 것이다"[110]라고 해석하였다. 오늘날 언어로 말하면, 비괘의 의미가 주로 말한 것은 사람 간의 관계이다. 그러나 옛사람들은 사람과 사람 간의 관계에서 중요하고 기본적인 것이 경제 관계, 즉 인간들의 생산 활동 속에서 형성된 관계임을 알지 못하였기 때문에 『역』의 비괘에서 말하는 사람 간의 관계는 정치 관계만을 말하였으며, 정치 관계 속에서도 통치와 피통치, 상하上下, 존비尊卑의 관계에 치중하여 말하였다.

괘상에서 보면, 비괘는 사괘와 매우 상반된다. 사괘(䷆)는 위가 곤坤이고 아래가 감坎으로 물이 땅속에 있어서 백성을 포용하고 대중을 기르는 상이다. 비괘(䷇)는 위가 '감'이고 아래가 '곤'으로 물이 땅 위에 있어 틈

108) 『說文』, 「比」. "密也."
109) 『說文』, 「比」, 段玉裁注. "相親密也."
110) 『周易』, 「比卦」, 程傳. "比, 親輔也."

이 없이 친하고 가까운 상이다. 때문에 이 괘를 비괘라고 하였다. 비괘는 어째서 사괘 뒤에 배열하였는가? 「서괘전」에는 "무리에는 반드시 친한 바가 있기 때문에 비괘로써 받았다"[111]라고 하였다.

比, 吉. 原筮元永貞, 无咎. 不寧方來, 後夫凶.(비는 길하다. 다시 점쳐서 원·영·정하여야 허물이 없다. 따르지 않던 제후가 바야흐로 오니 뒤에 오는 자는 흉할 것이다.)

「잡괘전」에는 "비괘는 즐겁고 사괘는 걱정스럽다"[112]라고 말하였다. 비괘에서는 사람과 사람 간에 어떻게 서로 친할 수 있는지를 말하였다. 옛사람들이 보기에는 천하의 길함이 비괘보다 길할 수 없기 때문에 비괘에서는 곧장 길함을 말하여 비괘의 어떤 한 효가 길한 것이 아니라 전체 괘가 모두 길한 것으로 보았다. "다시 점쳐서 원·영·정하여야 허물이 없다[原筮元永貞, 无咎]"라는 구절에서 원原은 다시이다. "다시 점친다[原筮]"라는 것은 비괘가 재삼 자세히 살피고 고찰해야 하는 뜻을 말하였다. 64괘에서 비괘와 몽괘에서만 '서筮'를 말하였다. 몽괘에서는 '초서初筮'를 강조하였는데, 왜냐하면 몽매한 자가 스승을 구하는데 중요한 것은 정성을 다하는 데 있고 두 번 세 번 하면 정성을 다하지 않게 되기 때문이다. 비괘에서는 '원서原筮', 즉 다시 점치는 것을 강조하였다. 왜냐하면 남과 친하거나 남에 의해 친해지기를 구하는데 중요한 것은 신중히 살피는 데 있으니, 처음에는 점치고 두 번 세 번 하지 않는 것은 신중히 살피기 위한 것이기 때문이다. "처음에만 점치든[初筮]" "다시 점치든[原筮]" 모두 비유

---

111) 『周易』, 「序卦傳」. "衆必有所比, 故受之以比."
112) 『周易』, 「雜卦傳」. "比樂師憂."

일 뿐이다. 스승을 구하는데 정성을 다해야 하고 남과 친해지는데 신중히 살펴야 할 것을 설명한 것이지 시초점과 거북점을 실제로 쓰는 것이 아니다. 비괘에서 말한 신중히 살피는 것은 두 방면을 포함한다. 하나는 윗사람이 아랫사람을 가까이하는 것이니, 예컨대 최고 통치자인 천자가 천하의 사람들에게 모두 와서 자기를 친히 도와주기를 구하는 것이다. 다른 하나는 아랫사람이 윗사람을 따르는 것이니, 예컨대 제후의 여러 나라와 많은 사람들이 천자를 친히 돕는 것이다. 어떤 방면이든, 모두 '원·영·정' 한지를 신중히 고려해야 한다. 원元은 선이고, 영永은 영원함이며, 정貞은 바른 것이다. 다만 '원·영·정' 셋에 부합해야 비로소 친합에 허물이 없을 수 있다.

'불녕방래不寧方來' 에서의 '불녕방' 에 대한 옛사람들의 이해가 대부분 잘못되었다. 『주례』「고공기考工記·재인梓人」에는 "너는 순순히 따르지 않는 제후가 되지 마라. 왕의 처소에서 조회하지 않기 때문에 대항하여 너를 죽일 것이다"[113]라고 하였다. 손이량孫詒讓(1848~1908)의 『주역정의周禮正義』에는 "불녕후不寧侯는 순순히 따르지 않는 제후를 말한다. 『역』의 비괘 괘사에서 말한 '불녕방래不寧方來' 도 뜻이 이와 같다. …… 또한 '왕의 처소에서 조회하지 않는다' 는 것은 왕의 처소에서 명을 따르지 않는다는 말과 같다. '왕소王所' 는 왕이 거처하는 곳을 말하니 왕도王都나 순수巡狩를 통틀어 조회하는 곳을 말한 것이다. 속屬은 조회하는 것과 같다"[114]라고 하였다. 손이량의 해석은 정확하여 따를 만하다. '불녕방不寧方' 은 바로 '불녕후不寧侯' 이고, '불녕후' 는 바로 왕의 처소에서 조회하지

113) 『周禮』, 「考工記·梓人」. "毋或若女不寧侯, 不屬于王所, 故抗而射女."

114) 孫詒讓, 『周易正義』, 中華書局, 1987. "不寧侯謂不安順之諸侯. 易比卦辭云不寧方來, 義與此同. …… 不屬于王所猶言不順命于王所也. 王所謂王所居之處, 通王都及巡守朝會之地言之. 屬猶朝會也."

않거나 순순히 따르지 않는 제후이다. '불녕방래不寧方來'는 왕에게 조회하지 않거나 순순히 따르지 않던 제후가 지금은 왕의 처소에 와서 조회하고 또한 순순히 따르니, 천자가 이미 '원·영·정'한 데 이르렀음을 설명한 것이다. '후부흉後夫凶'에서의 '부夫'는 강하고 자립적인 사람으로 유약한 자의 반대이다. 천하의 제후국들이 모두 앞을 다투어 왕을 친히 돕지만 여전히 소수의 몇몇 사람은 뒤에 남아 있고 왕의 처소에 조회하러 오지 않으니, 이러한 사람에 대해 말하면 결과는 확실히 좋지 않다.

「彖」曰: 比吉也. 比輔也. 下順從也. 原筮元永貞无咎, 以剛中也. 不寧方來, 上下應也. 後夫凶, 其道窮也.(「단전」에서 말하기를, 비는 길하다. 비는 돕는 것이다. 아래가 순순히 따르는 것이다. '다시 점쳐서 원·영·정하면 허물이 없다'는 것은 강중하기 때문이다. '따르지 않던 제후가 바야흐로 온다'는 것은 위아래가 응하기 때문이다. '뒤에 오는 자는 흉하다'는 것은 그 도가 곤궁한 것이다.)

주희의 『주역본의』에는 '비길야比吉也' 세 글자를 불필요한 말이라고 의심하였는데 따를 만하다. '비보야 하순종比輔也, 下順從也'에서의 '하순종야下順從也'는 '비보야比輔也'를 해석한 것이다. '비比'는 '보輔'자로 말해야 한다. '보'는 수레 양 옆의 나무이다. '보'와 수레는 반드시 서로 친밀하여 분리될 수 없다. 괘의 자리에서 보면, "아래가 순순히 따르는 것이다[下順從]." "아래가 순순히 따른다"는 것은 아래의 네 음효가 위에 있는 구오와 친한 것을 가리킨다. 구오는 수레를 상징하고 네 음효는 수레의 보를 상징한다. 『주역』의 내괘와 외괘는 대부분 음양의 '정응' 관계를 취한다. 두 효가 가깝게 의지하여 서로 얻는 것을 '비比'라고 부르지만, 가깝게 의지하는 두 효도 서로 얻지 못하는 것이 있다. 서로 얻지 못하면

'비'가 되지 않는다. 비괘는 특수하여 비괘의 여러 효들은 내외의 응應과 불응不應을 막론하고, 구오 아래의 네 음효는 모두 구오와 친하다. 64괘 가운데 하나의 양효와 다섯 음효로 이루어진 괘가 여섯이 있는데, 비괘만 하나의 양효가 군주의 자리인 구오에 있어 아래의 네 음효가 모두 와서 구오에 순종한다.

"다시 점쳐서 원·영·정하여야 허물이 없다는 것은 강중하기 때문이다[原筮元永貞无咎, 以剛中也]"라는 구절에서, 괘사에서 말한 "다시 점쳐서 원·영·정하여야 허물이 없다"라는 것은 일반적으로 전체 괘를 가리켜서 말한 것이다. 그러나 비괘의 주효는 구오이다. 어떻게 말하든 '원서원영정原筮元永貞'은 결국 구오의 머리 위로 떨어져야 한다. 즉 구오는 높은 자리에 있으니 구오가 신중히 고려하여 '원·영·정'해야 비로소 천하 사람들이 와서 구오와 친할 수 있다. 여러 음효는 천하 사람들을 대표하니 와서 친한지 친하지 않는지 여부는 구오가 '원서원영정'했는지 하지 못했는지를 보아야 한다. 「단전」에서는 '원서원영정'이 바로 구오를 말한 것임을 명확히 지적하였다. 구오가 확실히 "다시 점쳐서 원·영·정하여야 허물이 없을" 수 있는 것은 바로 구오가 양강陽剛하고 또한 '중'에 있으며 '정'을 얻어서 강중剛中한 덕을 가지고 있고 때문이다. 그렇지만 비괘의 구오만이 이와 같고 다른 괘의 구오는 다르다.

"따르지 않던 제후가 바야흐로 온다는 것은 위아래가 응하기 때문이다[不寧方來, 上下應也]"라는 구절에서, 원래는 순순히 따르지 않아 조회하러 오지 않던 여러 나라의 제후였으나 지금은 귀순해 와서 친하니 이것은 무엇 때문인가? "위아래가 응하기 때문이다." 『역』에서 '응'자는 대체로 상괘와 하괘의 강유 두 효가 서로 응하는 것을 말한다. 여기서의 '응'자는 상육을 포함하여 안에 있는 다섯 음효가 구오에 응하는 것이니 다른 괘와는 다르다. 때문에 "위아래가 응하기 때문이다"라고 하였다. 모든 음효가 구오인 하나의 양효에 응하니, 즉 천하의 많은 사람들이 모두 와서 천자와 친하면 "따르지 않던 제후[不寧方]"도 자연히 오게 된다는 것이다.

"뒤에 오는 자는 흉하다는 것은 그 도가 곤궁한 것이다[後夫凶, 其道窮也]"라는 구절에서 '후부後夫'는 괘 가운데 상육을 가리켜서 말한 것이다. 상육은 마땅히 와서 친해야 하고 와서 친할 의향도 있지만, 도리어 꾸물대면서 행동을 보이지 않는 사람을 대표한다. 이러한 사람은 대체大體를 인식하지 못하니 자연히 좋은 결과가 있을 수 없다. '기도궁其道窮'의 뜻은 그 결과가 반드시 곤궁하여 몹시 나쁘다는 것을 말한다.

「象」曰: 地上有水, 比. 先王以建萬國, 親諸侯.(「대상」에서 말하기를, 땅 위에 물이 있는 것이 비괘이다. 선왕이 <비괘의 상을> 보고서 만국을 세우고 제후들을 친애한다.)

괘상에서 보면, 곤坤이 아래에 있고 감坎이 위에 있어 땅 위에 물이 있고 물과 땅이 화합하여 분리될 수 없는 친밀한 상이기 때문에 비괘라고 하였다. 선왕은 비괘의 상을 보고서 만국萬國을 세우고 제후들을 친애한다. 비괘의 "만국을 세우고 제후들을 친애한다[立萬國, 親諸侯]"는 것은 둔괘屯卦의 "군주를 세우는 것이 이롭다[利建侯]"는 것과 다르다. "군주를 세우는 것이 이롭다"고 말한 것은 촌락이나 제후국 내부에서 자기들이 뽑아 세운 추장 혹은 군주이다. 비괘에서 "만국을 세우고 제후들을 친애한다"고 말한 것은 바로 천자가 여러 제후국을 봉하여 세우고, 또한 봉하여 세운 제후를 통하여 천하 사람들을 친애하는 것이다. 이 괘의 「대상」과 「단전」에서 말한 것은 또한 구분된다. 「단전」에서 말한 것은 괘 가운데 다섯 음효가 주동하여 하나의 양효와 친하게 지내는 것이고, 「대상」에서 말한 것은 괘 가운데 하나의 양효가 주동하여 다섯 음효와 친하게 지내는 것이다.

初六, 有孚, 比之, 无咎. 有孚, 盈缶, 終來有它吉.(초육은 진실함을 가지고 친해야 허물이 없다. 진실함을 가지는 것이 질그릇에 가득 차듯이 하면 끝내는 다른 길함이 있을 것이다.)

'부孚'는 믿음이 마음속에 있는 것이다. '부缶'는 질박하고 무늬가 없는 그릇이다. 초육은 비괘의 처음이다. 남과 처음 친하게 지내는 데 중요한 것은 속마음이 진실하여 남의 신뢰를 얻는 것이다. 이와 같을 수 있으면 남과 친하게 지내거나 혹은 남에 의해 친해지는 데 반드시 막힘이 없이 순조로울 것이다. 만약 진실이 안에 충만하여 물건이 가득 찬 질그릇처럼 안으로 충실하고 밖으로 꾸밈이 없어서 가득 찬 것이 모두 진실한 정도에 이를 수 있으면, 허물이 없을 뿐만 아니라 결국에는 다른 길함을 얻을 수 있다. 즉 얻은 것이 본래 자기가 얻어야 할 것이 아니거나 얻을 것을 기대하지도 않은 것이라는 말이다. 이것은 괘상에서도 이해할 수 있다. 초육은 구오와 응하지 않고 또한 구오와의 거리가 가장 멀지만, 내면이 진실하고 믿음이 있기 때문에 구오와 친해질 것을 구하면 결국에는 반드시 다른 길함이 있다는 것이다. 대과괘大過卦의 구사와 중부괘中孚卦 초구의 효사에서도 모두 '유타有它'를 말하였는데, 그것들은 다른 데로 향하는 마음이 있음을 경계하였으나 비괘 초육의 '유타'는 그것에 다른 지극한 길함이 있음을 칭찬하였다.

「象」曰: 比之初六. 有它吉也.(「소상」에서 말하기를, 비괘의 초육은 다른 길함이 있을 것이다.)

「소상」에서는 '비지초육比之初六' 네 글자로 모든 효사를 포괄하였으니 함축된 뜻이 깊다. 특히 '초육初六' 앞에 '비比' 자를 둔 것에서 더욱 뜻이 온전해지는 것을 볼 수 있다. 그것은 세 가지 점을 강조하였다. 첫째 비괘의 핵심은 처음에 있으며, 둘째 처음의 관건은 진실한 데 있으며, 셋째 처음이 진실하면 결국 다른 길함을 얻을 수 있으니, 만약 진실함이 처음에 일어나지 않으면 다른 길함은 말할 수 없다는 것이다.

六二, 比之自內, 貞吉.(육이는 안으로 친하니 올바름을 지키면 길하다.)

『역』에 내괘와 외괘의 구분이 있는 것은 여기에서 처음으로 보인다. 육이는 음효로 음의 자리에 있고 '중'에 있으며 또한 '정'을 얻어 구오와 '정응'이 된다. 둘은 중정中正의 도로서 서로 친함이니 자연히 보통의 친함이 아니다. 괘상에서 보면, 육이는 내괘에서 외괘인 구오와 친하기 때문에 "안으로 친하다[比之自內]"라고 하였다. '정정貞吉'의 뜻은 길한 것과 길하지 않는 것에 조건이 있다는 말이다. 이 조건은 바로 바른 것과 바르지 않는 것이다. 바르면 길하고 바르지 않으면 길하지 않다. 정貞은 바른 것이다. 남과 친하고 올바른 도를 굳게 지키면 반드시 길함을 얻는다.

「象」曰: 比之自內, 不自失也.(「소상」에서 말하기를, '안으로 친하다'는 것은 스스로 잃지 않는 것이다.)

「소상」에서는 육이가 내괘에서 외괘인 구오와 서로 친하지만 친한지 친하지 않는지, 언제 친한지, 어떻게 친한지를 결정할 때에 중요한 문제는 육이 자신이 분수를 파악하여 스스로 잃는 상태에 이르지 않도록 하는 것이라고 보았다. 고대사회의 실제 상황에서 말하면, 선비는 몸을 닦고 자신을 바르게 하여 남이 구해 주기를 기다려야지 뜻을 굽히고 몸을 욕되게 하여 조급하게 친해지기를 구해서는 안 된다. 역사상의 이윤伊尹·여상呂尙·제갈량諸葛亮의 행위는 대체로 이러한 요구에 부합한다. 이러한 사상은 공자의 "써 주면 나아가서 도를 행하고 써 주지 않으면 숨는다"[115]라는 말의 또 다른 표현이다.

六三, 比之匪人.(육삼은 친하나 바른 사람이 아니다.)

『역』에서 '비인匪人'이라는 말은 여기에서 처음으로 출현한다. '비인'은 바른 사람이 아닌 것이다. 이러한 인물은 그 종류가 한결같지 않지만, 사악함이 그 공통된 본성으로서 옛날부터 지금까지 때와 곳을 막론하고 있지 않은 적이 없었다. 문제는 '내'가 그와 가까운지 가깝지 않은지에 있다. 만약 '내'가 그와 가까우면 '나'는 반드시 '비인'과 같은 부류이다. 효사에서 흉이나 허물을 말하지 않는 것은 사악한 사람과 친하면 흉이나 허물을 말하지 않더라도 흉이나 허물이 저절로 분명하기 때문이다. 구오는 중정中正하고 군주의 자리에 있어 비괘의 주효이니, 여러 효들은 모두 구오와 친해야 비로소 사람을 얻는다. 초육은 괘의 처음에 있어 구오와 서로 친할 수 있다. 육이는 구오와 '정응'하니 구오와 서로 친할 수 있다. 육사는 구오를 받드니 또한 구오와 서로 친할 수 있다. 오직 육삼 한 효는 자신이 음유(陰柔)하여 '부중'하고 '부정'하여 구오와 친할 수 없다. 육삼은 상육과 응하니 상육과 친할 수 있으나, 상육은 "친함에 처음이 좋지 않기[比之无首]" 때문에 "친하나 바른 사람이 아니다[比之匪人]"라고 하였다.

115) 『論語』, 「述而」. "用之則行, 舍之則藏."

「象」曰: 比之匪人, 不亦傷乎.(「소상」에서 말하기를, '친하나 바른 사람이 아니다'는 것은 또한 다칠 수 있지 않겠는가.)

육삼은 음유하여 '부중'하고 '부정'하여 바른 사람은 그와 친하지 않고 그와 친한 자는 사악한 사람이니, 그 결과가 다칠 수 있고 슬퍼할 수 있다. 다칠 수 있고 슬퍼할 수 있다고 말하면, 후회나 허물은 자연히 말할 필요가 없는 것이다.

六四, 外比之, 貞吉.(육사는 밖으로 친함이니 올바름을 지키면 길하다.)

육사는 초육과 '정응'하지 않고 가까운 외괘인 구오와 친하다. 육이는 안으로 친하고 육사는 밖으로 친하다. 두 효는 모두 유효로 유효의 자리에 있기 때문에 "올바름을 지키면 길하다[貞吉]." 육사의 '정길貞吉'에는 또 다른 뜻이 있다. 즉 육사가 음유하고 '중'에 있지 않으나 강명剛明하고 중정中正한 구오와 친할 수 있는 것은 '정'을 얻었기 때문이니 '정'을 얻어서 길하다. 이것은 효의 자리에서 본 것이다. 만약 의미상에서 보면, 육사가 구오와 친한 것은 현자賢者와 친하고 윗사람을 따르는 것이니, 현자와 친하고 윗사람을 따르는 것은 반드시 바른 도로써 해야 비로소 길함을 얻을 수 있다.

「象」曰: 外比於賢, 以從上也.(「소상」에서 말하기를, '밖으로 현자와 친하다'는 것은 윗사람을 따르는 것이다.)

'현자[賢]'와 '윗사람[上]'은 모두 구오를 가리킨다. 구오는 강명하고 중정한 덕을 가지고 있기 때문에 '현자'라고 하였다. 구오는 높은 자리에 있기 때문에 '윗사람'이라고 하였다. 육사가 밖으로 구오와 친한 것은 '현자'와 친하고 또한 '윗사람'을 따르기 때문에 길하다.

九五, 顯比, 王用三驅失前禽, 邑人不誡, 吉.(구오는 친애함을 드러내니 왕이 삼면에서 몰아감에 앞에 있는 짐승을 놓아주고 읍인도 경계하지 않으니 길하다.)

구오는 군주의 자리에 처하여 '중'에 있고 '정'을 얻어 여러 음효들이 모두 와서 구오와 친하기를 구하니 군주가 온 천하의 사람들을 친애하는 것과 같다. 군주가 천하의 사람들을 친애하는 데 취하는 방법은 "친애함을 드러내는[顯比]" 것이다. '현顯'은 묻히는 것의 반대이다. "친애함을 드러낸다"는 것은 더할 수 없는 친애함이고 이상적인 친애함이다. 그것은 불공정하지 않고 치우치지 않으며 광명정대하다. "삼면에서 몰아감에 앞에 있는 짐승을 놓아주고 읍인도 경계하지 않는다[三驅失前禽, 邑人不誡]"라는 것은 일종의 비유로서, "친애함을 드러내는" 구체적인 뜻을 나타낸다. '왕용삼구실전금王用三驅失前禽'은 고대에 사냥할 때 일정 범위를 그어 놓고 한 방면은 깃발을 세워 문을 만들고 나머지 세 방면은 풀을 베어 길게 둘러싼다. 사냥하는 자가 문에서 몰아가서 짐승이 사냥하는 자 쪽으로 향하여 문으로 달아나면 달아나는 것은 놓아주고 죽이지 않는다. 짐승은 사냥하는 자를 등지고 안으로 도망가는데, 물론 도망치지 않는 것은 모두 사살되거나 포획된다. "삼면에서 몰아감에 앞에 있는 짐승을 놓아준다"라는 것으로 비유하여, 왕이 천하 사람들을 친애하여 오는 자를 막지 않고 가는 자를 쫓지 않으며 억지로 찾지도 않고 숨기지도 않아 모두 자연함에 따르는 태도를 설명하였다. '읍인불계邑人不誡'에서의 '읍邑'은 읍에 사는 것으로, 왕의 도성이나 제후의 나라 안이다. '읍인'은 왕 주변의 사람이다. '불계不誡'는 서로 경계하지 않는 것이다. 왕은 '읍인'이 가까이 하지 않기 때문에 그들에게 간곡히 타일러 와서 자기와 친해지도록 하는 것이다. 뜻은 왕이 천하의 사람들을 친애하는데 누구나 차별 없이 대하여 원근遠近·내외內外·친소親疎의 구별이 없음을 말한 것이다.

「象」曰: 顯比之吉, 位正中也. 舍逆取順, 失前禽也. 邑人不誡, 上使中也.(「소상」에서 말하기를, '친애함을 드러내니 길하다'는 것은 자리가 중정하기 때문이다. '거역하는 자를 버리고 순종하는 자를 취한다'는 것은 앞에 있는 짐승을 놓아주는 것이다. '읍인이 경계하지 않는다'는 것은 윗사람의 부림이 중도에 맞기 때문이다.)

"친애함을 드러내는 것[顯比]"이 길함을 얻을 수 있는 것은 구오가 '중'에 처하고 '정'을 얻었기 때문이다. 구오가 '중'에 처하고 '정'을 얻어 어느 한쪽으로 치우치지 않아 소수 사람들과 단결할 뿐만이 아니라 절대 다수의 사람들과 폭넓게 단결할 수 있다. "앞에 있는 짐승을 놓아준다[失前禽]"는 것은 사냥할 때에 일부 짐승이 문으로 달아나는 것을 허용하는 것이다. 효사에서 이 구절을 말한 것은 무슨 뜻인가? "거역하는 자를 버리고 순종하는 자를 취한다[舍逆取順]"라는 것은 왕이 천하의 사람들을 친애하는 데 그 자연함에 따라오는 자를 돌보고 가는 자를 쫓지 않는다는 것이다. 괘효에서 보면, "앞에 있는 짐승을 놓아준다"는 것은 상육을 잃는 것을 말한다. 상육은 음효로써 양효를 타서 거역하고 구오와 친해지러 오지 않아 구오가 버리니, 이것이 바로 "거역하는 자를 버린다[舍逆]"는 것이다. 네 음효가 음효로써 양효를 받들고 순종하여 모두 구오와 친해지러 와서 구오가 돌보니, 이것이 바로 "순종하는 자를 취한다[取順]"는 것이다. "읍인이 경계하지 않는다[邑人不誡]"라는 말은 "윗사람의 부림이 중도에 맞다[上使中]"는 것을 설명한 것이다. '상上'은 구오를 말한다. '사使'는 부림이다. '중中'은 공평하고 치우치지 않아 멀고 가까움이 한결같은 것이다. 왕이 천하의 사람들을 친애하는 것은 가깝다고 친하지 않고 멀다고 소원하지 않으며, 일체의 사람을 다루는 태도가 모두 같고 중도를 굳게 지켜 어느 한쪽으로 치우치지 않는다.

上六, 比之无首, 凶.(상육은 친함에 처음이 좋지 않으니 흉하다.)

상육은 음효로써 괘의 끝에 있어 여러 효들이 상육과 친해지러 오지 않고, 상육도 구오와 친하지 않기 때문에 흉하다. '무수无首'는 처음이 좋지 않아 문제가 있다는 말이다. 상육은 괘의 끝에 있으니, "친함에 끝이 좋지 않다"라고 해야 하지만 여기서는 어째서 "친함에 처음이 좋지 않다"라고 하였는가? 왜냐하면 옛사람들은 친해지는 이러한 일에 처음이 있어야 하고, 처음이 좋지 않아 문제가 있으면 반드시 끝이 좋지 않게 된다고 보았기 때문이다. "끝이 좋지 않다[无終]"는 것은 결과가 좋지 않다는 말이지 결과가 없다는 말이 아니다. "끝이 좋지 않는 것"은 "처음이 좋지 않는 것"에 근원한다. 곧바로 "끝이 좋지 않다"고 말하기보다는 차라리 철저히 규명하여 "처음이 좋지 않다"고 말하는 것이 나은 것이다.

「象」曰: 比之无首, 无所終也.(「소상」에서 말하기를, '친함에 처음이 좋지 않다'는 것은 끝이 좋지 않다는 것이다.)

효사에서는 "친함에 처음이 좋지 않다"라고 하였고, 「소상」에서는 상육에서 말한 "친함에 처음이 좋지 않다"는 실질을 드러내어 참으로 "처음이 좋지 않다"는 것을 말한 것이 아니라 "끝이 좋지 않다[无終]"는 것을 말하였다. "처음이 좋지 않은지 좋은지"의 문제는 초효의 일로 본래 상효와는 관계가 없으나, 「소상」에서 보여 주지 않으면 사람들이 상육이 참으로 비괘의 처음과 직접 관계가 있다고 오해할 수 있기 때문이다. 여기에서 「소상」의 이 점은 친해지는 일에서 처음을 매우 중시하는 사상을 분명히 나타내었다.

● 총론

비괘는 고대 통치 계급이 어떻게 피통치 계급을 친애할 것인지의 문제를 말하였다. 옛사람들은 국가를 다스리고 천하를 평정하는 데 은덕과 위엄을 겸비할 것을 강조하였으니, 즉 무력으로 정복하는 방법과 정치적으로 위로하는 방법이다. 사괘에서 말한 것은 무력으로 정복하는 것이고, 비괘에서 말한 것은 정치적으로 위로하는 것이다. 괘에서 말하면, 하나의 양효와 다섯 개의 음효로 이루어졌으며 양효인 구오가 괘의 주효이다. 구오는 '중'에 있고 '정'을 얻어 다섯 효가 모두 자발적으로 구오를 따른다. 『역』에서 여섯 효는 '정응'을 중시하니 '정응'하면 길하다. 그러나 비괘는 특수하여 비괘의 여러 효는 '정응'이든 아니든 상관없이 오로지 구오와 친하면 길하다. 구오는 양강으로 '중'에 있고 '정'을 얻어 통치자를 상징한다. 통치자가 피통치자를 친애하고 상급자가 하급자를 친애하는 데 일정한 원칙과 방법이 있어야 한다. 『역경』에서는 통치자가 천하의 국가와 친하고자 할 때 가장 중요한 것이 자신을 수양하여 원元·영永·정貞 세 가지 조건을 갖출 것을 매우 강조하였다. 초육은 친해지는 일이 처음에 있으니, 처음 친할 때 중요한 것은 속마음을 진실히 하는 데 있다고 경고하였다. 육이는 아랫사람이 윗사람과 친하니, 바른 도를 굳게 지키고 절대로 뜻을 굽히거나 몸을 욕되게 하여 조급하게 구해서는 안 된다는 것을 제기하였다. 육삼은 사악한 사람이 서로 친해지는 문제를 제기하였다. 육사는 육이와 뜻이 대체로 같다. 구오는 비괘의 주효로, 말한 것이 괘사와 같다. 즉 통치자가 천하 국가의 사람들을 친애함에 광명정대光明正大하고 포용력을 크게 하여 오는 자를 막지 않고, 가는 자를 좇지 않으며, 어느 한 쪽으로 치우치지 않고, 친하거나 소원함이 한결같아 가능한 많은 사람들을 친애할 것을 요구하였다. 상육은 친애하는 도리의 중요성이 처음에 있음을 거듭 말하였으니, 처음이 바르지 못하면 끝에는 반드시 흉함이 있다.

9
소축괘(小畜卦)

☴ 건하손상 乾下巽上

「서괘전」에는 "친하면 반드시 쌓이는 것이 있기 때문에 소축괘로 받았다"[116]라고 하였다. 사람과 사람 사이에는 친한 관계가 발생한 뒤에는 반드시 쌓이는 관계가 발생한다. 때문에 『역』에서는 비괘 뒤에 소축괘로 받았다. 괘와 괘 사이의 필연 관계를 강조하는 것은 『역전』 작가의 변증법 사상을 반영하는 것으로, 그는 64괘의 배열이 결코 우연적인 것이 아니라고 보았다. 모든 괘가 어떤 위치를 차지하는 것에는 그 내재적 원인이 있다. '축畜'은 취聚 자로 말해야 하고 또한 지止 자로 말해야 한다. 실제로 소축괘에는 '취'와 '지' 두 가지 뜻이 동시에 존재한다. 괘체에서 보면, 소축괘는 손巽이 위에 있고 건乾이 아래에 있다. '건'은 강양剛陽하여 위에 있는 물건이나 지금은 '손'의 아래에 있어 '손'에 의해 저지되기 때문에 '축'이라고 하였다. 또한 무엇 때문에 '소축'이라 부르는가? 두 가지 뜻이 있다. 하나는 작은 것으로써 큰 것을 저지하니, 전체 괘는 하나의 음효와 다섯 양효로 이루어졌으며 육사는 하나의 음효로 음의 자리에 있어서

116) 『周易』, 「序卦傳」. "比必有小畜, 故受之以小畜."

'정'을 얻어 위아래 다섯 양효가 모두 육사와 응한다. 『역』에서는 양을 크다고 하고 음을 작다고 한다. 여기서는 하나의 음효가 다섯 양효를 저지하기 때문에 소축괘라고 하였다. 또는 '손'의 유순함으로 '건'의 강건함을 저지하는 것은 유순한 '작은' 방법을 쓴 것이지 강력한 '큰' 방법을 쓴 것이 아니다. 이 때문에 이 괘를 소축괘라고 부르는 또 하나의 이유이다. 이미 소축괘가 음으로 양을 저지하는 데 취한 것이 음유하고 유순한 방법이라면, 저지하는 것은 반드시 느린 과정이니 조건을 만들 시간을 가지고 힘을 쌓아야 하고 조급하게 이루어서는 안 된다. 다시 말하면 소축괘는 수괘(䷄)와 비슷한 곳이 있다. 수괘는 수須, 즉 기다리는 것이고 소축괘에도 쌓고 기다리는 뜻이 있다. 둘은 세 양효가 아래에서 함께 나아가는데 육사인 하나의 유순한 음효가 홀로 그 길을 막으니, 힘에서 말하면 육사에서 일어나는 작용이나 이를 수 있는 저지의 정도에는 확실히 한계가 있기 때문에 소축괘라고 하였다.

小畜, 亨. 密雲不雨, 自我西郊.(소축은 형통하다. 구름이 빽빽하나 비가 내리지 않는 것은 우리 서쪽 교외로부터 왔기 때문이다.)

"소축은 형통하다[小畜, 亨]"는 것은 저지하는 것이 작아서 또한 반드시 형통함이 있다는 것이다. 소축은 일부 작은 잘못을 저지하거나 작은 문제를 해결할 수 있다. 잠시 목적에 이르지 못하더라도 결국에는 목적에 도달할 수 있다. 두 삼획괘에서 보면, 강건하면서 유순할 수 있어 과격하지도 않고 지나치지도 않아 비록 잠시 통하지 못하더라도 결국에는 반드시 형통하다. 여섯 효에서 보면, 구이와 구오는 모두 강건함으로 '중'에 있고 마음과 덕이 같아 그 뜻은 반드시 행하고, 반드시 행하면 반드시 통한다. '밀운불우 자아서교密雲不雨, 自我西郊'는 옛사람들의 해석이 분분하나 대부분 적중하지 못하였다. 실제로 이 두 구절의 말은 비유를 든 것에 불과하니, 많은 사공司空들이 흔히 보이는 날씨 현상으로 소축괘의 기본 사상을 비유하였다. 소축의 때에 신하가 군주의 잘못에 대하거나 하급 관원이 상급 관원의 문제에 대해 적당한 방법으로 비판하고 간언하여 최종적으로 확실히 목적에 도달하면 비는 결국 내릴 것이다. 그러나 지금은 적당하지 않으니, 지금은 육사의 한 음효가 아직 세 양효의 감응을 얻지 못하여 하급 관원의 의견이 아직 상급 관원의 이해나 동의를 얻지 못하였다. 이것은 검은 비구름이 빽빽이 들어찼으나 유감스럽게도 "우리 서쪽 교외로부터 와서[自我西郊]" 비가 한나절도 내리지 않는 것과 같다. "구름이 빽빽한데" 어째서 "비가 내리지 않는가?" "우리 서쪽 교외로부터 왔기" 때문이다. '자아서교自我西郊'는 구름이 바람에 의해 서쪽에서 불어오는 것이다. 속어에서 말한 "구름이 동쪽으로 가면 수레와 말이 왕래하고, 구름이 서쪽으로 가면 비옷을 입는다"는 것은 서풍이 부는 날씨에는 비가 내리기 어렵다는 말이다.

「彖」曰: 小畜, 柔得位而上下應之曰小畜. 健而巽, 剛中而志行, 乃亨. 密雲不雨, 尙往也. 自我西郊, 施未行也.(「단전」에서 말하기를, 소축은 유가 자리를 얻고 상하가 응하므로 소축이라 하였다. 강건하고 유순하며 강중하여 뜻이 행해지니 마침내 형통하다. '구름이 빽빽하나 비가 내리지 않는다'는 것은 여전히 올라가기 때문이다. '우리 서쪽 교외로부터 왔다'는 것은 베풂이 아직 행해지지 않는 것이다.)

"소축은 유가 자리를 얻고 상하가 응하므로 소축이라 하였다[小畜, 柔得位而上下應之曰小畜]"라는 구절은 전체 괘가 괘를 이루는 뜻을 해석한 것이다. "유가 자리를 얻었다"는 것은 육사가 자리를 얻은 것을 가리킨다. 육사는 음효로 음의 자리에 있고 또한 상괘에 있기 때문에 "유가 자리를 얻었다"라고 하였다. 이 괘는 단지 육사 하나의 음효가 있고 위아래에 있는 다섯 양효가 모두 와서 육사에 응하니, 육사는 하나의 음효로 다섯 양효를 저지하니 반드시 마음은 있으나 힘이 모자라서 작게 저지할 수 있기 때문에 소축괘라고 하였다. "강건하고 공손하며 강중하여 뜻이 행해지니 마침내 형통하다[健而巽, 剛中而志行, 乃亨]"라는 구절도 괘체에서 본 것이지만 관점이 바뀌었다. 위에서 말한 "유가 자리를 얻어" 음효가 양효를 저지하는 것은 괘를 이루는 뜻의 관점에서 출발한 것이다. 여기에서 "상건하고 공손하다"는 것을 말하여 "강중하여 뜻이 행해진다"는 것을 강조한 것은 괘의 재질, 즉 작용에서 말한 것이다. 내괘는 건乾이니 '건'은 강건함[健]이다. 외괘는 손巽이니 '손'은 유순함[順]이다. '건이손乾而巽'이나 '건이순健而順'이라 말하지 않고 '건이손健而巽'이라 말한 것은 호문互文[117]의 방법을 쓴 것이다. 강건하고 유순할 수 있는 것은 소축괘가 결국 형통할 수 있는 하나의 근거이다. 소축괘가 형통할 있는 또 다른 근거는 "강중하여 뜻이 행해지기" 때문이다. 구이와 구오는 강건함으로 '중'에 있고 모두 양의 성질이니, 그 본성에서 말하면 그것들은 앞으로 나아가야 한다. 또한 건괘는 아래에 있으나 반드시 위로 가려는 뜻이 있다. 구이와 구오는 강중剛中하여 반드시 앞으로 나아가고, 건괘가 아래에 있으나 위로 가려는 뜻이 있기 때문에 저지하는 것이 비록 적으나 형통할 수 있다.

"구름이 빽빽하나 비가 내리지 않는 것은 여전히 올라가기 때문이다[密雲不雨, 尙往也]"라는 구절의 요지는 음이 양을 저지하는, 즉 육사인 하

117) 호문(互文): 두 개 이상의 문장이나 글귀에서 양쪽의 설명이 서로 상통하여 뜻이 잘 통하도록 하는 서술법이다.(역자 주)

나의 음효가 다른 다섯 양효를 저지하는 것이다. 그러나 저지하는 것은 하나의 음양이 투쟁하는 과정이지 단번에 이룰 수 있는 것이 아니다. 『역경』의 작가는 "구름이 빽빽하나 비가 내리지 않는 것은 우리 서쪽 교외로부터 왔기 때문이다"라는 기상 현상으로 소축괘에서 음효가 양효를 저지하는 이러한 투쟁의 형세를 비유하였다. 육사가 하괘의 세 양효를 저지하는 것은 비록 유순함으로 하지만 결국에는 투쟁이 격렬해지고 어려워진다. 투쟁의 결과는 아직 분명하지 않으나, 투쟁의 한쪽인 세 양효가 여전히 계속 앞으로 가고 있어 음효가 양효를 저지하는 임무를 완성하지 못하는 것이 "구름이 빽빽하나 비가 내리지 않는 것"과 같다.

"우리 서쪽 교외로부터 왔다는 것은 베풂이 아직 행해지지 않은 것이다[自我西郊, 施未行也]"라는 구절에서 "베풂이 아직 행해지지 않은 것"은 투쟁의 주요한 한쪽인 육사의 작용이 아직 충분하게 발휘되지 못한 것을 말한다. 이것은 '양강'이 저지되지 않는 근본적 원인으로, 하늘에 먹구름이 잔뜩 끼었으나 비가 내리지 않는 것이 서풍이 정면에서 불기 때문인 것과 같다.

「象」曰: 風行天上, 小畜. 君子以懿文德.(「대상」에서 말하기를, 바람이 하늘 위에서 행하는 것이 소축괘이다. 군자는 <소축괘의 상을> 보고서 문덕을 아름답게 한다.)

건乾은 하늘이고 강건함이며, 손巽은 바람이고 유순함이다. '손'이 유순함으로 할 수 있는 일을 하여 '건'의 강건함을 저지할 수 있으나, 오래도록 견고할 수 없기 때문에 소축괘라고 하였다. 군자는 소축괘의 의미를 보고 "문덕을 아름답게[懿文德]" 해야 한다. '의懿'는 아름다움이다. '문덕文德'은 도덕과 서로 상대하여 말한 것이니, 즉 의용儀容·기개氣概·언어言語 · 수사修辭 따위이다. "문덕을 아름답게 한다"는 것은 작은 행실에도 반드시 신중함이 있으니 홀로 그 몸을 착하게 한다는 뜻이다.

初九, 復自道, 何其咎, 吉.(초구는 도에서 돌아오니 무슨 허물이 있겠는가. 길하다.)

'복復'의 뜻은 본래의 자리로 돌아오는, 즉 원래 어떤 곳에 있다가 지금 다시 어떤 곳으로 돌아오는 것이다. 소축괘의 괘 뜻은 음효로 양효를 저지하는 것이나, 효의 뜻은 정반대로 양효가 음효의 저지를 받지 않는 것이다. 초구는 양효로 양의 자리에 있고 자리가 가장 아래에 있어 음에 의해 저지되지만, 지금은 조급히 돌진하는 것이 마땅하지 않다는 것을 스스로 알고 이에 아래에 엎드려 있으니 본래의 자리로 돌아온 것이다. 초구가 이와 같이 신중히 일을 처리하니 어디에 다시 무슨 잘못이 있을 수 있겠는가? 잘못이 없으면 길하다.

「象」曰: 復自道, 其義吉也.(「소상」에서 말하기를, '도에서 돌아온다'는 것은 그 뜻이 길한 것이다.)

초구는 육사와 '정응'하니 저지하는 때에 초구는 양강의 재질로써 앞으로 나아가서 육사의 저지를 받아들여야 비로소 길하다. 지금 초구가 몸을 돌이켜서 자리로 돌아와 자신을 지키니 또한 길하다. 이러한 길함은 마땅하든 마땅하지 않든 이치에 근거하여 판단하기 때문에 "그 뜻이 길하다[其義吉也]"라고 하였다.

九二, 牽復, 吉.(구이는 연루되어 돌아오니 길하다.)

'견牽' 자는 옛사람들이 연루되거나 혹은 '억지로' 라고 해석하였는데, 실제로 두 의미에는 심한 차이가 없으며 모두 피동의 뜻이 있다. 구이의 '돌아옴' 은 자각적으로 스스로 원해서 돌아오는 것이 아니라 피동적으로 억지로 연루되어 돌아오는 것이다. 구이가 타는 초구는 음에 의해 저지되어 이미 스스로 돌아온 것이다. 구이는 양효로 음의 자리에 있으며 아래에 있으면서 '중' 을 얻고 또한 위로 응함이 없기 때문에 초구와 연루되어 돌아와 아래에 있으니, 이것은 당연히 길한 것이다.

「象」曰: 牽復在中, 亦不自失也.(「소상」에서 말하기를, 연루되어 돌아오는 것이 중에 있으니 또한 자신을 잃지 않는다.)

구이는 '중' 에 있어 중도中道를 잃지 않아 비록 양강의 본성이 있어 무리하게 나아가더라도 결국 지나치게 강한 데 이르지 않으며, 또한 초구와 구삼 두 효와 몸과 덕이 같은 데 속하기 때문에 타고[乘] 받드는[承] 두 효와 연루되어 돌아올 수 있다. 상황이 대체로 같아서 초구가 길하면 구이도 마땅히 길하기 때문에 "또한 자신을 잃지 않는다[亦不自失也]" 라고 하였다.

九三, 輿說輻, 夫妻反目.(구삼은 수레에 당토가 빠지며 부부간에 반목한다.)

'여輿' 는 수레이다. '설說' 은 탈脫과 같다. '복輻' 은 마땅히 복輹[118]이 되어야 한다. 대축괘와 대장괘에서는 '복輹' 이라고 하였다. 『경전석문經典

118) 복(輹)은 수레 밑에 장치하여 수레와 굴대를 연결하여 고정시키는 나무.(역자 주)

釋文』[119]에도 '복輹'이라 하였다. '복輻'은 지금의 말로 수레의 바퀴살이다. '복輹'은 수레와 굴대를 연결하는 것이다. 수레는 바퀴살이 빠져서는 안 된다. 바퀴살이 빠지면 바퀴가 부서지고 바퀴통이 깨져서 완전히 망가져서 사용할 수 없다. 그러나 수레에서 당토當兎[120]가 빠지는 것은 보통 있는 일이다. 당토가 빠지면 굴대가 돌아가지 않아 수레가 멈추고 움직이지 않는다. "부부간에 반목한다[夫妻反目]"는 것은 오늘날의 언어로 말하면 부부 관계가 깨지는 것에 불과하다. 옛사람들은 부부 관계 속에 존비尊卑 관계의 변화가 있다고 생각하였다. 부인이 남편의 제약을 받는 것은 정상적인 일이니 '반목'이라 하지 않는다. 만약 존비 관계가 전도되어 부인이 오히려 남편을 제약하면 "부부간에 반목하는 것"이 된다.

"수레에 당토가 빠진다"거나 "부부간에 반목한다"는 것은 일종의 좋지 않은 결과를 비유하였다. 이러한 좋지 않은 결과는 완전히 구삼 자신이 만든 것이다. 구삼은 양효로 양의 자리에 있고 중강重剛하나 '부중'하여 구삼이 스스로 움직임을 제지할 수 없다. 비록 육사가 앞에서 육삼을 저지하여도 저지되지 않으며, 결과 "수레에 당토가 빠지는" 상황이 되어 더 이상 앞으로 나아가지 못한다. 구삼에도 하나의 약점이 있다. 구삼은 양효로써 육사와 매우 가까워서 음양이 서로 기뻐하는 관계를 이루나, 자신은 지나치게 강하고 '부중'하여 양효로써 음효를 제지할 수 없을 뿐만 아

---

119) 중국의 文字音義書. 육덕명(陸德明, 약 550~630)이 583년 완성하였다. 『周易』·『尙書』·『毛詩』·『周禮』·『儀禮』·『禮記』·『春秋左氏傳』·『春秋公羊傳』·『春秋穀梁傳』·『孝經』·『論語』·『老子』·『爾雅』 등 14종의 경전과 그 표준적 주석의 문자를 뽑아서 반절(反切)로 발음을 나타내고 문자의 뜻을 기록하였으며, 당시 있었던 각종 주석서가 그 문자의 모양·음·뜻이 다를 때에는 하나하나 그것을 주기하였다. 후세에 잃어버린 주석서가 많이 인용되고 있으며, 권1 서문에 각 경전에 대해 주석의 역사를 자세히 기술하고 있어 중국 고전학의 귀중한 자료로 사용되고 있다.(역자 주)

120) 당토(當兎): 굴대의 중앙에 있어서 차체와 굴대를 연결하는 물건.(역자 주)

니라 도리어 음효에게 제지되어 "부부간에 반목하는" 결과를 조성한다. 결론적으로 구삼의 처지가 매우 나쁘니, 그야말로 나아가려 해도 나아갈 수 없고 물러나려 해도 물러날 수 없는 진퇴양난이다.

「象」曰: 夫妻反目, 不能正室也.(「소상」에서 말하기를, '부부간에 반목한다'는 것은 집안을 바르게 할 수 없기 때문이다.)

'실室'은 집안이다. 군자는 마땅히 수신修身·제가齊家·치국治國·평천하平天下하는 인품·능력·포부를 지녀야 하지만, 구삼은 결국 그 부인을 저지할 수 없고 도리어 부인에 의해 저지되는 처지가 되니, 구삼이 그 몸을 바르게 할 수 없음을 설명한 것이다. 그 몸을 바르게 할 수 없고 그 집안을 바르게 할 수 없으면 당연히 제가·치국·평천하의 큰 사업을 이룰 수 없다.

六四, 有孚, 血去惕出, 无咎.(육사는 진실한 마음이 있으면 상해를 입지 않고 두려움에서 벗어나니 허물이 없을 것이다.)

육사는 괘의 주효로, 효사의 뜻이 괘사와 일치한다. '유부有孚'는 속마음이 진실한 것이다. '혈血'은 전투로 인해 피를 흘리고 상해傷害를 입는 것이다. '척惕'은 두려워함이다. 육사는 군주와 가까운 자리에 있고 음효로써 양효를 저지하고 작은 것으로써 큰 것을 포용하여 반드시 걱정과 두려움이 있다. 육사가 상해를 면하고 두려움에서 벗어날 수 있는 유일한 방법은 '유부有孚', 즉 진실한 마음으로 상대방을 감동시켜 상대방의 신임과 이해를 얻는 것이다. 그 속의 관건은 구오의 신임·이해·협조를 얻는 것이다. 『역경』의 작가는 이것이 음효가 양효를 저지하며, 작은 것이 큰 것을 저지하며, 아랫사람이 윗사람을 저지하며, 신하가 군주를 저지하는 하나의 원칙이라고 생각하였다. 가령 육사가 강한 힘으로 구오를 저지하고 여러 강효를 대적하면 반드시 상해를 입고 일은 성공하지 못하는데, 이것이 육사 '유부'의 필요성이다. 육사는 음효로 음의 자리에 있고 유순함으로 자리를 얻어 본성이 조급하지 않는데, 이것이 육사 '유부'의 가능성이다.

「象」曰: 有孚惕出, 上合志也.(「소상」에서 말하기를, '진실한 마음이 있으면 두려움에서 벗어난다'는 것은 위와 뜻이 합하기 때문이다.)

"두려움에서 벗어난다[惕出]"라고 말하면 상해를 입지 않는다는 것을 알 수 있으니, 이것은 가벼운 것을 들어서 무거운 것을 포용하는 필법이다. 두려움조차도 제거되니 피를 흘리고 상해를 입는 일은 더 이상 있을 수 없다. '상上'은 구오를 말한다. 육사가 구오를 저지하고, 음효가 양효를 저지하고, 신하가 군주를 저지하니, 다만 육사 자신이 진실한 마음을 가졌어도 "상해를 입지 않고 두려움에서 벗어나는[血去惕出]" 효과를 거둘 수 없으면 구오도 진실한 마음을 가져야 한다. 즉 진정으로 육사를 신임하여 위아래 인식의 일치와 목표의 통일을 이루어야 한다. 실제로 구오가 이미 이 점에 이르렀기 때문에 육사는 "진실한 마음이 있으면 두려움에서 벗어날 수 있다." 효사에서는 육사의 관점에서 말하여 남을 저지하는 자는 진실한 마음을 가질 것을 강조하였다. 「소상」에서는 저지되는 한쪽에 착안하여 구오와 육사가 "뜻이 합하는 것[合志]"이 매우 중요한 관건임을 강조하였다.

九五, 有孚攣如, 富以其隣.(구오는 진실한 마음을 가지고 긴밀히 결합하여 부유함으로 그 이웃을 좌지우지한다.)

'연여攣如'는 긴밀하고 견고하게 결합한 것이다. 부富의 경우, 『역』에서는 양을 실하고 부유한 것으로 보고, 음을 허하고 부유하지 않는 것으로 본다. '이以'는 『춘추』의 "아무개 군대를 좌지우지한다[以某師]"는 '이以'와 같으니, 좌지우지할 수 있고 부릴 수 있다는 뜻이다. '유부연여有孚攣如'는 구오의 '유부'와 육사의 '유부'가 서로 관련되고 서로 호응하여 긴밀히 결합하는 것이다. 육사의 '유부'는 정성과 믿음을 쌓아서 구오를 저지하고, 구오도 정성을 다하여 육사를 기다려서 저지를 받아들인다. 위아래가 서로 진실한 마음을 가진 이후에 소축괘의 도가 성공한다. '부이기린富以其隣'에서의 '부富'는 양효인 구오 자신을 말하고, '린隣'은 육사를 가리켜서 말한 것이다. 구오와 육사는 가깝기 때문에 '이웃[隣]'이라고 하였다. 구오는 양효이고 또한 진실한 마음을 가지고 있으니, 구오는 완전히 육사의 운명을 좌지우지할 수 있다. 결론적으로 이 효에서 강조하는 것은, 소축괘의 때에 육사가 구오를 저지하여 성공할 수 있는지는 구오의 수양·포부·태도가 어떠한지가 결정적인 의미를 갖는다는 것이다.

「象」曰: 有孚攣如, 不獨富也.(「소상」에서 말하기를, '진실한 마음을 가지고 긴밀히 결합한다'는 것은 홀로 부유하지 않기 때문이다.)

구오가 "진실한 마음을 가지고 긴밀히 결합하여[有孚攣如]" 육사와 긴밀히 협력하는 것은 주로 구오가 홀로 부유하지 않기 때문이다. 『역』에서는 음효를 허하고 부유하지 않는 것으로 보고, 양효를 실하고 부유한 것으로 본다. "홀로 부유하지 않다[不獨富]"라는 것에는 두 가지 의미가 있다. 하나는 구오와 육사가 한결같은 정성으로 서로 결합하여 긴밀하고 견고히 하는 것이고, 다른 하나는 구오가 스스로 육사의 저지를 받아들일 뿐만 아니라 또한 육사가 아래 양효를 저지하는 데 협조할 수 있다는 것이다.

上九, 旣雨旣處, 尙德載, 婦貞厲, 月幾望, 君子征凶.(상구는 이미 비가 내리고 이미 그침은 덕이 누적된 것이니 부인이 바르게 지키지만 위태롭다. 달이 아직 가득 차지 않았으니 군자가 움직이면 흉하다.)

'재載'는 누적이다. '월기망月幾望'은 달이 장차 가득 찰 것이지만 아직 가득 차지 않은 때이다. '정征'은 움직임이다. 소축괘가 시작할 때는 "구름이 빽빽하여도 비가 내리지 않았으나" 지금은 이미 내렸으며, 앞에서는 "양강의 덕이 쌓여 여전히 올라갔지만" 지금은 이미 극점에 도달하여 더 이상 올라가지 못한다. 소축괘의 때에 기본적인 모순, 즉 음효가 양효를 저지하는 문제가 이미 최종적으로 해결되었다. 옛날의 모순이 해결되면 새로운 모순이 다시 발생한다. "덕이 누적되었다[尙德載]"는 것은 음효가 양효를 저지하는 것이 이미 성공하여 육사의 음유하고 유순한 덕이 계속하여 쌓이고 발전하는 것을 말한다. '부婦'는 음효로서 육사를 가리킨다. 육사는 유순함을 바르게 하여 지키기를 게을리하지 않지만, 결과는 반드시 위태롭다. 달이 장차 가득 차서 태양에 대적하는 것과 같다. 음양이 화합하는 것에서 음양이 대적하는 것으로 바뀐 것이다. 이러한 상황에서 양, 즉 군자의 어떠한 신중하지 않은 행동은 모두 재앙을 초래할 수 있다.

「象」曰: 旣雨旣處, 德積載也. 君子征凶, 有所疑也.(「소상」에서 말하기를, '이미 비가 내리고 이미 그쳤다'는 것은 덕이 누적된 것이다. '군자가 움직이면 흉하다'는 것은 대적하는 바가 있기 때문이다.)

여기서의 '의疑'는 의심으로 해석해서는 안 된다. 애매모호하다는 뜻이어야 한다. 즉 음이 발전하여 양과 힘이 서로 맞먹는 정도에 이르면 어느 것이 음인지 어느 것이 양인지를 분간하지 못한다는 것이다. 곤괘 상육의 "음이 양에 대적하면 반드시 싸운다[陰疑於陽必戰]"는 것이 이 뜻과 같다. 비가 이미 내려서 양이 또한 나아가지 않으며 음효로써 양효를 저지하여 성공을 얻으니, 이것은 "덕이 누적된[德積載]" 결과이지 하루아침이나 하룻저녁의 일이 아니다. 이것은 육사가 음유하고 유순함을 굳게 지켜서 장기적으로 누적된 것이다. 이때 모순된 성질이 전환되어 양효가 음효에게 제지를 받기 시작하면 마음대로 행동할 수 없고 행동하면 반드시 흉하다. 이것은 무엇 때문인가? "대적하는 바가 있기[有所疑]" 때문이다. 음이 이미 장대하고 심지어 주도권을 장악하여 양과 맞설 만한 상대가 되었기 때문이다.

● 총론

소축괘가 말하는 '음이 양을 저지하는 것'에서 '음이 양을 대적하는 데' 이르는 발전 과정은 확실히 『주역』 작가의 모순 전환에 대한 탁월한 사상을 나타내었다. 소축괘의 때는 음과 양의 투쟁이 충만해 있다. 음이 양을 저지하나 양이 저지되지 않고, 저지되지 않아 이로움을 잃다가 이어서 다시 저지되어 끝까지 발전하니, 음이 약한 것에서 강한 것으로 바뀌어 양과 대적하는 데 이른다. 이때 소축괘의 모순이 끝나고 새로운 모순이 시작된다. 괘의 뜻에서 보면, "구름이 빽빽하나 비가 내리지 않는 것

[密雲不雨]"은 음이 양을 저지하는 것으로, 음과 양의 투쟁은 하나의 긴 과정이다. 효의 뜻에서 보면, 초구와 구이는 조심하고 신중하게 본래의 자리를 굳게 지키며, 구삼은 지나치게 강하고 '부중'하여 육사에 의해 저지되며, 육사와 구오는 서로 진실한 마음을 가지고 있어서 음양이 화합하며, 구오와 육사는 화해와 통일에 이른다. 그러나 화해와 통일은 상대적이고 일시적이며, 상구에 이르러 "이미 비가 내리고 이미 그쳐서[旣雨旣處]" 음과 양의 관계에 변화가 발생하여 음이 양에 대적하고 양이 음에게 저지되어 새로운 모순이 시작된다.

10
리괘(履卦)

☱ 태하건상 兌下乾上

‘리履’ 자의 의미는 무엇인가? 「잡괘전」에는 “리는 머물지 않는다”[121]라고 하였으니, 머물지 않으면 움직이고 나아간다. 또한 『설문』에는 “예는 행하는 것이다. 때문에 신을 섬겨서 복을 이루는 것이다”[122]라고 하였다. ‘리’는 곧 예이니, 당시 사회에서 사람들이 입신처세立身處世하는 준칙이었다. 이와 같이 말하면 ‘리’의 의미에는 두 방면이 있다. 밖으로 나타나는 것에서 보면 ‘리’는 실천이고 행동이며, 안으로 함유하는 것에서 보면 ‘리’는 예로서 사람들이 실천하고 행동하는 데 반드시 지켜야 하는 준칙이다. 리괘가 중시하는 것은 후자의 의미이니 예의 문제이다. 그러나 예는 매우 복잡한 것으로, 즉 경례經禮 3백 가지와 곡례曲禮 3천 가지로 복잡하고 설이 많아 다 하기가 어렵다. 리괘는 바로 예의 쓰임과 조화를 중시하는 핵심적인 문제를 잡아 세밀히 분석하여 중점을 밝혔다. 리괘는 사람이 천지간에 처하여 다만 유순하고 기뻐하며 자신을 낮추어 겸손함으로

121) 『周易』, 「雜卦傳」. “履不處也.”

122) 『說文』. “禮, 履也. 所以事神致福也.”

자처할 수 있으면 건너지 못할 위험이 없으니, 비록 호랑이의 꼬리를 밟더라도 무방하다고 보았다. 이러한 사상은 괘체에서도 볼 수 있다. 리괘는 태兌가 아래에 있고 건乾이 위에 있다. '태'는 유약하고 '건'은 강하며, '건'은 앞에 있고 '태'는 뒤에 있다. '건'이 앞에서 가고 '태'가 그 뒤를 밟으니 유약한 것이 강한 것을 밟는 상이다. 유약한 것으로 강한 것을 밟으면 강한 것이 더 맹렬해지지만 반드시 길들여진다. 유약함과 겸손함은 결국 유약한 자로 하여금 호랑이 꼬리를 밟더라도 허물이 없게 할 수 있으니, 천하에 무슨 난관이 있은들 극복할 수 없겠는가! 이러한 괘를 어째서 소축괘 다음에 배열하였는가? 「서괘전」에는 "물건이 쌓인 뒤에 예가 있기 때문에 리괘로 받았다"[123]라고 하였다. '리'는 곧 예이니, 예는 사물의 축적과 서로 연관되어 사물이 많으면 사람도 많아서 반드시 대소大小·존비尊卑·미악美惡의 차이가 발생하기 때문에 소축괘 뒤에 이어서 리괘를 말하였다.

履虎尾, 不咥人, 亨.(호랑이 꼬리를 밟더라도 사람을 물지 않으니 형통하다.)

괘사에서 "호랑이 꼬리를 밟는다[履虎尾]"라고 말을 하여 상을 취한 것은 매우 특이하다. 리괘에는 뒤를 밟아 따라가는 뜻이 있다. 호랑이의 꼬리를 밟고 길을 가는 것은 세상에서 가장 위험한 일이라고 말할 수 있지만, 호랑이는 당신을 물지 않고 당신을 보호하니 형통하고 무사하다. 괘사에서는 이것으로 사람들이 입신처세立身處世하는 데 예로써 행하며 기뻐하고 겸손함으로써 남을 대할 것을 강조하였으니, 즉 비록 가장 사나운

123) 『周易』, 「序卦傳」. "物畜然後有禮, 故受之以履."

호랑이를 만나더라도 걱정이 없을 것이다. 괘 가운데 "호랑이 꼬리를 밟는" 상이 있다. '건'의 강함이 앞에 있기 때문에 '호랑이'라고 하였고, '태'가 그 뒤를 밟기 때문에 "호랑이 꼬리를 밟는다"라고 하였다. 8괘 가운데 '태'는 지극히 약하고 '건'은 지극히 강건하다. 지극히 약한 것으로써 지극히 강건한 뒤를 밟으니 자연히 위기의 상이 있다. 괘 가운데는 또한 "사람을 물지 않는[不咥人]" 상이 있다. '태'는 기뻐하는 체이니, 기뻐함으로 '건'의 강함을 밟으면 물리지 않고 형통함에 이를 수 있다.

「彖」曰: 履, 柔履剛也. 說而應乎乾, 是以履虎尾, 不咥人, 亨. 剛中正, 履帝位而不疚, 光明也.(「단전」에서 말하기를, 리는 유가 강을 밟고 있는 것이다. 기뻐하면서 건을 공경하니 이 때문에 호랑이의 꼬리를 밟더라도 사람을 물지 않아 형통한 것이다. 강하고 중정함으로 제왕의 자리에 올라 흠이 없으면 광명하다.)

공자는 「단전」을 지어 괘사에서 말한 "호랑이 꼬리를 밟더라도 사람을 물지 않으니 형통하다[履虎尾, 不咥人, 亨]"라는 의미를 드러내어 두 가지 점을 매우 분명히 파악하였는데 해석이 핵심을 찔렀다. 공자는 리괘가 유약한 것이 강한 것을 밟는 것이지 강한 것이 유약한 것을 밟는 것이 아니라고 말하였다. 이 한 괘 속의 두 체는 위아래를 논하지 않고 바로 앞뒤를 논하였음을 볼 수 있다. 유약한 것이 강한 것을 밟는 것은 세상에서 가장 위험한 종류의 밟음이고 이러한 가장 위험한 밟음에서 해결의 방법을 찾았으니, 다른 각종 상황의 밟음은 논할 필요가 없다. 이것이 첫 번째 점이다. 두 번째 점에서는 "호랑이 꼬리를 밟더라도" 결국 "사람을 물지 않아 형통할 수 있는" 근거가 "기뻐하면서 건을 공경하기[說而應乎乾]" 때문이라고 지적하였다. 리괘는 '태'가 아래에 있고 '건'이 위에 있으며, '태'는 유약하고 '건'은 강하여 '태'가 유약함으로 '건'의 강함을 밟으니, 유일하게 행할 수 있는 방법은 '건'에 대하여 기뻐해야 하고 공경해야 하는 것이다. '열悅'은 기뻐함이고 '응應'은 공경함이니 둘은 하나라도 없어서는 안 되지만, 근본적인 태도는 '태'가 반드시 자신을 낮추어 겸손함으로 자처해야 한다. 진실로 이와 같을 수 있으면, 비록 강폭하여도 길들이기가 어렵지 않다. "기뻐하면서 건을 공경한다"는 것은 바로 '태'의 신묘한 작용이다.

이것은 유약함, 즉 '태'의 방면에서 말한 것이다. 강한 '건'의 방면에서는 어떻게 해야 하고 어떻게 할 수 있는지 괘사에서는 말하지 않았으나, 공자는 「단전」에서 필요한 것을 보충하여 해석하였다. 위의 글에서 말한 "기뻐하면서 건을 공경한다"라는 것은 괘의 두 체에서 말한 것이다. 여기서 말한 "강하고 중정하다[剛中正]"는 것은 바로 구오 한 효를 말한 것이다. 구오는 여기에서 삼획괘인 건괘를 대표한다. '유리강柔履剛'의 '강'은 상괘의 '건'을 가리켜서 말한 것이고, '강중정剛中正'의 '강'은 구오 한 효를 말한 것이다. 두 개의 '강'자는 서로 받든다. 구오의 '강'은 강할 뿐만 아니라 또한 '중'에 있고 '정'을 얻어 강하면서 '중정'하니 반드시 지나치게 강하지 않다. 지나치게 강하지 않으면 반드시 일을 처리하는데 치우치지 않고 척도를 파악하여 지나치거나 모자람이 없다. 인사人事로 미루어 가면, 강하면서 중정한 사람이 일단 제왕의 지위에 오르고 천하에 군림하면 반드시 "흠이 없다." "흠이 없다[不疚]"는 것은 지적할 티가 없고 잡을 약점이 없다는 말이다. '중정'하면 "흠이 없고" "흠이 없으면" 광명하다. 군주의 자리에 있으면서 광명해야 비로소 기뻐함이 비위를 맞추려고 아첨하는 웃음이 아니요 공경함이 남에게 비굴하게 알랑거림이 아니라는 것을 안다.

이처럼 「단전」에서는 괘사 속에 숨어 있는 깊은 사상을 찾아내었다. 리괘의 문제는 세간의 모든 문제와 마찬가지로 두 방면이 있으니, 기뻐하여 '건'을 공경하는 방면이 있고 또한 구오가 중정하고 흠이 없으며 광명한 방면이 있다. 두 방면은 서로 제약하면서 서로 관계한다. 이러한 변증법 사상은 『역경』 자체에 속할 뿐만 아니라 『역전』을 지은 공자에게도 속한다.

「象」曰: 上天下澤, 履. 君子以辯上下, 定民志.(「대상」에서 말하기를, 위에 하늘이 있고 아래에 못이 있는 것이 리괘이다. 군자가 <리괘의 상을> 보고서 상하를 분별하여 백성의 뜻을 안정시킨다.)

「대상」에서는 대체로 『역』을 정치상의 응용에서 말하였고, 또한 언제나 국가의 정치상의 큰일을 언급하였다. 리괘의 「대상」에서 말한 것은 등급 제도의 문제이다. 공자는 '예'를 중시하였으니, 예의 실질은 바로 등급 제도의 반영이다. 예는 거의 부부夫婦·부자父子의 존비尊卑·상하上下의 등급 관계와 동시적으로 부권제 시대에 발생하였으며, 이후에는 문명사회 등급 제도의 중요한 받침대가 되었다. 공자는 정치상에서 후자 편에서 보았기 때문에 예의 등급 제도에 대하여 특별히 흥미를 느꼈다.

위는 하늘이고 아래는 못이며 '건'은 하늘이고 '태'는 못으로, 하늘은 당연히 아주 높이 위에 있으니 지극히 높은 자리에 있고, 못은 당연히 아래에 있으니 지극히 낮은 자리에 있다. 지극히 높고 지극히 낮은 것을 들어서 그 사이의 일체 등급차별을 모두 포괄하였다. 존비·상하는 바로 등급차별이다. 등급차별을 반영한 것이 예이며, 예를 실행에 부친 것이 바로 리괘이다. 공자는 통치자가 리괘의 상을 보고 리괘를 배워서 그 가치가 "상하를 분별하여 백성의 뜻을 안정시키는 데[辨上下, 定民志]" 있다고 지적하였다. "상하를 분별한다"는 것은 존비·귀천의 한계를 엄격하고 분명하게 구분하여 뒤섞거나 뛰어넘지 않게 하는 것이다. "백성의 뜻을 안정시킨다"는 것은 백성들에게 사상이나 인식상에서 문제를 해결하게 하여 존귀한 자는 존귀한 데 처하고 비천한 자는 비천한 데 처하여 각자 자기의 지위를 지키고 각자 자기의 분수에 편안하도록 하는 것이다.

初九, 素履往, 无咎.(초구는 평소의 걸음으로 가면 허물이 없을 것이다.)

「잡괘전」에는 "리괘는 머물지 않는다"[124]라고 하였으니 리괘는 반드시 행동해야 한다. 구九는 양강陽剛이니 반드시 앞으로 나아가야 한다. 문제는 어떻게 행동하고 어떻게 앞으로 나아가는지에 있다. 리괘의 처음은 문을 나서는 첫걸음이나 한 사람이 세상일을 처음 겪으면서 막 인생의 첫길을 밟는 것과 같다. 이때는 마땅히 "평소의 걸음으로 가야[素履往]" 한다. '소素'는 질박하고 꾸밈이 없는 것으로 사물의 본질이나 본래 모습이다. "평소의 걸음으로 간다"는 것은 실제로 『중용』의 "군자는 그 지위에 따라 행한다"[125]라는 뜻과 같다. 사람들에게 자기의 분수를 지켜서 분수에 맞지 않는 이익을 탐하거나 분수에 맞지 않는 지위를 넘보지 않게 하여 가난한 자는 가난을 편안히 여기게 하고 부유한 자는 부유함을 즐기게 하는 것이다.

「象」曰: 素履之往, 獨行願也.(「소상」에서 말하기를, '평소의 걸음으로 간다'는 것은 오로지 원하는 것을 행하는 것이다.)

'독獨'은 오로지의 뜻이다. "평소의 걸음으로 가면 허물이 없다[素履往

124) 『周易』, 「雜卦傳」. "履, 不處也."
125) 『中庸』, 第14章. "君子素其位而行."

无咎]"라는 것은 실제로 "오로지 원하는 것을 행한다[獨行願]"라는 것이다. "오로지 원하는 것을 행한다"라는 것은 행동의 목적이 다만 자기가 원하던 처음 뜻을 실현하는 것일 뿐이지 상황이 바뀌거나 사물에 누가 되지 않는다는 말이다. 즉 『중용』에서 말한 "그 밖의 것을 원하지 않는다"[126]거나 『맹자』가 말한 대장부의 "부귀가 마음을 방탕하게 하지 못하며, 빈천이 절개를 옮겨 놓지 못하며, 위무가 지조를 굽히게 할 수 없다"[127]라는 뜻이 이와 같다.

九二, 履道坦坦, 幽人貞吉.(구이는 밟는 길이 평탄하니 유인이라야 바르고 길하다.)

"밟는 길이 평탄하다[履道坦坦]"는 것은 구이가 강효로써 '중'에 있으니 길을 밟아서 그 평탄함을 얻는 것이다. '유인幽人'은 다음 효인 '무인武人'과 상대된다. '무인'은 고집불통이고 제멋대로 행동하고 거들떠보지 않는 사람인데, '유인'은 고요하고 편안하게 살면서 세상과 다투지 않는 사람이다. 구이는 양효로 음의 자리에 있고 또한 '중'을 얻어서 처지가 매우 좋고 앞길이 평탄하다. 그러나 구이는 양강의 재질로 그 본성에 따라 매우 조급하게 서두를 수 있다. 이때는 오직 마음의 편안함을 굳게 지키고 나아가고 물러남에 여유가 있는 '유인'이라야 비로소 길함을 얻을 수 있다.

「象」曰: 幽人貞吉, 中不自亂也.(「소상」에서 말하기를, '유인이라야

126) 『中庸』, 第14章. "不願乎其外."

127) 『孟子』, 「滕文公(下)」. "富貴不能淫, 貧賤不能移, 威武不能屈."

바르고 길하다'는 것은 마음속에서 자신을 어지럽히지 않기 때문이다.)

공자는 '몸을 돌이켜 보아 자신을 닦을 것'을 강조하고 사람이 외부와의 관계를 잘 처리하는 결정적 요인이 자신의 수양에 있다고 생각하였다. 어째서 "유인이 바르면[幽人貞]" 길함을 얻을 수 있는가? 원인은 신명神明이 부여되거나 운명이 결정되거나 처지가 유리한 데 있지 않고 자신의 주관적 노력 때문이다. '중中'은 중심이고 내심의 세계이다. '유인'이 길함을 얻는 것은 '유인'이 내심의 편안하고 고요함을 굳게 지키며 화려하고 성대하여도 그 지조를 어지럽히지 않을 수 있기 때문이다. 스스로 어지럽히지 않아 외부의 누구도 자신을 어지럽히지 못한다는 것이다.

六三, 眇能視, 跛能履, 履虎尾, 咥人, 凶, 武人爲于大君.(육삼은 애꾸눈이 보고 절름발이가 걸어 호랑이 꼬리를 밟으니 사람을 물어 흉하고 무인이 대군이 될 것이다.)

괘사에서는 "호랑이의 꼬리를 밟더라도 사람을 물지 않으니 길하다[履虎尾, 不咥人, 吉]"라고 하였고, 효사에서는 "호랑이의 꼬리를 밟아 사람을 무니 흉하다[履虎尾, 咥人, 凶]"라고 하여 괘와 효가 상반되는데, 이것은 무슨 이유 때문인가? 대체로 괘가 어떤 한 효를 주효로 삼으면 효사와 괘사의 뜻이 서로 같으니, 예를 들어 둔괘屯卦의 괘사에서 "군주를 세우는 것이 이롭다[利建侯]"라고 하고 초구 효사에서도 "군주를 세우는 것이 이롭다[利建侯]"라고 한 것과 같은 경우이다. 대체로 괘사에서 상체와 하체로써 논하면 효사와 괘사는 같지 않으니, 예를 들어 리괘의 괘사에서는 "호랑이의 꼬리를 밟더라도 사람을 물지 않으니 길하다"라고 하고 육삼의 효사에서는 "사람을 무니 흉하다"라고 한 것과 같은 경우이다.

육삼은 음효로 양의 자리에 있고 '부중'하고 '부정'하니, 이것으로 행하면 반드시 문제가 생긴다. 길을 걸을 때는 균형을 유지하고 치우치지 말아야 하지만 육삼은 가는 것이 '부중'하여 그것을 절뚝발이로 설명하였다. 길을 갈 때는 눈이 똑바로 보아야 하지만, 육삼은 보는 것이 '부정'하여 또한 애꾸눈으로 설명하였다. 절름발이는 가는 것이 '부중'하지만 갈 수 있으며, 애꾸눈은 보는 것이 '부정'하지만 볼 수 있다. 일에 탈이 생기는 것은 바로 여기에서 탈이 생긴다. 즉 육삼은 자기의 치명적 약점을 무시하고 애꾸눈이면서 스스로 볼 수 있다고 여기고 절름발이면서 스스로 걸을 수 있다고 여긴다는 것이다. 두 개의 '능能'자는 "자기 마음대로 하고 잘난 체하며"[128] 제멋대로 행동하고 거들떠보지 않는 자의 형상을 충분히 나타낸 것이다. 이렇게 가서 "호랑이의 꼬리를 밟으면", 호랑이는 육삼을 물지 않을 수 없다. 흉함은 필연적이다.

"무인이 대군이 된다[武人爲于大君]"라는 것은 또 다른 상황을 제기한 것이다. '무인'은 강폭한 사람으로 그 재주가 비록 약하지만 뜻은 강하기 때문에, 그가 강한지 약한지를 고려하지 않고 용맹하게 앞으로 나아갈 수 있다. 이러한 사람이 만약 지혜가 풍부하고 계략이 많은 대군大君, 즉 천자의 지도하에 있으면 용맹하고 죽음을 두려워하지 않는 장점을 충분히 발휘하여 아마도 취할 만하고 도움이 될 것이다.

「象」曰: 眇能視, 不足以有明也. 跛能履, 不足以與行也. 咥人之凶, 位不當也. 武人爲于大君, 志剛也.(「소상」에서 말하기를, '애꾸눈이 본다'는 것은 밝게 볼 수 없는 것이다. '절름발이가 걷는다'는 것은 같이 갈 수 없는 것이다. '사람을 물어 흉하다'는 것은 자리가 마땅하지 않기

128) 『中庸』, 第28章. "愚而好自用, 賤而好自專."에 나오는 글이다.

때문이다. '무인이 대군이 된다'는 것은 뜻이 강하기 때문이다.)

육삼은 음유하여 '부중'하고 '부정'한데도 자기에게 치명적 약점이 있다는 것을 알지 못하고 경솔하게 앞으로 가려고 고집하니, 위험을 밟고 있거나 화를 밟고 있는 것과 다름이 없다. 이것은 애꾸눈이 스스로 볼 수 있다고 여기고 절름발이가 스스로 걸을 수 있다고 여기는 것과 같다. 그렇지만 지혜로운 자가 보기에는 시각장애인이 밤길을 걷는 것과 큰 차이가 없다. 공자는 두 개의 '부족함[不足]'으로 사람들이 할 수 없는 것을 억지로 할 수 있다고 여기지 말도록 깨우칠 것을 경고하였다. 마지막으로 육삼이 화를 초래하는 원인은, 육삼이 음효로 양의 자리에 있고 자리가 마땅하지 않기 때문임을 지적하였다. 다시 말하면, 안은 유약하고 밖은 강하다는 것이다. 왜냐하면 자리가 마땅하지 않기 때문에 뜻을 강하게 드러내는 것이다. 비록 재주와 지혜가 부족하지만 의지가 강하다는 점에서 보면, 즉 육삼이 '무인'으로 '대군'의 지휘하에 있으면서 뜻이 강한 장점을 발휘하면 아마도 적극적인 작용을 할 수 있을 것이다.

九四, 履虎尾, 愬愬終吉.(구사는 호랑이 꼬리를 밟으니 두려워하고 두려워하면 끝내는 길할 것이다.)

한 괘로써 말하면, '건'은 호랑이가 되기 때문에 육삼에는 호랑이의 꼬리를 밟는 상이 있다. 효로써 말하면, 구오는 호랑이가 되기 때문에 구사에도 호랑이의 꼬리를 밟는 상이 있다. 육삼과 구사에 모두 호랑이의 꼬리를 밟는 상이 있는데, 어째서 육삼은 흉하고 구사는 길한가? 왜냐하면 육삼은 본래 애꾸눈이고 절름발이며, 안은 유약하고 밖은 강하여 스스로 볼 수 있고 걸을 수 있다고 생각하니, 흉함을 얻는 것은 필연의 상에 속한다. 구사는 그렇지 않으니, 구사는 조심하고 두려워하는 것이 마치 살얼음을 밟는 것과 같다. 구사는 어째서 이와 같이 할 수 있는가? 구사는 양효로 음의 자리에 있고 또한 '부중' 하고 '부정' 하지만, 구사 자체는 양강으로 음유한 자리에 있고, 많이 두려워하는 곳에 처하여 안은 강하고 밖은 유약하여 강하면서 유약할 수 있다. 구사는 두렵게 처신하고 두려워하면서 길을 가니 길함을 얻는 것은 이치에 마땅하다.

「象」曰: 愬愬終吉, 志行也.(「소상」에서 말하기를, '두려워하고 두려워하면 끝내는 길하다' 는 것은 뜻이 행해지는 것이다.)

구사는 안은 강하고 밖은 유약하여 구사가 두려워하고 두려워하여 두려움을 아는 일면이 있을 뿐만 아니라 또한 구사가 위로 나아가고 머물지 않는 일면도 있다. "끝내 길하다[終吉]" 라는 것은 구사가 위로 나아가려는 뜻이 실현될 수 있다는 말이다.

九五, 夬履, 貞厲.(구오는 과감하게 결단하여 행하니 바르더라도 위태롭다.)

쾌夬의 음은 괴怪[129]이고 과감하게 결단하다는 뜻이다. 「단전」에서 말한 "강하고 중정함으로 제왕의 자리에 올라 흠이 없다[剛中正, 履帝位, 而不疚]" 라는 것은 바로 구오를 가리켜서 말한 것이다. 그러나 구오의 효사는 이와 상반된다. 효사에서는 구오의 "과감하게 결단하여 행하니 바르더라도 위태롭다[夬履貞厲]" 라는 것을 강조하고 구오에 위태로운 상이 있음

129) '夬' 는 일반적으로 '쾌' 로 읽으나 때로는 저자가 말하듯 '괴' 로 읽기도 하지만, 결단하거나 결행하다는 의미에는 변함없다.(역자 주)

을 지적하였다. 이것은 무엇 때문인가? 여기서는 또한 『역』의 작가가 지닌 깊은 변증법 사상을 볼 수 있다. 그는 언제나 긍정적인 것에서 부정적인 것을 잘 찾아냈으며, 길하고 이로운 형세 속에서 길하지 않고 이롭지 않는 징조를 발견하였다. 구오는 강하고 중정함으로 제왕의 자리에 올라 아래서는 기뻐하여 구오에 응하는 사람이 있고 구오는 권력과 위엄과 세력을 가지고 일체의 일에 대처하여 과감하게 결단할 수 있으니, 즉 "과감하게 결단하여 행하니[夬履]" 어떠한 장애도 만나지 않을 수 있다. 그러나 구오는 강효로 강한 자리에 있어 지나치게 강하여 유약함으로 구제할 수 없으니, 이것은 군주가 영명하고 강한 결단력은 많으나 남의 말을 귀담아 듣는 포용성이 부족한 것과 같다. 만약 이 도를 변치 않고 오랫동안 지키면 반드시 위태로움이 있을 것이다.

「象」曰: 夬履貞厲, 位正當也.(「소상」에서 말하기를, '과감하게 결단하여 행하니 바르더라도 위태롭다'는 것은 자리가 정당하기 때문이다.)

어째서 "과감하게 결단하여 행하는데[夬履]" 반드시 위태로움이 있다고 하였는가? 공자는 구오의 조건이 매우 좋기 때문이라고 말하였다. 구오는 "강하고 중정하며[剛中正]" 또한 지극히 높은 자리에 있으며 높은 곳에 있으면서 아래를 내려다보고 자기 마음대로 하고 두려워하는 것이 없지만, 문제는 바로 여기에서 나온다.

上九, 視履考祥, 其旋元吉.(상구는 행한 것을 보아 길흉을 고찰하되 두루 완전하면 크게 길하다.)

'고考'는 고찰·검증·총괄하는 뜻이다. '상祥'은 길상吉祥을 말할 뿐만 아니라 실제로 안에 흉이나 허물을 포괄한다. 『설문』의 단옥재段玉裁 주석에는 "총괄하여 말하면 재앙도 상서롭다고 말할 수 있으나, 분석하여 말하면 좋은 것만을 상서롭다고 말한다"[130]라고 하였다. '고상考祥'은 그 길흉을 고찰하고 총괄하는 것이다. '선旋'은 두루 완전한 것이다. 상구는 리괘의 끝에 있어 리괘가 이미 완성되었음을 알려 주는 것이다. 지금 이행하는 상황이 어떠한지를 머리를 돌려서 볼 수 있다. 예를 들면 한 사람의 생명이 완전히 끝났을 때는 사람들이 그 사람 일생의 실제에 근거하여 그의 선행과 악행, 성공과 실패의 많고 적음과 크고 작음을 논단할 수 있는 것과 같다. 선행이 많으면 길하고 악행이 많으면 흉하다. 만약 처음부터 끝까지 두루 완전하여 흠이 없고 더할 나위 없이 훌륭하면 크게 길하다. '원길元吉'은 크게 길하여 더 이상 길할 수 없는 것이다.

「象」曰: 元吉在上, 大有慶也.(「소상」에서 말하기를, '크게 길한 것이 위에 있다'는 것은 크게 경사가 있는 것이다.)

"위에 있다[在上]"는 것은 리괘가 이미 종점에 도달하였다는 것이다. "크게 길한 것이 위에 있다[元吉在上]"라는 것은 리괘가 종극에 이르러서야 "크게 길함"을 얻을 수 있다는 말이다. 리괘가 상효에 이르지 않으면 "크게 길함"을 얻을 수 없다. 이것은 상구가 "크게 길함"을 얻는 조건과 원인을 해석한 것이다. 한 사람이 최종적으로 "크게 길함"을 얻으면 크게 복과 경사가 있다. 이것은 "크게 길함"에 내포된 뜻을 해석한 것이다. 길하여 '원元'이라 하고 경사가 있어 '대大'라고 하였으니, 리괘에 시종일관하는 좋은 뜻을 고무하였을 뿐만 아니라 또한 리괘를 보고 길조를 살펴서

---

130) 『說文』, 段玉裁 注. "凡統言則災亦謂之祥, 析言則善者謂之祥."

본보기로 삼는 작용을 강조하였다.

● 총론

소축괘와 리괘는 모두 하나의 음과 다섯 양으로 이루어진 괘로서, 그 의미는 모두 일을 처리하는 것을 주로 한다. 소축괘(☴☰)는 음이 네 번째 효에 있고 상괘에 있어 유효로 강효를 저지하는, 즉 유약한 것으로 강한 것을 제지하니 이것은 남을 제지하는 것이다. 리괘(☰☱)는 하나의 음이 세 번째 효에 있고 하괘에 있으며 유효로 강효를 밟으니, 즉 유약한 것으로 강한 것을 행하니 이것은 자기를 행하는 것이다. 리괘는 유약한 것을 중시하여 여섯 효가 모두 유효를 밟는 것을 길하다고 보고 강효를 밟는 것을 흉하다고 보았다. 구이는 "평탄하니 바르고 길하며[坦坦貞吉]", 구사는 "두려워하고 두려워하면 끝내 길하며[愬愬終吉]", 상구는 "두루 완전하면 크게 길하다[其旋元吉]"라는 세 효는 모두 유약한 것을 밟는 것이다. 육삼이 사람을 물어 흉한 것은, 육삼이 유약한 것으로 강한 것을 밟기 때문이다. 초구와 구오도 강한 것을 밟으니, 비록 밟은 것이 모두 바르더라도 초구는 다만 허물이 없을 수 있고 구오는 위태로움을 면하지 못한다. 『역경』은 본래 강한 것을 드러내고 유약한 것을 억누르지만 절대로 간단하게 문제를 보지 않는다. 그것은 양강陽剛이 움직이기를 좋아하고 결단하기를 좋아하는 약점이 있으니, 만약 강함만을 믿고 행하면 반드시 후회할 일이 많아진다는 것에 주의하였다.

11
태괘(泰卦)

䷊ 건하곤상 乾下坤上

'태泰'는 통함이다. 『역경』은 하늘의 도를 밝히고 백성의 일을 살피니 자연계의 규율을 말할 뿐만 아니라 또한 사회·인사의 도리를 말하였다. 그것은 자연계에 규율이 있고 사회·인사에도 규율이 있으며 또한 두 규율에는 일치성이 있다고 보았다. 태괘는 자연계의 규율과 사회·인사의 규율을 함께 다루고 있다. 『역경』에서 보면, 천지간과 인류 사회에는 때로 흔히 볼 수 없는 서로 통하거나 화합하는 가장 아름다운 상태가 나타날 수 있다. 이러한 상태나 이러한 시대를 '태평하다[泰]'라고 부른다. '태평함'은 어떻게 오는 것인가? 『역경』에서는 자연계에서 하늘과 땅이 서로 사귀고 만물이 따라서 성장·발육하여 순조롭고 화합하면, 이것이 바로 '태평함'이요 '통함'이라고 보았다. 그러나 하늘은 결국 위에 있고 땅은 결국 아래에 있으니 하늘과 땅은 실제로 서로 사귈 수 없다. 이에 옛사람들은 하늘과 땅의 형체가 사귀는 것이 아니라 하늘과 땅의 기운이 사귄다고 말하였다. 하늘은 양이니 양의 기운은 아래로 내려오고, 땅은 음이니 음의 기운은 위로 올라간다. 음양이 화합하면 만물이 생장한다. 이로부터 보면, 하늘과 땅이 사귄다는 것은 실제로 음양이 사귀는 것이다. 음양은 만사만물의 대립 투쟁하는 두 방면을 대표한다. 음양은 대립의 상태에 있을 뿐만 아니라 대부분 상황에서는 매우 조화롭게 하나로 통일할 수 있다. 옛사람들의 이러한 인식은 일리가 있다.

하늘의 도에 따라 백성의 일을 살피는 것은 상황이 서로 비슷하다. 그러나 인사人事에서는 천지를 논하지 않고 군신·상하·군자·소인을 논할 뿐이다. 군주는 양이고 신하는 음이며, 군자는 양이고 소인은 음이다. 음양 두 기운이 사귀어 통할 수 있는 것처럼 군신 간에도 정성을 미루어 가면 뜻이 통할 수 있다. 군자는 위에 있고 안에 있으며 소인은 아래에 있고 밖에 있으니, 군자와 소인이 각각 자리를 얻고 군자와 소인이 각각 있어야 하는 위치에 있는 것도 일종의 음양이 사귀어 통하는 형식으로 이해할 수 있다.

천지가 서로 사귀고 음양 두 기운이 서로 통하는 것은 괘 위에서 반영해 낸 것이다. 태괘는 건乾이 아래 있고 곤坤이 위에 있다. 하늘이 아래에 있는 것은 하늘의 기운이 아래로 내려오는 것을 나타내고, 땅이 위에 있는 것은 땅의 기운이 위로 올라가는 것을 나타낸다. 위에 있는 것이 아래로 내려오고 아래에 있는 것이 위로 올라가니 둘은 반드시 서로 사귄다. 비괘(䷋)이면 그렇지 않다. 비괘는 '곤'이 아래에 있고 '건'이 위에 있다. 하늘이 위에 있어 하늘의 기운이 아래로 내려가지 않고, 땅이 아래에 있어 땅의 기운이 위로 올라가지 않으니, 둘은 반드시 서로 사귀지 않는다.

『역경』 64괘에서 태괘를 리괘 뒤에 배열한 것은 우연한 것이 아니라 이유가 있으니, 이것은 『역』 작가의 사상을 나타낸 것이다. 『역』 작가는 역사 발전의 순서에 따라 건괘와 곤괘 두 괘에서 계속하여 배열하였으니 대체로 하나의 발전 맥락을 찾을 수 있다. 건과 곤은 하늘과 땅이 자연계의 시작이고 자연계는 인류 발생에 우선한다는 것을 반영하였다. 둔괘와 몽괘는 천지 사이의 만물과 인류의 처음을 말하였다. 사람이 있고 사물이 있으면 기르는[養] 문제가 출현하기 때문에 '기다림[需]'이 있다. '기다림'이 있고 '기름'이 있으면 다툼이 있다. 다툼의 결과, 소송이 발생한다. 비교적 큰 다툼은 전쟁으로 해결하기 때문에 송괘訟卦의 다음이 사괘師卦이다. 싸워야 하고 싸울 힘이 있으면 반드시 단결하고 친해지기 때문에 비괘比卦가 있다. 소축괘小畜卦로 백성을 기르고 재물을 모으며, 리괘履卦로 분별하여 다스린다. 이어서 태괘이다. 태괘는 『역』 작가의 심중에서 가장 이상적인 시대이며, 상고上古 사회의 극치로서 대체로 요순堯舜 시기에 해당된다. 태평함이 지나면 비색해지고 비색하다가 태평하니, 이후부터 사회역사는 한 번 다스려졌다 한 번 혼란스럽게 발전하여 참으로 이상적인 태평함은 더 이상 오지 않았다.

『역』 작가의 이러한 역사관은 오늘날에서 보면 물론 비과학적이다. 그러나 우리가 역사주의로 옛사람들의 사상을 다루면, 『역』 작가의 역사관에 취할 만하거나 합리적인 요소가 있음을 어렵지 않게 발견할 수 있다. 첫째, 그는 인류 사회의 역사가 인식할 수 있고 이해할 수 있는 하나의 과정이라고 생각한다. 둘째, 이러한 과정에는 그 내재적 동력과 규율이 있을 뿐이지 자연을 초월하거나 인류를 초월하는 신명神明이 그것을 조종하지 않는다는 것이다.

泰, 小往大來, 吉亨.(태는 작은 것이 가고 큰 것이 오니 길하고 형통하다.)

『역』에서는 음을 작다고 하고 양을 크다고 한다. '왕往'은 안에서부터 밖으로 나가는 것이고, '래來'는 밖에서부터 안으로 들어오는 것이다. 안은 하괘이고 밖은 상괘이다. "작은 것이 가고 큰 것이 온다[小往大來]"는 것은 양기가 아래로 내려가고 음기가 위로 올라와서 음양이 화합하고 만물이 생장하니, 이것이 자연계의 태평함이다. 자연계로부터 인류 사회로 확대해 가면, 큰 것은 군주이고 작은 것은 신하이다. "작은 것이 가고 큰 것이 온다"는 것은 군주가 예로써 신하를 부리며 신하는 충성으로 군주를 섬겨서 군주와 신하 사이에 뜻이 같아지고 도가 합하여 관계가 화합하는 것이다. 양은 크니 군자이고, 음은 작으니 소인이다. "작은 것이 가고 큰 것이 온다[小往大來]"는 것은 소인은 밖으로 가고 군자는 안에 있다는 말이다. 군자가 자리를 얻고 소인은 아래에 처해 있다. 전체적으로 태괘가 반영하는 시대적 특징은 통함이다. 통함은 괘상에서 "작은 것이 가고 큰 것이 오는 것"을 반영한다. "작은 것이 가고 큰 것이 온다"는 것은 자연계에서 천지가 서로 사귀고 음양 두 기운이 서로 통하는 것을 나타낸다. 인류 사회에서는 군주와 신하 간에 뜻이 통하고 군자와 소인이 각각 자리를 얻는 것을 나타낸다. 괘에서 "크게 길하다"거나 "크게 형통하다"라고 말하지 않고 "길하고 형통하다[吉亨]"라고 말한 것은 태괘의 정도에 차이가 있기 때문이니, "길하고 형통하다"라고 말하면 크고 작은 다른 태평함을 모두 포괄하기 때문이다.

「彖」曰: 泰, 小往大來, 吉亨, 則是天地交而萬物通也, 上下交而其志同也. 內陽而外陰, 內健而外順, 內君子而外小人, 君子道長, 小人道消也.(「단전」에서 말하기를, '작은 것이 가고 큰 것이 오니 길하고 형통하다'는 것은 천지가 사귀어 만물이 통하고 상하가 사귀어 그 뜻이 같아지는 것이다. 양이 안에 있고 음이 밖에 있으며, 강건함이 안에 있고 유순함이 밖에 있으며, 군자가 안에 있고 소인이 밖에 있으니, 군자의 도가 자라고 소인의 도가 사라지는 것이다.)

두 개의 '교交'자는 '태泰'자의 의미를 해석한 것이다. "천지가 사귄다[天地交]"는 것은 천지의 형체가 사귀는 것이 아니라 천지의 음양 두 기운이 사귀는 것이다. 군신·상하의 사귐도 형체가 사귀는 것이 아니라 "뜻이 같아지는[志同]" 것이며, "뜻이 같아진다"는 것은 뜻이 같아지고 도가 합치하여 사상이 일치하는 것이다. 여기서는 천지·음양·군신·상하에 대해 억누르거나 칭송함이 없이 다만 사귀거나 사귀지 않는지의 문제만을 강조하였다.

음양·건순健順·군자·소인의 여러 구절은 안과 밖으로써 크고 작음을 해석한 것이다. 한편으로 말하면, 양의 강건한 군자는 안에 있고 음의 유순한 소인은 밖에 있으며, 안에 있고 밖에 있어서 각각 제자리를 얻는다. 다른 한편으로는 안을 중시하고 밖을 경시하여 음양에 억누르거나 칭송하는 뜻이 있다는 것이다.

"군자의 도가 자라고 소인의 도가 사라진다[君子道長, 小人道消]"는 것은 여섯 효가 자라거나 사라지는 것으로 뜻을 삼은 것이다. 양효가 많아지면 음효는 감소한다. 인사에 있어서 군자의 도가 자라나면 소인의 도는 사라진다. 여기에 이르러서는 태도를 분명히 하여 음양에 대해 억누르거나 칭송할 뿐만 아니라, 양을 좋아하고 음을 싫어하며 양이 자라고 음이 사라지는 것을 복으로 보았다. 그러나 도가 자라고 도가 사라지는 것은 도를 논한 것이지 사람을 논한 것이 아니다. "군자의 도가 자란다"는 것은 군자의 도가 우세를 차지한다는 말이며, "소인의 도가 사라진다"는 것은 소인의 도가 열세에 있다는 말이다. 다시 말하면, 전체적인 추세는 바른 기운이 사악한 기운을 압도하여 군자가 신임을 얻고 소인이 냉대를 받는다는 것이다. 그러나 이것은 태괘의 시대에 군자만 있고 소인이 없다는 말이 아니다. 어떤 시대이든 소인이 적지 않은데, 소인이 없다면 군자도 없기 때문이다.

「象」曰: 天地交泰, 后以財成天地之道, 輔相天地之宜, 以左右

民.(「대상」에서 말하기를, 천지가 사귀는 것이 태괘이니, 군주가 <태괘의 상을> 보고서 천지의 도를 재단하고 천지의 마땅함을 도와 백성을 돕는다.)

'후后'는 남면하는 군주이니 천자나 제후이다. 다른 괘의 「대상」에서는 군자君子 혹은 선왕先王을 말하였으나 이 괘에서는 후后를 말하였는데, 이유는 군자를 말하면 경대부를 포괄하고 선왕을 말하면 제후를 포함하지 않기 때문이다. 천지가 사귀어 태평한 것을 본받아 "재단하고[財成]" "도와서[輔相]" 백성을 돕는 것은, 다만 남면하는 군주가 있어야 하는 일에 자격이 있고 경대부와는 무관하다. 이로부터 『주역』 작가의 심중에 있는 중국 고대 국가제도가 군주전제형이라는 사실을 알 수 있다.

'재성財成'과 '보상輔相' 두 구절은 의미가 다른 괘와 유사한데도 이 괘에서 말한 것은 이 괘의 사상을 본받아 지도하고 실천하려는 것이다. 이 괘가 가지는 특수성은 오로지 천자와 제후에 나아가서 말한 것으로 내용이 비교적 크고 거시적이라는 것이다. 천자나 제후는 천지의 통하고 태평한 상을 체득하고 천지의 도를 재단하여[131] 백성들의 생산과 생활에 유용한 것이 되도록 한다. 천지에 한서寒暑가 있는 것처럼, 통치자는 그것에 따라 역법을 고치고 사계절과 한 해를 정한[132] 뒤에 고삭告朔하고 시삭視朔[133]한다. 또한 천지의 마땅함을 도와야 하니, 자연계의 생물이 생장·발

131) 재성(財成)의 재(財)는 재(裁)와 같다.

132) 성세(成歲): 『설문』에 "성(成)은 성취[成就也]"라고 하였다. 세(歲)는 목성(木星)이라 했는데, 목성은 12개월에 한 차례씩 운행하여 12년에 일순(一巡)하므로 12개월의 1차를 1년으로 한다. '성세'는 '해를 정한다'는 뜻이다.(역자 주)

133) 시삭(視朔)은 고삭(告朔)을 본다는 말이다. '고삭'은 천자가 매년 계동(季冬)에 다음 해 12달의 책력을 제후에게 반포하면, 제후는 이것을 받아서 선조의 종묘에 간직해 두고, 매달 초하루에 종묘에 고한 후 그달의 책력을 꺼내어 나라 안에 펴는 일이다. 그런데 노(魯)나라 때부터 의식(儀式)을 폐하고 양(羊)만을 바쳤다고 한다.(역자 주)

육하고 성숙하는 규율에 근거하여 백성들에게 농사를 짓고 가축을 기르게 한다. '좌우左右'는 돕는다는 뜻이다. "백성을 돕는다[以左右民]"는 것은 '재성'과 '보상'의 방법으로 백성을 돕는 것이다.

初九, 拔茅茹, 以其彙征, 吉.(초구는 띠풀의 엉겨 있는 뿌리를 뽑는 것이니, 그 무리와 함께 움직이면 길하다.)

'발모여拔茅茹'가 말하는 것은 물건이다. 물건으로 초구의 효상을 비유하였다. '여茹'는 연이어 뻗어 나가는 것이니, 이 띠풀의 뿌리와 저 띠풀의 뿌리가 땅속에서 서로 연루되어 있는 것이다. 이 뿌리를 뽑으면 반드시 저 뿌리까지 연대하여 뽑힌다. 초구는 이 뿌리이고, 구이와 구삼은 저 뿌리이다. 초구는 양강으로 아래에 있어 천지가 사귀어 태평하고 성대한 때를 만나니, 초구는 반드시 위로 나아가려고 한다. 자기만 위로 나아갈 뿐만 아니라 구이와 구삼까지 연대하여 함께 위로 나아가려고 한다. '휘彙'는 무리이고 '정征'은 움직임이다. 군자는 띠풀이 뽑히는 것처럼 자기가 위로 나아가고 또한 자기의 동류, 즉 구이와 구삼을 이끌고 함께 위로 나아가려고 한다. 이것은 당연히 길한 것이다.

「象」曰: 拔茅征吉, 志在外也.(「소상」에서 말하기를, '띠풀의 엉겨 있는 뿌리를 뽑는 것이니 그 무리와 함께 움직이면 길하다'는 것은 뜻이 밖에 있기 때문이다.)

초구는 어째서 "띠풀의 엉겨 있는 뿌리를 뽑는데[拔茅茹]" 동류와 함께 가면 길함을 얻는가? "뜻이 밖에 있기 때문이다[志在外]." 초구는 육사와 '정응'하기 때문에 "뜻이 밖에 있다"라고 하였다. 초구는 양으로 음과 감응하고 육사는 초구와 응하여 음으로 양을 따르니, 음양 두 기운이 서로 사귀어 통하는 상이다.

九二, 包荒, 用馮河, 不遐遺, 朋亡, 得尙于中行.(구이는 큰 도량으로 포용하고, 강한 결단력으로 개혁하며, 멀리 있는 자를 버리지 않고, 붕당을 짓지 않으면, 중도를 행하는 자를 도울 수 있다.)

구이는 양강으로 '중'을 얻어 유효의 자리에 있으며 위로 육오와 '정응'한다. 육오는 유순함으로 '중'에 있고 '정'을 얻어 아래로 구이와 응한다. 육오와 구이에는 '군신 간에 서로 얻는' 상이 있다. 구이가 신하의 자리에 있지만 육오의 신임을 깊이 얻었으니 괘의 주효가 되어 내외·음양이 모두 구이에 의지하여 조화를 이루고 두루 미친다. 태평한 때에 어떻게 천하 국가를 다스리는지는 주로 구이의 효 위에 반영되어 있다. 구이 효사에서 말한 "큰 도량으로 포용하고, 강한 결단력으로 개혁하며, 멀리 있는 자를 버리지 않고, 붕당을 짓지 않는다[包荒, 用馮河, 不遐遺, 朋亡]"라는 네 조건은 태평한 도를 다스리는 주요한 내용을 포괄한다. '포황包荒'은 포용함이 넓고 큰 것을 극언한 것이다. 천지가 사귀어 태평하고 성대한 때에 통치자의 가장 중요한 것은 "큰 도량으로 포용하는 것"이니, 큰 도량으로 포용하면 일체 반대의 것도 모두 받아들일 수 있다. 그러나 이와 같으면 반드시 행동함이 없어서 앞으로 나아갈 수 없다. 큰 도량으로 포용하는 외에 '용빙하用馮河', 즉 강한 결단력으로 용감히 개혁해야 한다. '포황'과 '용빙하'는 서로 반대되면서 서로를 이루어 주어 하나라도 없어서는 안 되는 두 방면이다. '불하유不遐遺'와 '붕망朋亡'도 서로 반대되면서 서로를 이루어 주는 두 방면이다. '불하유'는 멀리 있는 자를 버리지 않는 것이고, '붕망'은 붕당을 짓지 않는 것이다. 멀리 있는 사람을 품고 가까이 있는 자와 친하지 않을 수 있으면 '중'에 있으며 어느 한쪽으로 치우치지 않는다. '득상우중행得尙于中行'에서의 '득得'은 경사스럽고 다행스럽다는 말이며, '상尙'은 돕는다는 뜻이다. 구이는 강효로 유효의 자리에 있고 하괘의 가운데 있으며, 위로는 육오와 응하고 육오가 태괘의 주효로서 중도를 행하는 도를 가지고 있다. 구이가 육오의 도움을 얻는 것을 "중도를 행하는 자를 도울 수 있다[得尙于中行]"라고 하였다. 바로 구이의 덕이 중도를 행하는 뜻에 부합한다는 것이다.

「象」曰: 包荒, 得尙于中行, 以光大也.(「소상」에서 말하기를, '큰 도량으로 포용하고 중도를 행하는 자를 도울 수 있다'는 것은 광대하기 때문이다.)

「소상」에서는 '포황包荒'을 네 가지 항목 가운데 기본적인 하나의 항목으로 보았다. 다만 '포황', 즉 큰 도량으로 포용해야 '용빙하用馮河'·'불하유不遐遺'·'붕망朋亡'의 세 가지 점에 도달할 수 있기 때문에 "큰 도량으로 포용하는[包荒]" 하나를 들어 나머지 세 가지를 안에다 포괄하였다. "큰 도량으로 포용할" 수 있고 또한 육오의 도움을 얻을 수 있다. 여기에서 '광대光大'의 '광'은 광대함으로 해석하였다. '이광대야以光大也'는 이 때문에 광대할 수 있다는 것이다. "큰 도량으로 포용할" 수 있으면 중도中道에 부합할 수 있다.

九三, 无平不陂, 无往不復, 艱貞无咎, 勿恤其孚, 于食有福.(구삼은 평평하기만 하고 기울어지지 않는 것은 없으며 가기만 하고 돌아오지 않는 것은 없으니, 어려워도 바름을 지키면 허물이 없고 진실함을 걱정하지 않으면 먹는 것에 복이 있을 것이다.)

구삼은 세 양의 위에 있고 세 음의 아래에 있어 바로 태괘의 중간에 있으며 또한 장차 중간을 지나갈 것이니 태평함이 다하는 때이다. 태평함[泰]이 다하면 비색함[否]이 오는데 이것은 객관적 규율이다. 『역』 작가는 이러한 이치를 깊이 알고 구삼에서 두 가지 '무불无不'을 제기하여 경계하였다. '피陂'는 한쪽으로 치우치고 평평하지 않는 것이다. 평평한 것은 반드시 기울어지게 되고 가던 것은 반드시 돌아온다. 괘에서 보면, 세 양효가 아래로 내려가면 결국 위로 올라갈 것이고, 세 음효가 위로 올라가면 조만간 아래로 내려갈 것이다. 평평한 것이 기울어지고 가던 것이 돌아오니 태평함이 다하면 비색하게 될 것이다. 어떻게 해야 하는가? "어려워도 바름을 지키면 허물이 없고 진실함을 걱정하지 않으면 먹는 것에 복이 있을 것이다[艱貞无咎, 勿恤其孚, 于食有福]." 사람에게는 할 수 있는 힘이 없는 것이 아니다. 사람은 자기의 주관적 능동성을 완전히 발휘할 수 있다. 사람은 태평한 때에 처하여 편안할 때 미리 위태로울 것을 생각하고 행동할 때에 바른 도를 굳게 지킬 수 있으면 허물이 없을 수 있다. 어찌 허물이 없을 뿐이겠는가. 만약 "진실함을 걱정하지 않을[勿恤其孚]" 수 있으면 복이 있을 것이다. '휼恤'은 걱정이고 '부孚'는 진실함이다. 천도에는 사사로운 정이 없고 나에게는 걱정이 없으니, 변치 않고 진실하게 내가 생각해야 할 것을 생각하고 내가 행동해야 할 것을 행동한다는 것이다.

「象」曰: 无往不復, 天地際也.(「소상」에서 말하기를, '가기만 하고 돌아오지 않는 것이 없다'는 것은 천지가 교제하는 것이다.)

"가기만 하고 돌아오지 않는 것이 없다[无往不復]"라는 것은 천지·건곤·음양의 사귐이 구삼의 때에 이르러 장차 변화가 발생할 것이라는 말이다. 아래에 있는 양은 반드시 위로 돌아가고 위에 있는 음은 반드시 아래로 돌아간다. '태평함'이 반드시 '비색함'으로 바뀔 것이다. 「소상」에서는 '제際'자를 써서 사람들에게 비가 오기 전에 창문을 미리 수선하는 뜻을 경고하였다.

六四, 翩翩不富以其隣, 不戒以孚.(육사는 새가 무리 지어 날아오듯이 부유하지 않으면서도 그 이웃과 함께하여 경계하지 않고 믿는다.)

'편편翩翩'은 무리 지어 날아서 아래로 향하는 모양이다. 『역』에서는 음의 허한 것을 부유하지 않는 것으로 본다. 육사는 음효이기 때문에 "부유하지 않다[不富]"라고 하였다. 대체로 "부유하지 않다"라고 말한 것은 모두 음효를 가리킨다. 그러나 음효를 모두 "부유하지 않다"라고 말하는 것은 아니다. 이 효에서 "부유하지 않다"라고 말한 것에는 겸허하고 자만하지 않는 뜻이 있다. '이웃[隣]'은 육오와 상육 두 효를 가리킨다. 육사는 상괘의 아래에 있으며 두 괘가 사귀는 때에 해당하니 음양이 사귀어 태평한 효이다. 육오와 상육 두 음효는 육사를 따라 아래로 내려와서 양효를 구하고자 한다. 육사는 더 이상 경계할 필요 없이 육사의 두 이웃과 "새가 무리 지어 날아오듯이[翩翩]" 서로 인솔하여 온다. 내외일심內外一心이요 음양합덕陰陽合德이라고 말할 수 있으니, 이것은 태괘에서 마땅히 있어야 하는 표현이다.

「象」曰: 翩翩不富, 皆失實也, 不戒以孚, 中心願也.(「소상」에서 말하기를, '새가 무리 지어 날아오듯이 부유하지 않으면서도 그 이웃과 함께한다'는 것은 모두 실을 잃었기 때문이고, '경계하지 않고 믿는다'는 것은 진심으로 원하기 때문이다.)

『역』에서는 대체로 양효를 실하고 부유한 것으로 보고, 음효를 허하고 부유하지 않는 것으로 본다. 따라서 "실을 잃었다[失實]"라는 것은 "부유하지 않다[不富]"라는 것을 해석한 것이다. 상괘의 세 음효는 육사를 두목으로 하여 가볍게 "새가 무리 지어 날아오듯이" 내려오는데, 왜냐하면 세 음효가 양효에게 의지하던 것을 잃거나 오랫동안 '실'을 잃을 수 없기 때문이다. '원願'은 위아래가 사귀어 뜻이 같아지는 뜻이다. 육사와 두 이웃이 경계하지 않고 오는 것은 완전히 내심에서 나오는 뜻이고 조금의 억지도 없다.

六五, 帝乙歸妹, 以祉, 元吉.(육오는 제을이 여동생을 시집보내니 그로써 복을 받고 크게 길할 것이다.)

육오는 음유한 것으로써 군주의 자리에 있어 지위가 지극히 높으나 성격은 지극히 유약하니, 하괘의 구이와 서로 응하여 자신의 존귀함을 굽히고 구이의 양효에게 순종할 수 있어야 한다. 효사에서 취한 "제을이 여동생을 시집보낸다[帝乙歸妹]"라는 상은 이러한 도리를 설명한 것이다. '제을帝乙'은 상나라 주왕紂王의 아버지이다. '귀매歸妹'는 여동생을 시집보내는 것이다. 제왕의 여동생이 아래로 신하에게 시집가려면 자신의 존귀함을 낮추고 남편에게 순종해야 한다. 옛사람들의 관점에서 보면, 이것은 실정에 맞고 이치에 맞는 일이다. 제왕의 여동생은 존귀함을 굽히고 남편을 따르거나 음으로 양을 따라야 하고 다른 것은 논할 필요가 없다. '이지以祉'는 그로써 복을 받는다는 것이니, 육오가 존귀함을 굽혀서 양을 따를 수 있어야 반드시 복을 받기 때문이다. '원길元吉'은 크게 길하니 육오와 구이는 뜻이 같고 도가 합치하여 태평함을 다스리는 전 과정에서 가장 큰 성공을 얻는다.

「象」曰: 以祉元吉, 中以行願也.(「소상」에서 말하기를, '그로써 복을 받고 크게 길하다'는 것은 중도로 원하는 것을 행하기 때문이다.)

육오가 반드시 복을 받고 또한 크게 길한 것은, 육오가 유효로 '중'에 있고 군주의 자리에 처하여 중덕中德이 있고 중도中道를 행하기 때문이다. 육오가 현자를 임용하고 아랫사람을 따르는 것은 절대로 강요에서 나온 것이 아니라 육오의 본성이나 육오의 뜻에서 결정된 것이다.

上六, 城復于隍, 勿用師, 自邑告命, 貞吝.(상육은 성이 무너져 해자로 돌아감이니 군대를 쓰지 말 것이며, 자신의 읍에 명령을 내리고 바름을 지키더라도 부끄러울 것이다.)

상육은 태괘의 끝에 있으며, 태괘의 끝은 곧 비괘의 시작이다. 태괘가 다하면 비괘가 온다. 구삼은 평평한 것이 기울어지고 가던 것이 돌아오니 이미 태괘에서 비괘로 바뀌는 조짐이 있다. 상육에 이르러 태괘가 비괘로 바뀌는 것은 머지않아 현실로 바뀌어 형세가 더욱 엄준할 수 있기 때문에 "성이 무너져 해자로 돌아가는 것[城復于隍]"으로 형용하였다. '황隍'은 성벽 밖의 물이 마른 도랑이다. 성벽은 본래 여기서부터 흙을 파고 쌓아서 이루어진 것이다. 이것은 태괘의 상태나 태괘의 형세와 같으며 장기적인 수고가 쌓여서 이루어진 것이다. 지금 태괘가 이미 극점으로 발전하면 장차 태괘의 반대인 비괘로 바뀔 것이다. 성벽이 장차 무너져 해자로 돌아가는 것과 같다. 성이 무너져 해자로 돌아가는 것은 엄연한 사실이다. 『역』 작가는 이러한 사실을 보고서 또한 긍정하였다. 이것은 간단하지 않다. 그는 질량에 관하여 서로 변하는 사상을 가지고 있다. 한 국가에서 말하면, 태괘가 다하고 비괘가 오는 것은 성이 무너져 해자로 돌아가서 형세가 매우 심각한 것이다. 심각함이 "군대를 쓰지 말라[勿用師]"는 정도에 까지 이르렀다. 고대에는 병농일치兵農一致의 제도를 실행하였으니, 국가는 상비병을 두지 않고 평소에 밭을 경작하던 농부가 전시에 소집되어 출정하여 싸우는 것이 군대이다. "군대를 쓰는 것"은 백성을 불러 전쟁에 대응하는 것이다. 태괘의 때에 이렇게 하는 것은 물론 문제가 없다. 그러나 지금은 천하가 혼란스럽고 사람들의 마음이 흩어져서 군대를 쓸 것을 생각할 수 없고 다만 "자신의 읍에 명령을 내릴[自邑告命]" 수 있을 뿐이다. '읍邑'은 거주하는 읍이니 신변의 가까운 곳을 가리켜서 말한 것이다. 태괘가 비괘로 변할 때는 국가의 형세가 이미 붕괴되고 와해되는 상태가 되어 통치자의 권위와 명령은 자신의 신변 가까운 곳에만 간신히 효력이 있을 뿐이다. 설령 "자신의 읍에 명령을 내리고" 또한 바름을 지킬 수 있더라도 때가 너무 늦어 일을 성취할 수 없다.

「象」曰: 城復于隍, 其命亂也.(「소상」에서 말하기를, '성이 무너져 해자로 돌아간다'는 것은 명이 어지러운 것이다.)

효사 속의 두 개의 '명命'자에는 의미상에 차이가 있다. 앞의 '명'자는 명령과 지시이다. 뒤의 '명'자는 옛사람들이 말하는 천명天命의 '명'에 해당한다. 천명은 상제의 신령스런 의지가 아니라 사람의 의지로 바뀌지 않는 객관 규율이다. 효사의 이 구절은 『역』의 중요한 사상을 드러내 주니, 즉 태괘가 다하고 비괘가 오는 것은 "성이 무너져 해자로 돌아가는 것"처럼 결국 바뀔 수 없는 규율이라는 것이다. "명이 어지럽다[其命亂也]"라는 말이 문제의 핵심을 정확하게 지적하였다. 다시 말하면 "성이 무너져 해자로 돌아간다"라는 것은 '천명'이 바뀐 것으로 마땅히 이와 같아야 한다는 말이다.

총론

개괄적으로 말하면, 태괘에서 강조하는 사상에는 세 가지가 있다. 첫째, 자연계에는 서로 반대되는 두 가지(천지 · 음양 등) 것에 사귀어 통하는 현상이 발생한다. 이러한 현상은 보편적으로 존재하고 만물 속에 관철되어 만물이 생장 · 발육하고 무성해지는 근본적 원인이다. 이 현상은 너무 보편적이고 너무 근본적이며 너무 중요하기 때문에 『역』 작가는 그것을 천지의 사귐으로 비유하였다. 천지, 즉 하늘과 땅은 멀리 떨어져 있어 형체로 사귈 수 없다. 이에 천지간에 음양 두 기운이 사귄다는 것을 제기하였으며 인사 문제로 확대해 가서 군주와 신하, 통치 계급과 피통치 계급에도 위아래가 사귀어 뜻이 같아지는 때가 있음을 제기하였다. 『역』 작가의 이러한 사상은 옳은 것이다. 사회는 확실히 상대적으로 안정되고 생산이 발전하여 정치가 분명한 때가 있었다. 그러나 『역』 작가는 태평함이 역사시대에 발생하는 진정한 원인을 찾아내지 못하고 사회 · 인사상의 태평함이 위아래가 "뜻이 같은[志同]", 즉 사상이 서로 같아짐으로써 조성된다고 생각하였다. 실제로는 사람들의 사상적 상황이 사회역사의 발전을 결정하는 것이 아니라 사회역사의 발전 상황이 사람들의 사상을 결정하는 것이다.

둘째, 평평한 것이 기울어지고 "성이 무너져 해자로 돌아가니[城復于隍]" 태괘가 다하고 비괘가 오는 관념을 제기하였으며, 일체 사물이 모두 무정하게 변화하고 있으며 양적인 변화에서 질적 변화에 이른다고 보았다. 이것은 사람의 의지로 바뀌지 않는 객관 규율이다. 하늘의 도가 이와 같고 사람의 도도 이와 같다. 누구도 저항할 수 없다. 옛사람들이 3천 년 전에 이러한 깊은 변증법 사상을 제기할 수 있었던 것은 위대하다고 말해야 할 것이다.

셋째, 『역』 작가가 태괘 속에 둔 중요한 정치 관점은 중시할 만하다. 즉 통치자는 태평한 때에 처하여 특별히 조심하고 삼가하여 "큰 도량으로 포용하고, 강한 결단력으로 개혁하며, 멀리 있는 자를 버리지 않고, 붕당을 짓지 않는다[包荒, 用馮河, 不遐遺, 朋亡]." 즉 크게 포용하고, 모든 용납할 수 있는 일을 용납하며, 또한 앞을 향해 분발하고 마음을 단단히 먹고 개혁해야 한다. 멀거나 가까움, 친하거나 소원함을 아울러 돌아보고 모든 단결할 수 있는 사람과 단결하며, 또한 붕당을 끊어 사사로움과 치우침이 없어야 한다.

12
비괘(否卦)

☷☰ 곤하건상 坤下乾上

비괘는 태괘(☰☷)와 반대되는 것이다. 태괘는 사귀어 통하는 것이고 비괘는 막히는 것이다. 태괘는 천지가 사귀어 통하여 만물이 생겨나지만, 비괘는 천지가 막히고 통하지 않아 만물이 생겨나지 않는다. 태괘는 위아래가 사귀어 뜻이 같으나, 비괘는 위아래가 사귀지 않아서 뜻이 같지 않다. 괘의 두 체에서 보면, 비괘의 상괘는 건乾이고 하괘는 곤坤이며, 하늘은 위에 있고 땅은 아래에 있어서 하늘과 땅이 단절되어 서로 사귀거나 통하지 않으니 완전히 막히는 상이다. 「서괘전」에는 "태괘는 통함이다. 사물은 끝까지 통할 수 없기 때문에 비괘로 받았다"[134]라고 하였다. 『역전』의 작가는 여기에서 사물이 다하면 반드시 돌아온다는 객관적 진리를 재차 긍정하였다. 그는 태괘가 통하지만 통함이 오래되면 반드시 통하지 않게 되고, 태괘가 다하면 비괘가 반드시 온다고 보았다. 이 때문에 태괘의 뒤가 비괘이다.

---

134) 『周易』, 「序卦傳」. "泰者通也. 物不可以終通, 故受之以否."

否之匪人, 不利君子貞, 大往小來.(비는 사람의 도가 아니니 군자가 바름을 지키는 데 이롭지 않으니 큰 것이 가고 작은 것이 올 것이다.)

주희는 '지비인之匪人' 세 글자를 잘못 들어간 글로 보았는데 일리가 없지 않다. 그러나 다른 학자들의 해석도 참고할 만하다. 공영달孔穎達은 "비지비인否之匪人은 막힌 세상을 말하니, 사람의 도가 사귀어 통할 때가 아니기 때문에 '비인'이라 하였다"[135]라고 하였으며, 정이程頤는 "무릇 천지 속에서 생겨난 것은 모두 사람의 도이다. 천지가 사귀지 않으면 만물이 생겨나지 않으니 사람의 도도 없다. 그러므로 '비인'이라 하였으니 사람의 도가 아님을 말한 것이다"[136]라고 하였다. 왕종전王宗傳[137]은 "비인은 군자가 아닌 사람을 말한다. …… 군자가 아닌 사람이 뜻을 얻으면 군자의 도가 막혀서 행해지지 않는다"[138]라고 하였다. 여대림呂大臨은 "사람의 도가 아니니 군자가 바름을 지키는 데 이롭지 않다는 것은 막힌 세상을 말하니, 사람이 아닌 자는 곧은 것을 싫어하고 바른 것을 싫어하여 군자가 올바름을 지키는 데 이롭지 않다는 것이다"[139]라고 하였다. 사신행查愼行은 "괘사의 '비인'은 바로 「단전」 효사의 소인으로 '비지비인比之匪人'과 구성 방식이 같다"[140]라고 하였다. 이 다섯 사람의 말에서 공영달과 정이 두 사람은 서로 비슷하니, '비지비인'이 말한 것은 전체 시대가 좋지

135) 『周易正義』, 疏. "否之匪人者, 言否閉之世, 非是人道交通之時. 故云匪人."

136) 『周易』, 程傳. "凡生天地之中者, 皆人道也. 天地不交則不生萬物, 是无人道. 故曰匪人, 謂非人道也."

137) 왕종전(王宗傳): 송나라의 학자, 자가 경맹(景孟)이며, 『童溪易傳』을 지었다.(역자 주)

138) 『童溪易傳』. "匪人, 所謂非君子人也 …… 匪人得志, 則君子之道否塞而不行矣."

139) 『合訂删補大易集義粹言』, 卷16. "否之匪人, 不利君子貞, 言否閉之世, 非其人者, 惡直丑正, 不利乎君子之守正."

140) 查愼行. "卦辭之匪人, 卽彖傳爻辭之小人, 與比之匪人句法同."

않고 막히고 통하지 않아 사람의 도도 없고 이성도 없다고 보았다. 왕종전·여대림·사신행 세 사람은 '비지비인'을 소인이 뜻을 얻어 정권을 잡는 것으로 이해하였다. 두 가지 견해는 모순되지 않고 일치한다고 말할 수 있다. 모두 비괘의 때에 사람의 도가 통하지 않거나, 바른 기운이 펴지지 않거나, 소인이 뜻을 얻는다는 말에서 벗어나지 않는다.

"군자가 바름을 지키는 데 이롭지 않다[不利君子貞]"라는 것은 비괘의 때에 소인이 권력을 장악하고 사악한 기운이 왕성하며 옳고 그름이 분명하지 않고 흑백이 전도되어 "군자가 바름을 지키는 데" 이롭지 않다는 것이다. 권력을 잡은 소인과 열악한 형세는 올바른 사람들이 정의를 수호하고 진리를 고집하는 것을 허용하지 않는다. 그러나 천지간에는 바른 기운이 항상 존재해야 하고 군자가 결코 없어서는 안 된다. 그렇지 않으면 비괘가 장차 어찌 태괘로 변하겠는가!

"큰 것이 가고 작은 것이 온다[大往小來]"라는 것은 '건'이 위에 있고 '건'이 가서 밖에 있기 때문에 "큰 것이 간다"라고 하였고, '곤'이 아래에 있고 '곤'이 와서 안에 있기 때문에 "작은 것이 온다"라고 하였다. "큰 것이 가고 작은 것이 온다", 즉 양이 가고 음이 오니 군자의 도가 사라지고 소인의 도가 자라나는 상이기 때문에 "군자가 바름을 지키는 데 이롭지 않다."

「彖」曰: 否之匪人, 不利君子貞, 大往小來, 則是天地不交, 而萬物不通也, 上下不交, 而天下无邦也. 內陰而外陽, 內柔而外剛, 內小人而外君子, 小人道長, 君子道消也.(「단전」에서 말하기를, '비는 사람의 도가 아니니 군자가 바름을 지키는 데 이롭지 않으니 큰 것이 가고 작은 것이 온다'는 것은 천지가 사귀지 않아 만물이 통하지 않고, 상하가 사귀지 않아 천하에 나라가 없는 것이다. 음이 안에 있고 양이 밖에 있으며, 유가 안에 있고 강이 밖에 있으며, 소인이 안에 있고 군자가 밖에 있으니, 소인의 도가 자라고 군자의 도가 사라지는 것이다.)

비괘와 태괘는 모두 '건'과 '곤' 두 삼획괘로 구성되었으나, 다만 상하의 위치가 상반되어 태괘는 '건'이 아래에 있고 '곤'이 위에 있으며 비괘는 '곤'이 아래에 있고 '건'이 위에 있다. 때문에 비괘의 「단전」에서는 다만 태괘와 반대되는 측면에서 말하였다. 태괘의 「단전」에서는 "천지가 사귀어 만물이 통한다[天地交而萬物通]"라고 하였으나, 비괘의 「단전」에서는 "천지가 사귀지 않아 만물이 통하지 않는다[天地不交而萬物不通]"라고 하였다. 태괘의 「단전」에서는 "안은 양이고 밖은 음이다[內陽而外陰]"라고 하였으나, 비괘의 「단전」에서는 "안은 음이고 밖은 양이다[內陰而外陽]"라고 하였다. 태괘의 「단전」에서는 "안은 군자이고 밖은 소인이니 군자의 도는 자라고 소인의 도는 사라진다[內君子而外小人, 君子道長, 小人道消]"라고 하였으나, 비괘의 「단전」에서는 "안은 소인이고 밖은 군자이니 소인의 도가 자라고 군자의 도가 사라진다[內小人而外君子, 小人道長, 君子道消]"라고 하였다. 변화가 있는 분명한 두 가지는, 태괘의 「단전」에서는 "상하가 사귀어 그 뜻이 같으니 안은 강건하고 밖은 유순하다[上下交而其志同, 內健而外順]"라고 하였으나, 비괘의 「단전」에서는 "상하가 사귀지 않아 천하에 나라가 없다[上下不交而天下无邦也]"거나 "유가 안에 있고 강이 밖에 있다[內柔而外剛]"라고 하였다.

"천하에 나라가 없다[天下无邦]"라고 말하고, "뜻이 같지 않다[志不同]"라고 말하지 않은 것은 비괘의 때에 상하가 사귀지 않는 심각성을 강조한 것이다. 국가의 정치 생활은 막히고 비정상적이다. 나라에 사람이 없으니 나라는 나라가 아니며, 나라에 도가 없으니 나라가 있어도 나라가 없는 것과 같다. 이러한 심각한 상황이 나타나는 것은 물론 뜻이 같은지 뜻이 같지 않은지의 문제가 아니다. 비괘의 「단전」에서 강유剛柔를 말하고 건순健順을 말하지 않은 것은, 비괘의 때에 천지가 사귀지 않고 상하가 사귀지 않아 천지는 형체만 있고 작용이 없으니, 하늘에서는 강건한 작용이 일어나지 못하고 땅에서도 유순한 작용이 일어나지 못하기 때문이다.

「象」曰: 天地不交, 否. 君子以儉德辟難, 不可榮以祿.(「대상」에서 말하기를, 천지가 사귀지 않는 것이 비괘이다. 군자가 <비괘의 상을> 보고서 덕을 거두어 어려움을 피하고 봉록을 받는 것을 영광스러운 일로 여겨서는 안 된다.)

'검덕儉德'은 덕을 거두어들이는 것이다. '피辟'는 피避와 음과 뜻이 같다. 천지가 통하지 않고 상하가 사귀지 않을 때에 군자는 어떻게 해야 하는가? 마땅히 재주가 있어도 드러내지 않고, 덕이 있어도 내보이지 않으며, 선이 있어도 나타내지 않고, 자기를 숨기고 감추어서 영화와 봉록의 밖으로 벗어나야 한다. 벼슬하여 봉록을 받는 것을 영광스러운 일로 여기지 않고 도리어 벼슬하여 봉록을 받는 것을 재앙으로 여긴다는 것이다. 남이 자기를 알아주지 못할 때는 벼슬하여 봉록을 받는 것을 자기 몸에 두어서는 안 된다. 이것은 실제로 "도가 있으면 나아가고 도가 없으면 숨는다"[141]라는 사상의 표현으로, 도가의 출세주의와는 다르다.

初六, 拔茅茹, 以其彙, 貞吉亨.(초육은 띠풀의 엉겨 있는 뿌리를 뽑는 것이니 그 무리와 함께 올바름을 지키면 길하고 형통하다.)

『역』은 군자를 위해 도모하고 소인을 위해 도모하지 않는다. "길하고

141) 『論語』, 「泰伯」. "有道則見, 無道則隱."

형통하다[吉亨]"라고 말한 것은 확실히 군자를 말한 것이고 소인을 말한 것이 아니다. 괘사와 「단전」에서는 모두 안을 소인으로 보고 밖을 군자로 보았다. 그렇다면 초육은 음효가 내괘에 있어 소인이 되어야 하는데, 효사에서는 어째서 군자로 보았는가? 이것은 『역』이 때에 따라 뜻을 취하는 특징이 있고, 괘사나 효사에서 때때로 뜻을 취하기도 하여 일치하지 않기 때문이다. 비괘는 이러한 상황에 속한다. 비괘의 초육은 구사와 본래 '정응'하지만, 비괘의 때에 상하가 단절되어 통하지 않기 때문에 초육은 구사와 '정응'하는 의미를 잃어버린다. 초육은 구사와 응함이 없기 때문에 "그 무리와 함께 올바름을 지키면 길하고 형통하다[以其彙貞吉亨]." '휘彙'는 무리이고 '정貞'은 바르다는 뜻이다. 초육은 초육의 동류同類, 즉 육이와 육삼 두 효와 연결하여 함께 올바름을 지키고 움직이지 말아야 길함을 얻고 형통함을 얻을 수 있다. 태괘와 같이 '정길征吉'할 수 없으니, '정征'은 움직임이다. 태괘에서는 초효가 움직여야 길함을 얻으나 비괘에서는 초효가 움직이면 반드시 흉함에 이른다. 비괘의 초효가 바름을 지키고 움직이지 않으면 길하고 형통하다. 길한 것은 평안하고 무사하며 나쁜 일이 생기지 않는 것이고, 형통한 것은 자기의 장점을 한층 더 발휘하여 통달함이 있는 것이다.

> 「象」曰: 拔茅貞吉, 志在君也.(「소상」에서 말하기를, '띠풀의 엉겨 있는 뿌리를 뽑는 것이니 그 무리와 함께 올바름을 지키면 길하고 형통하다'는 것은 뜻이 군주에 있는 것이다.)

'발모정길拔茅貞吉'은 효사의 전체 글이 생략된 것이다. 군자는 막힌 때에 처하여 비록 나아가고자 하나 함부로 나아갈 수 없으니, 물러나서 올바름을 지키고 기회를 기다려서 움직여야 한다. 즉 "덕을 거두어서 어려움을 피한다[儉德辟難]"라는 것이다. 군자가 덕을 거두어서 어려움을 피하는 것은 실제로 어찌할 수 없으나 마음속에는 군신 간의 의리를 잊지 않고 군주의 은혜에 보답하는 뜻이 있다. 태괘의 초구 「소상」에서는 "뜻이 밖에 있다[志在外]"라고 하였으나 비괘의 초육 「소상」에서는 "뜻이 군주에 있다[志在君]"라고 말한 것은 의미가 크게 다르지 않으니, 모두 "조정의 높은 곳에 있으면서 그 백성들을 걱정하고 강호의 먼 곳에 있으면서 그 임금을 걱정한다"[142]라는 사상을 반영한 것이다. 백성을 걱정하고 임금을 걱정하는 사상은 유가의 수신修身·제가齊家·치국治國·평천하平天下의 사상이다. 이러한 사상은 유가의 가치 관념을 반영한 것이다. 유가의 가치 관념은 도가와 근본적으로 다르다. 도가에서는 사람을 자연물로 간주하고 개인의 정신적 해탈과 자유를 추구하였다. 반면 유가는 사람의 가치를 특히 중시하였으며, 사람이 천지 사이에 태어난 의미는 세상을 구제하고 남을 위하는 데 있다고 보았다. 비괘의 초육 「소상」에서 말한 "뜻이 군주에 있다"라는 것은 바로 유가 가치 관념의 중요한 내용이다.

六二, 包承, 小人吉, 大人否亨.(육이는 포용하고 받드니 소인은 길하고 대인은 막히나 형통하다.)

'포승包承'은 포용하고 받듦이다. 육이는 유효로 '중'에 있고 '정'을 얻어 지극히 유순한 상이니, 소인이 아래에 처하여 아첨하는 수완을 발휘하여 군자를 농락하고 스스로 비괘의 난관을 건너갈 것을 구한다. '포승'은 소인에 대해 말하면 길하다. 그러나 『역』은 군자를 위해 도모하고 소인을 위해 도모하지 않으니, 소인이 길한 것은 바로 대인이 막힌 것이다. 효사

142) 范仲淹, 『岳陽樓記』. "居廟堂之高, 則憂其民, 處江湖之遠, 則憂其君."

에서 먼저 소인이 어떠한지를 말하였으나 마지막에는 대인이 어떻게 해야 하는지를 지적하였다. 소인을 말한 것은 대인이 어떻게 소인을 다루어야 하는지를 설명하기 위한 것이다. "대인은 막히나 형통해야[大人否亨]" 비로소 소인과 경계를 분명히 하여 소인 때문에 미혹되지 않고 소인 때문에 더럽혀지지 않으니, 막히는 곤경에 처한 것을 달갑게 여기고 미래의 형통할 것을 느긋이 구할 수 있다.

「象」曰: 大人否亨, 不亂群也.(「소상」에서 말하기를, '대인은 막히나 형통하다'는 것은 소인의 무리에게 어지럽혀지지 않는 것이다.)

비괘의 때는 상하가 사귀지 않고, 세상의 도가 바르지 못하며, 소인이 포용하고 받들어 군자를 농락한다. 대인은 군자와 같은 부류이고 소인과는 다른 부류이다. 대인이 "소인의 무리에게 어지럽혀지지 않는다[不亂群]"라는 것은 소인과 섞이지 않고 소인에게 미혹되거나 농락되지 않으니 소인이 "포용하고 받드는 것[包承]"과는 첨예하게 대립한다.

六三, 包羞.(육삼은 부끄러움을 품는 것이다.)

육이가 비록 음유陰柔하지만 '중'에 있고 '정'을 얻었으니, 육이는 포용하고 받들 수 있어서 남에게 쉽게 간파되지 않기 때문에 "막히나 형통한 것[否亨]"으로써 대인을 경계하였다. 육삼은 음유할 뿐만 아니라 '중정'하지 못하고 또한 상괘와 매우 가까우니 육삼의 면목을 다들 분명히 볼 수 있어 육삼이 남을 미혹시키거나 남을 농락하려 하여도 쉽게 이루지 못한다. 그러나 육삼은 부끄러움을 참고 자리를 견고히 하여 떠나갈 마음이 없으며, 자리만 차지하고 녹만 먹으며 어떠한 일도 하지 않는다. 이것이 바로 "부끄러움을 품는다[包羞]"는 것이다. 공자는 "나라에 도가 없을 때에 녹만 받아먹는 것은 부끄러운 일이다"[143]라고 말하였는데, 비괘의 때에 자리만 차지하고 공밥을 먹으며 얼굴을 두껍게 하여 부끄러움이 없는 것은 대체로 육삼의 이러한 상황을 가리킨다.

「象」曰: 包羞, 位不當也.(「소상」에서 말하기를, '부끄러움을 품는다'는 것은 자리가 마땅하지 않기 때문이다.)

육삼은 본래 소인이나 육삼이 지금의 치욕을 참을 수 있는 것은 육삼이 차지한 자리가 '부중'하고 '부정'하여 육삼이 발전하지 못하도록 제한하여 일단 자리가 마땅하지 않은 것에서 자리가 마땅한 것으로 바뀌기 때문이다. 이러한 사람은 더 큰 나쁜 일을 할 수 있으니, 군자는 반드시 그것을 방비하는 데 주의해야 한다.

九四, 有命无咎, 疇離祉.(구사는 천명이 있으면 허물이 없어서 무리가 모두 복을 받을 것이다.)

'명命'은 천명을 말하고 군주의 명령이 아니다. '주疇'는 무리이고, '리離'는 려麗로 붙음이다. '지祉'는 복이다. 구사는 중간을 지나 장차 구제될 것이니 비괘가 태괘로 바뀌려는 때이다. 구사는 양강으로 군주의 자리에 가까이 있어 비괘를 구제할 재능과 세력이 있다. 만약 스스로 잘못이 없는 데 처하고 또한 조급히 나아가지 않을 수 있으면 반드시 허물이 없을 것이다. 왜냐하면 비괘가 다하면 반드시 태괘가 이루어지기 때문이다. 그

143) 『論語』, 「憲問」. "邦無道, 穀, 恥也."

속에 '천명'이 있는 것은 객관적 규율이 작용하고 있다는 것이다. '큰 것이 가고 작은 것이 오는 것'이 '작은 것이 가고 큰 것이 오는 것'으로 바뀌니, 구사 스스로 복을 받을 뿐만 아니라 구사와 동류인 여러 양효들도 구사에 붙어서 일제히 복을 받는다.

「象」曰: 有命无咎, 志行也.(「소상」에서 말하기를, '천명이 있으면 허물이 없다'는 것은 뜻이 행해지는 것이다.)

구사는 바로 비괘가 중간을 지나 장차 구제될 때에 처해 있으니, 그 때를 얻었을 뿐만 아니라 천명이 있기 때문에 허물이 없다. 그러나 구사는 비괘가 장차 태괘로 돌아가는 과정에서 완전히 소극적이고 피동적인 상태에 처해 있는 것이 아니다. 구사는 주동적이고 적극적이며 심지어 "천명이 있으면 허물이 없다[有命无咎]"는 결말을 말할 수 있으니, 바로 구사 스스로가 뜻을 행하는 것을 나타낸다.

九五, 休否, 大人吉, 其亡其亡, 繫于苞桑.(구오는 막힌 것을 그치게 하는 것은 대인의 길함이니 망할까 망할까 하여 무더기로 난 뽕나무 뿌리에 매어 놓듯이 한다.)

'휴休'는 그침이다. 구사는 비괘가 태괘로 전환되기 시작하는 때이나, 구오는 이미 막힌 것을 그치게 하는 때에 진입한 것이다. 구오는 비괘의 주효로 양강하고 '중정'하며 또한 높은 자리에 있어 '그 자리에 있고 그 덕을 지니며 그 때를 얻었다'고 말할 수 있다. 구오에는 막힌 것을 그치게 하는 조건도 있고 역량도 있으니, 즉 어지러운 세상을 바로잡아 정상을 회복하여 건과 곤을 전환시킬 수 있다. 막힌 것을 그치게 하는 것은 진실로 형세의 필연에 속하지만 막힌 것을 그치게 하는 가능성이 현실로 바뀌면 구오, 즉 대인의 강한 결단력과 분발력과 추진력이 결정적 의미를 갖는다. 『역경』에서는 이미 객관적 규율을 강조하였을 뿐만 아니라 사람의 주관적 능동 작용을 중시하여 조금의 숙명론적 사상이 없음을 볼 수 있다. 원기가 점차 회복되어 태괘의 도가 장차 돌아올 때면 사람들이 모두 편안하고 즐거워하지만 오직 대인은 경계하고 두려워하며 위태로운 마음을 가진다. 대인은 "망할까 망할까[其亡其亡]"를 늘 생각하고 잊지 않으니, 이와 같이 경계하고 두려워하며 위태로운 마음을 가지면 반드시 "무더기로 난 뽕나무 뿌리에 매어 놓은[繫于苞桑]" 것처럼 견고하여 뽑히지 않을 수 있다. 뽕나무는 뿌리가 깊고 견고하다. '포苞'는 무더기로 난 것이다. '포상苞桑'은 무더기로 나는 뽕나무이니 견고하기가 더욱 심하다. 「계사전」에는 "위태로울까 걱정하는 것은 자리를 편안히 하는 것이고, 망할까 걱정하는 것은 목숨을 보존하는 것이며, 어지러울까 걱정하는 것은 다스림을 있게 하는 것이다. 이 때문에 군자는 편안해도 위태로울 것을 잊지 않고, 목숨이 보존되어도 망할 것을 잊지 않으며, 다스려져도 어지러울 것을 잊지 않으니, 이 때문에 몸을 편안히 하여 국가를 보존할 수 있다"[144]라고 하였다. 「계사전」에서 개괄한 관점은 비괘 구오 효사의 사상과 일치한다.

「象」曰: 大人之吉, 位正當也.(「소상」에서 말하기를, '대인이 길하다'는 것은 자리가 바르고 마땅하기 때문이다.)

144) 『周易』, 「繫辭傳(下)」, 第3章. "子曰, "危者, 安其位者也, 亡者, 保其存者也, 亂者, 有其治者也. 是故君子安而不忘危, 存而不忘亡, 治而不忘亂. 是以身安而國家可保也."

비괘가 태괘로 전환되어 대인이 길함을 얻는 중요한 원인은 구오에 덕이 있고 지위가 있기 때문이다. 덕이 있고 지위가 있는 것 가운데 중요한 것은 지위가 있다는 것이다. 구오는 '중'에 있고 '정'을 얻으며 존귀한 자리에 있어 비괘를 태괘로 전환시킬 권력을 잡고 있으니, 어지러운 세상을 바로잡아 정상을 회복하는 힘을 가지고 있다.

上九, 傾否, 先否後喜.(상구는 막힌 것이 뒤집어지는 것이니 먼저는 막혔으나 나중에는 기쁘다.)

상구는 비괘의 끝에 처하여 비괘가 극점으로 발전하여 뒤집어져야 하는 때이다. 효사에서 '경비傾否'라고 하고 '비경否傾'이라 말하지 않은 것에는 따로 의미가 있다. 비괘의 뒤집어지는 이유가 그 속의 인사의 역량에 매우 큰 작용을 한다는 것을 강조한 것이다. 결코 비괘가 발전하여 극점에 이른 것이 아니니 사람의 힘을 기다리지 않으면 자연히 뒤집어진다. 태괘의 상육은 음유한 것으로 태괘의 끝에 처했으니, 상육은 태괘를 보존할 능력도 없고 덕도 없어서 태괘를 비괘로 바뀌게 한다. 비괘의 상구는 양강한 재주로 비괘를 뒤집을 능력이 있어서 비괘를 태괘로 바뀌게 한다. 태괘가 상육에 이르러 비괘로 돌아가든 비괘가 상구에 이르러 태괘로 바뀌든 사회가 발전하여 극점에 이르면, 즉 질적인 변화가 발생할 때면 사람의 작용을 소홀히 할 수 없다. 『역경』에서는, 한편으로는 사회역사의 발전을 법칙성이 있는 것으로 보았고, 다른 한편으로는 사람의 작용을 매우 중시하였다. 실제로 『역경』에서는 이미 사람이 역사의 주인이라는 사상을 가지고 있었으며, 인류 역사의 운명이 상제에 의해 주재된다고 보지 않았다.

"먼저는 막혔으나 나중에는 기쁘다[先否後喜]"라는 것은 비괘가 다할 때는 걱정이 먼저 있고 비괘가 뒤집어질 때는 기쁨이 나중에 있으니, 천하 사람들이 걱정하기 전에 걱정하고 천하 사람들이 기뻐한 뒤에 기뻐한다는 뜻이다. 바로 구오의 "망할까! 망할까! 두려워하여 무더기로 난 뽕나무 뿌리에 매어 놓듯이 한다[其亡其亡, 繫于苞桑]" 라는 의미와 비슷하다.

「象」曰: 否終則傾, 何可長也.(「소상」에서 말하기를, 막힌 것이 끝나면 뒤집어지니 어찌 오래갈 수 있겠는가.)

이것은 객관규율과 사람의 주관적 능동성의 관계를 말한 것이다. '즉則' 자는 인사의 중요성을 강조한 것이다. 막힌 것이 끝나면 반드시 뒤집어지니, 사람들은 비괘가 끝나고 장차 뒤집어지려 할 때 주동적으로 가서 "막힌 것을 뒤집어야지[傾否]" 기다려서는 안 된다. "어찌 오래갈 수 있겠는가[何可長]" 라는 말은 천하에 절대로 오래도록 막히는 이치가 없으니 막히면 뒤집어지는 것은 필연적이라는 말이다. 사람들은 정세에 따라 기회를 타고 움직여야 한다. 두 구절의 말은 천도의 성쇠盛衰와 인사의 진퇴進退를 한데 섞어 놓은 것이다.

● 총론

비괘와 태괘는 위에 있는 세 효와 아래에 있는 세 효가 모두 서로 응하는 것이다. 그러나 태괘에는 상하의 여러 효가 효 뜻에서 서로 사귀는 뜻이 있으나 비괘에는 없다. 태괘의 초효는 그 무리와 함께 움직이고[征], 4효는 믿으며[孚], 2효는 중도를 행하고[中行], 5효는 여동생을 시집보내며[歸妹], 3효는 평평한 것이 기울어지고[陂平], 상효는 성이 무너져 해자로 돌아감이니[城復], 대체로 서로 응하는 효의 효 뜻이 서로 사귀는 것이다.

비괘는 그렇지 않다. 비괘의 초효는 띠풀을 뽑고[拔茅], 4효는 천명이 있고[有命], 2효는 대인이 막히고[大人否], 5효는 대인이 길하고[大人吉], 3효는 부끄러움을 품으며[包羞], 상효는 나중에 기쁘니[後喜], 서로 응하는 효의 효 뜻이 모두 서로 사귀지 않는다.

비괘는 천지가 사귀지 않아 세상의 일이 막히는 것을 말하지만 여섯 효의 효사에는 흉이나 허물이라는 글자가 하나도 보이지 않는다. 이것은 무슨 까닭인가? 비괘의 여섯 효는 음양이 똑같이 나누어져 있어 군자와 소인이 함께 세상을 살아가는 상이니, 아직 유약한 것이 강한 것을 깎아 내는 때에 이르지 못하여 소인이 해가 되는 것이 뚜렷이 보이지 않기 때문이다. 박괘剝卦의 때에 이르면 위에 있는 하나의 양이 다섯 음에 의해 깎여져서 바야흐로 소인의 세상이 된다. 비괘의 때는 전체 괘에서 보면, 군자의 도가 사라지고 소인의 도가 자라서 군자에게 이롭지 않기 때문에 괘사에서는 "군자가 바름을 지키는 데 이롭지 않다[不利君子貞]"라고 하였다. 그러나 여섯 효의 각자 상황은 모두 이와 같지 않다. 상괘의 세 효는 모두 양이고 군자가 위에 있으니 비괘가 이미 중간을 지나 형세가 호전되어 "막힌 것이 그치거나[休否]" "막힌 것이 뒤집어지는 것[傾否]"은 이미 형세가 필연적이다. 이때는 다만 대인과 군자가 규율에 순응하고 마음에 위태로움과 두려움을 가지고 적극적이고 신중히 일을 처리하면 허물이 없고 길함을 얻을 수 있다. 하괘의 세 효는 모두 음이니 소인이 일을 처리하면 당연히 상괘의 좋은 것만 못하다. 그러나 이때 소인은 몸을 온전히 하고 해를 멀리하는 때에 처해 있어 제 일만으로도 힘이 벅차 남을 돌볼 힘이나 겨를이 없으니 군자에게 해를 끼치는 뜻이 현실로 바뀔 것이다. 때문에 효사에서는 소인이 "포용하고 받들거나[包承]" "부끄러움을 품을 것[包羞]"을 강조하고 흉이나 허물을 말하지 않았다.

13
동인괘(同人卦)

䷌ 리하건상 離下乾上

이 괘에서는 남과 함께할 것을 강조하고 개인과 전 사회의 관계 문제를 언급하였다. 동인괘는 어째서 비괘의 다음에 배열하였는가? 「서괘전」에는 "사물은 끝까지 막힐 수 없기 때문에 동인괘로 받았다"[145]라고 하였다. 비괘는 천지가 사귀지 않는 것이고 동인괘는 위아래가 서로 함께하는 것이다. 다시 말하면, 비괘가 일정한 정도까지 발전하면 동인괘에 의해 부정되어야 한다는 말이다.

同人于野, 亨. 利涉大川, 利君子貞.(들에서 남과 함께하면 형통하다. 큰 내를 건너는 것이 이롭고 군자의 바른 도를 지키는 것이 이롭다.)

'야野'는 과거에 대부분 광활한 들판으로 이해하였으나, 실제로 이것은 '나라와 들'이라고 할 때의 들이다. 고대에는 한 국가의 안에 있는 중심 지역을 나라[國]라고 불렀고, 나라의 밖을 교외[郊]라고 불렀으며, 교외

145) 『周易』, 「序卦傳」. "物不可以終否, 故受之以同人."

의 밖은 들[野]이다. 들은 가장 멀리 떨어진 지역이다. "들에서 남과 함께 한다[同人于野]"라는 것은 동인괘의 범위가 넓고 크고 멀어서 천하의 사람들과 함께해야 한다는 말이다. 내가 천하의 사람들과 함께하면 천하의 사람들도 모두 와서 나와 함께할 것이다. 이러한 정도에 이를 수 있으면 일이 형통하지 않음이 없다. 이것은 유가의 천하가 한집이 되고 중국이 한사람이 되는 사상을 반영한 것이다. "큰 내를 건너는 것이 이롭다[利涉大川]"라는 것은 "들에서 남과 함께한다[同人于野]"라는 효용을 말한 것이다. 즉 천하를 품고 광대한 대중을 단결할 수 있으면 건너가지 못할 어떠한 어려움도 없다는 말이다.

"군자의 바른 도를 지키는 것이 이롭다[利君子貞]"라는 것은 "들에서 남과 함께하면 형통하니 큰 내를 건너는 것이 이롭다[同人于野, 亨, 利涉大川]"라는 말에 조건이 된다. 이것은 "들에서 남과 함께하면" 형통하고 큰 내를 건너는 데 이로울 수 있다는 것만을 말하는 것이 아니다. '정貞'은 바르다는 뜻이다. '이군자정利君子貞'은 남과 함께하는 사람이 스스로 발라야 하고 군자의 바른 도를 지켜야 한다는 말이다. 만약 소인의 도를 행하면 세상에 아첨하여 비록 사람들이 기뻐하는 것을 얻어서 그것과 함께하겠지만 절대로 오래도록 지속할 수 없다. 어떻게 큰 내를 건너서 험난함을 지나갈 수 있겠는가?

「彖」曰: 同人, 柔得位得中而應乎乾, 曰同人. 同人曰, 同人于野, 亨, 利涉大川, 乾行也. 文明以健, 中正而應, 君子正也. 唯君子爲能通天下之志.(「단전」에서 말하기를, 동인은 유가 자리를 얻고 중을 얻어 건과 응하므로 동인이라 하였다. '들에서 남과 함께하면 형통하니 큰 내를 건너는 것이 이롭다'는 것은 건(하늘)의 운행이다. 문명하면서 강건하고 중정으로 응하는 것이 군자의 바름이다. 오직 군자라야 천하의 뜻에 통할 수 있다.)

"동인은 유가 자리를 얻고 중을 얻어 건과 응하므로 동인이라 한다[同人, 柔得位得中而應乎乾, 曰同人]"는 것은 괘체의 관점에서 괘의 이름과 괘의 뜻을 해석한 것이다. '유柔'는 육이를 가리키고 '건乾'은 구오를 가리킨다. 육이는 괘 가운데 유일한 음효이고 괘를 이루는 주효이다. 전체 괘에서 말하면, 주로 육이에 의해서 동인괘가 실현된다. 육이는 음효로 음의 자리에 있고 바른 자리를 얻었으며 또한 '중'을 얻어 남과 함께하는 조건을 가지고 있다. 그러나 유효는 아직도 독립적으로 문제를 해결할 수 없고 반드시 "건과 응해야[應乎乾]", 즉 '건'이 육이와 결합해야 비로소 남과 함께할 수 있다. 대체로 유효를 주로 하는 괘는 모두 이와 같다. 예를 들어 리괘履卦의 "기뻐하면서 건을 공경하니 이 때문에 호랑이의 꼬리를 밟더라도 사람을 물지 않아 형통하다[說而應乎乾, 是以履虎尾不咥人, 亨]", 소축괘의 "유효가 자리를 얻어 상하가 응한다[柔得位而上下應之]", 대유괘의 "하늘에 응하여 때에 맞게 행한다[應乎天而時行]"라는 것은 모두 유효가 자리를 얻어 건과 서로 응해야 비로소 일을 이룰 수 있음을 강조한 것이다.

'동인왈 동인우야 형 이섭대천 건행야同人曰, 同人于野, 亨, 利涉大川, 乾行也'에서의 '동인왈同人曰' 세 글자는 잘못 들어간 말이고, 그 이하는 괘사를 해석한 것이다. 공자는 '건행乾行'으로 '동인우야 이섭대천同人于野, 利涉大川'을 해석하였다. '건행'은 하늘의 운행이고 하늘의 도이다. 하늘의 운행과 하늘의 도는 그 특징이 강건하고 사사로움이 없다. 동인의 괘가 들에서 남과 함께할 수 있고 큰 내를 건널 수 있는 것은 구오가 강건하고 사사로움이 없이 작용하고 있기 때문이다. 구오가 없으면 유효인 육이 혼자서는 행하지 못한다.

"문명하면서 강건하고 중정으로 응하는 것이 군자의 바름이다. 오직 군자라야 천하의 뜻에 통할 수 있다[文明以健, 中正而應, 君子正也. 唯君子爲能通天下之志]"라는 구절은 괘사인 "군자의 바른 도를 지키는 것이 이롭다"는 말을 해석한 것이다. '문명'은 내괘의 덕을 가리킨다. 강건함은 구오의 덕을 가리키고, '중정'은 육이와 구오 두 효가 '중'에 있고 '정'을 얻어서 서로 응하는 것을 가리킨다. 강건하면 사사로움이 없고, 문명하면 이치에 밝으며, 중정하면 치우침이 없다. 셋이 모두 갖추어져 있는 것이 "군자의 바름이다[君子正]." 군자가 바른 도를 행하면 뜻이 자연히 천하 사람들과 사귀어 통할 수 있고, 천하 사람들도 자연히 군자와 함께할 수 있다.

「象」曰: 天與火, 同人. 君子以類族辨物.(「대상」에서 말하기를, 하늘과 불이 동인괘이다. 군자가 <동인괘의 상을> 보고서 같은 종류끼리 분류하고 사물을 분별한다.)

하늘 아래에 불이 있다거나 불이 하늘 아래에 있다고 말하지 않고 "하늘과 불[天與火]"이라고 말한 것은 하늘이 위에 있고 불이 위로 향하니 둘은 이 점에서 서로 같다는 말이다. 이 괘는 하늘과 불이 위에 있고 위로 향하는 상을 취하여 동인괘라 하였다. 군자는 이 괘를 배우고 동인괘의 상을 살펴서 이로써 지도하고 실천하면 "같은 종류끼리 분류하고 사물을 분별할 수 있다[類族辨物]." 세상의 만사만물은 천차만별로 다르고 완전히 같은 것이란 없다. 사물은 항상 같은 것 속에 다른 것이 있고 다른 것 속에 같은 것이 있어서 같은 것과 다른 것이 긴밀히 서로 연관되어 있다. 도가의 장자莊子는 사물에 다른 일면이 있음을 무시하고 "만물은 하나로 가지런하다[萬物一齊]"거나 "물아에 구분이 없다[物我不分]"라는 것을 강조하였다. 『주역』은 같은 점을 구할 뿐만 아니라 또한 다른 점이 존재한다는 것을 주장하였다. 동인괘의 '동'은 함께하는 '동'이고 차이가 있는 '동'이다. 때문에 공자는 군자가 동인괘의 상을 살펴서 "같은 종류끼리 분류하고 사물을 분별할 것"을 강조하였다.

'유족類族'과 '변물辨物'은 짝을 이루는 글이다. '유類'는 동사로 배열하다는 뜻이고, '족族'은 명사로 종류의 뜻이다. '유족'은 인사의 차별을 종류별로 분명히 구분하여 선은 선에 귀속시키고, 악은 악에 귀속시키며, 옳은 것은 옳은 것에 귀속시키고, 그른 것은 그른 것에 귀속시키는 것이다. '변辨'은 구별하다는 뜻으로 동사이다. '물物'은 온갖 사물의 뜻으로 명사이다. '변물'과 '유족'은 뜻이 비슷하니 만물을 분류하고 분별하는 것을 말한다.

初九, 同人于門, 无咎.(초구는 문 밖에서 남과 함께하니 허물이 없다.)

'동인우문同人于門'은 문 밖에서 남과 함께하는 것이지 문 안에서 남과 함께하는 것이 아니다. 문 밖에서 남과 함께하는 것은 남과 가깝고 멀며 친밀하고 소원함을 구분하지 않고 만나는 자와 모두 함께한다는 것이다. 이러한 함께함은 넓고 커서 치우치거나 사사로움이 없으니 친한 자라고 가까이하지 않고 소원한 자라고 멀리하지 않으며 공정하게 대우한다. 동인괘의 처음에 이와 같이 할 수 있으면, 앞으로 길吉·흉凶·회悔·린吝으로 발전하는 것을 보겠으나 지금은 허물이 없음이 확실하다.

이것은 동인괘 초구 효의 효 뜻이다. 효 뜻은 효상爻象을 통하여 나타난다. 구九는 양효로 동인괘의 처음에 있어 매이고 응함이 없다. 초구는 구사와 응하지만, 동인괘의 초구와 구사 두 효는 모두 양효이기 때문에 서로 응하지 않는다. 초구에 대하여 말하면, 매이고 응함이 없다. 매이고 응함이 없는 것은 동인괘에서 치우치고 사사로움이 없는 상이다.

「象」曰: 出門同人, 又誰咎也.(「소상」에서 말하기를, 문을 나와서 남과 함께하니 또 누가 허물하겠는가.)

공자는 '출문동인出門同人'으로 '동인우문同人于門'을 해석하였다. '우문于門'이 곧 '출문出門'이다. 문 밖으로 나와서 남과 함께하는 것은 함께하는 범위가 넓으니 치우치거나 사사로움이 없이 함께하는 것이다. 이렇게 함께하면 누가 그것을 허물하겠는가!

六二, 同人于宗, 吝.(육이는 남과 함께하되 종족끼리만 하니 부끄러울 것이다.)

남과 함께하는 범위는 넓으면 좋고 좁으면 좋지 않다. '종宗'은 종족[146]이다. '동인우종同人于宗'은 문 안에서 남과 함께하는 것이다. 함께하는 범위가 문 안의 종족으로 제한되었으니, 문 밖이나 들에서 남과 함께하는 것보다 좁기 때문에 부끄러울 수 있다.

육이는 동인괘의 주효이다. 전체 괘의 관점에서 보면, 육이는 유효가 자리를 얻고 '중'을 얻었으며 구오와 '정응'하여 서로 함께하는 뜻이 있으니 좋은 것이다. 그러나 육이 효의 효 뜻에서 보면, 상황은 다르다. 육이는 구오와 '정응'하고 '정응'은 본래 좋은 것이지만 동인괘에서는 좋지 않다. 육이는 자기가 매이고 응하는 구오와 함께하나 구오가 함께하는 범위를 한정하니, 초구의 매이고 응함이 없어 함께하는 범위가 넓은 것만

146) 종족(宗族)은 동성동본(同姓同本)의 일가를 말한다.(역자 주)

못하기 때문에 초구는 허물이 없으나 육이는 부끄럽다.

「象」曰: 同人于宗, 吝道也.(「소상」에서 말하기를, '남과 함께하되 종족끼리만 한다'는 것은 부끄러운 도이다.)

'동인우종同人于宗'은 부끄러운 것이 필연적이다. 『역』의 사례에 따르면, 육이가 구오와 '정응'하지만 육이에는 경계하는 말이 많다. 동인의 괘에서는 특히 이와 같다. 육이는 구오에 매이고 응하니, 즉 오로지 구오와 함께한다. 이것은 친한 종족끼리만 함께하고 친하지 않는 다른 사람과는 함께하지 않는다고 말하는 것과 같아 그 도가 부끄러울 수 있다.

九三, 伏戎于莽, 升其高陵, 三歲不興.(구삼은 군사를 풀 속에 잠복시켜 두고 높은 언덕에 올라가 살피지만 3년이 되도록 전쟁을 일으키지 못한다.)

3효는 상효와 서로 응하는 것이지만, 3효는 구九이고 상효도 구九로 두 효가 모두 양이기 때문에 구삼과 상구는 '정응'이 아니다. 동인의 때에 '정응'하지 못하면 같지 않고, 같지 않으면 다르고, 다르면 반드시 어긋나서 다투게 된다. "군사를 풀 속에 잠복시켜 두고 높은 언덕에 올라 살피지만 3년이 되어도 전쟁을 일으키지 못한다[伏戎于莽, 升其高陵, 三歲不興]"라는 것은 어긋나서 다투는 것을 나타낸다. 그러나 이러한 다툼은 여전히 경계하는 단계에 있으므로 오래도록 현실로 바뀌지 못한다.

「象」曰: 伏戎于莽, 敵剛也. 三歲不興, 安行也.(「소상」에서 말하기를, '군사를 풀 속에 잠복시켜 두고 높은 언덕에 올라가 살핀다'는 것은 적이 강하기 때문이다. 3년에 되도록 전쟁을 일으키지 못하니 어찌 행할 수 있겠는가.)

'복융우망伏戎于莽'은 '복융우망 승기고릉伏戎于莽, 升其高陵'이 생략된 글이다. '적강敵剛'은 구삼과 상구의 관계를 말한다. '적敵'은 응하는 뜻이다. 두 강효가 서로 응하지만 실제로는 서로 응하지 않고 서로 다르기 때문에 "적이 강하다[敵剛]"라고 하였다. 구사를 죽이려고 잠복하지만 어째서 "3년이 되도록 전쟁을 일으키지 못하는가[三歲不興]?" '안행安行'하기 때문이다. '안행'은 행할 수 없다는 것이다. 구삼은 마음이 싸우고자 하나 힘이 받쳐 주지 못하는 것이다.

九四, 乘其墉, 弗克攻, 吉.(구사는 담에 올라갔으나 공격하지 못하니 길할 것이다.)

'용墉'은 담이다. "담에 올라간다[乘其墉]"라는 것은 공격하려는 뜻이다. 구사는 누구를 향해 공격하는가? 초구를 향한다. 구삼과 상구는 적강敵剛의 관계이고 구사와 초구도 '적강'의 관계이니, 즉 두 양효가 서로 응하는 자리에 있으나 응하지 않는다. 동인괘에서 응하지 않는 것은 다른 것이고, 다른 것은 서로 공격하는 상이다. 이 점은 구사와 구삼의 상황이 같다. 그러나 같지 않은 것도 있다. 구삼은 양효로 강효의 자리에 있기 때문에 군사를 풀숲에 잠복시켜 두고 3년이 되도록 전쟁을 일으키지 못하니 잘못을 고집하여 돌아가지 못하는 뜻이 있다. 구사는 양효로 유효의 자리에 있기 때문에 공격하지 못하여 길하다. 곤경이 있으나 돌아갈 수 있는 뜻이니 결과는 길하다.

「象」曰: 乘其墉, 義弗克也. 其吉, 則困而反則也.(「소상」에서 말하기를, '담에 올라갔으나 공격하지 못한다'는 것은 의리상 이기지 못하기 때문이다. 길한 것은 곤궁함을 알고 바른 도로 돌아오기 때문이다.)

'승기용乘其墉'은 '승기용 불극공乘其墉, 弗克攻'이 생략된 글이다. 어째서 뜻이 공격하고자 하고 형세가 공격할 만한데도 끝내 공격하지 못하는가? "의리상 이기지 못하기[義弗克]" 때문이다. "의리상 이기지 못하는 것"은 자기가 의리상 바르지 않다는 것을 알기 때문에 끝내 공격하지 못한다는 말이다. 잘못을 고친다는 뜻이 있다. 구사가 길함을 얻을 수 있는 것은 곤궁함을 알고 바른 도로 돌아갈 수 있기 때문이다.

九五, 同人先號咷而後笑, 大師克相遇.(구오는 남과 함께하되 먼저는 울부짖다가 나중에는 웃으니 군대로 이겨야 서로 만난다.)

동인괘의 특징은, 내괘는 같은 것에서 다르고 외괘는 다른 것에서 같다는 것이다. "문 밖에서 남과 함께한다[同人于門]"는 것은 함께하는 정도가 높은 것이고, "남과 함께하되 종족끼리만 한다[同人于宗]"라는 것은 함께하는 정도가 조금 부족한 것이다. 구삼의 "군사를 풀숲에 잠복시키는 데[伏戎于莽]"에 이르면 같은 것에서 다른 것으로 바뀐다. 외괘인 구사의 "담에 올라갔으나 공격하지 못한다[乘其墉, 弗克攻]"는 데 이르러서는 또한 다른 것이고 같지 않다. 구오에 이르러서는 상황에 변화가 생겨서 다른 것에서 같은 것으로 바뀌기 시작한다. "먼저는 울부짖는다[先號咷]"는 것은 다른 것을 말하고, "나중에는 웃는다[後笑]"는 것은 같은 것을 말한다. 동인괘가 구오에 이르러서는 다른 것에 반대하고 같은 것에 돌아가서 같은 것이 결국 우세를 차지하기 때문에 "먼저는 울부짖다가 나중에는 웃는다"라고 하였다. 구오는 누구와 함께하는가? 구이와 함께한다. 구오가 구이와 함께하는 것은 힘들이지 않고 쉽게 할 수 있는 것이 아니라 반드시 투쟁을 거쳐 장애물을 제거해야 비로소 실현될 수 있기 때문에 "군대로 이겨야 서로 만난다[大師克相遇]"라고 하였다.

「象」曰: 同人之先, 以中直也. 大師相遇, 言相克也.(「소상」에서 말하기를, '남과 함께하되 먼저는 울부짖다가 나중에는 웃는다'는 것은 중정하기 때문이다. '군대로 이겨야 서로 만난다'는 것은 서로 이기는 것을 말한 것이다.)

'동인지선同人之先'은 '동인선호도이후소同人先號咷而後笑'가 생략된 글이다. 이것은 공자가 「소상」을 지을 때 항상 쓰던 방법이다. '직直'은 바르다는 뜻이니 '중직中直'은 바로 중정中正이다. '정正'을 직直으로 쓴 것은 직直과 극克이 같은 운이기 때문이다. 「소상」의 뜻은 동인괘의 구오가 어째서 "먼저는 울부짖다가 나중에는 웃는지", 즉 다른 것에서 같은 것으로 돌아갈 수 있는지를 말한 것이다. 왜냐하면 구오의 자리가 '중정'하기 때문이다. 구오는 '중정'하고 육이와 '정응'하니 둘이 서로 만나고 서로 함께하는 것은 필연적이다. 그러나 잠시 구삼과 구사에 저지되어 함께해야 하나 함께할 수 없기 때문에 슬퍼하고 울부짖지만 결국 육이와 응함을 얻기 때문에 나중에는 웃는다.

"군대로 이겨야 서로 만난다는 것은 서로 이기는 것을 말하니[大師相遇, 言相克也]", 동인괘의 내괘는 같은 것에서 다르고 외괘는 다른 것에서 같다. 다른 것에 반대하고 같은 것으로 돌아간다. 반드시 군대가 먼저 이긴 후에야 서로 만날 수 있다. '대사大師'는 군대이고, '극克'은 싸워서 이기는 것을 말한다. 구삼과 구사가 저지하는 것과 싸워 이긴 후에 서로 만난다는 것이다.

上九, 同人于郊, 无悔.(상구는 교외에서 남과 함께하니 후회가 없을 것이다.)

고대 국가는 읍을 중심으로 하여 읍 밖이 교외이고 교외 밖이 들이다. 괘사에서 말한 "들에서 남과 함께한다[同人于野]"라는 것에는 천하의 지공대동至公大同한 뜻이 있다. 교외는 들에 가까우니 상구의 효사에서 말한 "교외에서 남과 함께한다[同人于郊]"라는 것에는 사사로운 뜻이 없지만, 아직은 '지공대동'한 정도에 이르지 못하였기 때문에 길함을 얻을 수 없고 다만 후회가 없을 뿐이다.

「象」曰: 同人于郊, 志未得也.(「소상」에서 말하기를, '교외에서 남과 함께한다'는 것은 뜻을 아직 얻지 못한 것이다.)

'교외'는 '들'과 아직 멀어서 천하의 '지공대동'한 뜻을 구하나 결국 실현되지 못한다.

● 총론

동인괘는 전체적으로 말하면 다음과 같은 특징이 있다. 첫째, 괘의 뜻은 "들에서 남과 함께하니[同人于野]" 천하의 사람들과 함께하려는 것이다. 그러나 같음이 있으면 반드시 다름이 있고, 다름이 있어야 비로소 같음이 있으며, 같으면 다름이 생기고, 다르면 반드시 같은 데로 돌아간다.

때문에 구삼에서는 "군대를 풀숲에 잠복시킨다[伏戎于莽]" 라고 하였고, 구사에서는 "담에 올라간다[乘其墉]" 라고 하였다. 동인괘의 여섯 효는 결국 두 효가 다르다는 것을 말하고 있으니, 전체 괘는 초구에서 상구까지 '같은 것에서 다른 것으로, 다른 것에서 같은 것으로' 의 발전 과정으로 구성되었다. 초구의 "문 밖에서 남과 함께한다[同人于門]", 육이의 "남과 함께하되 종족끼리만 한다[同人于宗]" 라는 것은 같은 것이다. '종족끼리' 함께하는 정도는 '문 밖에서' 함께하는 것만 못하다. 구삼의 "군대를 풀숲에 잠복시켜 두는 데[伏戎于莽]" 이르러서는 같은 것이 다른 것으로 전환한다. 구사의 "담에 올라간다[乘其墉]" 라는 것은 또한 다른 것이며, 구오의 "남과 함께하되 먼저는 울부짖다가 나중에는 웃는다[同人先號咷而後笑]" 라는 것을 거쳐 상구의 "교외에서 남과 함께한다[同人于郊]" 는 데 이르러서는 다른 것이 같은 것으로 전환한다. 둘째, 육이는 동인괘의 주효이지만 아직 전체 괘인 대동大同의 뜻을 나타내지 못하였다. 동인괘의 넓은 정도는 '종족끼리' 함께하는 것이 '문 밖에서' 함께하는 것만 못하며, '문 밖에서' 함께하는 것은 또한 '교외에서' 함께하는 것만 못하며, '교외에서' 함께하는 것은 또한 괘사에서 말한 '들에서' 함께하는 정도에는 아직 이르지 못하였다. 동인괘의 여섯 효는 모두 괘의 뜻을 나타내지 못하였다.

14
대유괘(大有卦)

☲☰ 건하리상 乾下離上

「서괘전」에는 "남과 함께하는 자에게는 물건이 반드시 따르기 때문에 대유괘로 받았다"[147]라고 하였다. 대유(☲☰)와 동인(☰☲) 두 괘는 상반한다. 하늘과 불이 동인괘이고, 반대로 불이 하늘 위에 있는 것이 대유괘이다. 동인괘는 내가 남들과 함께하는 것이고 대유괘는 물건이 나의 소유로 귀속되는 것이다. 무엇 때문에 괘명을 대유괘라고 하였는가? 이 괘는 하나의 음효만 상괘의 높은 자리에 있고 다섯 양효들이 모두 와서 그것을 따르니 하나의 음효에 포용되고 소유된다. 『주역』에서는 양을 크다고 하고 음을 작다고 한다. 많은 양효(큰 것)들이 모두 육오인 하나의 음효(작은 것)에 의해 소유되기 때문에 대유괘라고 하였다. 대유괘는 소유한 것이 크다는 뜻이며 또한 있지 않은 것이 없다, 즉 매우 많고 번성하다는 뜻이다.

大有, 元亨.(대유는 크게 형통하다.)

---

147) 『周易』, 「序卦傳」. "與人同者, 物必歸焉, 故受之以大有."

64괘 가운데 괘사에서 "크게 형통하다[元亨]"라고 하고 별도의 다른 말이 없는 것은 대유괘뿐이다. 대유괘는 하나의 음효인 육오가 유중柔中하고 높은 자리에 있어 다섯 양효가 하나의 음효에 귀속되고 하나의 음효에 의해 소유되기 때문에 대유괘라고 하였다. 건괘에서 말한 원·형·이·정은 의미가 광대하여 전체 우주를 가리켜서 말한 것이며 또한 네 글자마다 네 개의 독립적인 의미가 있다. 다른 괘에서 말한 원형이정은 다만 한 때나 한 가지 일의 문제만을 설명하였으니 의미가 건괘와는 다르다. 건괘에서 '원'의 의미는 시작으로 "여러 사물 중에서 으뜸으로 나오는 것[首出庶物]"이지만, 다른 괘에서 '원'의 의미는 주로 '크다'거나 '선하다'는 뜻이 있다. 여기서의 '원형元亨'은 '원의 형', 즉 크게 형통함이지 '원'과 '형'이 아니다. 건괘에서 '원형'은 '원'과 '형'이고 '원의 형'이 아니다.

「彖」曰: 大有, 柔得尊位大中而上下應之, 曰大有. 其德剛健而文明, 應乎天而時行, 是以元亨.(「단전」에서 말하기를, 대유는 유가 높은 자리를 얻고 크게 중하며 상하가 응하므로 대유라고 하였다. 그 덕이 강건하고 문명하며 하늘에 응하여 때에 맞게 행하니 이 때문에 크게 형통한 것이다.)

"대유는 유효가 높은 자리를 얻고 크게 중하며 상하가 응하므로 대유라고 하였다[大有, 柔得尊位大中而上下應之, 曰大有]"라는 구절은 괘주로 괘명을 해석한 것이다. 대유와 동인 두 괘는 모두 한 유효와 다섯 강효로 이루어졌다. 하나의 유효가 괘주이고 하괘의 가운데 있어 "자리를 얻고 중을 얻어 건에 응한다[得位得中而應乎乾]"라고 하여 내가 남들과 함께하니 동인괘가 된다. 하나의 유효가 상괘의 가운데 있고 상하의 다섯 양효가 와서 그것에 응하여 "유효가 높은 자리를 얻고 크게 중하며 상하가 응한다[柔得尊位大中而上下應之]"라고 하여 남이 나에게 응하고 내가 큰 것을 소유하니 대유괘가 된다. 동인괘의 괘주는 육이이다. "건에 응한다[應乎乾]"라는 것은 내(육이)가 가서 남에게 응하는 것이다. 대유괘의 괘주는 육오이다. "상하가 응한다[上下應之]"라는 것은 상하의 다섯 양효가 모두 와서 나(육오)에게 응하는 것이다. 대체로 하나의 유효와 다섯 강효의 괘로, 유효가 위에 있는 것이면 "상하가 응한다"라고 하였고 유효가 아래에 있는 것이면 "건에 응한다"라고 하였다.

"그 덕이 강건하고 문명하며 하늘에 응하여 때에 맞게 행하니 이 때문에 크게 형통하다[其德剛健而文明, 應乎天而時行, 是以元亨]"라는 구절은 괘덕으로 괘사인 "크게 형통하다[元亨]"는 것을 해석한 것이다. 괘덕의 관점에 "크게 형통한" 내막을 설명하였다. 내괘는 강건하고 외괘는 문명하다. "강건하고 문명하며 하늘에 응하여 때에 맞게 행한다"라는 것은 상하의 두 체를 겸하여 말하여 그 덕을 찬양한 것이다. 육오의 효는 하늘의 자리에 있고 '중'을 얻었으며 또한 상하의 다섯 양효가 육오에 응하기 때문에 "하늘에 응하여 때에 맞게 행한다"라고 하였다. "하늘에 응하여 때에 맞게 행하면" 강건함이 지나치게 강하지 않고 밝음이 살피는 데 지장을 주지 않아 천하가 비록 크더라도 통하지 않음이 없기 때문에 크게 형통하다.

「象」曰: 火在天上, 大有. 君子以遏惡揚善, 順天休命.(「대상」에서 말하기를, 불이 하늘 위에 있는 것이 대유괘이다. 군자가 <대유괘의 상을> 보고서 악을 막고 선을 선양하여 하늘의 아름다운 명을 따른다.)

괘의 하체는 건乾이고 '건'은 하늘이며, 상체는 리離이고 '리'는 불이다. 불이 하늘 위에 있어 두루 만물을 비추니 만물은 모두 그것이 비추는 아래에 있어 대유의 상이기 때문에 대유괘라고 하였다. 공자는 군자가 대유괘의 상을 살펴서 "악을 막고 선을 선양하여 하늘의 아름다운 명을 따라야 한다[遏惡揚善, 順天休命]"라고 보았다. 선악은 인간의 일이고 천명은 자연의 규율이다. 통치자가 천하 국가를 다스리는 중요한 조건은 선악을 분명히 살피고 천명을 어기지 않는 것이다. 선한 것은 선양하고 악한 것은 억눌러야 선악이 분명해진다.

初九, 无交害, 匪咎, 艱則无咎.(초구는 아직 해로운 것과는 관계가 없으니, 허물이 있지 않으나 어렵게 여기고 조심하면 허물이 없을 것이다.)

대유괘의 초구는 양효로 대유괘의 처음에 있고 낮은 지위에 있으며 위로 매이고 응함이 없어서 교만으로 가득 차는 잘못이 없기 때문에 "아직 해로운 것과는 관계가 없다." '무교해无交害'는 아직 해로운 것과 관계가 없다는 것이다. '비구匪咎'는 대유괘에 본래 허물이 없으나 "허물이 있지 않다[匪咎]"라고 여기고 마음을 소홀히 하여 처리하면 도리어 허물이 있다. 반드시 어려움을 생각하고 두려워하여 교만하거나 사치스러운 마음이 생겨나지 않으면 허물이 없다.

「象」曰: 大有初九, 无交害也.(「소상」에서 말하기를, 대유의 초구는 아직 해로운 것과는 관계가 없다.)

「소상」에서는 "아직 해로운 것과는 관계가 없다"는 것으로써 "대유의 초구"를 해석하였다. 대유괘의 초구는 구九로써 초효에 있어 아직 남과 사귀지 않기 때문에 해가 없다.

九二, 大車以載, 有攸往, 无咎.(구이는 큰 수레에 실었으니 가는 바가 있으면 허물이 없을 것이다.)

큰 수레는 고대에 무거운 것을 싣는 수레로 소를 써서 견인하였다. 구이는 대유괘의 때에 육오와 '정응' 하니 육오에 신임을 받고 의지한다. 구이는 양효로 강건한 재주가 있고 유효의 자리에 있어 겸손하고 유순한 덕을 가지고 있으며 또한 하괘의 중간에 처해 있다. 구이가 갖춘 이러한 조건은 대유괘의 임무를 충분히 감당할 수 있어 "큰 수레에 싣는[大車以載]" 상이 있다. 맡은 책임이 무겁고 갈 길이 머니 반드시 허물이 없다.

「象」曰: 大車以載, 積中不敗也.(「소상」에서 말하기를, '큰 수레에 실었다' 는 것은 가운데에 많이 쌓아도 무너지지 않는 것이다.)

양중(구이)이 음중(육오)에 응하는 것은 가운데가 쌓였다는 뜻이다. "가운데에 쌓다[積中]" 는 것은 효사에서 분명히 말하지 못한 뜻을 보충한 것이다. 구이가 "큰 수레에 싣는" 상을 취한 것은, 구이가 양효로 음의 자리에 있고 또한 '중' 을 얻어서 겸손하고 포용할 수 있으며 도가 안에 쌓여서 큰 수레가 무거운 물건을 그 가운데에 싣는 것과 같아 가는 곳마다 이롭지 않음이 없으니 어떠한 진동과 충격에도 모두 뒤집어지거나 부서질 수가 없다.

九三, 公用亨于天子, 小人弗克.(구삼은 공이 천자에게 조공을 바치지만 소인은 그러하지 못한다.)

대유괘의 때에 구삼이 비록 '중' 에 있지 못하지만 '정' 을 얻었으며 또한 양강으로 하괘의 윗자리에 있으니 공公이 경대부의 윗자리에 있는 상이다. 주희는 '형亨' 자를 '향享' 자로 해석하였는데 옳다. 『좌전』에는 '형'을 '향'으로 썼으니 조회하여 바친다는 뜻이다. 고문에는 '향' 자가 없고 다만 바친다는 향享, 형통하다는 형亨, 삶는다는 팽烹이 모두 '형' 자로 쓰였다. 『설문』에 근거하면, '형'과 '향'은 본래 같은 글자이기 때문에 『역』에서는 서로 통용되었다. '형'이든 '향'이든 상하의 문장을 보고 결정해야 한다. 예를 들어 이 구절의 효사인 '공용형우천자公用亨于天子'는 분명히 바친다는 뜻이니 형통하다는 '형'으로 해석하면 옳지 않다. '공公'은 구삼을 가리키고, 천자는 육오를 가리킨다. 구삼은 천자의 외신外臣이나 제후로서 부유하고 성대한 때에 처하여 그가 소유한 것을 천자에게 바치는 것이 정당한 것이고 취할 만한 것이지만 소인은 그렇지 않다.

「象」曰: 公用亨于天子, 小人害也.(「소상」에서 말하기를, '공이 천자에게 조공을 바치지만 소인은 그러하지 못하다'는 것은 소인에게는 해가 되기 때문이다.)

「소상」에서는 "소인에게는 해가 된다[小人害]"는 것으로써 효사인 "공이 천자에게 조공을 바치지만 소인은 그러하지 못하다[公用亨于天子, 小人弗克]"는 것을 해석하였다. 만약 소인이 대유괘의 때에 구삼의 지위에 있으면 "천자에게 조공을 바칠" 수 없어서 해가 된다.

九四, 匪其彭, 无咎.(구사는 지나치게 성대하지 않으면 허물이 없을 것이다.)

'방彭' 자의 의미를 주희는 모르겠다고 하였으며, 정이는 "방은 성대하고 많은 모양이다"[148]라고 하였다. 정자의 말은 『시경詩經』 「제풍齊風·재구載驅」의 "문수汶水가 넘실넘실 흐르고 행인들이 많고도 많다"[149]거나 『시경』 「대아大雅·대명大明」의 "네 필의 갈기가 검고 배가 흰 절따말이 성대하다"[150]는 말에 근거한 것이니 따를 만하다. "성대하지 않다[匪其彭]"는 것은 성대하고 많음의 반대되는 말로 겸손하다는 뜻이다. 구사는 이미 중간을 지났으니 대유괘의 때에 지나치게 성대한 상이 있다. 지나치게 성대하면 문제가 발생하기 쉽다. 그러나 다른 한편으로 구사는 강효로 유효의 자리에 있어 겸손하고 두려워하니 자신을 경계하고 지나치게 성대한 데 처하지 않으면 허물이 없을 수 있다.

「象」曰: 匪其彭无咎, 明辯晢也.(「소상」에서 말하기를, '지나치게 성대하지 않으면 허물이 없다'는 것은 매우 밝은 지혜이다.)

사람이 바야흐로 성대할 때에 성대함이 다하면 반드시 허물을 얻는 모습을 볼 수 있기 때문에 스스로 겸손하고 지나치게 성대하여 허물을 얻지 않도록 하는 것이 "매우 밝은 지혜[明辨晢]"이다 '명변明辯'은 밝은 지혜이다. '절晢'도 밝은 지혜이다. '명변절明辨晢'은 밝은 지혜이고 또 밝은 지혜이니 매우 밝은 지혜이다.

六五, 厥孚交如, 威如, 吉.(육오는 믿음으로 서로 사귀니 위엄이 있으면 길할 것이다.)

---

148) 『周易』, 程傳. "彭, 盛多之貌."
149) 『詩經』, 「齊風·載驅」. "汶水湯湯, 行人彭彭."
150) 『詩經』, 「大雅·大明」. "駟騵彭彭."

육오는 대유괘의 괘주이고 다섯 양효가 모두 육오를 따른다. 육오는 음효로서 유순하고 '중'에 있으며 군주의 자리에 처하여 자기를 비우고 구이와 서로 응할 수 있다. 육오는 믿음으로 아랫사람을 대하고 아랫사람도 진심으로 육오를 대하여 윗사람과 아랫사람이 믿음으로 서로 사귀고 통하니 친밀하여 서로를 얻어 뜻이 같고 도가 합치한다고 말할 수 있다. 그러므로 "서로 사귄다[交如]"라고 하였다. 이것은 대유괘의 때에 군신·상하 관계의 한 방면이다. 육오가 비록 유효이지만 양의 자리에 있기 때문에 육오에는 유순한 일면이 있을 뿐만 아니라 또한 위엄스러운 일면도 있다. 이것이 "위엄이 있다[威如]"는 것이다. "위엄이 있다"는 것은 실제로 군주의 위의威儀를 가리켜서 말한 것이다. 군주에게는 군주의 '위의'가 있어서 사람들을 두렵게 여기도록 해야 한다. 이것은 군신·상하 관계의 또 다른 방면이다. 대유괘의 때에 육오는 유효로 '중'에 있고 높은 자리에 처하여 만약 "서로 사귀고" "위엄이 있을" 수 있으면 반드시 길하다.

「象」曰: 厥孚交如, 信以發志也. 威如之吉, 易而无備也.(「소상」에서 말하기를, '믿음으로 서로 사귄다'는 것은 믿음으로 뜻을 계발하는 것이다. '위엄이 있으면 길하다'는 것은 <군주가 신하를> 쉽게 여겨 대비함이 없기 때문이다.)

군신과 상하는 믿음으로써 서로 사귀니 당신이 믿음으로 나를 대하면 나도 믿음으로 당신을 대하지만 핵심은 군주, 즉 육오에 달려 있다. 육오는 자기의 믿음으로 구이 여러 효들의 믿음의 뜻을 계발하고 이끌어 가야 한다. 구이의 여러 효들이 육오와 호응하고 육오와 "믿음으로 서로 사귀는 것[孚信交如]"은 마음의 뜻에서 나온 것이지 결코 억지로 나온 것이 아니다.

"위엄이 있으면 길하다는 것은 〈군주가 신하를〉 쉽게 여겨 대비함이 없기 때문이다[威如之吉, 易而无備也]"라는 구절은 학자마다 해석이 다르다. 정이와 주희의 해석은 군주가 지나치게 유약하여 위엄이 없으면 결국 신하가 두려워하지 않고 경계하지 않는다고 말하였다. 공영달의 견해는 정이·주희와 상반된다. 공영달은 육오인 군주가 "쉽게 여겨 대비함이 없는 것"이지, 구이의 여러 효들이 "쉽게 여겨 대비함이 없는 것"이 아니라고 보았다. 육오가 "위엄이 있어서" 길함을 얻을 수 있는 것은 육오가 신하를 대비하고 경계하기 때문이 아니라 반대로 육오가 신하에 대하여 사심 없이 솔직하고 경계함이 없기 때문이다. 공영달의 말이 순조로워 따를 만한 것 같다.

上九, 自天祐之, 吉无不利.(상구는 하늘에서 도우니 길하여 이롭지 않음이 없다.)

「계사전」에는 "우祐는 돕는 것이다. 하늘이 돕는 자는 하늘의 뜻에 순응하는 자이고 사람이 돕는 자는 진실로 믿는 자이다. 믿음을 실천하고 하늘의 뜻에 순응할 것을 생각하며 또한 어진 이를 숭상하니 이 때문에 하늘에서 도우니 길하여 이롭지 않음이 없다"[151]라고 하였다. 정이와 주희는 "믿음을 실천하고 하늘의 뜻에 순응할 것을 생각하며 또한 어진 이를 숭상한다"는 것이 상구의 일이라고 말하였다. 실제로 그렇지 않다. "믿음을 실천하고 하늘의 뜻에 순응할 것을 생각하며 또한 어진 이를 숭상한다"는 말은 육오이지 상구가 아니다. 육오의 "믿음으로 서로 사귄다

151) 『周易』, 「繫辭傳(上)」, 第12章. "祐者助也. 天之所助者順也, 人之所助者信也. 履信思乎順, 又以尙賢也, 是以'自天祐之, 吉无不利'."

[厥孚交如]"는 것은 "믿음을 실천하는 것"이고, 유효로써 높은 자리에 있는 것은 "하늘의 뜻에 순응할 것을 생각하는 것"이며, 하나의 유효로 다섯 강효를 소유하고 상구가 홀로 육오 위에 있어서 육오가 숭상할 수 있는 것은 "어진 이를 숭상하는 것"이다. 믿음을 실천하고 하늘의 뜻에 순응할 것을 생각하며 또한 어진 이를 숭상하기 때문에 하늘의 도움을 얻어 길하여 이롭지 않음이 없다. 이것은 육오의 덕이 얻어야 하는 결과로 상구에 이르러 나타난 것이다. 육오는 대유괘의 주효이니 육오의 결과는 실제로 대유 전체 괘의 결과이다. 이러한 상황은 『주역』에서 많이 보여서 이미 통례가 되었다. 예를 들어 소축괘 상구의 "부인이 바르게 지키지만 위태롭다. 달이 아직 가득 차지 않았으니 군자가 움직이면 흉하다[婦貞厲, 月幾望, 君子征凶]", 리괘離卦 상구의 "왕이 출정한다[王用出征]", 해괘解卦 상육의 "공이 새매를 쏘아서 잡다[公用射準]", 사괘師卦 상육의 "대군이 명을 내린다[大君有命]" 등은 모두 상효를 가리켜서 말한 것이 아니다.

「象」曰: 大有上吉, 自天祐也.(「소상」에서 말하기를, '대유괘의 상구가 길하다'는 것은 하늘에서 돕기 때문이다.)

"대유의 상구가 길하다[大有上吉]"는 것은 전체 괘에서 말한 것으로, 전체 대유 괘가 최종적으로 길하고 이롭지 않음이 없음을 말한 것이지 상구 한 효만을 말한 것이 아니다. 어째서 "하늘에서 돕는다[自天祐]"라고 하였는가? 옛사람들은 "어진 이를 숭상하는 것"을 가장 중요한 것으로 보았으니 대유괘의 뜻이 "어진 이를 숭상하는 것"보다 크지 않고 "어진 이를 숭상하는 것"이 가장 중요한 것이라고 보았다. 대유괘가 육오에 이르면 또한 상구의 어진 이를 숭상할 수 있다. 대유괘가 상구로 발전하여 지극히 성대한 때에 이르면 성대함이 다하고 쇠퇴하여 당연히 흉함이 찾아오지만, 육오가 상구의 어진 이를 숭상하기 때문에 결국 "길하여 이롭지 않음이 없는" 결과를 얻는다. 이것은 하늘이 도와주기 때문이고 사람의 힘으로 할 수 있는 것이 아닌 것 같다. 그러나 여기에서 하늘은 상제의 신명神明이 아니라 사물 발전의 객관적 필연성이다.

● 총론

대유괘는 아래가 건乾이고 위가 리離인 두 체로 구성되었다. 하나의 음효가 5효의 자리에 있어 다섯 양효의 종주가 되니, 다섯 양효가 소유한 것이 모두 육오에 소유되기 때문에 괘명을 대유괘라 하고, 괘사에서 "대유는 크게 형통하다[大有元亨]"라고 하였다. '원형元亨'은 크게 형통함이다. 크게 형통하면 당연히 이보다 더 좋을 수 없다. 여섯 효의 효 뜻에 이르러서도 모두 매우 좋다. 초구는 "어렵게 여기고 조심하면 허물이 없다[艱則无咎]"라고 하였고, 구이는 큰 수레에 실었으니 책임이 무겁고 길이 멀어서 가는 바가 있으면 허물이 없다. 구삼은 바치는 것을 말하였기 때문에 "공이 천자에게 조공을 바친다[公用亨于天子]"라고 하였으며, 구사는 스스로 겸손할 수 있기 때문에 "허물이 없을[无咎]" 수 있으며, 육오는 유효로써 군주의 자리에 있어 "믿음으로 서로 사귀거나 위엄이 있을" 수 있기 때문에 "길하다." 상구는 성대함이 이미 극점으로 발전하여 마땅히 쇠퇴해야 하지만, 육오의 "믿음을 실천하고 하늘의 뜻에 순응할 것을 생각하며 또한 어진 이를 숭상하기" 때문에 "하늘에서 도우니 길하여 이롭지 않음이 없는[自天祐之, 吉无不利]" 결과를 얻는다.

대유괘의 경전은 모두 변증법 사상을 함유하고 있다. 초구의 "허물이 있지 않으나 어렵게 여기고 조심하면 허물이 없다[匪咎, 艱則无咎]"는 것은 허물이 모두 자기에게서 얻어진다는 것이다. 사람들이 성대하고 부유할 때는 허물을 얻기가 매우 쉬우나, 만약 부유함에 처하여 어려움을 생각할 수 있으면 허물이 없을 수 있다. 구사의 "지나치게 성대하지 않으면 허물이 없다[匪其彭, 无咎]"는 것은 사람들이 세력을 얻거나 지나치게 성대한 좋은 처지에 있을 때에 겸손으로 자신을 억제할 수 있으면 또한 허물이 없을 수 있다. 허물이 있는 것에서 허물이 없는 것으로 바뀔 수 있고 허물이 없는 것에서 허물이 있는 것으로 바뀔 수 있다. 바뀌는 것에는 조건이 있다. 사람들의 주관적 노력이 바뀌는 가운데 중요한 작용을 한다는 것이다. 육오의 "믿음으로 서로 사귀고 위엄이 있으면 길하다[厥孚交如, 威如, 吉]"는 것은 믿음을 말할 뿐만 아니라 또한 위엄이 있어야 하니, 믿음과 위엄을 겸비해야 대유괘의 때에 비로소 길함을 얻을 수 있다. 이미 사물의 두 방면에 주의하였다. 전체 대유괘는 처음부터 끝까지 모두 어려움을 알면 허물이 없다는 뜻이 있고, 특히 처음을 걱정하고 끝을 신중히 하는 문제를 강조하였다. 「소상」의 초구에서는 "대유의 초구[大有初九]"라고 하였고 상구에서는 "대유의 상구가 길하다[大有上吉]"라고 하였으나, 그 밖의 각 효에서는 '대유'를 말하지 않았다. 이것은 의미가 있다. 즉 전체 대유 괘에는 처음에 어려움을 극복한 뒤에 끝에 하늘의 도움이 있으니 처음처럼 끝까지 신중히 하여 한결같이 어려움에 처하는 사상을 함유하고 있음을 설명한 것이다.

15
겸괘(謙卦)

☷ 간하곤상 艮下坤上

대유괘 다음이 어째서 겸괘인가?『역』을 지은 자가 이처럼 배열한 것은 결코 우연이 아니라 사상적 내용이 있다.「서괘전」에는 “큰 것을 소유한 자는 가득 찰 수 없기 때문에 겸괘로 받았다”[152]라고 하였다. 이것은 사물 발전에 한도가 있어서 일정한 한도에 이르면 가득 차고, 가득 차면 변화가 생겨서 반대 방면으로 나아가기 시작한다는 말이다. 자연계에는 “해가 중천에 이르면 기울고 달도 차면 기운다.” 사회 · 인사 방면에서도 이와 같아서 다스림이 다하면 혼란해지고 성대함이 다하면 반드시 쇠퇴한다. 유일하게 쇠퇴와 혼란을 피하는 방법은 항상 겸허함을 유지하는 것이다.『역』을 지은 자가 대유괘 뒤에 겸괘로 이은 것은 바로 그가 가지고 있는 깊은 변증법 관점을 반영한 것이다. 그는 사람들에게 부유할수록 더욱 겸손할 것을 경고하였다.

무엇이 겸손함인가? 정이는 “그 덕을 가지고 있으면서 자처하지 않는 것을 겸손함이라 한다”[153]라고 하였고, 주희는 “겸손함은 있으면서도 자

152)『周易』,「序卦傳」. “有大者不可以盈, 故受之以謙.”

처하지 않는다는 뜻이다"[154]라고 하였는데 모두 옳다. 겸괘는 상체가 곤坤이니 '곤'은 땅이며, 하체가 간艮이니 '간'은 산이다. 산은 높고 큰 것이고 땅은 낮고 아래에 있는 것이다. 높고 큰 것이 도리어 낮은 것의 아래에 있으니, 이것이 "그 덕을 가지고 있으면서도 자처하지 않는다"는 것이 아니겠는가!

옛사람들은 겸손함을 매우 중시하였으니 겸손함은 가장 유익하고 해가 없다. 64괘 중 다른 괘에는 모두 회悔·린吝·흉凶·구咎가 있으나, 유독 겸괘만은 아래의 세 효가 모두 길하고 위의 세 효가 모두 이롭다. 또한 전체 괘에서 보면, 겸손하면 형통하여 또 다른 조건이 필요하지 않으니 그 대강을 알 수 있다.

謙, 亨, 君子有終.(겸은 형통하니 군자는 끝마침이 있을 것이다.)

어떤 사람이든 겸손으로 자처할 수 있으면 모두 형통할 것이다. 겸손하면 반드시 형통하니 이것에는 어떠한 조건도 없다. 그러나 한 사람이 잠시 겸손하기는 비교적 쉬워도 평생 겸손할 수 있기는 어렵다. 그러나 중요한 것은 평생 겸손할 수 있다는 것이다. 품성이 고상한 군자만이 겸손을 편안히 실행하고 종신토록 바꾸지 않을 수 있다. 소인은 그렇지 않다. 그 양이 충분하지만 잠시 겸손한 데 힘쓸 수 있을 뿐이고 끝마침이 있을 수 없다. 군자는 어째서 평생 겸손함을 유지하고 바꾸지 않을 수 있는가? 정이는 군자가 "이치에 도달하기 때문에 천명을 즐거워하고 다투지 않으며 내면이 충실하기 때문에 사양하고 자랑하지 않는다"[155]라고 하였는데,

---

153) 『周易』, 「謙卦」, 程傳. "有其德而不居謂之謙."

154) 『周易』, 「謙卦」, 本義. "謙者, 有而不居之義."

155) 『周易』, 「謙卦」, 程傳. "達理, 故樂天而不競, 內充, 故退讓而不矜."

이러한 견해는 옳다. 즉 정신이 빈약한 사람일수록 더욱 교만하고 내심이 충실한 사람일수록 더욱 겸손하다는 것이다.

이처럼 겸괘 괘사를 해석하는 것은 일리가 있다. 『역』의 이러한 사상은 『시경』에서도 증거를 찾을 수 있다. 『시경』「탕蕩」에는 "처음이 있지 않은 자는 없으나 능히 끝마침이 있는 자는 적다"[156]라는 구절이 있다. '미靡'는 없음이다. '선鮮'은 적음이다. '극克'은 '능히'이다. '종終'은 결말이나 최후이다. 이 두 구절 시의 의미는 겸괘의 괘사와 기본적으로 일치한다. 『시경』의 의미는 어떠한 일이든 모두 시작이 있으나 좋은 결과를 끝까지 견지할 수 있는 자는 매우 드물다는 말이다. 『역』의 뜻은 일하는데 시작이 있고 끝이 없는 것은 보통 사람들이 모두 할 수 있는 것인데 반해, 시작이 있고 또한 끝이 있는 것은 군자만이 행할 수 있다는 말이다.

하나의 양효와 다섯 음효인 괘는 여섯 개가 있으니, 즉 박괘剝卦·복괘復卦·사괘師卦·비괘比卦·겸괘謙卦·예괘豫卦이다. 박괘(䷖)는 하나의 양효가 위에 있고 복괘(䷗)는 하나의 양효가 아래에 있어 양의 기운이 사라지거나 자라나는 상이다. 사괘(䷆)는 하나의 양효가 하체의 가운데 있고 비괘(䷇)는 하나의 양효가 상체의 가운데 있어 무리가 따르는 상이다. 겸괘(䷎)와 예괘(䷏)는 하나의 양효가 상하 두 체의 사이에 있다. 하나의 양효가 위에서 물러나 아래에 처하여 하체의 위에 있고 상체의 아래에 있으면 겸괘이다. 하나의 양효가 위로 분발하여 나와 상체의 아래에 있고 하체의 위에 있으면 예괘이다.

「彖」曰: 謙亨, 天道下濟而光明, 地道卑而上行. 天道虧盈而益

156) 『詩經』, 「蕩」. "靡不有初, 鮮克有終."(시작이 있지 않은 경우는 없지만 끝까지 마무리 짓는 경우는 드물다는 뜻).

謙, 地道變盈而流謙, 鬼神害盈而福謙, 人道惡盈而好謙. 謙尊而光, 卑而不可踰, 君子之終也.(「단전」에서 말하기를, 겸이 형통하다는 것은 하늘의 도가 아래로 교제하여 광명하고 땅의 도가 아래에 있으나 위로 올라가서 행한다. 하늘의 도는 가득 찬 것을 이지러지게 하여 겸손한 것에 더해 주고, 땅의 도는 가득 찬 것을 변하게 하여 겸손한 데로 흐르게 하며, 귀신은 가득 찬 것을 해치고 겸손한 것에 복을 주고, 사람의 도는 가득 찬 것을 싫어하고 겸손한 것을 좋아한다. 겸은 작지만 광대하고 낮으나 뛰어넘을 수 없으니 군자의 끝마침이다.)

"겸이 형통하다는 것은 하늘의 도가 아래로 교제하여 광명하고 땅의 도가 아래에 있으나 위로 올라가서 행한다[謙亨, 天道下濟而光明, 地道卑而上行]"라는 구절은 괘체로 괘사인 "겸은 형통하다[謙亨]"는 의미를 해석한 것이다. 하늘의 도는 하괘인 간艮의 양효를 가리켜서 말한 것이다. '간'의 양효는 두 음효의 위에 있기 때문에 '간'에는 광명한 상이 있다. 겸괘 속에서 '간'은 하체에 있어 당연히 위에 있는 하늘의 도가 결국 굽혀서 아래에 있어야 하니, 이것에 겸괘의 뜻이 있다. '간'이 비록 아래에 있지만 그것에 광명한 상이 있음을 방해하지 않는다. 광명에는 형통하다는 뜻이 있다. 겸괘의 상체는 곤坤이고 '곤'은 땅의 도이다. 땅의 도는 아래에 있으나 상체로 올라가기 때문에 "위로 올라가서 행한다[上行]"라고 하였다. "위로 올라가서 행하는 것"에도 형통하다는 뜻이 있다.

"하늘의 도는 가득 찬 것을 이지러지게 하여 겸손한 것에 더해 준다[天道虧盈而益謙]"는 이하는 겸손함의 좋은 점을 상세히 논증하여 천지와 인귀人鬼가 모두 겸손함을 숭상하고 가득 찬 것을 싫어한다는 것을 말하였다. 어떠한 관점에서 보든, 가득 차면 반드시 손해를 초래하고 겸손하면 이익을 얻는다. 하늘의 도에서 보면, 해가 중천에 있으면 기울고 달이 가득 차면 기우니 언제나 남는 것을 덜어 내어 부족한 것을 보충한다. 땅의 도에서 보면, 높은 언덕은 계곡이 되고 깊은 계곡은 언덕이 되니 "가득 찬 것을 변하게 하여 겸손한 데로 흐르게 한다[變盈而流謙]", 즉 높은 것을 무너지게 하고 남은 것을 낮은 곳으로 흐르게 한다. "귀신은 가득 찬 것을 해치고 겸손한 것에 복을 준다[鬼神害盈而福謙]"라는 구절에서, 귀신은 조화를 가리켜서 말한 것이니 조화는 자연과 인사의 객관규율이다. 가득 찬 것은 재앙을 얻고 겸손한 것은 복을 얻는다. 이상에서 말한 객관세계는 본래 이와 같고 사람의 의지로 바뀌지 않는 것이다. "사람의 도는 가득 찬 것을 싫어하고 겸손한 것을 좋아한다[人道惡盈而好謙]"라는 구절은 인류 자신의 정감에서 말한 것으로, 가득 찬 것을 싫어하고 겸손을 좋아한다는 것이다. 겸손은 지극한 덕이니, 겸손하고 자만하지 않는 사람은 자신을 무너지지 않는 곳에 세울 수 있다. '겸존이광 비이불가유謙尊而光, 卑而不可踰'에서의 '존尊'은 '준절퇴양撙節退讓'[157]의 준撙으로 읽어야 한다. 『설문』에는 '준'자가 없어서 옛날에는 대부분 '존'자를 빌려서 '준'이라 하였다. '준'은 낮추어 물러난다는 뜻이고 또한 덜어 내거나 작다는 뜻이다. '광光'자는 『역』에서 두 가지의 해석이 있으니, 하나는 광명함이고 다른 하나는 광대함이다. 겸괘 「단전」의 '광'은 광대함으로 해석해야 한다. '겸존이광謙尊而光'은 작으면서 크다는 것이다. '비이불가유卑而不可踰'는 낮으면서 높다는 것이다. 이곳의 존尊·비卑를 짝을 이루는 글로 이해해서는 안 된다. "군자의 끝마침이다[君子之終也]"는 것은 "작지만 광대하고 낮으나 뛰어넘을 수 없다[謙尊而光, 卑而不可踰]"는 두 구절이 괘사인 "군자의 끝마침이다"는 것을 해석한 것이다.

157) 『禮記』, 「曲禮(上)」. "恭敬撙節退讓以明禮." 준절(撙節)은 지나침이 없도록 억제하는 것으로 사념이나 행동을 제재하는 것을 말하고, 퇴양(退讓)은 물러나 다른 사람에게 양보하는 것을 이르는 말이다.(역자 주)

「象」曰: 地中有山, 謙. 君子以裒多益寡, 稱物平施.(「대상」에서 말하기를, 땅속에 산이 있는 것이 겸괘이다. 군자가 <겸괘의 상을> 보고서 많은 것을 취하여 적은 것에 더해 주고 물건을 저울질하여 공평하게 베푼다.)

이것은 「대상」이다. 「대상」에서는 괘사를 해석하지 않는다. 그것은 공자가 이 괘의 상을 보고 이 괘의 말을 완미한 뒤에 얻어 낸 체득으로, 사람들에게 이 괘를 배워서 어떻게 인사에 미치게 할 것인지를 경고한 것이다. 「대상」의 사상은 공자 자신의 것으로 『주역』 자체와는 직접적인 관계가 없다.

"땅 가운데 산이 있는 것이 겸괘이다[地中有山, 謙]"라는 구절에서 땅은 낮고 아래에 있는 것이고 산은 높고 큰 것이다. 낮고 아래에 있는 땅이 높고 큰 산을 함유하여 겉은 낮으나 속은 높아 겸손의 상이 있다. 공자는 군자(천자·제후·공경대부 등 지위가 있는 자)가 국가와 백성을 통치할 때에 겸괘의 상에 의지하여 "많은 것을 취하여 적은 것에 더해 주고 물건을 저울질하여 공평하게 베풀 것[裒多益寡, 稱物平施]"을 강조하였다. 강조하는 것은 '군자 자신이 어떻게 겸손하느냐'는 것이 아니라 '어떻게 겸손의 정신으로 국가와 사회를 다스리느냐'는 것이다.

'부裒'는 거두거나 취한다는 뜻이다. '부다익과裒多益寡'는 많은 것을 취하여 적은 것에 더해 주는 것이다. '칭물평시稱物平施'는 『한서漢書』「율력지律歷志」에 "저울은 수銖·양兩·근斤·균鈞·석石[158]이니, 물건을 저울질하여 공평하게 베풀어 경중을 아는 것이다"[159]라고 하였다. '칭물평시'

158) 일약(一龠: 一籥)은 1천 2백 톨의 기장을 담은 것이니 무게는 12수(銖)이고, 두 번 한 것이 냥이 되니 24수가 한 냥(兩)이 된다. 16냥은 1근(斤)이 되고, 30근은 1균(均)이 되고, 4균은 1석(石)이 된다.(역자 주)

159) 『漢書』, 「律歷志」. "權者, 銖兩斤鈞石也, 所以稱物平施, 知輕重也."

는 저울로 물건을 저울질하는 것임을 알 수 있다. 물건에 경중輕重이 있는 것은 객관적 존재이다. 그러나 저울로 물건을 저울질할 때에 공평하게 베푸는, 즉 경중이 같은지의 여부는 온전히 사람의 손에 달려 있다.

통치자가 겸괘를 배워서 겸괘의 사상을 발휘하려면 국가를 다스릴 때에 "많은 것을 취하여 적은 것에 더해 주고" "물건을 저울질하여 공평하게 베풀어" 한편으로는 남은 것을 덜어 내고 부족한 것을 보충하며, 다른 한편으로는 원근遠近·친소親疎·대소大小·장단長短을 각각 분수에 합당하도록 해야 한다. 이것은 공자 사상 속의 균등 관념과 등급 관념을 반영한 것이다.

初六, 謙謙君子, 用涉大川, 吉.(초육은 겸손하고 겸손한 군자이니 큰 내를 건너더라도 길하다.)

초육은 유효로써 겸괘의 가장 아래에 있어 겸손하고 또한 겸손한 상이기 때문에 "겸손하고 겸손하다[謙謙]"라고 하였다. 진정으로 겸손하고 겸손할 수 있는 것은 군자이고 소인은 그럴 수 없다. 군자이면서 또한 겸손하고 겸손하니 "큰 내를 건너더라도[用涉大川]" 길하다. '용섭대천用涉大川'과 '이섭대천利涉大川'은 다르다. '이섭利涉'이 험난함을 건너가는 실력이 있음을 강조한 것이라면, 여기에서 말한 '용섭用涉'은 군자에게 겸손하고 겸손한 덕이 있어 뒤에 있어도 남과 앞을 다투지 않으니 어떠한 험난함도 모두 건너갈 수 있음을 강조한 것이다.

「象」曰: 謙謙君子, 卑以自牧也.(「소상」에서 말하기를, 겸손하고 겸손한 군자라는 것은 낮추어서 스스로 기른다는 것이다.)

'목牧'은 기르는 것이다. '자목自牧'은 스스로 기르는 것이다. 군자는 어떻게 그 덕을 겸손하고 겸손히 할 수 있는가? 군자는 겸손하고 낮은 도로써 자신을 수양하며 또한 굳게 지켜서 게으르지 않을 수 있기 때문이다.

六二, 鳴謙, 貞吉.(육이는 겸손함이 밖으로 나타나니 바르고 길하다.)

'명겸鳴謙'은 겸손함이 목소리나 얼굴빛에 드러나서 밖으로 나타나는 것이다. 겸손함의 덕은 본래 밖으로 나타나지 않지만, 육이가 유효로 유약한 자리에 있고 '중'에 있으며 '정'을 얻어 겸손한 덕이 안에 충만하게 쌓여 자연히 밖으로 나타나기 때문에 "겸손함이 밖으로 나타난다[鳴謙]"라고 하였다. '정길貞吉'은 정길正吉이니 바르고 또한 길하다는 것이다.

「象」曰: 鳴謙貞吉, 中心得也.(「소상」에서 말하기를, '겸손함이 밖으로 나타나니 군자는 바르고 길하다'는 것은 마음에 얻은 것이다.)

'명겸정길鳴謙貞吉'은 '명겸군자 정길鳴謙君子, 貞吉'이 생략된 말이다. 겸손함이 목소리에 나타나는 것은 본래 좋지 않는 것이다. 그러나 육이가 마음에 나타나는, 즉 "마음에서 얻은 것이니[中心得也]" 억지로 한 것이 아니면 길함을 얻을 수 있다.

九三, 勞謙, 君子有終, 吉.(구삼은 공로가 있으면서 겸손함이니 군자는 끝마침이 있으니 길하다.)

겸괘는 구삼의 하나의 양효만 있고 다른 다섯 음효가 모두 와서 구삼을 높이니, 구삼은 괘를 이루는 주효이다. 때문에 구삼의 효사는 괘사와 기본적으로 일치한다. 괘사에서는 "겸은 형통하니 군자는 끝마침이 있다[謙亨, 君子有終]"라고 하였고, 효사에서는 '형亨' 자를 '길吉' 자로 바꾸고 '겸謙' 자 앞에 '노勞' 자를 더하였다. 사람에게 이미 큰 공로가 있으면서 또한 겸손으로 자처할 수 있는 것을 '노겸勞謙'이라 하였다. 겸손함이 이미 쉽지 않은 데 속하니 '노겸'은 더욱 하기가 어렵다. 잠시 '노겸'하는 것은 힘써 하면 어렵다고 여기지 않을 수도 있겠지만, 지속해서 변치 않고 평생토록 '노겸'하는 것은 큰 덕을 가진 군자가 아니면 안 된다. 군자가 평생토록 '노겸'할 수 있으면 길하다. 「계사전」에는 "공로가 있으면서 겸손하니 군자는 끝마침이 있으니 길하다. 공자께서 말하기를, 공로가 있어도 자랑하지 않고 공이 있어도 덕으로 여기지 않는 것은 후함이 지극한 것이다. 공이 있으면서 남에게 몸을 낮추는 것을 말한 것이다"[160]라고 하였다. 여기에서 말한 것이 바로 겸괘 구삼 효의 의미이다.

구삼은 괘를 이루는 주효로, 하나의 양이 다섯 음 가운데 처하여 다섯 음효에 의해 높여져서 본래 큰 공로가 있는 자이니 윗자리에 있어야 하지만, 지금은 하체에 그치어 공로가 있으면서 겸손할 수 있는 상이다.

「象」曰: 勞謙君子, 萬民服也.(「소상」에서 말하기를, 공로가 있으면서 겸손한 군자는 많은 백성이 복종한다.)

"많은 백성이 복종한다[萬民服也]"는 것은 효사인 "공로가 있으면서 겸손함이니 군자는 끝마침이 있으니 길하다[勞謙, 君子有終, 吉]"는 것을 해석한 것이다. '만萬'은 가득 찬 수이니 크다는 뜻을 함유한다. '만민萬民'

160) 『周易』, 「繫辭傳(上)」, 第7章. "勞謙, 君子有終, 吉, 子曰勞而不伐, 有功而不德, 厚之至也, 語以其功下人者也."

은 많은 백성이다. 큰 공로가 있으면서 또한 자랑하거나 뽐내지 않고 기꺼이 아랫자리에 자처하는 사람이 평생토록 굳게 지키기를 이와 같이 하면 반드시 많은 백성들의 지지를 받는다. "군자는 끝마침이 있으니 길하다[君子有終, 吉]"는 것이 바로 이 뜻이다.

六四, 无不利, 撝謙.(육사는 겸손한 덕을 발휘하니 이롭지 않음이 없다.)

'휘撝'는 발휘함이다. '휘겸撝謙'은 겸손한 덕을 발휘하니 즉 움직이거나 쉼, 나아가거나 물러남이 모두 겸손한 덕으로 나타나는 것이다. '무불리 휘겸无不利, 撝謙'은 겸손한 덕을 발휘하는 것이 이롭지 않음이 없다는 것이다. 육사는 어째서 행동하거나 시행함에 겸손한 덕을 충분히 나타내야 비로소 이롭지 않음이 없을 수 있는가? 육사는 두려움이 많은 자리이기 때문에 당연히 신중하고 두려워해야 한다. 더군다나 겸괘의 육오는 겸손하고 유약함으로 자처하는 군주이고 구삼은 공로가 있으면서 겸손한 신하인데, 육사는 그 사이에 처하여 윗사람에 대해서는 공경함으로 섬기고 아랫사람에 대해서는 겸손함으로 양보하여 그 겸손한 덕을 충분히 발휘하는 것이 마땅할 뿐만 아니라 또한 이롭기 때문이다.

「象」曰: 无不利撝謙, 不違則也.(「소상」에서 말하기를, '겸손함을 발휘하니 이롭지 않음이 없다'는 것은 법칙에 어긋나지 않는 것이다.)

'휘겸撝謙'은 겸손한 덕을 충분히 발휘하는 것이니, 이것은 육사에서 말하면 분수에 지나치지 않고 합당하며 법칙에 어긋나지 않는 것이다.

六五, 不富以其隣, 利用侵伐, 无不利.(육오는 부유하지 않으면서 이

웃을 좌우할 수 있어 침략하여 정벌하면 이로우니 이롭지 않음이 없다.)

'부富'는 부유함이다. 『주역』에서는 양을 부유한 것으로 보고 음을 가난한 것으로 본다. '이以'는 용用이니 좌우할 수 있다는 뜻이다. '린隣'은 친근한 사람으로, 신하나 대중으로 확대해 갈 수 있다. "이웃을 좌우할 수 있다[以其隣]"는 것은 신하를 좌우하거나 신하와 백성의 지지와 신뢰를 얻을 수 있다는 것이다. 『주역』은 부유하면서 이웃을 좌우할 수 있는 것을 정상으로 보니, 즉 양효가 '중'에 있고 높은 자리에 처하여 서로 이웃하는 음효를 좌우할 수 있으니 소축괘의 구오의 경우이다. 겸괘의 육오는 음효가 높은 자리에 있어 "그 이웃을 좌우하여" 신하나 백성의 신뢰와 지지를 얻을 수 있기 때문에 "부유하지 않으면서 이웃을 좌우한다[不富以其隣]"라고 하였다. 육오가 부유하지 않으면서 이웃을 좌우할 수 있는 것은 정상이 아닌 상황에 속한다. 육오는 유효로 군주의 자리에 있고 겸손하고 유순한 덕을 가지고 있어 신하와 접촉할 수 있고 신하도 즐겁게 육오를 따른다. 그러나 육오는 결국 음효이고 곤도坤道에 속하며, '곤도'는 충분하지 않고 부유하지 않아 육오에 복종하지 않는 자가 있을 수 있다. 복종하지 않는 자가 있으면 정벌할 수 있고, 정벌하면 이롭지 않음이 없다. 만약 복종하지 않는 자가 없으면 자연히 정벌할 필요도 없다. 겸괘의 구삼은 육오와 다르다. 육오는 음효로 충분하지 않고 부유하지 않아 복종하지 않는 자가 있으면 정벌할 수 있고, 정벌하면 이롭지 않음이 없다. 구삼은 양효로 여유가 있고 끝마침이 있어 많은 백성이 모두 복종하니 근본적으로 정벌할 필요가 없다.

「象」曰: 利用侵伐, 征不服也.(「소상」에서 말하기를, '침략하여 정벌하면 이롭다'는 것은 복종하지 않는 자를 정벌하기 때문이다.)

어째서 "침략하여 정벌하면 이로우니 이롭지 않음이 없는가[利用侵伐, 無不利]?" "복종하지 않는 자를 정벌하기[征不服]" 때문이다. 육오는 유효로 군주의 자리에 있고 겸손하고 유순한 덕을 가지고 있지만, 여전히 복종하지 않는 자가 있어 겸손한 덕으로 복종시킬 수 없으면 무력으로 해결한다는 것이다. 공자가 말한 "침략하여 정벌하면 이롭다는 것은 복종하지 않는 자를 정벌하기 때문이다"는 의미는 군주가 마땅히 문덕文德으로써 나라를 다스려야 하지만 여전히 복종하지 않는 자가 있으면 무력을 사용할 수 있다는 말이다. 무력으로 복종하지 않는 자를 정벌하는 것은 정당한 것이다. "침략하여 정벌하면 이롭다"는 것은 통치자가 겸손한 도를 행하는 데 결코 방해되지 않는다. 공자가 덕치德治를 주장하여 "덕으로써 이끌고 예로써 가지런히 할 것"[161]을 제창하였으나, 실제로 필요할 때에 폭력 수단을 취할 것을 배척하지 않았음을 알 수 있다.

上六, 鳴謙, 利用行師, 征邑國.(상육은 겸손함이 밖으로 나타나니 군대를 출동하여 읍국을 정벌하는 것이 이로울 것이다.)

육이와 상육에서는 모두 "겸손함이 밖으로 나타난다[鳴謙]"라고 하였으나, 각자 처지가 다르기 때문에 결과도 다르다. 육이는 겸손한 덕이 밖으로 드러나고 겸손한 덕이 안에 쌓여 기초를 이루기 때문에 바르고 길하다. 상육은 겸손한 덕이 밖으로 나타나지만 자신이 처지가 좋지 않다. 유효로 유효의 자리에 있으니 유순함이 지극한 것이다. 겸괘의 윗자리에 있으니 겸손함이 지극한 것이다. 지극한 유효로 지극히 겸손한 데 처해 있고 지극히 겸손하지만 도리어 높은 자리에 있어 겸손한 뜻을 이루지 못하

161) 『論語』, 「爲政」. "導之以德, 齊之以禮."

고 목소리에 나타나기 때문에 "겸손함이 밖으로 나타난다[鳴謙]"라고 하였다. 겸손함이 밖으로 나타나는 것은 구삼에 응하기를 구하려는 것이지만, 구삼은 괘를 이루는 주효로서 여러 음효에 응하고 단독으로 상육과 응하려 하지 않는다. 어쩔 수 없이 상육은 "군대를 출동하여 읍국을 정벌하는 것이 이로운[利用行師, 征邑國]" 방법을 통하여 겸손한 도를 나타낼 뿐이다. "군대를 출동하는 것이 이롭다"는 것은 이로움이 강한 무기를 사용하는 데 있다는 것이고, "읍국을 정벌한다"는 것은 자기가 관할하는 지역을 정벌하는 것이다. 자기가 자기의 문제를 해결하는 데 뜻이 있으니, 이것은 바로 겸손함의 표현이다.

「象」曰: 鳴謙, 志未得也. 可用行師, 征邑國也.(「소상」에서 말하기를, '겸손함이 밖으로 나타난다'는 것은 아직 뜻을 얻지 못한 것이다. 군대를 출동하여 읍국을 정벌할 수 있다.)

육이의 '명겸鳴謙'은 "마음을 얻어서[中心得]", 즉 '중'에 있고 '정'을 얻어 내면이 충실하기 때문이다. 상육의 '명겸'은 "아직 뜻을 얻지 못하였기[志未得]" 때문이다. "아직 뜻을 얻지 못하였다"는 것은 상육이 겸손함의 극처에 있어 스스로 겸손함이 부족하다는 것을 느낀다는 말이다. 겸손함이 부족하면 보충해야 하고, 보충하는 방법은 "군대를 출동하는[可用行師]", 즉 강한 무기를 사용하는 것이다. 강한 무기를 사용하는 것은 또한 대외적으로는 해서는 안 되고 다만 "읍국을 정벌하는[征邑國]", 즉 자기가 자기의 문제를 해결할 수 있을 뿐이다.

● 총론

겸괘의 아래 세 효는 모두 길하고 위의 세 효도 모두 이롭다고 하여 흉凶·구咎·회悔·린吝이 없다. 이것이 겸괘의 두드러진 점이다. 겸괘는 겸손함을 주로 하니 겸손함은 어떠한 상황에 있더라도 모두 재앙을 초래할 수 없다. 초육은 유효로 아래에 있으면서 겸손하고 또 겸손하여 무슨 일이든 한 번의 실수도 없으니, 군자가 여기에 있으면 비록 큰 험난함을 건너더라도 재앙이 없다. 육이는 유효로 '중'에 있고 '정'을 얻어 겸손한 덕이 내면에 충실하여 밖으로 나타나니 바르고 또한 길하다. 구삼은 괘를 이루는 주효로 큰 공로가 있으나 도리어 겸손하여 상체의 아래에 있을 수 있으니, 군자가 여기에 처하면 반드시 종신토록 길함을 얻는다. 육사는 위로는 겸손한 군주가 있고 아래로는 공로가 있으면서 겸손한 신하가 있어 두려움이 많은 자리에 처해 있으니, 동작이나 행위가 겸손함을 발휘하는 데 이롭지 않음이 없다. 겸손한 덕은 충분히 발휘할수록 더욱 좋다. 육오와 상육은 상체의 높은 곳에 있으니, 이것은 겸괘에서 말하면 좋지 않다. 육오는 혹시라도 복종하지 않는 자가 있기 때문에 겸손함을 말하지 않고 "침략하여 정벌하면 이롭다[利用侵伐]"라고 하였으며, 상육은 어찌할 수 없이 "겸손함이 밖으로 나타나고[鳴謙]" 또한 "군대를 출동하는 것이 이롭다[利用行師]"라고 하였다. 비록 정벌을 말하였지만 모두 겸손함을 행하기 때문에 모두 이롭고 해가 없다.

공자가 『주역』 겸괘에서 지은 「단전」은 주의할 만하다. 공자는 천지·귀신·사람이 모두 겸손을 귀하게 여기고 겸손의 반대 방면인 '가득 차는[盈]' 것에 반대한다고 말하였다. 사람의 도는 가득 찬 것을 싫어하고 겸손한 것을 좋아하니, 하늘의 도와 땅의 도 및 귀신과 사람의 도가 마찬가지로 가득 찬 것을 등지고 겸손한 것을 향한다. 겸손한 것은 좋고, 가득 찬 것은 좋지 않다. 이것은 공자의 중요한 사상을 반영한다. 즉 사람의 도와 하늘의 도(땅의 도와 귀신은 하늘의 도 안에 포함될 수 있으니 모두 자연이다)가 일치하고 사람의 도는 하늘의 도 속에 반영된다는 것이다. 이것이 바로 천인합일天人合一의 관념이다. 오늘날 언어로 말하면, 인류 사회의 규율과 자연의 규율에는 공통점이 있고 둘은 추상에서 나온 인식이니 바로 철학이 아니겠는가! 그러나 공자의 '천인합일' 관념은 후세 한나라 사람들이 말한 것과 다르다는 것을 지적해야 한다. 한나라 사람들이 말한 '천인감응天人感應'은 하늘이 인간에게 재이災異를 내려 인류가 악을 제거하고 선을 향할 것을 경계하였거나 하늘을 의지가 있는 신명神明으로 보아 분명한 미신 색채를 가지고 있었으나, 공자는 사람의 도와 하늘의 도를 모두 객관적 규율로 간주하였다.

16
예괘(豫卦)

䷏ 곤하진상 坤下震上

예괘의 괘명인 '예豫' 자가 내포하는 의미는 비교적 복잡하다. 옛사람들의 해석에 근거하면, 그것에는 적어도 세 가지의 다르지만 서로 비슷한 뜻이 있다. 첫째, 일예逸豫로 안일하고 한가함이요 둘째, 화예和豫로 화락하고 순조로움이며 셋째, 비예備豫로 일에 미리 대비하여 은미한 것을 보고 드러날 것을 아는 것이다. '일예'와 '화예'는 뜻이 서로 비슷하고 서로 통하니, 모두 즐겁다(걱정과 반대)는 뜻이 있다. '비예'는 보기에는 즐겁다는 뜻과 서로 관계가 없는 것 같지만 실제로는 관계가 있는데, 왜냐하면 '비예'는 다음과 같이 이해할 수 있기 때문이다. 즉 모든 일에는 미리 대비함이 있어야 좋은 결과를 얻기가 쉽고, 좋은 결과를 얻으면 자연히 안일하고 화락할 수 있기 때문이다. '비예'에 의해 안일과 화락을 야기하는 것에는 또 다른 해석이 있을 수 있다. 저 한 세대의 사람들이 조건을 만들고 기초를 닦으면, 이 한 세대 사람들은 다만 이어받아 수고할 필요 없이 안일과 화락을 얻을 수 있다. 즉 앞사람이 나무를 심으면 뒤의 사람은 시원한 바람을 쐴 수 있는 것과 같다.

예괘는 어째서 겸괘의 뒤에 배열하는가? 「서괘전」에는 "큰 것을 소유하면서 겸손할 수 있으면 반드시 즐겁기 때문에 예괘로 받았다"[162]라고 하였다. 생활이 부유하고 내면이 충실하면서 겸손으로 자처할 수 있는 사람이면 반드시 안일과 화락의 결과가 있다.

예괘를 예괘라고 하는 것은 아래의 여러 방면에서 해석할 수 있다. 괘의 덕에서 보면, 외괘는 진震으로 "진은 움직임"[163]이고, 내괘는 곤(坤)으로 "곤은 순응함"[164]이다. '곤'이 아래에 있고 '진'이 위에 있으니 순응함이 있으면서 움직이는 상이다. 순응하면서 움직이기 때문에 예괘라고 하였다. 이것이 그 첫째이다. 둘째, 괘의 주효에서 보면, 괘주인 구사는 하나의 양이 다섯 음을 통솔하고 다섯 음이 모두 구사에 응하며, 아래에서는 또한 '곤'이 와서 순응하여 움직이면서 상하가 순응하기 때문에 예괘라고 하였다. 또한 괘의 두 상象에서 보면, 진은 우레이고 곤은 땅으로 우레가 먼저 땅속에 잠기고 갇혀 있다가 그것이 움직여서 분출할 때를 기다려서 자연히 소리를 내는데, 그 속에 막힘이 없고 화락하는 뜻이 있기 때문에 예괘라고 하였다.

豫, 利建侯行師.(예는 제후를 세우고 군대를 출동하는 것이 이롭다.)

예괘에는 어째서 "제후를 세우고 군대를 출동하는 것이 이로운[利建侯行師]" 뜻이 있는가? 예괘의 외괘는 진震이고 내괘는 곤坤이다. '진'은 바로 맏아들이니 제후의 상이 있다. '곤'은 무리이니 군대의 상이 있다. 때문에 괘사에서 "제후를 세우고 군대를 출동하는 것이 이롭다"라고 하였

162) 『周易』, 「序卦傳」. "有大而能謙, 必豫, 故受之以豫."

163) 『周易』, 「說卦傳」, 第2章. "震, 動也."

164) 『周易』, 「說卦傳」, 第2章. "坤, 順也." (순(順)을 유순함이나 순종함 등으로 해석하나 여기서는 전체 문맥상 순응함으로 해석하는 것이 타당할 것 같다.)

다. 둔괘(䷂)에는 '진'은 있으나 '곤'이 없기 때문에 "제후를 세운다"라고 말하고 "군대를 출동한다"라고 말하지 않았다. 사괘(䷆)에는 '곤'은 있으나 '진'이 없기 때문에 "군대를 출동한다"라고 말하고 "제후를 세운다"라고 말하지 않았다. 또한 내괘와 외괘의 괘덕에서 보면, 외괘는 '진'이니 '진'은 움직임이고, 내괘는 '곤'이니 '곤'은 순종함이다. '진'이 '곤'의 위에서 움직이니, 순종하면서 움직이는 것은 천자가 위에서 제후를 봉하면 많은 백성들이 아래에서 '순종하고 기쁜 마음으로 복종하는 것'과 같으니, 예컨대 주나라가 상나라를 이기고 같은 성씨를 크게 봉해준 것과 같다. '곤'이 '진'의 아래에서 순종하니 순종하면서 움직이는 것은 천자가 군대를 일으켜서 출정하면 제후가 따라서 출정하고 민중이 순종하는 것과 같으니, 예컨대 탕 임금이 동서남북으로 정벌함에 천하가 원망하지 않은 것과 같다.

「彖」曰: 豫, 剛應而志行, 順以動, 豫. 豫, 順以動, 故天地如之, 而況建侯行師乎! 天地以順動, 故日月不過而四時不忒. 聖人以順動, 則刑罰淸而民服. 豫之時義大矣哉.(「단전」에서 말하기를, 예는 강이 응하여 뜻이 행해지고 순응함으로써 움직이는 것이 예이다. 예는 순응함으로써 움직이니 천지도 이와 같거늘 하물며 제후를 세우고 군대를 출동함에 있어서랴! 천지가 순응하여 움직이는 까닭으로 해와 달이 잘못되지 않아 사계절이 어긋나지 않고, 성인이 순응하여 움직이니 형벌이 분명해져서 백성이 복종한다. 예의 때와 뜻이 크다.)

"예는 강이 응하여 뜻이 행해지고 순응함으로써 움직이는 것이 예이다[豫, 剛應而志行, 順以動, 豫]"라는 구절은 주효와 괘덕으로 괘명을 해석한 것이다. 예괘가 예괘 되는 것은 이 괘의 경우 다만 구사 하나의 강효가 있고 구사가 한 괘의 주효로서, 위아래의 여러 음들이 모두 와서 구사에 응하고 구사를 따라서 구사의 뜻이 실행될 수 있고 어떠한 장애도 없기 때문이다. "순응함으로써 움직이는 것이 예이다[順以動, 豫]"라는 구절에서, 예괘는 내괘가 '곤'이고 외괘가 '진'이기 때문에 「단전」에서는 "순응함으로써 움직인다"라고 하였다. 접속사 '이而'를 쓰는 것은 위아래 두 말이 모두 중요하고 의미의 경중輕重이 서로 같아 주된 것과 부차적인 것이 구분되지 않는다. 접속사 '이以'를 쓰는 것은 위아래 두 말의 의미에 경중의 구별이 있다. 이 괘의 '순이동順以動'은 '순'자를 중시하였으니, 강조한 것은 '순'이지 '동'이 아니다. 이 괘를 예괘라고 부른 것은 '순'이 중요하여 혹자는 관건이 '순'에 있다고 말하기도 한다. 만약 위에서 움직이는데 아래에서 순응하지 않거나 혹은 움직이는데 순응하지 않으면 또한 예괘라고 말할 수 없다.

"예는 순응함으로써 움직이니 천지도 이와 같거늘 하물며 제후를 세우고 군대를 출동함에 있어서랴[豫, 順以動, 故天地如之, 而況建侯行師乎]"라는 구절은 괘덕으로써 괘사를 해석한 것이다. "순응함으로써 움직인다"는 것은 움직임에는 반드시 순응함을 전제로 삼아야 하니 모든 인간사, 특히 치국·평천하의 일은 반드시 천리에 순응하고 인심에 응해야 한다. 즉 규율에 부합하여 움직이지 않을 수 없어야 비로소 움직이게 되니, 만약 천리·인심·규율에 어긋나서 경거망동하면 일이 망쳐지지 않음이 없다. 자연계의 천지 운행도 "순응함으로써 움직여야" 비로소 즐거움을 얻기 때문이다. 자연계도 이와 같거늘, 하물며 인간 세상의 제후를 세우고 군대를 출동하는 이러한 민중의 생사에 관한 일이 어찌 이치에 위배되어 순응하지 않고서 움직일 수 있겠는가!

"천지가 순응하여 움직이는 까닭으로 해와 달이 잘못되지 않아 사계절이 어긋나지 않고, 성인이 순응하여 움직이니 형벌이 분명해져서 백성들이 복종한다[天地以順動, 故日月不過而四時不忒, 聖人以順動, 則刑罰淸而民服]"라는 구절은 『역』 작가의 입장에서 보면, 천·지·인 삼재의 움직임이 모두 일정한 규율을 준수해야 한다는 것이다. "천지가 순응하여 움직인다"는 것은 실제로 자연의 규율을 준수하여 움직이는 것이다. 해와 달이 잘못되지 않는 것과 사계절이 어긋나지 않는 것은 두 가지 일이 아니라 하나의 일이다. 오직 해와 달의 도수가 잘못되지 말아야 사계절의 운행이 어긋나지 않는다. 천지는 순응하여 움직이니, 통치자가 천지를 본받아 나라를 다스리고 천하를 태평하게 하는 것도 순응하여 움직여야 한다. 법률이 금지하는 것은 백성이 하고자 하지 않는 것이고, 법률이 허락하는 것은 백성이 하고자 하는 것이다. 이처럼 민심에 순응하여 일을 처리한 결과는 형벌이 분명해져서 백성들이 복종한다.

"예의 때와 뜻이 크다[豫之時義大矣哉]"라는 구절은 감탄사로, 사람들에게 이 괘의 뜻에 대하여 반복하여 생각하고 깊이 인식하도록 일깨워 주는 데 뜻이 있다. 『역』의 64괘에는 모두 때가 있고 뜻이 있고 쓰임이 있다. 공자가 지은 「단전」에는 12괘 속에서만 때·뜻·쓰임의 문제를 언급하였으나, 실제로 다른 52괘에는 때가 없고 뜻이 없고 쓰임이 없다는 말이 아니다. 「단전」에서 "때가 크다"라고 말한 것은 이괘頤卦·해괘解卦·대과괘大過卦·혁괘革卦의 네 괘가 있으며, "때와 뜻이 크다"라고 말한 것은 예괘豫卦·수괘隨卦·돈괘遯卦·구괘姤卦·려괘旅卦의 다섯 괘가 있으며, "때와 쓰임이 크다"라고 말한 것은 감괘坎卦·규괘睽卦·건괘蹇卦의 세 괘가 있다. 그중에 "때가 크다"라고 말한 것은 중점이 '때'자에 있다. 예를 들어 이괘頤卦·대과괘大過卦·해괘解卦·혁괘革卦의 네 괘는 모두 큰일이나 큰 변화로 관건은 '때'자에 있으니 반드시 결정적인 순간을 파악하는 것이 좋다. "때와 뜻이 크다"라고 말한 것은 중점이 '뜻'에 있으니, 예를 들어 예괘豫卦·수괘隨卦·이괘頤卦·구괘姤卦·려괘旅卦의 다섯 괘는 모두 작거나 천한 일 같지만 깊은 뜻을 함유하고 있다. 예괘에서는 "제후를 세우는 것이 이롭다"라고 하였고 둔괘에서도 "제후를 세우는 것이 이롭다"라고 하였으나, 두 괘에서 강조하는 중점은 다르다. 둔괘의 중점은 '때'에 있고 예괘의 중점은 '뜻'에 있다. "때와 쓰임이 크다"라고 말한 것은 중점이 '쓰임'에 있으니, 예를 들어 감괘坎卦·규괘睽卦·건괘蹇卦의 세 괘는 본래 모두 좋은 일은 아니지만, 마땅함을 파악하여 때에 따라 쓸 수 있으면 완전히 좋은 효과를 발생할 수 있다는 것이다.

「象」曰: 雷出地奮, 豫. 先王以作樂崇德, 殷薦之上帝, 以配祖考.(「대상」에서 말하기를, 우레가 땅에서 나와 분발하는 것이 예괘이다. 선왕이 <예괘의 상을> 보고서 음악을 만들고 덕을 숭상하여 상제에게 성대하게 제사 지내고 <자기의 덕을> 조상과 짝을 이루게 한다.)

옛사람들은 우레가 땅속에서 나온다고 생각하였다. 땅속에 양기가 잠겨서 갇혀 있다가 오래되면 하루아침에 빠르게 분발하여 나오는데, 음양이 서로 부딪쳐서 우레가 된다. 우레에는 화기和氣를 부추기고 생기를 발양하여 막힘이 없이 화락하는 효용이 있기 때문에 곤坤이 아래에 있고 진震이 위에 있는 이 괘의 이름을 예괘라고 하였다. '선왕이작악숭덕 은천지상제 이배조고先王以作樂崇德, 殷薦之上帝, 以配祖考'에서 앞의 '이以'자는 '용用'자를 말한 것이고, 뒤의 '이以'자는 '이而'를 말한 것이다. '은殷'은 성대하다는 뜻이다. '배配'는 배필이나 짝의 뜻이다. 선왕은 "우레가 땅에서 나와 분발하는 것이 예이다"는 현상을 형식으로 하여 조화로운 소리를 본뜨고 조화로운 뜻을 취하여 음악을 만들어 자기의 공덕을 발양하여 한층 더 빛나게 하였다. 제사 지낼 때에는 이러한 음악을 성대하게 연주하여 상제로 하여금 듣게 하고 또한 자기의 덕을 조상과 서로 짝을 이루게 하였다. 상제에 대해서는 '천薦' 자를 쓰고 조상에 대해서는 '배配' 자를 쓴 것은 실제로 호문互文하여 뜻을 나타낸 것이다. 상제에게 제사 지내는 것은 조상에게 제사 지내는 것을 포괄한다. 상제에게 제사 지낼 때 음악을 연주하고 조상에게 제사 지낼 때도 음악을 연주하는 것은 규모가 모두 성대한 것이다. 덕으로써 조상과 짝을 이루는 것은 덕으로써 상제와 짝을 이루는 것을 포괄한다. 전체적으로 예괘의 의미는 매우 심원하다는 말이다. 즉 상제에게 제사 지낼 뿐만 아니라 조상과 짝을 이루는 데 이렇듯 중요한 "음악을 만들고 덕을 숭상하는[作樂崇德]" 일은 바로 "우레가 땅에서 나와서 분발하는 것이 예이다[雷出地奮, 豫]"는 계시를 받아서 나온 것이다.

初六, 鳴豫, 凶.(초육은 즐거움이 밖으로 나타나니 흉하다.)

초육은 유효로 처음에 있고 주효인 구사와 서로 응하니 '부중'하고 '부정'한 소인이 안일하고 즐거운 때에 처해 있는 것과 같다. 상관의 지지와 총애를 받아 의기양양하여 그 원인을 잊어버리고 그 즐거움을 감당하지 못하니, 이에 소리를 내어 경솔하고 천박한 모습을 드러내는 데 이르렀다. 결과는 반드시 흉하고 의심할 여지가 없다.

'명鳴'은 마음속에 있는 느낌이 소리로 나타난 것이니 감정의 자연스러운 표현이다. 그러나 감정의 성질에는 차이가 있다. 겸괘 상육의 '명겸鳴謙'도 '명'이고 예괘 초육의 '명예鳴豫'도 '명'이지만 두 '명'의 정황과 의미는 같지 않다. 겸괘의 상육은 구삼에 감응함에 따라 "겸손함이 밖으로 나타나서" 윗자리에 처하기를 즐거워하지 않는 뜻이 있으니, 이것은 밖으로 나타나서 겸손함을 구하기 때문에 길하다. 예괘의 초육은 구사에 감응함에 따라 "즐거움이 밖으로 나타나서[鳴豫]" 안일하고 즐거움에 빠지는 뜻이 있으니, 이것은 즐거움이 저절로 밖으로 나타나기 때문에 흉하다.

「象」曰: 初六鳴豫, 志窮凶也.(「소상」에서 말하기를, '초육은 즐거움이 밖으로 나타난다'는 것은 뜻이 곤궁하여 흉한 것이다.)

안일하고 즐거운 것은 좋은 일이나 좋지 않게 처리하면 나쁜 일이다. 안일하고 즐거운 데 빠지는 것은 나쁜 일이고, 처음에 안일하고 즐거운 데 빠지고 또 경계하고 두려워할 줄 모르면 더욱 나쁜 일이다. "초육은 즐거움이 밖으로 나타난다[初六鳴豫]"는 것은 예괘의 처음에 밖으로 나타나서 기량이 이미 다하고 뜻이 이미 곤궁함을 알 수 있으니 어찌 흉하지 않을 수 있겠는가?

六二, 介于石, 不終日, 貞吉.(육이는 절개가 돌과 같이 견고하여 <문제를 초기에 해결하여> 하루를 마칠 것도 없으니 바르고 길하다.)

예괘에는 다음과 같은 특징이 있다. 즉 괘주인 구사와 매이고 응하는, 즉 응應·비比[165] 관계가 있으니 흉하지 않으면 후회하고 후회하지 않으면 병이 있어 모두 좋지 않다. 예를 들어 초육은 구사와 응하니 흉하고, 육삼은 구사와 '비'의 관계이니 후회가 있으며, 육오는 구사와 '비'의 관계이

165) 응(應)은 효와 효의 관계에 관한 것이다. 효가 서로 조화를 이루는지 그렇지 않는지를 보는 것이다. 여섯 개의 효 중에서 초효와 4효, 2효와 5효, 3효와 상효의 상응 관계를 보는 것이다. 다시 말하면, 하괘의 초·2·3효와 상괘의 4·5·상효가 서로 조화를 이루는지를 보는 것이 '응'이다. '응' 이외에도 효와 효의 상응 관계를 보는 개념으로 비(比)가 있다. '비'는 인접한 상하 두 효의 상응 관계를 보는 것이다. '응'이 하괘와 상괘 간의 상응 관계를 보는 것임에 비하여 '비'는 인접한 두 효의 상응을 본다는 점에서 '응'에 비하여 다소 그 관계의 범위가 협소하다.(역자 주)

니 바르지만 병이 있다. 오직 육이는 여러 음효 가운데에 서서 구사와 매임이 없으니 즐거운 가운데 처하고 빠지거나 연연해하는 뜻이 없다. 고요할 때는 확고히 자신을 지켜서 돌과 같이 견고하니 우월하거나 순조로운 환경에 처해서는 육이의 의지를 동요시킬 수 없다. 움직일 때는 기미를 잘 보고 행동하거나 문제를 일찍 발견하여 문제를 초기 상태에서 해결한다. 결단을 과감히 하고 신속히 제거하여 아침에 해야 할 일을 절대로 저녁까지 기다리지 않는다.

'정길貞吉'은 『역』에서 두 가지로 해석하고 있다. 하나는 '정길'을 병렬 관계로 보아 '정'하고 또한 '길'하다. 즉 바르고 또한 길하다는 것이다. 다른 하나는 '정길'을 조건 관계로 보아 '정'하면 '길'하다. 즉 '정'이 '길'하는 전제 조건이니 바름을 지켜야 비로소 길할 수 있다는 것이다. 여기서의 '정길'은 전자의 '정'하고 또한 '길'하다는 뜻이니 바르고 또한 길하다는 것이다. '정'은 바르다는 뜻이다. 어떤 사람은 점占으로 해석하는데 옳지 않다.

「象」曰: 不終日貞吉, 以中正也.(「소상」에서 말하기를, '하루를 마칠 것도 없으니 바르고 길하다'는 것은 중정하기 때문이다.)

육이가 움직이지 않고서 고요히 지키며 의심하지 않고서 행동할 수 있는 모든 문제의 관건은 육이가 음효로 음의 자리에 있고 '중'에 있으며 '정'을 얻었기 때문이다.

六三, 盱豫悔, 遲有悔.(육삼은 위로 쳐다보며 즐거워하니 후회가 있으며, <후회가> 더디면 또 후회가 있을 것이다.)

육삼의 상황은 육이와 크게 다르다. 육이는 음효로 음의 자리에 있어 '중'에 있고 '정'을 얻어 구사와 매임이 없기 때문에 "절개가 돌과 같이 견고하여 하루를 마칠 것도 없다[介于石, 不終日]." 그러나 육삼은 그렇지 않다. 육삼은 유효로 양의 자리에 있어 '부중'하고 '부정'하며 또한 구사와 가깝기 때문에 "절개가 돌과 같은 것"이 아니라 "위를 쳐다보며 즐거워하는 것[盱豫]"이며 "하루를 마칠 것도 없는 것"이 아니라 "더딘 것[遲]"이다. '우盱'는 눈을 크게 뜨고 위를 쳐다보는 것이다. '우예盱豫'는 두 가지 의미를 포함한다. 하나는 줄곧 위에서 기쁨을 취하여 독립을 견지할 수 없는 것이고, 다른 하나는 아래로 즐거움에 빠져서 주저하며 기다리거나 망설이며 결단을 내리지 못하는 것이다. 그러나 육삼은 음유陰柔하지만 결국 양의 자리에 있기 때문에 후회할 수 있는 뜻이 있다. 후회의 결과가 어떠한지는 육삼의 주관적 태도를 보아야 한다. 만약 후회가 단호하고 신속하면 나쁜 처지가 좋게 바뀔 수 있지만 후회가 더디면 또 후회가 있다. 옛날에는 '유有'자와 '우又'자가 통용되었다. '지유회遲有悔'는 '지우회遲又悔'이다.

「象」曰: 盱豫有悔, 位不當也.(「소상」에서 말하기를, '위로 쳐다보며 즐거워하니 후회가 있다'는 것은 자리가 마땅하지 않기 때문이다.)

육삼의 "위로 쳐다보며 즐거워하니 후회가 있다[盱豫有悔]"는 것은 "자리가 마땅하지 않은[位不當]", 즉 육삼이 처한 자리가 '부중'하고 '부정'한 데서 나온 것이다.

九四, 由豫, 大有得, 勿疑, 朋盍簪.(구사는 즐거워함을 주저하여 크게 얻음이 있으니 의심하지 않으면 친구들의 많은 비난이 있을 것이다.)

'유예由豫'에 대해, 마융馬融은 '유由'를 '유猶'라고 하여 "유예는 주저함이다"[166]라고 해석하였다. 백서본帛書本 『주역』과 초간본楚簡本에 근거하면, '유由'는 '유猷'가 되니 마융의 설이 옳다. '유예由豫'는 마땅히 '유예猶豫'가 되어야 한다. '유예猶豫'는 결단하지 못하고 주저하는 뜻이기 때문에 아랫글에서 "의심하지 않는다[勿疑]"라고 하여 결단하지 못하고 주저하는 태도를 부정하였다. '붕합잠朋盍簪'에서의 '붕'은 친척이나 친구이다. '합盍'은 합嗑의 가차이다. '합嗑'은 말이 많은 것이다. '잠簪'을 정현은 '속速'으로 해석하였고, 왕필은 '질疾'로 해석하였으며, 공영달은 '질래疾來'로 설명하였다. 후대 학자들은 대부분 여기에 근거하였다. 오늘날의 요명춘은 '질疾'자에 질투와 비난의 뜻이 있어야 한다고 고증하였다. '붕합잠朋盍簪'은 주어와 술어 구조의 짧은 글이다. '붕'은 주어이고 '합잠' 두 글자는 연합된 술어이다. 전체적으로 구사 효사의 의미에는 두 방면이 있다. 먼저, 공을 이루거나 크게 얻은 것에 대해 주저하지 말고 남들이 제멋대로 지껄이는 것을 두려워하지 말라는 것이다. 그런 뒤에, 쓸데없이 걱정하지 말고 친구들이 자신을 험담하고 비난하는 것을 두려워하지 말 것을 충고하였다. 구사는 예괘의 주효로 다섯 음효가 모두 구사 하나의 양효를 따르니 구사의 뜻이 막힘이 없이 잘 통하여 장애가 없다.

「象」曰: 由豫大有得, 志大行也.(「소상」에서 말하기를, '즐거워함을 주저하여 크게 얻음이 있다'는 것은 뜻이 크게 행해지는 것이다.)

이것은 「단전」의 "강이 응하여 뜻이 행해진다[剛應而志行]"는 뜻과 같다. 구사를 "크게 얻음이 있다[大有得]"라고 해석하는 근본적인 원인은 구

166) 魏了翁, 『周易要義』, 卷2(下). "馬作猶, 云猶豫疑也."

사가 양강으로 다섯 음효와 응하여 구사의 뜻이 크게 행해질 수 있기 때문이다. 전체 괘에서 구사 한 효만이 거시적인 관점에서 문제를 고려하니 그 뜻은 전체 괘의 뜻과 대체로 일치한다. 나머지 다섯 효는 각자 자기의 뜻을 비교적 구체적으로 기술하여 괘의 뜻과는 완전히 같지 않다.

六五, 貞疾, 恒不死.(육오는 바르지만 병이 있으며, 항상 병이 있어도 죽지 않는다.)

바르지만 병이 있으며 항상 병이 있어도 죽지 않는다. 육오는 음효로 높은 자리에 있으니 유약한 군주이다. 유약한 군주가 안일하고 즐거운 때에 처해 있어 반드시 교만하고 방자하여 원래는 안락함에 죽어야 하나 아직 목숨이 남아 있다. 맹자가 말한 "안으로는 법도로써 임금을 바로잡는 신하와 임금을 보필하는 어진 선비가 없고, 밖으로는 적국이나 외환에 대한 걱정이 없으면 나라는 항상 망한다"[167]라는 것과 같지만, 육오는 망하지 않고 다만 병이 있을 뿐이다. 비교적 오랜 시간 망하지 않을 수 있는 것은 구사가 임금을 바로잡는 신하와 임금을 보필하는 어진 선비가 되어 육오를 보필하고 도와주기 때문이다. '정貞'은 바르다는 뜻이다. 여기서의 '정'은 스스로 자기를 바르게 하는 것이 아니라 남에게 바르게 보이는 것이다. '정질貞疾'은 남의 도움을 받아서 도리어 병을 얻었다는 말이 아니고, 남의 도움을 받았기 때문에 항상 죽지 않을 수 있고 다만 병을 얻었을 뿐이라는 말이다.

「象」曰: 六五貞疾, 乘剛也. 恒不死, 中未亡也.(「소상」에서 말하기

167) 『孟子』, 「告子(下)」, 第15章. "入則無法家拂士, 出則無敵國外患者, 國恒亡."

를, '육오는 바르지만 병이 있다'는 것은 강을 탔기 때문이다. '항상 병이 있어도 죽지 않는다'는 것은 중을 잃지 않았기 때문이다.)

육오의 유약한 군주는 안일하고 즐거운 때에 처하여 본래는 교만하고 방자하여 망해야 하는데, 어째서 결국 병이 있을 뿐이고 망하지 않는가? 왜냐하면 육오는 강효를 타고 있으니 구사의 강양한 신하가 아래에서 육오를 보필하고 도와주어 육오로 하여금 감히 즐거움에 빠지지 못하도록 하기 때문이다. 병이 있는 것은 죽음에 인접한 것이지만 "항상 병이 있어도 죽지 않는[恒不死]" 것은 "중을 잃지 않았기[中未亡也]" 때문이다. 효상에서 보면, 육오는 유약하여 감당할 수 없지만 '중'의 자리에 처해 있다. 사람의 몸으로 비유하면, 중기中氣(뱃속 기운)가 아직 보존하고 명맥이 아직 존재하기 때문에 죽지 않는다.

上六, 冥豫, 成有渝, 无咎.(상육은 즐거움에 빠져 혼미하나 변화가 있으면 허물이 없을 것이다.)

'명冥'은 어두움이다. '명예冥豫'는 즐거움에 빠져서 혼미하여 돌아갈 줄 모르니, 상육은 음효로 윗자리에 있어 '부중'하고 '부정'하며 또한 예괘가 끝날 때에 있어 어두운 데 빠져서 흉한 상이 되어 고칠 수 없는 것과 같다. 그렇지만 결국 "변화가 있으면 허물이 없다[成有渝, 無咎]." 마땅히 흉하지만 아직 흉한 데 이르지 않는 것은 그 속에 사물이 전환하는 사상을 깊이 함유하고 있기 때문이다. '명예冥豫'는 보기에는 나쁜 일이 극점에 이르러 구제할 방법이 없는 것 같으나, 실제로는 예괘의 극처에 있어 사물이 다하면 돌아오듯이 변화의 계기를 포함하고 있기 때문에 좋은 방면으로 전환하여 허물이 없을 수 있다. 어떤 사람이든 "즐거움에 빠져 혼미한[冥豫]" 처지에 처해 있을 때는 악을 고쳐 선에 나아가고 용감하게 잘못을 보충하면 모두 "혼미한[冥]" 흉함이 허물이 없는 것으로 "변화[渝]" 할 수 있다.

「象」曰: 冥豫在上, 何可長也.(「소상」에서 말하기를, 즐거움에 빠져 혼미하면서 위에 있으니 어찌 오래갈 수 있겠는가.)

「소상」에서 말한 "어찌 오래갈 수 있겠는가[何可長也]"에는 두 가지 의미가 있다. 기뻐하고 즐거워함이 지나치게 심하여 어둡고 완고한 데 이르러도 그칠 줄 모르면 반드시 흉함에 이르는데, 이것은 문제의 심각성을 강조한 것이다. 예괘가 이미 극점에 이르면 변하지 않으면 안 되는 정도에 도달하는데, 이것은 변화의 필연성을 말한 것이다.

● 총론

전체적으로 말하면, 예괘에는 두 방면의 사상을 반영하고 있다. 괘사와 「단전」에서 말한 "제후를 세우고 군대를 출동하는 것이 이롭다[利建侯行師]"거나 "순응함으로써 움직이는 것이 예이다[順以動, 豫]"는 것은 예괘에 이르는 도와 예괘에 이르는 성대함을 긍정적으로 설명하였다. 예괘의 여섯 효 가운데 괘의 주효가 되는 유일한 양효인 구사만이 괘사나 「단전」과 일치하는 사상을 나타내고, 나머지 다섯 음효의 효사나 「소상」에서는 다섯 음효가 괘 속의 세력과 지위, 즉 구사와의 관계에 근거하여 즐거움을 누리는 흉함을 부정적으로 설명하여 사람들에게 즐거울 때에 길한 데로 나가고 흉함을 피하는 방법을 보여 주었다. 「잡괘전」에서 말한 "예괘는 태만함이다"[168]라는 것이 바로 이 뜻이다.

예괘는 좋은 일이면서 또한 나쁜 일이다. 잘 처리하면 좋은 일이고, 잘 처리하지 못하면 나쁜 일이다. 사회에는 즐거움이 없어서는 안 되고, 사람들의 마음에는 즐거움이 있어서는 안 된다. 때문에 괘 가운데 다섯 음효는 예괘의 주효와 멀어질수록 좋으니 육이는 구사와 비比도 없고 응應도 없어서 가장 좋다. 육이는 기미를 알고 즐거움이 태만한 상황에서 신속하게 벗어날 수 있다. 초육은 구사와 '정응'하니 가장 좋지 않다. 초육은 즐거움의 처음에 빠져서 스스로 벗어날 수 없으니 결과는 반드시 흉하다. 다른 세 효는 중간 상태에 있다. 육삼과 육오는 모두 구사와 가까우니 모두 크게 좋지 않다. 육삼은 빨리 후회해야 하니, 만약 주저하고 머뭇거리면 반드시 또 후회한다. 육오는 그것을 도와주는 자가 있기 때문에 즐거운 때를 당해서도 즐거움을 얻지 못한다. 상육은 예괘의 끝에 있어 즐거움이 태만하여 이미 우매하고 완고하여 바뀌지 않는 정도에 도달한 것이다. 그러나 사물이 다하면 반드시 돌아가니, 이때에 시세에 따라 변할 수 있으면 허물이 없을 수 있다.

168) 『周易』, 「雜卦傳」. "豫怠也."

17
수괘(隨卦)

䷐ 진하태상 震下兌上

주희와 청나라 사신행査愼行[169]은 모두 '수'를 따르는 뜻이라고 말하였다. '수'를 '따르다'로 해석한 것은 옳다. 한 걸음 더 나아가 말하면, 따르는 것은 때의 변화에 통달하여 관례를 고집하지 않는 것이다. 그러나 자기가 다른 사람을 따를 것인지 다른 사람이 자기를 따를 것인지는 학자마다 견해가 다르다. 정이는 '수'의 내포된 뜻에 다른 사람이 자기를 따르거나 자기가 다른 사람을 따르는 두 방면을 포괄한다고 보았다. 『주역절중周易折中』에는 수괘의 괘 뜻이 주로 자기가 다른 사람을 따르는 데 있고, 다른 사람이 와서 자기를 따르는 것은 자기가 다른 사람을 따르는 귀환歸還에 불과하다고 보았다. 이것은 후자의 견해가 옳다. 분명한 것은 네가 다른 사람을 따르기 때문에 다른 사람이 비로소 와서 나를 따른다는 것이다. 다른 사람이 나를 따르는지의 여부는 내가 다른 사람을 따르는지의 여부에서 결정된다.

---

169) 사신행(査愼行, 1650~1727): 중국 청(淸)나라 시인. 자는 회여(悔餘), 호는 초백(初白). 절강성(浙江省) 출생.(역자 주)

진하태상震下兌上의 괘에는 어째서 따르는 뜻이 있을 수 있는가? 괘의 두 체에서 보면, 하괘는 진震이니 '진'은 양이고 움직임이며, 상괘는 태兌이니 '태'는 음이고 기뻐함이다. 양이 음보다 아래에 있어 이것이 움직이고 저것이 기뻐하니 따르는 뜻이 있다. 괘획에서 보면, 강효가 모두 유효의 아래에 있으니 또한 따르는 뜻이 있다. 양의 괘가 음의 괘 아래에 있고 강효가 유효의 아래에 있으니, 64괘 가운데 이러한 두 상황을 갖추고 있는 것은 이 한 괘뿐이다. 여기에 이 괘가 수괘라는 이름을 취한 뜻이 소재한다. 양이 음보다 아래에 있고 강효가 유효보다 아래에 있는 것을 사회·인사와 연관 지어 보면, 귀한 것이 천한 것의 아래에 있고 학문이 많은 사람이 학문이 많지 않은 사람에게 묻는 것과 같으니 이것이 바로 따르는 뜻이다.

「서괘전」에는 "즐거우면 반드시 따름이 있기 때문에 수괘로 받았다"[170] 라고 하였다. 즐거운 것이 좋은 일이면 물건이 반드시 와서 따르기 때문에 예괘 뒤에 수괘를 두었다. 이러한 말은 일리가 충분하지 않다. 다만 그것은 『역』을 지은 자가 64괘의 배열을 인식한 것이 결코 우연에서 나온 것이 아니라 64괘 배열의 규칙을 찾아내려고 노력하였음을 설명한 것이다.

隨, 元亨, 利貞, 无咎.(수는 크게 형통하나 바름을 지키는 것이 이로우니 허물이 없을 것이다.)

따르는 것은 자기가 다른 사람을 따라서 크게 형통한 결과를 얻을 수 있다. 그러나 따르는 것에는 조건이 있고 원칙이 있다. 따라야 하는 것은 따르고, 따르지 말아야 하는 것은 따라서는 안 된다. 따르는 것이 반드시 올바름을 전제로 한 뒤에 비로소 크게 형통하여 허물이 없을 수 있다. 만약

170) 『周易』, 「序卦傳」. "豫必有隨, 故受之以隨."

따르는 것이 바르지 않으면 속여서 따르는 것이다. 속여서 따르면 결과는 크게 형통할 수 없고 또한 허물이 있다. 『좌전左傳』 「양공襄公 9년」의 기록에는 목강穆姜이 일찍이 점을 쳐서 수괘를 얻자, 어떤 사람이 그에게 서둘러 도망가서 죽음을 면할 것을 권하였다. 왜냐하면 수괘의 괘사가 '원형이정무구元亨利貞无咎'이기 때문이다. 그러나 목강은 자기가 점을 쳐서 수괘를 얻었더라도 죄를 면할 수 없다고 보았는데, 원인은 그가 원형이정의 사덕四德을 가지고 있지 않다고 보았기 때문이다. 사덕이 없이 따르면 반드시 허물이 있다. 목강은 수괘의 '원형이정元亨利貞'을 사덕으로 이해하였으니 옳지 않다. 건괘의 원형이정만이 사덕의 뜻, 즉 네 글자마다 네 가지 뜻이 있을 뿐이고 다른 괘의 원형이정은 이와 같이 해석할 수 없다. 그러나 목강은 따르는 데 허물이 없는 것에는 반드시 일정한 조건을 가진다고 강조하였으니 수괘 괘사의 의미를 깊이 얻었던 것이다.

「彖」曰: 隨, 剛來而下柔, 動而說, 隨. 大亨貞无咎, 而天下隨時. 隨時之義大矣哉.(「단전」에서 말하기를, 수는 강이 와서 유 아래에 있으며 움직이고 기뻐함이 수이다. 크게 형통하고 바르게 하여 허물이 없어서 천하가 때를 따른다. 때를 따르는 뜻이 크다.)

"수는 강이 와서 유 아래에 있다[隨, 剛來而下柔]"라는 구절은 주효인 초구를 말한 것이다. 초구의 '강래이하유剛來而下柔'에서의 '강剛'은 초구를 가리키고 '래來'는 초구가 하체에 있다는 말이다. '강래이하유'의 구절은 역대로 두 가지 해석이 있다. 하나의 해석은 괘체설卦體說이다. '강'은 하괘인 진震을 가리키고 진(☳)은 양의 괘이기 때문에 '강'이라 하였다. '유'는 상괘인 태兌를 가리키고 태(☱)는 음의 괘이기 때문에 '유'라고 하였다. '강래이하유'는 진괘가 양의 괘로서 본래는 음의 괘 위에 있어야 하지만 지금은 굽혀서 음의 괘 아래에 있으니 바로 큰 것이 작은 것 아래에 있고 귀한 것이 천한 것 아래에 있는 뜻인데, 이것이 바로 수괘이다. 또 다른 해석은 괘변설卦變說이다. 괘변설은 우번虞翻과 순상荀爽에 의해 창설되었다. 우번은 괘변설로 '강래이하유' 구절을 해석하여 "비괘(䷋)인 건의 상효가 곤의 초효에 왔기 때문에 강효가 와서 유효 아래에 있으니 움직임은 '진'이고 기뻐함은 '태'이다"[171]라고 하였다. 촉재蜀才도 "이것은 비괘에 근본하니, 강효가 상효에서 와서 초효에 있고 유효가 초효에서 상효로 올라가면 안으로는 움직이고 밖으로는 기뻐하니 움직이고 기뻐하는 것이 수괘이다"[172]라고 하였다.(모두 이정李鼎이 지은 『주역집해周易集解』에 보인다.) 주희의 『주역본의周易本義』의 설도 같다. 그들은 수괘가 비괘에서 변해 온 것이라고 보았다. 이러한 괘변설은 『주역』의 원뜻에 위배되니 따를 수 없다.

'강래이하유'의 구절은 수괘의 주효를 말한 것이다. 이 점은 매우 중요하다. 「단전」에서는 모두 이와 같다. 「단전」에서는 모두 주효가 어떠한지를 말해야 한다. 참으로 이 점을 알지 못하면 참으로 「단전」을 알 수 없다.

"움직이고 기뻐함이 수이다[動而說, 隨]"라는 구절은 괘덕으로 괘명을 해석한 것이다. '태'의 덕은 기뻐함이고 '진'의 덕은 움직임이다. 하괘의 움직임에 따라 상괘의 기뻐함을 야기한다. 여기에 움직이는 것이 있으면 저기에 기뻐하지 않음이 없다. 움직임이 따르는 것이고 기뻐함도 따르는 것이다. 움직여서 따르는 것이 기뻐하여 따르는 것을 빨리 이루어지게 하고 기뻐하여 따르는 것을 포함한다. 움직이고 기뻐함에도 따르는 뜻이 있다.

171) 李鼎, 『周易集解』, 卷5. "否, 乾上來之坤初, 故剛來而下柔. 動, 震. 說,兌也."

172) 李鼎, 『周易集解』, 卷5. "此本否卦, 剛自上來居初, 柔自初而上升, 則內動而外說, 是動而說, 隨也."

"크게 형통하고 바르게 하여 허물이 없어서 천하가 때를 따른다. 때를 따르는 뜻이 크다[大亨貞无咎, 而天下隨時, 隨時之義大矣哉]"라는 구절은 괘사를 해석한 것이다. 『주역』은 '때' 자를 매우 중시한다. 공자는 '때' 자에 대하여 깊은 이해가 있었다. 맹자는 "공자는 때를 아는 성인이다"[173]라고 하여 '때' 자로 공자 사상의 특징을 개괄하였는데, 이것은 매우 합당하다. 공자가 지은 『역전』에서도 특별히 '때' 자를 강조하였다. 수괘의 관건은 바른 데 있으니, 따르되 바름을 얻은 뒤에 비로소 크게 형통하여 허물이 없을 수 있다. 바름을 잃으면 허물이 있고 더 이상 크게 형통함을 말할 수 없다. 『좌전』「양공 9년」에 목강이 점을 쳐서 수괘를 얻었으나 결국 동궁東宮에서 죽었다는 고사가 실려있는데, 이것이 분명한 사례이다. 그러나 무엇이 바르고 무엇이 바르지 않는가? 여기에는 고정된 표준이 없고 반드시 때에 따라서 정해진다. 때문에 "천하가 때를 따른다[天下隨時]"라고 하였다. "때를 따르는 뜻이 크다[隨時之義大矣哉]"라는 구절은 찬미한 말로써 '때를 따르는' 중요성을 강조한 것이다. 뜻은 따르는 것이 결코 어렵지 않으니, 따르되 각각 그때에 타당하면 쉽게 성취할 수 있다는 말이다.

「象」曰: 澤中有雷, 隨. 君子以嚮晦入宴息.(「대상」에서 말하기를, 못 속에 우레가 있는 것이 수괘이다. 군자가 <수괘의 상을> 보고서 날이 저물어 가면 집에 들어가서 편안히 쉰다.)

"못 속에 우레가 있다[澤中有雷]"는 것은 우레가 못 속에서 진동함에 못이 우레를 따라 움직이니 따르는 상이 있다. 군자가 이 상을 보고서 "날이 저물어 가면 집에 들어가서 편안히 쉰다[嚮晦入宴息]." 뜻은 시간이 정지

173) 『孟子』, 「萬章(下)」. "孔子, 聖之時者也."

하지 않고 변화하여 낮과 밤이 교대로 나타난다는 말이다. 낮에는 쉬지 않고 힘써 일을 해야 하고 밤에는 집에 들어가서 편안히 쉬어야 하니, 어떤 때에 이르러 어떤 일을 하는 것을 '때를 따른다' 라고 하는 것이다. "날이 저물어 가면 집에 들어가서 편안히 쉰다"는 이러한 일상생활의 일은 때를 따를 것을 말한 것이니, 다른 중대한 일은 더 이상 말할 필요가 없다. '향嚮' 은 향함이고, 회晦는 어둠이다. '향회嚮晦' 는 하늘색이 어두운 밤으로 들어가려는 것이다. '연宴' 은 편안함이다. '연식宴息' 은 편안히 쉬거나 휴식함이다.

初九, 官有渝, 貞吉, 出門交有功.(초구는 주인에게 변화가 있으니, 바르게 하면 길하니 문을 나가서 사귀면 공이 있을 것이다.)

수괘의 여섯 효가 서로 응하는지 아닌지는 문제 되지 않고, 다만 가까운 것만을 논하고 대부분 아래가 위를 따르는 뜻을 취하였다. 초효와 2효가 '비' 이면 초효가 2효를 따르고, 2효와 3효가 '비' 이면 2효가 3효를 따르며, 3효와 4효가 '비' 이면 3효가 4효를 따르고, 5효와 상효가 '비' 이면 5효가 상효를 따른다.

초구는 양효이고 또한 괘를 이루는 주효이다. 양은 주인을 따르니 주인을 '관官' 이라 하였다. 초구는 주효가 되는 양효로서 음효가 와서 초구를 따라야 정상이다. 그러나 지금은 초구가 따르는 때에 처하여 주효로 자처하지 못하고 변화를 알고 권도를 따라야 하니 따라야 하여 따르는 것이다. 이것이 바로 "주인에게 변화가 있다[官有渝]" 는 것이다. '정길貞吉' 과 '관유변官有渝' 은 반드시 변하여 그 바름을 잃지 않기 때문에 길함을 얻을 수 있다. "문을 나가서 사귀면 공이 있다[出門交有功]" 는 것은 집 밖으로 나가서 가족 외의 사람들과 사귀고 가족 내의 친족과는 사귀지 않는 것이다. "문을 나간다[出門]"는 것은 일종의 비유로서 사귀는 대상이 사사로이 친한 자가 아니며, 사귈 때에는 반드시 바름을 얻어야 하고, 바름을 얻으면 실수가 없으며, 실수가 없으면 공이 있을 수 있다는 것이다. 사귀는 것은 바로 따르는 것이다. 여기에서 사귀는 것을 말하고 따르는 것을 말하지 않은 것은 초구가 괘를 이루는 주효이고 또한 양효이며 양은 음의 주인이 되기 때문이다. 주인은 남을 따를 수 없기 때문에 '사귄다'라고 하고 '따른다'라고 하지 않았다.

「象」曰: 官有渝, 從正吉也. 出門交有功, 不失也.(「소상」에서 말하기를, '주인에게 변화가 있다'는 것은 바름을 따르면 길하다는 것이다. '문을 나가서 사귀면 공이 있다'는 것은 올바름을 잃지 않는 것이다.)

주인이 변하여 남을 따르는데 따르는 것이 올바름을 얻어야 비로소 길함을 얻을 수 있다. 따르는 것이 바르지 않으면 반드시 후회와 부끄러움이 있다. 문을 나가서 사귀는 것은 사적인 친근함에 이끌리는 것이 아니라 사귐이 반드시 올바른 것이다. "잃지 않는다[不失]"는 것은 올바름을 잃지 않는다는 뜻이다.

六二, 係小子, 失丈夫.(육이는 소자에게 매이면 장부를 잃을 것이다.)

초구는 강효로 남을 따르기 때문에 '따른다[隨]'라고 하였다. 육이는 유효로 남을 따르기 때문에 '매인다[係]'라고 하였다. 실제로 말하는 것은 모두 따르는 것이다. 소자小子와 장부丈夫는 각각 누구를 가리키는가? 소자는 육삼을 가리키고 장부는 초구를 가리킨다. 『역』에서는 양을 크다고 하고 음을 작다고 한다. 육삼은 음이기 때문에 '소자'라고 하였다. 초구는 양이기 때문에 '장부'라고 하였다. 육이는 음유陰柔한 것으로 '중'에 있고 남에게 매여 있어 자립할 수 없는 상이다. 육이의 본뜻에 의하면, 이미 소자에 매여 있어야 하고 또한 장부를 잃지 말아야 하지만 실제로는 그렇게 할 수 없다. 수괘의 특징에서 보면, 여섯 효는 응應을 논하지 않고 비比를 논하였으며, 또한 아래가 위를 따르는 뜻을 취하여 육이는 다만 육삼을 따를 수 있다. 이미 육삼을 따르면 초구를 잃어야 하고 둘을 겸할 수는 없다. 사물의 이치상에서 보면, 한 사람이 따르는 때에 처하여 군자를 따르면서 또한 소인을 따르는 것은 불가능하다. 설령 일시적으로 그렇게 하더라도 결국 소인을 따르고 군자를 잃는다. 따르는 일에 있어서 바르고 바르지 못함, 선과 악, 옳고 그름을 둘 다 따를 수는 없다. 바르지 못한 것을 따르면 바른 것을 잃고, 악을 따르면 선을 잃으며, 그른 것을 따르면 옳은 것을 잃는다. 육이는 이미 소자인 육삼에게 매여 있으니 장부인 초구를 동시에 따를 수 없다.

「象」曰: 係小子, 弗兼與也.(「소상」에서 말하기를, '소자에게 매이면 장부를 잃는다'는 것은 동시에 매일 수 없기 때문이다.)

'계소자係小子'는 '계소자 실장부係小子, 失丈夫'의 생략된 말이다. 소자인 육삼에게 매이면 반드시 장부인 초구를 잃어야 하는데, 왜냐하면 소자와 장부에 동시에 매일 수 없기 때문이다. 비록 주관적으로는 소자와 장부 둘에 매이려 하여도 결과는 소자에만 매일 수 있고 장부를 잃는다.

六三, 係丈夫, 失小子. 隨有求得, 利居貞.(육삼은 장부에게 매이면 소자를 잃는다. 따름에 구함이 있으면 얻으나 바름을 지키는 것이 이롭다.)

수괘의 특징은 '비'를 논하고 '응'을 논하지 않으며 위를 취하고 아래를 취하지 않기 때문에 육삼의 "장부에게 매인다[係丈夫]"는 것은 구사를 가리키고 "소자를 잃는다[失小子]"는 것은 육이를 가리킨다. 육삼이 구사에 매이면 반드시 육이와는 소원해진다. 얻는 것이 있으면 반드시 잃는 것이 있다.

괘의 뜻은 음이 양을 따르는 것을 '얻는다'고 한다. 육삼과 구사는 가깝고 음으로 양을 따르니 쉽게 마음이 맞아 구함이 있으면 반드시 얻는다. 그러나 육삼과 구사는 모두 마땅하지 않은 자리에[174] 처하여 특히 따르는 기회를 타고 구하지 말아야 할 것을 구하거나, 얻지 말아야 할 것을 얻을 수 있다. 이때에 육삼에서 말하면, 중요한 것은 '이거정利居貞', 즉 바름을 지키는 것이 좋다. 가장 좋은 것은 바름을 지키고 구하지 않는 것이다.

「象」曰: 係丈夫, 志舍下也.(「소상」에서 말하기를, '장부에 매인다'는 것은 뜻이 아래를 버리는 것이다.)

이것은 육삼이 위의 구사에 매여 아래 육이를 버린다는 말이다. 상황은 육이가 육삼에 매여서 초구를 잃는 것과 같다. 다른 점은, 육이는 "동시에 매일 수 없다[弗兼與]"는 것이고, 육삼은 "뜻이 아래를 버린다[志舍下]"는 것이다. "동시에 매일 수 없다"는 것은 육이의 본래 의도가 소자에 매이고 또한 장부에 매여서 군자와 소인 둘 다 따르는 목적에 도달하려는 것이다. 결과는 소자에 매이고 장부를 잃는다. 둘은 동시에 함께할 수 없다. "뜻이 아래를 버린다"는 것은 육삼의 본래 의도가 장부에 매이고 소자를

174) 부당위(不當位): 여섯 효의 위치는 초·3·5효가 양이고 2·4·상효가 음이다. 양의 위치에 양효가 있고, 음의 위치에 음효가 있는 것을 당위(當位)라고 하고, 이와 반대의 경우가 되는 것을 부당위(不當位)라고 한다.(역자 주)

버리니, 근본적으로 장부와 소자에 동시에 매이려 하지 않는다는 것이다.

九四, 隨有獲, 貞凶. 有孚在道, 以明, 何咎.(구사는 따라서 얻음이 있으면 바르더라도 흉하다. 진실함을 두고 도에 입각하여 밝히면 무슨 허물이 있겠는가.)

구사는 구오의 아래에 있으니 군주의 자리에 가깝다. 이러한 지위는 본래 매우 위험하다. 지금 구사는 또한 "따라서 얻음이 있다[隨有獲]." "따라서 얻음이 있다"는 것은 천하의 사람들이 구사를 따른다는 말이다. 구사의 위엄과 명망이 군주인 구오를 뛰어넘을 수 있다. 이러한 상황은 실제로 매우 위험하다. "바르더라도 흉하다[貞凶]"는 것은 이러한 상황을 변치 않고 지키면 바르더라도 흉하다는 말이다. 그러나 구제할 방법이 있다. "마음에 진실함을 두고 도에 입각하는[有孚在道]", 즉 행동하거나 생각하는 것이 진실함을 다하고 도에 부합해야 한다. 또한 명철하게 처신하여 이러한 정도에 이를 수 있으면 자연히 허물이 없다.

「象」曰: 隨有獲, 其義凶也. 有孚在道, 明功也.(「소상」에서 말하기를, '따라서 얻음이 있다'는 것은 그 뜻이 흉한 것이다. '진실함을 두고 도에 입각한다'는 것은 공을 밝히는 것이다.)

"따라서 얻음이 있으면 바르더라도 흉하다[隨有獲貞吉]"라는 구절은 뜻이 흉하다는 말이고, "뜻이 흉하다[其義凶]"는 것은 도리상 흉함에 이를 가능성이 있다는 말이다. 만약 주관적으로 적당한 노력을 하면 흉함을 면할 수 있다. 관건은 "진실함을 두고 도에 입각하는지"에 달려 있다. "진실함을 두고 도에 입각한다"는 뜻은 실제로 사람들에게 자기의 공로를 이해시키는 것이다. '명공明功'은 자신이 공을 나타내는 것이 아니라, 반대로 사람들에게 내 마음을 분명히 이해시켜 뜻을 바르게 하고 공을 따지지 않는 것이다.

九五, 孚于嘉, 吉.(구오는 선을 따르니 길하다.)

'가嘉'는 선함이다. '부孚'는 진실함이다. '부孚'자는 여기에서 따른다는 뜻도 있다. 구오가 높은 자리에 있고 '정'을 얻었으며 또한 진실하니 육이와 구사에 대하여 의심하지 않고 오직 선을 따른다. 지극한 정성으로 천하의 사람들을 감동시키고 천하의 사람들도 지극한 정성으로 와서 구오를 따른다. '부우가孚于嘉'는 선을 따르는 것이다. 따르는 데 바로 '수隨'를 말하지 않고 '부孚'를 말한 것은 따르는 때가 '중'을 얻는 것은 좋고 너무 지나치게 따르는 것은 마땅하지 않으니, 너무 지나치면 "선을 따르는 것"이 아니기 때문이다. 수괘의 구오는 진실함으로 천하의 선을 따라 지나치지 않기 때문에 "선을 따른다"라고 하였다.

「象」曰: 孚于嘉吉, 位正中也.(「소상」에서 말하기를, '선을 따르니 길하다'는 것은 자리가 중정하기 때문이다.)

구오가 "선을 따르니 길할" 수 있는 것은 그것이 '정'을 얻고 '중'에 있기 때문이다. '정'을 얻으면 따르는 것이 모두 선하다. '중'에 있으면 따르는 것이 선하고 지나치지 않는다.

上六, 拘係之, 乃從維之. 王用亨于西山.(상육은 붙잡아 매고 또한 쫓아가서 묶어 놓으니 왕이 <상육을 시켜> 서산에서 제사 지낸다.)

일반적으로 말하면, 『역』에서 외괘가 태兌를 말한 것은 대과괘大過卦·함괘咸卦·태괘兌卦 등 여러 괘이나, 구오와 상육 두 효는 모두 서로 기뻐하고 움직이기 때문에 서로 '비'하고 '부정'하다. 오직 수괘만은 그렇지 않다. 수괘는 강효가 유효 아래에 있는 것으로 뜻을 삼으니 구오와 상육은 서로 따르는 뜻이 있으나 '부정'의 문제는 없다. '구계지 내종유지拘係之, 乃從維之'의 뜻은 이미 붙잡아 매고 또한 좇아가서 묶어 놓으니 수괘의 굳게 매는 것이 이와 같음을 설명한 것이다. 상육은 소자에게 매이거나 장부에게 매이는 것을 말하지 않고 다만 "붙잡아 맨다[拘係]"라고 말하였으니, 이것은 상육에 의해 매이는 것이 구오이나 구오는 군주이고 왕이기 때문이다. '왕용형우서산王用亨于西山'은 구오가 왕으로 상육을 따르며 심지어 상육을 현인으로 여기고 상육을 완전히 신임하니, 이에 그를 시켜 제사를 주관하게 하여 산천이나 상제에게 제사 지내는 것이다. '형亨'은 옛날에는 향享과 통용되었다. '서산西山'은 주나라의 기산岐山이다.

「象」曰: 拘係之, 上窮也.(「소상」에서 말하기를, '붙잡아 맨다'는 것은 위가 다했기 때문이다.)

수괘가 상육에 이르러서는 이미 곤궁하여 다하는 지경으로 발전한다. 다하면 변해야 한다. 따르는 것에서 따르지 않는 것으로 변해야 한다. 인사에서 말하면, 한 사람이 아주 뛰어나서 가서 돌아올 줄 모르는 뜻을 나타내는 것과 같다. 그러나 수괘의 상육과 구오에는 서로 따르는 뜻이 있으니, 비록 어렵지만 상육이 죽어도 따르지 않는 경향을 극복해야 한다. 때문에 다른 음효에서는 '매인다[係]'라고 하였으나 상육에서는 "붙잡아 맨다[拘係]"거나 "또한 좇아가서 묶어 놓는다[乃從維之]"라고 하였다. 상육의 따르는 것이 특별히 쉽지 않다는 것을 볼 수 있다.

● 총론

수괘는 상체가 태兌의 유효이고 하체가 진震의 강효로 '강'이 '유'의 아래에 있으며, 여섯 효는 모두 음효가 위에 있고 양효가 아래에 있다. 즉 '강'이 '유' 아래에 있으니 본래는 '유'가 '강' 아래에 있어야 하나 지금은 '강'이 '유'의 아래에 있다. 강하면서 '유' 아래에 있을 수 있으면 따르지 못할 것이 없기 때문에 이 괘명을 수괘라고 하였다.

수괘의 여섯 효에서 반은 음효이고 반은 양효이다. 음효이든 양효이든 모두 서로 '비'하거나 서로 따름을 취하고 서로 '응'함을 취하지 않는다. 모두 따르지만 초구는 '교交'라고 하였고, 구사는 '수隨'라고 하였으며, 구오는 '부孚'라고 하였으니, 의미에는 일정한 차이가 있다. 초구의 "문을 나가서 사귀면 공이 있다[出門交有功]"는 것은 따르는 처음에 치우치게 매이거나 사적으로 친근함이 없어야 한다는 것을 강조하였다. 구사의 "따라서 얻음이 있다[隨有獲]"는 것은 따라서 성공을 얻을 때에 "진실함을 두고 도에 입각하여[有孚在道]" 따르는 것이 좋은 일에서 나쁜 일로 바뀌지 않도록 경계하였다. 구오의 "선을 따른다[孚于嘉]"는 것은 따르는 도가 이미 진실해야 하고 따르는 것이 선해야 한다는 것을 설명하였다.

육이·육삼·상육 세 음효는 모두 '매인다[係]'라고 말하고 '따른다[隨]'라고 말하지 않았다. '매이는 것'이 실제로 '따르는 것'이다. 그러나 그것들은 모두 음유한 재질이기 때문에 따르는 때에 있어서는 모두 매이거나 연연해 함이 있으니 세 양효와 서로 '비'하고 한 등급 아래에 속한다.

18
고괘(蠱卦)

☶☴ 손하간상 巽下艮上

「서괘전」에는 "기쁘게 남을 따르는 사람은 반드시 일이 있기 때문에 고괘로 받았다. '고'는 일이다"[175]라고 하였다. 기쁨으로 남을 따르는 것은 좋은 일이고 좋은 일이 오래가면 반드시 나쁜 일이 생겨나기 때문에 수괘의 뒤에 고괘를 두었다. 「서괘전」에서 고괘를 일이라고 하였지만 실제로 '고'자는 일로 해석할 수 없다. '고'자는 일이 없는 데서 일이 생겨나는 뜻이고 또한 생겨나는 것이 나쁜 일이다. 이것은 나무 성질의 그릇에 목의 기운이 오래도록 통하지 않아 벌레가 생기고 원기元氣가 시들고 피폐하여 오래되어 썩는 것과 같다. 한 개인에게 질병이 생기고 한 사회에 혼란이 발생하는 것은 모두 이러한 상황에 속하니 모두 극도로 나빠져서 일이 생기는 것이다. 고괘는 손巽이 아래에 있고 간艮이 위에 있으니 산 아래에 바람이 있고 바람이 산 아래에 있는 것이다. 바람이 만물을 활짝 펴게 할 수 있으나, 지금은 바람이 산 아래에 막혀서 만물이 바람의 활짝 폄을 얻지 못하고 반드시 오래도록 좀먹고 썩기 때문에 괘명을 고괘라

---

175) 『周易』, 「序卦傳」. "以喜隨人者必有事, 故受之以蠱, 蠱者事也."

고 하였다. 또한 괘의 두 체에서 보면, '간'의 양괘가 위에 있고 '손'의 음괘가 아래에 있다. 괘의 여섯 자리에서 보면, '간'과 '손'은 모두 양괘가 위에 있고 음괘가 아래에 있다. 양괘와 양효가 모두 위에 있고 음괘와 음효가 모두 아래에 있는 것은 64괘 가운데 유독 이 괘뿐이다. 강유剛柔가 사귀지 않고 위아래가 접촉하지 않아 오랫동안 끊어져서 통하지 못하고 일이 생기는 상이기 때문에 괘명을 고괘라고 하였다.

蠱, 元亨, 利涉大川. 先甲三日, 後甲三日.(고는 크게 형통하니 큰 내를 건너는 것이 이롭다. 일을 시작하기 전에 여러 날을 생각하고 일을 하고 나서 여러 날을 살핀다.)

고괘는 본래 서서히 쌓여 통하지 않다가 오래되어 일이 생긴다는 뜻인데, 어째서 "크게 형통하다[元亨]"라고 하였는가? 이것은 만물이 극처에 이르면 반드시 돌아가기 때문이다. 서서히 쌓여 통하지 않는 것이 극점에 이르면 반드시 크게 형통함을 가져올 수 있다. 국가사회에서 말하면, 혼란이 다스림의 근원이고 일을 바로잡는 전제이다. 이미 혼란스러우면 다스리는 국면이 반드시 출현한다는 것이다.

그러나 혼란이 저절로 다스림으로 바뀌거나 크게 형통함이 저절로 출현할 수 없고 반드시 사람의 주관적 노력을 거쳐야 한다. 객관적 가능성과 주관적 능동성이 모두 필요하다. 심지 않으면 서지 못하고 분발하지 않으면 일어나지 못한다. 사회에 혼란이 발생하면 수리와 정돈을 거치고 어려움과 험난함을 건너야 비로소 크게 다스려질 수 있다. 때문에 "큰 내를 건너는 것이 이롭다[利涉大川]"라고 하였다.

일을 다스리는 것은 쉬운 일이 아니고 반드시 충분한 지혜와 많은 생각으로 진지하게 대처하여 "일을 시작하기 전에 여러 날을 생각하고 일을 하고 나서 여러 날을 살펴야[先甲三日, 後甲三日]" 비로소 가능하다. '갑甲'은 일의 시작이고 일의 단서이다. '선갑先甲'은 일을 다스리기에 앞서 일에 이르는 까닭을 분석하고 연구하며 경험과 교훈을 총괄하여 일을 다스리는 방침과 방법을 정확히 제정하는 것이다. '후갑後甲'은 일을 다스린 후에 일의 발전하는 추세를 분석하고 연구하여 일을 다스리는 성과의 방침과 방법을 확고히 제정하는 것이다. '삼三'은 많다는 뜻이다. '삼일三日'은 멀리 보고 깊이 생각하는 것이다.

「彖」曰: 蠱, 剛上而柔下, 巽而止, 蠱. 蠱元亨而天下治也. 利涉大川, 往有事也. 先甲三日, 後甲三日, 終則有始, 天行也.(「단전」에서 말하기를, 고는 강이 올라가고 유가 내려오며 공손하고 그치는 것이 고이다. 고는 크게 형통하여 천하가 다스려진다. '큰 내를 건너는 것이 이롭다'는 것은 가서 일이 있는 것이다. '일을 시작하기 전에 여러 날을 생각하고 일을 하고 나서 여러 날을 살핀다'는 것은 마치면 시작이 있는 것이 천도라는 것이다.)

"강이 올라가고 유가 내려온다[剛上而柔下]"는 것은 주효를 말한 것이다. 고괘에는 내괘와 외괘에 두 주효가 있다. 외괘의 주효는 간艮의 강효가 위로 올라간 상구이고, 내괘의 주효는 손巽의 유효가 아래로 내려온 초육이다. "공손하고 그친다[巽而止]"는 것은 두 주효(상구와 초육)가 왕래하여 움직이는 것이다. 강효는 곤궁함이 다하여 위에서 그치고, 유효는 낮추고 공손히 하여 아래로 들어간다. 위에서 그치면 오만하고 하찮게 여겨서 반드시 감정에 이르고, 아래에서 공손하면 남의 환심을 사거나 비위를 맞춰서 반드시 아첨에 빠지기 때문에 "공손하고 그치는 것이 고이다[巽而止, 蠱]"라고 하였다.

"고는 크게 형통하여 천하가 다스려진다[蠱元亨而天下治也]"라는 구절 이하는 괘사를 해석한 것이다. '원형元亨'은 '고'를 다스리는 방법이다. 천하는 '고'에서 혼란에 이르니 혼란의 끝이 바로 다스림의 시작이다. '원형'은 둔괘屯卦의 '원형'과 비슷하다. 이 괘의 '원'자는 새로이 떨쳐 일어나는 것을 나타내니 '크다'는 외에도 시작의 뜻을 함유하고 있다. 혼란의 끝은 반드시 형통함이 시작한다는 말이다. 크게 형통함은 천하가 크게 다스려지게 된다는 것이다.

"큰 내를 건너는 것이 이롭다는 것은 가서 일이 있는 것이다[利涉大川, 往有事也]"라는 구절에서, 천하가 썩어 문드러지는 때에 처해 있는 것이 큰 내가 넘쳐서 쉽게 건너지 못하는 것과 같다. 이때는 용감히 험난함을 건너고 결단코 가야 한다. 물론 가면 반드시 끝없는 험난함과 번거로운 일이 있지만 가야 한다. 사회가 썩어 문드러지는 때에 처해 있으면 번거로움과 도전을 두려워하지 않고 행동해야 비로소 용솟음치는 큰 내를 건너서 난세亂世를 치세治世로 전환할 수 있다.

"일을 시작하기 전에 여러 날을 생각하고 일을 하고 나서 여러 날을 살핀다는 것은 끝나면 시작이 있는 것이 천도라는 것이다[先甲三日, 後甲三日, 終則有始, 天行也]"라는 구절에서, 공자는 사람의 도와 하늘의 도를 합쳐서 보았다. 인간 세상의 일은 자연계의 일과 일치한다. 사회가 썩어 문드러지는 정도에 이르면 반드시 끝을 알리고 완전히 새로운 상태로 들어간다. 옛것이 끝나면 새로운 것이 시작된다. 이러한 끝에는 시작의 규율이 있으니, 예를 들어 북극성이 방향을 틀면 뭇별들이 자리를 옮기고, 사계절이 교대하며, 밤이 지나면 낮이 오고, 겨울이 끝나면 봄이 이어서 도래하는 것과 같다. '선갑삼일先甲三日'은 신辛이고, '후갑삼일後甲三日'은 정丁이다. '신'과 '정'은 옛사람들이 일을 처리하던 길일이다. '갑甲'은 10일의 시작이고, '계癸'는 10일의 끝이다. '선갑삼일先甲三日'은 '갑'이 위로 신辛에 이르고 아래로 미루어 가서 정丁에 이른다.[176] '신'과 '갑' 사이에 '계'를 포함하고 '계' 뒤가 또한 '갑'이기 때문에 "끝나면 시작이 있다[終則有始]"라고 하였다. "일하기 전에 생각하고 일을 하고 나서 살핀다"는 것과 "끝나면 시작이 있다"는 것이 같은 뜻임을 알 수 있다. '천행야天行也'는 둘이 모두 하늘의 운행, 즉 천도라는 말이다.

「象」曰: 山下有風, 蠱. 君子以振民育德.(「대상」에서 말하기를, 산 아래에 바람이 있는 것이 고괘이다. 군자가 <고괘의 상을> 보고서 백성을 진작시키고 덕을 기른다.)

바람이 불어 산 아래에 이르나 산에 의해 막혀서 잘 통하지 못하고 맴돌아 산의 나무를 부러뜨리니 고괘의 상이다. 다른 한편으로는 바람이 만물을 진작시킬 수 있고 산이 만물을 기를 수 있다. 산 아래에 있는 바람에는 진작시키거나 기르는 상이 있다. 군자가 고괘의 세상에 처하여 이 괘상을 보고서 백성의 마음을 진작시키고 백성의 덕을 기른다.

初六, 幹父之蠱, 有子, 考无咎, 厲終吉.(초육은 아버지의 일을 주관함이니, <혼란함을 다스릴 수 있는> 아들이 있으면 돌아가신 아버지가 허물이 없으니 위태롭게 여겨야 끝내 길할 것이다.)

물건이 오래되어 쓰지 않아서 벌레가 생기는 것을 '고'라고 하며, 사람이 오랫동안 즐거움 속에 빠져서 병이 생기는 것을 '고'라고 하며, 사회가

---

176) 甲乙丙丁戊己庚辛壬癸에서 甲을 중심으로 뒤로 세 번째 날이 丁이고 앞으로 세 번째 날이 辛이다.(역자 주)

오랫동안 편안하고 일이 없어서 폐단이 생기는 것을 '고'라고 한다. 결과적으로 '고'의 발생은 하루아침이나 하룻저녁의 일이 아니라 항상 한 세대라는 긴 시간을 필요로 하고서야 비로소 나타날 수 있기 때문에 고괘의 여러 효들을 모두 아버지와 아들로 비유하였다.

효사는 때와 자리의 관점에서 말한 것도 있고 재질才質의 관점에서 말한 것도 있다. 이 효에는 두 방면의 뜻이 모두 있다. 고괘의 초육은 음효이고 아래에 있으며 또한 '정응'이 없다. 재능과 실력을 논한다면 초육은 일을 다스릴 수 없다. 만약 때와 자리의 관점에서 보면 초육에는 유리한 일면도 있다. 초육은 일의 처음에 당하여 일의 정도가 오히려 깊지 않아 문제가 비교적 쉽게 해결된다. 때문에 아들이 아버지의 일을 주관하여 아버지가 조성한 혼란을 잘 다스려 준다는 말이다. 일을 다스릴 수 있는 아들이 있으면 '고무구考无咎', 즉 돌아가신 아버지는 허물이 없을 수 있다. 그러나 결국 고괘의 때에 처해 있어 위험이 여전히 존재하고, 일이 아직 깊지 않아서 큰 뜻을 소홀히 해서는 안 된다는 것을 알아야 한다. 때문에 "위태롭게 여겨야 끝내 길하다[厲終吉]"라는 것은 마음에 위태함을 보존하면 결국 길함을 얻는다는 말이다.

「象」曰: 幹父之蠱, 意承考也.(「소상」에서 말하기를, '아버지의 일을 주관한다'는 것은 돌아가신 아버지의 뜻을 받드는 것이다.)

아들이 아버지의 잘못을 바로잡는 것이 우임금이 곤鯀에 있어서와 같으니, 겉으로 보면 아버지의 뜻을 어기는 것 같지만 실제는 그렇지 않다. 아들이 아버지의 잘못을 제거하여 일의 업적을 완성하니 실제로 아버지의 뜻을 이어받는 것이다. '고考'는 돌아가신 아버지이다.

九二, 幹母之蠱, 不可貞.(구이는 어머니의 일을 주관함이니 바르면 안 된다.)

구이는 바로 양강陽剛으로, 위의 음효인 육오와 서로 응하니 어머니와 아들의 상이 있다. "어머니의 일을 주관한다[幹母之蠱]"는 것은 "아버지의 일을 주관한다[幹父之蠱]"는 것과 다르다. 구이는 강효이나 '부정'하고 육오는 유효이나 높은 자리에 있어 강양剛陽한 아들이 어머니의 일을 주관하는 것이다. 만약 일을 처리하는데 지나치게 조급하게 굴거나 지나치게 바르게 하면 일을 망칠 수 있기 때문에 효사에서는 "바르면 안 된다[不可貞]"는 경계를 두었다. 『역』에서는 바를 것을 요구하지 않을 수 없지만, 유독 이 효에서만은 "바르면 안 된다"라고 하였다. "바르면 안 된다"는 뜻은 자기 생각을 고집하거나 곧이곧대로 행동하지 말고 지성스런 마음으로 곡진히 응대해야 하니, 그렇게 하면 이룰 수 있고 그렇게 하지 않으면 이룰 수 없다는 말이다.

「象」曰: 幹母之蠱, 得中道也.(「소상」에서 말하기를, '어머니의 일을 주관한다'는 것은 중도를 얻었기 때문이다.)

"어머니의 일을 주관하니 바르면 안 된다[幹母之蠱, 不可貞]"는 것은 구이가 손巽의 체로 '중'에 있고 강효로 유효를 이어서 강유剛柔한 '중'을 얻었기 때문이다.

九三, 幹父之蠱, 小有悔, 无大咎.(구삼은 아버지의 일을 주관함이니 다소 후회가 있으나 큰 허물은 없을 것이다.)

구삼은 강효가 양의 자리에 있어 지나치게 강하고 또한 '부중'하니 "아버지의 일을 주관함"으로 "다소 후회가 있음[小有悔]"을 면치 못한다. 그렇지만 구삼은 '손'의 체이고 또한 '정'을 얻어 기본적으로 완전히 아버지의 일을 주관할 수 있으니, 비록 사소한 후회가 있을지라도 결국 큰 재앙에 이르지 않는다.

「象」曰: 幹父之蠱, 終无咎也.(「소상」에서 말하기를, 아버지의 일을 주관함은 끝내 허물이 없는 것이다.)

구삼은 '손'의 체로 '정'을 얻고 강단剛斷한 재질이 있어 "아버지의 일을 주관하는" 과정에서 비록 사소한 문제에서 벗어나지 못하지만 결국 재앙이 없다.

六四, 裕父之蠱, 往見吝.(육사는 아버지의 일을 너그럽게 함이니 계속하여 가면 부끄러움을 당할 것이다.)

"아버지의 일을 너그럽게 한다[裕父之蠱]"는 것은 "아버지의 일을 주관한다[幹父之蠱]"는 것과 뜻이 상반된다. '간干'은 힘을 다하고 분발하여 물에 빠진 사람을 구하거나 불에 타는 사람을 구하는데 시간이 우리를 기다려 주지 않듯이 문제를 해결하는 것이다. '유裕'는 느긋하고 관대한 것이다. 즉 문제가 이미 심각하지만 유유자적하듯이 하고 힘을 다해 문제를 해결하지 않는 것이다. 육사는 음효로 음의 자리에 있고 효와 자리가 모두 유약하며 또한 간艮의 그치는 체에 있다. '유柔'는 나약함이고 '지止'는 태만함이다. 나약하고 또한 태만한 것은 다만 일을 더 할 수 있을 뿐이고 일을 다스릴 수 없다. 이것을 견지하여 가면 일이 장차 날로 깊어지기 때문에 "계속하여 가면 부끄러움을 당한다[往見吝]"라고 하였다.

「象」曰: 裕父之蠱, 往未得也.(「소상」에서 말하기를, '아버지의 일을 너그럽게 한다'는 것은 계속하여 가면 얻지 못한다는 것이다.)

"계속하여 가면 얻지 못한다[往未得]"는 것은 "계속하여 가면 부끄러움을 당한다[往見吝]"는 것이다. 다시 말하면, 아버지의 일을 너그럽게 하면 문제를 해결할 수 없고 다만 문제가 날로 심각해질 뿐이다.

六五, 幹父之蠱, 用譽.(육오는 아버지의 일을 주관함이니 영예로울 것이다.)

이 효는 자식이 아버지의 일을 주관하거나 혹은 선대를 계승한 군주가 선군先君의 일을 주관하는 것에 대해 더 뛰어난 요구를 제기하는 것이다. 육오는 높은 자리에 있고 '중'을 얻어 일을 주관하는 재주를 가지고 있으며, 동시에 육오는 음유한 재질로 윗사람을 받들고 따르는 덕을 가지고 있다. 때문에 육오는 아버지의 일을 주관할 수 있을 뿐만 아니라 또한 아버지의 높은 명성을 잃지 않게 할 수 있으니, "아버지의 일을 주관하니 영예롭다[幹父之蠱, 用譽]"는 것이다.

「象」曰: 幹父用譽, 承以德也.(「소상」에서 말하기를, '아버지의 일을 주관함이니 영예롭다'는 것은 덕을 받들기 때문이다.)

육오가 아버지의 일을 주관하고 아버지에게 영예를 돌리는 것은 일의 문제를 해결할 뿐만 아니라 또한 아버지의 명예를 지키는 것이다. 육오가 이와 같은 것은 육오가 덕으로 아버지를 받들고 재주로 아버지를 받드는 것이 아님을 나타낸 것이다.

上九, 不事王侯, 高尚其事.(상구는 왕후를 섬기지 않는 것은 고상한 일이다.)

고괘의 상구 효사에서 특별히 "왕후를 섬기지 않는다[不事王侯]"라고 말하고 일을 다스릴 것을 말하지 않는 것은 주제를 떠난 것 같지만 실제로 그렇지 않다. 상구가 말한 것도 일을 다스리는 문제이나, 착안한 관점은 다른 다섯 효와 다른 데 불과하다. 상구는 고괘의 끝에 있어 아래로 매이고 응함이 없어 고괘의 밖에 처해 있다. 일을 주관하지 않는 사람과 같으니, 천하가 일이 없는 때에 처해 있어 행동함이 없는 것과 같다. 효사에서 "왕후를 섬기지 않는 것은 고상한 일이다[不事王侯, 高尚其事]"라고 말하였는데, 여기에서 "왕후를 섬기지 않는 것은 고상한 일이다"는 뜻은 "왕후를 섬기지 않는" 자체가 바로 일이라는 말이다. 그러나 이러한 일은 일반적 일이 아니고 '고상'한 일이다. 옛날 사람들은 "동강에서 낚싯줄 하나로 한나라를 구하였다[桐江一絲, 扶漢九鼎]"라고 하였는데 고상한 일을 말한 것이다.

「象」曰: 不事王侯, 志可則也.(「소상」에서 말하기를, '왕후를 섬기지 않는다'는 것은 그 뜻이 본받을 만하다는 것이다.)

상구가 왕후를 섬기지 않는 것은, 겉으로 보기에는 상구가 현실을 초월한 사람으로 세상사의 부패한 문제에는 관심이 없는 것 같다. 실제로 상구도 일을 다스리고 있으니, 상구가 다스리는 것은 사람 마음의 일이지 세상사의 일이 아니다. 그것은 도가의 둔세주의와 근본적으로 다르다. 때문에 공자는 「소상」을 지어 "왕후를 섬기지 않는다는 것은 그 뜻이 본받을 만하다[不事王侯, 志可則也]"라고 말한 것은 상구의 뜻을 본받을 수 있음을 설명한 것이다.

● 총론

일이 오래 지나 폐단이 쌓여 무너지는 데 이른 것이 '고蠱'이다. 무릇 사물·사람·사회에는 모두 '고'의 문제가 있다. 고괘를 고괘라고 하는 것은 그 도리가 「단전」에서 말한 "강이 올라가고 유가 내려오며 공손하고 그치는 것이 고이기[剛上而柔下, 巽而止, 蠱]" 때문이다. "강이 올라가고 유가 내려온다"라는 구절이 말한 것은 주효의 문제이다. 고괘의 괘 뜻은 일에 이르는 원인에 있지 않고 일을 다스리는 도에 있다. 일이 이미 사실이 되면 문제는 어떻게 일을 다스리느냐는 것이다. 일을 다스리는 것은 행동이 있어야 하기 때문에 「서괘전」에는 "고는 일이다[蠱者事也]"라고 하였다. 괘사에서 "고는 크게 형통함이니 큰 내를 건너는 것이 이롭다. 일을 시작하기 전에 여러 날을 생각하고 일을 하고 나서 여러 날을 살핀다[蠱元亨, 利涉大川, 先甲三日, 後甲三日]"라고 말한 것은 완전히 일을 다스리는 문제이다. 「단전」의 해석에 근거하면, 괘사의 뜻은 사회가 이미 혼란하면 반드시 다스려짐으로 바뀌는데 마치 천행天行, 즉 자연규율과 같이 피할 수 없지만 인사의 노력도 중요한 것이기 때문에 큰 내를 건너야 하고 일을 시작하기 전에 여러 날을 생각하고 일을 하고 나서 여러 날을 살펴야 한다. 괘사에서는 "일을 시작하기 전에 여러 날을 생각하고 일을 하고 나서 여러 날을 살핀다"라고 말하였고, 「단전」에서는 "마치면 시작이 있다[終則有始]"라고 해석하였다. '선갑삼일先甲三日'은 신일辛日이고 '후갑삼일後甲三日'은 정일丁日이다. 신辛과 정丁은 모두 길일이다. 신辛과 갑甲의 사이에는 계癸를 포함한다. '계'의 뒤가 바로 '갑'이다. 뜻은 '갑'이 일의 시작이라는 말이다. 일이 무너져서 '고'의 정도에 이르면, 옛것은 이미 끝나고 새로운 것은 장차 시작되기 때문에 "마치면 시작이 있다"라고 하였다. 괘사에서 "일을 시작하기 전에 생각하고 일을 하고 나서 살핀다"라고 말하고 「단전」에서 "마치면 시작이 있다"라고 해석한 것은 역사상의 왕조 교체와 같은 것이다.

19
림괘(臨卦)

䷒ 태하곤상 兌下坤上

「서괘전」에는 "고괘는 일이다. 일이 있은 뒤에 클 수 있기 때문에 림괘로 받았다. '림'은 큰 것이다"[177]라고 하였다. 정전程傳에서는 "두 양이 바야흐로 자라서 성대해지므로 림괘라고 한다"[178]라고 하였다. 림괘는 땅과 못 두 체로 이루어져서 아래에 못이 있으면 림괘이다. 땅은 지극히 낮은 것으로 본래 다른 것에 임할 수 없지만, 땅보다 낮은 것이 있으니 그것이 바로 못이다. 못 위의 땅이 언덕이니, 언덕과 물이 서로 사귀어 못은 땅이 임한 것이 된다. 림괘는 실제로 사물의 일종의 발전 추세를 가리켜서 말한 것이다. 림괘의 여섯 효는 아래에 두 양이 있고 위에 네 음이 있다. 복괘(䷗)에서는 초구 하나만 양효이나 림괘에 이르면 초구와 구이 두 개의 양효로 발전하는데, 이것은 바로 양강陽剛이 성대한 때이다. '양강'이 성대해야 비로소 림괘를 말할 수 있다.

---

177) 『周易』, 「序卦傳」. "蠱者事也, 有事而後可大, 故受之以臨, 臨者大也."
178) 『周易』, 程傳. "二陽方長而盛大, 故爲臨也."

臨, 元亨利貞, 至于八月有凶.(림은 크게 형통하고 바름을 지키는 것이 이로우니 8월에 이르면 흉함이 있을 것이다.)

'원형元亨'은 크게 형통함이고 '이정利貞'은 바름을 지키는 것이 이롭다는 것이다. '원형이정'은 '원형'에 조건이 있고, 조건이 바로 '이정'임을 설명한 것이다. 림괘는 큰 것으로 작은 것에 임하니, 즉 강剛한 것으로 유柔한 것에 임하니 복괘(䷗)와는 다르다. 복괘는 음유함이 지극하고 양강陽剛함이 처음으로 왔으나, 림괘(䷒)는 이미 온 두 양효가 음에게 다가가기 때문에 복괘의 괘사에서는 '형亨'이라고만 하였으나 림괘의 괘사에서는 '원형元亨'이라고 하였다. 그러나 복괘에서는 '형亨'을 말하고 '이정利貞'을 말하지 않았으나 림괘에서는 '원형'을 말하고 '이정'을 말하였다. '형'을 말하고 '이정'을 말하지 않은 것은 복괘가 양강陽剛이 처음으로 와서 '형통함'이 필연적이고 다른 어떤 문제도 존재하지 않기 때문이다. '원형'을 말하고 또한 '이정'을 말한 것은 림괘의 경우 두 양이 점차 성대해지니 이때는 아무런 거리낌 없이 방자하게 굴기가 매우 쉬워서 반드시 바름을 지켜야 비로소 "크게 형통함"을 보장할 수 있기 때문이다.

"8월에 이르면 흉함이 있다[至于八月有凶]"라는 구절에서, 한나라 경방京房(B.C. 77~B.C. 37)은 이 구절에 근거하여 '12벽괘설十二辟卦說'을 만들었다. '12벽괘설'은 복괘復卦·림괘臨卦·태괘泰卦·대장괘大壯卦·쾌괘夬卦·건괘乾卦·구괘姤卦·돈괘遯卦·비괘否卦·관괘觀卦·박괘剝卦·곤괘坤卦 등 12괘를 음양소장陰陽消長의 규율에 따라 1년 중의 12개월과 서로 배합시켰다. 복괘(䷗)는 음이 지극하고 처음으로 하나의 양이 생겨나서 건자建子의 달인 11월에 배분하였다. 그런 다음에 두 양이 생겨난 것이 림괘(䷒)이니 건축建丑의 달인 12월에 배분하였다. 그런 다음에 세 양이 생겨난 것이 태괘(䷊)이니 건인建寅의 달인 1월에 배분하였다. 여섯 효가 모두 양효가 되는 때에 이르면 건괘(䷀)이니, 건괘는 건사建巳의 달인 4월에 배분하였다. 여기에 이르면 '양이 자라고 음이 사라지는 것'이 '음이 자라고 양이 사라지는 것'으로 바뀌어 양이 지극하고 처음으로 하나의 음이 생겨나는 것이 구괘(䷫)이다. 구괘는 건오建午의 달인 5월에 배분하였다. 그런 다음에 두 음이 생겨난 것이 돈괘(䷠)이니 건미建未의 달인 6월에 배분하였다. 그런 다음에 세 음이 생겨난 것이 비괘(䷋)이니 건신建申의 달인 7월에 배분하였다. 이와 같이 음이 자라고 양이 사라져서 여섯 효가 모두 음효가 되는 데 이르면 곤괘(䷁)이니, 건해建亥의 달인 10월에 배분하였다. 이러한 '12벽괘설'은 림괘 괘사의 "8월에 이르면 흉함이 있다[至于八月有凶]"라는 구절에 근거하여 나온 것이다. 복괘의 「대상」에서 말한 "선왕이 〈복괘의 상을〉 보고서 동지에 관문을 닫고 상인과 여행자가 다니지 못하게 하며 임금도 지방을 순시하지 않는다[先王以至日閉關, 商旅不行, 后不省方]"라는 구절과 결합해서 보면, 이러한 견해는 근거가 없다고는 말할 수 없다.

이것은 두 양이 자라는 림괘, 즉 건축建丑의 달인 12월에서 계산하여 네 음이 자라는 관괘(䷓), 즉 건유建酉의 달인 8월에 이르러 그친다는 말이다. 다시 말하면, 8월은 12월에서 계산한 여덟 달이다. 8월은 두 양이 자라는 림괘, 즉 건축建丑의 달인 12월에서 시작하여 네 음이 자라는 관괘, 즉 건유建酉의 달인 8월에 이르는 것을 말하니, 양이 '성대함'에서 '쇠퇴함'에 이르는 과정을 거친다.

"8월에 이르면 흉함이 있다"는 것은 『역』을 지은 자가 미리 사람들에게 양이 점차 성대할 때에 반드시 쇠퇴할 때가 있음을 생각할 것을 경계하였다. 음양이 소장消長하는 하늘의 도 때문에 두 양이 생겨나면 반드시 두 양이 사라지는 것으로 바뀌니, 즉 '두 양이 아래서 자라나는 것'에서 '두 양이 위에서 떨어지는 것'으로 바뀐다.

건축建丑의 달인 림괘에서 시작하여 건미建未의 달인 돈괘에 이르러서 그치니, 그 사이에 태괘·대장괘·쾌괘 등 여러 괘에는 모두 8월에 이르면 흉함이 있는 문제가 있으나, 어째서 "8월에 이르면 흉함이 있다"라는 구절이 림괘의 괘사에만 보이는가? 이것은 림괘가 '양이 자라고 음이 사라지는' 성대한 때에 처했기 때문이다. 이때 가장 필요한 것은 일이 장차 반대로 발전하는 추세를 알아서 얇은 얼음을 밟고 깊은 연못에 임하는 인식을 갖는 것이다. 복괘는 하나의 양이 처음으로 생겨나서 아직 성대한 정도에 이르지 못하였으니 "8월에 이르면 흉함이 있다"는 문제가 어느 정도의 필요성을 제기하지 못하였다. 림괘 뒤의 태괘·대장괘·쾌괘 등 여러 괘는 양이 자라서 이미 중간을 지나 처지가 점차 나쁘게 바뀌니, 그것들은 발전 추세가 좋지 않다는 것을 쉽게 인식한다. 더구나 이때는 양의 덕이 극도로 차서 쇠퇴하는 조짐이 이미 보이니, 이때에 이르러 "8월에 이르면 흉함이 있다"는 것을 제기하면 너무 늦다.

「彖」曰: 臨, 剛浸而長, 說而順, 剛中而應, 大亨以正, 天之道也. 至于八月有凶, 消不久也.(「단전」에서 말하기를, 림은 강이 점차 자라며 기뻐하고 유순하며 강이 중에 있고 응하여 크게 형통하고 바르니 하늘의 도이다. '8월에 이르러 흉함이 있다'는 것은 <음이> 사라져서 오래갈 수 없다는 것이다.)

"강이 점차 자라며, 기뻐하고 유순하며, 강이 중에 있고 응한다[剛浸而長, 說而順, 剛中而應]"라는 세 구절은 괘명을 해석한 것이다. "강이 점차 자란다"는 것은 한 괘의 관점에서 림괘가 림괘 되는 까닭을 설명한 것이다. '침浸'은 점차의 뜻이다. "점차 자란다"는 것은 갑작스럽게 자라는 것이 아니라 자기도 모르는 사이에 점차 자라는 것이다. 무릇 점차 자라는 것에는 모두 매우 강한 생명력이 충만해 있다. 복괘는 한 양이 생겨나고 림괘는 이미 쌓여 점차 두 양이 생겨나는 데 이르러 양의 덕이 앞으로 장대하게 발전하여 막을 수 없는 형세에 있기 때문에 림괘라고 하였다. 괘의 두 체에서 보면, 태兌는 기뻐하고 곤坤은 유순하니 "기뻐하고 유순하다[說而順]." '태'에서 말하면, 양이 앞으로 나아가서 조용히 완화시키고 압박하지 않는다. '순'에서 말하면, 음이 뒤로 물러나서 순조롭게 호응하고 어긋나지 않는다. '강중이응剛中而應'에서의 '강중剛中'은 구이가 육오에 응하는 것을 가리킨다. 구이는 강효로 '중'에 있고 양의 덕이 성대하며 또한 지나치게 성대하지 않다. 구이는 또한 육오와 '정응'하니 위아래가 서로 사귀고 음양이 합덕合德하여 임할 것에 임하는 충분한 역량이 있다.

"크게 형통하고 바르니 하늘의 도이다[大亨以正, 天之道也]"라는 구절은 괘사인 '원형이정'을 해석한 것이다. 공자는 "강이 점차 자라며 기뻐하고 유순하며[剛浸而長, 說而順]", "크게 형통하여[大亨]" 강이 '중'에 있는 것이 유가 '중'에 있는 것에 응하기 때문에 "바르다[以正]"라고 보았다. 이것이 바로 하늘의 도, 즉 자연의 규율이다. 이 '하늘의 도'의 실질이 바로 음양소장陰陽消長이다.

음양소장은 자연규율이니 사람은 다만 그것을 인식할 수 있고 순응할 수는 있을 뿐이고 그것을 위배할 수 없고 더욱이 바꿀 수 없다. 양이 자라면 음은 반드시 사라지고 음이 자라면 양이 반드시 사라져서 '양이 자라고 음이 사라지는 것'이 반드시 '음이 자라고 양이 사라지는 것'으로 바뀌는데, 이것은 바뀔 수 없는 법칙이다. 괘는 복괘의 한 양이 생겨나는 것에서 림괘의 두 양이 점차 자라나는 것으로 발전하는데, 이때는 양의 덕이 날로 성대해지고 음의 덕이 점차 사라져서 사람들은 지금의 좋은 형세에 따라 '양이 자라는 것에서 양이 사라지는 것으로 바뀔 수 있고, 음이 사라지는 것에서 음이 자라는 것으로 바뀔 수 있으며, 좋은 형세가 나쁜 형세로 바뀔 수 있다'는 것을 소홀히 한다. "8월에 이르러 흉함이 있다는 것은 사라질 날이 멀지 않는 것이다[至于八月有凶, 消不久也]"라는 구절에서, 공자는 괘사에서 말한 "8월에 이르러 흉함이 있는" 실질이 "음이 사라져서 오래갈 수 없는 것"이라고 지적하였다. '소불구야消不久也'는 음이 사라져서 지나치게 오래갈 수 없다는 것이다. 지금은 두 양이 점차 자라고 네 음이 점차 사라진다. 사라져서 8월인 관괘(䷓)의 때에 이르면, '양이 자라고 음이 사라지는 것'이 아니라 '음이 자라고 양이 사라지는 것'이다. 음이 사라지고 사라져서 머지않아 8월에 이르면 반드시 흉함이 있다. 사람들에게 뜻을 얻을 때에 처하여 멀리 있는 걱정을 잊지 말 것을 경계하였다. 공자는 사람의 도가 하늘의 도와 같아서 비록 거역할 수는 없을지라도 미리 방비할 수 있으면 재앙을 피할 수 있다고 생각하였다.

「象」曰: 澤上有地, 臨. 君子以敎思无窮, 容保民无疆.(「대상」에서 말하기를, 못 위에 땅이 있는 것이 림괘이다. 군자가 <림괘의 상을> 보고서 가르치는 생각이 다함이 없으며 백성을 포용하고 보호함이 끝이 없다.)

못 위에 땅이 있고 땅 아래 못이 있으니 땅과 못의 관계는 임하는 관계이다. 임하는 관계를 괘상으로 나타내면 위에 있는 땅이 아래에 있는 못에 굽혀서 임한다. 위에서 아래에 임하는 것이 그것의 간단한 표현이다. 임하는 특징은 땅이 못에 임하고 위에서 아래에 임하며, 서로 상반되지 않고 서로 상반되면 임하는 것이 아니다. 땅이 못에 임할 수 있고 위에서 아래에 임할 수 있는 것은 모두 형세와 지위에 달려 있다. 이것은 자연계의 현상, 즉 '하늘의 도'이다. 세상의 인사, 즉 '사람의 일'의 방면으로 응용하면 가장 전형적으로 임하는 것은 천자·제후·군주가 천하 국가에 임하는, 즉 통치자가 백성을 통치하는 것이다. 통치자가 백성을 통치하는 것은 실제로 형세가 지위를 얻는 문제이다. 통치자가 무엇을 선포하든 계급사회의 국가는 실질적으로 폭력 통치이기 때문이다.

그러나 공자는 유가 학파의 창시자로, 그에게는 다른 주장이 있었다. 그는 덕치德治를 주장하고, 도덕 교화의 방법을 취하여 백성을 감화시킬 것을 주장하고, 행정명령과 형벌 등 강제 수단으로 국가를 다스리는 것에 반대하였다. 간단히 말하면, 공자는 덕으로 백성을 복종시킬 것을 주장하고 힘으로 백성을 제압하는 것에 반대하였다. 공자는 자신의 덕으로 백성을 복종시키는, 즉 백성을 가르치고 백성을 보호하는 사상을 『주역』 림괘의 괘상과 연결시켜 그 속에서 사유의 근거를 찾았다.

공자는 이를 위해 림괘의 못 위에 땅이 있는 상에 대해 더 깊이 이해하였다. 땅은 흙이고 못은 물이며, 흙은 통치자와 같고 물은 백성과 같다. 흙과 물은 언제나 서로 적셔 주어 틈이 없이 친밀하니 통치자와 백성도 이와 같아야 한다. 다시 말하면, 통치자는 백성을 사랑해야 하니 백성을 사랑하는 것이 바로 백성을 가르치고 백성을 보호하는 것이다. 구체적으로 말하면, "가르치는 생각이 다함이 없어야 하고 백성을 포용하고 보호함이 끝이 없어야 한다[教思无窮, 容保民无疆]." 이것은 한 걸음 더 나아가 흙과 물의 관계에서 근거를 찾을 수 있다. 물은 천하의 지극히 유약한 것이니 흙이 물을 제지하는 것은 문제가 되지 않지만, 만약 위험하고 좁은 곳에다 물을 막아 두면 물은 반드시 막은 것을 무너뜨리고 사방으로 넘쳐흐른 뒤에 그친다. 실제로 땅은 넓고 두터운 것으로, 언제나 자신의 넓고 두터운 생각으로 물에게 광대한 거처를 제공해 주어 물로 하여금 땅을 포용하거나 적셔 주는 못이 되게 한다. 통치자가 백성을 다루는 것은 땅이 물을 포용하고 적셔 주어 못이 되게 하는 것과 같다. 통치자는 땅과 못의 물이 적셔 주고 스며들어 틈이 없을 정도로 친밀한 깨우침을 받아서 백성을 "가르치는 생각이 다함이 없어야 한다." '교사무궁教思無窮'은 백성을 가르치는 문제가 진실한 마음에서 나오고 생각이 깊어서 다함이 없는 것이다. 통치자는 땅이 자신의 광대한 몸으로 광대한 물을 지지하는 깨우침을 받아 "백성을 포용하고 보호함이 끝이 없어야 한다." '용보민무강容保民无疆'은 백성을 보호하는 문제에서 곤坤의 땅처럼 너그럽게 포용하여 백성을 포용하지 않음이 없고 보호하지 않음이 없어 한이 없고 끝이 없는 것이다.

初九, 咸臨, 貞吉.(초구는 감응하여 임하니 바르고 길하다.)

'함咸'은 감感과 통한다. 다른 괘의 초효와 상효에서는 자리를 얻거나 자리를 잃는 것을 말하지 않고 처음과 끝의 뜻을 중시하였으나, 림괘에서는 초효가 자리를 얻고 '정'에 있다는 것을 중시하였다. 림괘의 초구는 양이 자라는 때에 처해 있고 또한 자리를 얻어 '정'에 있으며 자리를 얻어 '정'에 있는 육사와 서로 응하기 때문에 "바르고 길하다[貞吉]." 초구는 자기의 형세와 지위에 의해서 육사에 임한다. 초구는 육사에 임하고 더구나 초구에 의해 육사와는 음양이 서로 감응하는 관계이다. 초구는 덕으로 육사와 감응하고 형세로 육사를 핍박하지 않으니 육사는 초구가 임하기를 바란다. 이러한 '임'을 "감응하여 임한다[感臨]"라고 하였다. 감응하여 임하는 것이 바르고 길함을 얻는 것은 필연적이다. '정길貞吉' 두 글자는 여기에서 병렬 관계이니 바르고 또한 길하다는 뜻이다. 초구의 양효가 양의 자리에 있어 자리가 '정'을 얻었고 또한 육사와 '정응'하기 때문에 바르고 또한 길하다.

「象」曰: 咸臨貞吉, 志行正也.(「소상」에서 말하기를, '감응하여 임하니 바르고 길하다'는 것은 뜻이 정도를 행하기 때문이다.)

초구의 "감응하여 임하니 바르고 길하다[咸臨貞吉]"는 것은 뜻이 정도正道를 행하기 때문이다. 초구가 '정도'를 행하는 데 뜻을 둔 것은 초구가 양으로 양의 자리에 있고 또한 육사와 '정응'하기 때문이다.

九二, 咸臨, 吉无不利.(구이는 감응하여 임하니 길하여 이롭지 않음이 없다.)

구이는 바로 양의 덕이 성대한 때에 군주의 자리에 있는 육오와 서로 응하기 때문에 또한 "감응하여 임한다[咸臨]"라고 하였다. 구이의 "감응하여 임한다"는 것은 초구의 "감응하여 임한다"는 것과 다르다. 초구는 강효로 강의 자리에 있어 '정'을 얻어 길하나, 육이는 강효가 '중'에 있고 응하여 길함을 얻은 것이다. 이미 강으로 '중'에 있으면 바른 것은 말할 필요가 없다. 길한 것은 초구와 같으니 "감응하여 임한다"는 것은 길함을 의미하고 길함이 이미 그렇다는 것이다. 구이는 강으로 '중'에 있고 응하니, 처지가 초구보다 나아 길함을 얻을 뿐만 아니라 또한 시행함이 있다면 장차 이롭지 않음이 없을 것이다. "이롭지 않음이 없다[无不利]"는 것은 필연적이다. 이로부터 『역』은 '정'을 중시하고 '중'을 더욱 중시하며, 특히 강중剛中을 중시한다는 것을 알 수 있다.

「象」曰: 咸臨吉无不利, 未順命也.(「소상」에서 말하기를, '감응하여 임하니 길하여 이롭지 않음이 없다'는 것은 <무조건> 명령을 따르는 것이 아니기 때문이다.)

'미순명未順命'은 이해하기가 어렵다. 주희의 『주역본의』에는 "상세하지 않다[未詳]"라고 하였고, 다른 사람들도 다르게 해석하였지만 모두 요점을 얻지 못하였다. 지금은 의문으로 남겨 둔다.

六三, 甘臨, 无攸利. 旣憂之, 无咎.(육삼은 달콤하게 임하니 이로운 바가 없다. 이미 걱정하면 허물이 없을 것이다.)

괘사와 「단전」에서 말한 '림'은 강한 것으로 유약한 것에 임하는, 즉 큰 것으로 작은 것에 임하는 데 중점이 있다. 효사에서는 초구와 구이 두 양효가 큰 것으로 작은 것에 임할 것을 말하는 외에 나머지 네 음효는 모두 형세와 지위로 임할 것, 즉 위에서 아래에 임할 것을 말하였다. 육삼은 음으로 양의 자리에 있고 '부중'하고 '부정'하며 또한 하괘의 위에 처하여 열체悅體의 끝에 있어 남에게 임하는 지위는 있어도 남에게 임하는 덕이 없어서 다만 달콤한 말로써 아랫사람에게 기쁨을 취하니, 이것이 "달콤하게 임한다[甘臨]"는 것이다. "달콤하게 임한다"는 것은 덕이 없이 임하는 것이고, 덕이 없이 임하면 자연히 이로울 바가 없다. 그러나 육삼은 어떠한 출구도 없는 것이 아니다. 육삼이 만약 초구와 구이 두 양효가 자기의 아래에 있고 점차 자라서 위로 나아가는 형세임을 인식하고 겸손함과 바름을 지키고 위태함을 알아서 걱정하면 허물이 있어도 허물이 없는 것으로 바뀔 수 있다.

「象」曰: 甘臨, 位不當也. 旣憂之, 咎不長也.(「소상」에서 말하기를, '달콤하게 임한다'는 것은 자리가 마땅하지 않기 때문이다. 이미 걱정하니 허물이 오래가지 않을 것이다.)

육삼이 "달콤하게 임하는" 관건은 "자리가 마땅하지 않기[位不當]" 때문이다. 육삼이 "달콤하게 임하면" 반드시 허물이 있으나, 허물이 있음을 알아서 걱정하고 고칠 수 있으면 허물이 오래가지 않아 결국 '허물이 있는 것'에서 '허물이 없는 것'으로 바뀔 수 있다.

六四, 至臨, 无咎.(육사는 지극한 마음으로 임하니 허물이 없다.)

육사는 음효로 음의 자리에 있고 아래로 초구와 응하니 '정'을 얻고 또한 응함이 있다. 또한 육사는 곤坤의 아래에 있고 아래로 태兌와 가장 친근하기 때문에 "지극한 마음으로 임한다[至臨]"라고 하였다. "지극한 마음으로 임하기" 때문에 허물이 없다.

「象」曰: 至臨无咎, 位當也.(「소상」에서 말하기를, '지극한 마음으로 임하니 허물이 없다'는 것은 자리가 마땅하기 때문이다.)

육삼과 육사가 모두 허물이 없으나 육삼은 걱정해야 하고 육사는 걱정할 필요가 없다. 원인은 바로 육삼은 "자리가 마땅하지 않으나" 육사는 "자리가 마땅하기" 때문이다. "자리가 마땅하다[位當]"는 것은 한편으로는 육사가 음으로 음의 자리에 있어 '정'을 얻은 것을 가리키며, 다른 한편으로는 육사가 상하의 사이에 처해 있으니 림괘의 가장 좋은 위치라는 것을 가리킨다.

六五, 知臨, 大君之宜, 吉.(육오는 지혜로 임하니, 대군의 마땅함이니 길하다.)

'지知'는 거성으로 읽으니 밝은 지혜의 지혜이다. 육오는 유효로 '중'에 있고 아래로 구이의 강중剛中한 현자와 응하여 그에게 맡겨서 아래에 임하는 것이다. 이와 같이 천하의 유능한 자를 잘 취하거나 천하의 총명한 자에게 잘 맡기는 것은 바로 군주에게 마땅히 있어야 하는 지혜이다. 이러한 지혜로 천하 국가에 임하니 어찌 길하지 않은 이치가 있겠는가?

「象」曰: 大君之宜, 行中之謂也.(「소상」에서 말하기를, '대군의 마땅함이다'는 것은 중도를 행함을 이른다.)

『역』은 '중'을 중시한다. 대군은 대중들의 지혜를 자신의 지혜로 삼아 신하의 지혜를 잘 취하여 천하 국가에 임하니, 중요한 점은 "중도를 행할[行中]" 수 있다. "중도를 행한다"는 것은 일을 처리함에 '중'을 얻어 강剛하지도 않고 유柔하지도 않으며, 제멋대로 하여 일을 망치지도 않고, 하찮은 일을 지나치게 살피는 것을 현명하다고 하지 않는다는 말이다.

上六, 敦臨, 吉无咎.(상육은 돈후하게 임하니 길하여 허물이 없다.)

'돈림敦臨'은 돈후하게 아래에 임하는 것을 말한다. 이것이 상육의 특징이다. 상육과 육삼은 다르다. 육삼은 하체인 태兌의 위에 있고 '태'의 끝에서 기뻐하여 소인의 상이 있기 때문에 "달콤하게 임한다[甘臨]"라고 하였다. 상육은 상체인 곤坤의 끝에 있고 '곤'의 끝은 두텁고 군자의 돈후한 상이 있기 때문에 "돈후하게 임한다[敦臨]"라고 하였다. 또한 강유剛柔 관계의 관점에서 보면, 상육과 초구·구이 두 효는 응함이 없는 관계이지만, 일반적으로 말하면 음유陰柔한 것은 반드시 양강陽剛한 것에서 구한다. 초구와 구이 두 양강은 상육에 응할 필요가 없지만, 상육이 자발적으로 높은 것으로 낮은 것에 응하고 높은 데 있으면서 아래의 것을 따르니 매우 돈후함을 나타낸다. 본래 음유한 것이 위에 있으면 임하는 것이 마땅하지 않고, 만약 임하더라도 반드시 허물이 있다. 그러나 상육에는 돈후한 특징이 있고 상육이 자발적으로 '유'로써 '강'을 따르기 때문에 길함을 얻는다. 길함을 얻으면 당연히 허물이 없을 수 있다.

「象」曰: 敦臨之吉, 志在內也.(「소상」에서 말하기를, '돈후하게 임하니 길하다'는 것은 뜻이 안에 있기 때문이다.)

"뜻이 안에 있다[志在內]"는 것은 상육이 초구와 구이 두 양효에 응함을 가리켜서 말한 것이다. 상육은 본래 '정응'이 없고 초구·구이 두 양효와 상육도 '응'이 없는 관계이다. 상육이 음효이기 때문에 상육은 자발적으로 양강陽剛과 응한다. 이것을 "뜻이 안에 있다"라고 하였다. 음유한 것이 자발적으로 양강한 것에 순응하여 돈후하기 때문에 길하다.

총론

림괘는 두 양이 아래에 있고 네 음이 위에 있다. 이것은 12월 건축建丑의 괘로, 양의 도가 성대해지는 때이다. 림괘에는 '강'으로 '유'에 임하거나 위에서 아래에 임하는 두 가지 뜻이 있다. 괘사에서는 '강'으로 '유'에 임하는 뜻을 취하였으니, '강'으로 '유'에 임하는 것이 진실로 "크게 형통하고 바름을 지키는 것이 이로울 수 있음[元亨利貞]"을 강조하였다. 그러나 사물이 반대 방면으로 전환하는, 즉 '양이 자라고 음이 사라지는 것'이 '음이 자라고 양이 사라지는 것'으로 바뀌는 데 특별히 주의하였다.

초구와 구이 두 양효는 모두 '강'으로 '유'에 임하니 괘의 뜻과 일치한다. 초구는 육사와 '정응'하고 구이는 육오와 '정응'한다. 그것들은 양강

陽剛이 점차 자라는 때에 음에 감응하는 것이다. 이러한 응함은 다른 괘의 응함보다 더 중요하니 당연히 길함을 얻는다. 이뿐만 아니라 길함을 얻는 원인은 초구가 양강으로 양의 자리에 있고 '정'을 얻었으며 구이는 양강으로 '중'에 처하였기 때문이다.

나머지 네 음효는 모두 위에서 아래로 임하는 뜻을 취하였으나 네 효의 상황도 다르다. 육삼의 "달콤하게 임한다[甘臨]"는 것은 바로 소인이 임하는 것이니 걱정을 알아야 비로소 허물이 없을 수 있다. 육사의 "지극한 마음으로 임한다[至臨]"는 것은 처한 위치가 좋기 때문에 허물이 없다. 육오의 "지혜로 임한다[知臨]"는 것은 '유'하면서 '중'에 있고 높은 자리에 처하여 대중의 지혜를 잘 취하여 자신의 지혜로 삼기 때문에 길하다. 상육의 "돈후하게 임한다[敦臨]"는 것은 돈후한 뜻이 초효와 구이 두 양효를 따르는 데 있기 때문에 길하고 또한 허물이 없다.

20
관괘(觀卦)

䷓ 곤하손상 坤下巽上

「서괘전」에는 "림괘는 큰 것이니 물건이 큰 뒤에 볼 수 있기 때문에 관괘로 받았다"[179]라고 하였다. 관괘의 '관'자에는 두 가지 뜻과 두 개의 독음讀音이 있다. 하나는 위에서 아래에 보여 주는 것으로, 위쪽에서 모양을 만들어 내어 아래쪽에 보여 주는 것이니, 마치 궁궐의 누각과 같이 사람들로 하여금 우러러보게 하는 것이다. 괘사에서 취한 것은 바로 이러한 뜻이다. 이러한 '관'자는 거성去聲으로 읽는다. 다른 하나는 아래에서 위를 보는 것으로, 아래쪽에서 위쪽의 만들어 낸 모양을 보거나 혹은 위쪽에서 아래쪽의 문제를 보는 것이다. 여섯 효가 취한 것은 바로 이러한 뜻이다. 이러한 '관'자는 평성平聲으로 읽는다.

관괘는 곤坤이 아래에 있고 손巽이 위에 있어 바람이 땅 위에서 불어 널리 만물을 흔들어 주니 두루 보는 상이 있다. 또한 관괘는 두 양이 위에 있고 네 음이 아래에 있다. 두 양이 높은 자리에 있어 네 음에게 우러러보게 하는 것도 관괘의 뜻이다. 이것이 괘명을 관괘라고 부르는 근거이다.

---

179) 『周易』, 「序卦傳」. "臨者大也. 物大然後可觀, 故受之以觀."

觀, 盥而不薦, 有孚顒若.(관은 손을 씻고 아직 제수를 올리지 않았을 때처럼 하면 <신하와 백성들이> 진실함을 가지고 우러러볼 것이다.

괘사의 이 '관' 자는 위에서 아래에 보여 주는 뜻이니 거성으로 읽는다. 괘는 두 양이 위에 있고 네 음이 아래에 있다. 아래에 있는 네 음이 위에 있는 두 양을 우러러보는 것은, 마치 천자와 제후가 높은 자리에 있어 엄숙하고 공경하는 모양을 하여 신하와 백성들의 모범이 되어 신하와 백성들이 와서 그들을 우러러보고 마음속으로 감화를 받는 것과 같다. 그렇다면 어떻게 해야 신하와 백성들을 진심으로 심복시켜 감화를 받게 할 수 있는가? 가장 중요한 것은 '정성'과 '공경'이다. 괘사에서 "손을 씻고 아직 제수를 올리지 않았을 때처럼 한다[盥而不薦]"는 말로 비유한 것은 아주 적당하다. '손을 씻는 것'과 '제수를 올리는 것'은 종묘 제사의 두 단계이다. 제사가 시작될 때 제사를 받드는 사람이 먼저 손을 씻는 것은 마음속의 정성과 엄숙함이 지극한 것이다. '천薦'은 제수를 올리는 것이다. 제사에서 제수를 올릴 때에 이르면 사람의 마음이 이미 산만하여 손을 씻을 때와 같지 않으니 "제사를 지낼 적에는 조상이 계시는 듯이 하고, 신에게 제사 지낼 적에는 신이 계시는 듯이 한다"[180]는 것과 같지 않다. '불不' 자는 여기에서 '미未' 자로 해석해야 한다. "손을 씻고 아직 제수를 올리지 않았을 때처럼 한다"는 것은 군주가 신하와 백성들에게 장엄하고 엄숙한 모양을 하여 신하나 백성들로 하여금 우러러보고 가르침을 받게 하기 위해 자신은 제사 중에 손을 씻고 아직 제수를 올리지 않았을 때처럼 한결같은 정성과 공경의 마음을 간직해야 한다는 말이다.

"진실함을 가지고 우러러본다[有孚顒若]"는 것은 신하와 백성들의 측

180) 『論語』, 「八佾」. "祭如在, 祭神如神在."

면에서 말한 것이다. '옹약顒若'은 머리를 바르게 하여 존경하는 모양이다. 위에 있는 군주가 "손을 씻고 아직 제수를 올리지 않았을 때"와 같이 엄숙하고 공경하면, 아래에 있는 신하와 백성들은 진실함을 다하여 우러러보지 않음이 없다는 것이다.

「彖」曰: 大觀在上, 順而巽, 中正以觀天下. 觀, 盥而不薦, 有孚顒若, 下觀而化也. 觀天之神道, 而四時不忒, 聖人以神道設敎, 而天下服矣.(「단전」에서 말하기를, 크게 보여 주는 것이 위에 있어 유순하고 공손하며 중정함으로써 천하에 보여 준다. '관은 손을 씻고 아직 제수를 올리지 않았을 때처럼 하면 진실함을 가지고 우러러본다'는 것은 아랫사람들이 보고서 교화되는 것이다. 하늘의 신도를 보여 주어 사계절이 어긋나지 않고 성인이 신도로써 가르침을 베풀어 천하가 복종한다.)

"크게 보여 주는 것이 위에 있어 유순하고 공손하며 중정함으로써 천하에 보여 준다[大觀在上, 順而巽, 中正以觀天下]"라는 구절에서 공자는 괘체와 괘덕으로 괘명을 해석하였다. 두 '관'자는 모두 거성으로 읽으며, 모두 천하의 모범이 되어 천하 사람들로 하여금 우러러보게 한다는 뜻이다. 『역』에서는 양이 크고 음이 작으며 음이 아래에 있고 양이 위에 있기 때문에 "크게 보여 주는 것이 위에 있다[大觀在上]"라고 하였다. '순順'은 이치에 어긋남이 없는 것이고 '손巽'은 감정에 어긋남이 없는 것이다. 구오는 "크게 보여 주는" 자리에 있고, 유순하고 공손한 덕이 있으며, '중'하고 또한 '정'하다. 구오가 처한 중정中正함으로써 천하의 '부중'하고 '부정'한 것을 보여 준 뒤에 아랫사람들이 보고서 교화된다.

"관은 손을 씻고 아직 제수를 올리지 않았을 때처럼 하면 진실함을 가지고 우러러본다는 것은 아랫사람들이 보고 교화되는 것이다[觀盥而不薦,

有孚顒若, 下觀而化也]"라는 구절은 괘사를 해석한 것이다. 군주 된 자가 위에서 정성과 공경을 다하면 소리도 없고 메아리도 없으며, 신하와 백성 된 자가 아래에서 지성으로 우러러보면 마음속으로 감화되거나 가르침을 받는다. 일종의 움직이지 않아도 공경하고 말하지 않아도 믿는 신묘한 작용이 안에 있다. '하관이화下觀而化'의 '관觀'자는 평성平聲으로 읽는다. 오늘날의 "몸소 가르침이 말로 가르치는 것보다 낫다"거나 "본보기의 힘이 끝이 없다"는 말이 바로 관괘의 뜻이다.

"하늘의 신도를 보여 주어 사계절이 어긋나지 않고 성인이 신도로써 가르침을 베풀어 천하가 복종한다[觀天之神道, 而四時不忒, 聖人以神道設教, 而天下服矣]"라는 구절은 한 걸음 더 나아가 '관(보여 주는)'의 도를 말한 것이다. 이 '관'자는 마땅히 거성으로 읽어야 한다. 하늘에도 '관의 도'가 있으니, 인간의 '관의 도'는 하늘의 '관의 도'에 근거하여 나온 것이다. 혹자는 하늘의 '관의 도'와 사람의 '관의 도'가 일치하고 결코 다르지 않다고 말하기도 한다. 하늘의 '관의 도'를 어째서 '하늘의 도'라고 하지 않고 '하늘의 신도'라고 하였는가? 신은 '하늘은 말하지 않으나 사계절의 운행에 어긋남이 없다'는 측면에서 말한 것이지 종교 개념상의 신이 아니다. 성인은 군주이고 통치자이다. 군주는 하늘의 신도神道를 체득하고, 하늘은 말하지 않으나 사계절의 운행과 만물의 생장에 어긋남이 없는 신묘함을 이해하여 자신의 덕교德教와 자신의 '관의 도'를 시행한다. 이것이 바로 "성인이 신도로써 가르침을 베푼다[聖人以神道設教]"는 것이다. 성인은 이것으로 천하의 백성들을 가르쳐서 천하의 백성들을 복종시키지 않음이 없도록 한다. 결론적으로 통치자가 실행하는 '관의 도'는 신도로써 가르침을 베푸는 것이다. 즉 하늘의 신도를 본받아 말하지 않아도 믿고 움직이지 않아도 공경하여 백성들에게 자기도 모르는 사이에 감화를 받도록 하는 것이다. 여기서는 공자의 "덕으로써 인도하고 예로써 가지런히 한다"[181]는 정치사상을 반영하였다.

「象」曰: 風行地上, 觀. 先王以省方, 觀民設教.(「대상」에서 말하기를, 바람이 땅 위에서 부는 것이 관괘이다. 선왕이 <관괘의 상을> 보고서 사방을 순시하고 백성을 살펴서 가르침을 베푼다.)

바람이 땅 위에서 불어 두루 미치지 않음이 없는 상이다. 선왕이 이 깨우침을 얻어 천하의 사방을 순시하여 백성들의 실정과 풍속을 고찰하며 가르침을 베풀어 백성들의 본보기로 삼는다. "사방을 순시하는 것[省方]"은 백성을 살피기 위한 것이고(이 '관' 자는 평성으로 읽는다), "가르침을 베푸는 것[設教]"은 백성의 본보기로 삼기 위한 것이다(이 '관' 자는 거성으로 읽는다).

初六, 童觀, 小人无咎, 君子吝.(초육은 어린아이의 봄이니 소인은 허물이 없으나 군자는 부끄러울 것이다.)

관괘의 이름이 '관'인 것에는 두 가지의 뜻이 있다. 괘에서는 보여 주는 것으로 뜻을 삼았으니 스스로 일정한 모양을 만들어 내어 다른 사람에게 보여 주는 것이다. 효에서는 보는 것으로 뜻을 삼았으니 다른 사람에게 보여 주는 것이 아니라 다른 사람을 보는 것이다. 구오가 괘의 주효이고 그 나머지 여러 효들이 모두 와서 구오를 보는 것이다. 보는 것은 자연히 가까울수록 좋다. 가까우면 분명히 보기가 쉽고, 멀면 분명히 보기가 어렵다. 초육 자신은 음유陰柔한 재질이고 또한 구오에게서 가장 멀리 떨어

181) 『論語』, 「爲政」. "道之以德, 齊之以禮."

진 곳에 있으니 초육이 구오를 보지만 보는 것이 분명하지 않다. 예를 들어 어린아이가 몽매하고 무지하여 사물을 분명히 볼 수 없는 것과 같기 때문에 "어린아이의 봄이다[童觀]"라고 하였다. 소인의 동관童觀은 그런대로 괜찮으니, 왜냐하면 소인(백성)의 경우 보는 것이 천박하여 천자와 제후의 보여 주는 도를 알지 못하는 것은 정상적인 일이기 때문이다. 만약 군자(통치 계급의 인물)가 동관童觀하여 보통 백성들과 마찬가지로 천자와 제후의 보여 주는 도를 분명히 보지 못하면 그것은 비루하고 부끄러울 수 있다.

「象」曰: 初六童觀, 小人道也.(「소상」에서 말하기를, '초육은 어린아이의 봄이다'라는 것은 소인의 도이다.)

'동관童觀'은 소인의 도이지 군자의 도가 아니다. 소인은 낮고 아래에 있어서 멀리 볼 수 없으니 소인이 '동관'하는 것은 용인할 수 있다. 군자는 높은 자리에 있어 멀리 보아야 하니 군자가 '동관'하는 것은 비루하고 부끄러울 수 있다.

六二, 闚觀, 利女貞.(육이는 엿봄이니 여자가 바름을 지키면 이롭다.)

『설문』에서 "규闚는 엿봄이다"[182]라고 하였으니 문 안에서 밖을 엿보는 모양이다. 육이는 구오와 '정응'하니 육이는 구오를 보아야 한다. 그러나 육이는 어둡고 유약하며 식견이 넓지 못하나 구오는 강양剛陽하고 중정中正한 도이니 육이는 분명히 보지 못한다. 문의 꿰맨 틈으로 밖을 보는

182) 『說文』. "闚, 閃也."

것과 같아서 조금은 볼 수 있으나 전부를 분명히 볼 수는 없다. 그러나 육이의 음효는 '중'에 있고 '정'을 얻어서 '중정'에 순종하는 특징이 있으니, 만약 여자의 표준적 요구에 따라 엿보면 '중정'을 잃지 않아서 이로움이 된다.

「象」曰: 闚觀女貞, 亦可醜也.(「소상」에서 말하기를, '엿봄이니 여자가 바름을 지키면 이롭다'는 것은 또한 추할 수 있다는 것이다.)

『주역』 속에는 군자와 소인의 길흉이 다르고 남자와 여자의 길흉도 다르다. 항괘恒卦 육오의 "부인은 길하고 남편은 흉하다[婦人吉, 夫子凶]"는 것이 바로 그 증거이다. 여기서의 뜻도 이와 같다. 여자가 엿보는 것은 괜찮지만, 만약 대장부가 강양剛陽하고 '중정'한 구오를 엿보거나 여자가 바름을 지키는 것과 같을 수 있으면 추할 수 있다는 말이다.

六三, 觀我生, 進退.(육삼은 나의 행동거지를 보고서 나아가고 물러난다.)

3효는 '중'에 있지 않고 2효가 '중'에 있기 때문에 일반적으로 말하면 2효는 좋고 3효는 좋지 않다. 관괘의 상황은 다르다. 관괘의 좋고 나쁨은 주로 구오와의 거리가 멀고 가까운 데 있으니 육삼은 하체의 가장 끝에 있고 또한 상체의 아래에 있다. 만약 멀고 가까움을 논한다면, 육삼의 먼 것은 초육의 "어린아이의 보는 것[童觀]"에 불과하고, 가까운 것은 육사의 "나라를 보는 것[觀國]"만 못하다. 육삼은 상체와 하체의 사이에 있어 나아가거나 물러날 곳이 있으니, 육삼은 구오를 볼 필요가 없으며 스스로 보아 자기의 처지를 살필 수 있다. 때가 나아갈 수 있으면 나아가고 때가 나아갈 수 없으면 물러난다. "나의 행동거지를 본다[觀我生]"는 것은 양효인 구오를 보는 것이고 동시에 자신을 보는 뜻도 있다. 무엇을 보는가? 때를 보니, 때가 나아갈 수 있으면 나아가고 때가 물러날 수 있으면 물러나니 나아가고 물러남이 일정하지 않다. 나아가고 물러남이 일정하지 않는 것은 육삼이 초육의 "어린아이의 보는 것"처럼 멀지도 않고 육이의 "엿보는 것"처럼 문에 있지도 않아서 나아가고 물러남이 도에 있음을 설명한 것이다.

「象」曰: 觀我生進退, 未失道也.(「소상」에서 말하기를, '나의 행동거지를 보고서 나아가고 물러난다'는 것은 아직 도를 잃지 않은 것이다.)

초육의 '동관童觀'과 육이의 '규관闚觀'은 모두 자리를 논한 것이니, 자리를 논하면 나아가고 물러남에 일정함이 있다. 그러나 육삼은 나아가고 물러남이 일정하지 않다. 나아가면 구오와 비比인 육사가 되고, 물러나면 구오와 응應인 육이가 된다. 그러므로 나아가고 물러나는 것이 모두 괜찮고 일정함이 없다. 모두 가는 측면에서 말한 것이다. 가는 것이 도이니 도가 나아갈 수 있고 물러날 수 있기 때문에 "아직 도를 잃지 않았다[未失道]"라고 하였다.

六四, 觀國之光, 利用賓于王.(육사는 나라의 성대한 모습을 봄이니 왕에게 벼슬하러 나아가는 것이 이롭다.)

관괘의 다섯 효는 모두 구오와의 관계로 뜻을 취한다. 초육은 음이 양의 자리에 있고 구오와 가장 멀리 떨어져 있어 보는 것이 분명하지 않기 때문에 "어린아이의 봄이다[童觀]"라고 하였다. 육이는 음으로 음의 자리에 있고 구오와도 멀리 떨어져 있어 보는 것이 또한 매우 분명하지 않기 때문에

"엿보는 것이다[闚觀]"라고 하였다. 오직 육사만은 구오와 가장 가까이 있고 또한 '정'을 얻어서 보는 것이 가장 분명하기 때문에 "나라의 성대한 모습을 본다[觀國之光]"라고 하였다. "나라를 본다"는 것은 실질적으로 구오를 보는 것이다. 구오는 양강하고 중정한 군주인데, 어째서 "나라를 본다"라고 하였는가? 이것은 『주역』의 작가가 군주는 나라를 대표할 수 있다고 보았으니, 나라와 군주가 일체一體라는 사상을 반영한 것이다.

"왕에게 벼슬하러 나아가는 것이 이롭다[利用賓于王]"는 것은 육사가 군주에 아주 가까이 있어 군주의 성대한 덕과 훌륭함을 깊이 볼 수 있으니, 그것은 "왕에게 벼슬하러 나아가는 데" 가장 적합하다는 말이다. '빈우왕賓于王'은 왕조에 벼슬하러 나아가 왕조의 관리가 되어 왕조를 위해 힘을 다하는 것이다. 고대에는 현능한 사람이 있으면, 군주는 그를 빈례賓禮로써 맞이하기 때문에 선비가 왕조에 벼슬하러 나아가는 것을 '빈賓'이라고 하였다.

「象」曰: 觀國之光, 尚賓也.(「소상」에서 말하기를, '나라의 성대한 모습을 본다'는 것은 벼슬하기를 희망하는 것이다.)

'상尙'은 포부이다. '상빈尙賓'은 왕조에 벼슬하러 나아가서 자기의 포부를 펼치기를 희망하는 것이다. 육사는 궁하면 홀로 그 몸을 선하게 하지만 통달하면 천하 사람들을 동시에 선하게 한다. 이때에 현명한 군주가 없으면 그만이지만, 지금 위로 구오의 현명한 군주를 만나 국가의 성대한 덕과 훌륭함을 보면 반드시 나와서 관리가 되어 국가와 백성을 위해 힘을 다해야 한다. 이것이 육사의 포부이다. 그러므로 "벼슬하기를 희망한다[尙賓]"라고 하였다.

九五, 觀我生, 君子无咎.(구오는 나의 행동거지를 보되 군자이면 허물이 없다.)

괘의 다른 네 효는 모두 구오를 본다. 오직 육삼과 구오는 자신을 보기 때문에 "나의 행동거지를 본다[觀我生]"라고 하였다. 구오는 양강陽剛하고 중정中正하며 군주의 자리에 있으니 관괘의 주효이다. 천하 백성들의 교화가 어떠한지는 모두 구오 영향의 결과이다. 백성들의 풍속이 좋은지 나쁜지 신하와 백성들이 따르는지 거스르는지는 구오 자신이 베푼 덕교德敎의 좋은지 나쁜지의 척도에서 검증된다. 구오는 강양하고 중정한 군주로서 자기를 보고자 하면 먼저 백성을 보아야 하고 백성을 보아야 비로소 자기를 볼 수 있다. 만약 백성의 풍속이 바르고 순박하여 군자의 기풍이 있으면, 구오가 양강하고 중정한 군주로서 시행한 것이 확실히 군자의 도라는 것을 반영한다. 군자의 도를 시행하여 덕으로 천하를 교화하니 당연히 허물이 없다.

「象」曰: 觀我生, 觀民也.(「소상」에서 말하기를, '나의 행동거지를 본다'는 것은 백성을 본다는 것이다.)

"나의 행동거지[我生]"는 나에게서 나오고 나에게서 생겨나는 것이다. 백성들의 풍속과 덕행이 모두 나에게서 나오고 나에게서 생겨나는 것이다. 그림자를 보면 모습을 알 수 있고 흐름을 보면 근원을 알 수 있다. '나'의 덕행이 어떠한가를 보고자 하면, 백성의 덕행이 어떠한지를 보면 알게 된다. "나의 행동거지를 보는 것"은 실제로 "백성을 보는 것[觀民]"이다.

上九, 觀其生, 君子无咎.(상구는 그 행동거지를 보되 군자이면 허물이 없을 것이다.)

상구의 효에서 말한 "그 행동거지를 본다[觀其生]"는 것은 구오의 화제를 이어서 말한 것이다. 구오는 군주의 자리에 있고 한 괘의 주효이기 때문에 "나의 행동거지를 본다[觀我生]"라고 하였다. 상구는 군주의 자리에 있지 않지만 군도君道의 문제를 말해야 하니 "나의 행동거지를 본다"라고 말할 수 없고 다만 "그 행동거지를 본다"라고 말할 수 있다. 상구는 구오의 문제를 이어서 말하였기 때문에 두 효의 효사가 일치하고 다만 '기其' 자 하나만 다르다. "나의 행동거지"를 말한 것은 말한 것이 주효인 구오이니 입장이 친근함을 나타낸 것이다. "그 행동거지"를 말한 것은 말한 것이 주효가 아니니 입장이 소원함을 나타낸 것이다. 실제로 "그 행동거지"가 바로 "나의 행동거지"이다.

「象」曰: 觀其生, 志未平也.(「소상」에서 말하기를, '그 행동거지를 본다'는 것은 뜻이 아직 편안하지 못한 것이다.)

'지미평志未平'은 뜻이 편안하지 못하는 것과 같다. '관기생觀其生'에는 나라를 걱정하고 백성을 걱정하는 뜻이 있다. 상구가 비록 군주의 자리에 있지 않지만 구오와 뜻이 같고 덕이 같아 구오의 걱정을 자기의 걱정으로 여긴다. 구오는 백성을 보는 것으로 자기를 살핀다. 백성의 풍속과 덕행이 결국 어떠한지는 말하기가 어렵다. 구오 스스로 "나의 행동거지를 보니" 상구는 구오를 도와서 "그 행동거지를 보아야 한다." 이것은 국가의 치란治亂이 안정되지 못하여 흥망성쇠를 점치기 어려우니, 상구는 마음속으로 걱정하여 뜻이 편안하지 못하기 때문이다.

관괘는 네 음이 아래에 있고 두 양이 위에 있으니 본래 음이 성대하고 양이 쇠퇴하는 때이다. 이 괘는 음이 성대한 일면이 있고 또한 구오의 양강이 '중'에 있고 '정'을 얻은 일면이 있다. 괘에서는 양강한 군주가 '중'에 있고 바른 자리에 해당하는 일면에서 뜻을 취하였지 음이 성대한 뜻을 취하지 않았다. 때문에 관괘의 괘 뜻은 위에 있는 군주가 어떻게 중정하며 엄숙하고 공경하여 천하에 보여 주는지의 문제를 말하였다.

괘에서는 위에서 아래에 보여 주는 것을 말하였고, 효에서는 아래에서 위를 보는 것을 말하였다. 아래에서 위를 보는 것은 멀고 가까운 것으로써 뜻을 삼았다. 구오와의 거리가 가까울수록 좋다. 가까울수록 보는 것이 더욱 크고 더욱 분명하기 때문에 좋다.

관괘의 안에는 '신도로써 가르침을 베풀고[神道設敎]', '써 주면 나아가 도를 행하고 써 주지 않으면 물러나 숨으며'[183], 덕으로 백성을 교화하거나 부녀자를 경시하는 등과 같은 사상을 내포하고 있다. 이러한 사상은 『역경』의 고유한 것으로 공자가 이러한 사상을 발굴해 내었다. 만약 공자가 발굴하지 않았다면 우리는 오늘날 이해할 수 없을 것이다. 또한 우리는 공자가 발굴한 『역경』의 사상이 공자의 『논어』 속에 나타낸 사상과 완전히 일치한다는 것을 발견할 수 있다. 우리는 『역전』의 사상이 공자의 사상을 반영한다고 말할 수 있다.

이 괘 속에 내포하는 사상은 매우 풍부한데, 그중에 가장 중요한 것은 '신도설교神道設敎'의 사상이다. 이 사상은 『주역』의 것이고 또한 공자의

183) 공자가 안연(顔淵)에게 이르기를 "써 주면 나가서 도를 행하고, 써 주지 않으면 물러나 숨는 것을 오직 나와 너만이 이것을 지니고 있을 뿐이다.[用之則行 舍之則藏 惟我與爾有是夫]"라고 한 데서 온 말이다.(『論語』, 「述而」, 참조.)(역자 주)

것이다. 『주역』과 공자에서 보면, 신은 의식을 가진 인격화된 상제上帝가 아니다. 신은 무엇인가? "시초의 덕은 둥글면서 신비롭다"[184], "음양의 헤아릴 수 없는 것을 신이라 한다"[185], "하늘의 신도를 봄에 사계절이 어긋나지 않는다"[186]는 것이다. 신은 말 없는 자연계의 운동변화이다. 이러한 변화는 사람의 의지가 좌우할 수 없고 심지어 예측할 수 없을 때도 있다. 천지음양은 변화가 다양하고 그지없이 오묘한 것이 일종의 어떤 의지가 주재하고 있는 것 같지만 실제로는 없다. 이것이 바로 신이다. 하늘에 신도가 있어 사계절이 어긋나지 않는다. 군주는 소리도 없고 형체도 없는 하늘의 신도를 본받아 정성을 다하여 만물을 감화시키고 덕교德敎로써 백성을 복종시켜 사회에 신도를 시행하니 이것이 '신도설교'이다. 통치 계급이 제사 지낼 것을 제창하고 백성들이 귀신을 맹신하는 것을 우롱하여 백성들이 통치를 고분고분 받아들이도록 하였으나, 통치 계급 자신은 결코 귀신이 있다는 것을 믿지 않았다. 이것도 '신도설교'이다. '신도설교'는 정치상의 통치 수단이고, '신도설교'를 시행하는 통치 계급 자신들은 실제로 귀신을 믿지 않았다. 그들 마음속의 신은 자연과 자연계라고 말하지 않았으나 또한 변화가 무궁한 오묘한 것에 불과하였다. '신도설교'의 이러한 깊은 뜻은 공자의 마음속에 아주 분명하였으나, 다만 시대적 한계 때문에 공자는 단호하게 폭로하지 못하였다. 순자의 붓끝에 이르러서야 비로소 분명히 묘사되었으니 "군자는 문文이라 여기고 백성은 귀신이라 여겼다. '문'이라 여기면 길하고 귀신이라 여기면 흉하다"[187]라고 하였다.

---

184) 『周易』, 「繫辭傳(上)」, 第11章. "蓍之德, 圓而神."

185) 『周易』, 「繫辭傳(上)」, 第5章. "陰陽不測之謂神."

186) 『周易』, 「觀卦」. "觀天之神道, 而四時不忒."

187) 『荀子』, 「天論」. "君子以爲文, 而百姓以爲神. 以爲文則吉, 以爲神則凶."

21

서합괘(噬嗑卦)

䷔ 진하리상 震下離上

「서괘전」에는 “볼 수 있는 뒤에 다무는 바가 있기 때문에 서합괘로 받았다. 합嗑은 다무는 것이다”[188]라고 하였다. 서噬는 깨물거나 씹는 것이고, 합嗑은 다무는 것이다. 서합은 입속에 어떤 것이 막고 있어 씹은 뒤에야 다물 수 있으니, 씹은 뒤에 다무는 뜻이 있다. ䷔의 진震이 아래에 있고 리離가 위에 있는 이 괘가 서합이라는 이름을 취한 것은 그것에 확실히 씹은 뒤에 다무는 상이 있기 때문이다. 먼저, 서합괘에는 위쪽에 하나의 양효가 있고 아래쪽에 하나의 양효가 있으며 중간에 세 개의 음효가 있다. 양은 실하고 음은 허하니, 초구와 상구 두 효는 실하고 중간은 허하여 사람이 입을 벌리고 있는 모양과 같다. 다음으로, 다만 입을 벌리고 있고 입속에 아무것도 없으면 결국 산뢰山雷 이괘(䷚)이다. 그러나 서합괘는 구사인 하나의 양효가 입속에 막고 있어 입을 다물지 못하게 한다. 만약 입을 다물려고 하면 반드시 씹어야 하기 때문에 서합괘라고 하였다.

『주역』을 지은 사람은 입속에 물건이 있으면 반드시 씹은 뒤에 다무는

188) 『周易』, 「序卦傳」. “可觀而後有所合, 故受之以噬嗑. 嗑者合也.”

도리를 사회 · 인사상으로 확대해 응용하였다. 천하의 일은 어째서 항상 화합하지 못하는가? 바로 그 속에 틈이 있기 때문이다. 인간 세상의 크고 작은 일에는 모두 이러한 문제가 있으니 『주역』을 지은 사람이 여기서 큰일을 발휘하였다. 그는 서합괘의 괘상에 근거하여 천하 국가들이 형벌을 써서 간악함을 없애는 문제를 중점적으로 말하였다. 이로부터 『주역』이 유가 경전 저작 중의 하나로서 형벌 문제를 매우 중시하였음을 볼 수 있다.

서합괘는 진震이 아래에 있고 리離가 위에 있어 입속에 물건이 있는 상이니, 이괘(䷚)의 초구와 상구 두 양효와 중간에 네 음효가 있는 것과는 다르다. 비괘(䷕)의 리離가 아래에 있고 간艮이 위에 있는 상황과 매우 비슷하니, 모두 위아래에 두 양효가 있고 중간에 하나의 양효가 있는 비괘도 입속에 물건이 있는 상이다. 그러나 비괘에서는 '서합'이라고 말하지 않았다. 대체로 씹는 것은 반드시 아래턱이 움직이나 비괘에는 움직임[震]이 없기 때문에 '서합'이 될 수 없는 것이다.

噬嗑, 亨, 利用獄.(서합은 형통하니 옥사를 쓰는 것이 이롭다.)

서합에는 두 가지 뜻을 포함한다. 하나는 '씹는 것[噬]'이고, 다른 하나는 '다무는 것[嗑]'이다. 입속에 물건이 막고 있으면 입을 다물 수 없고, 다물 수 없으면 형통하지 못하다. 만약 '형통하지 못한 것'에서 '형통하는 것'으로 바뀌게 하려면 반드시 씹어서 입속의 물건을 제거해야 한다. 지금 '서합'이라 말하였으면 이미 씹어서 이미 다물었다는 말이다. 때문에 서합괘 자체는 형통한 뜻을 함유한다. 서합하여 형통한 것은 입속에 막고 있는 물건을 제거, 즉 틈을 제거하였기 때문이다. 사회에서 말하면, 틈을 제거하는 방법은 "옥사를 쓰는 것[用獄]"[189]이다. "옥사를 쓰는 것"은 형벌을 쓰는 것과 다르다. "옥사를 쓰는" 속에는 참과 거짓을 궁구하고 옳고 그름을 판단하는 내용을 포괄한다. 괘에서는 형벌을 쓴다고 말하지 않았으나 효에서는 형벌을 쓴다고 말하였다. 여섯 효의 상은 형벌을 쓰는 것과 형벌을 받는 두 부분으로 나눌 수 있다. 초구와 상구는 형벌을 받는 것이고, 중간의 네 효는 형벌을 쓰는 것이다. 육오는 유효이면서 높은 자리에 있으니 "옥사를 쓰는" 주효이다.

「彖」曰: 頤中有物曰噬嗑. 噬嗑而亨, 剛柔分, 動而明, 雷電合而章, 柔得中而上行, 雖不當位, 利用獄也.(「단전」에서 말하기를, 입안에 물건이 있으므로 서합이라 하였다. 씹어서 다물어 형통한 것이다. 강유가 반반씩 나누어지고 움직이고 밝아서 우레와 번개가 합쳐서 빛난다. 유가 중을 얻어 위로 올라가니 비록 자리가 마땅하지 않으나 옥사를 쓰는 것이 이롭다.)

입속에 물건이 있는 것을 '서합'이라 하는 것은 괘체로써 괘명을 해석한 것이다. 이頤는 바로 입이다. 서합괘(䷔)는 진震이 아래에 있고 리離가 위에 있으니 입속에 어떤 물건이 막고 있어서 입을 다물지 못하는 상이다. 만약 입을 다물려면 반드시 씹어서 제거해야 하기 때문에 괘명이 서합괘이다. 만약 입속에 물건이 없으면 산뢰山雷 이괘(䷚)이다.

"씹어서 다물어 형통하다[噬嗑而亨]"라는 이하 여러 구절은 괘사를 해석한 것이다. 괘사에서는 '서합형噬嗑亨'이라 하였고, 공자는 여기에 '이而'자를 더하여 '서합이형噬嗑而亨'을 말하여 괘사의 의미를 더욱 분명하게 하였다. 입속에 물건이 있으면 씹고, 씹으면 다물어지고, 다물어지면

189) 옥(獄): 옥사(獄事)를 송사(訟事)와 같은 의미로 쓰기도 한다. 그러나 옥사는 반역과 살인 등의 중대한 범죄를 다스리는 것이고, 송사는 백성끼리의 분쟁을 관청에서 판결해 주는 일로 구분된다.(역자 주)

형통하다.

"강유가 반반씩 나누어지고 움직이고 밝아서 우레와 번개가 합쳐서 빛난다[剛柔分, 動而明, 雷電合而章]"라는 구절은 이 괘가 세 음과 세 양으로 음양이 반반이고 강유가 서로 엇갈려 있어 서로 섞이지 않기 때문에 "강유가 반반씩 나누어진다[剛柔分]"라고 하였다. 음양이 반반씩 서로 엇갈려 있는 괘는 서합괘 하나만이 아닌데, 어째서 서합괘에서만 "강유가 나누어진다"라고 강조하였는가? 왜냐하면 "강유가 나누어지는 것"에는 명확히 분별하는 상이 있고 서합괘에서 "옥사를 쓴다[用獄]"라고 말하였으니, 명확히 분별하는 것은 바로 옥사를 살피는 근본이기 때문이다. 또한 "강유가 나누어지는 것"과 "우레와 번개가 합쳐지는 것[雷電合]"을 연결하여 "씹어서 다물어 형통하는[噬嗑而亨]" 전 과정을 구성하였다. "강유가 나누어진다"는 것은 정태적인 것으로, 위턱과 아래턱이 움직이지 않아 씹으려 하지만 아직 씹지 않은 상이다. "우레와 번개가 합쳐진다"는 것은 동태적인 것으로, 아래턱이 움직이고 위턱이 밝아 이미 씹어서 이미 다물어진 때이다. "강유가 나누어지고[剛柔分]", "움직이고 밝으며[動而明]", "우레와 번개가 합쳐서 빛난다[雷電合而章]"는 것은 씹지 않은 것에서 씹는 것으로, 씹는 것에서 다무는 것으로, 다무는 것에서 형통하는 전 과정을 완전하게 나타내어 "씹어서 다물어 형통하는[噬嗑而亨]" 구절의 괘사를 위한 근거를 제기하였다.

"유가 중을 얻어 위로 올라간다[柔得中而上行]"는 것이 가리키는 것은 육오이다. 육오는 유효로 강의 자리에 있으니 자리가 마땅하지 않다. 그러나 육오가 유효로 '중'을 얻어 높은 자리에 있는데 이 점은 매우 중요하다. 옥사를 쓰는 일이 지나치게 부드러우면 잘못하여 관대해지고, 지나치게 강하면 잘못하여 포악해진다. 육오는 '유'를 중시하지도 않고 '강'을 중시하지도 않는데, 이 때문에 유효로 강효의 자리에 있고 또한 '중'을 얻어 옥사를 쓰는 것이 가장 적당하다. 『주역』은 유효가 아래에 있고 강효가 위에 있는 것이 일반적이다. 만약 유효가 상체에 있으면 "올라간다[上行]"라고 하고, 강효가 하체에 있으면 "온다[來]"라고 한다. 예를 들어 송괘(䷅)·무망괘(䷘)·환괘(䷺) 등에서는 강효가 하체에 있기 때문에 「단전」에서는 "강이 온다[剛來]"라고 하였다. 진괘(䷢)·규괘(䷥)·정괘(䷱)와 서합괘에서는 유효가 당연히 아래에 있어야 하나 지금은 5효의 자리에 있기 때문에 「단전」에서는 "올라간다[上行]"라고 하였다.

「象」曰: 雷電噬嗑. 先王以明罰勅法.(「대상」에서 말하기를, 번개와 우레가 서합괘이다. 선왕이 <서합괘의 상을> 보고서 형벌을 밝히고 법령을 반포한다.)

『주역』의 일반적 사례에 따르면, '뇌전雷電'은 마땅히 '전뢰電雷'가 되어야 한다. 채옹蔡邕[190]의 『희평석경熹喜石經』에는 '전뢰'로 되어 있다. 정이와 주희도 '뇌전'이 '전뢰'로 되어야 한다고 보았다. 전電은 불이니, 전뢰서합電雷噬嗑은 바로 화뢰서합火雷噬嗑이다. 번개[電]에는 밝음이 있고 밝음은 만물을 비출 수 있으며, 우레[雷]에는 위엄이 있고 위엄은 만물을 진동시킬 수 있다. 통치 계급은 '전뢰서합'의 상을 관찰하여 그 밝음과 위엄을 본받아서 형벌을 밝히고 법령을 반포해야 한다.

'선왕'이 형벌을 밝히고 법령을 반포할 것을 말하고 '군자'가 형벌을 밝히고 법을 반포할 것을 말하지 않은 것은, 형벌을 밝히고 법령을 반포하는 것이 입법立法 방면에 속하는 일임을 나타낸 것이다. "형벌을 밝힌다

190) 채옹(蔡邕, 132~192): 동한(東漢)의 문인, 자는 백개(伯喈), 진유(陳留: 지금의 河南省 開封市 陳留鎭) 출신이다. 저서에는 『獨斷』·『蔡中郎集』 등이 있다.(역자 주)

[明罰]"는 것은 어떤 법률을 위반하기 전에 어떤 죄인지를 정하는 처벌 사례를 규정하고 백성들에게 분명히 알려서, 백성들이 규정한 것을 피하여 법을 위반하여 형벌을 받지 않도록 하는 것이다. "법령을 반포한다[勅法]"는 것은 백성들에게 법령 제도를 공포하여 엄중히 시행할 것을 경고하여 백성들을 두렵게 만들어 가능한 법을 위반하여 형벌을 받지 않도록 하는 것이다. "형벌을 밝히는 것"과 "법령을 반포하는 것"은 모두 통치자가 형벌의 문제에서 사전의 예방하는 차원에 주안점을 둔 것이지 사후의 처벌 차원에 주안점을 둔 것이 아님을 강조한 것이다. 이것은 공자의 사상을 반영한 것이다. 공자는 덕치德治를 주장하여 "덕으로써 인도하고 예로써 가지런히 할 것"[191]을 강조하였지만, 결코 형벌을 사용하는 것에 일률적으로 반대하지 않았다. 공자의 형벌을 다루는 문제는 두 가지 점에서 주목할 가치가 있다. 첫째, 공자는 나라를 다스리는 데 먼저 덕교德敎에 의지하고 살인은 결코 좋은 방법이 아니라고 보았다. 때문에 계강자季康子가 공자에게 정치를 하는데 "무도한 자를 죽여서 도가 있는 데로 나아가면 어떻습니까"라고 물었을 때, 공자는 "그대가 정치를 함에 어찌 죽이는 방법을 쓰는가?"[192]라고 말하였다. 둘째, 가령 부득이하여 형벌을 쓰지 않으면 안 될 때도 공자는 먼저 가르친 다음에 죽일 것을 강력히 주장하고 "가르치지 않고 죽이는 것을 잔학이라 한다"[193]라고 말하였다. 공자의 이러한 사상은 전체 유가 학파를 대표할 수 있다. 유가 학파는 형벌 문제의 관점에서 법가와 근본적으로 다르다. 순자가 예와 법을 함께 중시하였다고 하여 순자를 법가라고 말할 수 없기 때문이다.

---

191) 『論語』, 「爲政」. "道之以德, 齊之以禮."

192) 『論語』, 「顔淵」. "季康子問政於孔子曰, 如殺無道, 以就有道, 如何. 孔子對曰 子爲政, 焉用殺."

193) 『論語』, 「堯曰」. "不敎而殺謂之虐."

初九, 履校滅趾, 无咎.(초구는 발에 형틀을 신겨서 발이 보이지 않으니 허물이 없을 것이다.)

초구는 괘의 처음에 있고 지위가 없는 것으로 사회 저층의 '소인'과 같으니, 즉 "예는 아래로 서인에게까지 내려가지 않는다"[194]는 '서인'이다. 공자는 「계사전」에서 이 글에 대해 해석하였다.[195] 공자가 말한 "발에 형틀을 신겨서 발이 보이지 않으니 허물이 없다[履校滅趾无咎]"는 효는 소인에 대해서 말한 것이다. 소인은 이해利害만을 중시하고 인의仁義한지 '인의'하지 않는지에는 있지 않다. 소인은 잘못이 있어도 그에게 약간의 본때를 보여 주지 않으면 고치지 않는다. 소인에게 가장 좋은 방법은 "조금 징계하여 크게 경계시키는 것"[196]이니, 소인이 작은 잘못을 저질렀을 때 제때에 적당한 처벌을 주어 그의 잘못을 고치게 하여 잘못이 심각한 정도로 발전하지 못하도록 하는 것이다. 이렇게 하면, 보기에는 소인을 처벌하는 것 같지만 실제로는 소인을 구제하는 것이니 소인의 복이다.

'교校'는 나무로 만든 형틀이다. '구履'는 신인데 여기서는 동사로 쓰였다. '구교履校'는 교校라는 나무로 만든 형틀을 신을 신는 것처럼 죄인의 발에 신기는 것이다. '멸滅'은 없는 것으로 가려서 보이지 않는 뜻이니 상처로 해석해서는 안 된다. '멸지滅趾'는 형벌이 매우 가벼우니 형틀이 겨우 발을 가려서 보이지 않게 할 뿐이다. 작은 잘못이 있으면 적당히 가벼운 처벌을 하여 그들이 큰 죄를 저지르는 데 이르지 않도록 하는데, 이것은 형벌을 받는 사람에 대해서 말하면 허물이 없는 것이다.

---

194) 『禮記』, 「曲禮(上)」. "禮不下庶人."

195) 『周易』, 「繫辭傳(下)」, 第3章. "子曰小人不恥不仁, 不畏不義, 不見利不勸, 不威不懲, 小懲而大誡, 此小人之福也, 易曰履校滅趾, 无咎, 此之謂也."

196) 『周易』, 「繫辭傳(下)」, 第3章. "小懲而大戒."

「象」曰: 屨校滅趾, 不行也.(「소상」에서 말하기를, '발에 형틀을 신겨서 발이 보이지 않는다'는 것은 걸어 다니지 못하게 하는 것이다.)

'구교멸지屨校滅趾'는 죄인에게 걸어 다니지 못하게 하는 것이다. 이것이 표면적인 뜻이다. 실제는 '구교멸지'의 가벼운 처벌을 통하여 죄인이 죄악의 길로 가지 못하게 경계한 것이다.

六二, 噬膚滅鼻, 无咎.(육이는 부드러운 고기를 깨물되 코가 보이지 않으니 허물이 없을 것이다.)

육이는 육오와 응應의 관계가 있으니, 육오는 옥사를 쓰는 주효이고 육이는 형벌을 쓰는 사람이다. 육이는 유순하고 '중정'한 덕으로 형벌을 써서 형벌이 반드시 죄에 합당하고 형벌의 무겁고 가벼움이 합당함을 잃지 않아서 형벌을 받는 사람들이 자신의 죄를 승복하기가 쉽다. "부드러운 고기를 깨물되 코가 보이지 않는다[噬膚滅鼻]"는 것은 형벌을 쓰는 것이 매우 엄한 상이다. '부膚'는 짐승의 몸과 뼈가 서로 연결되지 않는 고기로, 돼지의 복부(혹은 가슴) 살과 같다. 이러한 고기는 부드러워 씹기가 쉬우며 심지어 입이 고기 속으로 푹 들어가 코마저도 보이지 않을 수 있다. "부드러운 고기를 씹는 것"은 형벌을 쓸 때 형벌을 받는 사람들이 자신의 죄를 승복하는 목적에 도달하기가 매우 쉽다는 말이다. "코가 보이지 않는다[滅鼻]"는 것은 형벌을 쓰는 것이 매우 엄하다는 말이다. 육이는 유순하고 '중정'한 덕이 있어 형벌이 반드시 죄에 합당하기 때문에 형벌을 쓰는 것이 매우 엄하더라도 적합하니 허물이 있을 수 없다.

「象」曰: 噬膚滅鼻, 乘剛也.(「소상」에서 말하기를, '부드러운 고기를 깨물되 코가 보이지 않는다'는 것은 강을 타고 있기 때문이다.)

육이는 음유로 초구인 양강의 위에 있기 때문에 "강을 타고 있다[乘剛]"라고 하였다. 효사에서 "부드러운 고기를 깨물되 코가 보이지 않으니 허물이 없다"라고 말한 것은 육이가 유순하고 '중정'하기 때문에 형벌을 쓰는 것이 매우 엄하고 또한 형벌을 받는 사람들이 쉽게 자신의 죄를 승복할 가능성을 가지고 있음을 지적한 것이다. 「소상」에서 말한 "부드러운 고기를 깨물되 코가 보이지 않는다는 것은 강을 타고 있기 때문이다[噬膚滅鼻, 乘剛也]"는 것은 육이의 형벌을 쓰는 것이 깊다는 것을 지적한 것인데, 이것은 강을 타고 있기 때문이다.

六三, 噬腊肉, 遇毒, 小吝, 无咎.(육삼은 말린 고기를 씹다가 독을 만났으니 조금 부끄러우나 허물은 없을 것이다.)

석腊xī은 식息xī과 같이 읽는다. 옛날 사람들은 고기를 그늘에 말린 것을 '석腊'이라고 하였다. '석육腊肉'은 일반적으로 작은 짐승을 통째로 말린 것을 가리키는데, 그것의 특징은 질겨서 씹기 어렵고 맛이 강하여 오래되면 종종 독이 생긴다는 것이다. "말린 고기를 씹다가 독을 만난다[噬腊肉, 遇毒]"는 것은 질겨서 씹기가 어렵고 또한 맛이 강하여 독이 생긴 고기이니, 결과는 고기가 씹히지 않을 뿐만 아니라 약간의 독도 있다는 것이다. 육삼의 상황이 바로 이와 같다. 육삼은 형벌을 쓰는 사람으로, 육六으로 3효의 자리에 있어 '부중'하고 '부정'하여 사람에게 형벌을 주지만 사람들이 형벌에 승복하지 않는다. 승복하지 않을 뿐만 아니라 도리어 형벌을 받는 사람들의 원망에 부딪친다. 그러나 문제는 크지 않으니 서합괘의 때에 처해서는 반드시 씹어서 다물어야 하고 반드시 형벌을 써야 한다. 형벌을 쓰는 것은 필요한 것이고, 비록 부끄러울 수 있으나 또한 작은 문제에 속하니 결국 허물이 없다.

「象」曰: 遇毒, 位不當也.(「소상」에서 말하기를, '독을 만난다'는 것은 자리가 마땅하지 않기 때문이다.)

똑같이 형벌을 쓰지만 육삼의 상황은 육이만 못하다. 육이는 "허물이 없으나[无咎]" 육삼은 "조금 부끄러우나 허물이 없다[小吝无咎]." 육삼은 어째서 조금 부끄러운가? 육삼이 처한 자리가 마땅하지 않아 '부중'하고 '부정'하기 때문이다. 자기가 '부중'하고 '부정'하기 때문에 죄인을 순조롭게 승복시킬 수 없을 뿐만 아니라 또한 일부 죄인의 해를 입는다.

九四, 噬乾胏, 得金矢, 利艱貞, 吉.(구사는 뼈가 붙은 말린 고기를 씹다가 쇠로 만든 화살을 얻었으나 어렵게 여기고 바름을 지키는 것이 이로우니 길할 것이다.)

전체 괘에서 말하면 구사는 입속의 막고 있는 물건으로, 사회 속에서 안정과 화해를 방해하는 소극적 요소이고 씹히는 대상이니 마땅히 제거해야 한다. 그러나 효의 자리에서 말하면, 구사는 또한 틈을 없애는 사람이고 형벌을 쓰는 사람이다. 『주역』에서 괘가 취한 상과 효가 취한 상이 종종 다른데, 아마도 괘사와 효사가 한 때 한 사람이 지은 것이 아닌 이유 때문일 것이다.

구사는 괘의 중간에 있는 네 효 가운데 유일한 양효이고 강효로 군주의 자리에 가까이 있으니, 옥사를 다스리는 데 가장 능력이 있고 어려운 사건을 가장 잘 해결하는 사람이다. 구사는 "뼈가 붙은 말린 고기를 씹을[噬

乾胏]" 수 있다. "뼈가 붙은 말린 고기"는 속에 뼈를 포함하고 있어 육삼의 "말린 고기[腊肉]"보다 더 씹기 어려운 일종의 말린 고기이다. 구사는 도리어 그것을 씹을 수 있기 때문에 다른 효에서는 모두 "허물이 없다[无咎]"라고 말하였으나 유독 이 효에서만 "길하다[吉]"라고 하였다. 구사가 "뼈가 붙은 말린 고기"를 씹어서 가장 처리하기 어려운 사건을 처리하고 가장 승복시키기 어려운 죄인을 승복시킬 수 있는 것은 주로 하나의 좋은 조건, 즉 "쇠로 만든 화살을 얻는[得金矢]" 조건이 있기 때문이다. '금시金矢'는 강직하다는 뜻이다. "쇠로 만든 화살을 얻는다"는 것은 강직하고 아부하지 않는 품성을 가지고 있다는 것이다. 다만 강직하고 아부하지 않는 품성이 있는 것만으로는 안 되고, 또한 구체적으로 사건을 처리하고 형벌을 쓰는 과정에서 '이간정利艱貞'해야 한다. 즉 어려움을 두려워하지 않고 용감하게 올바름을 지키며 원칙을 견지해야 한다.

「象」曰: 利艱貞, 吉未光也.(「소상」에서 말하기를, '어렵게 여기고 바름을 지키는 것이 이롭다'는 것은 길하지만 광대하지 못한 것이다.)

구사는 "쇠로 만든 화살을 얻는" 품성을 가지고 있어 강직하고 아부하지 않으니, 구사에는 옥사를 다스리고 형벌을 쓰는 능력과 조건이 있어서 "뼈가 붙은 말린 고기를 씹어[噬乾胏]"도 길함을 얻을 수 있다. 그렇지만 가능성은 현실성과 다르다. 구체적으로 사건을 처리하는 과정에서 진정으로 성공을 얻고 길함을 얻으려면, 즉 "길하지만 광대하지 못한 것[吉未光]"을 "길하고 광대한 것[吉光]"으로 변화시키려면 반드시 어려움을 두려워하지 않고 올바름을 지켜야 한다.

六五, 噬乾肉, 得黃金, 貞厲, 无咎.(육오는 말린 고기를 씹다가 황금

을 얻었으니 바름을 지키고 위태롭게 여기면 허물이 없을 것이다.)

육이의 "부드러운 고기를 씹는다[噬膚]", 육삼의 "말린 고기를 씹는다[噬腊肉]", 구사의 "뼈가 붙은 말린 고기를 씹는다[噬乾胏]"는 말은 뒤의 말이 앞의 말보다 점차 씹기가 어려운 것을 말하였으나, 육오의 "말린 고기를 씹는다[噬乾肉]"는 말에 이르러서는 도리어 씹기가 쉬운 것으로 바뀌었다. 어째서 씹기가 쉬운 것으로 바뀌었는가? 육오가 "황금을 얻었기[得黃金]" 때문이다. "황금을 얻었다"는 것은 육오가 일부 좋은 조건을 가지고 있다는 말이다. '황黃'은 중앙의 색으로, 육오가 '중'에 있고 '중도'를 얻었으며 또한 군주의 자리에 있음을 나타낸다. '금金'은 강한 물건으로, 육오가 유효로 강효의 자리에 있고 또한 구사의 양강한 도움이 있음을 나타낸다. 육오가 "황금을 얻어서" 강효의 자리에 있고 '중'을 얻은 좋은 조건을 가지고 있지만 육오 자체는 결국 유체柔體이니, 허물이 없는 결과를 얻어야 하고 또한 '정려貞厲', 즉 바름을 지켜야 하고 또한 마음에 두려움을 품고 일 처리를 신중히 해야 한다.

「象」曰: 貞厲无咎, 得當也.(「소상」에서 말하기를, '바름을 지키고 위태롭게 여기면 허물이 없다'는 것은 마땅함을 얻었기 때문이다.)

여기서의 "마땅함을 얻었다[得當]"는 것은 육삼 「소상」의 "자리가 마땅하지 않다[位不當]"는 것과 가리키는 것이 같은 일이 아니다. "자리가 마땅하지 않다"는 것은 효의 자리가 마땅하지 않다는 말이고, 여기서의 "마땅함을 얻었다"는 것은 일의 처리가 마땅함을 얻었다는 말이다. 육오 자신은 유체柔體이니 유효로 옥사를 다스리고 형벌을 써서 올바름을 지키고 위태롭게 여길 수 있으면 끝내 허물이 없을 수 있다. 이것은 주관적 노력으로 일을 처리하여 마땅함을 얻은 결과이다.

上九, 何校滅耳, 凶.(상구는 형틀을 메어 귀가 보이지 않으니 흉하다.)

'하何' 자는 거성으로 읽고 '하荷' 자와 같으니 동사이지 의문대명사가 아니다. '교校'는 나무로 만든 형틀로, 아마도 어깨 위에 씌우는 칼이다. 상구는 초구와 마찬가지로 형벌을 받는 사람이다. 상구의 어깨 위에 칼을 메고 있거나 목에 칼을 씌고 있는 것이다. 어깨에 멘 칼이 너무 커서 결국 귀를 가려서 보이지 않는 것이다. "귀가 보이지 않는다[滅耳]"는 것은 어깨에 멘 칼이 커서 귀를 가려서 보이지 않는 것을 형용한 것이지 귀를 잘라 낸 것이 아니다. 귀를 자르는 이형刵刑이 고대에는 가벼운 형벌이었으나, 여기서의 "형틀을 메어 귀가 보이지 않는다[何校滅耳]"는 것은 무거운 형벌을 상징한다.

상구는 형벌을 받는 사람인데, 어째서 "형틀을 메어 귀가 보이지 않는" 엄중한 처벌을 받아 흉함을 얻는가? 그것은 "작은 악은 해가 없을 것이라고 여기고 버리지 않기 때문에 악이 쌓여서 막을 수 없고 죄가 커서 해결할 수 없기 때문이니"[197] 완전히 잘못을 저지르고도 뉘우치지 않은 것은 죄가 자신에게서 얻어진 것이다.

『역』 괘의 초효와 상효 두 효는 처음과 끝의 관계이니, 두 효의 효사는 일반적으로 말하면 서로 조응하는 것이다. 이 괘의 초구에서 말한 "발에 형틀을 신겨서 발이 보이지 않으니 허물이 없다[屨校滅趾, 无咎]"는 것에는 작은 처벌과 큰 경고의 뜻이 있다. 즉 작은 잘못에는 가벼운 처벌을 주어 그들로 하여금 잘못을 듣고 고칠 줄 알도록 하니, 잘못을 시정하는 것

197) 『周易』, 「繫辭傳(下)」, 第3章. "以小惡爲无傷而弗去也, 故惡積而不可掩, 罪大而不可解."

이 초기 상태에 있는 것이다. 상구에 이르러서는 괘의 끝에 있어 죄가 극도로 발전하고 씹는 것도 극도로 발전하여 죄가 커서 이미 해결할 수 없고 악이 쌓여서 이미 막을 수 없으니 무거운 형벌로 처리하지 않으면 안 된다.

「象」曰: 何校滅耳, 聰不明也.(「소상」에서 말하기를, '형틀을 메어 귀가 보이지 않는다' 는 것은 귀가 밝지 못하기 때문이다.)

상구가 "형틀을 메어 귀가 보이지 않는" 무거운 형벌을 얻는 것은 책임이 그 자신에게 있고 그 자신의 "귀가 밝지 못한 데[聰不明]" 있다. 마땅히 '이불총耳不聰' 이라 해야 하는데 어째서 '총불명聰不明' 이라고 하였는가? '총불명' 은 실제로 듣는 것이 밝지 않아 남의 권고를 듣지 못하여 귀를 열지만 귀의 작용을 발휘하지 못하는 것이다. '총聰' 자는 단독으로 쓰는데, 밝음의 뜻을 안에 포함하고 있다. 여기에서 말한 '총불명' 과 같이 '총' 과 '명' 을 함께 쓰면 '총' 자는 귀에 해당하고 '명' 은 귀의 공능에 해당한다.

● 총론

이 괘를 연구하려면 마땅히 괘 속에 반영한 『주역』과 공자의 법률 사상에 주의해야 한다. 공자는 「대상」에서 "형벌을 밝히고 법령을 반포할 것[明罰勅法]" 을 주장하였는데, 공자가 나라를 다스리는 데 형벌의 작용을 결코 부인하지 않았음을 알 수 있다. 그가 비록 "덕으로써 인도하고 예로써 가지런히 할 것"[198]을 고취하여 덕으로써 나라를 다스릴 것을 강력히 주장하고, "법으로써 인도하고 형벌로써 가지런히 하는 것"[199]은 좋은 방법이 아니라고 하였으며 심지어 "정치를 하는 데 죽이는 방법을 쓰는 것"[200]에 반대하였지만, 그는 나라를 다스리는 데 형벌을 쓰는 필요성을 일률적으로 배척하지 않았다. 공자의 법률 사상은 법가와 아주 다르다. 법가는 오직 법률과 형벌에만 의지하였으나, 공자는 "형벌을 밝히고 법령을 반포할 것"을 강조하여 통치자가 법률과 형벌을 백성에게 공포하여 그들이 알게 하고 두려워하도록 만들어 가능한 법을 위반하지 않고 형벌을 받지 않도록 하였다. "형벌을 밝히고 법령을 반포한다"는 말의 요점은 밝히는 데 있고 처벌하는 데 있지 않으며, 반포하는 데 있고 법령에 있지 않으며, 백성을 지키고 가르치는 데 있지 백성을 제압하고 형벌을 주는 데 있지 않다. "형벌을 밝히고 법령을 반포한다"는 것은 공자의 덕치德治 사상 안에 포함되니 덕치 사상의 일부분이라고 말해야 한다.

괘사의 "서합은 형통하니 옥사를 쓰는 것이 이롭다[噬嗑亨, 利用獄]"라는 말은 『주역』 작가가 이미 폭력 통치에 관한 관념을 가지고 있음을 나타낸 것이다. 입속에 물건이 있으면 반드시 씹어야 비로소 다물 수 있고, 반드시 다물어야 비로소 형통함을 얻는다. 이러한 도리는 보편성을 가지니 인류 사회 속에서 있지 않는 곳이 없다고 말할 수 있다. 부모·부부·형제·친구 등 여러 관계 속에는 모두 서합의 문제가 있지만, 『주역』 작가는 국가사회에서 반드시 형벌과 옥사를 쓰는 이러한 가장 큰 서합에 중점을 두었다. 이것은 결코 우연에서 나온 것이 아니라 이미 명확한 폭력 통치에 관한 관념이 있었음을 설명한 것이다.

서합괘는 『주역』의 법률 사상 속에서 주도적 작용을 하는 것이 덕치德治이지 형치刑治가 아니라는 것을 반영해 준다. 예를 들어 죄인을 처벌할

198) 『論語』, 「爲政」. "道之以德, 齊之以禮."
199) 『論語』, 「爲政」. "道之以政, 齊之以刑."
200) 『論語』, 「顔淵」. "爲政焉用殺."

경우 착안점이 사람에 있고 죄에 있지 않다는 것이다. 초구는 초범이니 처벌이 가볍다. 상구는 경고를 듣지 않아 죄가 크고 악이 극도에 이르렀으니 형벌이 무겁다. 형벌을 쓰는 사람한테서 보면, 문제는 더 분명하다. 구사의 "쇠로 만든 화살을 얻었으나 어렵게 여기고 바름을 지키는 것이 이롭다[得金矢, 利艱貞]"라는 구절과 육오의 "바름을 지키고 위태롭게 여기면 허물이 없다[貞厲无咎]"라는 구절에서 말한 것은 모두 형벌을 쓰는 자 개인의 품성과 수양 문제이다. 서합괘의 '덕치'의 의도는 또한 괘의 구성 위에 나타나 있다. 서합괘의 상체는 리離이고 '리'의 특징은 밝음[明]이니 밝음은 옥사를 다스리는 기본 요구이다. 일을 집행하는 사람의 밝음과 밝지 않음은 안건을 잘 처리하는지 그렇지 않는지를 결정한다. 밝음과 밝지 않음은 또한 도덕 문제이다. 법률을 실천하는 가운데 일을 집행하는 자가 단순히 개인의 품성과 수양이 어떠한지를 중시하면 인치人治주의이지 법치法治라고 말할 수 없다.

22
비괘(賁卦)

䷕ 리하간상 離下艮上

비賁bì는 음이 필畢bì이다. 「서괘전」에는 "합嗑은 다무는 것이니 물건은 구차하게 다물어질 수 없기 때문에 비괘로 받았다. '비'는 꾸미는 것이다"[201]라고 하였다. '비'의 의미는 꾸미는 것이니 꾸미는 것은 바로 '문'이다. 문文과 질質은 서로 상대적이다. '질'은 사물의 본질을 가리키고 '문'은 사물의 꾸밈을 가리킨다. 공자가 말한 "그림 그리는 일은 흰 바탕이 있은 뒤에 한다"[202]는 것은 '문'과 '질'의 관계를 설명할 수 있다. 즉 그림을 그리는 것은 흰 바탕이 있은 뒤에 비로소 채색을 칠할 수 있다는 것이다. 사회의 인사도 이와 같다. 씹어서 다물고 다물어서 형통하며, 군중이 모이면 반드시 등급과 명분, 차례와 항렬이 있다. 등급과 명분, 차례와 항렬을 나타낸 예의 제도 등이 바로 '문'이다. '문'을 사회에 대해서 말하면 없어서는 안 되는 것이다. 사회가 화합 상태에 있을 때는 반드시 '문'으로 그 근본을 꾸며야 한다. 때문에 서합괘 뒤에 비괘를 두었다.

---

201) 『周易』, 「序卦傳」. "嗑者合也, 物不可以苟合而已, 故受之以賁. 賁者飾也."
202) 『論語』, 「八佾」. "繪事後素."

리離가 아래에 있고 간艮이 위에 있는 이 괘는 두 체體에서 보면, 아래는 '리'이니 '리'는 불이고 밝음이며 위는 '간'이니 '간'은 산이고 그침이다. 산 아래에 불이 있어 "문명하여 그치니[文明以止]" 꾸미는 상이 있다. 괘변卦變에서 보면, "유가 내려와서 강을 꾸미고[柔來而文剛]" "강이 올라가서 유를 꾸며서[剛上而文柔]" 강유가 위아래로 서로 뒤섞여 꾸미는 상이 있기 때문에 이 괘를 비괘라고 하였다.

유가에서 문제 삼는 비괘의 도는 '문'과 '질'의 관계 문제를 중시한다. 유가에서는 인류 사회에 문식文飾이 없을 수 없다고 보았다. 만약 '질'이 '문'을 이기면 문식이 없거나 문식이 부족하여 사회가 발전할 수 없고, '문'이 '질'을 이기면 문식이 지나치고 본질이 약화하여 사회에는 또 문제가 생긴다는 것이다. 순자荀子가 묵자墨子를 "실용에 가려서 문식을 알지 못하였다"[203]라고 비판한 것은 바로 이러한 도리에 근거한 것이다. 도가에서는 자연을 본받아 "소박함을 간직하고 사욕을 적게 하며"[204] 일체의 인위적 예의 제도와 도덕관념은 모두 단호히 배척해야 할 대열에 둘 것을 주장하였다. 분명히 이것은 역사 발전의 수요에 위배되는 것이다. 그것이 후세의 정치사회 속에서 유가가 '문질' 관념을 중시한 것과는 다른데 이상할 것이 없다.

賁亨, 小利有攸往.(비는 형통하니 가는 바가 있음이 조금 이롭다.)

'비賁'는 문식을 말한 것이다. '질'과 '문'은 대립하는 것으로 '질'이 중요하고 기본적이다. '질'에 문식이 있어야 비로소 형통할 수 있다. 그러

203) 『荀子』, 「解蔽」. "墨子蔽于用而不知文."
204) 『老子』, 第19章. "見素抱朴, 少私寡欲."

므로 "비는 형통하다[賁亨]"라고 하였다. 형통하면 응당 "가는 바가 있음이 이롭지만[利有攸往]" 여기서는 '소小' 자를 추가하였으니, '소'의 뜻은 '문'이 지나치게 성대해서는 안 되고 '문'이 '질'을 이겨서도 안 된다는 말이다. 그렇지 않고 문식을 하찮게 여기거나 근본적인 것을 소홀히 하면 반대 방면으로 나아가서 형통한 것이 형통하지 않게 된다.

「彖」曰: 賁亨, 柔來而文剛, 故亨. 分剛上而文柔, 故小利有攸往. <剛柔交錯> 天文也. 文明以止, 人文也. 觀乎天文以察時變, 觀乎人文以化成天下.(「단전」에서 말하기를, 비는 유가 내려와서 강을 꾸미기 때문에 형통하다. 강을 나누어 올라가서 유를 꾸미기 때문에 가는 바가 있음이 조금 이롭다. <강유가 서로 교차하니> 천문이다. 문명하여 그치니 인문이다. 천문을 관찰하여 사계절의 변화를 살피고 인문을 관찰하여 천하를 교화하여 이룬다.)

'비형賁亨'의 '형'자는 쓸데없는 말이다. "유가 내려와서 강을 꾸미기 때문에 형통하다[柔來而文剛, 故亨]"라는 구절은 괘명을 해석한 것이기 때문에 '비' 아래에 '형'자가 있어서는 안 된다. 왕필王弼의 주석에 따르면, '천문야天文也' 앞에는 마땅히 '강유교착剛柔交錯' 네 글자가 있어야 한다.

'강래이문강柔來而文剛'과 '분강상이문유分剛上而文柔' 두 구절은 옛사람들이 대부분 괘변설卦變說로 해석하였는데 해석이 분명하지 않다. 청나라 건융乾隆 연간에 호후胡煦(1655~1736)가 지은 『주역함서周易函書』에는 처음으로 '체괘주효體卦主爻'설을 만들어 「단전」의 '왕래상하내외종시往來上下內外終始' 여덟 글자를 해석함으로써 한유들과 송유들이 공언한 각종 괘변설을 철저히 뒤엎어 놓았다. 호후의 설에 따르면, 「단전」에서 말한 것은 64괘의 생성 과정 속의 일이다. 64괘가 이미 생성되면 더 이상 변화할 수 없다. 「단전」에서 말한 '상하왕래' 운운하는 것은 바로 한 괘의 구성에 대해 내린 해석이지 한 괘가 생성된 후에 또 변화가 있음을 말한 것이 아니다. 호후의 '체괘주효' 설에 따르면, 「단전」에서 말한 것은 다음의 두 방면의 내용에 불과하다. 한 방면에서는 괘의 체를 말하였다. 괘의 체는 원래 건과 곤이다. 감坎·리離·손巽·태兌·간艮·진震 여섯 자식[205]도 건과 곤에서 생겨난 것이다. 비괘의 괘체는 위가 곤(☷)이고 아래가 건(☰)이다. 건과 곤의 두 체는 정태적이다. '상하왕래' 하는 강유 두 용用은 동태적이다. 두 용이 한 괘의 주효이다. 한 괘의 구성은 모두 건과 곤의 두 용이 한 번 사귀는 데서 시작되니, 건구乾九가 곤에서 작용하는 것이 아니면 곤육坤六이 건에서 작용한 뒤에 삼남三男·삼녀三女의 구분이 있다. 그러므로 여섯 자식의 체는 모두 건과 곤의 체를 가지고 있으나 많기도 하고 적기도 하며 상·중·하로 각자 서로 다르니, 많고 적음에 따라 동정動靜을 구별하고 체용體用을 밝힌다. 만약 세 효 중에 두 개는 음효이고 한 개가 양효이면 두 개의 음효로 정체靜體를 삼고 한 개의 양효로 동용動用의 효를 삼는다. 다시 말하면, 곤은 본래 세 개의 음효(☷)인데 지금 다시 한 개의 양효가 밖에서 와서 사귀어 변화를 얻어 이 체(☶)를 이루면, 밖에서 와서 사귄 한 효가 움직여서 이 괘의 주효가 된다. 그러므로 「단전」마다 '상하왕래내외시종'의 설이 있는 것은 모두 처음 괘를 이룰 때 건과 곤이 움직이는 묘를 말한 것이니, 『역』을 읽는 자는 상을 보는 법을 알아서 주효를 잘 가려야 한다. 괘변설을 만든 자들은 모두 건과 곤의 두 용과 여섯 자식의 체가 모두 건과 곤이 교류한 것임을 알지 못하고 분주히 괘변설을 만들었다. 괘변설이 있으면서부터 「단전」은 이해하기가 어

205) 육자(六子): 팔괘의 건(乾)·곤(坤)을 제외한 6괘. 즉 감(坎)·리(離)·손(巽)·태(兌)·간(艮)·진(震)인데, 건은 아비요, 곤은 어미요, 진·감·간은 삼남(三男)이요 손·리·태는 삼녀(三女)이다.(역자 주)

럽게 되었다.

호후의 '체괘주효' 설에 따라 「단전」을 해석하면 글이 순조롭다.

비괘의 상체는 본래 '곤'이고 하체는 본래 '건'이다. 두 개의 동효動爻[206]가 유柔하기도 하고 강剛하기도 하여 위아래가 서로 뒤섞여 상체의 곤이 간(☶)이 되고 하체의 건이 리(☲)가 된다. 「단전」에서 말한 "유가 내려와서 강을 꾸민다[柔來而文剛]"는 것은 하체 '리'의 유효인 육이를 말한다. 육이는 밖에서 오거나 태극에서 온 것이지 상체에서 왔다는 말이 아니다. '문강文剛'의 '강'은 초구와 구삼이다. '분강상이문유分剛上而文柔'의 '분分'은 건체乾體를 둘로 나눈다는 말이다. '강상剛上'의 '강剛'은 상구를 말한다. '문유文柔'의 '유柔'는 육사와 육오를 말한다. "강을 나누어 올라가서 유를 꾸민다[分剛上而文柔]"는 것은 간艮 상구의 하나의 양이 건용乾用에서 나누어져 나와 곤의 미혹한 체를 꾸며서 광명하게 하는 것을 말한다.

"유가 내려와서 강을 꾸민다"는 것은 리離 육이의 유효를 말하니 하괘의 주효이다. "강을 나누어 올라가서 유를 꾸민다"는 것은 간艮의 상구를 말하니 상괘의 주효이다. 하체는 '리'가 밝아 사물을 비추니 움직이는 것마다 선하지 않음이 없기 때문에 형통하다. 상체는 '간'이 그치면 안으로 지혜가 있으나 밖으로 행할 수 없기 때문에 가는 바가 있음이 조금 이롭다. 이 아래에 왕필이 주석한 '강유교착剛柔交錯' 네 글자를 덧붙인다. 이미 '강유교착'이라 말하면 '천문'의 뜻이 있다. 왜냐하면 '강유교착'이 실제로 말한 것은 일월이 교대로 운행하여 하늘의 운행이 그치지 않기 때문이다.

206) 노양(老陽)과 노음(老陰)은 그 기운이 극에 달하여 변화를 나타내는 것을 '동효(動爻)'라 한다.(역자 주)

"문명하여 그치니 인문이다[文明以止, 人文也]"라는 구절에서 '리'는 문명을 말하고 '간'은 그침을 말한다. 사람과 사람 사이에 '빈빈유례彬彬有禮'의 관계와 존비尊卑의 분명한 명분을 지킬 수 있음을 나타내기 때문에 '인문'이라 하였다. '관호천문이찰시변觀乎天文以察時變'에서의 '시변時變'은 춘하추동 사계절의 변화를 말한다. '관호인문이화성천하觀乎人文以化成天下'에서의 '화化'는 질적인 변화를 이루어 옛일이 새로운 일로 변하는 것을 말한다. '성成'은 인간 세상의 일이란 시간이 오래되면 습속을 이룬다는 말이다. '리'는 불이기 때문에 교화의 상이 있고, '간'은 그침이기 때문에 이루는 상이 있다. 괘 속의 인문의 뜻을 관찰하여 "천하를 교화하여 이루어" 온 천하를 항상 변하게 하고 항상 새롭게 하여 시일이 오래되어 습속을 이루도록 하는 것이다.

「象」曰: 山下有火, 賁. 君子以明庶政, 无敢折獄.(「대상」에서 말하기를, 산 아래에 불이 있으니 비괘이다. 군자가 <비괘의 상을> 보고서 여러 정사를 밝히고 옥사를 처리하는 데 과감히 하지 않는다.)

『주역』「대상」에 있는 서합괘噬嗑卦·풍괘豊卦·려괘旅卦·비괘賁卦의 네 괘에서는 모두 형벌을 쓰는 문제를 언급하였다. 앞의 두 괘는 화뢰火雷와 뇌화雷火로 체를 삼아 형벌을 써서 위엄과 밝음의 두 방면을 강조할 것을 말하였다. 뒤의 두 괘는 화산火山과 산화山火로 체를 삼아 형벌을 써서 밝음과 신중함의 두 방면을 강조할 것을 말하였다. 려괘는 불이 산 위에 있으니 그치고 밝은 뜻이다. 신중하고 밝으면 사건을 처리함이 때에 맞고 판결이 때에 맞아 옥사에 머물지 않는다. 비괘는 불이 산 아래에 있으니 밝음이 안에 있고 그침이 밖에 있어 밝고 그치면 사건을 처리하고 판결하는 것이 모두 신중해야 하고 경솔하게 처리해서는 안 된다. 즉 "옥사를 처리하는 데 과감히 하지 않는다[无敢折獄]"는 것이다. 옥사를 처리하는 데 진상을 얻는 것을 중요하게 여기지만 비괘가 문식을 말한 것은 옥사를 처리하는 요구와 상반되는 듯하다. 때문에 공자는 비괘를 배워서 사람들이 "옥사를 처리하는 데 과감히 하지 않을 것"을 말하여 옥사를 다스리는 데 반드시 문식을 없애고 진상을 구할 것을 경고하였다. '법을 마음대로 해석하여 남용하거나[舞文弄法]', '법을 가혹하게 제정하는[深文刻核]' 등의 방법은 모두 반대의 대열에 두어야 한다.

初九, 賁其趾, 舍車而徒.(초구는 발을 꾸미니 수레를 버리고 걷는다.)

비괘는 문식을 말한 것이지만 괘 속의 여섯 효의 상황에는 차이가 있다. 내괘의 세 효인 "유가 와서 강을 꾸민다[柔來而文剛]"는 것은 강효가 이미 충분하니 중요한 것은 어떻게 유효를 보태는지의 문제이다. 외괘의 세 효인 "강이 올라가서 유를 꾸민다[剛上而文柔]"는 것은 유효가 충분하고 강효가 부족하기 때문에 중점은 강효에 있다. 초구의 "발을 꾸미고[賁其趾]", 육이의 "수염을 꾸미며[賁其須]", 구삼의 "꾸밈이 충만한 것[賁如濡如]"은 모두 중점이 유효에 있으나 초구는 꾸미는 처음의 때에 처해 있기 때문에 꾸미는 정도가 가장 가볍다. '지趾'는 인체의 가장 아래 부위에 있고 기능은 길을 걷는 것이다. "발을 꾸민다"는 것은 꾸밈이 발 위에 나타나 있어 막 꾸미기 시작함을 설명한 것이다. "수레를 버리고 걷는다[舍車而徒]"는 것은 수레를 타지 않고 걸어서 가는 것이다. 이것은 발이 길을 걷는다는 점에서 말하면, 꾸미는 정도가 지나치게 가벼워서 거의 소박하여 꾸밈이 없는 정도에 이른 것이다. 초구는 육사와 '정응'하고 서로 꾸미니, 초구에서 "수레를 버릴 것[舍車]"을 말하고 육사에서 "흰말[白馬]"를 말한 것은 뜻이 서로 비슷하다. 초구는 괘의 아래에 있고 아래에는 탈 것이 없기 때문에 "수레를 버린다" 라고 하였다. 육사는 상체의 처음에 처하여 그 아래에 탈 것이 있기 때문에 "흰말" 이라고 하였다.

「象」曰: 舍車而徒, 義弗乘也.(「소상」에서 말하기를, '수레를 버리고 걷는다' 는 것은 타지 않는다는 뜻이다.)

수레를 버리고 타지 않고 걸어서 가는 것은 일부러 고상해 보이려는 무리가 아니라 내심에서 나온 일종의 이성적 표현이다. 다른 사람은 수레를 타는 것으로 꾸미지만 나만 혼자 걸어가는 것으로 꾸민다.

六二, 賁其須.(육이는 수염을 꾸미는 것이다.)

'수須' 는 실제로 수염이다. 수염이 사람에 대하여 말하면, 중요한 용도는 얼굴을 꾸며서 얼굴을 아름답게 보이게 하는 것이다. 수염은 홀로 설 수 없고 반드시 턱 위에 붙어 있다. 만약 턱이 존재하지 않으면 수염도 근거할 곳이 없으니 이른바 '피부가 없는데 털이 어떻게 붙어 있겠는가' 라는 것이다.

육이는 응효가 없으나 구삼과 서로 가깝고 구삼도 응효가 없으나 육이와 서로 가까우니 서로 '비' 의 관계에 있으면서 서로 꾸며 준다. 육이의 순음純陰이 비괘의 주효이니, 비괘의 기본적 의미는 이 효에서 볼 수 있다. 즉 '문' 이 '질' 을 따라야 하고 '문' 이 '질' 을 꾸미지만 '문' 은 '질' 을 변화시킬 수 없으며, '문' 의 행동거지는 모두 붙어 있는 '질' 에 의해 결정된다. 수염과 턱의 관계는 바로 '문' 과 '질' 의 관계와 같다. 육이와 구삼은 서로 꾸며 주니, 육이는 순유純柔로 유柔는 '문' 이며 구삼은 순강純剛으로 강剛은 '질' 이다. 육이와 구삼의 관계는 '문' 과 '질' 의 관계이니, 육이는 구삼의 움직임에 따라 움직이고 구삼이 그침에 따라 그친다. 때문에 효사에서 "수염을 꾸민다[賁其須]"라고 하였다. 육이의 "수염을 꾸미는 것"은 꾸미는 정도가 초구의 "발을 꾸미는 것"보다 크다. 초구가 거의 소박하게 꾸민 것이라면 육이는 크게 꾸민 것이다. 수염이 비록 턱에 붙어 있을지라도 그것이 장기간 턱에 있으면 결국에는 진짜 꾸미는 물건이 된다.

「象」曰: 賁其須, 與上興也.(「소상」에서 말하기를, '수염을 꾸민다'는 것은 위와 함께 움직이는 것이다.)

'상上'은 구삼이다. '흥興'은 일어나거나 움직이는 것이다. 육이가 육이의 상효인 구삼에 붙어 있는 것은 바로 수염이 턱에 붙어 있는 것과 같아서 턱이 움직이면 수염도 움직이고 턱이 그치면 수염도 그친다. "수염을 꾸민다[賁其須]"는 것은 실제로 '문'이 '질'의 제약을 받으니, 사물의 선악善惡·미추美醜가 그것의 '질'에서 결정되고 '문'이나 외적인 형식에서 결정되지 않는다는 말이다.

九三, 賁如濡如, 永貞吉.(구삼은 꾸밈이 충만하니 오래도록 바름을 지키면 길할 것이다.)

구삼은 육이와 육사 두 음효 사이에 있어 아래로 육이와 '비'하고 위로 육사와 '비'하며, 하나의 강효로 두 유효의 꾸밈을 받아서 위아래에서 서로 꾸며 준다고 말할 수 있다. 꾸밈이 여기에 이르면 이미 매우 성대한 상태에 도달하기 때문에 '분여賁如'라고 하였다. 사물이 일정한 정도로 발전하면 쉽게 변화가 일어나서 조금이라도 조심하지 않으면 반대 방면으로 나아갈 수 있다. 꾸밈이 지나치게 성대하면 '문'이 '질'을 없애는 화를 면할 수 없기 때문에 또한 '유여濡如'라고 하였다. '유濡'는 꾸며 주는 문채가 화려하고 아름다워 윤택함이 충만한 것을 말한다. 『주역』에서 '~여~여~如~如'라고 말하는 것은 모두 주저하여 결단을 내리지 못하거나 쌍방이 결정하기 어렵다는 말이다. '비여유여賁如濡如'는 꾸밈이 매우 충만하지만, 꾸밈이 너무 지나쳐서 '문'이 '질'을 없애는 데 이르는 것을 염려하는 것이다. 이 때문에 "오래도록 바름을 지키면 길하다[永貞吉]"라고 하였다. '정貞'은 바름이다. 구삼은 양으로 양의 자리에 있어 '부정'하지 않으니, 문제는 오래도록 바름을 지킬 수 있는지 여부에 있다. 오래도록 바름을 지킬 수 있으면 음유에 빠지지 않고 '문'이 '질'을 없애는 데 이르지 않으니, 그러해야 비로소 길하다.

「象」曰: 永貞之吉, 終莫之陵也.(「소상」에서 말하기를, '오래도록 바름을 지키면 길하다'는 것은 끝내 업신여길 수 없을 것이다.)

'능陵'은 업신여김이고 능가하다는 뜻도 있다. "오래도록 바름을 지키면 길하다[永貞之吉]"는 것은 '질'이 '문'에 의해 없어지지 않거나 강효가 유효에 의해 빠지지 않는다는 것이다. 이러한 길함은 오래도록 굳게 지킬 것을 요구하여 결국은 변하지 않는다. "끝내 업신여길 수 없다[終莫之陵]"는 것은 끝내 '문'이 '질'을 이기게 할 수 없다는 것이다. '종終'자는 '영永'자와 서로 호응한다.

六四, 賁如皤如, 白馬翰如, 匪寇婚媾.(육사는 꾸미고 희게 하여 흰 말이 나는 듯이 달려오니 도적이 아니라 혼인할 짝이다.)

'파皤'는 머리카락의 흰색이다. '한翰'은 말의 흰색이다. 파皤와 백白에는 모두 소박함이나 질박함의 뜻이 있다. 육사는 상체인 간지艮止의 처음에 처해 있으니, 바로 꾸밈이 지극하여 마땅히 소박함으로 돌아가야 할 때이기 때문에 효사에서는 "꾸몄다가 희게 하였다가[賁如皤如]" 라고 하였다. '비여賁如' 는 육사가 꾸미는 때에 있으니 당연히 문식을 숭상해야 한다. 그러나 '파여皤如' 는 육사가 리명離明의 밖과 간지艮止의 처음의 때에 처해 있고 또한 초구의 강효와 '정응' 하니 질박함을 숭상하고 소박함으로 돌아가려는 마음이 있다. 이미 "꾸미고[賁如]" 또한 "희게 하여[皤如]" 일종의 양쪽을 결정하지 못하는 모순된 심리 상태이나 최종적인 뜻은 "희게 하는 것" 이니 꾸밈이 없는 것이다. 아랫글인 '백마한여白馬翰如' 가 이 점을 증명해 준다. '백마한여' 는 초구를 가리킨다. 초구의 "수레를 버리고 걷는다[舍車而徒]" 는 것은 육사의 "희게 하는[皤如]" 마음과 서로 호응하니 육사와 뜻이 같고 도가 맞는 자이다. 초구가 "흰말이 나는 듯이[白馬翰如]" 달려오니 초구는 육사의 원수가 아니라 육사의 혼인할 짝이다. 육사는 결국 강효로써 유효를 꾸미고 '질' 로써 '문' 을 구제하니, 이것은 질박함을 숭상하고 소박함으로 돌아가서 소박함으로 꾸미는 것이다.

「象」曰: 六四, 當位疑也. 匪寇婚媾, 終无尤也.(「소상」에서 말하기를, 육사는 처한 자리가 의심스럽다. '도적이 아니라 혼인할 짝이다' 는 것은 끝내 허물이 없다는 것이다.)

'의疑' 는 양쪽을 결정하지 못하는 것이다. 큰 곳에서 보면, 육사는 비괘의 육사로서 꾸미는 때에 처해 있으니 육사는 응당 "꾸며서[賁如]" 문식을 중시해야 한다. 작은 곳에서 보면, 육사는 리명離明의 밖과 간지艮止의 처음에 처해 있고 바로 '문' 에서 '질' 로 돌아가는 때이니, 육사의 상황이 "흰 바탕에 채색하는 것"[207]을 결정한다. 두 가지 의향이 주저하여 결단을 내리지 못하다가 최종적으로 "희게 하는" 것으로 나아간다. "희게 하는" 것으로 나아가면 문제가 없고 원망도 없다. 어떻게 아는가? 도적이 아니라 혼인할 짝이기 때문이다. 초구와 나(육사)는 뜻이 같고 도가 합치하여 나는 "희게 하고" 초구는 "수레를 버리지만" 초구가 와서 나와 혼인하니 어디에 무슨 원망이 있겠는가?

六五, 賁于丘園, 束帛戔戔, 吝, 終吉.(육오는 언덕과 농장을 꾸미나 예물이 매우 적으니 부끄러움을 당하나 끝내 길할 것이다.)

'구원丘園'은 상구를 가리킨다. '구원'은 복합어이다. '구丘'는 고대 성읍 근처의 언덕이다. '원園'은 성읍 밖에 있는 성읍과 매우 가까운 농장이다. 육오는 유효로서 상구의 강효와 서로 가깝다. 「단전」에서 "강이 올라가서 유를 꾸민다[剛上而文柔]"라고 하였으니, 그렇다면 상구는 육오를 꾸며야 하고 육오는 상구의 꾸밈을 받아야 한다. 상구는 언덕과 농장이니 조용하고 소박한 땅으로 조정이나 시장이 아니며, 조정이나 시장처럼 지나치게 문식이 많지 않다. "언덕과 농장을 꾸민다[賁于丘園]"는 것은 바로 상구에게 꾸며지는, 즉 육오가 상구의 꾸밈을 받는 것이다. 전체적인 뜻은 근본을 돈독히 하는 것이니 소박함을 숭상하고 질박함으로 돌아가는 것이다. '속백束帛'은 예물禮物이고 '전전戔戔'은 매우 적음이다. "예물이 매우 적다[束帛戔戔]"는 것은 상구가 육오에게 매우 적은 예물을 주었으며 인색하다고 여길 정도로 적은 것이다. 인색함은 검소함이니 "예는 사치하기보다는 차라리 검소한 것이 낫다"[208], 즉 검소한 것이 사치하기보

207) 『論語』, 「八佾」. "素以爲絢"
208) 『論語』, 「八佾」. "禮與其奢寧儉."

다 좋다는 것이다. 인색함은 겉으로 보면 좋지 않은 것 같지만 최종적으로는 또한 길하다. 전체적으로 비괘의 외괘 세 효에서 말한 것은 꾸밈이 지극하여 소박함으로 돌아가서 '질'로써 '문'을 구제하는 문제이다. 육오는 이러한 문제에서 육사보다 한 걸음 더 전진하였다.

「象」曰: 六五之吉, 有喜也.(「소상」에서 말하기를, '육오가 길하다'는 것은 기쁨이 있다는 것이다.)

'길吉'자는 효사의 모든 뜻을 포괄한다. 육오는 '문'이 이기고 꾸밈이 지극할 때에 소박함을 숭상하고 질박함으로 돌아갈 수 있으니, 이것은 지극히 얻기 어려운 일로 마음속에서 기뻐하지 않으면 이루지 못한다. "기쁨이 있다[有喜]"는 것은 마음속에서 소박함을 숭상하고 질박함으로 돌아가는 것에 대해 기뻐함이 있는 것이다. 이른바 "아는 자가 좋아하는 자만 못하고, 좋아하는 자가 즐기는 자만 못하다"[209]는 것이 이와 같다.

上九, 白賁, 无咎.(상구는 희게 꾸미니 허물이 없을 것이다.)

상구는 이미 간지艮止의 끝에 이르렀으니, 「단전」에서 말한 "문명하여 그친다[文明以止]"는 것이 여기에 이르러 이미 최종 단계에 도달한 것이다. 근본을 숭상하고 질박함으로 돌아가는 정도가 육사와 육오의 두 효를 훨씬 뛰어넘었다. 육사의 "꾸미고 희게 하는 것[賁如皤如]"은 꾸미는 것과 희게 하는 것이 결국 하나의 일이 아니며, 육오의 "언덕과 농장을 꾸미나 예물이 매우 적다[賁于丘園, 束帛戔戔]"는 것도 근본으로 돌아가는 과정에

209) 『論語』, 「雍也」. "知之不如好之, 好之不如樂之."

있다. 상구의 "희게 꾸민다[白賁]"는 것은 흰 것이 곧 꾸미는 것이니, 흰 것과 꾸미는 것이 하나의 일로 바뀌었다. 꾸밈이 극점에 이르면 꾸밈이 있는 것이 꾸밈이 없는 것으로 바뀐다. 꾸밈이 없다고 말하는 것은 실제로 꾸밈이 없는 것이 아니라, 무색無色으로 꾸미는 것이고 질박함이나 소박함으로 꾸미는 것이다. 「잡괘전」에서 말한 "비는 무색이다[賁無色]"는 것은 비괘의 특징에 대해서 한마디로 남김없이 개괄한 것이다. 꾸밈은 다채롭고 아름다운 문식이고 희거나 무색은 소박하고 꾸밈이 없는 것이니, 둘은 분명히 대립하지만 결국 합쳐서 "희게 꾸민다[白賁]"거나 "비는 무색이다[賁無色]"라고 하였다. 상반되면서 서로를 이루어 주어 두 개의 대립물이 함께 있으니, 『주역』 작가의 대립 방면에 대한 통일 관념을 가지고 있음을 나타낸 것이다.

「象」曰: 白賁无咎, 上得志也.(「소상」에서 말하기를, '희게 꾸미니 허물이 없다'는 것은 위에서 뜻을 얻었기 때문이다.)

"희게 꾸민다[白賁]"는 것은 꾸밈이 없거나 혹은 질박함으로 꾸민다는 말이다. 상구가 꾸미는 때에 처해 있지만 질박함으로 꾸며서 꾸밈이 없는 것이다. 행함이 때와 어긋나서 마땅히 허물을 얻어야 하는가? 아니다. 상구는 희게 꾸미니 당연히 허물이 없다. 왜냐하면 상구는 비괘의 윗자리에 처하여 당연히 "희게 꾸며야 하고", "희게 꾸미는 것"이 '질'과 '문'의 변증적 통일의 규율에 부합하고 상구의 질박함을 숭상하고 실질을 숭상하는 뜻에 부합하기 때문이다.

● 총론

비괘는 꾸밈을 말하나 꾸밈에는 바탕이 없을 수 없기 때문에 비괘에서 실제로 말하는 것은 '문'과 '질'의 관계이다. 상체와 하체는 다르다. 하체의 "유가 내려와서 강을 꾸민다[柔來而文剛]"는 것은 '문'으로써 꾸미는 것이니, 하체를 주관하는 '문'은 '유래柔來'의 '유柔', 즉 육이이다. 육이의 "수염을 꾸민다[賁其須]"는 것에서 수염은 가장 형식적인 물건으로 홀로 존재할 수 없고 반드시 구삼의 일어남에 따라 일어나고 구삼의 그침에 따라 그치니, 이것은 '질'은 '문'이 있어야 꾸밈을 더하지만 '문'은 '질'을 떠날 수 없고 '문'과 '질'이 분리될 수 없음을 설명한 것이다. 상체인 "강이 올라가서 유를 꾸민다[剛上而文柔]"는 것은 '질'로써 꾸미는 것이니, 상체를 주관하는 '질'은 '강상이문유剛上而文柔'의 '강剛', 즉 상구이다. 상구의 "희게 꾸민다[白賁]"는 것은 꾸밈이 없는 것으로 꾸미거나 무색으로 꾸미는 것이다. '질'과 '문'은 하나라도 없어서는 안 되지만 '질'이 '문'보다 더 근본적이고 더 중요하다는 것을 설명한 것이다. 여섯 효에서 보면, 세 효는 꾸밈에 종사하지 않는다. 초구의 "수레를 버리고 도보로 걷는다[舍車而徒]"는 것은 꾸밈에 종사하지 않고, 육오의 "언덕과 농장을 꾸미나 예물이 매우 적다[賁于丘園, 束帛戔戔]"는 것도 꾸밈에 종사하지 않으며, 상구의 "희게 꾸민다[白賁]"는 것도 꾸밈에 종사하지 않을 뿐만 아니라 심지어 질박함이나 소박함으로 꾸미는 것이다. 그 밖의 세 효, 즉 육사의 "희게 한다[皤如]"는 것은 초구를 꾸미며, 육이의 "수염을 꾸민다[賁其須]"는 것은 반드시 구삼에 붙어 있다. 오직 구삼의 "꾸밈이 충만하다[賁如濡如]"는 것은 꾸밈이 성대하지만 또한 "오래도록 바름을 지키면 길하다[永貞吉]"는 경계가 있다. 비괘의 꾸밈에 대한 태도가 매우 신중함을 볼 수 있다. 비괘가 꾸밈을 문제 삼을 때에 강조하는 것은 문식이 아니라 본질이다. 『주역』의 이러한 사상 방법은 주의할 만하다.

그렇다면 『주역』은 '질'과 '문'의 관계에서 '질'을 추구하고 '문'을 추구하지 않거나 혹은 '질'을 중시하고 '문'을 중시하지 않았는가? 전혀 아니다. 도가는 '질'을 중시하고 '문'을 중시하지 않거나 '질'을 추구하고 '문'을 추구하지 않았다. 『주역』과 『역전』의 작가인 공자는 '질'을 중시하고 '문'도 중시하여 '문질빈빈文質彬彬'을 추구하였다. 유가에서 보면, '질'과 '문'은 서로 상반되면서 서로 이루어 주어 대립적 통일을 이루니 둘은 하나라도 없어서는 안 된다. 도가의 노자와 장자는 모두 변증법적 대립 통일의 규율을 숙지하고 그들의 책 속에 이 방면에 관한 훌륭한 명제가 모두 옳다고 여겼으나, 유독 '문'과 '질'의 관계에서만 그들은 절대적으로 '견소포박見素抱朴'을 고취하여 자연으로 돌아갔다. 그들은 "소나 말에 네 다리가 있는 것"만 중시하고 "소코에 구멍을 뚫거나 말머리에 고삐를 다는 것"[210]을 중시하지 않으며 인위적으로 꾸미는 모든 것을 일률적으로 배척함으로써 형이상학의 슬픈 경지에 빠져 버렸다. 사회역사 발전의 관점에서 고찰하면, 도가의 '질'을 중시하고 '문'을 중시하지 않는 주장은 의심할 여지없는 반동의 일면이 있으므로 실제로 취할 수 없다. 그러나 『주역』과 그 전수자인 유가 학파의 문질관文質觀은 현실 속에 뿌리를 두고 역사 발전의 방향에 따라 문제를 제기하고 문제를 사고하여 적어도 그 사상 방법은 매우 훌륭하다.

---

210) 『莊子』, 「秋水」. "牛馬四足, 是謂天, 絡馬首, 穿牛鼻, 是謂人." 참조.

23
박괘(剝卦)

䷖ 곤하간상 坤下艮上

「서괘전」에는 "비괘는 꾸밈이다. 꾸밈을 이룬 뒤에 형통하면 다하기 때문에 박괘로 받았다"[211]라고 하였다. 비괘는 꾸밈을 말한 것이다. 사물이 발전하여 문식(꾸밈)을 말하는 데 이르면 형통하다고 말할 수 있고, 발전하여 형통한 데 이르면 반대 방면으로 전환하려 하기 때문에 비괘의 다음이 박괘이다. '박'은 깎여서 떨어지는 뜻이다. 사물이 쇠락하고 시드는 것도 모두 '박'이라고 부를 수 있다. 그러나 박괘가 말하는 것은 바로 음이 양을 깎아 내는 '박'이다. 음이 아래에서 생겨나서 점차 성장하여 지금 이미 매우 성대한 정도에 도달하였으니, 다섯 음이 하나의 양을 없애고 깎아 내어 양이 음에 의해 깎여서 떨어지는 때에 처해 있기 때문에 이 괘를 박괘라고 하였다.

剝, 不利有攸往.(박은 가는 바가 있음이 이롭지 않다.)

211) 『周易』, 「序卦傳」. "賁者飾也. 致飾然後亨則盡矣, 故受之以剝."

박괘는 음이 양을 깎아 내는 때이니 양은 군자를 대표하고 음은 여러 소인을 대표한다. 여러 소인이 세력을 얻으면 군자는 "가는 바가 있음이 이롭지 않다[不利有攸往]", 즉 앞으로 나아감이 있어서는 안 된다. 이때는 음이 왕성하고 양이 쇠퇴하며 소인이 건장하고 군자가 유약하여 천시天時와 인사人事가 모두 군자에게 불리하기 때문이니, 군자는 재능을 감추고 때를 기다리며 가는 바가 있어서는 안 된다.

「彖」曰: 剝, 剝也, 柔變剛也. 不利有攸往, 小人長也. 順而止之, 觀象也, 君子尚消息盈虛, 天行也.(「단전」에서 말하기를, 박은 깎아 내는 것이니 유가 강을 변화시킨다. '가는 바가 있음이 이롭지 않다'는 것은 소인이 자라나기 때문이다. 따르고 그치는 것은 상을 보고서 하는 것이니 군자가 소식과 영허를 숭상하는 것은 천도이다.)

박괘는 무엇을 말하는가? 박괘는 깎아 내는 것을 말한다. '박'은 양이 음에 의해 깎여져서 음이 점차 자라고 양이 깎여서 떨어지는 것이다. 괘상에서 보면, '박'은 "유가 강을 변화시키는 것이다[柔變剛]." "유가 강을 변화시킨다"는 것은 강효가 유효에 의해 변화되고 유효에 의해 대치되니 유효가 한 걸음 한 걸음씩 강효를 깎아 내어 떨어뜨리는 것이다. 원래 여섯 강효의 순건純乾의 괘인데, 하나가 변하여 천풍天風 구괘(䷫)가 되니 하나의 유효가 아래에 있고 다섯 강효가 위에 있다. 두 개가 변하여 천산天山 돈괘(䷠)가 되니 두 유효가 아래에 있고 네 강효가 위에 있다. 세 개가 변하여 천지天地 비괘(䷋)가 되니 세 유효가 아래에 있고 세 강효가 위에 있다. 네 개가 변하여 풍지風地 관괘(䷓)가 되니 네 유효가 아래에 있고 두 강효가 위에 있다. 다섯 개가 변하여 산지山地 박괘(䷖)가 되니 다섯 유효가 아래에 있고 하나의 강효가 위에 있다. 강효가 유효에 의해 거의 다

변하여 음유陰柔가 강양剛陽을 변화시켜 유효가 자라나고 강효가 깎이기 때문에 이 괘를 박괘라고 하였다. 쾌괘(䷪)는 다섯 강효가 아래에 있고 한 유효가 위에 있으니 「단전」에서는 그것을 "강이 유를 결단한다[剛決柔]"라고 하였다. 박괘는 쾌괘와 상반되지만[212] 「단전」에서는 "유가 강을 결단한다[柔決剛]"라고 말하지 않고 "유가 강을 변화시킨다[柔變剛]"라고 말하였는데, 그 이유는 『역』이 군자를 위해 도모하고 소인을 위해 도모하지 않기 때문이다. 군자가 소인을 제거하는 것은 통쾌할수록 좋기 때문에 '결단한다[決]'라고 말하고 '변화시킨다[變]'라고 말하지 않았다. 소인이 군자를 깎아 내어 떨어뜨리는 것은 하나의 스며드는 과정이기 때문에 '변화시킨다'라고 말하고 '결단한다'라고 말하지 않았다.

"가는 바가 있음이 이롭지 않다는 것은 소인이 자라나기 때문이다[不利有攸往, 小人長也]"라는 구절은 군자가 박괘의 때에 처해서는 말을 겸손히 하고, 몸을 굽혀서 해害를 피하고, 때를 기다려서 움직여야 한다. 원인은 이때 소인의 도가 자라나고 소인이 세력을 얻으며 군자는 달리 좋은 선택이 없기 때문이다. 박괘는 복괘와 하나의 짝을 이룬다. 복괘의 「단전」에서는 "가는 바가 있음이 이롭다[利有攸往]"거나 "강이 자라난다[剛長]"라고 하였으며, 박괘의 「단전」에서는 "가는 바가 있음이 이롭지 않다[不利有攸往]"라고 하고 "유가 자라난다[柔長]"라고 말하지 않고 직접 "소인이 자라난다[小人長]"라고 말한 것은, 군자에 있어서 소인이 군자를 깎아 내는 때에 처해 있어 명석한 두뇌를 유지하고 절대로 함부로 움직이지 말아야 한다는 것을 경계하기 위한 것이다.

"따르고 그치는 것은 상을 보고서 하는 것이다[順而止之, 觀象也]"라는

---

212) 괘의 모양이 서로 상반된다. 박괘는 다섯 음효와 하나의 강효로 이루어졌고 쾌괘는 다섯 강효와 하나의 음효로 이루어졌다.(역자 주)

구절에서, 박괘는 곤坤이 아래에 있고 간艮이 위에 있어 따르고 그치는 상이 있다. 군자는 따르고 그치는 상을 관찰하나 소인이 군자를 깎아 내는 때에 처해 있으니 반드시 올바름을 굳게 지켜서 때를 따르고 그쳐야 한다.

"군자가 소식과 영허를 숭상하는 것은 천도이다[君子尙消息盈虛, 天行也]"라는 구절에서 '상尙'은 높이 받드는 뜻이다. '소식영허천행야消息盈虛天行也'는 '소식영허'가 자연계 변화의 규율이라는 말이다. 세상사 인사의 변화에도 자연계의 변화와 같은 규율이 있다. 군자는 '소식영허'하는 이러한 규율을 숭상해야 하고 '소식영허'하는 이러한 규율을 위반해서는 안 된다.

「象」曰: 山附於地, 剝. 上以厚下安宅.(「대상」에서 말하기를, 산이 땅에 붙어 있는 것이 박괘이다. 윗사람은 <박괘의 상을> 보고서 아래를 두텁게 하고 집을 편안하게 한다.)

산은 본래 땅보다 높지만 지금은 아래가 두텁지 않기 때문에 무너져 땅에 붙어 있으니, 이것은 무너지고 깎이는 상이다. 무너지고 깎이는 것은 반드시 아래에서 시작되니 아래가 깎이면 위가 위태롭다. 통치자는 박괘의 상을 보고서 정치를 베풂에 마땅히 "아래를 두텁게 하고[厚下]" 백성들에게 은택을 가하여 '안택安宅'을 구해야 한다. 이것은 『서경』의 "백성이 나라의 근본이니 근본이 견고하면 나라가 편안하다"[213]는 사상과 일치한다.

初六, 剝牀以足, 蔑貞凶.(초육은 양을 깎아 내어 발에 이르렀으니, 바른

213) 『書經』, 「五子之歌」. "民惟邦本, 本固邦寧."

것을 없애니 흉할 것이다.)

'상牀' 자는 역대로 모두 사람이 잘 때 쓰는 침대로 해석하였다. 말이 통하기 어려울 때가 있다. 오늘날의 요명춘은 아마도 "효사의 상牀자는 모두 장壯으로 읽어야 하니 '장'은 바로 양陽이다"라고 하였다. 그는 문헌 속에서 자주 '상'과 '장'이 통용되었다고 보았다. 요명춘이 박괘 효사의 '상'자를 '장'으로 읽은 것은 취할 만하다. '이以'는 이르다[及]는 뜻이다. 발은 아래에서 시작된다는 것이니 여기서는 초효를 가리킨다. '멸蔑'은 멸滅과 통한다. '정貞'은 바르다는 뜻이다. 여기서는 양강陽剛을 대표한다. "바른 것을 없애니 흉하다[蔑貞凶]"라는 뜻은 양강을 없애니 흉하다는 말이다.

「象」曰: 剝牀以足, 以滅下也.(「소상」에서 말하기를, '양을 깎아 내어 발에 이르렀다'는 것은 아래를 없앤다는 것이다.)

"양을 깎아 내어 발에 이르렀다[剝牀以足]"라는 것은 다만 소인이 군자를 깎아 내는 처음으로 이어서 점점 위에 이를 것이기 때문에 "아래를 없앤다[滅下]"라고 하였다. 암시하는 뜻은 소인이 군자의 아래를 깎아 낸 다음에 계속하여 위로 깎아 갈 것이라는 말이다.

六二, 剝牀以辨, 蔑貞凶.(육이는 양을 깎아 내어 절반에 이르렀으니, 바른 것을 없애니 흉할 것이다.)

이 효사의 관건은 '변辨'자를 어떻게 해석하는지에 있다. 역대 주석가들의 여러 설이 분분하였지만 모두 핵심을 얻지 못하였다. 요명춘은 상牀

을 장壯으로 해석하였으니 '장'은 바로 양강陽剛이며, 반辨을 반半으로 해석하였는데, 이에 효사의 뜻이 비교적 분명해졌다. "양을 깎아 내어 절반에 이르렀다[剝牀以辨]"라는 것은 음이 양강을 깎아 내고 깎아 내어 절반에 이르렀으니 절반은 하괘의 가운데 자리, 즉 하괘의 가운데 효를 가리킨다. "바른 것을 없애니 흉하다[蔑貞凶]"는 것은 '양강'을 없애니 흉하다는 것이다.

「象」曰: 剝床以辨, 未有與也.(「소상」에서 말하기를, '양을 깎아 내어 절반에 이르렀다'는 것은 함께하지 못하기 때문이다.)

"함께하지 못한다[未有與]"는 것은 응하는 효가 없고 또한 도와주는 자가 없지만, 오직 응하는 효가 없기 때문에 육이는 여러 음 가운데 섞여 있으면서 깎아 내게 된다. 육이의 음유陰柔는 '중'에 있고 '정'을 얻어서 조건은 본래 나쁘지 않아 완전히 소인의 항렬을 벗어날 수 있고 군자를 깎아 내지 않지만, 육이가 "양을 깎아 내어 절반에 이르고[剝床以辨]" 군자를 깎아 내어 하괘의 가운데 효까지 깎아 내는 것은 양강이 와서 육이와 응하지 못하기 때문이다. 육삼이 비록 '부중'하고 '부정'하지만 함께 응함이 있으니 상황이 육이와는 크게 다르다.

六三, 剝[214], 无咎.(육삼은 깎아 내나 허물이 없다.)

육삼은 박괘의 초효에서 4효까지 네 개의 음효 가운데 있으니 허물이

214) 통행본『주역』에는 '박(剝)'자 뒤에 '지(之)'자가 있지만 김경방의『주역전해』에는 없다.(역자 주)

없다. 육삼은 어째서 허물이 없을 수 있는가? 왜냐하면 육삼은 상구의 양강陽剛과 '정응'하기 때문이다. 비록 육삼이 여전히 군자를 깎아 내는 소인의 항렬에 속하지만 상구와 '정응'하니 결코 군자를 깎아 내어 해치는 뜻이 없다. 실제로 소인의 일면을 벗어나서 군자의 일면으로 향하는 것과 같다.

「象」曰: 剝之无咎, 失上下也.(「소상」에서 말하기를, '깎아 내나 허물이 없다'는 것은 위아래의 여러 음과 떨어져 있기 때문이다.)

육삼은 괘의 다섯 음효 가운데 있어 위로 두 음이 있고 아래로 두 음이 있으나, 육삼은 유독 양강陽剛과 '정응'하여 위아래의 동류들과 벗어나 떨어져 있어 깎아 내는 때에 처하여 깎아 내는 일을 하지 않기 때문에 허물이 없다. 어째서 "길하다[吉]"라고 하지 않고 "허물이 없다[无咎]"라고 하였는가? 육삼이 비록 이미 올바름으로 돌아가서 양을 따르지만 힘이 약하여 허물이 없으면 좋으니 어디에 길함을 얻을 수 있겠는가!

六四, 剝牀以膚, 凶.(육사는 양을 깎아 내어 살갗에 이르렀으니 흉하다.)

초효는 양강을 깎아 내어 발에 이른 것이고, 2효는 양강을 깎아 내어 중간 자리에 이른 것이다. 소인이 한 걸음 한 걸음씩 위로 군자를 깎아 내고 깎아 내는 것이 육사에 이르면 매우 심각한 정도에 도달한다. '박상이부剝牀以膚'의 '부膚'는 살갗이다. 여기서는 외괘를 가리킨다. "양을 깎아 내어 살갗에 이르렀다[剝牀以膚]"는 것은 양강을 깎아 내어 이미 외괘에 도달한 것이다. 깎여지는 군자에 대하여 말하면, 문제는 매우 심각하다. 효사에서 '정흉貞凶'이라 말하지 않고 곧바로 '흉凶'이라고 말한 것은 흉함이 무조건적이고 절대적이라는 말이다.

「象」曰: 剝牀以膚, 切近災也.(「소상」에서 말하기를, '양을 깎아 내어 살갗에 이르렀다'는 것은 재앙에 매우 가까워졌다는 것이다.

「소상」에서는 문제의 심각성을 지적하였다. 괘효에서 말하면, 상구는 양효이고 육오는 군주의 자리이니 음이 양을 깎아 내고 깎아 낸 것이 4효에 이르렀다는 것은 깎아 내는 것이 극점에 도달하였다는 것이다. 군자에서 말하면, 양을 깎아 내어 발에 이르거나 양을 깎아 내어 절반에 이르렀어도 아직 몸에 가까이 가지 못하였으나, 지금은 깎아 낸 것이 피부와 살갗에 이르렀으니 온몸이 위험에 직면하여 이미 재앙을 이루었다는 것이다.

六五, 貫魚, 以宮人寵, 无不利.(육오는 물고기를 꿴 것처럼 궁인의 총애를 받으니 이롭지 않음이 없을 것이다.)

육오는 아래의 여러 음들과 다르다. 육오 아래의 여러 음들이 말하는 것은 어떻게 양을 깎아 내느냐는 것이지만, 육오에 이르러서는 양을 깎아 내지 않을 뿐만 아니라 도리어 어떻게 양을 받드는지를 말하였다. 이러한 변화가 생기는 원인은 상구의 하나의 양이 위에서 우뚝이 솟아서 움직이지 않으므로 육오가 깎아 내려 해도 깎아 낼 수 없기 때문이다. 육오는 하나의 음효로 음유陰柔한 성질을 가지고 있는데, 음유한 특징은 세력이 왕성하면 위엄을 부리지만 계책이 다하면 따르고 받든다는 것이다. 지금 육오는 상구와 아주 가까이 있어 상구인 양강陽剛과 서로 '비'하니, 상구를 깎아 낼 수 없다면 상구를 따르고 받드는 것이 좋다.

물고기는 음물陰物로, 육오 아래의 여러 음들을 상징한다. 궁인宮人은 궁중의 사람, 즉 후비와 같으니 육오와 상구의 관계를 상징한다. 육오는 높은 자리에 있고 여러 음들의 우두머리로 육오가 물고기를 꿴 것처럼 여러 음들을 통솔하니, 이것은 궁인들이 군주를 모시는 것처럼 상구를 따르고 받들어서 상구의 총애와 비호를 얻는 것이다. 음이 양을 깎아 내는 때에 육오는 양을 깎아 내지 않고 도리어 양을 따르고 받드니 당연히 "이롭지 않음이 없다[无不利]."

「象」曰: 以宮人寵, 終无尤也.(「소상」에서 말하기를, 궁인의 총애를 받으면 끝내 허물이 없을 것이다.)

'우尤'는 잘못이나 허물이다. "궁인의 총애를 받는다[以宮人寵]"라는 것은 소인이 총애를 받는 것이지 군자가 총애를 받는 것이 아니다. 소인이 총애를 받는 것은 본래 좋은 일이 아니지만, 음이 양을 깎아 내는 때에는 육오가 여러 음들을 통솔하여 양강陽剛을 따르고 받드니 결국 허물이 없다.

上九, 碩果不食, 君子得輿, 小人剝廬.(상구는 큰 과실은 먹히지 않으니 군자는 수레를 얻고 소인은 집마저 허물어뜨릴 것이다.)

박괘의 때에 여러 양들이 이미 다 깎이고 상구의 한 양효만 남은 것은 하나의 큰 과실이 아직 먹히지 않은 것과 같다. '불식不食'이라고 하고 '미식未食'이라고 말하지 않은 것은, 남은 하나의 양이 아직까지 있는 것이 실제로 여러 음들이 먹고 싶어 하지 않거나 우연히 아직 먹지 않은 것이 아니라, "소식과 영허가 천도이다[消息盈虛, 天行也]"라는 규율에 따라 양을 다 깎아 낼 수 없음을 설명한 것이다. 나무에 비유하면, 비록 깎여지지만 과실도 여전히 있고 종자도 여전히 있어 봄이 일단 도래하면 다시 소생하는 것과 같다. "군자는 수레를 얻고 소인은 집마저 허물어뜨린다[君子得輿, 小人剝廬]"라는 것은 한 문제의 두 관점이다. 박괘가 상구의 단계로 발전하여 군자에 대해서 말하면 "수레를 얻는다." '여輿'는 수레이다. 이때 여러 음들이 아래 있으면서 양을 존숭하는 것은 "천하가 매우 혼란하면 사람들의 마음이 다스려지기를 바라고, 대중들의 마음이 군자를 추대하기를 원하는 것"과 같다. 소인에 대하여 말하면 "집마저 허물어뜨린다." '려廬'는 집이다. 소인이 군자를 깎아 내는 것은 위에까지 다 깎아 내어 군자를 모두 다 깎아 내는 것과 같으니, 그렇다면 그것은 스스로 덮는 것마저 잃어버려 몸을 편안히 둘 곳을 얻지 못하는 것이다.

「象」曰: 君子得輿, 民所載也. 小人剝廬, 終不可用也.(「소상」에서 말하기를, '군자가 수레를 얻는다'는 것은 백성에게 추대되는 것이다. '소인이 집마저 허물어뜨린다'는 것은 끝내 좋지 않다는 것이다.)

"군자가 수레를 얻는다[君子得輿]"라는 것은 천하의 박괘가 다할 때에 군자는 백성들의 옹호와 지지를 받는다는 것을 설명한 것이다. "소인은 집마저 허물어뜨린다[小人剝廬]"라는 것은 천하의 박괘가 다할 때에 소인은 스스로 그 나쁜 과실을 먹으니, 그것이 군자를 깎아 내는 것은 실제로 스스로 몸을 편안히 둘 집을 깎아 내는 것과 같다. '종불가용야終不可用也'에서의 '용用'은 이以와 소리가 비슷하고 뜻이 같으니, '종불가용야終不可用也'는 바로 '종불가이야終不可以也'이다. '이'는 여기에서 술어이다. 그러므로 '종불가용야'는 실제로 '종불가야終不可也'와 같다.

● 총론

괘사에서 "박은 가는 바가 있음이 이롭지 않다[剝, 不利有攸往]"라고 말한 것은 음이 양을 깎아 내는 때에 양의 상황은 전체적으로 말하면 좋지 않다는 것이다. 그러나 효에서는 다르다. 여러 효에서 어느 것은 양을 깎아 내고 어느 것은 흉함을 보이지만 양을 깎아 내는 것은 좋지 않다. 때문에 육오는 상구를 따르고 받들어 "이롭지 않음이 없다[无不利]." 육삼은 상구와 '정응'하니 "허물이 없으나[无咎]", 초육·육이·육사는 양을 깎아 내기 때문에 모두 "흉하다[凶]."

박괘 속에 군자와 소인, 군주와 백성 등의 개념이 있는 것은 괘사와 효사를 지을 때에 이미 분명한 계급 관계가 있었고 사회가 이미 문명 시대에 진입하였음을 설명한 것이다. 또한 「단전」에서 알 수 있듯이, 『주역』 작가에게는 상제나 귀신의 관념이 없으며 세상 인사의 변화와 자연계의 변화가 모두 내재적이고 사람의 의지로 바뀌지 않는 규율이 지배한다고 보았다. 또한 「상전」에서 말한 "윗사람이 〈박괘의 상을〉 보고서 아래를 두텁게 하고 집을 편안하게 한다[上以厚下安宅]"라는 것과 "군자가 수레를 얻는다는 것은 백성에게 추대되는 것이다[君子得輿, 民所載也]"라는 구절은 『역전』의 작가가 통치를 공고히 하는 관건이 아랫사람을 두텁게 하고 백성을 편안하게 하는 데 있다는 사실을 깊이 알고 있음을 반영한 것이다. 그는 상제나 귀신을 믿지 않고 백성을 중시하였으니, 이것은 비록 소박하지만 매우 완비된 민본民本 관념이다.

24
복괘(復卦)

䷗ 진하곤상 震下坤上

「서괘전」에는 “물건은 끝내 다할 수 없으니 박괘가 위에서 다하면 아래로 돌아오기 때문에 복괘로 받았다”[215]라고 하였다. 음양이 소장消長하는 것은 자연의 규율로, 음이 양을 깎아 낼 수 있으나 다 깎아 낼 수는 없으니 깎아 내어 극처에 이르면 양이 다시 생겨난다. 양이 위에서 다 깎여지면 아래에서 다시 생겨나니, 그 사이에 잠시의 끊어짐도 있을 수 없기 때문에 박괘의 다음에 복괘를 두었다.

‘복’은 근본으로 돌아가는 뜻이다. 괘에서 보면, 하나의 양효가 다섯 음효의 아래에 있으니 음이 다하고 양이 돌아온 것이다. 자연에서 보면, 하정夏正[216] 10월은 음이 지극히 성대하고 11월 동지의 때에 이르면 양기

---

215) 『周易』, 「序卦傳」. “物不可以終盡, 剝窮上反下, 故受之以復.”

216) 동지세수(冬至歲首)의 설은 근래의 새삼스러운 이야기가 아니고 아주 오래전 하·은·주 시대부터 수천 년을 두고 바꾸어 보았던 일이다. 여러 자료를 통해 보면, 대체로 “하(夏)나라에서는 인월(寅月/子月이란 설도 있음)을 세수(歲首)로 하여 이를 하정(夏正)이라 불렀고, 은(殷)나라에서는 축월(丑月)을 세수로 하여 이를 은정(殷正)이라 하였으며, 주초(周初)에는 하정(夏正)을 쓰다가 후기에 자월(子月)을 세수로 하여 이를 주정(周正)이라 하였고, 진(秦)의 시대에는 해월(亥月)을 세수로, 한(漢)의

陽氣가 반대로 땅속에서 생겨난다. 인사에서 보면, 양은 군자의 도를 대표한다. 군자의 도가 사라져서 극점에 이르면 다시 돌아와서 자라난다.

復, 亨. 出入无疾, 朋來无咎. 反復其道, 七日來復, 利有攸往.

(복은 형통하다. 나가고 들어옴에 해가 없어 벗이 와야 허물이 없을 것이다. 그 도를 반복하여 7일 만에 돌아오니 가는 바가 있음이 이로울 것이다.)

'복 형復, 亨' 은 복괘는 반드시 형통하다는 말이다. 양이 다 깎여서 다시 아래로 돌아오면 비록 하나의 양만 있어 형세가 외로워 보이지만, 그것은 처음으로 생겨난 것이고 위로 향하는 것이며 앞으로 나아가는 것이니, 동지의 때에 양기가 다시 생겨나고 만물이 곧 싹이 터서 낳고 낳는 형세를 막을 수 없는 것과 같다. 위에 있는 다섯 음이 비록 많지만 반드시 흩어져서 없어지고 아래에 있는 하나의 양을 방해하지 못한다.

'출입무질 붕래무구出入无疾, 朋來无咎' 에서의 '출입' 은 생겨나고 자라나는 것을 말한다. '입' 은 안에서 다시 생겨나는 것을 말하고 '출' 은 밖으로 성장해 나가는 것을 말한다. 양은 내괘에서 처음으로 생겨난 뒤에 외괘로 성장해 나아간다. 이것은 자연계의 상황과 매우 비슷하니, 양기는 동지에서 일어나고 땅속에서 발생하여 점차 밖으로 성장해 나간다. '무질无疾' 은 해가 없음이다. 복괘는 다만 하나의 양효가 아래에서 생겨나와 힘이 미약하지만 여러 음들이 하나의 양효를 침해할 수 없다. 이것은 "벗이 와서" 하나의 양효로 하여금 "허물이 없게 하기" 때문이다. '벗' 은 여러 양이니 초구의 동류이다. '허물' 은 자연계에서는 어긋나는 것이고 인사에서는 억눌러 막는 것이다. 전체적으로 방해를 받는 것이다. 복괘의 때

시대에는 다시 인월(寅月)을 세수(歲首)로 하였다고 한다.(역자 주)

에 하나의 양이 아래에서 생겨나면 반드시 여러 양들이 와서 하나의 양과 협력하여 여러 음들과 싸워 이겨서 방해를 극복하니 허물이 없다.

"그 도를 반복하여 7일 만에 돌아오니 가는 바가 있음이 이롭다[反復其道, 七日來復, 利有攸往]"라는 구절에서 '도'는 음양이 왕래往來·소장消長하는 도이다. "반복한다"는 것은 음이 자라면 양이 사라지고 양이 자라면 음이 사라지는 것을 말한다. "그 도를 반복한다"는 것은 음양이 왕래하고 소장하여 규율에 부합하듯이 변화한다는 말이다. "7일 만에 돌아온다"는 것은 박괘(䷖)와 복괘(䷗)가 반대되는 괘라는 것이다. 박괘의 괘획을 서터문과 같이 반대로 걷으면 바로 복괘이다. 박괘는 음이 점점 자라고 양이 점점 사라져서 일곱 번의 변화를 거쳐 복괘로 변하기 때문에 "7일 만에 돌아온다"라고 하였다. '7일'은 일곱 효를 가리켜서 말한 것이다. 박괘를 반대로 걷어서 복괘가 되는데 모두 일곱 효의 변화를 거친다. 복괘의 때는 양이 나아가고 음이 물러나며 군자의 도가 자라고 소인의 도가 사라지기 때문에 "가는 바가 있음이 이롭다[利有攸往]." 박괘의 때는 음이 나아가고 양이 물러나며 소인의 도가 자라고 군자의 도가 사라지기 때문에 "가는 바가 있음이 이롭지 않다[不利有攸往]."

「彖」曰: 復亨, 剛反, 動而以順行, 是以出入无疾, 朋來无咎. 反復其道, 七日來復, 天行也. 利有攸往, 剛長也. 復其見天地之心乎! (「단전」에서 말하기를, 복이 형통하다는 것은 강이 돌아오기 때문이니 움직이고 순하게 행하기 때문에 나가고 들어옴에 해가 없어 벗이 와야 허물이 없을 것이다. '그 도를 반복하여 7일 만에 돌아온다'는 것은 천도이다. '가는 바가 있음이 이롭다'는 것은 강이 자라기 때문이다. 복에서 천지의 마음을 보는구나.)

"강이 돌아오기 때문이니 움직이고 순하게 행한다[剛反, 動而以順行]" 라는 것은 "복은 형통하다[復亨]" 라는 것을 해석한 것이고 또한 "나가고 들어옴에 해가 없어 벗이 와야 허물이 없다[出入无疾, 朋來无咎]" 라는 것을 해석한 것이다. 박괘에서 '순이지順而止' 라고 말하고 복괘에서 '순이행順而行' 이라 말한 것은 군자가 박괘나 복괘에 처하여 그치기도 하고 행하기도 하는 것이 다르지만 "순하게 하는 것[以順]" 은 것은 같다. '순順' 은 무엇인가? 자연에 순응하고 규율에 순응하는 것이다. 가장 중요한 것은 "강이 돌아온다[剛反]" 는 말이니, "강이 돌아온다" 는 것은 괘사에서 말한 "복은 형통하다[復亨]" 는 근거와 실질을 가리킨 것이다. 천도의 운행이 복괘의 때에 이르면 어째서 형통하고 막힘이 없을 수 있는가? 그 근본적 원인은 양강陽剛이 사라져서 극점에 이르면 반드시 돌아오고, 돌아오면 점차 자라나고 형통하기 때문이다.

"천도이다[天行也]" 는 것은 "그 도를 반복하여 7일 만에 돌아온다[反復其道, 七日來復]" 는 것을 해석한 것이다. '천도' 는 실제로 천지음양의 운동하는 규율을 가리켜서 말한 것이다. 음이 양을 다 깎아 내어 음이 극점에 이르면 양이 돌아오고 하나의 양이 생겨나서 복괘를 이루니 바로 천지의 음양이 규칙적으로 운동한 결과이다.

'강장剛長' 과 '강반剛反' 을 말한 것은 모두 복괘 한 양효의 운동이니, 둘의 차이는 각자 강조하는 중점이 다른 데 있어 뜻도 다르다. '강반剛反' 은 박괘의 한 양이 다하여 아래로 돌아와서 복괘가 되는 것을 강조하였으니, 복괘가 처음 형성될 때의 상황으로 강효가 위에서 아래로 돌아와서 박괘가 결국 복괘로 변하기 때문에 그 결과 형통하다는 말이다. '강장剛長' 은 강효가 이미 돌아온 뒤에 하나의 양이 점점 자라나서 아래에서 올라가는 것을 강조하였으니, 복괘가 형성된 뒤의 상황으로 "강이 자란" 결과 "가는 바가 있음이 이롭다" 는 말이다. 박괘의 「단전」에서는 "가는 바가 있음이 이롭지 않은 것은 소인이 자라나기 때문이다[不利有攸往, 小人長也]"라고 하였고 여기서는 "가는 바가 있음이 이로운 것은 강이 자라기 때문이다[利有攸往, 剛長也]"라고 말하였는데, 이로써 『역』이 군자를 위해 도모하고 소인을 위해 도모하지 않는다는 것을 볼 수 있다.

"복괘에서 천지의 마음을 본다[復其見天地之心乎!]"라는 구절에서 무엇이 '천지의 마음'인가? "마음의 기관은 생각할 수 있으니"[217] 마음은 생각이나 예측하는 일을 주관하며 형체를 주재하는 것이다. 천지는 생각이나 예측하는 일이 없는데 어떻게 '천지의 마음'을 말하는가? 공자가 '천지의 마음'을 말한 것은 하나의 비유에 불과하다. 천지는 본래 마음이 없지만 천지간의 만물이 끊임없이 낳고 낳아 음이 자라면 양이 사라지고 음이 다하면 양이 자라서 소식영허消息盈虛에 끊어짐이 없는데, 이것은 천지에 하나의 마음이 있어서 자기의 의도와 행위를 주재하는 것과 같다는 것이다. 공자가 말한 '천지의 마음'은 참으로 천지에 마음이 있다고 여긴 것이 아니다. 공자는 다만 천지에 하나의 마음이 있는 것 같다고 말하였을 뿐이다. 이른바 '천지의 마음'은 실제로 공자가 다른 괘에서 말한 '소식영허'이니, 사람의 의지로 바뀌지 않는 자연규율이다.

자연규율은 언제 어디서나 있지 않음이 없는데, 어째서 복괘에서만 '천지의 마음'을 보는가? 왜냐하면 '천지의 마음'은 복괘에서 가장 분명하고 가장 절실하게 볼 수 있기 때문이다. 음이 양을 깎아 내지만 양이 다 깎이는 이치가 없으니, 일단 깎아 내어 위에까지 다하면 아래로 돌아와서 복괘가 된다. 복괘의 때에 하나의 양이 아래에서 처음 생겨나서 미약하게 움직이며 엎드려 숨어 있지만, 또한 살려는 의지[生意]가 일어나서 낳고 낳는 형세가 비록 다섯 음이 위에서 쌓여서 억압하여도 막을 수 없다. 양

217) 『孟子』, 「告子(上)」. "心之官則思."

이 다 깎여지는 것 같지만 다 깎아 낼 수 없다. 양이 혈연단신으로 매우 미약한 것 같지만, 실제로는 비할 데 없이 강대하여 어떠한 힘으로도 양이 위로 성장하는 것을 정지시킬 수 없다. 복괘의 때에 가장 분명하게 자연 규율의 객관성을 볼 수 있다. 다른 괘에서는 그렇지 않다. 예를 들어 태괘(䷊)의 경우 세 양의 때에 만물이 새롭게 바뀌지만, 이때는 만물의 번성하고 성대함을 볼 뿐이고 '천지의 마음'은 쉽게 보이지 않는다.

소옹邵雍의 시에서 다음과 같이 말하였다.

> 동지의 자시子時 반(0시)에 하늘의 마음은 바뀜이 없구나.
> 한 양이 처음 움직이는 곳이요 만물이 아직 생겨나지 않은 때이다.
> 현주玄酒[218]의 맛은 싱겁고 대음大音은 소리가 적은 법이다.
> 이 말을 만약 믿지 않거든 다시 포희(복희)에게 물어보라.
> 冬至子之半, 天心无改移.
> 一陽初動處, 萬物未生時.
> 玄酒味方淡, 大音聲正希.
> 此言如不信, 更請問包羲.

이 시는 매우 훌륭하니 "복괘에서 천지의 마음을 본다[復其見天地之心乎]"라는 말을 매우 분명하게 해석하였다. 천지의 마음은 해마다 달마다 날마다 잠시도 끊어지거나 바뀐 적이 없으며, 오직 건자建子의 달에 있는 동지의 때에 가장 분명히 볼 수 있다. 왜냐하면 이때에 한 양이 처음 움직이는 것은 크게 움직일 것을 의미이고, 만물이 아직 생겨나지 않은 것은

218) 물의 별칭으로 명수(明水)로도 불리며 물은 빛이 검게 보인다하여 현(玄)이라 하였다. 제사 때에 술 대신에 쓰는 냉수를 일컫는 말로, 옛날에는 술이 없어서 제사 때에 물을 썼기 때문에 현주(玄酒)라고 불렀다.(역자 주)

크게 생겨날 것을 의미하기 때문이다. 술은 현주玄酒의 맛이 싱거울 때에 있고 소리는 대음大音의 소리가 적을 때 있는 것과 같다.

「象」曰: 雷在地中, 復. 先王以至日閉關, 商旅不行, 后不省方. (「대상」에서 말하기를, 우레가 땅속에 있는 것이 복괘이다. 선왕이 <복괘의 상을> 보고서 동지에 관문을 닫아 상인과 여행자가 다니지 못하게 하고 임금도 사방을 순시하지 않는다.)

"우레가 땅속에 있다[雷在地中]"는 것은 양이 처음으로 돌아오는 때이다. 선왕과 후后는 모두 통치자를 가리킨다. 통치자는 복괘의 상을 보고 마땅히 자연의 규율에 순응하여 동짓날에 조용히 지키고 기르는 조치를 취하여 관문을 닫고 상인과 여행자들에게 활동을 정지시키고 자신도 사방을 순시하지 않는다. 어째서 동짓날을 가려서 이와 같이 하는가? 이것은 『역경』 12벽괘十二辟卦, 즉 12소식괘十二消息卦의 사상에 따라 복괘가 건자建子의 달인 11월의 괘이기 때문이다. 11월 동짓날은 1년의 양기가 처음으로 생기는 때이고 양기가 아직은 미약하여 반드시 고요함으로 움직임을 길러서 초구인 양이 침해를 받지 않도록 해야 한다.

初九, 不遠復, 无祇悔, 元吉. (초구는 멀리 가지 않고 돌아와서 <병이나 재앙이 없어> 후회하는 데 이르지 않으니 크게 길할 것이다.)

원래 있던 것을 뒤에 잃어버리고, 잃어버린 뒤에 다시 얻는 것을 '복'이라고 한다. 원래 없던 것이 뒤에 생기는 것은 '복'이라고 부를 수 없다. 복괘는 양이 깎여서 없어진 뒤에 지금 다시 처음으로 돌아오는 문제를 말한다. 돌아옴에는 멀고 가까움, 일찍과 늦음이 있는데, 돌아옴이 가깝고 일찍인 것은 당연히 돌아옴이 멀고 늦은 것보다 좋다. 초구는 복괘의 처음에 처하여 가장 가깝고 가장 일찍 돌아옴이기 때문에 "병이나 재앙이 없어 후회하는 데 이르지 않아서[无祇悔]" "크게 길함[元吉]"을 얻는다. '지祇zhī'는 음이 지支zhī이며, 뜻은 병으로 병은 재앙과 같다. '무지회无祇悔'는 병이 없고 재앙이 없으니 또한 후회하는 데 이르지 않는다는 뜻이다. 한 사람에 대해서 말하면, 잘못이 있으면 알 수 있고, 알면 고칠 수 있으며, 심지어 잘못이 아직 드러나지 않았을 때에 고쳐서 후회하는 데 이르지 않으니, 이것은 바로 "멀리 가지 않고 돌아오기[不遠復]" 때문이다.

「象」曰: 不遠之復, 以修身也.(「소상」에서 말하기를, '멀리 가지 않고 돌아온다'는 것은 이로써 몸을 닦는 것이다.)

"멀리 가지 않고 돌아온다[不遠之復]"라는 것은 군자의 수신修身하는 도이다. '수신'의 문제는 주로 잘못을 알아서 빨리 고치는 것이고, 불선不善을 알아서 빨리 선을 따르는 문제이다. 그 속에는 이미 고칠 것을 강조하였으며 또한 일찍 고치거나 빨리 고칠 것을 강조하였다.

六二, 休復, 吉.(육이는 아름답게 돌아옴이니 길하다.)

'휴休'는 아름다움이다. '휴복休復'은 아름답게 돌아옴이다. 돌아옴이 아름답고 돌아옴이 좋기 때문에 길하다. 육이는 어째서 아름답게 돌아옴이니 길할 수 있는가? 육이가 '중'에 있고 '정'을 얻었으며 또한 초구와 매우 가까워서 양을 따르는 뜻이 있기 때문이다.

「象」曰: 休復之吉, 以下仁也.(「소상」에서 말하기를, '아름답게 돌아옴이니 길하다'는 것은 사람에게 낮추기 때문이다.)

여기서의 '인仁'은 마땅히 인人의 동음同音을 가차假借한 글자이니 "우물에 사람이 빠져 있다[井有仁焉]"[219]라는 '인仁'자와 같다. '하인下仁'은 바로 '하인下人'이다. '하인下人'은 수신修身의 뜻과 연결되어 일관하니 '수신'은 몸을 돌아보고 반성하여 자기를 닦는 것이다. "사람에게 낮춘다"는 것은 육이가 초구에 대하여 가까이하여 낮출 수 있음을 가리킨다.

六三, 頻復, 厲无咎.(육삼은 자주 돌아옴이니 위태로우나 허물은 없다.)

육삼은 음으로 진震의 극처에 처하여 조급히 움직이는 상이다. 한 사람이 잘못을 범하면 일찍이 고쳐서 바로잡을 수 있으며, 고쳤으면 다시 범하지 않는 것이 가장 좋다. 그러나 육삼은 그렇지 않다. 육삼이 자주 돌아오는 것은 고친 것을 범하고 고친 것을 다시 범하여 자주 잃고 자주 돌아오는 것이니 "멀리 가지 않고 돌아온다[不遠復]"는 것이나 "아름답게 돌아온다[休復]"는 것과 같지 않기 때문에 "위태롭다[厲]." '려厲'는 위태롭다는 뜻이다. 그러나 "자주 돌아오는 것"도 취할 만한 곳이 있다. 자주 잃고 자주 돌아오는 것은 결국 돌아오지 않거나 고치지 않는 것보다 좋다. 자주 잃는다는 점에서 말하면 당연히 위태롭고, 자주 돌아온다는 점에서 말하면 허물이 없다.

「象」曰: 頻復之厲, 義无咎也.(「소상」에서 말하기를, '자주 돌아옴이니 위태롭다'는 것은 허물이 없다는 뜻이다.)

---

219) 『論語』, 「雍也」. "井有仁焉."

자주 돌아오고 자주 잃는 것은 비록 위태롭지만, 선을 회복하고 잘못을 고칠 수 있으면 결국 좋다.

六四, 中行獨復.(육사는 음 가운데서 행하나 홀로 돌아오는 것이다.)

육사는 상괘의 아래에 처하여 위아래에 각각 두 개의 음효가 있고 자신은 여러 음들 가운데 있기 때문에 "음 가운데서 행한다[中行]"라고 하였다. 육사는 음효로 음의 자리에 있어 '정'을 얻고 또한 초구와 '정응'하기 때문에 "홀로 돌아온다[獨復]"라고 하였다. 육사가 여러 음들 가운데 처하여 홀로 돌아올 수 있는 것은 육사의 주관적 염원이 좋다는 말이다. 그러나 객관적 조건에서 말하면, 육사는 결국 음으로 음의 자리에 있고 응하는 초구가 바로 양기陽氣가 매우 미약한 때에 있어 육사에 유력한 도움을 줄 수 없다. 육사는 실제로 작위함이 있을 수 없기 때문에 효사에서는 '길하다' 거나 '허물이 없다' 고 말하지 않았다.

「象」曰: 中行獨復, 以從道也.(「소상」에서 말하기를, '음 가운데서 행하나 홀로 돌아온다' 는 것은 도를 따르기 때문이다.)

"도를 따른다[從道]"는 것은 초구의 양강陽剛한 선한 도와 바른 도를 따르는 것이다. 육사의 "음 가운데서 행하나 홀로 돌아온다[中行獨復]"라는 것이 도를 따를 것을 강조한 것은 그것이 이로움을 도모하는 것이 아님을 나타낸 것이다.

六五, 敦復, 无悔.(육오는 두텁게 돌아옴이니 후회가 없을 것이다.)

'돈敦'은 두터움이다. 초구는 복괘의 주효이고 육오는 초구와 매이고 응하는 관계가 없으니 마땅히 후회가 있어야 한다. 그러나 육오는 '중'에 처하여 또한 돌아올 수 있기 때문에 후회가 없다. 육오의 "후회가 없다[无悔]"는 것은 초구의 "후회에 이르지 않는다[无祗悔]"는 것과 다르다. 초구의 "멀리 가지 않고 돌아온다[不遠復]"는 것은 악을 버리고 선을 회복함이 막 시작되었기 때문에 "후회에 이르지 않는다"라고 하였으나, 육오의 "두텁게 돌아온다[敦復]"라는 것은 악을 버리고 선을 회복하는 행동이 이미 많이 쌓였기 때문에 "후회가 없다"라고 하였다. 다른 괘의 효사에서 '돈敦'을 말한 것은 모두 상효에 있다. 예를 들어 림괘臨卦 상육에서 말한 '돈림敦臨'이나 간괘艮卦 상구에서 말한 '돈간敦艮'과 같은 것은 모두 쌓임이 두텁고 지극한 뜻을 취하였다. 그러나 복괘 육오에서는 '돈복敦復'을 말하였는데, 이것은 복괘가 육오에 이르러 이미 극점에 도달하였기 때문이다.

「象」曰: 敦復无悔, 中以自考也.(「소상」에서 말하기를, '두텁게 돌아옴이니 후회가 없다'는 것은 중도로 스스로 이루기 때문이다.)

'자고自考'는 스스로 이룬다는 뜻이다. "중도로 스스로 이룬다[中以自考]"는 것은 육오가 음으로 '중'에 있어 그 중덕中德으로 스스로를 이룰 수 있다는 말이다. "스스로 이룬다"는 것은 무엇인가? 스스로 돌아옴을 이루는 것이다. 육이는 초구와 가까워서 돌아오고 육사는 초구와 응하여 돌아오나, 육오는 초구와 매이고 응하는 관계가 발생하지 않아 스스로 돌아옴을 이룬다.

上六, 迷復, 凶. 有災眚, 用行師, 終有大敗, 以其國君凶, 至于十年不克征.(상육은 돌아옴이 그치니 흉하다. 재앙이 있어 군대를 출동하

면 끝내 대패하고 나라를 다스리는 데 쓰면 군주가 흉하여 10년에 이르도록 능히 출정하지 못한다.)

'미迷'는 '미彌'로 읽어야 하니 옛날에는 통용되었다. '미彌'는 안安이나 지止로 해석할 수 있다. '미복迷復'은 바로 미복彌復이니, 즉 지복止復이다. 바른 도로 회복하는 것을 정지시키면, 그 결과는 물론 반드시 흉하다. 구체적으로 말하여 군대를 출동하거나 싸우는 데 나타나면 반드시 대패로 끝난다. 군주가 나라를 다스리는 데 나타나면 좋은 결과가 있을 수 없다. 전체적으로, "돌아옴이 그쳐서[迷復]" "10년에 이르도록 출정하지 못하니[十年不克征]" 영원히 성공을 얻을 수 없다는 것이다.

「象」曰: 迷復之凶, 反君道也.(「소상」에서 말하기를, '돌아옴이 그치니 흉하다'는 것은 군주의 도에 어긋나기 때문이다.)

"돌아옴[復]"은 도에 부합하는 것이고 "돌아옴이 그치는 것[迷復]"은 도와 상반되는 것이다. 도와 상반되니 흉함은 필연적이다. 어째서 군주의 도에 어긋난다고 말하였는가? 왜냐하면 효사에서 "나라를 다스리는 데 쓰면 군주가 흉하다[以其國君凶]"라고 말하였기 때문에 「소상」에서 "군주의 도에 어긋난다[反君道也]"라는 것으로 해석한 것이다. 군주가 위에서 백성을 통치하고 국가를 다스리면 당연히 천하가 선으로 돌아와야 하는데, 지금은 도리어 미복迷復, 즉 "돌아옴이 그치니" 어찌 군주의 도에 어긋나지 않겠는가! 군주의 도에 어긋나는 것이 천하의 최대의 '미복迷復'이니 「소상」에서 "군주의 도에 어긋난다"라고 말한 것은 실제로 일체의 '미복'을 포괄한 것이다. 보통 사람들의 '미복'은 모두 군주의 도에 어긋나기 때문에 흉함을 이룬다.

● 총론

복괘「단전」에서 말한 "복에서 천지의 마음을 본다[復其見天地之心乎]" 라는 구절에서 '천지의 마음'은 비교적 이해하기가 어렵다. 무엇이 '천지의 마음'인가? 옛사람들의 견해가 동일하지 않다. 어떤 사람은 고요함[靜]이 '천지의 마음'이라고 하였고, 어떤 사람은 움직임[動]이 '천지의 마음'이라고 하였으며, 어떤 사람은 '천지의 마음'이 천지가 만물을 낳는 마음, 즉 천지의 끊임없이 낳고 낳는 마음임을 강조하였다. 말한 것에 모두 어느 정도의 일리가 있으나 모두 정곡을 찌르지 못하였다. 이른바 '천지의 마음'은 천지간의 만사만물 속에서 강유가 서로 마찰하고 음양이 소장消長하는 규율이니, 그것은 있지 않은 데가 없다. 비록 있지 않은 데가 없으나 복괘의 때에만 가장 분명하게 볼 수 있다. 왜냐하면 복괘의 때는 양이 이미 다 깎여지면 다시 아래에서 생겨나서 겉으로는 조용하여 움직이지 않는 것 같으나 실제로는 하나의 왕성한 생기를 포함하고 있으니, 이것은 어떤 다른 때보다 모두 음이 깎아 내어 양이 사라지고, 깎아 내는 것이 다하면 돌아오는 객관적 규율을 한층 더 설명할 수 있기 때문이다.

복괘의 주효는 초구이다. 초구가 멀리 가지 않고 돌아오는 것은 상육과 상반되는 것 같으니, 상육은 멀리 가서 돌아오지 않는 것이다. 육오는 "두텁게 돌아오니[敦復]" "두텁게 돌아오는 것"은 돌아옴이 견고한 것이니 육삼과 상반된다. 육삼은 "자주 돌아옴이니[頻復]" "자주 돌아오는 것"은 자주 반복하여 돌아옴이 견고하지 못한 것이다. 육사의 "홀로 돌아오는 것[獨復]"은 육이의 "아름답게 돌아오는 것[休復]"과 서로 비슷하니, 육사는 초구에 응하고 육이는 초구와 가깝기 때문이다.

25
무망괘(无妄卦)

☰☳ 진하건상 震下乾上

「서괘전」에는 "돌아오면 허망함이 없기 때문에 무망괘로 받았다"[220]라고 하였으니, 무망괘는 허망함이 없는 것이다. 허망함이 없는 것은 '실하다'는 뜻이다. 『역』에서는 음을 허하다고 보고 양을 실하다고 보았다. 복괘는 음이 사라진 뒤에 양이 다시 돌아와 자라는 때로, 돌아온 뒤는 실하기 때문에 복괘의 뒤를 이은 것이 무망괘이다. 무망괘의 구성은 진震이 아래에 있고 건乾이 위에 있다. '진'은 움직임이다. 하늘의 바른 도를 따라 움직이니 '무망'할 수 있다. 만약 바른 도가 아닌 것으로 움직이면 '무망'이 아니라 허망함이다.

无妄, 元亨利貞, 其匪正有眚, 不利有攸往.(무망은 크게 형통하고 바름을 지키는 것이 이로우니 바르지 않으면 허물이 있으므로 가는 바가 있으면 이롭지 않다.)

220) 『周易』, 「序卦傳」. "復則不妄矣, 故受之以无妄."

이 괘사는 긍정과 부정 두 측면의 뜻으로 보아야 한다. "무망은 크게 형통하고 바름을 지키는 것이 이롭다[无妄, 元亨利貞]"라는 것은 긍정적인 측면에서 말한 것이다. 괘의 상체는 건乾이고 '건'은 본래 하늘의 도이니 원·형·이·정 사덕四德을 갖추고 있다. 괘의 하체는 진震이니 '진'은 본래 움직이는 것이다. 어떻게 움직이는가? 마땅히 하늘에 따라서 움직이고 사람에 따라서 움직이지 않는다. 즉 자연에 순응하여 움직이고 인위에 맡겨져서 움직이지 않는다는 것이다. 자연에 순응하여 움직이는 것은 가는 곳마다 이롭지 않음이 없기 때문에 "크게 형통하고 바름을 지키는 것이 이로울 수 있다." "바르지 않으면 허물이 있으므로 가는 바가 있으면 이롭지 않다[其匪正有眚, 不利有攸往]"라는 것은 부정적인 측면에서 말한 것이다. 만약 사람에 따라 움직이고 하늘로 따라 움직이지 않으면, 즉 자연에 순응하여 움직이지 않고 사람의 사사로운 뜻에 맡겨져서 움직이면 바르지 않다. 바르지 않으면 허물이 있고, 허물이 있으면 가는 바가 있음이 이롭지 않다. 허물이 있는 것은 무망괘의 부정적인 측면이다. 『설문說文』에 따르면, '생眚'은 눈에 생긴 각막이다. 눈에 각막이 생기면 밝음을 잃으니 무망无妄이 유망有妄이 된다.

「彖」曰: 无妄, 剛自外來而爲主於內, 動而健, 剛中而應, 大亨以正, 天之命也. 其匪正有眚, 不利有攸往, 无妄之往, 何之矣, 天命不祐, 行矣哉.(「단전」에서 말하기를, 강이 밖에서 와서 안에서 주효가 되었으니 움직이고 강건하며 강이 중에 있으면서 응하여 크게 형통하여 바르니 하늘의 명이다. '바르지 않으면 허물이 있으므로 가는 바가 있음이 이롭지 않다'는 것은 무망의 감이 어디로 가겠는가. 천명이 돕지 않는 것을 행하겠는가.)

"강이 밖에서 와서 안에서 주효가 된다[剛自外來而爲主於內]"라는 것은 내괘인 진震을 말한 것이다. 「설괘전」의 "진震은 첫 번째로 구하여 남자를 얻었기 때문에 장남이라고 한다"[221]라는 견해에 근거하면, 우리는 진(☳)이 곤(☷)의 체에서 와서 '곤'의 초효인 음이 변하여 양이 되고 유효가 변하여 강효가 되었으니 '곤'에서 '진'이 생성되었다는 것을 알 수 있다. '진'의 초구인 강효는 괘의 밖에서 온 것이다. '진'의 초구가 괘의 밖에서 왔기 때문에 "강이 밖에서 왔다[剛自外來]"라고 하였다. 괘변설을 주장하는 자는 강효가 외괘인 건乾에서 왔다고 보는데, 이것은 옳지 않다. 또한 초구인 강효가 내괘에 있고 또한 괘를 이루는 주효가 되기 때문에 "안에서 주효가 된다[爲主于內]"라고 하였다. 실제로 초구의 효는 무망괘의 주효이고, 무망괘가 무망괘 되는 관건이다. 공자는 「단전」을 지어 무망괘에서 괘주의 문제를 명확히 지적하였으며 다른 괘에서는 언급하지 않았다. 왕필은 『주역략례周易略例』를 저술하여 부연·설명하였는데, 각 괘마다 모두 괘주가 있다고 보았다. 왕필의 이러한 발견은 정확하다. 후세의 학자들에 의해 보편적으로 받아들여진 것은 이상할 것이 없다. 청초淸初의 학자인 호후胡煦는 『주역함서周易函書』를 지어 「단전」에 대해 깊이 연구하여 '체괘주효體卦主爻'설을 제기하여 한유와 송유들이 반복적으로 공언한 괘변설을 철저히 부정하였다. 호후의 설에 따르면, 「단전」에서 말한 '상하왕래내외시종上下往來內外終始' 여덟 글자는 모두 주효의 행위를 말한 것이다. "강이 밖에서 와서 안에서 주효가 된다[剛自外來而爲主於內]"라는 것은 호후의 설에 따르면, 안과 밖의 뜻을 알려고 하면 반드시 먼저 체의 괘를 알고 건과 곤이 큰 부모가 되는 것을 알아야 비로소 가능하다는 것이다. 무망괘는 상체가 건乾이고 하체가 진震이다. 상체인 '건(☰)'은 세

221) 『周易』, 「說卦傳」, 第2章. "震一索而得男, 故謂之長男."

양효로 구성되었고, 하체인 '진(☳)'은 두 음효와 하나의 양효로 구성되었다. 상체는 '건'이 정체靜體가 되고 동용動用의 효가 없으니 주효가 없다. 하체인 '진'은 두 음효가 정체靜體가 되고 한 양효가 동용動用의 효가 된다. 이것은 '곤'이 본래 세 음효인데 지금 다른 하나의 양효가 밖에서 와서 사귀어 '진'이 되었다는 말이다. 밖에서 온 하나의 양효가 동용動用의 효, 즉 괘의 주효이다. 반드시 안과 밖의 설에 두 가지가 있음을 알아야 한다. 하나의 설은 하체가 내괘가 되고 상체가 외괘가 되는 것이니 이것은 일반적인 사례이다. 다른 하나의 설은 체의 괘가 안이 되고 마지막에 체와 사귀는 것이 밖이 되는 것이다. 이 괘에서 '안'은 하체인 두 음효를 가리켜서 말한 것이고, "안에서 주효가 된다[爲主於內]"라는 것은 초구의 양효를 가리켜서 말한 것이다. 곤괘가 이보다 먼저 세워졌기 때문에 '안'이라고 하고 동용動用의 효가 밖에서 와서 사귀기 때문에 '밖'이라고 하였다. 체의 괘는 고요함을 주로 하고, 밖에서 와서 사귀는 것은 움직임을 주로 한다. 무릇 한 양이 밖에서 와서 '곤'과 사귀면 이 한 양이 주효가 되고, 체의 괘는 주효가 되지 못한다. 예를 들어 진(☳)·간(☶)·감(☵)은 모두 '곤(☷)'의 음효가 체가 되지만 도리어 밖에서 와서 사귀는 하나의 양효가 주효가 되어 삼간남三艮男이라 부르고 '건'의 아버지를 따른다. 이것이 바로 호후의 '체괘주효설'이다. 때문에 무망괘에서는 "강이 밖에서 와서 안에서 주효가 된다"는 말이 있는 것이다. 「단전」의 이 말은 사람들이 상을 보고서 주효를 가려내도록 하는 데 뜻이 있다. 만약 밖이 외괘를 가리킨다고 보아 무망괘의 외괘인 세 양효가 하나도 움직임이 없으면, 초구의 하나의 양효가 밖에서 온 것은 어디에서 왔겠는가?

"움직이고 강건하다[動而健]"라는 것은 내외의 두 체를 말한 것이고, "강이 중에 있으면서 응한다[剛中而應]"라는 것은 육이와 구오의 두 효를 말한 것이다. 내괘는 진震이니 '진'은 움직임이다. 외괘는 건乾이니 '건'

은 강건함이다. 안에서 움직이고 밖에서 강건하니 "움직이고 강건하다." 구오는 강으로써 '중'에 있고 '정'을 얻었기 때문에 "강이 중에 있다[剛中]"라고 하였다. 육이는 유효로써 '중'에 있고 '정'을 얻어서 구오와 '정응'하기 때문에 "응한다[而應]"라고 하였다. 무망에는 "움직이고 강건하며 강이 중에 있으면서 응하는" 본성이 있기 때문에 "크게 형통하여 바를[大亨以正]" 수 있다. "크게 형통하여 바르다"는 것은 실제로 "크게 형통하여 바름을 지키는 것이 이롭다[元亨利貞]"는 말이다. "하늘의 명[天之命]"은 하늘의 도이다. 하늘의 도는 오늘날 통행하는 말로 말하면 바로 자연규율이다.

「단전」에서 '강중이응剛中而應'을 말한 것은 사괘師·림괘臨卦·취괘萃卦·승괘升卦·무망괘 다섯 괘가 있고, '대형이정大亨以正'을 말한 것은 취괘萃卦·림괘臨卦·무망괘 세 괘가 있으며, '천지명야天之命也'를 말한 것은 무망괘 한 괘뿐이다. 무망에서 '천지명'을 말하고 '대형이정'을 강조한 것은 바로 천도 자연의 소치이지 절대로 인력으로 할 수 있는 것이 아니라는 말이다.

"무망의 감이 어디로 가겠는가? 천명이 돕지 않는 것을 행하겠는가?[无妄之往, 何之矣. 天命不祐, 行矣哉]"라는 것은 "바르지 않으면 허물이 있으니 가는 바가 있으면 이롭지 않다[其匪正有眚, 不利有攸往]"라는 것을 해석한 것이다. 사람에서 말하면, 무망괘의 때에 처하여 중요한 문제는 올바름을 지키고 분수에 맞지 않는 방법으로 요행히 복을 얻기를 바라서는 안되며, 분수에 맞지 않는 방법으로 요행히 재앙을 면하기를 바라서도 안된다는 것이다. 정확한 방법은 바른 도를 지키고 자연을 따르는, 즉 가는 바가 있어서는 안 된다는 것이다. 무망의 상황에 부닥쳐 만약 가는 바가 있다면 '하지의何之矣', 즉 어디로 가겠는가! 갈 수 있는 곳이 없다. 왜냐하면 "천명이 돕지 않기" 때문이다. "천명이 돕지 않는 것을 행하겠는가[天

命不祐, 行矣哉]"라는 것은 당신이 일을 하지만 규율에 들어맞지 않는다는 말이다.

「象」曰: 天下雷行, 物與无妄. 先王以茂對時育萬物.(「대상」에서 말하기를, 하늘 아래에서 우레가 행하여 만물에 무망을 준다. 선왕이 <무망괘의 상을> 보고서 힘써 때에 순응하여 만물을 기른다.)

"하늘 아래에서 우레가 행한다[天下雷行]"는 '우레'는 객관적으로 운행하는 자연현상으로, 봄에 꽃이 피고 가을에 거두어들이는 것이 결코 어긋나거나 거짓됨이 없는 것이다. "만물에 무망을 준다[物與无妄]"라는 것은 만물이 우레의 발생에 따라 발생하여 크고 작음, 높고 낮음, 날짐승과 물고기, 동물과 식물을 막론하고 모두 자연이 그들에게 부여한 성명性命에 따라 생장·발전·운동하여 결코 어긋나거나 거짓됨이 없는 것이다. 통치자는 마땅히 무망괘의 정미한 뜻을 체득하여 무망괘를 천하를 다스리는 데에 사용하여 "힘써 때에 순응하여 만물을 길러야 한다[以茂對時育萬物]." '무茂'는 힘쓰는 것이고, '대對'는 맞추거나 순응함이다. "때에 순응하여 만물을 기른다"는 구절에서의 '때'자는 매우 중요하다. 자연계의 만물이 발육하고 생장하는 것은 모두 사계절의 규율에 따라 진행하니, 통치자가 백성을 통치하거나 더 나아가서 초목·곤충의 부류를 다루는 것도 사계절의 규율에 따라 진행하여 각자 마땅함을 얻게 하는 것이다. 옛사람들은 '때'를 매우 중시하였는데, 중국 역사에서 매우 일찍이 삭정제도朔政制度를 실행한 것이 이를 증명한다. '삭정'은 바로 월령月令으로 계절의 배치에 따라 활동하는데, 특히 농사 활동에는 어떤 계절이 오면 어떤 상응하는 일을 한다. 일체의 활동이 모두 천시天時에 어긋나서는 안 된다.

初九, 无妄, 往吉.(초구는 무망이니 가면 길할 것이다.)

초구는 무망의 주효이니 "강이 밖에서 와서 안에서 주효가 된다[剛自外來而爲主于內]"는 것이다. 초구는 양강陽剛이 처음 움직이고 움직임이 하늘과 부합하니, 이로써 가면 반드시 길하지 않음이 없다. 초구의 효사에서 말한 것과 괘사 및 「단전」에서 말한 것은 다르다. 괘사에서는 무망괘의 긍정과 부정의 두 측면을 말하여 바름을 지키면 크게 형통하고 바름을 지키지 않으면 "가는 바가 있음이 이롭지 않다[不利有攸往]"는 것을 강조하였으며, 「단전」에서도 "무망의 감이 어디로 가겠는가[无妄之往, 何之矣]"를 말하였다. 즉 무망괘의 전체 괘에서 보면, 가는 것의 길함과 길하지 않음, 이로움과 이롭지 않음은 조건적이다. 관건은 바름을 지킬 수 있는지 여부를 보는, 즉 하늘에 따라 움직이는지 아니면 사람에 따라 움직이는지를 보는 것이다. 하늘에 따라 움직여서 가면 이롭고, 사람에 따라 움직여서 가면 이롭지 않다. 초구의 효사는 그렇지 않다. "무망이니 가면 길하다[无妄往吉]"라고 말한 것은 초구가 다하면 가야 하고 가면 길하다는 뜻이니 "가면 길하다"는 것은 절대적이다.

초구의 효사와 괘사 및 「단전」에서 말한 것이 다른 것은 괘사 및 「단전」에서 말한 것이 전체 무망이라는 때의 문제에 있기 때문이다. 다만 초구에서 말한 것은 무망이라는 때의 첫 번째 단계일 뿐이다. 초구는 무망의 주효이고 양강陽剛으로 처음에 있으니 초구의 본성이 반드시 하늘에 따라 움직일 것을 결정하고 행함에 반드시 올바름을 지키기 때문에 가는 곳마다 길하지 않음이 없다.

「象」曰: 无妄之往, 得志也.(「소상」에서 말하기를, '무망으로 간다'는 것은 뜻을 얻는다는 것이다.)

초구는 양강으로 처음에 있어 자연에 순응하고 규율에 적응하며 사사로운 욕심으로 함부로 행동하지 않기 때문에 어디에 가든 모두 순조롭고 막힘이 없어 뜻을 얻을 수 있다.

六二, 不耕穫, 不菑畬, 則利有攸往.(육이는 밭을 갈지 않고서도 수확하며 1년 된 밭을 만들지 않고서도 3년 된 밭이 되니 가는 바가 있으면 이롭다.)

육이는 음효로 음의 자리에 있어 분수를 지키고 기대하는 것이 없는 상이다. 분수를 지켜서 일을 하고 기대하는 것이 없기 때문에 "밭을 갈지 않고서도 수확하며 1년 된 밭을 만들지 않고서도 3년 된 밭이 된다[不耕穫, 不菑畬]"는 것이다. '치菑'는 1년 된 밭으로 밭이 아직 부드럽지 못한 것이다. '여畬'는 3년 된 밭으로, 밭이 이미 부드러운 것이다. '불경확不耕穫'은 밭을 갈고 김을 매지 않으면 당연히 수확할 수 없다는 것이다. '불치여不菑畬'는 1년이 못 된 밭에는 당연히 3년 된 밭이 있을 수 없다는 것이다. 이것은 보통의 이치이다. 즉 눈앞의 할 수 있는 일을 하고 미래의 성공을 기대하지 않는다는 것이다. 육이는 고대의 농부와 같으니 부유하기를 바라지 않으면 노력도 하지 않는다, 즉 수확을 바라지 않으면 밭도 갈지 않고 3년 된 밭을 바라지 않으면 1년 된 밭도 만들지 않는다는 것이다. 이처럼 얽매임이나 압력이 없어서 할 수 있는 일을 조금만 해도 좋기 때문에 "가는 바가 있음이 이롭다[利有攸往]"라고 하였다.

「象」曰: 不耕穫, 未富也.(「소상」에서 말하기를, '밭을 갈지 않고서도 수확한다'는 것은 부유하려는 것이 아니다.)

"밭을 갈지 않고서도 수확한다"는 것은 수확을 기대하지 않는 것이니,

이것은 부귀를 바라는 마음이 없기 때문이다.

六三, 无妄之災, 或繫之牛, 行人之得, 邑人之災.(육삼은 무망의 재앙이니, 혹 소를 매어 놓았다 하더라도 지나가는 사람이 얻음은 읍인의 재앙이다.)

무망괘의 여섯 효는 모두 무망하지만, 육삼은 음유陰柔로 3효에 있어 '부중'하고 '부정'하기 때문에 재앙이 있으니, 이것이 "무망의 재앙[无妄之災]"이다. "무망의 재앙"은 이유 없이 생기는 재앙으로, 자기는 잘못이 없는데 재앙이 밖에서 온 것이다. 비유하면 읍 안에 어떤 사람이 소 한 마리를 매어 두었는데, 길 가는 사람이 소를 끌고 가서 읍 안에 거주하는 사람이 재수 없게 문책을 받거나 체포되는 경우이다. 이것은 읍인에 대해서 말하면 "무망의 재앙"인 것이다.

「象」曰: 行人得牛, 邑人災也.(「소상」에서 말하기를, '지나가는 사람이 소를 얻는다'는 것은 읍인의 재앙이다.)

지나가는 사람이 소를 끌고 가서 읍인이 무고하게 모함을 받으니, 이것이 "읍인의 재앙"이다. 읍인의 재앙은 무망의 재앙이다. 무망의 재앙은 스스로 잘못을 피할 방법이 없는 것이다.

九四, 可貞, 无咎.(구사는 바름을 지킬 수 있으면 허물이 없을 것이다.)

구사와 초구는 서로 대응하니 두 효가 비록 모두 무망하지만, 각자 처지가 다르기 때문에 효의 뜻도 다르다. 초구는 양강으로 움직임의 처음에 처하여 마땅히 가야 할 곳에 가기 때문에 "가면 길하다[往吉]"라고 하였다. 구사는 양강으로 건乾의 체에 있어 마땅히 그쳐야 할 곳에 그치기 때문에 "바름을 지킬 수 있으면 허물이 없다[可貞无咎]"라고 하였다. 초구는 가는 것이니 가야 길함을 얻는다. 구사는 초구와 상반되니, 가지 말아야 바름을 지킬 수 있다. '가정可貞'은 굳게 지키고 움직이지 않으며 가지도 않고 행하지도 않는 것이다. 굳게 지키고 움직이지 않으며 가지도 말고 행하지도 말아야 허물이 없을 수 있다.

「象」曰: 可貞无咎, 固有之也.(「소상」에서 말하기를, '바름을 지킬 수 있으면 허물이 없다'는 것은 굳게 지키고 있기 때문이다.)

구사의 "바름을 지킬 수 있으면 허물이 없다[可貞无咎]"라는 것은 바로 구사 자신의 고유한 내적 원인에 의해 결정된 것이지 밖에서 녹아든 것이 아니다. 순응하여 바름을 지킬 수 있으면 허물이 없다. 거역하여 바름을 지킬 수 없으면 허물이 있다. 사람이 구사의 경지에 처하여 이것을 알면 마땅히 가지도 말고 행하지도 말아야 한다. 복도 요행히 얻을 것을 바라지 않고 재앙도 구차히 면할 것을 바라지 않으면 끝내 허물이 없을 것이다.

九五, 无妄之疾, 勿藥有喜.(구오는 무망의 병이니 약을 쓰지 않아도 기쁜 일이 있을 것이다.)

"무망의 병"은 육삼의 "무망의 재앙"과 뜻이 서로 비슷하나 또한 다르다. 구오의 효사에서 "약을 쓰지 않아도 기쁜 일이 있다[勿藥有喜]"라고 말한 것은 구오가 처한 위치가 육삼보다 좋기 때문이다. 구오는 양강으로 '중'에 있고 '정'을 얻었으며 높은 자리에 있어 무망이 이미 다시 더할 수 없는 정도에 이르렀다고 할 수 있으니 이것이 진실 무망이다. 구오는 본래 병을 초래할 이유가 없는데 병이 생긴 것이다. 이 병은 밖에서 온 것이지 안에서 생긴 것이 아니니 "무망의 병"이다. "무망의 병"은 구오에 대해서 말하면 두려워할 필요가 없다. 약을 쓰지 말아야 하는 것으로 약을 쓰거나, 치료하지 말아야 하는 것으로 치료하면 결과는 반드시 "기쁜 일이 있을 것이다[有喜]." "기쁜 일이 있다"는 것은 질병이 치료하지 않았는데 자연히 제거되었다는 뜻이다. 『주역』에서 '병病'을 말하고 '유희有喜'를 말한 것이 세 곳이 있다. 이 효 외에 손괘損卦 육사와 태괘兌卦 구사가 있는데 모두 외괘에 있고 뜻도 대체로 같다.

「象」曰: 无妄之藥, 不可試也.(「소상」에서 말하기를, 무망의 약은 써서는 안 된다는 것이다.)

무망의 병을 얻으면 가장 좋은 방법은 바름을 지키고 일상을 편안히 하면 병이 자연히 제거된다. 만약 약을 쓴다면 스스로 바름을 지키고 일상을 편안히 하는 옳은 방법을 부정하는 것과 같기 때문에 자기의 정상적 생명 체계를 파괴하니, 병을 제거할 수 없을 뿐만 아니라 더 많은 질병을 초래할 수 있다. "무망의 약은 써서는 안 된다[无妄之藥, 不可試也]"라는 도리를 사회·인사상에 응용해도 이와 같다. 나라를 다스리는 사람이 만약 자기의 어떤 정책이 옳다는 것을 실천하고 증명하려면 끝까지 관철하고 집행해야 하며, 비록 어떤 사람이 반대하거나 심지어 공격하고 비방하더라도 동요하거나 계획을 바꾸어서는 안 된다. 그렇지 않으면 나라를 다스리는 데 약을 쓰는 것과 다르지 않으니 결과는 반드시 슬플 것이다.

上九, 无妄, 行有眚, 无攸利.(상구는 무망한데 가면 허물이 있어 이로운 바가 없다.)

상구의 효가 좋지 않은데 관건은 '행行' 자에 있다. 허물은 가는 데서 생긴 것이다. 상구는 전체 괘의 끝에 처하여 지위를 잃었으며 건체乾體의 극처에 있어 때가 이미 지나가서 조용해야 하고 움직여서는 안 되며 그쳐야 하고 가서는 안 된다. 이러한 상황에서 앞으로 가는 바가 있으면 확실히 잘못이 생길 수 있으니 조금의 좋은 점도 없다.

괘사에서는 "허물이 있다[有眚]"라고 하였으나, 효사에서는 "재앙이 있다[有災]"라고 하고 동시에 "허물이 있다[有眚]"라고 하였다. '재앙'과 '허물'은 결과가 서로 같으나 그 원인에는 차이가 있다. '재앙'은 밖에서 오는 화이고 '허물'은 스스로 초래한 잘못이다. 육삼이 소를 잃은 것은 화가 밖에서 온 것이니 재앙이지 허물이 아니다. 상구의 경거망동하는 화는 저절로 조성된 것이니 가장 경계하고 삼가야 한다.

「象」曰: 无妄之行, 窮之災也.(「소상」에서 말하기를, 무망한데 가는 것은 궁한 지경의 재앙이다.)

'무망지행无妄之行'은 「단전」에서 말한 '무망지왕无妄之往'과 같다. "무망한데 간다"는 것은 당연히 좋은 것이지만, 가는데 바름을 지키지 않거나 때에 맞지 않으면 좋지 않다. 상구의 문제는 주로 건乾이 다하여 처한 때가 이롭지 않으니 건괘의 상구인 "높이 오른 용이니 후회가 있다[亢龍有悔]"라는 것과 뜻이 같기 때문에 두 「소상」에서는 모두 "궁한 지경의 재앙이다[窮之災也]"라고 하였다. 이 효의 효사에서 말한 '허물'은 주관적 의도에서 말한 것으로, 때가 다하여 가지 말아야 하지만 공교롭게도 가서 화가 자기에게서 생기기 때문에 "허물이 있다"라고 하였다. 이 효의 「소상」에서 말한 '재앙'은 객관적 시운時運에서 말한 것으로, 처한 때가 다하여 화를 얻고 화가 밖에서 생기기 때문에 '재앙'이라고 하였다.

총론

무망괘의 의미는 다음의 두 방면에 있다. 하나는 좋은 일로, 지나친 욕망이 있지 않는, 즉 함부로 바라거나 함부로 구하지 않는 것이다. 다른 하나는 나쁜 일로, 예기치 못하거나 예측할 수 없는 데서 나온 것이다. 두 방면의 응대 방법은 같으니, 즉 규율을 따르고 자연에 순응하는 것이다. 사람이 무망괘의 때에 있어서 함부로 바라지 않고 구차스럽게 얻지 않으며 행해야 할 때에 행하고 그쳐야 할 때에 그치니, 행동거지와 동정이 모두 때에 따라서 정해진다. 때의 문제는 무망괘에서 매우 뚜렷이 나타난다. 무망괘의 여섯 효가 모두 무망하지만 각 효가 처한 때가 다르니, 그 결과도 다르다. 초구는 자리를 얻고 또한 한 괘의 주효로 무망괘의 처음에 있기 때문에 가는 곳마다 길하지 않음이 없다. 상구는 자리를 잃어 무망괘의 극처에 있고 때가 이미 지나가서, 가는데 비록 지나친 욕망이 있지 않지만 또한 "허물이 있어 이로운 바가 없음[有眚, 无攸利]"을 면치 못한다. 그 나머지 여러 효들은 이와 같지 않음이 없다. 육이는 초구와 비슷하니, "가는 바가 있음이 이롭다[利有攸往]"라고 말한 것은 움직여야 할 때에 처하여 함부로 바라지 않고 구차스럽게 구하지 않기 때문에 움직이면 길하고 움직이면 이로움이 있다. 구사가 "바름을 지킬 수 있다[可貞]"라고 말하고 구오가 "약을 쓰지 않는다[勿藥]"라고 말한 것은 상구의 "가면 허물이 있다[行有眚]"라고 말한 것과 비슷하니, 마땅히 고요해야 할 때에 처해 있기 때문에 움직이면 "허물이 있고[有眚]" 움직이지 않으면 "허물이 없으며[无咎]" "기쁜 일이 있다[有喜]." 『주역』의 때를 매우 중시하는 문제는 무망괘에서 더욱 분명히 나타난다.

때의 문제는 실제로 사람이 주관과 객관의 관계 문제를 어떻게 처리하느냐는 것이다. 때가 변하면 사람의 인식과 행위도 변해야 한다. 사람이 시세를 잘 살펴서 자연에 순응하려면 객관적 실제에 근거하여 가장 좋은 대책을 선택해야 한다. 초구와 육이의 때에 움직이면 길함을 얻고 이로움이 있기 때문에 움직인다. 구사의 때에 움직이지 않으면 "허물이 없기" 때문에 움직이지 않는다. 육삼과 육오의 때에 불행히 "무망의 재앙"과 "무망의 병"을 만나면 인력으로 예측하고 피할 수 있는 것이 아니니, 이때는 때의 변화를 고요히 살필 수 있을 뿐이고 다른 방법이 없다. 전체적으로, 사람이 무망괘의 때에 처하여 가장 중요한 것은 주관이 객관에 부합하는 것이다. 객관이 변하면 주관은 반드시 서로 응하여 변한다.

무망괘는 또한 주의할 가치가 있다. 『주역』이 내외효의 관계에 대해, 예를 들어 강유가 서로 응하는 것을 좋다고 보지만 무망괘는 그렇지 않다. 초구와 구사는 두 강효가 적응敵應[222]하고 '적응'은 본래 좋지 않지만 여기서는 도리어 좋으니, 초구는 가면 길하고 구사는 허물이 없다. 육이는 육오와 '정응'하고 육삼도 상구와 '정응'하니 '정응'은 본래 좋은 것이지만 여기서는 도리어 좋지 않으니, 육삼은 재앙이 있고 구오는 병이 있으며 상구는 허물이 있다.

222) 적응(敵應): 정응(正應)과 반대로, 상하 소성괘(小成卦: 세 개의 효로 이루어진 괘)에 응하는 효가 음양으로 이루어지지 못하는 것을 말한다.(역자 주)

26
대축괘(大畜卦)

䷙ 건하간상 乾下艮上

「서괘전」에는 "무망괘가 있은 뒤에 쌓일 수 있기 때문에 대축괘로 받았다"[223]라고 하였다. 무망괘는 실하고 허망함이 없는 것이다. 실하고 허망함이 없기 때문에 쌓일 수 있다. 이 때문에 대축괘가 무망괘 다음에 놓인 것이다. 괘상卦象에서 말하면, 이 괘는 건乾이 아래에 있고 간艮이 위에 있어 하늘이 산속에 숨어 있으니 쌓이는 바가 지극히 큰 상이다. 쌓임에는 그치거나 모이는 두 가지의 뜻이 있다. 하늘이 산속에 있는 상을 취하면 '축'은 모이는 것이 되고, '건'이 '간'에 의해 저지되는 상을 취하면 '축'은 그치는 것이 된다. 물건이 그치면 쌓이는 바가 있을 수 있기 때문에 그치는 것도 '축'의 뜻이다.

大畜, 利貞, 不家食吉, 利涉大川.(대축은 바름을 지키는 것이 이로우니, 집에서 밥을 먹지 않으면 길하니 큰 내를 건너는 것이 이롭다.)

---

223) 『周易』, 「序卦傳」. "有无妄然後可畜, 故受之以大畜."

이 괘를 대축괘라고 부르는 것은 괘의 하체가 건乾이고 상체가 간艮이기 때문이다. 비할 데 없이 지극히 큰 하늘이 산속에 둘러싸여 있고 또한 '건'의 강건함이 '간'에 의해 저지되니, 모두 쌓이는 상이 있으나 또한 보통의 쌓이는 것이 아니라 세상에서 가장 크게 쌓이는 것이다. 사람으로 말하면, 사람의 가장 크게 쌓이는 것은 학문과 도덕이 쌓이는 것이다. 학문과 도덕의 쌓임에는 얕고 깊고 많고 적음 외에도 바르고 바르지 않는 문제가 있다. 학문과 도덕이 이미 충실하고 또한 발라야 비로소 국가사회에 이로움이 있기 때문에 괘사에서 "바름을 지키는 것이 이롭다[利貞]"라고 하였다. 학문과 도덕이 이미 충실하고 또한 바른 사람은 천하 국가에 충성을 다해야 하는데, 이것은 한 몸이 길할 뿐만이 아니라 또한 천하 국가가 길한 것이다. 만약 곤궁하게 살면서 친히 집에서 밥을 먹으면, 결과는 길함과 반대된다. 학문과 도덕의 쌓임이 지극히 큰 사람이 천하 국가에 충성을 다하거나 또한 입신출세하여 때를 만날 수 있으면 확실히 천하 국가의 큰 어려움이나 위험을 구제할 수 있다. 때문에 괘사에서 "집에서 밥을 먹지 않으면 길하니 큰 내를 건너는 것이 이롭다[不家食吉, 利涉大川]"라고 하였다.

「彖」曰: 大畜, 剛健篤實輝光, 日新其德. 剛上而尚賢, 能止健, 大正也. 不家食吉, 養賢也. 利涉大川, 應乎天也.(「단전」에서 말하기를, 대축은 강건하고 독실하고 빛나서 날로 덕을 새롭게 한다. 강이 위에 있어 어진 이를 숭상하고 강건함을 저지할 수 있으니 크게 바른 것이다. '집에서 먹지 않으면 길하다'는 것은 어진 이를 기르는 것이다. '큰 내를 건너는 것이 이롭다'는 것은 하늘에 응하는 것이다.)

"대축은 강건하고 독실하고 빛나서 날로 덕을 새롭게 한다[大畜, 剛健篤實輝光, 日新其德]"라는 것은 괘의 재덕才德 방면에서 한 걸음 더 나아가서 괘명의 뜻을 해석한 것이다. '강건'은 건乾의 덕이고, '독실'은 간艮의 덕이다. 강건하기 때문에 사욕이 없고, 독실하기 때문에 허황되지 않는다. 상하의 두 체가 서로 영향을 주고 스며들어 강건한 것을 더욱 강건하게 하고 독실한 것을 더욱 독실하게 하여 빛나고 빛나서 날로 새롭게 하고 또 날로 새롭게 한다. 사람됨이 이와 같을 수 있으면 재주와 덕이 반드시 쌓이고 그치지 않아 날로 충실할 수 있다. 이것이 대축괘를 대축괘라 부르는 근거이다.

"강이 위에 있어 어진 이를 숭상하고 강건함을 저지할 수 있으니 크게 바른 것이다[剛上而尙賢, 能止健, 大正也]"라는 구절에서, 상구는 양강陽剛으로 상효에 있으니 "강이 위에 있다[剛上]"라고 하였다. 양강으로 상효에 있어 육오의 유효를 타고 있으니 어진 이를 숭상하는 뜻이 있다. 어진 이를 숭상하는 것은 바로 어진 이를 기르는 것이다. '간'이 '건'의 위에 있으니 강건함을 저지할 수 있다. "강건함을 저지한다[止健]"라는 말은 "강건하고 그친다[健而止]"라는 말과 다르다. '지건止健'의 '지'에는 쌓인다는 뜻이 있고 '지건止健'의 '건'은 어진 이의 덕과 재주를 가리켜서 말한 것이다. 때문에 "강건함을 저지할 수 있다"는 것은 "어진 이를 숭상한다"는 것과 같은 뜻이다. 국가를 다스리는데 현능賢能한 인재를 모으고 기르는 것이 바로 "크게 바른 것[大正]"이고, 뜻이 가장 큰 바른 일이다. 공자는 여기에서 『주역』의 인재 사상을 발굴해 내었다.

"집에서 밥을 먹지 않으면 길하다는 것은 어진 이를 기르는 것이다[不家食吉, 養賢也]"라는 것은 곤궁하게 살면서 친히 집에서 밥을 먹어서는 안 되고 국가에 충성을 다하여 천자나 제후의 녹을 먹어야 한다는 것이다. 국가의 관점에서 말하면, 이것은 "양현養賢", 즉 인재를 기르는 조치이다. 공자는 계속해서 인재를 쓰는 관점에서 괘사를 해석하였다.

"큰 내를 건너는 것이 이롭다는 것은 하늘에 응하는 것이다[利涉大川,

應乎天也]"라는 구절에서, 국가가 인재를 쌓고 기르면 반드시 인재를 써서 인재의 효과를 발휘할 것이다. 인재 자신의 입장에서 보면, 그는 마땅히 "큰 내를 건너서" 천하의 어려움을 구제하여 국가를 위해 큰 문제를 해결할 수 있다. 이것이 "하늘에 응하는 것"이다. "하늘에 응하는 것"에서 응하는 것은 육오이고 육오는 군주이다. 하늘은 하체인 '건'이다. 육오는 하체인 '건'의 가운데 효인 구이와 응한다. 이것이 바로 "하늘에 응하는 것"이다. 하늘에 응하여 행하면 건너지 못할 어떤 어려움도 없고 해결하지 못할 어떤 문제도 없다.

「象」曰: 天在山中, 大畜. 君子以多識前言往行, 以畜其德.(「대상」에서 말하기를, 하늘이 산속에 있는 것이 대축괘이다. 군자가 <대축괘의 상을> 보고서 성현들의 말씀과 행실을 많이 알아서 그 덕을 쌓는다.)

하늘은 비할 데 없이 지극히 크지만, 적은 것이 많은 것을 얻는 산의 의미 속에 있으니 이보다 더 큰 대축은 없다. 군자는 이 괘상을 보고 깨우침을 얻어 자기의 학문과 도덕을 끊임없이 충실히 쌓는다. 학문과 도덕이 비록 두 가지 일이지만 밀접하여 나눌 수 없고, 모두 배움에서 이르고 배움에서 커진다. 어떻게 배우는가? '다식전언왕행多識前言往行'은 선현과 선철들의 언행을 많이 배우고 이로써 수양하여 그 덕을 쌓는다는 것이다. 대축은 "덕을 쌓는다[畜德]"라는 말이고 소축은 "문덕을 아름답게 한다[懿文德]"라는 말이니, 둘은 모두 덕을 쌓는 것을 말하였다. 다만 소축의 문덕은 작은 덕일 뿐이다.

初九, 有厲, 利已.(초구는 위태로움이 있으니 그치는 것이 이롭다.)

'려厲'는 위태롭거나 위험한 것이다. '이已'는 그침이다. 초구는 강효로 강의 자리에 있고 또한 건체健體에 속하고 아래에 있으니, 초구의 본성에 따라 말하면 반드시 위로 나아가려고 한다. 그러나 육사가 그 안에 있어서 초구가 위로 나아가는 것을 저지하는데, 만약 초구가 육사의 저지를 돌아보지 않고 기필코 위로 나아가려 하면 반드시 위험이 있고 결국 위로 나아가지 못한다. 가장 좋은 방법은 스스로 그치는, 즉 스스로 그치고 나아가지 않는 것이다.

「象」曰: 有厲利已, 不犯災也.(「소상」에서 말하기를, '위태로움이 있으니 그치는 것이 이롭다'는 것은 재앙을 범하지 않는다는 것이다.

초구는 강건한 재질이니 위로 나아가려는 마음이 육사에 의해 저지되면 반드시 조급해하고 참지 못하여 일체의 나아갈 수 없음을 돌아보지 않고 억지로 나아갈 수 있다. 만약 참으로 나아갈 수 없는데 억지로 나아가면, 재앙을 범하는 것은 필연적이다. 때문에 효사에서 "위태로움이 있으니 그치는 것이 이롭다[有厲利已]"라고 경계하였다. 그치지 않으면 재앙을 범한다는 말이다.

九二, 輿說輹.(구이는 수레의 당토를 벗긴다.)

'설說'은 탈脫과 같다. '복輹'[224]은 수레 아래에 가로지른 나무로, 수레의 굴대는 그것이 있어야 비로소 움직일 수 있다. 수레가 정지하고 가지 않을 때는 당토를 벗겨 놓는다. "수레의 당토를 벗긴다[輿說輹]"라는 것은

---

224) 당토[輹]: 굴대의 중앙에 있어서 차체와 굴대를 연결하는 물건.(역자 주)

수레가 정지하고 가지 않는다는 말이다. 강요로 가지 않는 것이 아니라 스스로 가지 않는 것이다. 구이에는 "수레의 당토를 벗기는" 상이 있으니, 초구와 서로 같은 점도 있고 다른 점도 있다. 모두 양강陽剛의 재질로 모두 외괘인 음유陰柔에 의해 저지되니 이것은 서로 같은 점이다. 다른 점은, 초구는 강정剛正하고 '부중'하나 구이는 강중剛中하고 '부정'한 데 있다. 『역』은 '중'을 중시한다. 초구는 '부중'하여 저지를 받으니, 이것은 두려워함이 있어서 그치지 않을 수 없는 것이다. 구이는 '중'에 있으면서 저지를 받으니, 이것은 두려워함이 없으나 지나치게 강해서는 안 된다는 것을 알고 스스로 그치는 것이다.

「象」曰: 輿說輹, 中无尤也.(「소상」에서 말하기를, '수레의 당토를 벗긴다'는 것은 중이라서 허물이 없다는 것이다.)

"수레의 당토를 벗긴다"는 것은 스스로 그치고 나아가지 않는 것이다. '우尤'는 잘못이다. 구이는 강효로 '중'을 얻어 중덕中德이 있기 때문에 스스로 그치고 나아가지 않을 수 있고 무모하게 나아가는 잘못이 없다.

九三, 良馬逐, 利艱貞, 曰閑輿衛, 利有攸往.(구삼은 좋은 말로 쫓아가서 <힘으로 남을 복종시키니> 그치고 움직이지 않으면 이롭고, 전쟁을 멈추고 문교에 힘써서 <덕으로 남을 복종시키면> 가는 바가 있음이 이롭다.)

대축괘에서 두 효가 서로 응하면 서로 저지한다. 초구가 육사에 의해 저지되고 구이는 육오에 의해 저지된다. 구삼과 상구는 모두 양강陽剛하여 서로 응하지 않기 때문에 서로 저지하지 않는다. 또한 구삼과 상구는 모두 양강하여 모두 힘써 위로 올라가려는 것이니 둘은 뜻이 같은 상이다. 구삼이 위로 나아가려 하고, 상구도 저지시키지 않을 뿐만 아니라 도리어 그와 뜻을 합쳐서 나아간다. 이에 구삼은 좋은 말로 쫓아가는 것과 같이 위로 나아갈 수 있다. 그러나 일은 모두 두 방면에서 고려해야 한다. 보기에 문제가 없을 때일수록 더욱 그 일을 어렵게 여기고 바름을 지키며 조심하고 신중해야 한다. 구삼이 건체乾體에 처하여 강건하고 '정'에 있으며 또한 상구가 구삼과 응하기 때문에 효사에서는 "그치고 움직이지 않으면 이롭다[利艱貞]"라고 경계하였다. 만약 "전쟁을 멈추고 문교에 힘쓸[曰閑輿衛]" 수 있으면 "가는 바가 있음이 이로울[利有攸往]" 수 있다. '왈한여위曰閑輿衛'를 왕필의 주에서는 "한閑은 막힘이고 위衛는 호위함이다. 나아감에 그 때를 얻었으니 비록 어려움을 겪더라도 걱정이 없다. 수레가 비록 막힌 데를 만났어도 호위하여 위와 뜻을 합치기 때문에 가는 바가 있음이 이롭다"[225]라고 말하였다. 공영달의 소에서는 "비록 어떤 사람이 수레를 막으려고 하면 바로 방비하고 호위하여 지켜 주는 것이다"[226]라고 말하였다. 왕필과 공영달의 해석은 고대에는 주류의 의견이 아니었으니, 그렇다면 그들의 견해는 옳은가 옳지 않은가? 백서帛書 「소력昭力」편에 근거하여 대조해 보면, 왕필과 공영달의 견해는 옳다. 금본今本의 '왈한여위曰閑輿衛'는 백서 「소력」에 모두 '란여지위闌輿之衛'로 인용되어 있다. '왈曰'은 어기사이고, '한여閑輿'의 뜻은 「소력」의 '선생'이 "성곽이 수리되지 않고 병기[227]가 충실하지 않으나 천하가 모두 복종한다"[228]라고 보았다. 다시 말하면, '여輿'는 바로 성곽이나 무기이다. '란闌'은 수리하지 않

---

225) 『周易』, 「大畜卦」, 王弼注. "閑, 閡也. 衛, 護也. 進得其時, 雖涉艱難而無患也, 輿雖遇閑而故衛也. 與上合志, 故利有攸往也."

226) 『周易』, 「大畜卦」, 孔穎達疏. "雖曰有人欲閑閡車輿, 乃是防衛見護也."

227) 오병(五兵)은 다섯 가지 무기로, 과(戈) · 수(殳) · 극(戟) · 추모(酋矛) · 이모(夷矛)이다.(역자 주)

228) 帛書 『周易』, 「昭力」. "城郭不修, 五兵弗實, 而天下皆服焉."

거나 충실하지 않음이다. '란여闌輿'의 뜻은 바로 전쟁을 멈추고 문교文教에 힘써서 힘으로 남을 복종시키는 것에 반대하고 덕으로 남을 복종시킬 것을 주장하는 것이다. '란闌'은 막거나 그치게 하는 뜻이니, 즉 (쓰지 않고) 내버려 두는 것이다. '란여闌輿'는 전차를 쓰지 않고 내버려 두는 것이다. 초간楚簡에는 '란闌'자가 반班으로 되어 있다. 반班과 한閑·란闌은 음이 비슷하고 뜻이 통한다. 왕필과 공영달이 주석한 '왈한여위'에 대한 해석이 옳다는 것을 알 수 있다.

이렇게 보면, 구삼의 효사에는 두 가지 뜻이 있다. 하나는 좋은 말로 쫓아가서 힘으로 남을 복종시키는 것이다. 다른 하나는 '한여위閑輿衛', 즉 전쟁을 멈추고 문교에 힘써서 덕으로 남을 복종시키는 것이다. 전자는 "그치고 움직이지 않으면 이롭고[利艱貞]", 후자는 "가는 바가 있음이 이롭다[利有攸往]." 두 가지 선택이 두 가지 결과를 초래한다. '간艱'자는 백서에 근根으로 되어 있으니, '근'에는 그치고 움직이지 않는 뜻이 있다. '정貞'자는 정正으로 해석하고 정定으로도 해석한다. 여기서의 '정'자는 마땅히 정定(定而不動)으로 해석해야 한다. '이간정利艱貞'은 그치고 움직이지 않는 것이 이롭다는 뜻이다. 뜻은 "가는 바가 있음이 이롭다"는 것과 서로 반대된다.

「象」曰: 利有攸往, 上合志也.(「소상」에서 말하기를, '가는 바가 있음이 이롭다'는 것은 위와 뜻이 합치기 때문이다.)

구삼이 "가는 바가 있음이 이로울" 수 있는 관건은 상구가 구삼을 저지하지 않고 구삼과 뜻을 합치기 때문이다. 다른 괘는 강유가 서로 응하여 얻게 되지만, 대축괘는 강유가 서로 응하면 저지된다. 다른 괘는 강유가 서로 대적하면 함께하지 않지만, 대축괘는 강유가 서로 대적하면 뜻을 합친다.

六四, 童牛之牿, 元吉.(육사는 소의 입마개를 벗기니 크게 길하다.)

이 효사에는 옛사람들의 여러 해석이 있으나 모두 핵심을 얻지 못하였다. 오늘날의 요명춘은 반복적인 고증을 거쳐 동우童牛의 '동' 자를 분명히 함으로써 전체 효사의 뜻이 모두 분명해졌다. '동우'는 어린 송아지가 아니다. '동' 자는 여기에서 동사이다. 옛사람들은 산에 초목이 없는 것을 '동'이라고 하였으니, '동'에는 벌거벗거나 민둥민둥한 뜻이 있고 더 확대하면 다 없어지거나 빛이 바래는 뜻이 있을 수 있다. '동우지곡童牛之牿'은 육오의 '분시지아豶豕之牙'와 같이 동사와 목적어 구조의 단문이다. 동童은 동사이고 곡牿은 목적어이니 소의 입마개를 벗긴다는 뜻이다. 이것은 소에 대해서 말하면, 일종의 해방이기 때문에 "크게 길하다[元吉]"라고 하였다.

「象」曰: 六四元吉, 有喜也.(「소상」에서 말하기를, '육사의 크게 길하다'는 것은 기쁨이 있다는 것이다.)

입마개를 제거하여 해방되는 것은 물론 가장 완전하고 가장 큰 길함이니, 이것은 기쁨이 있는 것이 아니겠는가!

六五, 豶豕之牙, 吉.(육오는 돼지를 거세하여 이빨을 쓰지 못하게 하는 것이니 길하다.)

'분시지아豶豕之牙'는 육사의 '동우지곡童牛之牿'과 같이 동사와 목적어 구조의 단문이다. 동童은 동사이고 분豶도 동사이다. '동우지곡'은 소의 입마개를 제거하는 것이다. '분시지아'는 돼지를 거세하는 것이다. '시

豕'는 돼지이다. '분豶'은 돼지를 거세하는 것이다. 야생 돼지는 강폭한 동물로 날카로운 어금니를 써서 사람을 다치게 한다. 돼지의 어금니를 뽑는 것은 매우 어려우니, 문제를 해결하는 방법은 돼지를 거세하면 자연히 온순하게 바뀌어 날카로운 어금니가 있어도 사람을 다치게 하지 않는다. 육오는 '중'에 있고 또한 유순하니 이 점을 이룰 수 있다.

「象」曰: 六五之吉, 有慶也.(「소상」에서 말하기를, '육오가 길하다'는 것은 경사가 있다는 것이다.)

육사와 육오 두 효가 처한 위치에서 보면, 육사는 육오만큼 좋지 못하다. 육오는 군주의 자리에 있으니 군주 된 자가 일을 하면 영향력이 매우 크기 때문에 "경사가 있다[有慶]"라고 하였다. 육사의 영향은 자기의 몸에 제한되기 때문에 "기쁜 일이 있다[有喜]"라고 하였다.

上九, 何天之衢, 亨.(상구는 하늘의 큰길을 메니 형통하다.)

'하何' 자는 음이 '하賀hè'이고 뜻은 하荷와 같다. '구衢'는 사방으로 통하는 길이다. '천구天衢'는 통하여 막힘이 없음을 비유한 것이다. 상구는 구삼과 합쳐서 보아야 한다. 다른 괘에서는 대체로 강유가 서로 응하면 얻으나 대축괘는 초구와 육사가 서로 응하고 구이와 육오가 서로 응하지만, 서로 응하는 것은 서로 얻지 못하고 저지하는 상이다. 유독 상구만은 다르니 상구와 구삼은 두 강효로 서로 만나지만 덕이 같고 뜻이 합한다. 구삼은 앞으로 나아가려고 하고 상구도 앞으로 나아가려고 한다. 상구는 대축괘의 끝에 있어 저지함이 이미 극점에 이르렀으니 반드시 바뀌어 통하게 된다. 또한 상구는 대축괘의 주효로서 어진 이를 숭상하는 큰 임무를 지고 '하늘에 응하고 도를 행하는[應天行道]' 때를 만났으니, 마치 하늘의 큰길이 넓고 넓어서 마음대로 내달리는 것과 같다. 괘사에서 말한 "집에서 밥을 먹지 않으면 길하니 큰 내를 건너는 것이 이롭다[不家食吉, 利涉大川]"라는 것과 「단전」에서 말한 "강이 위에 있어 어진 이를 숭상한다[剛上而尙賢]"라는 것은 어진 이를 기르고 등용하는 사상을 집중적으로 나타내었다. 국가에 있어서는 인재를 기르거나 쓰는 문제이고, 개인에 있어서는 국가사회를 위해 공헌하는 문제이다.

「象」曰: 何天之衢, 道大行也.(「소상」에서 말하기를, '하늘의 큰길을 멘다'는 것은 도가 크게 행해진다는 것이다.

상구는 어진 이가 될 수 있고 또한 어진 이를 기르거나 등용하는 사람이 될 수 있다. 어떤 사람이든 그 덕은 이미 쌓여서 충분하니, 여기에 이르러서는 상구의 작용을 발휘해야 한다. 쌓임이 자기 몸에 있는 것을 '덕'이라 부르며, 국가사회로 응용해 가서 자기 몸에 쌓인 덕을 실천으로 구체화된 것이 바로 '도'이다. 상구는 몸에 무거운 책임을 지고서 대축괘의 때를 만나고 대축괘의 극처에 처하여 작용이 충분히 발휘될 수 있으니, "하늘의 큰길을 메어[何天之衢]" 사방팔방으로 통하여 조금도 막힘이 없는 것과 같으니 "도가 크게 행해진다[道大行也]"라고 할 수 있다.

총론

공자의 「단전」과 「상전」에 있는 해석에 근거하면, 대축괘의 요지는 쌓거나 그치는 것이다. 괘사와 「단전」 및 「대상」에서는 주로 쌓은 것을 말하였고, 효사와 「소상」에서는 주로 그치는 것을 말하였다. 공자는 또한 대축괘의 괘 뜻을 추상적인 것에서 구체적인 것으로 끌어올려 곧바로 어진 이를 기르거나 등용하는 문제로 이해하였다.

여섯 효는 주로 그치는 것을 말하였지만 쌓는 뜻과 관계가 있으니, 결국 어진 이를 기르거나 등용하는 문제를 설명하고 있다. 초구는 위태로움이 있으니 어려움을 알고서 그친다. 구이는 '중'을 얻어 당토를 벗기고 스스로 그칠 수 있으니, 때를 알고서 그쳐야 할 때에 그친다. 구삼과 상구는 적응敵應하여 뜻이 합치고 도가 같으니 때를 알고서 그쳐야 할 때에 그친다. 그치면 '왈한여위曰閑輿衛', 즉 전쟁을 멈추고 문교文敎에 힘써서 덕으로 사람을 복종시킨다. 육사의 '동우지곡童牛之牿'은 속박을 제거하고 나의 자유로 돌아온다는 것이다. 육오는 더 근본적으로 문제를 해결하였으니 '분시지아豶豕之牙', 즉 거세의 방법을 통하여 돼지의 야성野性을 극복한 것이다. 상구는 저지함이 극에 이르러 크게 통하고 저지함의 도가 행해지니, 막힘이 없이 통하는 것이 하늘의 큰길과 같다. 어진 이를 숭상하는 관점에서 고찰하면, "위태로움이 있다[有厲]"거나 "당토를 벗긴다[脫輹]"는 것은 "집에서 밥을 먹는다[家食]"는 것에 해당되니 어진 이가 큰 내에 의해 저지되어 아직 나아가서 쓰이지 못하는 것이다. "입마개를 벗긴다[童牿]"거나 "돼지를 거세한다[豶豕]"는 것은 방해하는 것에서 제때에 해방되거나 근본적인 조치를 얻은 것이다. 구삼에 이르러서는 어진 이의 길이 점차 열려 "전쟁을 멈추고 문교에 힘쓰면[曰閑輿衛]" 어진 이가 나아갈 수 있다는 것이다. "하늘의 큰길을 메는[何天之衢]" 때에 이르면, 큰 내를 이미 건넜고 위험도 이미 제거되어 어진 이의 길이 넓게 열렸으니 조금도 장애가 없다.

27
이괘(頤卦)

䷚ 진하간상 震下艮上

「서괘전」에는 "물건이 쌓인 뒤에 기를 수 있기 때문에 이괘로 받았다"[229]라고 하였다. 물건이 이미 쌓이면, 이어지는 문제는 어떻게 그것을 길러서 번식시키느냐는 것이다. 이 때문에 대축괘 다음에 이괘가 놓인 것이다. 이괘는 진震이 아래에 있고 간艮이 위에 있어 중간에 네 음효와 위아래에 각각 하나의 양효가 있다. 서합괘(䷔)와 비교하면, 서합괘는 중간에 구사인 하나의 양효가 있어서 입속에 물건이 있는 것과 같다. 입속의 물건을 제거하면 바로 사람의 입과 같다. 입의 형상은 가운데가 비어 있고 위아래가 실하며, 또한 위는 그치고[艮] 아래는 움직여서[震] 사람이 밥을 먹고 있는 것과 매우 비슷하다. 사람은 입으로 먹고 마심으로써 사람의 몸을 기른다. 기르는 것이 바로 이頤이기 때문에 괘명을 이괘라고 하였다. 그러나 '이'에는 보편적인 의미가 있다. 공자의 이해를 따르면, 천지가 만물을 기르고, 군주가 어진 이를 기르거나 만백성을 기르며, 사람이 몸을 기르고 덕을 기르는 데 이르기까지 모두 '이'의 뜻이 안에 내포되어

229) 『周易』, 「序卦傳」. "物畜然後可養, 故受之以頤."

있다.

> 頤, 貞吉, 觀頤, 自求口實.(이는 바르면 길하니, 남을 기르는 것을 보고 스스로 입안을 채울 음식을 구해야 한다.)

이괘의 내포하는 뜻이 광범위하지만, 귀납하면 남을 기르거나 자신을 기르는 두 방면에 불과하다. '관이觀頤'는 〈남을〉 기르는 것을 보는 것이다. "〈남을〉 기르는 것을 본다"는 것은 기르는 대상을 보는 것이 아니라 기르는 도, 즉 어떻게 기르는지를 보는 것이다. '자구구실自求口實'은 자신을 기르는 것을 보는 것이다. "자신을 기르는 것을 본다"는 것은 몸을 기르고 덕을 기르는 도, 즉 어떻게 자신을 기르는지를 보는 것이다. '남을 기르는 것'과 '자신을 기르는 것'에서 가장 중요한 문제는 그가 기르는 것이 바른지 바르지 않는지를 보는 것이니, 바르면 길하고 바르지 않으면 길하지 않다.

> 「彖」曰: 頤, 貞吉, 養正則吉也. 觀頤, 觀其所養也. 自求口實, 觀其自養也. 天地養萬物, 聖人養賢以及萬民. 頤之時大矣哉. (「단전」에서 말하기를, '이는 바르면 길하다'는 것은 기르는 것이 바르면 길하다는 것이다. '관이'는 기르는 것을 보는 것이다. '스스로 입안을 채울 음식을 구한다'는 것은 자신을 기르는 것을 보는 것이다. 천지가 만물을 기르며 성인이 어진 이와 만백성을 기른다. 이의 때가 크다.)

"이는 바르게 하면 길하다는 것은 기르는 것이 바르면 길하다는 것이다[頤, 貞吉, 養正則吉也]"라는 구절에서 "기르는 것이 바르면 길하다"는 것은 괘사인 "이는 바르면 길하다[頤, 貞吉]"는 것을 해석한 것이다. 기르는 문제의 관건은 바르거나 바르지 않는 데 있다. 무엇이 바르고 무엇이 바르지 않는가? 남을 기르는 도가 바른지 바르지 않는지를 보는 것은 위아래의 두 양효를 가리킨다. 스스로 입안을 채울 음식을 구하여 자신을 기르는 도가 바른지 바르지 않는지를 보는 것은 중간의 네 음효를 가리킨다.

"관이는 남을 기르는 것을 보는 것이고, 스스로 입안을 채울 음식을 구한다는 것은 자신을 기르는 것을 보는 것이다[觀頤, 觀其所養也. 自求口實, 觀其自養也]"라는 구절에서 "남을 기르는 것을 보는 것[觀其所養]"과 "자신을 기르는 것을 보는 것[觀其自養]"은 두 방면에서 말한 것이나, 귀결하면 여전히 기르는 문제이다. 남을 기르든 혹은 자신을 기르든, 보아야 하는 것은 근본적으로 기르는 도가 바른지 바르지 않는지에 있다. 바르고 바르지 않는 것에는 결코 고정불변의 표준이란 없다. 도의道義로써 기르거나 혹은 음식으로써 기르는 것이 바르다는 것이니, 어느 것을 우선시하는가는 온전히 처한 때의 마땅함을 보고서 결정한다. 효에서 보면, 남을 기르는 도가 바른지 바르지 않는지를 보는 것은 완전히 두 양효를 보는 데 있다. 스스로 입안을 채울 음식을 구하여 자신을 기르는 도가 바른지 바르지 않는지를 보는 것은 완전히 중간에 네 음효를 보는 데 있다.

"천지가 만물을 기르고 성인이 어진 이와 만백성을 기른다. 이의 때가 크다[天地養萬物, 聖人養賢以及萬民. 頤之時大矣哉]"라는 구절에서 "천지가 만물을 기르고 성인이 어진 이와 만백성을 기른다"는 등은 괘효의 기르는 뜻을 확대하였기 때문에 "이의 때가 크다"라고 하였다. 천지와 성인이 기르는 것은 공정하고 사사로움이 없다. 이것이 바로 천지와 성인이 기르는 올바름이다. 천지와 성인이 자신을 기르는 문제는 「단전」에서는 말하지 않았다. 왜냐하면 그것은 말할 필요가 없기 때문이다. 천지와 성인이 자신을 기르는 것은 당연히 공정하고 사사로움이 없다. 자연과 사회의 두 방면을 완전히 기르는 문제 속에다 집어넣었다. 천지가 만물을 기르는 것에는 당연히 일정한 규율이 있다. 비·이슬·햇빛의 베풂이나 사계절·음양의 교체에 어긋남이 없는 것은 바른 것이다. "성인이 어진 이와 만백성을 기르는 것"은 "천지가 만물을 기르는 것"과 마찬가지로 또한 규율이 있다. 성인은 통치자이니, 통치자가 사람을 기르는 것은 주로 어진 이를 기르는 문제이다. 어진 이를 기르는 것을 통하여 백성을 기르는 것이다.

「象」曰: 山下有雷, 頤. 君子以愼言語, 節飮食.(「대상」에서 말하기를, 산 아래에 우레가 있는 것이 이괘이다. 군자가 <이괘의 상을> 보고서 말을 삼가며 음식을 절제한다.)

산 아래에 우레가 있다. 위는 그치고 아래는 움직이니 입의 상이다. 입과 관계되는 일로는 하나는 말이고, 다른 하나는 음식이다. 군자는 이괘의 상을 보고서 말을 삼가고 음식을 절제해야 한다. 재앙은 입에서 나오고 병은 입으로 들어간다. 말은 한번 나오면 다시는 들어갈 수 없고, 음식은 한번 들어오면 다시는 나올 수 없다. 때문에 말과 음식 두 가지 일은 가장 신중히 대처해야 한다. 개인에서 말하면, 말은 말이고 음식은 음식이다. 국가에서 말하면, 말은 정책과 법령을 포괄하고 음식은 세금과 부세를 포괄한다. 국가의 '말'은 더욱 신중해야 하고 국가의 '음식'은 더욱 절제하여 절대로 부정으로 들어오거나 부정으로 나가게 해서는 안 된다.

初九, 舍爾靈龜, 觀我朶頤, 凶.(초구는 너의 신령스런 거북이를 버리고 나를 보고 턱을 늘어뜨리니 흉하다.)

이괘는 초효와 4효, 3효와 상효가 응하는 관계에 있지만 그것들의 체성

體性은 각자 다르다. 초효와 3효는 진체震體에 있으니 움직이는 것이고, 4효와 상효는 간체艮體에 있으니 그치는 것이다. 전체 괘에서 보면, 초효와 상효 두 양효는 남을 기르는 것이고, 중간의 네 음효는 길러지는 것이다. 이 때문에 각 효는 서로 보는 것이다. 초효는 본래 4효와 응하지만 공체共體가 다르니, 4효는 지체止體에 있고 초효는 동체動體에 있다. 그러므로 4효가 비록 "부단히 욕심을 내지만[逐逐之欲]" "노려보듯이 볼[眈眈之視]" 뿐이다. 효사의 "너의 신령스런 거북이를 버리고 나를 보고 턱을 늘어뜨린다[舍爾靈龜, 觀我朶頤]"라는 구절에서 '나[我]'는 초구를, '너[爾]'는 육사를 가리킨다. 초구는 육사에게 다음과 같이 말하였다. "너는 어째서 너의 신령스러운 거북이가 호흡에 의지하여 고요히 기르는 특성을 버려두고 2효와 3효가 나의 늘어뜨린 턱에서 길러지는 것만을 보는가?" 신령스러운 거북은 호흡으로 기르고 항상 고요함을 지키고 움직이지 않는다. 초구는 움직이고 뽐내기를 좋아하며 함양하지 않는다. 초구는 아래의 낮은 지위에 있어 마땅히 고요해야 하지만 고요하지 않다. 육사가 위에서 노려보기 때문에 흉하다. 초구와 육사는 본래 서로 응하므로 다른 괘에서는 좋지만 이괘에서는 응하는 것을 중시하지 않는다. 지금 초구가 육사에게 동체同體를 버리고 응함을 따르도록 하며 함부로 움직이고 스스로 잘난 체하니 좋지 않다.

「象」曰: 觀我朶頤, 亦不足貴也.(「소상」에서 말하기를, '나를 보고 턱을 늘어뜨린다'는 것은 또한 귀할 만한 것이 못 된다.)

초구가 육사에게 그침[艮]을 버리고 움직임[震]을 배울 것을 가르쳤으나 육사가 듣지 않는 것은 진실로 "귀할 만한 것이 못 된다[不足貴]." 초구는 다만 턱을 늘어뜨리고 기르는 것으로 스스로 잘난 체하니 "또한 귀할 만한 것이 못 된다."

六二, 顚頤, 拂經, 于丘頤, 征凶.(육이는 거꾸로 길러지므로 상도에 어긋나고 언덕에 길러지러 가면 흉하다.)

'전顚'은 '거꾸로'이다. "거꾸로 길러진다[顚頤]"는 것은 마땅히 아래에 있는 초구에게 길러지기를 구한다는 말이다. '경經'은 상도이다. "상도에 어긋난다[拂經]"는 것은 함께 응하는 상도에 얽매여서는 안 된다는 말이다. "언덕에 길러진다[于丘頤]"는 것은 육오에 응한다는 말이다(육오는 간체艮體에 있으니 '간'에는 언덕의 상이 있다). 가서 육오에 응하면 흉하다.

「象」曰: 六二征凶, 行失類也.(「소상」에서 말하기를, '육이의 가면 흉하다'는 것은 움직임에 같은 무리를 잃었기 때문이다.)

'행行'은 움직임이니 진震의 상이다. '류類'는 동체同體의 양효인 초구를 말한다. "움직임에 같은 무리를 잃었다[行失類]"는 것은 응하는 것(육오)을 구하고 동체(초구)를 구하지 않았다는 말이다.

六三, 拂頤, 貞凶, 十年勿用, 无攸利.(육삼은 길러 주는 도에 어긋나므로 바르더라도 흉하여 10년이 되어도 길러 줄 수 없으니 이로운 바가 없다.)

'불이拂頤'는 동체의 서로 길러 주는 도에 어긋나는 것이다. '정貞'은 바름이니 '경經'자이다. "바르더라도 흉하다[貞凶]"는 것은 육삼이 동체의 양효인 초구와 응하지 않고 상체인 간艮의 상구와 '정응'하는 것을 말한다. 상효가 비록 육삼과 '정응'하지만 동체가 아니므로 서로 길러 줄 수 없기 때문에 흉하다. 10년은 곤坤의 성수成數이다. '물용勿用'은 길러 줄 수 없다는 것이다.

「象」曰: 十年勿用, 道大悖也.(「소상」에서 말하기를, '10년이 되어도 길러 줄 수 없다'는 것은 도가 크게 어그러진 것이다.)

"10년이 되어도 길러 줄 수 없다[十年勿用]"는 것은 문제가 매우 심각한 것이다. 육삼의 잘못은 일반적인 문제가 아니라 "도가 크게 어그러진 것[道大悖]"이다. '패悖'는 어그러짐이다. "도가 크게 어그러진 것"은 "길러 주는 도에 어긋나는 것[拂頤]"이다. "길러 주는 도에 어긋나는 것"은 동체의 서로 길러 주는 도에 어긋나는 것이다. 동체인 초구와 응하지 않고 이체異體인 상구와 '정응'한다는 것이다. 『역』의 효사에서 "바르더라도 흉하다[貞凶]"라고 말한 것은 모두 여덟 곳이 있으니, 둔괘屯卦·사괘師卦·수괘隨卦·손괘巽卦·절괘節卦·중부괘中孚卦는 모두 외괘에 있고 이괘의 육삼과 항괘恒卦의 초육만은 내괘에 있다.

六四, 顚頤吉, 虎視眈眈, 其欲逐逐, 无咎.(육사는 거꾸로 길러지나 길하니 호랑이가 <먹이를> 노려보듯이 하고 그것을 구하기를 계속하면 허물이 없을 것이다.)

'전顚' 자에는 거꾸로의 뜻이 있고 불안하다는 뜻도 있다. "거꾸로 길러진다[顚頤]"는 것은 육사가 상구와 동체이나 초구와 서로 응하니, 즉 동체에서 길러짐을 구하지 않고 아래의 초구에서 길러짐을 구하는 것이다. 육이는 초구의 위에 있고 이 효는 진震의 위에 있기 때문에 모두 "거꾸로"라고 하였다. 대체로 기르는 것은 고요함을 중시하나, 이괘의 하체가 '진'이고 움직이는 것이기 때문에 흉하고 상체는 간艮이고 고요하기 때문에 길하다.

'호시탐탐 기욕축축虎視眈眈, 其欲逐逐'은 모두 거꾸로 길러지는 상이다. 호랑이가 길을 걸을 때면 반드시 머리를 아래로 늘어뜨리고 땅을 보는데, 땅은 바로 초구이다. '탐탐眈眈'은 보는 것이 아주 가까우나 목표는 아주 먼 것이다. '축축逐逐'은 욕심이 부단히 계속되는 것이다. '탐탐'은 '축축'의 뜻을 내포하고 있다. "허물이 없다[无咎]"는 것은 길하다는 것이다.

'호시탐탐虎視眈眈'은 호랑이가 아래로 어떤 먹이를 응시하고 다른 것은 돌아보지 않는 모양이다. '기욕축축其欲逐逐'은 구하기를 계속하여 목적에 도달하지 않고는 그만두지 않는 것이다. 육사가 초구에게 길러지기를 구하는 것은 마치 호랑이가 먹이를 낚아챌 때처럼 먹이를 응시하면, 즉 마음을 하나로 모아 집중하고 또한 그만두지 않고 계속하면 반드시 목적에 도달하는 것과 같다. 이것은 육사가 위에 있으면서 덕을 구하고 또한 아래에서 길러지기를 구하는 바른 도이다. 육사가 이와 같을 수 있기 때문에 허물이 없다. 안으로 자신을 길러서 먹지 않고도 장수하는 것으로는 거북이가 가장 대표적이기 때문에 초구는 거북이를 상으로 취하였다. 밖에서 길러지기를 구하여 집중하지 않고 오래 하지 않으면 일이 이루어지지 않는 가장 대표적인 것이 호랑이기 때문에 육사는 호랑이를 상으로 취하였다.

「象」曰: 顚頤之吉, 上施光也.(「소상」에서 말하기를, '거꾸로 길러지니 길하다'는 것은 위에서 베풂이 빛나기 때문이다.)

먹이를 보면 반드시 시선이 모아진다. 지금 위에서 아래를 보기 때문에 "위에서 베풂이 빛난다[上施光]"라고 하였다. 간艮이 위에 있고 '간'에는 빛나는 상이 있다.

六五, 拂經居貞吉, 不可涉大川.(육오는 상도에 어긋나나 바름을 지키면 길하거니와 큰 내를 건너서는 안 된다.)

'불경拂經'은 상도에 어긋나는 것이다. 육오가 육이와 서로 응하는 것은 정상적이다. 지금 서로 응하지 않기 때문에 육오에서는 "상도에 어긋난다[拂經]"라고 하였고 육이에서도 "상도에 어긋난다[拂經]"라고 하였다. 결과, 육오는 상구와 '비'의 관계를 취하고 육이는 초구와 '비'의 관계를 취한다. '거居'는 고요히 지키는 것이고, '정貞'은 가운데 있으면서 동체인 상구에게 길러지기를 구하는 것이다. "큰 내를 건너서는 안 된다[不可涉大川]"는 것은 실제로 "바름을 지킨다[居貞]"는 것이다. 그러나 육오의 바름은 육삼과 구별된다. 육삼의 바름은 가서 응하기를 구하니 움직이는 곳에서 말하였고, 육오의 바름은 가까이 있는 상구와 '비'하니 고요한 곳에서 말하였기 때문에 '거居'자를 덧붙였다.

「象」曰: 居貞之吉, 順以從上也.(「소상」에서 말하기를, '바름을 지키면 길하다'는 것은 유순히 상구를 따르기 때문이다.)

육오의 '불경거정拂經居貞'이 길함을 얻을 수 있는 것은 유순한 덕으로 상구를 따르고 상구의 힘을 빌려서 천하를 기르기 때문이다. 실제로 이것은 「단전」에서 말한 "성인이 어진 이와 만백성을 기르는[聖人養賢以及萬民]" 일이다.

上九, 由頤, 厲吉, 利涉大川.(상구는 <상구로> 말미암아 길러지니 위태롭게 여기면 길하고 큰 내를 건너는 것이 이롭다.)

이괘 중간의 네 음효는 모두 위아래의 두 양효에게서 길러지기를 구하나, 두 양효는 또한 상구로 주효를 삼는다. 상구는 간艮의 그치는 가장 위의 효로 네 음효가 모두 상구에 의지하여 길러지기 때문에 "상구로 말미암아 길러진다[由頤]"라고 하였다. "상구로 말미암아 길러지면" 마땅히 길함을 얻는다. 그러나 상구는 결국 신하이니, 신하로서 천하의 중임重任을 기르면 항상 위태롭게 여기고 경계하고 두려워해야 비로소 길함을 얻을 수 있기 때문에 "위태롭게 여기면 길하다[厲吉]"라고 하였다. "큰 내를 건너는 것이 이롭다[利涉大川]"라는 것과 "위태롭게 여기면 길하다"라는 것은 서로 관계가 있다. "큰 내를 건너는 것이 이롭다"는 이면에는 위태롭다거나 길하다는 두 가지 뜻을 내포하고 있다. 큰 어려움이나 큰 위험한 문제를 해결해야 하기 때문에 위태롭고, 큰 어려움이나 위험한 문제를 해결할 수 있기 때문에 길하다.

「象」曰: 由頤厲吉, 大有慶也.(「소상」에서 말하기를, '상구로 말미암아 길러지니 위태롭게 여기면 길하다'는 것은 크게 경사가 있다는 것이다.)

"크게 경사가 있다[大有慶]"는 것은 한 사람의 경사가 아니라 바로 천하의 경사이다. 상구의 "위태롭게 여기면 길하다[厲吉]"는 것은 그 자신의 공로가 아니라, 육오의 상구에 대한 신임·의존·순종에 의해 얻어진 것이다. 이것은 육오 「소상」의 견해와 서로 대응된다. 육오의 "바름을 지키면 길하다[居貞之吉]"라는 것은 육오가 바름을 굳게 지켜서 얻는 것이 아니라 육오가 "유순히 상구를 따름으로써[順以從上]" 상구의 힘에 기대어 얻는 것이다.

총론

이괘가 말한 것은 기르는 문제이다. 기르는 문제는 매우 복잡하다. 사람과 사람의 관계에서 말하면 '남을 기르는 것'과 '자신을 기르는' 두 방면을 포괄하고, 기르는 내용에서 말하면 '덕을 기르는 것'과 '몸을 기르는' 두 방면을 포괄한다. 남을 기르거나 자신을 기르는 것은 모두 공정하고 사사로움이 없는지의 문제이다. 자기를 기르는 것에는 덕을 기르거나 몸을 기르는 구분이 있으니, 덕을 기르는 것은 큰 것이고 몸을 기르는 것은 작은 것이다. 이것은 일반적인 상황에서 말하면, 무엇이 좋고 무엇이 좋지 않은지도 일률적으로 논할 수 없고 구체적인 상황에 따라 결정되어야 한다는 것이다. 이괘의 특징은 상체와 하체의 구별이 있으니 상체의 간艮은 지체止體이니 고요함을 주로 하며, 하체의 진震은 동체動體이니 움직임을 주로 한다. 동정動靜을 서로 비교하면, 고요한 것은 좋은 것이고 움직이는 것은 좋지 않는 것이다. 두 번째 특징으로, 이괘의 위아래의 두 양효는 남을 길러 주는 것이고 중간의 네 음효는 길러지는 것이다. 세 번째 특징으로, 동체同體가 서로 길러 주는 것은 좋은 것이고, 동체가 서로 길러 주기를 구하지 않고 서로 응하기를 구하는 것은 좋지 않은 것이다. 네 번째 특징으로, 위의 세 효는 모두 길하나 아래의 세 효는 모두 흉하다. 또한 호후胡煦의 체괘주효體卦主爻의 이론에 따르면 이괘의 주효는 두 개가 있으니 초구와 상구이다. 또한 아래의 다섯 효는 모두 상구에 의해 통제되기 때문에 두 양효는 상구를 이 괘의 주효로 선택할 수 있다. 그 밖에 "상도에 어긋난다[拂經]", "길러 주는 도에 어긋난다[拂頤]", "거꾸로 길러진다[顚頤]", "턱을 늘이뜨린다[朶頤]"는 등의 몇 가지 개념은 마땅히 자세히 반복하여 음미해야 한다.

28
대과괘(大過卦)

䷛ 손하태상 巽下兌上

「서괘전」에는 "이괘는 기르는 것이다. 기르지 않으면 움직일 수 없기 때문에 대과괘로 받았다"[230]라고 하였다. 세상의 만사만물은 모두 기른 뒤에 이루어지고, 이루어지면 움직일 수 있고, 움직이면 바로 '지나침'의 문제가 발생한다. 때문에 이괘의 다음에 대과괘를 놓은 것이다. 대과괘는 손巽이 아래에 있고 태兌가 위에 있어 못이 나무 위에 있는 것이다. 못은 마땅히 나무를 윤택하게 길러 주어야 하지만 지금은 의외로 나무를 없애는 데 이르렀으니 '대과'의 상이다. 대과는 양이 지나친 것이다. 양을 크다고 하기 때문에 양이 지나친 것을 '대과'라고 하였다. 확대해 가면, 모든 일이 보통의 수준을 뛰어넘어 비정상적인 정도에 이르러 보통의 상견常見보다 큰 것은 모두 '대과'라고 말할 수 있다. 대과의 '과'는 '과유불급過猶不及'의 '과'가 아니다. '과유불급'은 일을 처리하는 데 '중'을 요구하여 모자라거나 지나치지 않도록 하는 것을 말한다. 모자라거나 지나친 것은 모두 '중'이 아니니 마땅히 바로잡아야 하지만, 대과가 강조한 것은 대

230) 『周易』, 「序卦傳」. "頤者, 養也. 不養則不可動, 故受之以大過."

소강약大小强弱의 '대'이니 바로잡는 문제는 존재하지 않는다.

大過, 棟橈, 利有攸往, 亨.(대과는 마룻대가 휘니 가는 바가 있음이 이로워서 형통하다.)

'동棟'은 용마루의 들보[231] 나무로 나무와 기와를 두르는 데 쓰인다. '요橈'는 굽음이다. 대과는 네 양의 괘로, 『역』에서 네 양인 괘는 모두 15개가 있으나 유독 이 괘를 '대과'라고 한 것은 양이 음보다 많기 때문이 아니라 네 양이 괘의 가운데에 모여 있고 두 음이 괘의 처음과 끝에 나누어져 있기 때문이다. 초육은 처음이 되고 상육은 끝이 된다. 양 끝이 지나치게 약하고 중앙이 지나치게 강하다. 네 양이 마룻대이고 양 끝은 처음과 끝에 걸려 있다. 처음과 끝은 모두 음유陰柔하고 힘이 없어 무거운 임무를 담당할 수 없기 때문에 마룻대가 휘는 상이다. 그러나 양이 비록 지나치지만 2효와 5효가 '중'을 얻고 또한 안은 공손하고 밖은 기뻐하여 실행할 만한 도가 있기 때문에 가는 것이 이롭고 형통함을 얻는다. 휘는 것은 괘상이다. 가는 것이 이롭고 형통한 것은 괘덕이다.

「彖」曰: 大過, 大者過也. 棟橈, 本末弱也. 剛過而中, 巽而說行, 利有攸往, 乃亨. 大過之時大矣哉.(「단전」에서 말하기를, 대과는 큰 것이 지나침이다. 마룻대가 휘는 것은 처음과 끝이 약하기 때문이다. 강이 지나치나 중에 있고 공손하고 기쁨으로 행하여 가는 바가 있으면 이로우니 형통하다. 대과의 때가 크다.)

---

231) 도리: 서까래를 받치기 위해 기둥과 기둥 위에 걸쳐 놓는 나무.(역자 주)

"대과는 큰 것이 지나친 것이다[大過, 大者過也]"라는 구절에서 큰 것이 지나친 것은 바로 양이 지나친 것이다. 괘 중에 네 양이 중앙에 모여 이어져 있고 그 가운데 2효와 5효 두 양이 '중'에 있어 일을 처리하고 두 음이 밖으로 배척되니, 이것은 양이 지나친 것이고 양이 지나친 것이 바로 대과괘이다.

"마룻대가 휘는 것은 처음과 끝이 약하기 때문이다[棟橈, 本末弱也]"라는 구절에서 양이 지나친 것과 처음과 끝이 약한 것은 한 문제의 두 방면이다. 마룻대가 휘는 것은 '강'이 지나치기 때문이고 또한 처음과 끝이 약하기 때문이다.

"강이 지나치나 중에 있고 공손하고 기쁨으로 행하여 가는 바가 있으면 이로우니 형통하다[剛過而中, 巽而說行, 利有攸往, 乃亨]"라는 구절에서, 여섯 효의 상에서 보면 가운데 네 효는 강하고 처음과 끝이 약하니 마룻대가 휘는 상이다. 여섯 효의 재질에서 보면, 문제는 해결될 수 있다. 가운데 네 효가 비록 '강'이 지나치지만, 2효와 5효가 모두 '중'을 얻어 일을 처리하고 3효와 4효가 괘체의 가운데 있으며 초효와 상효가 또한 공손하고 기쁨으로 행하여 사람의 마음을 얻을 수 있으니, 이러한 두 조건을 갖추고서 가는 바가 있으면, 즉 행동함이 있으면 확실히 형통할 수 있다.

"대과의 때가 크다[大過之時大矣哉]"라는 구절에서, 대과의 때가 큰 것은 대과의 때에 반드시 대과의 일이 있기 때문이다. 대과의 일은 군주를 세우고 나라를 일으키며 풍속을 바꾸는 등과 같으니, 그 때를 얻지 못하면 이루지 못하고 그 때를 얻었더라도 그 사람이 없으면 또한 이룰 수 없다. 대과의 때는 바로 남보다 크게 뛰어난 인재가 작용을 발휘하는 때이다.

「象」曰: 澤滅木, 大過. 君子以獨立不懼, 遯世无悶. (「대상」에서 말하기를, 못이 나무를 없애는 것이 대과괘이다. 군자가 <대과괘의 상을>

보고서 홀로 서서도 두려워하지 않고 세상을 피하여 은둔하여도 근심하지 않는다.)

못은 본래 나무를 윤택하게 길러 주는 것이지만 지금은 의외로 나무를 없애서 일이 크게 잘못되는 것으로 발전하는 것이니, 이것을 '대과'라고 한다. 군자는 '대과'의 상을 보고 남보다 크게 뛰어난 행실을 세운다. 이른바 남보다 크게 뛰어난 행실은 "홀로 서서도 두려워하지 않고 세상을 피하여 은둔하여도 근심하지 않는다[獨立不懼, 遯世无悶]", 즉 국가의 일을 처리할 때에 나아갈 수 있으면 과감히 행동하여 천하가 비난하여도 돌아보지 않고, 물러나야 하면 원망하거나 탓함이 없어 온 세상이 알아주지 않더라도 후회하지 않는다는 것이다.

初六, 藉用白茅, 无咎.(초육은 자리에 흰 띠풀을 쓰니 허물이 없다.)

「계사전」에는 "진실로 〈그대로〉 땅에 놓아도 괜찮거늘, 자리에 띠풀을 사용하니 무슨 허물이 있겠는가! 신중함이 지극한 것이다. 띠풀이란 것은 하찮으나 쓰임은 중요할 수 있으니, 이러한 방법을 신중히 하여 나아가면 잘못되는 일이 없을 것이다"[232]라고 하였다. 공자의 이 단락의 해석에 근거하면, 이 효의 요지는 일을 처리하는 데 반드시 조심하고 신중할 것을 강조하는 데 있다. 만약 큰일을 처리할 때는 보통의 조심이나 신중함으로는 안 되며, 신중함이 지극하지 않으면 성공할 수 없다. 초육은 대과괘의 처음에 처하여 음이 손巽의 아래에 있으며 강剛을 침범할 수 없어서 일을

232) 『周易』, 「繫辭傳(上)」, 第7章. "苟錯諸地而可矣, 藉之用茅, 何咎之有! 愼之至也. 夫茅之爲物薄, 而用可重也. 愼斯術也以往, 其无所失矣."

처리하는 데 지극히 신중하고 지극히 조심하니, 이것은 물건을 땅 위에 놓아도 괜찮지만 다시 아래에 흰 띠풀을 깔아서 백의 하나라도 잃는 것이 없게 하는 것과 같다.

「象」曰: 藉用白茅, 柔在下也.(「소상」에서 말하기를, '자리에 흰 띠풀을 쓴다'는 것은 유가 아래에 있기 때문이다.)

"자리에 흰 띠풀을 쓴다[藉用白茅]"는 것은 유가 아래에 있는 상이다. 초육은 음유陰柔로써 대과괘의 아래에 처하여 구사와 '정응'하기 때문에 "유가 아래에 있다[柔在下]"라고 하였다. "유가 아래에 있다"는 것은 강이 위에 있다는 것에 상대하여 말한 것이다. 높은 것은 낮은 것을 기초로 삼고 강한 것은 유한 것을 근본으로 삼으니, 초육이 비록 약하지만 신중하게 잘 처리하면 도리어 구사의 마룻대가 기울지 않게 지탱할 수 있다.

九二, 枯楊生稊, 老夫得其女妻, 无不利.(구이는 마른 버드나무에 뿌리가 생기고 늙은 남편이 아내를 얻으니 이롭지 않음이 없다.)

'제稊'자는 지금까지 정확한 해석이 없으며, 정이가 뿌리로 해석한 것이 진실에 가깝다. 지금은 정이의 설을 따른다. 구이의 효는 양이 지나친 때에 처해 있다. 양이 지나치면 좋지 않다. 때문에 그것을 "마른 버드나무[枯楊]"와 "늙은 남편[老夫]"에 비유하였다. 그러나 구이는 강이 지나치는 처음에 처하여 '중'을 얻었고 유효의 자리에 있으며 구오와 응함이 없으나 초육과 매우 가깝다. 이것은 '강'이 지나친 사람이지만 중도中道와 음유陰柔로써 서로 구제하니, 이것은 버드나무가 말랐지만 뿌리가 나와 생기가 출현할 수 있거나 늙었지만 결국 여처女妻, 즉 젊은 아내를 얻어 출산의 공을 이룰 수 있는 것과 같다. 구이는 '강'이 지나치지만 아직 극처에 이르지 않았고 또한 초육과 서로 가깝기 때문에 늙은 남편이 젊은 아내를 얻는 상이다. 다른 괘에서는 '강'으로 강효의 자리에 있어 자리를 얻는 것이 좋은 것이지만, 대과괘에서는 '강'이 이미 지나쳐서 반드시 '유'가 와서 서로 구제함이 있어야 하기 때문에 대과괘의 강효는 모두 유효의 자리에 있어 자리를 얻지 못하는 것이 길하다.

「象」曰: 老夫女妻, 過以相與也.(「소상」에서 말하기를, 늙은 남편과 젊은 아내는 지나치게 서로 함께한다.)

구이는 양이 지나치지만 초육과는 매우 가까우니 늙은 남편이 젊은 아내를 얻는 상이다. 늙은 남편은 바로 양이 지나친 것이지만, 지금 젊은 아내를 얻어 서로 구제하여 마침내 새로이 출산을 얻는 공능이 있다.

九三, 棟橈凶.(구삼은 마룻대가 휘니 흉하다.)

괘사에서 말한 마룻대는 중간의 네 양효를 가리킨다. 효사에 이르러서는 마룻대를 구삼과 구사 두 효로 확정하였으나 마룻대가 휘는 상은 구삼에만 속한다. 이것은 구삼이 강으로 강효의 자리에 있어 지나치게 강하고 '부중'한 이유 때문이다. 대과괘의 세상에 처하여 큰일을 하려면 반드시 다른 사람의 지지와 도움이 있어야 한다. 구삼은 지나치게 강하여 중화中和에 어긋나며 일이 발생하면 남과 화합하지 못하여 남이 와서 구삼을 지지하거나 도와줄 수 없다. 구삼은 대과괘의 중대한 임무를 감당할 수 없으니, 결과는 반드시 마룻대가 휘어서 집이 기울거나 무너지는 것과 같으니 흉하다.

「象」曰: 棟橈之凶, 不可以有輔也.(「소상」에서 말하기를, '마룻대가 휘니 흉하다'는 것은 도와줄 수 없기 때문이다.)

구삼에 마룻대가 휘는 흉함이 있는 관건은 구삼을 도와줄 수 없기 때문이다. 「소상」에서 보면, 응하는 효는 도와줄 수 있는데, 이것이 "도와준다[有輔]"는 것이다. 지금은 아래에 있어 비록 받들지만 서로 응하지 않는다. 도와주는 자가 위에 있지만 약하기 때문에 도와줄 수 없는 것이다. 사물의 이치에서 보면, 마룻대는 집의 중심이니 또한 도움을 줄 수 없다. 마룻대가 휘어 흉한 것은 피할 수 없다.

九四, 棟隆吉, 有它吝.(구사는 마룻대가 위로 솟으니 길하나 다른 마음을 두면 부끄러울 것이다.)

'동륭棟隆'은 마룻대가 위로 솟는 것으로 "마룻대가 휘는 것[棟橈]"과 뜻이 상반된다. 구사는 강효로 유효의 자리에 있어 아래에 있는 초육과 서로 응하여 유효와 서로 구제할 수 있으니 대과괘의 임무를 담당할 수 있다. 아래의 자리가 힘이 있어야 비로소 도와줄 수 있으니, 마치 마룻대가 휘지 않을 뿐만 아니라 도리어 위로 솟기 때문에 길함을 얻는 것과 같다. 구사는 강효로 유효의 자리에 있어 강유가 서로 마땅하고 이미 충분하다. 그러나 구사는 또한 초육과 '정응'하여 음유함에 이끌리고 매이기 때문에 "다른 마음을 둔다[有它]"라고 하였다. "다른 마음을 두면" 구사에게 매이게 하여 비록 큰 문제가 생기는 데 이르지 않더라도 부끄러울 수 있다.

구사와 구삼은 모두 괘의 중간에 있고 모두 마룻대의 상이 있지만, 구삼에서는 "마룻대가 휘니 흉하다[棟橈凶]"라고 하였고 구사에서는 "마룻대가 위로 솟으니 길하다[棟隆吉]"라고 하였다. 그 원인에는 세 가지가 있다. 첫째, 구삼은 강효로 강효의 자리에 있고 구사는 강효로 유효의 자리에 있다. 둘째, 구삼은 하괘의 위에 있으나 하괘는 위가 실하고 아래가 허하니 아래가 허하면 위가 쉽게 기울어진다. 구사는 상괘의 아래에 있으나 상괘는 아래가 실하고 위가 허하니 아래가 실하면 지탱할 수 있다. 셋째, 구삼은 구사의 아래에 있고 구사는 구삼의 위에 있다. 아래에 있기 때문에 마룻대가 아래로 휘는 상이 있고, 위에 있기 때문에 마룻대가 위로 솟는 상이 있다.

「象」曰: 棟隆之吉, 不橈乎下也.(「소상」에서 말하기를, '마룻대가 솟으니 길하다'는 것은 아래로 휘지 않기 때문이다.)

"휘지 않는 것[不橈]"은 바로 "솟는 것[隆]"이다. 초육이 아래에서 응하니, 즉 도와주기 때문에 "아래로 휘지 않는다[不橈乎下]"라고 하였다.

九五, 枯楊生華, 老婦得其士夫, 无咎无譽.(구오는 마른 버드나무에 꽃이 피고 늙은 부인이 젊은 남편을 얻으니 허물이 없으나 명예도 없다.)

'사부士夫'는 젊은 남자로 남편이다. 대과괘에서 강효가 비록 지나치더라도 유효와 매우 가까우면 좋다. 구이와 구오는 모두 유효와 매우 가깝기 때문에 모두 생기가 있다. 비록 모두 생기가 있지만, 생기의 형세는 크게 다르다. 구이는 대과괘의 처음에 처하여 '중'을 얻었고 유효의 자리에 있으며 또한 함께하는 자가 초육이 된다. 초육은 처음으로 생기가 막 자라나서 마른 버드나무에 뿌리가 나고 늙은 남편이 젊은 아내를 얻는 상이니 가는 곳마다 이롭지 않음이 없다. 구오는 그렇지 않다. 구오는 강효가 지나친 극처에 있고 또한 강으로 강효의 자리에 있으며 가까운 것이 또한 상육이다. 상육은 지나침이 극처에 이른 음이고 끝으로, 생기가 이미 지극히 적거나 다한 정도를 나타내기 때문에 마른 버드나무에 꽃이 피고 늙은 부인이 젊은 남편을 얻는 상이다. 가지 끝에 꽃이 피는 것은 나무가 마르거나 이미 말라 버린 문제를 해결할 수 없다. 젊은이가 비록 젊어 힘이 건장하지만 얻은 것이 늙은 부인이니 출산에는 예전처럼 희망이 없다. 구오는 구삼의 마룻대가 휘는 것처럼 흉함이 있지 않고 또한 구사의 마룻대가 솟는 것처럼 길함을 얻지도 못하고 둘의 사이에 끼어 있으니 허물도 없고 명예도 없다.

「象」曰: 枯楊生華, 何可久也. 老婦士夫, 亦可醜也.(「소상」에서 말하기를, 마른 버드나무에 꽃이 피니 어찌 오래갈 수 있겠는가. 늙은 부인이 젊은 남편을 얻으니 또한 추할 수 있다.)

마른 버드나무에서 꽃이 피는 것은 마른 버드나무에 아직 한 줄기 생기가 있음을 설명한 것이다. 그러나 끝에서 꽃이 피는 것은 근본적인 문제를 해결할 수 없을 뿐만 아니라, 도리어 가까스로 있는 조금의 양기를 다 써 버리게 할 수 있다. 그것이 어떻게 장구할 수 있겠는가! '늙은 부인' 은 상육을 가리키고, '젊은 남편' 은 구오를 가리킨다. 상육은 음이 극도로 지나쳐서 '늙은 부인' 이라고 부르는 데 어울리지만, 구오는 양이 극도로 지나치니 어떻게 '젊은 남편' 이라고 부르겠는가? 구오가 비록 젊은 것은 아니지만 '늙은 부인' 과 비교하면 건장하기 때문에 '젊은 남편' 이라 부를 수 있다. 늙은 부인은 출산할 수 없으니 젊은 남편을 얻더라도 여전히 출산할 수 없다. 이것은 구오에 대하여 말하면, 마른 버드나무에 꽃이 피는 것과 같다. 보기에는 매우 좋은 것 같지만, 실제로는 어떤 좋은 일도 아니다.

上六, 過涉滅頂, 凶, 无咎.(상육은 지나치게 건너다가 이마까지 빠지니 흉하나 허물은 없다.)

상육은 대과괘의 극처에 있고 지위가 없는 자리에 처하여 못이 나무를 없애는 상이 여기에서 나타나니, 이 때문에 건너다가 이마까지 빠지는 흉함이 있다. 상육은 음유하고 재주가 약한 무리이며 또한 양이 지나쳐서 지극한 때이니 상육이 할 수 있는 일이 없다. 일이 만약 상육에 의해 주관되면 반드시 이마까지 빠지는 흉함을 만난다. 이것이 한 방면이다. 다른 한 방면에서 보면, 상육에는 상육의 장점이 있다. 상육은 음유할 뿐만 아니라 또한 기뻐함[兌]의 주효로 조용히 순종하는 덕이 있으니 어떠한 상황에서도 모두 강효의 과격함에 의해 이미 불리한 형세를 더 불리하게 만들지 않는다. 상육의 순종하고 주선하는 모양은 대과괘 극처의 때에 해로움이 없으니 사람들은 그것을 원망하지 않는다.

「象」曰: 過涉之凶, 不可咎也.(「소상」에서 말하기를, 지나치게 건너는 흉함은 나무랄 수 없는 것이다.)

"지나치게 건너는 흉함은 나무랄 수 없음[過涉之凶, 不可咎]"을 말하는 것이 아니라, 상육이 "지나치게 건너다가 이마까지 빠져서 흉하는[過涉滅頂之凶]" 때에 처하여 유순하고 기뻐하는 덕이 있으니, 잘 주선하고 순종하여 일을 더 나쁘게 만들지 않아 원망을 받지 않는다는 말이다.

총론

대과괘는 고대의 정치사회 속에서 항상 보이는 '강'이 지나친 현상을 추상화하여 그것에 보편적 이론의 의미를 갖게 하는 것이다. 괘사에서 개괄한 것이 가장 간략하고 분명하다. 마룻대가 휘는 것은 일종의 매우 위험한 사회 형세로 이해할 수 있다. 군주가 지나치게 강하고 신하가 약하거나, 윗사람이 지나치게 강하고 백성이 약하거나, 정치가 지나치게 강하고 경제가 지나치게 약한 것은 모두 마룻대가 휘는 말 속에 포함할 수 있다. 이러한 상황에서 벗어나면 또한 평온한 것 같으나, 실제로 위기가 가득 차서 사람을 질식시키는 형세이다. 역사를 미루어 앞으로 나아가면 출구는 하나뿐이니, 괘사에서 지적한 "가는 바가 있음이 이롭다[利有攸往]", 즉 작위하거나 행동함이 있어야 한다. 공자는 「단전」에서 "대과의 때가 크다[大過之時大矣哉]"라고 하였다. 공자가 이미 대과괘에서 말한 것이 국가 운명에 관한 큰 문제임을 인식하였다. 그는 「대상」에서 정치가들에게 대과괘의 세상에 처하는 행동 준칙을 지적하였다. 즉 쓰이면 홀로 서서도 두려워하지 않고 의연히 앞으로 나아가며, 물러나면 세상을 피하여 운둔하여도 근심하지 않으며, 알아주지 않아도 후회하지 않고 자신을 지키면서 때를 기다린다는 것이다. 『주역』의 이러한 깊은 사상은 오늘날 우리에게도 위대한 활력을 느낄 수 있게 한다.

대과괘는 또한 주의할 가치가 있다. 『역』괘의 여러 효에는 서로 응하는 예가 있으니, 예를 들어 2효와 5효가 응하고 초효와 4효가 응하며 3효와 상효가 응한다. 대과괘는 그렇지 않다. 대과괘의 여섯 효의 배열은 위아래가 대칭되는 형식을 이루니, 즉 중간의 네 양효와 상효와 초효의 두 음효이다. 대과괘는 서로 응하는 것으로 상을 삼지 않고 중간을 나누어 반대되는 것으로 상을 삼았다. 예를 들어 3효와 4효가 짝을 이루어 모두 마룻대의 상을 취하였으나 4효는 마룻대가 솟고 3효는 마룻대가 휘는 것이며, 2효와 5효가 짝을 이루어 모두 마른 버드나무의 상을 취하였으나 5효는 꽃이 피고 2효는 뿌리가 나는 것이며, 초효와 상효가 짝을 이루어 초효는 자리에 흰 띠풀을 쓰는 것을 상으로 취하여 신중함을 강조하였고 상효는 지나치게 건너다가 이마까지 빠지는 것을 상으로 취하여 흉함을 경계하였다. 이러한 『역』의 사례를 활용한 것은 대과괘가 가장 분명하며, 그 밖에도 이괘頤卦·중부괘中孚卦·소과괘小過卦의 세 괘가 있다. 또한 다른 괘에서는 양효가 양의 자리에 있고 음효가 음의 자리에 있는 것이 '정'을 얻는 것이며, '정'을 얻으면 좋고 '정'을 얻지 못하면 좋지 않다. 대과괘는 양이 이미 지나치기 때문에 만약 다시 양으로 양의 자리에 있으면 더욱 지나치기 때문에 대과괘의 여러 효들은 양으로 음의 자리에 있으면 모두 길하고 양으로 양의 자리에 있으면 모두 흉하다. 대장괘의 여러 효들이 취한 뜻이 대체로 이와 같다.

29
감괘(坎卦)

☵ 감하감상 坎下坎上

「서괘전」에는 "물건은 끝내 지나칠 수 없기 때문에 감괘로 받았다"233) 라고 하였다. 이 구절은 「서괘전」을 지은 공자가 이미 사물이 발전하여 극한 데에 이르면 반드시 반대 방향으로 전환한다는 명확한 관념을 가지고 있었음을 반영한 것이다. 감괘(䷜)는 대과괘(䷛)와 다르다. 대과괘는 양이 지나친 것이고, 감괘는 양이 빠진 것이다. 하나의 양이 두 음 가운데 있어서 빠지는 상이기 때문에 감괘도 빠지는 것이다. 양의 발전도 지나쳐서는 안 되니, 양이 어느 정도로 발전하면 감괘의 빠지는 것으로 바뀐다. 감괘의 빠지는 뜻은 바로 험난함이다. 괘를 습감習坎이라 부르는데, '습習' 자는 「단전」의 "습감은 거듭 험난함이다[習坎, 重險也]"는 견해에 근거한 것으로 중첩의 뜻이다. '감' 위에 '감'을 더하고 험난함 위에 험난함을 더하였기 때문에 '습감'이라 하였다. 『역』에는 순괘純卦가 여덟 개가 있다. 일곱 괘의 괘명에서는 모두 한 글자를 썼으나 유독 감괘에서만 '습' 자를 추가하였는데, 그 원인에 대해 옛사람들의 해석이 다양하다. 어떤 사

233) 『周易』, 「序卦傳」. "物不可以終過, 故受之以坎."

람은 나머지 일곱 괘인 건乾·곤坤·진震·간艮과 같은 것은 그 덕이 강건하고[健] 유순하며[順] 움직이고[動] 그치는[止] 것으로 모두 좋은 일이고 긍정적인 의미의 개념이지만, 감괘의 덕만은 험난한 것이다. 험난함은 좋은 일이 아니고 부정적 의미의 개념이기 때문에 괘명에 '습' 자를 추가하여 험난함이 중첩되고 어렵다는 것을 강조하여 사람들이 특별히 주의하도록 깨우쳐 주었다고 하였는데, 이러한 이해도 일리가 없지 않다.

習坎, 有孚, 維心亨, 行有尙.(습감은 진실함을 가지고 마음을 보존하면 형통하니 가면 올라갈 수 있다.)

감괘는 가운데가 실하니 진실한 상이다. '유維'는 묶어 둠이니 또한 빠지는 뜻이다. 양이 음 가운데에 빠져 있으니 양이 음 속에 있어서 움직일 수 없고 음이 양에 붙어 있어서 떨어질 수 없다. '마음'은 속이니 감괘 중간의 양효를 가리킨다. 옛사람들의 견해에 의하면, 사람의 허령한 것을 마음이라 불렀다. 잘 움직이는 양이 음 속에 빠져 있어 지극히 텅 비고 지극히 신령스러운 것도 마음이라 부를 수 있다. 허령한 것을 가리키면 형통하다고 말할 수 있다. 감괘는 가운데가 실하니, 가운데가 실하면 끊임없이 낳고 낳는 작용이 있기 때문에 "진실하다"라고 하였다. '행유상行有尙'은 서로 움직이기 때문에 "간다[行]"라고 하였으니 잘 움직이는 양이 가운데 있다는 것이다. '상尙'은 상上[234]과 같은 뜻이다. 사람들은 물의 성질이 아래로 나아가는 것은 알지만 물도 올라갈 수 있다는 것에 주목하지 않는다. 그러므로 '행유상'은 물이 올라갈 수 있음을 가리켜서 말한 것이

---

234) 여기서는 상(尙)을 상(上)과 같은 뜻으로 해석하고, 아래 「단전」에서는 상(尙)을 돕는다[助]는 뜻으로 해석하여 다르게 해석하고 있다.(역자 주)

다. 물이 위에 있다는 것은 물은 반드시 올라갈 수 없다는 말이다. 올라갈 수 없는 것은 물의 일반적 성질이고, 올라가는 것은 강중剛中한 성질이다. 감괘는 모두 물의 성질을 말하였다. 양의 성질은 위로 나아가고 오래도록 음에 쌓아 둘 수 없기 때문에 올라갈 수 있는 이치가 있다. 「단전」에서 말한 '강중'이 이것이다. 맹자가 말한 "물을 쳐서 튀어 오르게 하면 이마를 지나게 할 수 있고, 세차게 흘러가게 하면 산에 이르게 할 수 있다"[235]라는 것은 모두 올라갈 수 있다는 뜻이다. 물이 가고 흐르고 모이고 땅을 뚫어서 샘이 되고 증발하여 구름이 되고 응결하여 비가 될 수 있는 것은 모두 이 '강중'한 양이 일으킨 작용이다. 사람에 나아가서 말하면, 심장은 양이고 콩팥은 음이니 음이 양을 얻지 못하면 물의 작용을 발휘할 수 없기 때문에 "진실함을 가지고 마음을 보존하면 형통하다[有孚, 維心亨]"라고 하였다.

「彖」曰: 習坎, 重險也. 水流而不盈, 行險而不失其信. 維心亨, 乃以剛中也. 行有尚, 往有功也. 天險不可升也, 地險山川丘陵也. 王公設險以守其國, 險之時用大矣哉.(「단전」에서 말하기를, 습감은 거듭 험난한 것이다. 물이 흘러가되 차지 않으며 험난한 데 가되 진실함을 잃지 않는다. '마음을 보존하면 형통하다'는 것은 바로 강으로써 중에 있기 때문이다. '가면 도움이 있다'는 것은 가면 공이 있다는 것이다. 하늘의 험난함은 오를 수 없고 땅의 험난함은 산천과 구릉이다. 왕공이 험난한 것을 설치하여 나라를 지키니 험난함의 때와 쓰임이 크다.)

"습감은 거듭 험난한 것이다[習坎, 重險也]"라는 구절은 괘의 이름과 뜻

---

235) 『孟子』, 「告子(上)」. "搏而躍之, 可使過顙, 激而行之, 可使在山."

을 해석한 것이다. 괘의 뜻은 험난함이다. 괘명을 '습감'이라고 부른 것은 감괘에 두 개의 '감'이 한데 중첩되어 있기 때문이다. '감'은 험난한 것이고 '습감'은 거듭 험난한 것이다.

"물이 흘러가되 차지 않으며 험난한 데 가되 진실함을 잃지 않는다[水流而不盈, 行險而不失其信]"라는 구절은 괘사의 "진실하다[有孚]"는 것을 해석한 것이다. "진실하다"는 것은 "물이 흘러가되 차지 않는다[水流而不盈]"는 위에 나타나 있다. '흐르는 것'과 '차는 것'은 서로 상반된다. '흐르는 것'은 물이 아래로 흘러서 앞으로 나아간다는 말이고, '차는 것'은 물이 가득 차되 흐르지 않는다는 말이다. 때문에 여기에서 "물이 흘러가되 차지 않는다"라고 말한 것은 실제로 물이 흘러가되 그치지 않는다는 뜻이다. 물의 본성에서 말하면, 물은 영원히 흐르는 것이다. 물이 비록 험난한 가운데 있더라도 밤낮으로 쉬지 않고 흐르니 "진실함을 잃지 않는다[不失其信]."

"마음을 보존하면 형통하다는 것은 강으로서 중에 있기 때문이다[維心亨, 乃以剛中也]"라는 구절에서, "마음을 보존하면 형통하다"라고 말한 것은 괘 가운데 구이와 구오 두 효가 모두 강효로써 '중'에 있기 때문이다. 괘 가운데 '강중剛中'한 것은 좋은 것이다. 감괘가 '강중'한 것은 "마음을 보존하면 형통하기" 때문이고 "진실하기" 때문이다. '행유상 왕유공야行有尙, 往有功也'에서의 '상尙'은 돕는다는 뜻이다. "가면 도움이 있다"는 것은 구이가 가서 구오와 응하고 구오가 가서 구이와 응하여 양으로써 양을 따르고 동류끼리 서로 돕는 것이다. 가서 도움이 있기 때문에 "가면 도움이 있다[往有功也]"라고 하였다. 가서 도움이 있어야 비로소 공을 이룰 수 있기 때문에 "가면 도움이 있다는 것은 가면 공이 있다는 것이다"라고 하였다.

"하늘의 험난함은 오를 수 없고 땅의 험난함은 산천과 구릉이다. 왕공이 험난한 것을 설치하여 나라를 지키니 험난함의 때와 쓰임이 크다[天險不可升也, 地險山川丘陵也. 王公設險以守其國, 險之時用大矣哉]"라는 구절은 공자가 「단전」을 지을 때에 자기의 체험을 덧붙여서 말한 것이지 괘사를 해석한 것이 아니다. 공자가 『역전』을 지을 때는 어떻게 『역경』의 사상을 현실의 정치 생활 속으로 응용할 것인지에 매우 주목하였다. 감괘는 험난하고 거듭 험난한 것을 말한 것이니, 일반적으로 사람에 대해서 말하면 이롭지 않다. 그러나 공자는 험난하다는 특정 상황에서도 이로운 일면이 있다는 것을 보았다. 즉 그는 험난한 것에서 국가를 지키고 외적의 침입을 방지할 수 있다고 생각하였다. "왕공이 험난한 것을 설치하여 나라를 지키는 것"에서 보면, 이러한 사상은 확실히 『주역』의 고유한 것이 아니다. 왜냐하면 『주역』은 은주 시기에 이루어진 책이고, 그때는 "왕공이 험난한 것을 설치하여 나라를 지키는" 일이 없었기 때문이다. 예를 들어 무왕武王이 걸왕紂王을 정벌할 때에 군대가 오늘날 서안西安에서 출발하여 매우 순조롭게 하남河南에 이르렀으며, 도중에 어떠한 험난한 것도 그것을 방해하지 못하였다. 춘추시대에 이르러 진秦나라 목공穆公이 군대를 파견하여 동쪽으로 영토를 확장하였다. 정鄭나라를 기습하고 회군하다가 효산崤山에서 진晉나라 군대의 공격을 만났으며, 그 결과 전군이 전멸하고 한 필의 말도 돌아오지 못하였다. 이것은 주로 도림桃林[236]의 요새가 진晉나라 군대의 다급함을 도왔던 것이다. 춘추 이전에는 험난한 것을 설치하여 나라를 지켰던 일이 있었다는 것을 들어 보지 못하였다. 공자는 당시에 하나의 새로운 문제를 제기하였다. 전국시대에 이르러서는 험난한

236) 도림(桃林): 진(秦)나라 때 양화(陽華)와 동한(東漢)의 건안(建安) 사이에 설치하여 중국 역대로 섬서(陝西)·산서(山西)·하남(河南) 세 성의 군사적 요충지로 사용하였으며, 전한(前漢) 말기 조조(曹操)가 마초(馬超)의 군대를 격파한 곳이 바로 이곳이다. 군사적으로 중요한 요충지를 뜻한다.(역자 주)

것을 설치하는 것이 이미 국가를 방어하는 데 보편적으로 사용되었으니 각국은 성을 수리하였을 뿐만 아니라 장성長城을 쌓기도 하였다. 험난한 것이 일반적인 상황에서는 해롭지만, 특정의 때에는 쓸모가 있을 뿐만 아니라 또한 크게 쓸모가 있다는 것을 증명해 주었다. 때문에 공자는 여기에서 감탄하여 "험난함의 때와 쓰임이 크다[險之時用大矣哉]"라고 하였다.

「象」曰: 水洊至, 習坎. 君子以常德行, 習教事.(「대상」에서 말하기를, 물이 거듭 이르는 것이 습감이다. 군자는 <감괘의 상을> 보고서 항상 덕을 행하고 가르치는 일을 익힌다.)

'천洊'은 다시 혹은 거듭이다. '감'은 물이니 내괘의 '감'이 이르고 외괘의 '감'이 또 이르며 앞의 물이 이르고 뒤의 물이 또 이르기 때문에 '습감'이다. 군자는 "물이 거듭 이르는[水洊至]" 상을 보고서 "항상 덕을 행하고 가르치는 일을 익힌다[常德行, 習教事]." "항상 덕을 행하고 가르치는 일을 익힌다"는 것은 "배우기를 싫어하지 않고 가르치기를 게을리하지 않는다"[237]는 뜻이다. 정부가 법령을 내려서 가르침을 시행할 때에 반드시 '세 번 명령하고 다섯 번 되풀이하니[三令五申]', 즉 반복적으로 선전하여 백성들에게 익숙히 듣게 하기를 마치 물이 거듭 이르는 것처럼 한다는 것이다.

初六, 習坎, 入于坎窞, 凶.(초육은 거듭 험난한데 깊이 구덩이로 들어가니 흉하다.)

237) 『論語』, 「述而」. "學不厭, 誨不倦."

'습감習坎'은 거듭 험난한 것이다. 초육은 음유陰柔로써 '습감'의 아래에 있고 또한 도와주는 자가 없어서 이미 감괘의 험난한 속에 들어가서 험난함에서 벗어날 힘이 없기 때문에 "흉하다[凶]"라고 하였다. '담窞'은 구덩이 속의 움푹 들어간 곳이다. "구덩이로 들어간다[入于坎窞]"는 것은 험난한 가운데 험난함으로 들어가는 것이다. 이것은 당연히 흉하다.

「象」曰: 習坎入坎, 失道凶也.(「소상」에서 말하기를, '거듭 험난한데 구덩이로 들어간다'는 것은 길을 잃었기 때문에 흉하다.)

양강陽剛하고 마음이 형통해야 비로소 험난한 길에서 벗어날 수 있다. 초육은 음유로서 거듭 험난한 아래에 있어 험난한 길을 벗어날 수 없다. 길은 쓰임에서 말한 것이다. 위로 가야 비로소 공이 있으나 물은 일반적으로 모두 아래로 흐르고 지금 또다시 아래에 있다. 공이 없기 때문에 길을 잃었고, 길을 잃었기 때문에 흉하다.

九二, 坎有險, 求小得.(구이는 구덩이가 험난하나 구하는 것을 조금 얻을 것이다.)

구이는 두 음 가운데 빠져 있고 험난한 곳으로 들어갔으니 확실히 험난하다. 그러나 구이는 초육과 다르다. 구이는 결국 강중剛中한 재질이니, 비록 험난함에서 벗어날 수는 없지만 작은 성취를 구하거나 작은 문제를 해결하는 것은 또한 가능하다. 구이가 작다고 하여 구하지 않아서는 안 된다. 큰 것은 작은 것이 쌓여서 나오기 때문이다.

「象」曰: 求小得, 未出中也.(「소상」에서 말하기를, '구하는 것을 조금 얻는다'는 것은 아직 <험난한> 속에서 벗어나지 못하였기 때문이다.)

구이의 "구하는 것을 조금 얻는다[求小得]"는 것은 구이가 아직 그 속에서 벗어나지 못하였기 때문이다. 군자는 험난한 데에 처해도 험난한 것으로 곤란해하지 않는다. 왜냐하면 군자는 험난한 가운데서도 마음을 편안히 하여 크게 얻으려 하지 않으니, 즉 실제에서 출발하여 작게 얻으려 하고 바로 이룰 수 있는 일을 하기 때문이다.

六三, 來之坎坎, 險且枕, 入于坎窞, 勿用.(육삼은 오고 감이 험난하고 험난하며, 험난한 가운데 험난함에 빠져 깊은 구덩이에 들어가니 쓰지 말아야 한다.)

'래來'는 위에서 아래로 오는 것이고 '지之'는 아래에서 위로 가는 것이다. 육삼은 하괘인 '감'의 윗자리에 처해 있으니 바로 하괘인 '감'의 험난함이 이미 끝나고 상괘인 '감'의 험난함이 장차 이르는 때이다. "오고 감이 험난하고 험난하다[來之坎坎]"는 것은 오는 것도 험난하고 가는 것도 험난하니 오고 가는 것이 모두 험난하고 나아가고 물러나는 것도 모두 험난한 것이다. '험차침險且枕'에서의 '침枕'은 아마도 침沉으로 쓰였을 것이다. '침沉'은 깊다는 뜻이다. "험난하고 또한 깊다"는 것은 험난한 가운데 험난함에 빠진 것과 같다. 이러한 상황에서는 "쓰지 말아야 하고[勿用]" 행동함이 있어서는 안 된다.

「象」曰: 來之坎坎, 終无功也.(「소상」에서 말하기를, '오고 감이 험난하고 험난하다'는 것은 끝내 공이 없을 것이다.)

"오고 감이 험난하고 험난한[來之坎坎]" 때는 험난함에서 빨리 벗어나기를 조급하게 구해서는 안 된다. 다만 육삼은 음으로 양의 자리에 처하여 '부중'하고 '부정'하니 반드시 험난함에서 빨리 벗어나기를 조급하게 구하지만 결과는 확실히 목적에 도달하지 못한다.

六四, 樽酒 簋貳 用缶, 納約[238] 自牖, 終无咎.(육사는 한 동이의 술과 두 그릇의 밥에 질그릇을 사용하고, 임금과 교제할 때 밝은 곳으로부터 하면 끝내 허물이 없을 것이다.)

'존주樽酒'는 한 동이의 술이다. '궤簋'는 기장을 담는 것이니, 즉 밥을 담는 그릇으로 둥근 것을 '궤簋'라고 하고 네모난 것을 '보簠'라고 한다. '부缶'는 질박하고 무늬가 없는 토기이다. '이貳'는 둘이다. "한 동이의 술과 두 그릇의 밥에 질그릇을 사용한다[樽酒 簋貳 用缶]"라는 것은 한 동이의 술을 놓고 한 그릇의 밥을 곁들이는데 또한 질그릇을 술잔으로 하고 질그릇을 밥그릇으로 한다는 것이다. 이것은 고대 연회의 예를 말한 것이다. 고대 연회의 예는 예법과 규모를 중시하였는데, 지금은 도리어 "한 동이의 술과 두 그릇의 밥에 질그릇을 사용하니" 지극히 간소하고 지극히 질박한 것이다. '납약納約'은 군주에게 나아가 사귀는 것을 말한다. '유牖'는 창문이다. 옛사람들의 거실은 일반적으로 문이 동쪽에 있고 창이 서쪽에 있다. 창은 실내에 유일하게 빛이 들어오는 곳, 즉 유일하게 밝은 곳이다. 사람의 인식에도 창과 같이 밝은 곳이 있다. 만약 사람들에게 변하지 않는 분명한 문제를 분명히 하고자 하면, 그의 밝은 곳에서 지도해야 하고 그의 가려진 곳에서 말하면 말이 통하지 않는다. 전국시대 조태

238) 납약(納約): 남이 알아들을 수 있는 데서부터 설득함을 말한다.(역자 주)

후趙太后는 사랑하는 아들 장안군長安君이 제나라의 인질이 되는 것에 동의하지 않았으며 누가 권해도 듣지 않았으나, 촉용觸龍의 한마디에 수락하였다. 촉용에게 어떤 기발한 방법이 있었던 것은 아니다. 다만 조태후의 관심은 아들 장안군이 오래도록 부귀를 누리는 데 있었으니, 촉용은 어떻게든 장안군을 오래도록 부귀를 누리게 만들려면 반드시 그를 인질로 보내야 한다고 말하였다. 촉용의 말은 조태후의 생각에서 밝은 곳을 파악함으로써 효과를 거두었다. '납약자유納約自牖'는 바로 다른 사람과 교제할 때에 다른 사람에게 자기를 신뢰하도록 만들어 놓고 다른 사람의 생각의 밝은 곳에서 다른 사람의 생각에 종사한다는 말이다.

육사의 효가 취한 "한 동이의 술과 두 그릇의 밥에 질그릇을 사용하고 임금과 교제할 때 밝은 곳으로부터 한다[樽酒 簋貳 用缶, 納約自牖]"는 상은 군신 관계의 문제이다. 육사는 군주와 가깝고 대신의 지위에 처하여 매우 두려운 곳에 있으며 또한 감괘의 험난한 때이니, 육사는 연회 때에 "한 동이의 술과 두 그릇의 밥에 질그릇을 사용하는" 것처럼 질박하고 꾸밈이 없어야 하며, 또한 "임금과 교제할 때 밝은 곳으로부터 하는" 방법으로 군주의 이해와 신임을 얻어야 한다. 이렇게 하면 "끝내 허물이 없을 것이다[終无咎]."

「象」曰: 樽酒簋貳, 剛柔際也.(「소상」에서 말하기를, 한 동이의 술과 두 그릇의 밥은 강유가 교제하기 때문이다.)

강剛은 양을 말하고 유柔는 음을 말한다. '강'은 물이고 '유'는 흙이다. 물의 '강'함과 흙의 '유'함이 점차 커지고 넓어지기 때문에 개미구멍이 둑을 무너뜨릴 수 있다. 마치 사람들이 후한 선물을 쓰지 않고도 정감이 통할 수 있는 것과 같다. '유'는 쉽게 무너지는 음의 흙이고 '강'은 마음이 형통하는 물의 성질이다. '제際'는 서로 통하는 것을 말하니 자연스럽게 통하는 것이지 억지로 하거나 천착하는 것이 아니다.

九五, 坎不盈, 祇旣平, 无咎.(구오는 구덩이가 차지 않았으나 병이 이미 회복되었으니 허물이 없을 것이다.)

구오는 감괘의 주효로, 주효의 효 뜻은 대체로 한 괘의 뜻을 반영한다. "구덩이가 차지 않았다[坎不盈]"는 것은 구덩이 속이 충실하여 물이 흘러가나 아직 차지 않았으니, 즉 여전히 험난한 가운데 있다는 것이다. '지祇'는 의衣와 씨氏가 합쳐진 것으로, 음은 지支zhī이고 뜻은 병이다. '지기평祇旣平'은 병이 이미 회복되었다, 즉 병이 나았다는 것이다. "구덩이가 차지 않았다[坎不盈]"라는 것과 "병이 이미 회복되었다[祇旣平]"라는 것은 두 가지 일이니 구분하여 말해야 한다. 비록 아직 험난한 데서 벗어나지 못하였지만 작은 병이 회복되었기 때문에 허물이 없다.

「象」曰: 坎不盈, 中未大也.(「소상」에서 말하기를, '구덩이가 차지 않았다'는 것은 중이 아직 크지 못한 것이다.)

구오와 구이는 모두 강중剛中한 덕을 가지고 있으나 처지가 다르다. 구이는 "구덩이가 험난하다[坎有險]"는 것이고 구오는 "구덩이가 차지 않았다[坎不盈]"는 것이다. "구덩이가 험난하다"는 것은 험난한 존재를 강조하는 데 뜻이 있다. "구덩이가 차지 않았다"는 것은 험난한 데서 벗어나는 과정을 강조하는 데 뜻이 있다. 험난한 데서 벗어나는 과정은 차지 않아서이니, 차지 않은 것은 또한 "아직 크지 않은[未大]" 것이다. 구오는 양강으로 '중'에 있고 '정'을 얻어 크다고 할 수 있지만 감히 스스로 크다고 여기지 않는다. 스스로 크다고 여기지 말아야 비로소 물이 흘러가나 차지 않는 상태를 유지할 수 있다.

上六, 係用徽纆, 寘于叢棘, 三歲不得, 凶.(상육은 밧줄로 묶어 가시덤불 속에 가둬 두어 3년이 되어도 면하지 못하니 흉하다.)

'계係'는 묶는 것이다. '휘徽'와 '묵纆'은 범인을 묶을 때 사용하는 끈이다. 세 번 꼰 것을 휘徽라 하고, 두 번 꼰 것을 묵纆이라 한다. '총극叢棘'은 범인을 가두는 곳이니 실제로 감옥이다. 주위의 담 위에 가시가 돋친 것을 꽂아 놓아 범인이 달아나지 못하도록 하였기 때문에 총극叢棘이라 하였다. "밧줄로 묶어 가시덤불 속에 가둬 둔다[係用徽纆, 寘于叢棘]"는 것은 밧줄로 묶어 감옥에 집어넣는다는 것이다. "3년이 되어도 면하지 못한다[三歲不得]"는 것은 『주례周禮』「사환司圜」의 "백성을 괴롭히는 자를 데려다 교육하는데, 고칠 수 있는 자 중에 상죄上罪는 3년이 지나서 석방하고, 고쳐서 감옥을 나올 수 없는 자는 죽인다"[239]라는 기록에 근거한 것으로, 범인이 수감된 지 3년 뒤에도 여전히 벗어나지 못하면 뒤에 사형에 처한다는 것이다. 이것은 당연히 흉한 것이다. 3년은 여러 해이니, 실제로 3년을 가리킨 것은 아니다. 상육은 어째서 이와 같은 심각한 흉한 상이 있을 수 있는가? 왜냐하면 상육 자신은 음유한 무리이고 또한 감괘의 험난한 극처에 처하여 이미 깊이 험난한 데 빠져들고 험난함에서 벗어날 가능성이 없기 때문이다.

「象」曰: 上六失道, 凶三歲也.(「소상」에서 말하기를, 상육이 길을 잃은

---

239) 『周禮』, 「司圜」. "收教罷民, 能改者, 上罪三年而舍, 其不能改而出圜土者殺."

것은 흉함이 3년에 이를 것이다.)

길은 사방으로 통하니, 즉 험난함을 구제하는 방도로 "진실함이 있다[有孚]" 거나 "마음이 형통하다[心亨]" 거나 "강이 중에 있다[剛中]" 는 것이 이것이다. 그러므로 구이에서는 중도中道를 얻었으나 초육과 상육은 모두 길을 잃었다고 하였다. "흉함이 3년에 이른다[凶三歲]" 라는 것은 약을 구할 수 없다는 말이다.

총론

습감괘는 우리에게 '험난하다' 는 개념의 보편적인 의미와 험난한 데 처하여 험난함을 행하는 일반적 원칙 및 그 구체적 지시를 제기하였다. '험난하다' 는 개념의 최초의 역상易象 근거는 양이 빠진 것이니, 양이 두 음 사이에 빠져서 두 음 속에 싸여 있거나 끼어 있는 것이다. 양이 곤경에 빠져 있기 때문에 험난하다. 추연해 보면, 하늘에는 하늘의 험난함이 있고 땅에는 땅의 험난함이 있으며 인간 세상에는 인간 세상의 험난함이 있다. 험난함은 반드시 다른 사람에게 해를 주지만, 어떤 때는 다른 사람을 위해 쓰여서 다른 사람에게 이로움을 줄 때도 있다. 그러므로 '험난하다' 는 개념은 또한 추상적인 것에서 구체적인 것으로 향상되어 상태를 말할 수도 있고 분석할 수도 있게 되었다.

『주역』에서는 "물이 흘러가되 차지 않는다[水流而不盈]" 는 것을 상으로 취하여 사람이 험난한 데 처하여 험난함을 행하는 가능성의 원칙을 지적하였다. 사람이 험난한 상황에 처했을 때는 마땅히 물과 같이 일체를 돌아보지 않고 앞으로 흘러가야 하니, 즉 괘사에서 말한 "진실함을 가지고

[有孚]" "마음을 보존하면 형통하다[維心亨]"는 것이다. 사람이 험난한 상황에 처하여 몸은 험난함에 시달리더라도 마음은 험난함에 시달려서는 안 된다. "마음이 죽는 것보다 더 큰 슬픔은 없다"[240]는 것은 마음이 죽지 않으면 험난함에서 벗어날 희망이 있다는 것이다. 물은 감괘의 험난한 속에서도 언제나 아래로 흐른다. 사람이 험난함에 빠지면 마땅히 바른 도를 지키고, 마땅히 해야 하거나 할 수 있는 일을 하며, 조금의 요행도 염두에 두지 않아야 한다.

여섯 효의 효사에는 '길吉' 자가 하나도 보이지 않으니, 험난한 중의 험난한 데 처하여 험난함에서 벗어나기가 어렵다는 것을 알 수 있다. 초효와 상효 두 효는 구이와 구오 두 양효의 밖에 있기 때문에 가장 흉하니 험난함에서 벗어날 희망이 없다. 구이는 "조금 얻고[小得]" 구오는 "차지 않으니[不盈]" 잘하면 혹 험난함에서 벗어날 수 있다. 육삼과 육사의 상황은 초효와 상효, 구이와 구오의 사이에 끼어 있다. 육삼은 잘 기다려야 하고 육사는 질박하고 신중해야 한다. 이와 같아야 비로소 허물이 없다. 상육은 마치 사람이 감옥에 들어간 재앙과 같으니 끝내 약을 구할 수 없다.

---

240) 『莊子』, 「田子方」. "哀莫大於心死."

30
리괘(離卦)

䷝ 리하리상 離下離上

「서괘전」에는 "감괘는 빠지는 것이다. 빠지면 반드시 붙는 바가 있기 때문에 리괘로써 받았다"[241]라고 하였다. 「설괘전」에 근거하면, "리는 붙음이니"[242] '리'의 성질은 붙는 것이다. 험난한 가운데 빠지면 반드시 붙는 바가 있기 때문에 감괘의 뒤에 리괘를 배열한 것이다. 리괘의 여섯 효는 음이 위아래의 양에 붙어 있기 때문에 붙는 것이다. 리괘의 2효와 5효는 음이고 음은 허하여 '허'한 상이 있기 때문에 '리'가 밝음이 된다. '리'는 또한 불이고 불의 외적 특징은 비어 있어서 스스로 이루거나 스스로 생겨날 수 없고 반드시 다른 것에 붙어서 밝게 된다.

離, 利貞, 亨, 畜牝牛, 吉.(리는 바름을 지키는 것이 이롭고 형통하니 암소를 기르면 길할 것이다.)

241) 『周易』, 「序卦傳」. "坎者陷也, 陷必有所麗, 故受之以離."
242) 『周易』, 「說卦傳」, 第2章. "離, 麗也."

리離는 려麗li이니 붙어 있다는 뜻이다. 현대 중국어에서 '리'는 붙어 있다는 반대말이니(떨어지다), 어째서 옛사람들은 '리'를 붙어 있다고 하였는가? 이것은 옛사람들의 언어 습관과 관계가 있다. 옛사람들은 자주 한 글자를 두 가지로 사용하였으니, 그것의 바른 뜻으로 사용하거나 또는 반대 뜻으로 사용하였다. 예를 들어 '란亂'자의 경우, 어떤 때는 그것의 반대말인 '치治'자로 사용하였다. 옛사람들이 '리'자를 사용한 것도 이와 같다.

'리'는 붙어 있는 것이다. 붙어 있는 것은 보편적 현상이다. 자연계와 인류 사회의 만사만물은 모두 이 물건과 저 물건, 이 일과 저 일의 붙어 있는 부착 관계로 존재한다. 사람에 대해서 말하면, 어떤 사람이든 그가 생활하는 세상에는 언제나 붙어 있는 것이 있어야 한다. 인사상으로는 의지하는 것이 있어야 하고, 사업상으로는 전공하는 것이 있어야 하며, 사상상으로는 신앙하는 것이 있어야 하고, 이념상으로는 추구하는 것이 있어야 한다. 이러한 것들은 모두 사람에게 붙어 있는 것이다. 사람에게 붙어 있는 문제에서 해결을 좋게 하든 좋지 않게 하든 형통할 수 있든 그렇지 않든 가장 중요한 문제는 붙어 있는 대상이 바른지 바르지 않는지에 있다. 그다음은 자기가 어떻게 하느냐는 것이다. 괘사에서 가리키는 방법은 "암소를 기르는 것[畜牝牛]"이니, 암소는 가운데의 음이니 중정中正의 뜻이다. '기르는 것'은 위아래의 두 양을 가리킨다. 곤坤은 암소이니 육이와 육오는 '곤'의 음으로 각각 위아래의 양을 길러 주기 때문에 "암소를 기른다"라고 하였다. 무릇 양이 음을 싸고 있는 것은 모두 '기른다'라고 하였으니 대축괘 · 소축괘 · 이괘頤卦가 모두 이 뜻이다. "바름을 지키는 것이 이롭나[利貞]"라는 것은 육이와 육오의 음이 바른 것을 말한다. "암소를 기르면 길하다[畜牝牛吉]"라는 것은 중정을 지켜서 잃지 않는다는 말과 같으니, 이것은 길한 것이고 길한 것은 "바름을 지키는 것이 이롭다"는 뜻이다. 암소를 상으로 취한 것은 의미가 있다. 소는 온순한 동물이고, 암소는 온순하고 또 온순한 동물이다. 다시 말하면, 사람은 붙어 있어야 할 대상을 정확히 확정한 뒤에 암소와 같은 온순한 성품을 수양하여야 하는데, 절대로 단시간에 성취할 수 있는 것이 아니라 장기적인 연마가 있어야 가능하다. 때문에 '축畜' 자를 쓴 것이다. '축' 은 기르는 것이고, 기르는 것은 하루아침이나 하룻저녁의 일이 아니다. 이것이 길한 것이고, '이정利貞' 은 바름을 지키는 것이 이롭다는 것이다.

「彖」曰: 離, 麗也. 日月麗乎天, 百穀草木麗乎土, 重明以麗乎正, 乃化成天下, 柔麗乎中正, 故亨, 是以畜牝牛吉也.(「단전」에서 말하기를, 리는 붙어 있는 것이다. 해와 달이 하늘에 붙어 있고 온갖 곡식과 초목이 땅에 붙어 있으니 거듭된 밝음으로 바른 데 붙어서 천하를 교화하여 이룬다. 유가 중정에 붙어 있으므로 형통하니 이 때문에 암소를 기르면 길할 것이다.)

"리는 붙어 있는 것이다. 해와 달이 하늘에 붙어 있고 온갖 곡식과 초목이 땅에 붙어 있으니 거듭된 밝음으로 바른 데 붙어서 천하를 교화하여 이룬다[離, 麗也. 日月麗乎天, 百穀草木麗乎土, 重明以麗乎正, 乃化成天下]"라는 구절은 괘명을 해석한 것이다. 리괘의 내포된 뜻은 붙어 있음이고 붙어 있는 현상은 천지 만물 가운데 보편적으로 존재하니, 해와 달은 하늘에 붙어 있으면서 움직이고 밝으며 온갖 곡식과 초목은 대지에 붙어 있으면서 나고 자란다. 이것은 사람들이 가장 쉽게 보는 붙어 있는 것이다. 괘명인 리괘가 반영하는 것은 바로 이러한 뜻이다. "거듭된 밝음으로 바른 데 붙어 있다[重明以麗乎正]"라는 것은 한 걸음 더 나아가서 괘의 두 체로써 괘명을 해석한 것이다. '리' 는 밝음으로, 리괘의 위아래의 두 체가 모두 '리'이기 때문에 "거듭된 밝음[重明]"이라고 하였다. '려호정麗乎正'은 바른 데 붙어 있다는 것이니, 바로 괘의 육이와 육오 두 효인데 중요한 것은 육이이다. 왜냐하면 육이는 음으로 '중'에 있고 '정'을 얻어 괘의 주효가 되기 때문이다. 사물의 이치상에서 말하면, "바른 데 붙어 있다"는 것은 붙어 있는 대상이 무엇인지는 문제 삼지 않을 수 있지만 반드시 발라야 하니, 사람은 바른 사람이어야 하고, 일은 바른 일이어야 하고, 물건은 바른 물건이어야 하고, 길은 바른길이어야 한다는 말이다.

"유가 중정에 붙어 있으므로 형통하니 이 때문에 암소를 기르면 길하다[柔麗乎中正, 故亨, 是以畜牝牛吉也]"라는 구절은 괘사를 해석한 것이다. 괘사에서 "형통하다[亨]"라고 말하거나 "암소를 기르면 길하다[畜牝牛吉]"라고 말한 근거는 괘에 "유가 바름에 붙어 있는[柔麗乎正]" 상이 있기 때문이다. '유柔'는 육이와 육오 두 음효를 가리키고, '중정中正'은 육이와 육오 두 효의 자리를 가리킨다. 육오는 유효로써 5효의 자리에 있으니 '유'가 중中에 붙어 있는 것이고, 육이는 유효로써 '중'에 있고 '정'을 얻었으니 '유'가 중정에 붙어 있는 것이다. 「단전」에서 말한 "유가 중정에 붙어 있다[柔麗乎中正]"라는 것은 육이와 육오를 모두 포괄한다. 왜냐하면 중정에 붙어 있기 때문에 형통하고, '유'가 중정에 붙어 있기 때문에 "암소를 기르면 길하다." "유가 중정에 붙어 있다"라는 말이 두 문제를 대답하고 있으니, 하나는 붙어 있는 대상이 중정하기 때문에 형통하다는 것이고, 다른 하나는 붙어 있는 자신이 '유'하여 암소처럼 온순하기 때문에 길하다는 것이다.

「象」曰: 明兩作, 離. 大人以繼明照于四方.(「대상」에서 말하기를, 밝음이 두 번 일어나는 것이 리괘이다. 대인이 <리괘의 상을> 보고서 밝음을 이어 사방을 비춘다.)

'작作'은 일어남이다. "밝음이 두 번 일어난다[明兩作]"는 것은 같은 밝음이 두 번 나오니 일어나고 또 일어나서 시간상의 연속성을 갖는다는 것이다. 대인은 리괘의 "밝음이 두 번 일어나는" 상을 보고 깨달음을 얻어 정치적으로 응용하니 바로 "밝음을 이어서 사방을 비춘다[以繼明照于四方]"는 것이다. '대인'이라는 말은 도덕과 학문에서 말하면 성인이나 현자이고, 정치적 지위에서 말하면 천자나 제후이다. '계繼'는 끊어지지 않고 서로 이어지는 것이다. 통치자는 이전 사람들의 명덕明德을 대대로 계승하여 크게 발전시키고 또한 그것을 천하 사방에 널리 비춘다.

初九, 履錯然, 敬之无咎.(초구는 아래에 있는 것이 어지럽게 타오르니 조심하면 허물이 없을 것이다.)

리괘의 하체 세 효에서 초효는 새벽에 해가 나오는 것을 상징하고, 2효는 해가 중천에 있는 것을 상징하며, 3효는 해가 오후로 넘어가는 것을 상징한다. '리履'는 가거나 또한 아래에 있다는 뜻이다. '착錯'은 뒤섞이고 어지러우며 실마리가 없이 난잡함이다. '연然'은 불이 처음 타오르는 것이다. 무릇 불이 처음 타오르려면 반드시 아래에 여러 재료를 놓아두어야 한다. 불의 성질은 위로 타오르는데 '리착연履錯然'이라고 말한 것은 아래에 있어서 뒤섞여 어지러워 보이는 것을 상징한다. 오직 삼가고 조심하면 허물이 없을 수 있다. 만물은 오행五行에 불과하지만 오직 불의 일행一行만은 사행四行과 서로 합치될 수 있으니, 불은 물을 끓일 수 있고, 나무를 태울 수 있으며, 쇠를 녹일 수 있고, 흙과 합쳐질 수 있다. 처음에 신중할 수 없으면 작디작은 불씨가 들판을 태우고 산을 불태울 수 있다. 만약 신중할 수 있으면 요리하고 철을 주조하거나 그릇을 굽는 공이 모두 불로 인하여 이루어진다. 그러므로 "조심하면 허물이 없다[敬之无咎]"라고 하였다. 또한 초구는 리괘의 하체에 있어 해가 처음 나오는 것과 같으며, 또한 강효로 강효의 자리에 있어 조급히 나아가기가 쉽기 때문에 "아래에 있는 것이 어지러운[履錯]" 상이 있다. 그러나 초구는 강효로 밝은 체에 있고 또한 밝은 지혜로 영리하게 살피는 일면이 있어 신중하게 처리할 수 있으니, 과연 이와 같을 수 있으면 허물이 없을 수 있다.

「象」曰: *履錯之敬, 以辟咎也.*(「소상」에서 말하기를, '아래에 있는 것이 어지러우니 조심한다'는 것은 허물을 피하기 위해서이다.)

가는 것이 어지러우면 허물을 얻기가 쉽다. 조심하여 피하면 무슨 허물이 있겠는가!

六二, 黃離, 元吉.(육이는 황색에 붙어 있는 것이니 크게 길하다.)

'황黃'은 동·서·남·북·중앙의 다섯 색 가운데 중앙색이다. 옛사람들의 심미 관념 속에 황색은 가장 아름다운 색이다. 육이는 음으로 음의 자리에 있고 '중'을 얻었으며 또한 리괘 하체의 가운데 있으니 리괘의 주효이다. 「단전」에서 말한 "유가 중정에 붙어 있다[柔麗乎中正]"는 것과 "이 때문에 암소를 기르면 길하다[是以畜牝牛吉]"는 것이 가리키는 것이 바로 육이이다. 육이는 리괘 여섯 효 가운데 덕으로 말하면 지극히 아름답고 지극히 선한 것이니 덕·때·지위가 모두 아름다워 조금의 문제가 없기 때문에 효사에서는 "크게 길하다[元吉]"라고 하였고, 가장 좋은 색 중의 색으로 육이를 비유하여 "황색에 붙어 있다[黃離]"라고 하였다. "황색에 붙어 있는 것이니 크게 길하다[黃離元吉]"라는 것은 곤괘 육오의 "황색 치마이니 크게 길하다[黃裳元吉]"는 것과 비슷하다.

「象」曰: 黃離元吉, 得中道也.(「소상」에서 말하기를, '황색에 붙어 있는 것이니 크게 길하다'는 것은 중도를 얻었기 때문이다.)

'황黃'은 중앙의 색으로 효사에서는 '황'자를 사용하여 육이의 특징을 개괄하였으니, 주로 육이가 '중'에 있는 특징에 주목하였다. 육이는 '중'에 있고 또한 '정'을 얻었지만 '중'이 가장 중요하다. '중'을 말하면 '정'도 안에 포함된다.

九三, 日昃之離, 不鼓缶而歌, 則大耋之嗟, 凶.(구삼은 해가 기울어져 붙어 있으니, 질그릇을 두드리며 노래하는 것이 아니라 늙은이가 탄식하는 것이니 흉하다.)

리괘의 초효는 해가 나오는 것이고, 2효는 해가 중천에 떠 있는 것이며, 3효는 해가 기울어가는 것이다. '일측日昃'은 해가 이미 기울어져 날이 저녁으로 향하는 때이다. 인생으로 말하면, '일측'은 노년의 단계로 진입하는 것과 같으니 가장 좋은 세월이 이미 지나가고 생명이 장차 황혼에 이르는 것이다. 구삼은 이와 같으니 하체의 끝에 처하여 빛이 거의 종점에 가까운 것이다. 다시 말하면, 구삼의 처지가 매우 좋지 않다는 것이다. 더욱 좋지 않은 것은 구삼이 강효로 강효의 자리에 있어 지나치고 '부중'하니, 즉 구삼은 중덕中德이 없어서 늙음과 죽음의 문제에 정확히 대처할 수 없다는 것이다. 구삼의 마음은 당황하고 어수선하여 슬픔과 즐거움이 상도常道를 잃으니 "질그릇을 두드리며 노래하지 않으면 늙은이가 탄식한다[不鼓缶而歌, 則大耋之嗟]"는 것이다. '부缶'는 토기이다. 옛사람들은 질그릇을 두드리며 즐겁게 노래하였다. '질耋'은 늙은 사람이다. '차嗟'는 슬퍼하고 탄식함이다. 사람이 노년에 이르는 올바른 태도는 만년을 걱정하고 또한 삶의 진실에 통달하는 것을 즐거워하지 않는 것이다. 그러나 구삼은 그렇지 않다. 구삼은 질그릇을 두드리며 노래하는 것이 아니라 마땅히 즐거워하지 말아야 하는 것을 즐거워하니, 이는 늙은이의 탄식을 일으켜서 슬퍼하지 말아야 할 것을 슬퍼하는 것이다. 이 때문에 흉하다.

「象」曰: 日昃之離, 何可久也.(「소상」에서 말하기를, 해가 기울어져 붙어 있는 것이 어찌 오래갈 수 있겠는가.)

해는 기울고 사람은 늙으니, 이것은 자연의 규율이 시켜서 그러한 것이다. 해가 기울면 아래로 떨어져야 하고 사람이 늙으면 죽어야 하니 어떻게 영원할 수 있겠는가! 사리에 밝은 자는 이것을 알아서 삶을 즐거워하지도 않고 죽음을 걱정하지도 않으며 노래하지도 않고 탄식하지도 않고 자연에 맡길 뿐이다.

九四, 突如其來如, 焚如, 死如, 棄如.(구사는 갑자기 닥쳐오니 불타고 죽고 버려진다.)

구사는 양이 리괘 상체의 처음에 있어 '부중'하고 '부정'하니 지나치게 밝고 지나치게 강하여 그 강하고 왕성한 기세가 불이 갑자기 일어나는 것처럼 갑자기 닥쳐오는 것이다. 그 맹렬한 기세는 불이 타오르는 것과 같기 때문에 "죽고[死如]" "버려지는[棄如]" 상이다. 재앙이 이미 죽고 버려지는 지경에 이르렀으니 흉함은 말할 필요가 없다.

「象」曰: 突如其來如, 无所容也.(「소상」에서 말하기를, '갑자기 닥쳐온다'는 것은 용납할 것이 없는 것이다.)

구사의 "갑자기 닥쳐온다[突如其來如]"라는 것은 강렬하고 포학하여 불타고, 죽고, 버려지는 결과를 만드니 천하 사람들에게 용납되지 못하는 것이다. 근본적으로 말하면, 천하 사람들이 구사를 용납하지 못하는 것이 아니라 구사가 스스로 마음을 졸이고 태우니 허물은 구사 자신에게서 얻어진 것이다.

六五, 出涕沱若, 戚嗟若, 吉.(육오는 눈물을 줄줄 흘리며 슬퍼하고 탄식하니 길하다.)

감괘와 리괘 두 괘는 모두 '중'을 중시한다. 리괘의 육이와 육오는 모두 '중'에 있기 때문에 모두 길함을 얻는다. 그러나 육이는 편안함을 말하여 "크게 길함[元吉]"을 얻고, 육오는 위태로움을 말하여 "길함[吉]"을 얻는다. 관건은 자리를 얻거나 자리를 얻지 못하는 데 있다. 육이는 음으로 음의 자리에 있고 '중'에 처하며 또한 자리가 마땅하여 '정'을 얻었으나, 육오는 음으로 양의 자리에 있고 '중'에 처하였지만 자리가 마땅하지 않아 '정'을 얻지 못하였다. 육오는 자리가 마땅하지 않고 '정'을 얻지 못하였기 때문에 위태로운 상이다. 그러나 육오는 결국 유효로써 '중'에 있어 리괘에서의 양의 조급함을 조화하거나 구제할 수 있기 때문에 위태로운 데 있으나 위태로움을 알고 크게 걱정하여 위태로움이 밝아질 수 있다. 매우 두려워함이 눈물을 흘리는 데 이르고, 매우 걱정함이 슬퍼하고 탄식하는 데 이르기 때문에 길함을 얻는다.

「象」曰: 六五之吉, 離王公也.(「소상」에서 말하기를, 육오의 길함은 왕공의 자리에 붙어 있기 때문이다.)

육오가 길함을 얻는 것은 육오가 왕공王公의 바른 자리에 붙어 있는 것과 관계가 있다. 육오는 왕공의 윗자리에 있고 또한 사리를 밝게 살필 수 있어서 걱정을 알고 두려움을 알기 때문에 길함을 얻는다.

上九, 王用出征, 有嘉折首, 獲匪其醜, 无咎.(상구는 왕이 출정하여 훌륭히 적의 우두머리만 처단하고 일반 민중을 잡지 아니하면 허물이 없을 것이다.)

상구는 양으로써 상효에 있어 4효와 5효의 뒤를 이어 리괘의 끝에 있으니 강명剛明함이 이미 극점에 도달하였다. 강명함이 지극하기 때문에 사악함을 살피거나 엄한 형벌을 집행하는 사명을 담당할 수 있다. 왕은 장차 상구를 파견하여 불의不義를 정벌할 것이다. 상구는 상구가 정벌할 대상에 대하여 반드시 합당하게 처리할 수 있으니 "훌륭히 적의 우두머리만 처단하고 일반 민중을 잡지 않는다[有嘉折首, 獲匪其醜]"는 것이다. '수首'는 우두머리로 수악首惡한 인물이다. '추醜'는 협박에 못 이겨 복종하는 일반 대중이다. 다만 수악한 자만을 처벌할 뿐이고 협박에 못 이겨 복종하는 일반 민중에 대해서는 죄를 묻지 않고 해치지 않는다. 이와 같이 하면 반드시 허물이 없다.

「象」曰: 王用出征, 以正邦也.(「소상」에서 말하기를, '왕이 출정한다'는 것은 나라를 바로잡는 것이다.)

왕의 군대가 출정하는 것은 나라를 바로잡기 위한 것이며, 나라를 바로잡는 것은 왕에 대하여 말하면 자기를 바로잡는 것이다. 때문에 왕의 군대는 일반적으로 정벌하되 싸우지 않고 절박하여 어쩔 수 없어야 싸운다.

비록 싸우더라도 적의 우두머리만을 처단할 뿐이고 절대로 민중을 해치지 않는다.

총론

'리'는 붙어 있음이다. 리괘에서는 일생의 찬란한 역정과 사회 속에서의 사람과 사람 간의 관계, 그리고 이러한 관계에 어떻게 대처할 것인지의 문제를 말하였다. 리괘의 괘상과 효상에 근거하여 나타낸 붙어 있는 문제에 관한 사상은 매우 풍부하고 깊다. 리괘와 감괘의 공통적 특징은 '중'을 중시한다는 것이다. 다른 점은 감괘가 음의 험난한 괘로 급하게 강효가 와서 구제해야 하며, 또한 감坎은 물로서 물의 성질은 아래로 흐르지만 강중剛中하면 빠지지 않는다. 때문에 감괘의 「단전」에서는 "마음을 보존하면 형통하다는 것은 강효로써 중에 있기 때문이다[維心亨, 乃以剛中也]"라고 하였다. 감괘는 '중'을 중시할 뿐만 아니라 또한 '강'을 중시한다. 리괘는 양의 조급한 괘로 급하게 유효가 와서 조화시켜야 하며, 또한 리離는 불로서 불의 성질은 위로 타오르니 중순中順하면 부딪치지 않는다. 때문에 리괘의 「단전」에서는 "유가 중정에 붙어 있다[柔麗乎中正]"거나 "이 때문에 암소를 기르면 길하다[是以畜牝牛吉也]"라고 하였다. 리괘는 '중'을 중시하고 또한 '유'와 '정'을 중시한다. 그러나 리괘의 '유'를 중시하는 것은 '유'로써 '강'을 구제하거나 '강'과 '유'가 서로 구제하는 것이니, 노자의 '유'를 중시하여 '유'가 '강'을 이긴다는 주장과는 함께 말할 수 없다.

리괘는 '중'을 더 강조한다. 육이와 육오 두 효는 각각 상체와 하체의 가운데 있기 때문에 모두 길함을 얻는다. 리괘는 특히 '유'·'중'·'정' 셋을 겸비한 것을 가장 좋은 것으로 여기는데, 이 때문에 육오는 유효로써 '중'에 있고 자리가 마땅하지 않지만 길함을 얻는다. 그러나 육이는 유효로써 '중'에 있고 또한 자리가 마땅하여 '정'을 얻었으니 "크게 길함[元吉]"을 얻는다. 육이는 괘를 이루는 주효로서 리괘의 때에 일체의 아름다운 품덕이 모두 육이의 신상에 집중적으로 나타난다. 육이는 "유가 중정에 붙어 있다[柔麗乎中正]"거나 "황색에 붙어 있다[黃離]"는 매우 훌륭하거나 좋은 칭찬을 얻는다. 괘사의 "바름을 지키는 것이 이롭고 형통하니 암소를 기르면 길하다[利貞亨, 畜牝牛吉]"라는 사상은 육이 안에 포함된다고 말할 수 있다. 구사는 리괘에서 가장 좋지 않은 효로서 '유'·'중'·'정' 셋이 리괘의 때에 처한 중요한 의미를 부정적인 측면에서 강조하였다. 구사는 강하고 조급하여 '부중'하고 '부정'하니, 그 성질은 불이 맹렬히 타오르는 것과 같아서 천하 사람들을 용납하지 못하고 또한 천하 사람들에게 용납되지 못하여 "불타고 죽고 버려지는[焚如, 死如, 棄如]" 결과를 초래하는 것은 필연적이다. 『주역』 경전의 작가가 리괘 구사에서 논술한 사상은 매우 깊은 철학적 의미를 지니니 특별히 주목할 가치가 있다. 그 밖에도 초구의 처음을 경계하는 관념, 구삼의 삶을 즐거워하지도 않고 죽음을 걱정하지도 않는 의식, 그리고 상구의 "훌륭히 적의 우두머리만 처단하고 일반 대중을 잡지 않는[有嘉折首, 獲匪其醜]" 오래된 군사 사상은 모두 리괘를 다방면으로 풍부한 사상 망 속의 중요한 부분을 구성하니 또한 소홀히 해서는 안 된다.

周易下經

주역하경

31
함괘(咸卦)

䷞ 간하태상 艮下兌上

「서괘전」에는 "천지가 있은 뒤에 만물이 있으며, 만물이 있은 뒤에 남녀가 있으며, 남녀가 있은 뒤에 부부가 있으며, 부부가 있은 뒤에 부자가 있으며, 부자가 있은 뒤에 군신이 있으며, 군신이 있은 뒤에 상하가 있으며, 상하가 있은 뒤에 예의를 둘 곳이 있다"[1]라고 하였다. 「서괘전」의 견해에 근거하면, 상경上經 30괘는 리괘離卦에서 끝나고, 함괘에서 시작된 34괘가 하경下經이 된다. 하경의 첫 번째 괘인 함괘는 리괘를 이어 나온 것이 아니라 새로운 시작이다. 이렇게 보면 『주역』 전체 64괘는 두 개의 시작이 있는 것과 같으니, 첫 번째 시작은 건괘와 곤괘 두 괘이다. 건괘와 곤괘 두 괘는 "『역』의 온축"[2]이고 "『역』의 문"[3]이 된다. 전체 64괘는 모두 건괘와 곤괘 두 괘에서 발생된다. 함괘와 항괘 두 괘가 또 하나의 시작이다. 이러한 시작은 첫 번째의 시작에 비하면 낮은 단계로 첫 번째 시작

1) 『周易』, 「序卦傳」. "有天地然後有萬物, 有萬物然後有男女, 有男女然後有夫婦, 有夫婦然後有父子, 有父子然後有君臣, 有君臣然後有上下, 有上下然後禮義有所錯."

2) 『周易』, 「繫辭傳(上)」, 第13章. "其易之縕耶."

3) 『周易』, 「繫辭傳(下)」, 第4章. "其易之門耶."

에서 전개되는 전체 과정 속에 포함되어야 한다. 「서괘전」에는 "천지가 있은 뒤에 만물이 있다"는 것으로써 첫 번째 시작을 비유하였다. 천지는 건곤을 비유하고 만물은 64괘를 비유한다. "만물이 있은 뒤에 남녀가 있으며, 남녀가 있은 뒤에 부부가 있다"거나 "뒤에 예의를 둘 곳이 있다"는 것으로 두 번째의 시작을 비유하였다. 남녀와 부부로써 함괘와 항괘를 비유하였고, 남녀와 부부 뒤에 생겨나는 부자·군신·상하·예의 등으로써 함괘와 항괘 뒤의 여러 괘들을 비유하였다. 공자의 이러한 비유의 본래 목적은 의심할 것 없이 건괘와 곤괘가 모든 『역』의 처음에 있고, 함괘와 항괘가 하경의 처음에 있는 것이 근거가 있음을 설명하려는 것이다. 그러나 공자는 무의식 속에서 그의 소박하고 실질적으로 정확한 우주관과 사회역사관을 명확히 나타내었다.

함咸의 음과 뜻은 감感과 같다. 고대의 '감'은 '함'으로 썼으며 '심心'자는 후대에 추가된 것이다. 함괘의 '감'자는 서로 감응하는 뜻을 취하였다. 서로 감응하는 문제로 가장 직관적이고 일상적이며 가장 쉽게 사람들에게 이해되고 받아들여지는 표현은 남녀와 부부간의 관계이며, 또한 부부관계는 인류의 시작이고 문명사회의 모든 현상이 발생하는 최초의 계기이기 때문에 함괘 '함'자의 감응의 뜻을 부부 관계로써 설명하는 것은 가장 적합하다.

괘체에서 보면, 함괘는 태兌가 위에 있고 간艮이 아래에 있다. '태'는 소녀少女이고 '간'은 소남少男이다. 남녀가 서로 감응하는 것이 심하고, '소남'과 '소녀'가 서로 감응하는 것은 특히 심하다. 괘덕에서 보면, '간'은 그침이니 독실한 데 그치고 성실한 데 그침이며 '태'는 기뻐함이다. 남자가 성실한 태도로써 여자와 교제하면 여자는 기뻐서 응하니 남녀가 서로 친해지고 이에 부부로 맺어진다.

64괘는 건괘와 곤괘로 시작한다. 건곤은 천지를 상징하니 건은 하늘을 상징하고 곤은 땅을 상징하여 천지가 두 가지 물건으로 간주된다. 하경은 함괘와 항괘로 시작하니 함괘와 항괘는 부부를 상징한다. 그러나 함괘는 부부를 상징하고 항괘도 부부를 상징하여 부부가 하나의 일로 간주되지 함괘가 남편을 상징하고 항괘가 부인을 상징하는 것이 아니다. 이 점에서 함괘와 항괘는 건괘 · 곤괘와 상황이 다르다.

咸, 亨利貞, 取女吉.(함은 형통하고 바르게 하는 것이 이로우니 여자를 취하면 길할 것이다.)

'함咸'은 감응하는 것이니 남녀가 서로 감응할 뿐만 아니라 세상의 만물이나 사회의 군중에게도 모두 서로 감응하거나 서로 감응하지 않는 문제가 있다. 예를 들어 군신이 서로 감응하고 상하가 서로 감응하고 부자가 서로 감응하고 친구가 서로 감응하는 등과 같이 서로 감응한다면, 감응하는 쌍방의 관계는 반드시 온순하고 형통하니 어떤 문제도 모두 좋게 해결된다. 그렇지만 서로 감응하는 데 조건이 있으니 반드시 '이정利貞'해야 한다, 즉 이로움은 바르게 하는 데 있다. 서로 감응하지만 바르지 않으면 형통할 수 없다. "여자를 취하면 길하다[取女吉]"라는 것은 여자를 취함이 이와 같아야 길함을 얻을 수 있다는 말이다.

「彖」曰: 咸, 感也. 柔上而剛下. 二氣感應以相與. 止而說, 男下女, 是以亨利貞, 取女吉也. 天地感而萬物化生, 聖人感人心而天下和平. 觀其所感, 而天地萬物之情可見矣.(「단전」에서 말하기를, 함은 감응하는 것이다. 유가 위에 있고 강이 아래에 있다. 두 기가 감응하여 서로 함께한다. 그치고 기뻐하며 남자가 여자에게 낮추니 이 때문에 형통하고 바르게 하는 것이 이로우니 여자를 취하면 길한 것이다. 천지가 감응하여 만물이 화생하고 성인이 사람의 마음을 감화시켜 천하가 화평하다. 그 감응하는 바를 보면 천지 만물의 실정을 볼 수 있다.)

"함은 감응하는 것이다[咸, 感也]"라는 구절의 해석이 매우 분명하니, 공자의 생각은 '함'이 바로 감응한다는 말이다. 『주역』이라는 책이 이루어진 시대에는 '함' 자만 있고 '감' 자가 아직 없었으나, 공자의 시대에 이르러서는 이미 '함' 자 속에서 '감' 자가 분화되어 나왔다.

"유가 위에 있고 강이 아래에 있다[柔上而剛下]"라는 구절에서 "유가 위에 있다"는 것은 상육을 가리키니 유효가 상체에 있다. "강이 아래에 있다"는 것은 구삼을 가리키니 강효가 하체에 있다. "유가 위에 있고 강이 아래에 있다"는 것에는 음양이 서로 감응하는 의미가 있다. 함괘를 함괘라고 부르는 것은 그것에 "유가 위에 있고 강이 아래에 있는" 특징이 있기 때문이다. 함괘의 상체는 태(☱)로 두 강효와 하나의 유효인데, 어째서 두 강효를 고려하지 않고 하나의 유효만을 말하였는가? 하체는 간(☶)으로 두 유효와 하나의 강효인데, 어째서 두 유효를 고려하지 않고 하나의 강효만을 말하였는가? 청나라 초기 호후胡煦의 『주역함서周易函書』의 체괘주효體卦主爻의 이론에 근거하면, 상체인 태(☱)는 본래 건(☰)이니 밖에서 온 하나의 유효가 윗자리에 있는 강효의 자리를 빼앗아 대신 들어가서 이에 '태'가 되었다. 하체인 간(☶)은 본래 곤(☷)이니 밖에서 온 하나의 강효가 윗자리에 있는 유효의 자리를 빼앗아 대신 들어가서 이에 '간'이 되었다. 다시 말하면, 이 괘가 택산 함괘(䷞)가 되는 관건은 상체의 유효와 하체의 강효에 있다. 상체와 하체는 모두 하나의 음괘와 하나의 양괘로 구성되었다.

"두 기가 감응하여 서로 함께한다[二氣感應以相與]"라는 구절에서, 함괘는 간艮이 아래에 있고 태兌가 위에 있으며 '간'은 산이고 '태'는 못으로 산과 못에 기가 통한다. 또한 함괘는 안팎의 여섯 효가 서로 응하지 않음이 없다. "두 기"는 산과 못이고, 산과 못에 기운이 통하고 안팎이 서로 응하는 것을 총괄하여 "두 기가 감응한다"라고 하였다. 다만 느껴서 응하기 때문에 "서로 함께"할 수 있다. 산과 못에 기운이 통한다는 말이다.

"두 기가 감응하여 서로 함께한다[二氣感應以相與]"라는 구절에서, 함괘는 간艮이 아래에 있고 태兌가 위에 있으며 '간'은 산이고 '태'는 못으로 산과 못에 기가 통한다. 또한 함괘는 안팎의 여섯 효가 서로 응하지 않음이 없다. "두 기"는 산과 못이고, 산과 못에 기운이 통하고 안팎이 서로 응하는 것을 총괄하여 "두 기가 감응한다"라고 하였다. 다만 느껴서 응하기 때문에 "서로 함께"할 수 있다. 산과 못에 기운이 통한다는 말이다.

"그치고 기뻐하며 남자가 여자에게 낮춘다[止而說, 男下女]"라는 구절에서, '그치는 것'은 '간'의 그침이고 '기뻐하는 것'은 '태'의 기뻐함이다. "그치고 기뻐한다"는 것은 함괘의 상하 두 체에 진실하게 서로 감응하는 뜻이 있음을 가리키니 그 상황이 특별하다. "남자가 여자에게 낮춘다"는 것은 '간'이 소남少男으로 아래에 있고 '태'가 소녀少女로 위에 있음을 가리키니 그 예가 공손하다. 그러므로 형통함을 얻어 이롭고 바르며 여자를 취하면 길하다. 전체적으로 상하 두 체의 관점에서 한 걸음 더 나아가 두 기운이 서로 감응하는 문제를 말한 것이다.

"천지가 감응하여 만물이 화생하고 성인이 사람의 마음을 감화시켜 천하가 화평하다. 그 감응하는 바를 보면 천지 만물의 실정을 볼 수 있다[天地感而萬物化生, 聖人感人心而天下和平. 觀其所感, 而天地萬物之情可見矣]"라는 「단전」의 이 구절은 감괘坎卦의 상황과 같으니, 이것은 공자가 괘사를 해석한 뒤에 자기가 느낀 것을 덧붙여 말한 것이다. 공자는 감괘의 의미를 자연계와 인류 사회로 확대하여 말하였으나, 착안점은 인류 사회에 있다. 『주역』은 정치성이 매우 강한 책으로, 하늘의 도를 말하고 백성의 일을 말하였으나 최종적으로는 언제나 백성의 일로 귀착되었다. 천지가 교감하여 화생하면 천지의 실정을 볼 수 있다. 성인이 사람의 마음을 감화시켜 화평을 이루면 천하의 실정을 볼 수 있다. 천하는 성인의 만물이다. 하늘이 땅속에 있고 양이 음 속에 있는 것이 바로 사람의 마음을 감화시키는 형상이다. 감괘에서는 '마음'을 말하였고 여기서도 '마음'을 말하였으니 감괘를 크게 형상한 것이다. 여기서 말한 성인은 분명히 일반적인 사람이 아니라 통치 계급의 왕후를 가리켜서 말한 것이다. 왜냐하면 성인은 천하 사람들의 마음을 감화시키기 때문에 천하 사람들의 마음이 평화롭고 평안해야 온순하게 통치를 받아들이기 때문이다. 이것은 공자 당시의 정치 관점으로, 이러한 관점은 당시의 역사 조건에 의해 결정된다. 고대 통치 계급이 피통치 계급의 마음을 감화시킬 수 있었는지의 문제는 분석하여 보아야 한다. 적어도 공자는 통치 계급이 이와 같아야 하고 이와 같을 수 있다고 보았다. 천지 만물의 실정이 본래 어떤 것인지를 알지 못하지만, 공자는 그 감응하는 바를 보면 알게 된다고 생각하였다.

복괘「단전」에서는 "천지의 마음[天地之心]"을 말하였고, 이 괘와 항괘恒卦·취괘萃卦의「단전」에서는 "천지 만물의 실정[天地萬物之情]"을 말하였다. '마음'은 천지만을 말하고 '실정'은 천지 만물을 말한다. '마음'은 복괘에서만 볼 수 있으나 '실정'은 보이는 괘가 많다. "천지의 마음"이 말하는 것은 음양소장陰陽消長과 끊임없이 낳고 낳는 자연규율이다. "천지 만물의 실정"이 말하는 것은 음양소장이라는 자연규율의 몇 가지 외적 표현이다.

「象」曰: 山上有澤, 咸. 君子以虛受人.(「대상」에서 말하기를, 산 위에 연못이 있는 것이 함괘이다. 군자가 <함괘의 상을> 보고서 자기의 마음을 비우고서 남을 받아들인다.)

태兌는 못이니 '태'는 음괘이다. 못이 산 위에 있으니 간艮은 산으로 '간'은 양괘이다. 산 위에 못이 있는 것은 음괘가 밖에 있고 양괘가 안에 있다는 말이니 비워 있어 받아들일 수 있음을 알 수 있다. 또한 형체로 논하면, 받아들일 수 있는 것은 비어 있는 것일 뿐이다. 곤괘의 자리에서 여섯 효가 비어 있는 것이 바로 이러한 뜻이다. 그러므로 "군자가 〈함괘의 상을〉 보고서 자기의 마음을 비우고서 남을 받아들인다[君子以虛受人]"라고 하였다.

初六, 咸其拇.(초육은 그 엄지발가락에 감응한다.)

'무拇'는 발의 엄지발가락이다. "엄지발가락에 감응한다[咸其拇]"는 것은 초육이 하괘의 아래에 있어서 감응하는 바가 아직 깊지 않은 상이라는 말이다. 느낌이 있으면 반드시 응함이 있고 사람마다 모두 엄지발가락이 있으니 "엄지발가락에 감응한다"는 것은 엄지발가락도 남에게 감응한다는 것이다.

「象」曰: 咸其拇, 志在外也.(「소상」에서 말하기를, '엄지발가락에 감응한다'는 것은 뜻이 밖에 있다는 것이다.)

초육은 구사와 '정응'하니 초육의 "엄지발가락에 감응한다"는 것은 구사와 감응하는 것이다. 구사는 외괘에 있기 때문에 "뜻이 밖에 있다[志在外]"라고 하였다.

六二, 咸其腓, 凶, 居吉.(육이는 그 장딴지에 감응하면 흉하니 가만히 있으면 길할 것이다.)

'장딴지[腓]' 의 위치는 위로 넓적다리와 연결되고 아래로 발을 따른다. "엄지발가락에 감응한다"는 것에서 "장딴지에 감응한다"는 것에 이르면, 감응하는 것이 이미 점차 그치는 데로 나아간다. 장딴지가 넓적다리를 따르면 고요하지만 발을 따르면 움직인다. 함부로 움직이면 반드시 흉함에 이른다. "가만히 있다[居]"는 것은 함부로 움직이지 않는 것이다. 그러므로 길하기도 하고 흉하기도 하여 알 수 없다. 이 괘의 호괘互卦[4]가 손巽이니 '손'은 나아가고 물러남이다. 상체인 태兌의 기뻐함은 함부로 움직이는 데 이르기 쉽다. 그러나 육이는 음효이고 '중'에 있으니 "가만히 있으면" 간艮의 그침이 된다. 함부로 움직이면 흉하나 '간'의 그침이면 길하다.

「象」曰: 雖凶居吉, 順不害也.(「소상」에서 말하기를, '비록 흉하지만 가만히 있으면 길하다'는 것은 순리대로 하면 해가 없다는 것이다.)

육이는 음효이고 이 괘는 또한 호괘가 손巽이기 때문에 "순리대로 한다[順]"라고 하였다. "비록 흉하지만 가만히 있으면 길하다[雖凶居吉]"라는 것은 결코 육이의 감응에 영향을 받지 않는다는 것이다. 육이가 감응의 때에 처하여 먼저 움직여서 구오를 구하기가 쉽다. 먼저 움직여서 응하는 것을 구하면 흉하다. 만약 가만히 있으면 길하다. "가만히 있다"는 것은 절대로 움직이지 않는다는 것이 아니라 먼저 움직이지 않거나 함부로 움직이지 않는 것이다. 먼저 움직이지 않거나 함부로 움직이지 않는 것은 "순리대로 하는", 즉 순리대로 움직이는 것이다. 순리대로 움직이면 길하고, 순리대로 움직이지 않으면 흉하다.

---

4) 호괘란 대성괘(大成卦)에서 이루어진 원괘(原卦: 이를 本卦라고도 함)에서 조효와 상효를 끊어 버리고 아래의 예와 같이 4효, 3효를 중심으로 2효, 3효, 4효를 가지고 하괘를 만들고, 다시 3효, 4효, 5효를 가지고 상괘를 만들어 이를 호괘(互卦)라 한다.(역자 주)

九三, 咸其股, 執其隨, 往吝.(구삼은 그 넓적다리에 감응하는 것으로 따르는 것을 고집하니 가면 부끄러움을 당할 것이다.)

'넓적다리[股]'는 몸의 아래에 있고 발의 위에 있어 자유로울 수 없고 아래를 따라서 움직인다. 발이 움직이면 넓적다리도 움직이고, 발이 그치면 넓적다리도 그친다. 구삼은 하체의 위에 있어서 처지가 넓적다리와 서로 비슷하다. 구삼은 양강의 재질로써 간체艮體의 극처에 있으니 본래 고요해야 하고 움직여서는 안 되지만, 구삼은 "따르는 것을 고집하여[執其隨]" 초효와 2효가 조급히 움직이는 것을 보고 자기도 따라서 움직이려고 한다. '집執'은 고집하여 바꾸지 않는 것으로 반드시 초효와 2효를 따라서 움직인다. 가면 반드시 부끄러움에 이른다.

「象」曰: 咸其股, 亦不處也. 志在隨人, 所執下也.(「소상」에서 말하기를, '그 넓적다리에 감응한다'는 것은 또한 머물러 있지 않는 것이다. 뜻이 남을 따르는 데 있으니 고집하는 것은 매우 비천하다.)

"머물러 있지 않다[不處]"는 것은 움직이는 것이다. 초효와 2효의 두 음효는 모두 감응하여 조급히 움직인다. 구삼은 자신이 비록 양효이지만 다른 사람이 움직이는 것을 보고서 자기도 "머물러 있지 않고[亦不處]", 즉 따라서 움직인다. 양강의 재질로서 자주적으로 행동하지 못하고 도리어 남을 따르는 데 뜻이 있으니 이러한 방법은 매우 비천한 것이다.

九四, 貞吉悔亡, 憧憧往來. 朋從爾思.(구사는 바르면 길하여 후회가 없으니 바쁘고 불안하게 왕래하면 벗만이 너의 생각을 따를 것이다.)

『주역』 효사에서 ‘정길회망貞吉悔亡’을 말한 것은 네 괘인데, 모두 점이 앞에 있고 상이 뒤에 있다. 손괘巽卦는 구오에 있고, 대장괘·미제괘와 함괘는 모두 구사에 있다. 구九는 양강陽剛으로 사四의 자리에 있으면 본래는 ‘부정’하니, ‘부정’하면 마땅히 후회가 있다. ‘정길회망貞吉悔亡’은 만약 바를 수 있으면 길함을 얻어 후회가 없다는 말이다. 바르고 바르지 않음, 후회와 후회가 없음은 모두 감응에서 말한 것이다. 감응하여 바르지 않으면 후회가 있고, 감응하여 바르면 길하여 후회가 없다. 4효는 사람의 마음이고, 4효는 또한 위아래의 사이에 처해 있어 왕래의 상이 있다. ‘동동왕래憧憧往來’의 ‘왕래’는 공자가 말한 자연계의 ‘해가 가면 달이 오고 추위가 가면 더위가 온다’는 왕래와 같다. 이것은 자연계 속에서 이것이 느끼면 저것이 응하고 저것이 느끼면 이것이 응하는 현상이다. 사람이 외부의 사람과 사물에 대한 왕래와 감응도 이와 같으니, 즉 자연의 이치에 순응하여 느끼고 응하며 자기의 사사로운 마음을 섞지 않는다. ‘왕래’ 앞에 ‘동동憧憧’ 두 글자를 더하면 사사로운 마음이 있는 좋지 않은 왕래로 변하니 자연규율에 순응하는 왕래가 아니다. ‘동동’은 한 몸의 사사로운 마음과 사사로운 이익을 위해 바쁘고 불안하게 감응하고 왕래하는 것이다. 오늘 갑에게 약간의 도움을 주고 은혜에 감사하기를 바라고 내일 또 을에게 약간의 은혜를 주고 보답하기를 바라니 왕래하기를 마음에 두고 기꺼이 내려놓으려 하지 않는 것이다. “벗만이 너의 생각을 따른다[朋從爾思]”라는 것은 사심으로 감응하여 소수의 사람만이 감응하는 것이다. 이 소수의 사람이 너의 친구가 된다. 이러한 친구는 실제로 붕당이다.

「계사전」에는 함괘 구사의 효사에 대하여 일찍이 다음과 같이 설명하였다.

『역』에서는 ‘자주 왕래하면 벗만이 너의 생각을 따를 것이다’라고 하였으니, 공자께서 말하기를, "천하가 무엇을 생각하고 무엇을 걱정하겠는가. 천하가 돌아갈 곳은 같으나 길은 다르며, 이르는 곳은 하나이나 생각은 백 가지이니, 천하가 무엇을 생각하고 무엇을 걱정하겠는가. 해가 가면 달이 오고 달이 가면 해가 와서 해와 달이 서로 밀어내어 밝음이 생기고, 추위가 가면 더위가 오고 더위가 가면 추위가 와서 추위와 더위가 서로 밀어내어 한 해가 이루어진다. 가는 것은 굽히는 것이고 오는 것은 펴는 것이니, 굽히고 폄이 서로 감응하여 이로움이 생긴다. 자벌레가 몸을 굽히는 것은 펴기 위한 것이고, 용과 뱀이 동면하는 것은 몸을 보존하기 위한 것이다. 뜻을 정밀히 하고 신묘한 경지에 들어가는 것은 쓰임을 다하기 위한 것이고, 쓰임을 이롭게 하고 몸을 편안히 함은 덕을 높이기 위한 것이다. 이것을 지난 이후는 혹 알지 못하겠다. 정신을 궁구하여 변화를 아는 것이 덕의 성대함이다"라고 하였다.[5)]

공자의 이 단락은 "바쁘고 불안하게 왕래하면 벗만이 너의 생각을 따른다[憧憧往來, 朋從爾思]"라는 사람을 정면에서 비평하였다. 그는 자연계의 감응에는 사사로움이 없고 규율이 있다고 보았다. 사람의 감응에도 자연계의 감응과 마찬가지로 규율에 순응하여 사사로운 생각이 없어야 하니 느껴야 하는 것은 자연스럽게 느껴야 하고 응해야 하는 것은 자연스럽게 응해야 한다는 것이다.

「象」曰: 貞吉悔亡, 未感害也. 憧憧往來, 未光大也.(「소상」에서

---

5) 『周易』, 「繫辭傳(下)」, 第3章. "易曰, 憧憧往來, 朋從爾思. 子曰, 天下何思何慮. 天下同歸而殊塗, 一致而百慮, 天下何思何慮. 日往則月來, 月往則日來, 日月相推而明生焉, 寒往則暑來, 暑往則寒來, 寒暑相推而歲成焉. 往者屈也, 來者信也, 屈信相感而利生焉. 尺蠖之屈, 以求信也, 龍蛇之蟄, 以存身也. 精義入神, 以致用也, 利用安身, 以崇德也. 過此以往, 未之或知也, 窮神知化, 德之盛也."

말하기를, '바르면 길하여 후회가 없다'는 것은 감응함에 사사로운 마음이 없으면 해가 없다는 것이다. '바쁘고 불안하게 왕래한다'는 것은 아직 광대하지 못하다는 것이다.)

'정길회망 미감해야貞吉悔亡, 未感害也'는 감응이 사사로운 마음에서 나오면 해가 있으나 감응함에 사사로운 마음이 없으면 해가 되지 않는다는 말이다. 감응하는데 사사로운 마음에 매이지 않는 것이 바로 바름을 지키는 것이니, 바르면 길하고 후회가 없다. "바쁘고 불안하게 왕래하면 벗만이 너의 생각을 따른다[憧憧往來, 朋從爾思]"라는 것은 사사로운 마음으로 서로 감응하는 것이다. 사사로운 마음으로 서로 감응하면 그 감응하는 범위가 반드시 좁아서 소수의 사사로운 벗들만 있을 뿐이기 때문에 "아직 광대하지 못하다[未光大]"라고 하였다. '광光'은 넓음이다. '미광대未光大'는 영향이 크지 못하거나 천하 사람들에게 널리 미칠 수 없는 것이다.

九五, 咸其脢, 无悔.(구오는 그 등살에 감응하니 후회가 없을 것이다.)

'매脢'는 등 위의 등살이니 마음의 뒷면에 해당하는 것으로 마음과 서로 등져서 보이지 않는다. 구오는 높은 자리에 있어 마땅히 지성으로써 천하 사람들의 마음을 감화시켜야 하지만, 구오는 아래로 육이와 응하고 또한 상효와 가깝다. 만약 육이에 매이고 상효에 기뻐하면 감응하는 범위가 줄어들어 매우 적으니 천자나 제후가 해야 하는 것이 아니다. "그 등살에 감응한다[咸其脢]"라는 것은 구오가 마땅히 등 위의 등살과 같이 사사로운 마음과 서로 등져서 보이지 않는 더 많은 사람을 감화시켜야 한다는 것이다. 이것은 군주가 천하를 감화시키는 바른 도리이다. 이렇게 하면 후회가 없을 수 있다.

「象」曰: 咸其脢, 志末也.(「소상」에서 말하기를, '그 등살에 감응한다'는 것은 뜻이 말단에 있다는 것이다.)

'말末'은 상육을 가리켜서 말한 것이다. 효사에서 말한 "등살에 감응한다"는 것은 구오에게 사사로운 마음을 등지고 지성으로 천하 사람들의 마음을 감화시킬 것을 경계하였는데, 이러한 경계는 구오에게 확실히 문제가 있기 때문이다. 구오의 "뜻이 말단에 있다[志末]"라는 것은 상육과 가까우니 언제나 상육과 감응할 것을 생각할 뿐이다.

上六, 咸其輔頰舌.(상육은 그 광대뼈와 뺨과 혀에 감응한다.)

'보輔'는 광대뼈(아래턱)로 입안에 있는 것이다. '협頰'은 뺨이다. 혀가 움직이면 광대뼈도 움직인다. 뺨도 따라서 움직인다. 셋이 조화를 이루어 움직여야 사람은 말할 수 있다. 본래는 하나의 '구口'자를 써도 좋으나 보협설輔頰舌 세 글자를 쓴 것은 혐오의 뜻이 안에 있으니, 오늘 말솜씨가 좋은 사람을 '요진고설搖唇鼓舌(궤변을 지껄이다)'이라 말하는 것과 같다. 상육은 음유하고 태兌의 위에 있어 '태'의 주효가 되고 또한 함괘의 극처에 처해 있기 때문에 정성으로 남을 감화시킬 수 없다. 다만 말로써 남을 감화시키나 말에 실질이 없다. 그 결과는 느끼나 응함이 없으니 흉함과 허물을 말하지 않아도 알 수 있다.

「象」曰: 咸其輔頰舌, 滕口說也.(「소상」에서 말하기를, '그 광대뼈와 뺨과 혀에 감응한다'는 것은 입에 말만 남는다는 것이다.)

'등滕'은 등騰과 통용된다. '등구설滕口說'은 말의 쓰임을 발휘하거나 드날리는 것이다. 함괘의 도리가 이미 말단에 이르면 다른 방법은 없고 말만 남는다는 것이다.

총론

공자의 「서괘전」에는 이 괘를 말한 것이 비교적 많으니 그의 우주관과 사회역사관을 전체적으로 나타내었다. 그는 "천지가 있은 뒤에 만물이 있다"라고 하였다. 천지는 자연계인데, 자연계가 어떻게 발생하였고 자연계 이전에는 또한 무엇이 있었는지를 공자는 말하지 않았다. 다시 말하면, 공자는 자연계가 '무'에서 '유'로 변하는 것이라고 여기지 않았고 자연계가 창조되어 나오는 것이라고 생각하지 않았다.

공자가 말한 "만물이 있은 뒤에 남녀가 있으며, 남녀가 있은 뒤에 부부가 있다"는 것은 인류 초기 역사 속의 하나의 기본 사실, 즉 인류는 일찍이 군혼群婚 단계에 있었음을 말하였다. 일부일처제는 군혼 제도가 쇠락한 뒤에 발생한 것이다. 공자는 또한 일부일처의 개체혼인제도가 원시사회에서 문명사회로 전환하는 속에 가지는 중요한 의미를 발견하였다. 그는 "부부가 있은 뒤에 부자가 있으며, 부자가 있은 뒤에 군신이 있으며, 군신이 있은 뒤에 상하가 있으며, 상하가 있은 뒤에 예의를 둘 곳이 있다"라고 하였다. 국가의 발생을 곧장 "부부가 있다"는 것으로 소급해 가서 개체혼인제도의 확립이 최종적으로 문명 시대의 도래를 불러일으켰음을 분명히 지적하였다. 심지어 예禮의 비밀을 드러내기도 하였다. 즉 예와 계급사회는 동시에 발생한 것으로, 예는 그 화려한 외면 속에 엄격한 등급제도를 포함하고 있다. 공자는 『중용』에서 "인은 사람이니 어버이를 친애하는 것이 중요하고, 의는 마땅함이니 어진 이를 높이는 것이 중요하다.

어버이를 친애하는 정도와 어진 이를 높이는 등급이 예가 생겨난 이유이다"[6]라고 하였다. 다시 한 걸음 더 나아가 예는 계급 관계와 혈연관계의 두 방면에서 등급 제도를 반영한다는 것을 인정하였다. 공자는 물론 어떠한 역사유물주의도 알지 못하였지만, 그의 고대 역사 인식에 대한 이론적 수준은 그 시대에 비교될 만한 자가 없었으니, 오늘날 마르크스주의의 관점으로 보더라도 공자의 이론은 여전히 상당히 큰 의미를 갖는다.

『주역』 가운데 괘사와 효사가 말한 내용은 자주 불일치하는데, 함괘가 특히 뚜렷하다. 괘사에서 말한 "여자를 취하면 길하다[取女吉]"라는 것은 남녀의 혼인으로 상을 취하여 천지 만물과 인류 사회의 거시적 관점에서 감응의 문제를 말하였다. 여섯 효의 효사에서는 근본적으로 "여자를 취하면 길하다"라는 것을 말하지 않았으며 더 이상 남녀 혼인의 일을 말하지 않았다. 각 효는 모두 인체에서 상을 취하여 미시적 관점에서 감응의 문제를 말하였다. 초효는 "엄지발가락에 감응한다[咸其拇]", 2효는 "장딴지에 감응한다[咸其腓]", 3효는 "넓적다리에 감응한다[咸其股]", 5효는 "등살에 감응한다[咸其脢]", 상효는 "광대뼈와 뺨과 혀에 감응한다[咸其輔頰舌]"라고 하였으니, 감응하는 것이 모두 사람 몸의 한 부위이다. 한 부위로 외부 사물에 감응하는 것이다. 4효는 비교적 특수하다. 4효는 상체와 하체의 가운데에 있으니 함괘 안에서 4효는 마음을 대표한다. 구사는 마음에 감응한다고 말하지 않았다. "마음의 기관은 생각하는 것이니"[7] 옛 사람들은 마음이 생각을 주관한다고 여겼기 때문에 마음을 대표하는 구사는 주로 사람이 외부 세계와의 감응을 처리하는 과정 속에서 어떻게 생각을 바르게 할 것인지의 문제를 말하였다.

---

6) 『中庸』, 第20章. "仁者人也, 親親爲大. 義者宜也, 尊賢爲大. 親親之殺, 尊賢之等, 禮所生也."
7) 『孟子』, 「告子(上)」. "心之官則思."

함괘는 사람의 몸을 상으로 취하였으니 상황은 간괘艮卦와 매우 비슷하다. 다른 점은 함괘가 감응[感]을 말하였고 간괘가 그침[止]을 말하였다는 것이다. 감응은 움직이는 것이고, 그침은 고요한 것이다. 함괘의 여러 효는 간괘의 길함이 많고 흉함이 적은 것과 같지 않다. 특히 두 괘의 상효는 크게 다르다. 함괘 상육은 "광대뼈와 뺨과 혀에 감응하니" 좋지 않다. 간괘의 상구는 "돈후하게 그쳐서 길하니[敦艮吉]" 매우 좋다.

괘사와 효사에서 말한 것이 때로 다르고 심지어 다소 약간의 모순도 있으니, 이것은 주목할 만한 문제이다. 그것은 우리에게 괘사와 효사가 한 사람의 손에서 나오지 않았을 수 있다는 것을 말해 주는 것이다.

32
항괘(恒卦)

䷟ 손하진상 巽下震上

「서괘전」에는 "부부의 도는 항구하지 않을 수 없기 때문에 항괘로 받았다. '항'은 항구함이다"[8]라고 하였다. 함괘에서 말한 것은 부부의 도이고, 부부의 도는 항구함을 중시하고 죽을 때까지 변하지 않기 때문에 함괘의 뒤에 항괘를 놓은 것이다. '항'의 의미는 항구함이다. 항괘에 어째서 항구한 의미가 있는가? 함괘(䷞)는 간艮이 아래에 있고 태兌가 위에 있으며 소남少男이 소녀少女의 아래에 있어 남자가 여자의 아래에 있으니, 남녀가 서로 감응하는 뜻이 있다. 항괘는 그렇지 않다. 항괘(䷟)는 손巽이 아래에 있고 진震이 위에 있으며 장녀長女가 장남長男의 아래에 있으니 남자는 높은 데 있고 여자는 낮은 데 있다. 또한 항괘는 '진'이 밖에 있고 '손'이 아래에 있으니, 이것은 남자가 밖에서 움직이고 여자가 안에서 순종하는 것이다. 옛사람들의 관점에 의하면, 이것은 일부일처제 가정 관계의 일상적 이치이니 항괘에는 서로 감응하는 뜻이 없고 항구한 뜻이 있다.

---

8)『周易』,「序卦傳」. "夫婦之道不可以不久也, 故受之以恒, 恒者久也."

恒, 亨, 无咎, 利貞, 利有攸往.(항은 형통하여 허물이 없으니, 바름을 지키는 것이 이롭고 가는 바가 있음이 이롭다.)

'항'은 항구하고 그치지 않는 것이다. 두 '이利'자는 모두 형통하다는 뜻이다. '정貞'은 상常이다. '유왕攸往'은 오래의 뜻이다. 모두 항구의 신묘함이다. 인사人事에 있어서 '이정利貞'은 고요한 것이 이롭다는 말이다. '유왕攸往'은 움직이는 것이 이롭다는 말이다. 음의 여자는 안에 있고 양의 남자는 밖에 있으니 모두 바르다. 여자가 안에서 고요하고 남자가 밖에서 움직이는 것이 바로 항구함이다. 지금 여자가 안에서 고요하기 때문에 바르게 하는 것이 이롭고, 남자가 밖에서 움직이기 때문에 가는 것이 이롭다. 이것은 남녀와 음양의 쉬지 않고 순환하는 상도常道의 관점에서 말한 것이기 때문에 '항구함'이라고 하였다. 다른 관점에서 말하면 항구함에는 두 가지 뜻이 있으니, 하나는 허물이 없는 항구함이고 다른 하나는 허물이 있는 항구함이다. 허물이 없는 항구함은 바로 변하지 않는 항구함이다. 이러한 항구함은 바르기 때문에 허물이 없다. 허물이 없는 항구함은 바로 그치지 않는 항구함이다. 이러한 항구함은 바르지 않기 때문에 허물이 있다. 앞의 항구함은 '이정利貞'이니 바름을 지켜서 바꾸지 않는 것이고, 뒤의 항구함은 '이유유왕利有攸往'이니 행동하거나 변화가 있는 것이다. 이 두 가지 뜻의 항구함을 합쳐서 보아야 전체적이고 정확하다. 그 속의 어떠한 하나의 의미만을 강조하고 다른 의미의 이해를 소홀히 하는 것은 모두 옳지 않다.

「彖」曰: 恒, 久也. 剛上而柔下. 雷風相與, 巽而動, 剛柔皆應, 恒. 恒亨无咎, 利貞, 久於其道也. 天地之道, 恒久而不已也. 利有攸往, 終則有始也. 日月得天而能久照, 四時變化而能久成,

聖人久於其道而天下化成. 觀其所恒, 而天地萬物之情可見矣.(「단전」에서 말하기를, 항은 항구함이다. 강이 위에 있고 유가 아래에 있다. 우레와 바람이 서로 함께하고 공손하고 움직이며 강유가 모두 응하는 것이 항이다. '항은 형통하여 허물이 없으니 바름을 지키는 것이 이롭다' 는 것은 그 도를 오래하는 것이다. 천지의 도는 항구하여 그치지 않는다. '가는 바가 있음이 이롭다' 는 것은 마치면 시작이 있기 때문이다. 해와 달이 하늘을 얻어 오래도록 비출 수 있고 사계절이 변화하여 오래도록 이룰 수 있으며 성인이 그 도를 오래하여 천하가 교화되어 이루어진다. 그 항구한 것을 보면 천지 만물의 실정을 볼 수 있을 것이다.)

"항은 항구함이다. 강이 위에 있고 유가 아래에 있으며 우레와 바람이 서로 함께하고 공손하고 움직이며 강유가 모두 응하는 것이 항이다[恒, 久也. 剛上而柔下, 雷風相與, 巽而動, 剛柔皆應, 恒]"라는 구절은 괘명을 해석한 것이다. '항' 은 무엇인가? '항' 은 항구함이다. "강이 위에 있고 유가 아래에 있다"는 구절에서 "강이 위에 있다"는 것은 구사를 가리키고 "유가 아래에 있다"는 것은 초육을 가리킨다. '강' 이 상체에 있고 '유' 가 하체에 있으며 '강' 이 위에 있고 '유' 가 아래에 있으니, 이것은 명분상에서 말하면 정상적인 것이고, 정상에는 항구한 뜻이 있다. "강이 위에 있고 유가 아래에 있다"는 것은 반드시 호후胡煦의 『주역함서周易函書』에서 제기한 체괘주효體卦主爻의 이론으로 해석하면 정확하다. 상체인 진(☳)은 본래 곤(☷)의 체이나, 밖에서 온 하나의 강효가 '곤' 에게 주어지고 '곤' 의 한 유효가 변화하여 '진' 이 되었다. 하체인 손(☴)은 본래 건(☰)의 체이나, 밖에서 온 하나의 유효가 '건' 에게 주어지고 '건' 의 하나의 강효가 변화하여 '손' 이 되었다. "우레와 바람이 서로 함께한다[雷風相與]"라는 것은 괘상에서 문제를 설명한 것이다. 우레가 있으면 바람이 있어 우레와 바람이 서로를 기다리고 서로 도와서 세력을 이루는 것은 일종의 상도常道이다. "공손하고 움직인다[巽而動]"라는 것은 하체가 손巽이니 '손'은 공손함이며, 상체는 진震이니 '진'은 움직임이다. 공손하고 움직이는 것은 사물이 규율에 부합하듯이 운동하는 것이니 항구하는 도이다. "강유가 모두 응한다[剛柔皆應]"라는 것은 항괘 여섯 효의 강유가 모두 응하는 것이니 "강유가 모두 응하는 것"은 정상적인 도리이다. 이 네 방면에는 모두 항구하는 뜻이 있기 때문에 괘명을 항괘라고 하였다.

"항은 형통하여 허물이 없으니 바름을 지키는 것이 이롭다는 것은 그 도를 오래하는 것이다. 천지의 도는 항구하여 그치지 않는다. 가는 바가 있으면 이로운 것은 마치면 시작이 있기 때문이다[恒亨无咎, 利貞, 久于其道也. 天地之道, 恒久而不已也. 利有攸往, 終則有始也]"라는 구절에서 형통하여 허물이 없는 항구함은 반드시 바르다. 바른 항구함이라야 그 도를 오래하는 항구함이니 천지의 도는 항구하여 그치지 않는다는 것이다. "가는 바가 있으면 이로운 것은 마치면 시작이 있기 때문이다[利有攸往, 終則有始也]"라는 것은 항구함이 반드시 움직이지 않거나 변하지 않는 것이 아님을 말한 것이다. 천지간에는 반드시 움직이지 않거나 변하지 않는 항구함이 없으니 움직이지 않거나 변하지 않으면 항구할 수 없다. 사물이 다하면 변하고, 변하면 통하고, 통하면 오래간다. 그러므로 때에 따라 변하고 바뀌어야 항구한 도이기 때문에 괘사에서는 "가는 바가 있음이 이롭다[利有攸往]"라고 하였다. "가는 바가 있으면 이로운 것"은 바로 "마치면 시작이 있는 것"이고, "마치면 시작이 있는 것"은 바로 변화하는 것이다. 전체적으로 항구함 속에 '항구하지 않음'을 포함하고 '항구하지 않음' 속에 '항구함'이 있다는 것이다.

"해와 달이 하늘을 얻어 오래도록 비출 수 있고, 사계절이 변화하여 오래도록 이룰 수 있으며, 성인이 그 도를 오래하여 천하가 교화되어 이루어진다[日月得天而能久照, 四時變化而能久成, 聖人久於于道而天下化成]"라는 것은 자연계에서 인류 사회에 이르기까지 이른바 "하늘의 도에 밝고 백성의 일을 살핀다"[9]는 것이다. '하늘의 도'를 말한 것은 자연규율을 말한 것이고 '백성의 일'을 말한 것은 사회역사를 말하였으나, 결국은 '백성의 일'에 중점이 있고 사회역사에 중점이 있다. 일월과 사계절은 모두 변화에 의해 오래갈 수 있고 이루어질 수 있다. 사회도 이와 같으니 성인은 "그 도를 오래할 수 있다[久於其道]", 즉 항구하나 변화할 수 있고 변화하는 가운데 항구함이 있으니, 올바른 항구의 도를 견지해야 질서 있는 사회생활이 화육되고 이루어진다.

"그 항구한 것을 보면 천지 만물의 실정을 볼 수 있다[觀其所恒, 而天地萬物之情可見矣]"라는 것은 일월과 사계절과 성인이 행한 항구한 도를 보면 천지 만물의 실정을 볼 수 있다는 것이다. '천지 만물의 실정'에 관한 문제는 이미 앞 괘에서 설명하였다.

「象」曰: 雷風恒, 君子以立不易方.(「대상」에서 말하기를, 우레와 바람이 항괘이니 군자는 <항괘의 상을> 보고서 세우고 방향을 바꾸지 않는다.)

우레와 바람은 자연현상으로, 겉으로 보면 우레가 빠르고 바람이 세차서 변화가 무상하지만 그 실질을 보면 변하지 않는 것이 존재한다. 1년 중에 우레는 항상 일어나고 바람도 항상 분다. 우레가 일어나고 바람이 불며 우레가 빠르고 바람이 세차니 우레와 바람은 언제나 서로 기다려서 서로 함께한다. 군자는 항괘를 배워서 우레와 바람이 비록 변하지만 반드시 변하지 않는 도리가 있음을 알아서 스스로 일을 처리함에 "세우고 방향을

9) 『周易』, 「繫辭傳(上)」, 第10章. "明於天之道, 而察於民之故."

바꾸지 않는다[立不易方].” 세상의 사물이 비록 변화가 다양하지만, 군자가 행동하거나 일을 처리할 때는 세우는 것이 있고 탁월하여 바꿀 수 없는 방향이 있어야 한다.

初六, 浚恒, 貞凶, 无攸利.(초육은 항구함을 깊이 함으로 견고하더라고 흉하여 이로운 바가 없다.)

‘준浚’은 깊다는 뜻이다. ‘정貞’은 견고함이다. “이로운 바가 없다[无攸利]”라는 것은 “가는 바가 있으면 이롭다[利有攸往]”라는 반대의 뜻이다. ‘항恒’은 항구함이다. ‘항’의 도는 항구함을 중시한다. 천하의 일은 모두 일취월장日就月將하여 점차 쌓여 가는 과정에 있다. 항괘의 때에 처해서는 특히 이것을 주의해야 한다. 초육은 항괘의 처음에 있어 더 항구할 것을 생각해야 한다. 그러나 초육은 유효로 강효의 자리에 있어서 체는 손巽이고 성질은 들어가는 것이니, 일에서 너무 깊게 할 것을 바라니 가혹하게 깊이 구하는 상이 있다. 한 삽으로 우물을 파려고 하기 때문에 “항구함을 깊이 한다[浚恒]”라고 하였다. 이러한 방법을 고수해 가면 반드시 흉하고 반드시 이로운 바가 없다.

「象」曰: 浚恒之凶, 始求深也.(「소상」에서 말하기를, ‘항구함을 깊이 함으로 흉하다’는 것은 처음부터 깊게 구하기 때문이다.)

‘시始’는 처음이다. ‘깊은 것’은 초효의 자리로 음의 성질이고 손巽의 들어가는 것이다. ‘구하는 것’은 응한다는 말이다.

九二, 悔亡.(구이는 후회가 없어질 것이다.)

『주역』 효사 가운데 대장괘 구이에서 말한 '정길貞吉' 이나 해괘 초육에서 말한 '무구无咎' 와 이 괘의 효에서 말한 '회망悔亡' 셋은 모두 결과가 어떠하다는 것만을 말하였고 그 까닭을 언급하지 않았는데, 대체로 효상爻象이 분명하기 때문이다. "후회가 없어진다[悔亡]" 는 것은 본래는 후회가 있어야 하지만 어떠한 원인 때문에 후회가 있는 것에서 없는 것으로 바뀐 것이다. 항괘에서는 바른 자리에 있을 수 있어야 정상이다. 구이는 양으로 음의 자리에 있으니 '정' 을 얻지 못하여 정상이 아니다. 정상이 아니면 후회가 있어야 한다. 그러나 『주역』은 '중' 을 가장 중시하며 항괘는 특히 '중' 을 중시한다. 구이는 강효로 '중' 에 있고 또한 육오와 '정응' 하니 거처함이 '중' 을 얻었고 움직임도 '중' 을 얻었다. '중' 에 항구할 수 있으면 '정' 도 안에 포함한다. 구이는 중덕中德이 우월하니 후회가 없어질 수 있다.

「象」曰: 九二悔亡, 能久中也.(「소상」에서 말하기를, '구이의 후회가 없어진다' 는 것은 중에 항구할 수 있기 때문이다.)

구이는 양으로 '중' 에 처하여 '중' 에 항구할 수 있기 때문에 "후회가 없어진다[悔亡]." 육오가 비록 '중' 에 처하였지만 음으로 '중' 에 있기 때문에 "남편은 흉하다[夫子凶]" 라는 경계가 있다.

九三, 不恒其德, 或承之羞, 貞吝.(구삼은 그 덕이 항구하지 못하므로 혹 치욕을 당하니 바르더라도 부끄러울 것이다.)

항괘의 호괘는 건乾이다. 구삼은 호괘인 '건' 의 가운데 있기 때문에 '덕' 이라고 하였다. 구삼은 또한 내괘와 외괘가 서로 접하는 곳에 있기 때문에 "항구하지 못하다[不恒]"라고 하였으니 일이 장차 변혁된다는 뜻이다. 항괘의 끝에서 말한 "항구함을 흔든다[振恒]"는 뜻과 비슷하다. '린吝' 자는 막혀 통하지 않는 뜻이기 때문에 수羞가 또한 치욕이 되는 것이다. '승수承羞' 두 글자도 효에서 나왔으니 구삼은 본래 강효이다. 아래에서 구삼을 받드는 구이와 위에서 구삼을 타는 구사는 모두 강효이다. 상육의 뜻은 움직임이 극처에 이른 것[振恒]으로 구삼과 밖에서 응한다. 다시 말하면, 전후좌우가 모두 구삼과의 관계가 마땅하지 않기 때문에 '혹或'이라고 하였다. 전체적으로 구삼은 안과 밖의 극처에 처하여 변혁해야 하는 곳이고 또한 강건한 성격으로 잘 움직여서 구이처럼 '중'에 항구할 수 없으면 항구하지 못하여 부끄러움에 이를 것이니, 비록 처한 자리가 바름을 얻더라도 부끄러움을 면하지 못한다.

「象」曰: 不恒其德, 无所容也.(「소상」에서 말하기를, 그 덕이 항구하지 못하니 용납되지 않는다.)

구삼은 위로 양을 받들고 아래로 또한 양을 타며, 또한 손巽의 들어가는 성질을 가지고 있어 강건하나 잘 움직여서 구이처럼 '중'에 항구할 수 없기 때문에 위아래가 모두 부끄러움에 이르니 "〈다른 사람에 의해〉 용납되지 않는다[无所容也]."

九四, 田无禽.(구사는 사냥하나 짐승을 잡지 못한 것이다.)

'전田'은 사냥이다. '금禽'은 날짐승과 길짐승을 통칭한다. "사냥하나 짐승을 잡지 못한다[田无禽]"라는 것은 오랫동안 짐승이 없는 곳에서 사냥하여 수고를 하였으나 공이 없음을 비유한 것이다. 구사는 양으로 음의 자리에 있으니 '정'을 얻지 못할 뿐만 아니라 '중'에 있지도 못하다. '부중'하고 '부정'하니 비록 항구하여도 성취가 있을 수 없다.

「象」曰: 久非其位, 安得禽也.(「소상」에서 말하기를, 그 자리가 아닌 지 오래되었으니 어찌 짐승을 잡겠는가.)

구사는 구삼과 다르다. 구삼은 자주 반복하는 자리에 처하여 양으로 양의 자리에 있으니, 이것은 자리를 얻었으나 때를 얻지 못하였기 때문에 "항구하지 못하다[不恒]"라고 하였다. 구사는 변혁의 때에 처하여 오랜 시간이 지났음을 알 수 있으나 마땅히 공손하고 움직여서 양으로 음의 자리에 있으니, 이것은 때를 얻었으나 자리를 얻지 못하였기 때문에 "자리가 아닌 지 오래되었다[久非其位]"라고 하였다. 짐승이 없는 곳에 있는 것은 그 자리가 아니니 비록 오래한들 무슨 이익이 있겠는가?

六五, 恒其德貞, 婦人吉, 夫子凶.(육오는 그 덕을 항구히 하면 바르니 부인은 길하고 남편은 흉하다.)

구이는 양으로 음의 자리에 있고 육오는 음으로 양의 자리에 있어 모두 자리가 마땅하지 않지만 모두 '중'을 얻었다. 구이는 강효가 '중'에 있기 때문에 "후회가 없다[悔亡]." 육오는 유효가 '중'에 있어 "그 덕을 항구히 하면 바르니[恒其德貞]" 이는 유순함으로 덕을 삼고 유순한 덕으로 상도常道를 삼은 것이다. 그 유순한 덕을 항구히 하면 부인에 있어서는 바르기 때문에 길하다. 남편에 있어서는 바르지 않기 때문에 흉하다.

「象」曰: 婦人貞吉, 從一而終也. 夫子制義, 從婦凶也.(「소상」에

서 말하기를, 부인은 바르고 길하니 하나를 따라서 마치기 때문이다. 남편은 뜻을 제지하니 부인을 따르면 흉하다.)

육오의 "그 덕을 항구히 하면 바르다[恒其德貞]"라는 것은 부인의 바른 것이고 "길하다[吉]"라는 것은 부인의 길한 것이다. 어째서 부인에 있어서는 바르고 길한가? 이것은 부인이 하나를 따라서 마치니, 즉 한 남편을 따라서 줄곧 죽음에 이르기 때문이다. 육오는 그 유순한 덕을 항구히 하여 순종함으로써 항구히 하니 마치 부인이 한 사람을 따라 마치는 것과 같다. 때문에 육오에 부인이 바르고 길하다는 뜻이 있다. 항괘의 뜻은 주로 항구함[常]이니, 항구함 속에 변화가 포함되어 있다. 구삼은 변화에 치우쳐서 "그 덕이 항구하지 못하고[不恒其德]", 육오는 항구함에 치우쳐서 "그 덕이 항구하다[恒其德]." 그러나 육오는 유효가 '중'에 있다. 유순함을 덕으로 하는 것은 부인의 덕이지 남편의 덕은 아니다. 남편에게는 뜻을 제지하는 권한이 있으니, 다만 부인이 그를 따라야 하고 그가 부인을 따르면 반드시 흉하다.

上六, 振恒, 凶.(상육은 항구함을 흔드니 흉하다.)

'진振'은 흔들거나 일어남이다. 항구함을 흔드는 것을 말하니 이미 오래되어 어지럽게 바뀌는 상이다. 항구함은 본래 상도常道이니 어찌 흔들리겠는가? "흉하다[凶]"라는 것은 일을 이룰 수 없을 뿐만 아니라 도리어 일을 망친다는 말이다. 원인은 음유하여 굳게 지킬 수 없기 때문이다. 항괘가 극처에 이르면 항구함에 반대되고 진震의 끝은 움직임이 지나치기 때문에 흉하다.

「象」曰: 振恒在上, 大无功也.(「소상」에서 말하기를, 항구함을 흔드는 것이 위에 있으니 크게 공이 없다.)

"위에 있다[在上]"는 것은 항구함이 극처에 이르면 반드시 바뀐다는 말이다. 이미 "항구함을 흔들면" 반드시 일을 망칠 것은 의심할 여지가 없다. 공이 없을 뿐 아니라 반드시 "크게 공이 없다[大无功]."

● 총론

『주역』은 '중'을 중시하는데 항괘는 특히 '중'을 중시한다. '중'하면 항구할 수 있고 '중'하지 못하면 항구할 수 없다. 항괘 여섯 효에는 위아래에 서로 응하는 뜻이 없으니 그 효는 주로 상체에 있는지 하체에 있는지, '중'을 얻었는지 '중'을 얻지 못하였는지를 나타낸다. 초육은 하체의 아랫자리에 있고 구사는 상체의 아랫자리에 있으니 모두 항구함에 미치지 못하고 항구함에 빠져서 변화를 알지 못하기 때문에 초육은 "항구함을 깊이 한다[浚恒]"라고 하였고, 구사에는 "사냥하나 짐승을 잡지 못한다[田无禽]"라고 하였다. 구삼은 하체의 윗자리에 있고 상육은 상체의 윗자리에 있으니 모두 이미 항구함이 지나치기 때문에 변화를 좋아하고 항구함을 지키지 못하기 때문에 구삼은 "항구하지 못하다[不恒]"라고 하였으며 상육은 "항구함을 흔든다[振恒]"라고 하였다. 그러나 구이와 육오는 비교적 좋으니, 그것들은 상체와 하체의 가운데 있어서 항구함을 최대로 파악할 수 있는 뜻이기 때문이다. 육오는 음유陰柔로써 양의 자리에 있어 유효가 '중'에 있는 것으로 항구함을 삼기 때문에 다만 부인은 길할 수 있으나 남편은 흉하다. 구이는 양강陽剛으로 음의 자리에 있어 강효가 '중'에 있는 것으로 항구함을 삼아 항괘의 뜻을 최고로 얻었으나, 구이는 '정'을 얻지 못하고 또한 지극히 좋을 수 없어서 다만 후회가 없어질 뿐이다. "후회가 없어진다[悔亡]"라는 것은 항괘 안에서 가장 좋은 효사이니 항괘에는 완전한 효가 없음을 알 수 있다. 함괘咸卦 여섯 효도 흉하지 않으면 부끄러움을 당하니, 가장 좋은 것은 후회가 없어지는 데 불과하다. 그러나 함괘와 항괘의 괘사는 64괘 가운데 가장 길하다. 괘사와 효사가 불일치하는 문제는 옛사람들이 이미 주목하였다. 소식蘇軾(1037~1101)의 『역전』에는 간艮과 태兌가 합쳐진 뒤에 함괘가 되고 손巽과 진震이 합쳐진 뒤에 항괘가 된다고 보았다. 두 체를 합쳐서 보기 때문에 괘사가 길하다. 여섯 효를 나누어 보면, 이것을 보면 저것을 보지 못하여 함괘와 항괘의 뜻이 해체되기 때문에 함괘와 항괘에는 완전한 효가 없고 가장 좋은 것이 후회가 없어지는 데 불과하다. 이 문제는 아직 더 연구되어야 할 것이다.

33
돈괘(遯卦)

䷠ 간하건상 艮下乾上

「서괘전」에는 "항괘는 항구함이다. 물건은 오랫동안 한곳에 머물 수 없기 때문에 돈괘로 받았다"[10]라고 하였다. 돈遯은 물어남이다. 항恒은 항구하다는 뜻이다. 어떤 일이 오래되면 반드시 반대 방면으로 나아가고, 오래되면 반드시 변하여 물러나기 때문에 항괘의 뒤를 돈괘로 이은 것이다. '돈'의 의미는 물러남이니 피하여 떠나가는 것이다. 괘는 건乾과 간艮 두 체로 구성되었다. '건'은 하늘이고 '간'은 산이다. 하늘은 위에 있으니 이것은 양물陽物로 위로 나아가는 성질이 있다. 산은 높이 솟은 물건이고 또한 그치는[止] 체이니 위로 솟아 있으나 그치고 나아가지 않는 상이다. 하나는 위로 나아가려 하고, 다른 하나는 위로 솟아 있으나 그치고 나아가지 않으니, '건'과 '간'이 서로 어긋나서 물러나기 때문에 괘명을 돈괘라고 하였다. 또한 괘 가운데 두 음이 아래로부터 자라나니, 이것은 음이 장차 자라나고 양이 점차 소멸하는 때이며, 소인이 점차 왕성해지고 군자가 마땅히 물러나서 피해야 하니, 역시 괘명을 돈괘라고 하는 근거이다.

---

10) 『周易』, 「序卦傳」. "恒者久也. 物不可以久居其所, 故受之以遯."

돈괘는 십이벽괘十二辟卦 중에서 6월의 괘이다.

遯, 亨, 小利貞.(돈은 형통하니 바름을 지키는 것이 조금 이롭다.)

돈괘는 음이 자라나고 양이 소멸하는 때로 소인이 점차 세력을 얻으니 군자는 이때에 물러나 피해야 한다. 몸은 물러나지만 도는 물러날 수 없다. 도는 물러날 수 없을 뿐만 아니라 또한 한 걸음 더 나아가 신장시켜야 한다. 그러므로 "돈은 형통하다[遯亨]"라고 하였다. 소인의 도가 자라나면 군자는 기미를 알아서 그 쓰임에서 물러나서 숨고 두각을 드러내지 않는다. '소이정小利貞'의 '소小'는 대소大小의 '소'이다. 돈괘의 때는 음유함이 비록 자라지만 아직 매우 왕성한 정도에 이르지 못하였으니, 군자는 이때에 바름을 지키는 것이 크게 이로울 수는 없으나 바름을 지키는 것이 조금 이로울 수는 있다. 느긋이 힘을 다하고 겸손하게 잘 처리하여 반드시 작은 일이나 행동을 부지런히 하여 바른 도리를 잃지 않아 소인에게 끼어들 틈을 주지 않는다.

「彖」曰: 遯亨, 遯而亨也. 剛當位而應, 與時行也. 小利貞, 浸而長也. 遯之時義大矣哉.(「단전」에서 말하기를, 돈이 형통하다는 것은 물러나서 형통한 것이다. 강은 자기 자리에서 응하니 때와 더불어 행한다. '바름을 지키는 것이 조금 이롭다'는 것은 점점 자라나기 때문이다. 돈의 때와 뜻이 크다.)

"돈이 형통하다는 것은 물러나서 형통한 것이다[遯亨, 遯而亨也]"라는 구절은, 괘사에서는 '돈형遯亨'이라고 하였으나 「단전」에서는 '이而'자를 보태어 '돈이형遯而亨'으로 바뀐 것은 '돈형遯亨'이 물러난 뒤에 형통하다는 것을 설명한 것이다. 군자가 물러나서 숨었는데 어떻게 형통함을 말할 수 있는가? 군자가 형통하거나 군자가 숨어서 형통한 것이 아니라, 군자가 물러나서 숨은 뒤에 군자의 도가 형통하다는 것이다.

"강은 자기 자리에서 응하니 때와 더불어 행한다[剛當位而應, 與時行也]"라는 구절은 괘사의 '돈형遯亨'을 해석한 것이 아니다. '돈이형遯而亨'은 물러나서 형통함에 이를 수 있다는 말이다. 이 구절은 한 걸음 더 나아가 어떻게 "물러나서 형통할 수 있는지"를 설명한 것이다. 구오는 양강陽剛으로 양의 자리에 있어 '중'에 있고 '정'을 얻었으며 또한 아래로 육이의 '중정'과 서로 응한다. 이러한 좋은 괘의 재질, 즉 물러나서 숨는 때에 있으면 때에 따라 행할 수 있다. 이 괘에는 간艮의 상이 있으니 '간'의 상은 때에 따라 행하고 때에 따라 그치는 것을 말한다. 무릇 '간'에 그치는 상이 있으면 또한 반드시 때에 따라 행하는 상도 있다. 이미 "때에 따라 행한다"라고 말하면 조심하고 신중한 뜻이 있으니 또한 "바름을 지키는 것이 조금 이롭다[小利貞]"라는 것을 안에 포괄한다.

"바름을 지키는 것이 조금 이롭다는 것은 점점 자라나기 때문이다[小利貞, 浸而長也]"라는 구절에서, 림괘(䷒)는 두 양이 아래에 있어서 「단전」에서는 "강이 점점 자라난다[剛浸而長]"라고 하였고 돈괘(䷠)는 두 음이 아래에 있어서 「단전」에서는 "점점 자라난다[浸而長]"라고 하고 "유가 점점 자라난다"라고 하지 않았으나, 실제로는 '유'가 점점 자라나고 두 음이 점점 자라나는 것이다. 군자는 돈괘의 때에 크게 행동함이 있어서는 안 되고 다만 바름을 지키는 것이 조금 이로울 수 있으니, 그 원인은 여러 음이 점차 자라나고 소인이 점차 왕성해지기 때문이다.

"돈의 때와 뜻이 크다[遯之時義大矣哉]"라는 구절에서, 『역』에서 '크다'는 것에는 두 가지 뜻이 있다. 하나는 관계하는 바가 크다는 것을 찬미한 것이니 혁괘革卦와 예괘豫卦의 경우이다. 다른 하나는 처한 바가 어렵다는 것을 찬탄한 것이니 돈괘와 대과괘의 경우이다. 장래에 반드시 막히는 데 이르기 때문에 오히려 물러날 수 있으니 매여서 바름을 지키는 것이 조금 이롭다. 공자가 이러한 찬탄의 말을 추가한 것은 사람들에게 "바름을 지키는 것이 조금 이로우니[小利貞]" 작은 행동이나 일들이 생각할 가치도 없고 행동할 가치도 없다고 여겨서는 안 된다는 것을 경계하는 데 있다. "바름을 지키는 것이 조금 이롭다"는 것은 종종 바름을 지키는 것이 이로운 기초가 될 수 있다는 것이다. 장래의 '이정利貞'이 바로 이 '소이정小利貞' 속에 포함되어 있고 준비되어 있기 때문에 "돈의 때와 뜻이 크다[遯之時義大矣哉]"라고 하였다.

「象」曰: 天下有山, 遯. 君子以遠小人, 不惡而嚴.(「대상」에서 말하기를, 하늘 아래에 산이 있는 것이 돈괘이다. 군자는 <돈괘의 상을> 보고서 소인을 멀리하되 증오하지 않고 엄하게 한다.)

하늘 아래에 산이 있으니 산은 아래에 있고 높이 솟아 있으나 또한 그치며, 하늘은 위에 있고 위로 나아가서 서로 어긋나니 바로 물러나서 피하는 상이다. 군자는 돈괘의 상을 보고 계몽되어 어떻게 소인을 멀리해야 하는지의 문제를 아는 것이다. 돈괘의 때에 소인을 멀리하는 가장 좋은 방법은 "증오하지 않고 엄하게 하는[不惡而嚴]" 것이다. '오惡'는 증오의 '오'로 읽는다. 소인을 대하는데 당신이 소인을 증오한다는 사실을 알게 해서는 안 된다. 그러면 소인은 반드시 당신을 해칠 것이고, 당신이 소인을 멀리하려 해도 멀리할 수 없다. 그러나 소인과의 경계는 엄격히 구분하여 원칙의 문제에서 절대로 소인에게 양보하지 않으며, 소인에게 당신을 침범할 수 없다는 사실을 알게 해야 한다. "증오하지 않고 엄하게 한다"라는 것은 바로 밖은 유순하게 하고 안은 바르게 하여 예로써 대우하면서 자신을 견고히 지켜야 한다는 뜻이다.

初六, 遯尾厲, 勿用有攸往.(초육은 돈의 꼬리로 위태로우니 가는 바가 있지 말아야 한다.)

전체 괘에서 보면, 초효와 2효 두 음효는 소인을 대표한다. 괘 가운데 여섯 효에서 보면, 여섯 효는 모두 군자를 대표한다. 군자가 돈괘의 여섯 가지 다른 상황의 처지에 있음을 대표한다. 다른 괘에서는 모두 초효가 아래가 되고 시작이 된다. 돈괘는 가서 물러나는 것을 말하니, 앞에서 가는 것이 먼저 나아가게 되고 초효는 뒤에 있으니 당연히 꼬리이다. 피하여 물러나는 때에 뒤에 있으니 꼬리가 되고 처지가 매우 위험하다. 어떻게 해야 하는가? 계속 앞으로 가서 위의 재난을 만나기보다는 차라리 정지하고 움직이지 않아 재난을 피하는 것이 낫다. 때문에 "가는 바가 있지 말아야 한다[勿用有攸往]"라고 하였다. 초효는 음유陰柔로써 아랫자리에 처하여 지위가 낮고 명예가 적으니 가지 않는 것은 바로 물러나는 것과 같다. 만약 간다면 위태로움이 더욱 심각해질 것이다.

「象」曰: 遯尾之厲, 不往何災也.(「소상」에서 말하기를, '돈의 꼬리로 위태롭다'는 것은 가지 않으면 무슨 재앙이 있겠는가.)

문제의 조짐을 발견하고 먼저 물러나는 것이 참으로 좋다. 물러나서 뒤에 있어야 하니 또한 계속하여 앞으로 가면 위험하다. 가면 위태롭다. 가지 않고 숨으니 무슨 재앙이 있겠는가!

六二, 執之用黃牛之革, 莫之勝說.(육이는 황소의 가죽으로 잡아매니 벗길 수 없다.)

'설說'은 탈脫과 같이 읽고 뜻도 같다. '막지승탈莫之勝說'은 벗길 수 없다는 말이다. '황黃'은 중앙의 색이다. 소는 온순한 동물이다. 곤坤의 효가 '중'에 있으니 황소의 상이 있다. '혁革'은 단단하고 질긴 물건이다. 여섯 효 가운데 다섯 효에서는 모두 '돈遯'을 말하였으나 육이에서만은 '돈'을 말하지 않았다. 육이는 음효로 음의 자리에 있어 자리를 얻었고 '중'에 처하여 중정으로 구오에 순응한다. 구오는 양효로 양의 자리에 있고 자리를 얻었으며 '중'에 처하여 또한 중정으로써 육이와 친밀히 부합한다. 육이와 구오 사이의 화합과 친밀한 관계의 견고한 정도가 마치 그들 사이를 황소의 가죽으로 잡아매는 것과 같으니 누구도 그들을 갈라놓을 것을 생각하지 말라는 것이다.

「象」曰: 執用黃牛, 固志也.(「소상」에서 말하기를, '황소의 가죽으로 잡아맨다'는 것은 뜻이 견고한 것이다.)

'집용황우執用黃牛'는 '집지용황우지혁執之用黃牛之革'이 생략된 말이다. "뜻이 견고하다[固志]"라는 것은 육이와 구오가 중순中順한 도로써 서로 단단히 매니 반드시 '돈'의 뜻이 매우 견고하여 어떠한 힘으로도 그들 사이를 잡아매는 황소의 가죽을 벗길 수 없다는 것이다.

九三, 係遯, 有疾厲, 畜臣妾吉.(구삼은 매어 있는 물러남으로 병이 있어 위태로우니 신첩을 기르는 것이 길하다.)

돈괘의 때에 군자는 멀리 떠나거나 빨리 떠나는 것이 가장 좋다. 그러나 구삼의 '계돈係遯' 은 연루되어 매어 있어 떠나거나 빨리 떠날 수 없기 때문에 처지가 좋지 않다. 병은 음에 의해 쌓인 것을 말한다. '려厲' 는 위태로움이다. 마치 질병을 얻어서 위태로운 것과 같은 것이다. 구삼의 '계돈係遯' 은 누구에게 매어 있는가? 구삼은 상구와 '정응' 이 아니고 육이와 매우 가까우니 육이에 의해 연루되어 매어 있어 멀리 물러나거나 빨리 물러날 수 없다. 구삼과 육이의 관계는 친하고 가까우며 '정응' 이 아니니, 이것은 군자와 소인의 관계이고 군자와 군자의 관계가 아니다. 구삼이 소인을 다루는데 어떻게 하는 것이 좋은가? 할 수 있는 방법은 "신첩을 기르는 것[畜臣妾]" 이다. "신첩을 기르는 것" 은 아래의 두 음을 덮어 감추는 것을 말한다. '병' 과 '기르는 것' 은 모두 '매어 있다[係]' 는 글자 속의 뜻이다. 신첩은 소인과 여자이다. 옛사람들의 관념에 따르면, 여자와 소인은 기르기가 어려웠으니 가까이 하면 겸손하지 않고 멀리하면 원망하기 때문이다. 구삼은 물러나고자 하나 물러날 수 없는 상황에서 신첩을 기르는 방법으로 소인을 다루어야 하니, 즉 멀리하지도 않고 가까이하지도 않으며 증오하지 않고 엄하게 하는 것이다. 이렇게 해야 비로소 길함을 얻을 수 있다.

「象」曰: 係遯之厲, 有疾憊也. 畜臣妾吉, 不可大事也.(「소상」에서 말하기를, '매어 있는 물러남으로 위태롭다' 는 것은 병이 있어 고달픈 것이다. '신첩을 기르는 것이 길하다' 는 것은 큰일을 할 수 없다는 것이다.)

돈괘의 때에 매이고 연루되어 있어 물러날 수 없으니 위태로움은 고달픔에 의해 생긴 것이고 고달픔은 질병에 의해 생긴 것이다. 구삼이 이러한 곤경에 처하여 유일하게 할 수 있는 방법은 강효로써 스스로를 지키고 소인에 대해서는 신첩의 도로써 기르는 것이다. 왜냐하면 이때는 큰일을 해서는 안 되고 할 수도 없기 때문이다.

九四, 好遯, 君子吉, 小人否.(구사는 좋게 물러남이니 군자는 길하고 소인은 그렇지 않다.)

'호好' 자는 상성上聲(형용사)으로 읽어야 하고 거성去聲(동사)으로 읽어서는 안 된다. 구사는 초육과 '정응'하니 초육과의 관계가 매우 좋고 친밀하지만, 구사는 강건한 군자이니 돈괘의 때에 비록 좋아하거나 사랑함이 있을지라도 매이고 연연해하지 않을 수 있어 조금도 주저하지 않고 단호히 물러나서 떠나간다. 돈괘의 때에 또한 침착하고 원망이 없으며 마음이 편안할 수 있으면 화를 내거나 괴팍한 행동을 하지 않는다. 이와 같으면 반드시 길함을 얻는다. '소인부小人否'에서의 '부否'는 부不의 뜻이지 태형하고 막히다[泰否]는 '비否'가 아니다. 군자는 좋게 물러날 수 있고 소인은 좋게 물러날 수 없으니, 비록 부득이하여 물러나더라도 화를 내거나 괴팍하게 행동하고 좋게 물러나지 않는다. 이 때문에 소인은 길함을 얻지 못한다.

「象」曰: 君子好遯, 小人否也.(「소상」에서 말하기를, 군자는 좋게 물러나고 소인은 그렇지 않다.)

군자는 좋게 물러나지만 소인은 좋게 물러나지 않는다. 군자는 물러나야 하면 단호히 물러나서 떠나가고 좋아하거나 사랑하는 것에 연루되거나 매이지 않는다. 물러나는 것도 침착하고 원망이 없으며 절대로 화를 얼굴에 나타내지 않는다. 소인은 그렇지 않다.

九五, 嘉遯, 貞吉.(구오는 아름답게 물러남이니 바르게 하면 길하다.)

'가嘉' 는 아름다움이다. '가돈嘉遯' 은 아름답게 물러나는 것이니 "좋게 물러나는 것[好遯]" 보다 더 좋게 물러나는 것이다. 구오는 양강으로 '중' 에 있고 '정' 을 얻어 비록 육이와 매이고 응하는 것이 있지만, 육이도 '중' 에 있고 '정' 을 얻어 돈괘의 때에 구오를 방해하지 않는다. 구오가 중정으로 자처하여 때에 따라 그치고 때에 따라 행하여 인식에서 행동에 이르니 구오는 모두 물러나는 문제에 대해 할 수 있는 가장 적당하고 가장 알맞은 처리인 것이다. 때문에 바르게 하면 길함을 얻는다.

「象」曰: 嘉遯貞吉, 以正志也.(「소상」에서 말하기를, '아름답게 물러남이니 바르게 하면 길하다' 는 것은 뜻을 바르게 하기 때문이다.)

바를 것을 생각하고 행동해야 바를 수 있다. 구오가 "아름답게 물러남이니 바르게 하면 길하다[嘉遯貞吉]" 라는 것은 구오가 '중' 에 있고 '정' 을 얻어 육이의 중정과 서로 응하는, 즉 구오의 뜻이 바르기 때문이다. 사람의 행동거지, 물러나고 물러나지 않음, 처리하기를 잘하고 못하는 관건은 그 뜻을 바르게 할 수 있는지의 여부에 있다.

上九, 肥遯无不利.(상구는 여유 있게 물러남이니 이롭지 않음이 없다.)

'비肥' 는 충만하고 넉넉하니 아주 여유가 있으며, 고달프다는 반대의 뜻이다. 상구는 양강陽剛의 재질로 외괘의 극처에 있으니 돈괘의 때에 이러한 위치에 처한 것은 좋은 것으로 정처 없이 멀리 떠나가고 주저하는 바가 없을 수 있다. 상구에는 또 다른 좋은 점이 있으니, 안으로 응함이 없어 연루되거나 매이는 것이 없으며 의심이나 걱정이 없다. 밖으로 멀리 떨어져 있고 안으로 매이고 응하는 것이 없는 이러한 두 가지 점은 상구로 하여금 돈괘의 이러한 곤궁한 때에 걸림이나 장애가 없게 하며, 의심이나 걱정을 없게 하며, 강하게 결단하여 물러날 수 있게 하니, 마음이 아주 넓고 여유가 있는 것이다. 이와 같은 물러남은 이롭지 않음이 없다.

「象」曰: 肥遯无不利, 无所疑也.(「소상」에서 말하기를, '여유 있게 물러남이니 이롭지 않음이 없다'는 것은 의심스러운 것이 없기 때문이다.)

상구가 "여유 있게 물러남이니 이롭지 않음이 없는[肥遯无不利]" 가장 중요한 원인은 의심할 것이 없기 때문이다. 네 양효 중에서 상구의 상황이 가장 좋다. 구삼은 육이와 매우 가깝고, 구사는 초육과 응하며, 구오는 육이와 응하니, 모두 매이는 바가 있다. 매이는 바가 있으면 자연히 의심하지 않을 수 없으나, 상구에 이르면 조금의 걸림이나 장애도 없으며 일체의 의심과 걱정이 모두 사라진다.

● 총론

돈괘의 여섯 효는 네 양효와 두 음효로 네 양효가 점점 물러나고 두 음효가 점점 자라나니, 이것은 소인이 점점 왕성해지고 군자가 물러나서 숨는 때이다. 군자가 이때에 처하여 "물러나서 형통하니[遯而亨]" 비록 큰일을 할 수는 없지만 바름을 지키는 것이 조금 이로울 수 있다. 여섯 효에 이르러, 하괘의 세 효와 상괘의 세 효의 상황은 매우 다르다. 하괘의 세 효는 간艮에 속하고 '간'은 그치기 때문에 초육은 "가지 않고[不往]", 육이는

"가죽을 잡아매고[執革]", 구삼은 "매어 있는 물러남[係遯]"이다. 상괘의 세 효는 건乾에 속하고 '건'은 가는 것을 주로 하기 때문에 구사는 "좋게 물러남이고[好遯]", 구오는 "아름답게 물러남이고[嘉遯]", 상구는 "여유 있게 물러남이다[肥遯]." 상괘의 세 효는 매이고 응함이 없을수록 더 좋고 두 음에서 멀수록 더 좋다. 구사는 "좋게 물러나는 것"이지만 구오의 "아름답게 물러나는 것"만 못하다. 구사와 구오가 비록 "좋게 물러나거나" "아름답게 물러나는 것"이지만 그것들은 모두 매이고 응하는 것이 있고 모두 물러나는 것에 의심이 있으며 또한 모두 두 음효와 가장 멀어지려 하지 않기 때문에 모두 상구의 "여유 있게 물러나는 것"만 못하다. 상구는 외괘의 극처에 있고 또한 매이거나 응함이 없으며 마음에 의심이나 걱정이 없어서 초연히 물러나니, 비록 곤궁한 때에도 과단성 있게 물러날 수 있어 마음이 넓고 아주 여유가 있다고 말할 수 있다. 이것은 돈괘에서 가장 잘 처신하는 사람이다.

돈괘가 나타내는 것은 주로 정치사상이다. 돈괘에서는 군자와 소인이라는 두 정치성의 개념을 명확히 사용하였다. 군자와 소인은 정치 지위의 존비尊卑·고하高下의 차이를 반영하지 않으며, 그것들이 반영하는 것은 정치인들 개인의 도덕관념과 도덕 행위 및 정치 주장상의 대립이다. 소인이 점차 우세를 얻는 정치 환경 속에서 군자는 융통성 있는 대책이나 물러나서 숨는 대책을 취해야 하니, 즉 원칙을 견지하는 전제하에서 혹자는 소인에 대해 "증오하지 않고 엄하게 하거나[不惡而嚴]" 혹자는 잠시 물러나 떠나가서 때가 바뀌기를 기다린다는 것이다. 돈괘가 말한 '돈'은 다만 정치투쟁 속의 일종의 융통성 있는 책략 사상이니, 도가가 추구하는 출세出世나 세속을 망각하는 인생철학과는 근본적으로 다르다.

34
대장괘(大壯卦)

䷡ 건하진상 乾下震上

「서괘전」에는 "돈괘는 물러남이다. 사물은 끝내 물러날 수 없기 때문에 대장괘로 받았다"[11]라고 하였다. '돈'은 음이 자라나고 양이 물러나니 '돈'의 의미는 떠나가는 것이다. 대장괘는 양이 강성한 것이니 '장壯'의 뜻은 강성함이다. 사물이 쇠퇴하면 반드시 흥성하고 소멸하면 반드시 자라나니, 이미 물러나면 반드시 강성해지기 때문에 돈괘의 다음에 대장괘를 놓은 것이다. 대장괘는 하체가 건乾이고 상체가 진震이니 강하고 움직여서 크게 강성한 뜻이 있다. 『주역』에서는 양강陽剛을 크다고 하고 음유陰柔를 작다고 한다. 이 괘는 양강이 이미 4효에 이르고 중간을 지나서 "큰 것이 강성한[大者壯]" 뜻이 있다. 또한 괘에 우레의 위엄과 진동이 하늘 위에 있는 상이니 또한 대장괘의 뜻이다.

大壯, 利貞.(대장은 바르게 하는 것이 이롭다.)

---

11) 『周易』, 「序卦傳」. "遯者退也. 物不可以終遯, 故受之以大壯."

대장괘는 바로 양이 강성하니 길하고 형통한 것은 말할 필요가 없다. 그러나 대장괘는 바르게 하는 것이 이로우니, 크게 강성하면서 바르지 않고 군자가 일을 처리하면서 바른 이치를 따르지 않으면 보통의 강성함이지 군자의 도에 부합하는 큰 강성함이 아니다. 대장괘의 때에 가장 두려운 것은 강성함을 스스로 믿는 것이니, 강성함을 스스로 믿으면 바르지 못하다. 괘 가운데 양효가 음효의 자리에 있으면 길하고 양효가 양효의 자리에 있으면 흉하거나 위태로운 것은 바로 괘사의 "대장은 바르게 하는 것이 이롭다[大壯利貞]"는 의도를 반영한 것이니, 대장괘는 그 강성함을 스스로 믿고 지나치게 강성해서는 안 된다는 것이다.

64괘의 괘명에서 '대大' 자가 들어 있는 것은 네 개이다. 대유괘(☲☰)가 다섯 개의 양효인 것을 제외하고, 나머지 대축(☶☰) · 대과(☱☴) · 대장(☳☰) 세 괘는 모두 네 개의 양효이다. 네 개의 양효인데 대장이라 부른 것은 괘 중에 음양의 세력이 3효에 이르러서는 공평하게 나누어지고 4효에 이르러서는 매우 왕성하다고 보기 때문이다. 대장괘의 양효가 이미 초효에서 자라나서 4효에 이르고 구사의 한 효는 괘를 이루는 주효이며, 괘가 또한 건乾의 양이 안에 있고 진震이 밖에서 움직이기 때문에 대장괘라고 하였다. 대장괘는 십이벽괘十二辟卦 중에서 2월의 괘이다.

「彖」曰: 大壯, 大者壯也. 剛以動, 故壯. 大壯利貞, 大者正也. 正大而天地之情可見矣.(「단전」에서 말하기를, 대장은 큰 것이 강성한 것이다. 강하고 움직이기 때문에 강성하다. '대장은 바르게 함이 이롭다'는 것은 큰 것이 바른 것이다. 바르고 큰 것에서 천지의 실정을 볼 수 있다.)

"대장은 큰 것이 강성한 것이다. 강하고 움직이기 때문에 강성하다[大壯, 大者壯也. 剛以動, 故壯]"라는 구절은 '대장'이라는 괘명의 뜻을 해석한 것이다. 『역』에서는 양강陽剛을 크다고 하고 음유陰柔를 작다고 한다. 천지간에 오직 양강만이 강성할 수 있고 큰 것이 강성할 수 있으며, 음유는 강성할 수 없고 작은 것은 강성할 수 없다. 그러나 결코 양강이나 큰 것이 모든 상황에서 강성할 수 있는 것은 아니고 반드시 '강이동剛以動'의 상황에 있어야 비로소 강성하다고 말할 수 있다. '강이동'은 괘가 건乾이 아래에 있고 진震이 위에 있으니 강체剛體이고 또한 움직임이 있기 때문에 '대장'이라 하였다.

"대장은 바르게 함이 이롭다는 것은 큰 것이 바른 것이다. 바르고 큰 것에서 천지의 실정을 볼 수 있다[大壯利貞, 大者正也. 正大而天地之情可見矣]"라는 구절은 '이정利貞'의 뜻을 해석한 것이다. '대장大壯'은 큰 것이 강성한 것이고, '대장이정大壯利貞'은 큰 것이 바른 것이다. 괘사의 '대장이정' 네 글자에는 세 가지 단계의 의미가 있음을 볼 수 있다. 먼저 강성함의 주체가 크다는 것을 지적하였고, 그 다음으로 주체의 세력이 강성함을 말하였으며, 마지막으로 크다는 정태적 특징이 바르다는 것을 강조하였다. 앞의 두 단계의 의미는 우리에게 큰 것, 즉 양강陽剛한 것만이 강성할 수 있고 작은 것, 즉 음유陰柔한 것은 강성할 수 없다는 것을 말해 주었다. 큰 것은 다만 움직이는 상태, 즉 '강이동剛以動'의 때에 있어야 비로소 강성할 수 있다. 강성함을 동태적 관점에서 본 것이다. 마지막 단계의 의미는 큰 것만으로는 강성함이 충분하지 못하여 문제를 설명할 수 없으며 또한 바르게 해야 한다는 것을 말하였다. 바른 것은 정태적 관점에서 본 것이다. 전체적으로 '대장이정大壯利貞'이라는 말의 의미는 체體가 크고 세력이 왕성하여 사악하고 편벽됨이 없다는 말이다. 천지간의 만사만물은 크게 강성할 필요가 없으니, 크면서 강성하지 않는 것은 결코 흉이나 허물이 없다. 만약 크게 강성하면서 바르지 못한 것은 반드시 흉함을 면할 수 없다. 폭군과 횡포는 크고 또한 강성하다고 말할 수 있는데, 그렇지만 바르지 않으면 사람에게 무한한 재앙을 준다.

'정대正大'는 또한 크고 바른 것이다. 천지는 바로 큰 것 중의 큰 것으로 지극히 크다고 말할 수 있다. 천지는 바로 바른 것 중의 바른 것으로 지극히 바르다고 말할 수 있다. 크면서 또한 강성하고 크면서 또한 바르니, 이것은 천지의 분명한 특징으로 분명히 알 수 있고 누구나 알고 있는 것이다. 천지의 바르고 큰 것을 보면 천지의 실정을 본다. '천지의 실정'은 정태에서나 보이는 곳에서 천지의 특징을 본 것이고, 「단전」에서 말한 '천지의 마음'은 동태에서나 숨은 곳에서 천지의 규율을 본 것이다. 또한 함괘咸卦·항괘恒卦·취괘萃卦 세 괘의 「단전」에서는 모두 '천지 만물의 실정'을 말하였으나 이 괘에서는 천지만을 말하고 만물을 언급하지 않았으니, 이것은 함괘의 감응이나 항괘의 항구함이나 취괘의 모이는 만물이 모두 천지와 같을 수 있으나 오직 바르고 큰 것은 천지와 동일하게 말할 수 없기 때문이다.

「象」曰: 雷在天上, 大壯. 君子以非禮弗履.(「대상」에서 말하기를, 우레가 하늘 위에 있는 것이 대장괘이다. 군자는 <대장괘의 상을> 보고서 예가 아니면 행하지 않는다.)

우레가 하늘 위에서 분발하니 크고 강성한 상이다. 대장은 '대자정야大者正也'의 의미를 포함한다. 다시 말하면, 대장은 실제로 크고, 큰 것이 강성하고, 큰 것이 바르다는 세 가지 의미를 함유한다. 크고[大] 강성하고[壯] 바르다[正]는 셋을 하나로 합치면 천지간에 드러나는 일종의 위대한 힘을 구성한다. 군자가 대장괘의 상을 보고 어떻게 현실의 인생 속으로 구현시키는가? 공자는 몸을 반성하여 자신을 닦을 것을 주장하였다. 그는 군자에게 최대한의 힘을 자기와 싸워 이기는 데 쓸 것을 요구하였는데, 자기와 싸워 이기는 가장 좋은 방법으로는 "예가 아니면 행하지 않는 것[非禮弗履]" 보다 나은 것이 없다.

初九, 壯于趾, 征凶有孚.(초구는 발에서 강성함이니 가면 흉함이 틀림없을 것이다.)

'지趾'는 몸의 아래에 있으면서 가는 것을 주로 하는 것이다. "발에 강성하다[壯于趾]"라는 것은 초효에 강성함이니 서둘러 앞으로 나아가면 결과가 반드시 흉함을 얻을 것이다. '유부有孚'는 진실함이 있는 것이니, 다른 괘에서는 '유부'의 의미가 긍정적이나 여기에서는 부정적인 의미를 취하였다. '정흉유부征凶有孚'는 앞으로 나아가는 바가 있으면 틀림없이 흉함을 이룬다는 것이다. 초구는 양강陽剛으로 양의 자리에 있고 대장괘의 때에 처해 있어 당연히 허물이 없어야 하는데, 어째서 "가면 흉함이 틀림없는가[征凶有孚]." 전체 괘에서 보면, 대장괘는 양강의 강성함이니 강의 강성함으로 뜻을 삼는다. 그러나 효에서 보면 상반되는 듯하다. 대장괘의 각 효에서는 '유'를 쓰는 것이 좋고 '강'을 쓰는 것이 좋지 않다. 초구는 자신이 양강하고 건체乾體에 있으며 또한 양강하고 양의 자리에 있으니 또한 양강하다. 대장괘는 본래 "강하고 움직이는 것[剛以動]"이니 '강'이 너무 지나치서는 안 된다. 그러나 초구는 강으로 강의 자리에 있고 강을 쓰니, 지나치게 강하고 강성하게 가기 때문에 "가면 흉함이 틀림없다."

「象」曰: 壯于趾, 其孚窮也.(「소상」에서 말하기를, 발에서 강성하니 반드시 곤궁할 것이다.)

초구는 아래에 있으나 '강'의 자리에 있고 '강'을 써서 지나치게 강하고 강성하게 가니, 초구가 곤궁하여 흉함을 이룸은 반드시 믿어 의심할 것이 없다.

九二, 貞吉.(구이는 바르게 하면 길할 것이다.)

구이와 초구는 모두 양강하고 모두 대장괘의 때에 처하여 초구는 "가면 흉하나[征凶]" 구이는 "바르게 하면 길하니[貞吉]" 두 효에는 근본적인 차이가 있다. 그 원인은 구이의 강유가 '중'을 얻어 지나치게 강성하지 않기 때문이다. 이二는 유효의 자리이고 구九는 강한 성질이다. 강한 성질로 유효의 자리에 있으니 강유가 서로 기다려서 지나치게 강성하지 않다. 더 중요한 것은 구이가 강성하나 '중'에 처하여 움직임이 반드시 바른 것은 사람의 기질이 강하고 결단성이 있어 사납지만 '중'에 처할 수 있어 일이 발생하면 깊고 낮음에 정도가 있어 지나침을 잘 처리하고 부족함을 도와주어 바름을 얻지 않음이 없는 것과 같다. 바름을 얻으면 길하다.

「象」曰: 九二貞吉以中也.(「소상」에서 말하기를, '구이가 바르게 하면 길하다'는 것은 중에 있기 때문이다.)

구이가 "바르게 하면 길하는[貞吉]" 가장 근본적인 것은 '중'에 있기 때문이다. 구이의 길함은 온전히 '중'에서 나온 것이다.

九三, 小人用壯, 君子用罔, 貞厲, 羝羊觸藩, 羸其角.(구삼은 소인은 강성함을 쓰고 군자는 쓰지 않으니, 바르더라도 위태로우니 숫양이 울타리에 부딪쳐 그 뿔이 다친다.)

'망罔'은 없음이다. '용망用罔'은 쓰지 않는다는 말이다. '저羝'는 숫양이다. '이羸'는 다침이다. '정려貞厲'는 비록 바르더라도 위태롭다는 것이다. 구삼은 강효로 강의 자리에 있고 강성함에 처해 있으며 또한 하체인 건乾의 끝에 있어 지나치게 강하고 '부중'하니 강하고 힘이 있는 사람이다. 만약 소인이 여기에 해당되면, 그는 장차 강함을 믿고 강성함을 써서 남을 능멸할 것이다. 강하고 강건한 숫양과 같으니 숫양의 뿔(강성함)을 써서 숫양이 직면한 어떤 울타리에 부딪치면 결과는 반드시 그 뿔이 다치는 것으로 끝난다. '정려貞厲'는 군자가 이렇게 하면 비록 바르더라도 위태롭다는 말이다. "군자는 쓰지 않는다[君子用罔]"라는 것은 군자가 여기에 해당되면 소인과 같이 강함을 믿고 강성함을 써서 남을 능멸하지 않는다는 것이다.

「象」曰: 小人用壯, 君子罔也.(「소상」에서 말하기를, 소인은 강성함을 쓰고 군자는 쓰지 않는다.)

소인은 강성함을 쓰고 군자는 쓰지 않는다. 효사의 '군자용망君子用罔'의 말뜻은 돈괘 구사의 "군자는 좋게 물러나고 소인은 그렇지 않다[君子好遯, 小人否也]"라는 것과 같으니, 모두 군자와 소인을 함께 말하였으나 뜻은 상반된다. 공자는 「소상」에서 용用 자를 쓰지 않고 바로 '군자망야君子罔也'를 말하여 효사의 뜻을 의심의 여지없이 더 분명해지도록 하였다.

九四, 貞吉悔亡, 藩決不羸. 壯于大輿之輹.(구사는 바르게 하면 길하여 후회가 없어질 것이니 울타리가 터져도 다치지 않는다. 큰 수레의 당토가 튼튼하다.)

구사는 구이와 마찬가지로, 모두 양효로 음효의 자리에 있어 강효이지만 유효가 와서 도와주기 때문에 지나치게 강성한 데 이르지 않는다. 그러나 구사는 네 양효의 끝에 있고 또한 쉽게 지나치게 강성한 일면이 있기 때문에 효사에서는 '정길貞吉', 즉 안정시키고 움직이지 않으면 길함을 얻을 수 있다고 하였다. 이미 '정길' 하면 조용히 나아가서 잘못이 없을 수 있기 때문에 효사에서 또한 "후회가 없어진다[悔亡]"라고 하였다. "울타리가 터져도 다치지 않는다[藩決不羸]"라는 것은 앞의 구삼 효사인 "숫양이 울타리를 받아 그 뿔이 다친다[羝羊觸藩, 羸其角]"라는 것을 이어서 말한 것이다. 구삼은 앞의 구사에 의해 저지되니, 만약 울타리에 부딪치면 울타리가 부서지지 않아 뿔이 다친다. 구사의 앞은 두 음이고 두 음은 구사가 앞으로 나아가는 것을 저지하지 못하니, 울타리에 부딪칠 필요가 없이 이미 울타리가 터지니 뿔이 다칠 걱정은 자연히 있을 수 없다. 구사의 앞으로 나아가는 길이 이미 통하면 "큰 수레의 당토가 튼튼한[壯于大輿之輹]" 상이 있다. 당토[輹]는 바퀴살[輻]과 다르니, 당토는 굴대에 있고 바퀴살은 바퀴에 있다. 굴대에 있는 당토가 튼튼해야 수레가 가는 데 이롭다. "큰 수레의 당토가 튼튼하다"라는 것은 수레가 강하고 흠이 없어야 나아가는 데 튼튼하고 가는 데 이롭다는 말이다.

「象」曰: 藩決不羸, 尙往也.(「소상」에서 말하기를, '울타리가 터져도 다치지 않는다'는 것은 위로 가기 때문이다.)

'상尙'은 상上이다. '상왕尙往'은 앞으로 나아가거나 행동하는 것을 첫 번째 자리에 두는 것이다. 효사에서 "바르게 하면 길하여 후회가 없어진다[貞吉悔亡]"라는 글 뒤에 또한 "울타리가 터져도 다치지 않으며 큰 수레의 당토가 튼튼하다[藩決不羸, 壯于大輿之輹]"라고 말한 것은 쉽게 사람들에게 구사가 유효의 자리에 있어 나아가지 않는다고 잘못 생각하도록 하였는데, 「소상」에서는 바로 "위로 간다[尙往]"라는 것을 제시하여 사람들에게 구사의 "울타리가 터져도 다치지 않는다"라는 것이 나아가는 것이지 나아가지 않는 것이 아니라는 것을 알려 주었다.

六五, 喪羊于易, 无悔.(육오는 온화함으로 양을 잃으면 후회가 없을 것이다.)

육오는 온화한 방법으로 양羊의 강함을 잃게 하는 것이다. '양'의 성질은 강하니, '양'은 여기에서 여러 양陽들이 바야흐로 자라나서 함께 나아가는 것을 상징한다. 육오는 유효로써 '중'에 있어 위로 함께 나아가고 오는 여러 양들에 대하여 온화한 방법으로 잘 제어하여 여러 양들이 그 강함을 쓸 수 없게 하고 그 강성함을 쓸 수 없게 하니, 이것이 바로 "온화함으로 양을 잃는다[喪羊于易]"는 것이다. 육오가 이와 같으면 후회가 없을 수 있다.

「象」曰: 喪羊于易, 位不當也.(「소상」에서 말하기를, '온화함으로 양을 잃는다'는 것은 자리가 마땅하지 않기 때문이다.)

육오의 "온화함으로 양을 잃으면 후회가 없다[喪羊于易无悔]"라는 것은 자리가 마땅하지 않기 때문이다. 자리가 마땅하지 않은 것은 『역』에서 효의 자리가 마땅하지 않은 것을 가리킨다. 강효로 강효의 자리에 있거나 혹은 유효로 유효의 자리에 있는 것은 자리가 마땅한 것이다. 강효로 유효의 자리에 있거나 유효로 강효의 자리에 있는 것은 자리가 마땅하지 않은 것이다. 자리가 마땅한 것은 좋고 자리가 마땅하지 않은 것은 좋지 않다. 이것은 『역』의 상도常道이다. 어떤 때는, 즉 몇몇 괘에서는 자리가 마땅하지 않은 것이 좋고 자리가 마땅한 것이 좋지 않는데, 이것은 『역』이 변한 것이다. 대장괘의 상황은 뒤의 경우에 속한다. 대장괘의 여섯 효에서 대체로 자리가 마땅한 것으로는, 예를 들어 초구와 구삼 두 효는 모두 좋지 않으니 "가면 흉하다[征凶]"거나 "바르더라도 위태롭다[貞厲]"는 것이다. 자리가 마땅하지 않은 것으로는, 예를 들어 구이·구사·육오 세 효는 모두 좋으니 "바르게 하면 길한 것[貞吉]"이 아니라 바로 "후회가 없다[无悔]"는 것이다. 육오의 자리는 강하나 자질이 유약하고 유효로 강효의 자리에 있으니 자리가 마땅하지 않다. 자리가 마땅하지 않은 것은 본래 좋지 않은 것이다. 그러나 여기서는 좋지 않은 것이 좋은 것으로 바뀌었다. 왜냐하면 유효로 강효의 자리에 있기 때문에 강유가 조절하여 육오에게 유순하고 온화한 덕을 갖게 해야 비로소 강성하고 함께 나아가는 여러 양들을 제지하여 "온화함으로 양을 잃어" 후회가 없을 수 있기 때문이다.

上六, 羝羊觸藩, 不能退, 不能遂, 无攸利, 艱則吉.(상육은 숫양이 울타리에 부딪쳐 물러날 수도 없고 나아갈 수도 없어 이로운 바가 없으니 함부로 행동하는 것을 제한하면 길할 것이다.)

상육이 처한 곳은 강성함의 끝이고 움직임의 끝이며 한 괘가 다한 곳이니, 바로 나아가더라도 나아갈 수 없고 물러나더라도 물러날 수 없는 때이니, 숫양의 뿔이 울타리 위에 걸려 있는 것과 같아서 물러날 수도 없고 나아갈 수도 없는 것이다. 이러한 곤경에 처한 사람은 "이로운 바가 없으니[无攸利]" 어떤 것도 할 수 없고 무엇을 해도 좋지 않다. 그러나 "함부로 행동하는 것을 제한하면 길하다[艱則吉]." 간艱은 백서帛書 『주역』에 근根으로 되어 있고 아마도 한限으로 읽었으니, 함부로 행동하는 것을 제한하여 손상을 입지 않는 것을 가리킨다. '간칙길艱則吉'은 만약 함부로 행동하는 것을 제한하여 손상을 입지 않으면 길함을 얻을 수 있다는 뜻이다.

「象」曰: 不能退, 不能遂, 不詳也. 艱則吉, 咎不長也.(「소상」에서 말하기를, '물러날 수도 없고 나아갈 수도 없다'는 것은 세밀하지 않기 때문이다. '함부로 행동하는 것을 제한하면 길하다'는 것은 허물이 오래가지 않기 때문이다.)

"물러날 수도 없고 나아갈 수도 없다[不能退, 不能遂]"라는 것은 일을 처리하는 데 세밀하지 않은 것이다. "함부로 행동하는 것을 제한하면 길하다[艱則吉]"라는 것은 함부로 행동하는 것을 제한하여 일을 처리하는 데 조심하고 신중하면 길함을 얻을 수 있으니, 비록 작은 잘못이 있더라도 오래가지 않을 수 있다는 것이다.

총론

「잡괘전」에는 "대장은 그침이다"[12]라고 하였으니, 대장은 큰 것이 강성한 것이고 큰 것이 강성한 것은 바로 양강陽剛이 왕성하게 자라는 것이다. 양강이 왕성하게 자라는 것은 바로 양강이 그쳐야 할 때 그치는 것이다. 양강이 왕성하게 자랄 때에 그칠 것을 요구하는 것은 결코 쉬운 일이 아니다. 그치는 정도를 잘 파악하려면 가장 중요한 것은 올바름의 문제를 잘 해결하는 것이다. 이 때문에 대장의 괘사에서는 "대장은 바르게 함이

12) 『周易』, 「雜卦傳」. "大壯則止."

이롭다[大壯利貞]"라는 구절을 말하였다. 효사의 의도도 괘사와 일치한다. 네 개의 양효는 초구의 강성함이 쌓여 있는 것을 제외하고, 그 나머지 세 효는 모두 '바르게 할 것[貞]'을 말하였다. 「단전」에서는 이에 대해 더 깊이 인식하였으니 "대장은 바르게 함이 이롭다는 것은 큰 것이 바른 것이다[大壯利貞, 大者正也]"라고 명확히 지적하였다. 크고 바른 것은 천지만한 것이 없고, 천지의 바른 것은 강유가 서로 도와주는 것만한 것이 없다. 대장괘 여섯 효 중에서 강효로 유효의 자리에 있거나 유효로 강효의 자리에 있는 것은 모두 이롭고, 강효로 강효의 자리에 있거나 유효로 유효의 자리에 있는 것은 모두 좋지 않다. 효의 자리가 바르지 않으면 좋고, 효의 자리가 바르면 도리어 좋지 않다. 양강이 왕성하게 자랄 때에 필요한 올바름은 바로 효의 자리가 바르지 않은 것이다. 오직 효의 자리가 바르지 않은 강효라야 유효의 도움을 얻을 수 있고, 강유가 서로 도와주어야 대장괘가 필요로 하는 올바름이다. 이 점이 효 가운데 가장 분명히 나타난 것은 구이와 육오이다. 구이의 "바르게 하면 길한 것[貞吉]"을 「소상」에서는 "중에 있기 때문이다[以中]"라고 해석하였으며, 육오의 "후회가 없는 것[无悔]"을 「소상」에서는 "자리가 마땅하지 않기 때문이다[位不當也]"라고 해석하였다. 유효로써 강효의 자리에 있으니 효의 자리가 마땅하지 않다. 또한 효의 자리가 마땅하지 않아야 강유가 서로 도와주는 올바름을 얻을 수 있기 때문이다.

35
진괘(晉卦)

☷☲ 곤하리상 坤下離上

「서괘전」에는 "사물은 끝까지 강성할 수 없기 때문에 진괘로 받았다. '진'은 나아감이다"[13]라고 하였다. 무릇 사물이 이미 강성하면 나아가는 추세에 있다. 나아감은 반드시 강성함에서 온 것이다. 사물은 반드시 강성해야 비로소 '진'으로 발전할 가능성이 있다. 때문에 대장괘 뒤에 진괘를 놓은 것이다. '진晉'은 진進과 음이 같고 뜻도 같다. 모두 앞으로 나아가는 뜻이다. 괘를 진晉이라고 하고 진進이라고 하지 않는 것은 '진晉'자에는 나아가는 뜻 외에도 밝고 성대한 의미를 포괄하기 때문이다. 괘는 하체가 곤坤이고 상체가 리離이니 '리'가 '곤' 위에 있어 밝음이 땅 위로 나오는 상이다. 마치 태양이 천천히 지평선 위로 떠오르는데 올라올수록 더욱 밝고 성대한 것과 같다. 이러한 장관은 바로 '진'자로 나타낼 수 있다.

晉, 康侯用錫馬蕃庶, 晝日三接.(진은 백성을 편안하게 하고 나라를 다스리며 천하를 평정할 수 있는 제후에게 많은 말을 하사하고 하루에 세 번

13) 『周易』, 「序卦傳」. "物不可以終壯, 故受之以晉. 晉者進也."

이나 접견하였다.)

'후侯'는 제후이니, 천자에 대해서는 신하라고 하고 경대부에 대해서는 또한 군주가 되어 군주와 신하라는 이중의 신분을 갖는다. 강후康侯는 재능과 권세가 백성을 편안하게 하고 나라를 다스리며 천하를 평정할 수 있는 제후이다. '용用'자는 여기에서 실재적 의미가 없으니 허자虛字이다. '석錫'은 하사하다는 뜻과 같다. 말과 수레는 고대의 중요한 하사품이다. '번蕃'은 번식함이다. '서庶'는 많음이다. '번서蕃庶'는 하사한 말의 종류가 많고 수량도 많다는 말이다. '진晉'은 무엇인가? '진'은 백성을 편안하게 하고 나라를 다스리며 더 나아가 천하를 평정할 수 있는 제후가 천자의 신하가 되어 천자의 은총을 받으니, 천자가 많은 말을 하사하고 하루에도 여러 번 제후를 친히 만나는 데 이르는 것이다. 후한 하사품과 총애가 최고의 정도에 도달한 것이다. 이것은 고대사회에서 가장 큰 나아감이 덕이 있고 공이 있어 은총을 받는 신하의 나아감보다 더 나은 것이 없다는 말이다. 신하가 총애를 받는 나아감은 강후의 나아감보다 더 나은 것이 없다. 강후의 나아감은 세상의 모든 나아감의 의미를 포괄한다. 『역』에서 64괘의 괘사는 나아감으로 특수성을 삼는다. 그것은 오로지 강후로써 뜻을 삼고 다른 것에 미치지 않지만 강후의 나아감을 말한 것이 이와 같으니, 그 형통함과 이롭고 바름을 말하지 않아도 알 수 있다.

「彖」曰: 晉, 進也. 明出地上, 順而麗乎大明, 柔進而上行. 是以康侯用錫馬蕃庶, 晝日三接也.(「단전」에서 말하기를, 진은 나아감이다. 밝음이 땅 위로 나와서 유순하고 큰 밝음에 붙어 있으며 유가 나아가서 위로 올라간다. 이 때문에 백성을 편안하게 하고 나라를 다스리며 천하를 평정할 수 있는 제후에게 많은 말을 하사하고 하루에 세 번이나 접견하는 것이다.)

"진은 나아감이다[晉, 進也]"라는 것은 괘명인 '진'의 의미를 해석한 것이다. '진'은 앞으로 나아가는 나아감이다. '진'에는 나아가는 뜻이 있는 외에도 밝고 성대한 뜻이 있다. 두 뜻을 합쳐서 말하면, 진은 나아가고 성대하다는 뜻이다.

"밝음이 땅 위로 나온다[明出地上]"라는 구절은 상체를 가리켜서 말한 것이다. 즉 상체는 리離이니 '리'는 밝음이고 하체는 곤坤이니 '곤'은 땅이다. 그러므로 "밝음이 땅 위로 나온다"라고 말하여 밝고 성대한 상이 있으며 또한 나아가는 상이 있기 때문에 괘명을 진괘라고 하였다. '순려順麗'의 구절은 하체에서 말한 것이다. '유진柔進'의 구절은 주효에서 말한 것이다. 이 괘만 유독 상체의 하나의 유효를 주효로 삼는다. '유'는 본래 자리가 아래에 있고 '강'은 본래 자리가 위에 있다. 이 괘는 '유'가 중정한 천자의 자리에 있기 때문에 '유진이상행柔進而上行'이라고 하였다. '유진이상행'은 64괘 가운데 상체가 리離의 괘에만 있으니 「단전」에서 '상행'을 말한 것이다. 상체가 '리'인 여덟 개의 괘 가운데서도 규괘(䷥)·정괘(䷱)와 진괘(䷢) 세 괘의 「단전」에서만 '유진이상행'을 말하였다. '유진이상행'은 괘 가운데 유순하고 명려明麗한 덕으로써 군주의 자리에 있는 육오를 가리켜서 말한 것이다.

「象」曰: 明出地上, 晉. 君子以自昭明德.(「대상」에서 말하기를, 밝음이 땅 위로 나온 것이 진괘이다. 군자가 <진괘의 상을> 보고서 스스로 명덕을 밝힌다.)

해는 지면에서 위로 떠오른다. 올라올수록 더욱 밝고 성대하지만 해의 밝음은 나오기 전에 있으며, 해가 나온 뒤의 밝음은 해가 나오기 전과 마찬가지로 조금도 줄어들거나 늘어남이 없다. 군자는 이 괘의 상을 보고서 스스로 자기 고유의 덕인 명덕明德을 분명히 드러내야 한다. 실제로 이것은『대학』'명명덕明明德'[14)]의 사상과 일치한다. 64괘의「대상」에서 군자 자신의 말투로 말한 것은 건괘乾卦와 진괘晉卦 두 괘가 있을 뿐이다. 건괘의「대상」에서 말한 '자강불식自强不息'은 내가 나의 강함을 쓴다는 뜻이다. 진괘의「대상」에서 말한 '자소명덕自昭明德'은 내가 나의 밝음을 쓴다는 뜻이다.

初六, 晉如摧如, 貞吉, 罔孚, 裕无咎.(초육은 나아가거나 물러남에 바름을 지키면 길하고 믿음이 없더라도 관대하면 허물이 없을 것이다.)

'진여晉如'는 올라가서 나아감이다. '최여摧如'는 눌러서 물러남이다. 초육은 음유로써 괘의 처음에 있어 진괘의 시작이니, 나아가고 물러나는 것을 걱정하지 않아 나아가도 좋고 나아가지 않아도 좋다. 나아갈 수 있으면 움직여서 나아가기 때문에 '진여晉如'이고, 나아갈 수 없으면 눌러서 물러나기 때문에 '최여摧如'이다. 나아가든 물러나든 스스로 모두 바른 도를 굳게 지킨다. 이와 같을 수 있으면 길함을 얻지 않음이 없다. 그렇지만 초육은 결국 진괘의 처음에 처하여 위아래의 이해와 신임을 얻기가 쉽지 않으니, 이러한 때에 마땅히 관대함으로 처신하면 나아가는데 급급해하지 않고 또한 나아가지 않는다고 화내지도 않는다. 온화하고 관대함이 이와 같으니 자연히 허물이 없다.

「象」曰: 晉如摧如, 獨行正也. 裕无咎, 未受命也.(「소상」에서 말하기를, '나아가거나 물러난다'는 것은 홀로 바름을 행하는 것이다. '관대하면

14)『大學』, 第1章, 참조.

허물이 없다'는 것은 아직 명을 받지 못하였기 때문이다.)

나아갈 만하면 나아가고 물러나야 하면 물러난다. 나아갈 수 있어도 기뻐하지 않고 물러나게 되어도 실망하지 않으니 내가 가고 내가 바른 것이다. "아직 명을 받지 못하였다[未受命]"라는 것은 초육이 아직 관리가 되는 명을 받지 못하여 관리의 직책도 없고 말의 책임도 없어 나아가고 물러남이 자유롭고 여유가 있다는 것이다.

六二, 晉如愁如, 貞吉, 受玆介福, 于其王母.(육이는 나아가는 것이 근심스러우나 바르면 길하니 왕모에게서 큰 복을 받을 것이다.)

진괘의 초효·3효·4효·상효 네 효는 모두 강유가 서로 응하나 육이와 육오는 응함이 없다. 육이 자신은 또한 유효로써 '중'에 있고 '정'을 얻어 중정하고 유순한 덕이 있으며 억지로 나아가는 무리가 아니기 때문에 나아가는 것을 기뻐하지 않고 나아가는 것을 걱정하여 "나아가는 것이 근심스러운[晉如愁如]" 상이 있다. 육이가 이와 같이 움직이지 않고 안정될 수 있으면 바르고, 바르면 길함을 얻는다. 긴 관점에서 보면, 육이는 왕모에게서 큰 복을 받을 수 있다. '개복介福'은 큰 복이다. '왕모王母'는 할머니이다. 육이가 비록 응하거나 도와주는 자가 없어 스스로 나아가는 데 어려움이 있지만, 육이가 중정의 덕을 가지고 있고 시간이 오래되어 사람들이 육이를 이해하면 반드시 육이와 같은 덕을 가진 사람이 적극적으로 와서 육이에게 나아갈 것을 청하여 육이에게 나아가게 하고 육이에게 후한 녹을 주어 큰 복을 누리게 한다. 누가 육이에게 이와 같은 호의를 보일 수 있는가? 당연히 육오이다. 육오는 바로 '왕모'이다. 2효와 5효가 '정응'이면 군주와 신하의 상이 있으나, '정응'이 아니고 음으로 음에 응하면 돌아가신 시어머니와 며느리의 상이 있다. 돌아가신 시어머니와 며느리의 상에 '모母'라고 말하지 않고 '왕모王母'라고 말한 것은 고대의 소목昭穆[15] 제도에 근거하여 나온 것이다. 손부는 시할머니와 합장하고 시어머니와 합장하지 않는다. 손부와 시할머니는 서로 짝을 이룬다. 『역』은 서로 짝을 이루는 것으로 서로 응하는 것을 비유하기 때문에 육오를 '왕모'라고 하였다.

「象」曰: 受玆介福, 以中正也.(「소상」에서 말하기를, '큰 복을 받는다'는 것은 중정하기 때문이다.)

육이의 복을 받는 이유를 추론하면, 곤의 덕이 또한 2효에 있기 때문에 '중정'하다고 하였다.

六三, 衆允, 悔亡.(육삼은 대중의 신임을 얻으니 후회가 없어질 것이다.)

육삼은 음효로 양의 자리에 있어 '부중'하고 '부정'하여 후회가 있어야 하지만, 육삼이 하체인 곤坤의 윗자리에 처하여 가장 유순하고 또한 상구와 '정응'하여 위로 올라가려는 뜻이 있다. 초육과 육이의 두 음도 모두 위로 나아가려고 하기 때문에 육삼이 상효를 따르는 것에 찬성하고 또한 육삼과 함께 행동한다. 육삼에 대해서 말하면, 행동하여 동지의 지지를 얻어 이미 대중의 신임을 얻으니 반드시 후회가 없어질 것이다.

---

15) 소목(昭穆)은 종묘에 신주를 모시는 차례이다. 천자는 태조(太祖)를 중앙에 모시고 2세 · 4세 · 6세는 '소(昭)'라고 하여 왼편에, 3세 · 5세 · 7세는 '목(穆)'이라 하여 오른편에 모시어 3소 · 3목의 7묘이고, 제후는 2소 · 2목의 5묘이다.(역자 주)

「象」曰: 衆允之志, 上行也.(「소상」에서 말하기를, '대중의 신임을 얻는다' 는 뜻은 위로 올라가는 것이다.)

육삼은 상구와 '정응' 하니 그 뜻이 위로 올라가는 데 있고 초육과 육이 두 음의 신뢰와 지지를 얻으니 또한 무슨 후회가 있을 수 있겠는가. 초육은 믿음이 없어 대중의 신임을 얻지 못하나 육이는 복을 받아 오히려 기다리고 있다. 반면 육삼은 뜻이 대중의 신임을 얻어 나아가서 위로 올라가니 이미 현실로 바뀐 것이다.

九四, 晉如鼫鼠, 貞厲.(구사는 나아가는 것이 큰 쥐와 같으니 바르더라도 위태로울 것이다.)

'석鼫' 은 석碩과 같다. '석서鼫鼠' 는 『시경』에서 말한 큰 쥐와 같으니 큰 쥐의 성질은 탐욕스러우며 사람을 두려워한다. 구사는 하나의 양이 군주의 자리에 가까이 있어 괘사의 관점에서 보면, 구사는 강후康侯에 해당하지만 효사에서는 완전히 상반되어 '강후' 를 말하지 않을 뿐만 아니라 도리어 큰 쥐의 상이 있다. 이것은 괘의 뜻이 주로 하는 것이 유효에 있으나 구사가 강효로 유효의 자리에 있어 자리가 마땅하지 않고 시의時義가 또한 서로 어긋나기 때문이다. 높은 자리를 탐내어 차지하고 또한 유순한 도를 잃어 아래에서 반드시 위로 나아가는 세 음에 대해 두려워하는 마음을 가진다. 진괘의 때에 처하여 구사가 만약 녹을 바라고 자리만을 지켜서 큰 쥐가 고수하는 것과 같은 이러한 문제가 있는데도 변통할 줄 모르면 위태로움이 있다.

「象」曰: 鼫鼠貞厲, 位不當也.(「소상」에서 말하기를, '큰 쥐와 같으니

바르더라도 위태롭다'는 것은 자리가 마땅하지 않기 때문이다.)

구사의 근본적 문제는 자리가 마땅하지 않는 것이다. 먼저 강효로 유효의 자리에 있어 효의 자리가 마땅하지 않다. 다음으로, 탐욕스럽고 두려워하는 재질로 군주의 자리에 가까이 있어 재질이 자리를 이기지 못하니, 사물의 이치에서 말하면 또한 자리가 마땅하지 않다고 말할 수 있다.

六五, 悔亡, 失得勿恤, 往吉无不利.(육오는 후회가 없어질 것이니 잃고 얻음을 근심하지 않으면 가는데 길하여 이롭지 않음이 없을 것이다.)

'중'에 있어 바르게 가기 때문에 후회가 없어진다. "후회가 없어진다[悔亡]"는 것이 이 괘의 주효가 되는 상이다. 잃었다가 얻으면 후회가 없어진다. 후회가 없어지기 때문에 근심이 없다. 보통 사람은 잃으면 후회하나, 잃어서 다시 얻기 때문에 후회가 없어지고 근심이 없다. 잃고 얻는 뜻은 모두 곤坤에서 나오니, 즉 벗을 얻거나 벗을 잃는 까닭이다. '곤'의 움직임에서 반드시 진震과 간艮의 두 상을 본다. '진'을 얻기도 하고 '간'을 잃기도 한다. 『역』은 하늘의 운행과 같이 대체로 음양의 왕래를 말한다. 이미 가고 오는 것이 있으면 반드시 얻고 잃는 것이 있다. "가는데 길하여 이롭지 않음이 없다[往吉无不利]"라는 것은 "유순하고 큰 밝음에 붙어 있다[順而麗乎大明]"라는 뜻을 나타낸 것이다.

「象」曰: 失得勿恤, 往有慶也.(「소상」에서 말하기를, '잃고 얻음을 근심하지 않는다'는 것은 가는데 경사가 있다는 것이다.)

음이 양으로 변하여 건乾이 경사가 되니 경사가 있으면 길하여 이롭지 않음이 없다.

上九, 晉其角, 維用伐邑. 厲吉无咎, 貞吝.(상구는 뿔에 나아감이니 오직 읍을 정벌하는 데 쓴다. 위태로우나 길하고 허물이 없거니와 바르더라도 부끄러울 것이다.)

'각角'은 짐승의 뿔이다. '읍邑'은 자기 관할하의 사읍私邑이다. 상구는 강효로써 진괘의 극에 처하여 상황이 매우 좋지 않다. 왜냐하면 진괘의 「단전」에서 말한 것처럼 "유순하고 큰 밝음에 붙어 있으며 유가 나아가서 위로 올라간다[順而麗乎大明, 柔進而上行]"라는 것은 '유'를 주로 하고 '강'을 싫어하며 '유'는 좋고 '강'은 좋지 않으며, 또한 상구가 이미 진괘의 곤궁함에 이르러 다시 나아갈 여지가 없기 때문이다. 그러므로 "뿔에 나아가는 것[晉其角]"으로 상을 삼았다. "뿔에 나아간다"는 것은 나아가고자 하나 나아갈 수 없으며 나아갈 수 없는데 또한 조급히 나아가려는 것이니, 이렇게 하면 반드시 위태로움이 있다. '유용벌읍維用伐邑'은 유독 조급히 나아가려는 힘이나 기운을 읍을 정벌하는 데 쓰면 위태로운 처지를 길하거나 허물이 없는 것으로 바뀌게 할 수 있다. '벌읍伐邑'은 몸을 반성하여 극기하는 뜻이니 자기의 내부 문제를 해결하는 데 주의력을 두는 것이다. 즉 나아갈 줄 알고 물러날 줄도 알아서 나아가는 것을 물러나는 것으로 바꾸는 것이다. 그러나 이렇게 하면 비록 길하고 허물이 없을 수 있지만, 결국 중정中正을 잃고 중화中和의 덕이 없으니 엄격히 말하면 또한 부끄러울 것이다.

「象」曰: 維用伐邑, 道未光也.(「소상」에서 말하기를, '오직 읍을 정벌하는 데 쓴다'는 것은 도가 광대하지 못하기 때문이다.)

오직 읍을 정벌하는 데 쓰면 이미 길함을 얻고 허물이 없는데 또 다시 "바르더라도 부끄럽다[貞吝]" 라고 말한 것은 도가 아직 광대하지 못하기 때문이다. 상구가 '부중'하고 '부정'하여 도가 아주 좋지 못하니, 비록 지나치게 강하여 물러나서 스스로 닦는 공부가 있으나 결국 부끄러울 수 있음을 면하지 못한다는 것이다.

● **총론**

『주역』에서 진괘(䷢)·승괘(䷭)·점괘(䷴) 세 괘는 모두 나아감을 말하였으나 의미에는 차이가 있다. 진괘의 나아감은 해가 땅 위로 나오는 것과 같이 밝고 성대하게 나아가니, 그 뜻이 가장 좋다. 승괘의 나아감은 나무가 바야흐로 자라나는 것과 같으니, 그 뜻이 진괘만 못하다. 점괘의 나아감은 나무가 이미 자라나서 점차로 높고 커지는 것과 같으니, 그 뜻이 승괘만 못하다. 진괘의 나아감은 "유가 나아가서 위로 올라가는 것[柔進而上行]" 이니, '유'를 쓰고 '강'을 쓰지 않으며 '유'는 나아가기를 좋아하고 '강'은 나아가기를 좋아하지 않는다. 괘 가운데 여섯 효는 네 음과 두 양이니 음은 대체로 길하고 양이 대체로 위태롭다. 하괘의 세 효는 모두 유순하고 곤체坤體에 속하니, 초육과 육이는 길하고 육삼은 후회가 없어진다. 상괘의 세 효 중에 구사와 상구는 위태롭거나 또한 부끄러워 가장 좋지 않은데, 왜냐하면 그것들은 양강陽剛하고 또한 자리가 마땅하지 않기 때문이다. 오직 육오만이 음유로써 높은 자리에 있어 「단전」에서 말한 "유순하고 큰 밝음에 붙어 있으며 유가 나아가서 위로 올라간다[順而麗乎大明, 柔進而上行]" 라는 뜻에 부합한다. 이것은 진괘의 주효로서 여섯 효 중에서 가장 좋은 효이니 가는데 길하여 이롭지 않음이 없다.

36
명이괘(明夷卦)

䷣ 리하곤상 離下坤上

「서괘전」에는 "진괘는 나아감이다. 나아가면 반드시 다치는 바가 있기 때문에 명이괘로 받았다. '이'는 다침이다"[16)]라고 하였다. 이夷는 다치는 뜻이니, 나아가서 그치지 않고 일정한 정도에 이르면 손상을 입지 않을 수 없다. 때문에 진괘 뒤에 명이괘를 놓은 것이다. 명이괘는 리離가 아래에 있고 곤坤이 위에 있어 밝음이 땅속으로 들어가니 진괘와는 반대가 된다. 진괘는 밝고 성대한 괘이니 밝은 군주가 위에 있어 여러 어진 이가 함께 나아간다. 명이괘는 어두운 괘이니 우매한 군주가 위에 있어 밝은 것이 손상을 입는다. 명이의 때는 해가 땅 위로 나오는 것이 아니고 땅속으로 들어가니, 한편으로는 밝은 것이 다치는 것이고 다른 한편으로는 우매하고 어두운 것이다.

明夷, 利艱貞.(명이는 그치고 움직이지 않는 것이 이롭다.)

16)『周易』,「序卦傳」. "晉者進也. 進必有所傷, 故受之以明夷. 夷者傷也."

'이夷'는 다치는 것이다. 「잡괘전」에는 "명이는 손상됨[誅]이다"[17]라고 하였으니, 실제로 주誅도 손상의 뜻이다. '명이'는 밝음이 땅속으로 들어가는 것이니, 사회에서 말하면 정치적 암흑의 시대이다. 군자가 이러한 때에 처하여 유일한 방법은 '이간정利艱貞'하는 데 있다. '이간정' 세 글자의 관건은 '간'자를 어떻게 이해하느냐는 것이다. 지금까지 괘를 해석하는 자들은 모두 '간'자를 어렵다는 뜻으로 해석하였는데, 실제로 이것은 옳지 않다. '간'은 마땅히 한限으로 읽어야 하니 그친다는 뜻이다. 정貞자와 뜻이 비슷하다. '간'은 그침이고, '정'은 고정하여 움직이지 않는 것이다. '이간정'은 그치고 움직이지 않는 것이 이롭다는 뜻이다. 『주역』 효사에서 '이간정'을 말한 것은 서합괘 구사와 대축괘 구삼이 있으나, '이간정'이라는 말을 괘사에 쓴 것은 명이괘 뿐이다. 명이괘를 군자에 대해서 말하면 우환의 시대임을 알 수 있다.

「彖」曰: 明入地中, 明夷. 內文明而外柔順, 以蒙大難, 文王以之. 利艱貞, 晦其明也. 內難而能正其志, 箕子以之.(「단전」에서 말하기를, 밝음이 땅속으로 들어가는 것이 명이이다. 안은 문명하고 밖은 유순하여 큰 어려움을 당했으니 문왕이 이렇게 하였다. '그치고 움직이지 않는 것이 이롭다'는 것은 그 밝음을 감춘 것이다. 안으로 어려우나 그 뜻을 바르게 할 수 있었으니 기자가 이렇게 하였다.)

"밝음이 땅속으로 들어가는 것이 명이이다[明入地中, 明夷]"라는 것은 괘상으로 괘명을 해석한 것이다. 이 괘와 진괘晉卦는 모두 「단전」과 「대상」의 말이 같다.

17) 『周易』, 「雜卦傳」. "明夷, 誅也."

"안은 문명하고 밖은 유순하여 큰 어려움을 당했으니 문왕이 이렇게 하였다[內文明而外柔順, 以蒙大難, 文王以之]"라는 구절에서, 내괘는 리離이니 '리'에는 문명의 상이 있다. 외괘는 곤坤이니 '곤'에는 유순한 상이 있다. 한 사람에게 안으로 문명한 덕이 있고 밖으로 유순할 수 있음을 나타낸 것이다. 옛날 문왕이 이와 같았으니, 문왕은 주왕紂王의 포학한 시대에 안으로 문명하고 밖으로 유순하였기 때문에 큰 어려움을 당하였으나 재앙을 면할 수 있었다.

"그치고 움직이지 않는 것이 이롭다는 것은 그 밝음을 감춘 것이다. 안으로 어려우나 그 뜻을 바르게 할 수 있었으니 기자가 이렇게 하였다[利艱貞, 晦其明也. 內難而能正其志, 箕子以之]"라는 구절에서, 군자가 '명이'라는 이러한 암흑의 어려운 시대에 처하여 유일하게 행할 수 있는 출구는 '이간정利艱貞'이다. '이간정'은 그치고 움직이지 않는 것이 이로우니 한 걸음 더 나아가면 다음과 같은 두 의미가 있다. 하나는 그 밝음을 감추어야 하는 것이고, 다른 하나는 그 바름을 잃지 않아야 하는 것이다. 기자의 행위는 '이간정'의 전형적인 표현이라고 말할 수 있다. 기자는 은나라 주왕의 시대에 미친 체하여 머리를 풀어헤치고 "그 밝음을 감추었으며[晦其明]" 또한 수감된 노예가 되었으나 그 바름을 바꾸지 않았다. 기자는 주왕의 가까운 친척이었으니 주왕의 어려움은 기자에 대해 말하면 집안의 어려움이다. 집안의 어려움은 같은 성씨의 일가 내의 문제와 관계가 있기 때문에 "안으로 어렵다[內難]"라고 하였다. 주왕의 어려움은 문왕에 대해 말하면 천하 사람들의 운명과 관계되기 때문에 "큰 어려움[大難]"이라고 하였다.

「象」曰: 明入地中, 明夷. 君子以莅衆用晦而明.(「대상」에서 말하기를, 밝음이 땅속으로 들어가는 것이 명이괘이다. 군자가 <명이괘의 상을>

보고서 대중을 대할 때에 어두움을 써서 밝게 한다.)

군자는 밝음이 땅속으로 들어가는 상을 보고 백성을 대하거나 대중을 다스릴 때에 어둠을 써서 밝게 해야 한다는 것을 안다. "어두움을 써서 밝게 한다[用晦而明]"라는 것은 밝음이 어두움 속에 숨어 있어 겉으로는 어둡지만 실제로는 밝다는 것이다. 이것은 하나의 매우 중요한 정치적 경험이다. 후대의 정치가들이 항상 말하는 "물이 지극히 맑으면 모여드는 고기가 없고, 사람이 지극히 살피면 따르는 무리가 없다"는 것이 바로 이 뜻과 같다.

初九, 明夷于飛, 垂其翼. 君子于行, 三日不食. 有攸往, 主人有言.(초구는 명이의 때에 날아가는데 그 날개를 늘어뜨린다. 군자가 떠나감에 3일을 먹지 못할지라도 걸음을 멈추지 않는다. 가는 바가 있으니 주인의 비난이 있다.)

초구는 양효로써 명이괘의 처음에 처하여 명이가 손상을 입는 것과는 아직 멀리 떨어져 있지만, 군자는 기미를 보는 데 밝아서 어려움이 일어나기를 기다리지 않고 빨리 피한다. 피할 때는 최대한 행동이 신속해야 하기 때문에 "난다[于飛]"라고 하였다. 신속할 뿐만 아니라 또한 최대한 숨어서 남에게 발각되지 않아야 하기 때문에 "그 날개를 늘어뜨린다[垂其翼]", 즉 날개를 거두어들이고 내려간다고 하였다. '군자우행君子于行'은 일단 봉록과 작위를 버리고 떠나갈 것을 결정하였으면 빠르게 떠나가서 차라리 "3일을 먹지 못할지라도[三日不食]" 걸음을 멈추어서는 안 된다. 즉 주인의 비난이 있더라도 상관하지 않는다는 것이다.

「象」曰: 君子于行, 義不食也.(「소상」에서 말하기를, 군자가 떠나감은 의리상 먹지 않는 것이다.)

군자는 어려움이 장차 일어날 것을 알면 일찌감치 신속하게 떠나간다. 우비于飛·우행于行·유왕攸往·불식不食은 모두 의리의 당연한 것이다.

六二, 明夷, 夷于左股, 用拯馬壯, 吉.(육이는 명이의 때에 왼쪽 다리를 다치니 구원해 주는 말이 건장하면 길할 것이다.)

육이는 음효로 음효의 자리에 있어 '중'에 있고 '정'을 얻어서 지극히 유순하고 또한 밝음의 주효가 되니, 때에 따라 처신을 잘하는 군자이지만 명이괘의 때에 또한 소인의 상해를 입는 것을 면할 수 없다. "왼쪽 다리를 다치다[夷于左股]"는 것은 상해가 결코 심각하지 않은 것이다. "구원해 주는 말이 건장하면 길하다[用拯馬壯, 吉]"라는 것은 육이가 강력한 방법을 취하여 신속하고 때에 맞게 구원할 수 있으면 상해를 피하여 길함을 얻을 수 있다는 것이다. 길한 것은 상해를 피할 뿐이지 이때 행동이 있을 수 있다는 말은 아니다.

「象」曰: 六二之吉, 順以則也.(「소상」에서 말하기를, 육이의 길함은 유순하지만 중정의 법칙을 잃지 않기 때문이다.)

육이는 밝음의 주효로서 명이괘의 때에 상해를 피하여 길함을 얻을 수 있다. 왜냐하면 육이가 '순이칙順以則', 즉 비록 유순하지만 중정의 법칙을 잃지 않기 때문이다.

九三, 明夷于南狩, 得其大首, 不可疾貞.(구삼은 명이의 때에 앞으로 나아가서 사냥하여 괴수를 잡았으니 급하게 바르게 해서는 안 된다.)

'남南'은 앞쪽이고 또한 밝은 곳이다. '수狩'는 사냥하여 해로운 것을 제거함이다. '남수南狩'는 앞으로 나아가서 사냥하여 해로운 것을 제거하는 것이다. '대수大首'는 어두운 쪽의 괴수이다. 구삼은 명체明體의 윗자리에 있으니 이것은 지극히 밝은 것이 하체에 있으면서 하체의 윗자리가 되고, 상육은 곤坤의 윗자리에 처하고 어두움의 극처이니 이것은 지극히 어두운 것이 상체에 있으면서 어두움의 우두머리가 되는 것이다. 구삼은 상육과 서로 적응敵應하니 지극히 밝은 것이 지극히 어두운 것을 이기는 상이다. '불가질정不可疾貞'은 어두운 곳의 괴수를 이겨서 잡는 것이 가장 중요하지만, 전체 사회와 일반 백성들의 문제에 있어서는 점진적인 과정이 있어야 하고 급하게 바꿔서는 안 된다는 것을 말한다.

「象」曰: 南狩之志, 乃大得也.(「소상」에서 말하기를, 앞으로 나아가서 사냥하는 뜻을 크게 얻을 것이다.)

'남수지지南狩之志'는 해로운 것을 제거하여 백성을 편안하게 한다는 것을 말한다. '대득大得'은 뜻을 크게 얻는 것을 말한다.

六四, 入于左腹, 獲明夷之心, 于出門庭.(육사는 왼쪽 배로 들어감이니 명이의 마음을 얻어서 문 뜰로 나오는 것이다.)

초구·육이·구삼은 명체明體에 처하여 어두움 밖에 있으니 모두 밝지만 손상을 입는다. 육사는 곤체坤體로 들어간다. 곤坤은 전체 괘에서 말하면 어두우니, 군자가 어두운 곳에 들어가면 벗어날 방법을 세워서 어두운 상해를 입지 않아야 한다. 육사는 조건이 있어서 이 점을 이룰 수 있다. 육사는 '곤'의 아랫자리에 처하여 어두운 곳으로 빠져 들어감이 아직은 얕고 또한 유순하고 '정'을 얻었으니, "왼쪽 배로 들어가는 데[入于左腹]" 불과하다. 이 효가 말하는 것은 상나라와 주나라 시기의 미자微子[18]가 상나라를 떠나 주나라로 가는 일이다. "문 뜰로 나온다[于出門庭]"라는 것은 미자가 주왕의 포학으로 멸망이 임박하자, 단호히 도망가서 자기의 집안인 상왕조를 떠나서 주나라 사람에게 투신하는 것이다. "명이의 마음을 얻는다[獲明夷之心]"라는 것은 미자가 이렇게 한 것이 명이의 마음을 얻었기 때문임을 말한 것이다. 명이의 마음은 명이의 이치이니, 즉 군자가 명이괘의 때에 처하여 어떻게 해야 하는지를 말한 것이다.

「象」曰: 入于左腹, 獲心意也.(「소상」에서 말하기를, '왼쪽 배로 들어감이니 명이의 마음을 얻어서 문 뜰로 나온다'는 것은 마음을 얻은 것이다.)

'입우좌복入于左腹'은 효사 전체의 글이 생략된 말이다. "마음을 얻었다[獲心意]"라는 것은 바로 "명이의 마음을 얻었다[獲明夷之心]"는 것이다. 미자가 도망간 것은 자기 집안(상나라)에 대한 배반과 같다. 그가 이러한 심리적 압박을 극복하려면 일종의 더 강한 신념을 가지고 상나라를 떠나서 주나라로 가는, 즉 어둠을 버리고 밝음에 투신하는 사상적 기초로 삼아야 한다.

18) 미자(微子)는 은나라 말기의 현인이다. 상나라의 제29대 임금 제을(帝乙)의 아들로 전한다. 이름은 계(啓)이고, 미(微)에 봉해져 미자라고 불렸다.(역자 주)

六五, 箕子之明夷, 利貞.(육오는 기자의 명이이니 바르게 함이 이로울 것이다.)

『역』에서는 일반적으로 5효가 군주의 자리이다. 그러나 『역』은 변동을 중시하여 때에 따라 5효가 군주의 자리에 있지만 군주가 아닐 때도 있다. 명이는 상육이 군주가 되고 육오가 신하가 된다. 상육은 음효로 음효의 자리에 처하여 음의 어둡고 밝음을 손상시키는 극처에 있으니 명이괘의 주효이다. 이것은 상나라의 주왕과 같다. 육오는 음의 어둡고 밝음을 손상시키는 주효와 매우 가까워서 직접적으로 상해를 입을 위험이 있으니, 이것은 기자와 같다. 기자의 처지는 매우 어려웠으니, 명이의 육오가 상육에 대하여 바로잡으려니 권력에 대적할 수 없고, 구제하려니 힘이 부족하며, 떠나가려니 의리상 해서는 안 되는 것과 같다. 기자의 처신은 매우 타당하였으니 그는 바로잡지도 않았고 구제하지도 않았으며 떠나가지도 않았다. 그는 자신의 밝음을 감추는 방법을 취하여 미친 체하여 노예가 되어 화를 벗어났는데, 내심으로는 도리어 바른 도리를 굳게 지키고 바꾸지 않았다. 이것이 바로 "기자의 명이[箕子之明夷]"이다. 효사에서 말한 "기자의 명이"는 기자의 처지와 그 해결 방법이 이와 같다는 뜻이다.

「象」曰: 箕子之貞, 明不可息也.(「소상」에서 말하기를, 기자의 바름은 밝음이 그칠 수 없다는 것이다.)

'기자지정箕子之貞'의 의미는 밝음이 그칠 수 없는 데 있다. 기자가 미친 체하여 노예가 되어 몸은 모욕을 당하였으나 밝음은 없어지지 않았으니, 밝음은 기자의 온갖 어려움 속에서도 끊어진 적이 없이 군주(주왕)가 후회하고 뉘우치기를 바라는 밝은 일념을 가리킨다. 만약 기자도 미자처럼 도망가거나 비간比干[19]처럼 죽거나 자신의 밝음을 감추지 않아 몸을 보전할 수 없었다면 밝음도 그쳤을 것이다. 때문에 옛사람들은 은나라의 세 어진 사람[20]이 모두 그렇게 하기가 쉽지 않았지만 기자가 특히 어려웠을 것이라고 보았다.

上六, 不明晦, 初登于天, 後入于地.(상육은 밝지 못하고 어두우니, 처음에는 하늘에 오르고 뒤에는 땅속으로 들어간다.)

옛사람들은 이 효가 말하는 것이 상나라 주왕이 나라를 망치는 상이라고 여겼으니, 육오 효사에서 분명히 말한 "기자의 명이"에서 보면 믿을 수 있다. 상육은 전체 괘의 끝에 있고 또한 명이괘의 주효로 아래 다섯 효의 밝음이 모두 손상을 입으니 주왕의 행위가 이와 부합한다. 아래 다섯 효의 효사에서는 모두 '명이明夷'라고 하였으나, 오직 상육만은 '불명회不明晦'라고 하였다. '불명不明'은 남을 손상시키는 것을 가리키고, '회晦'는 자신을 손상시키는 것을 가리킨다. 아래 다섯 효는 모두 손상을 입는 것이기 때문에 모두 '이夷'를 말하였다. 이 효에서는 어두움이 자신에게서 나와서 남을 손상시킬 뿐만 아니라 자신을 손상시키기 때문에 '불명회不明晦'라고 말하고 '이夷'라고 말하지 않았다. '등천登天'은 지위가 있는 상이다. '초등우천初登于天'은 처음에 즉위하여 천자가 된 것이다. '입지入地'는 지위를 잃은 상이다. '후입우지後入于地'는 나라를 잃고 지위를 잃

---

19) 비간은 상나라의 28대 태정제(太丁帝) 문정(文丁)의 아들로 주왕(紂王)의 숙부이다. 이름은 비(比)이고, 간(干)이라는 나라에 봉해져 비간이라고 불렸다. 주왕에게 정치를 바로잡을 것을 주장하다가 죽었다.(역자 주)

20) 은나라의 삼인(三仁)은 미자(微子)·기자(箕子)·비간(比干) 세 사람을 가리킨다.(역자 주)

고 끝나는 것이다.

「象」曰: 初登于天, 照四國也. 後入于地, 失則也.(「소상」에서 말하기를, '처음에 하늘에 오른다'는 것은 사방의 나라를 비추는 것이다. '뒤에 땅속으로 들어간다'는 것은 군주의 도를 잃은 것이다.)

주왕이 처음 천자가 되었을 때에 높은 자리에 있으면서 밝게 사방을 비추는 것은 나쁘지 않은 것이다. 뒤에 우매하고 무도하게 바뀌어 결국 땅속으로 들어가게 되었으니, 이것은 그가 "군주의 도를 잃었기" 때문이다. '실칙失則'은 즉 군주의 도를 잃은 것이다. 상육의 '실칙'은 육이의 '순칙順則'과 서로 대응된다. 군주의 도를 따르면 문왕이 되고, 군주의 도를 잃으면 주왕이 된다.

총론

「잡괘전」에는 "명이는 손상됨이다[明夷, 誅也]"라고 하였으니 주誅는 손상의 의미이다. 명이의 '이'자도 여기에서 손상으로 해석한다. '명이' 두 글자의 의미는 밝음이 어두움의 상해를 입는 것이다. 이것은 괘상과 효상에서 분명히 볼 수 있다. 명이괘는 리離가 아래에 있고 곤坤이 위에 있으며 '리'에는 밝음의 상이 있고 '곤'에는 어둠의 상이 있으니, 해가 땅속으로 들어가서 밝음이 어두움의 상해를 입는 것이다. 효상에서 보면, 아래 세 효는 명체明體에 속하고 모두 밝으니 이것은 문제가 되지 않는다. 구사와 육오가 비록 곤체坤體에 속하고 어두운 곳에 있지만, 효의 관점에서 보면 이 두 효 자체는 또한 밝다. 명이의 여섯 효는 아래 다섯 효가 모두 밝고 오직 상육 한 효만이 밝지 못하고 어둡다. 상육은 어두움의 주효이고, 육이는 밝음의 주효이다. 이것은 풍괘와 비슷하다. 다른 점은 풍괘의 경우 밝은 가운데 어두우니, 비록 어둡지만 오히려 밝다. 명이괘는 어두움이 지극하여 더 이상 밝을 수 없다. 명이괘의 군주는 5효에 있지 않고 상효에 있으니, 이것이 다른 괘와 다른 점이다. 명이괘 속에서 주로 밝음과 어두움의 관계를 분명히 나타냈으니, 즉 아래의 다섯 효는 각자 어떻게 명이괘에 대처하고 어떻게 상육의 이러한 혼매한 군주의 위협에 대처할 것인지를 나타내었다. 아래 다섯 효에서는 모두 '명이'가 어떠한지를 말하였으나, 오직 상육에서만은 '명이'를 말하지 않고 '불명회不明晦'를 말하였다. 상육이 밝지 못하고 어두우며 그 나머지 다섯 효가 모두 상육에 의해 손상되는 것을 설명하였다. 그러나 결코 대항하는 태도를 취하지 않았으니, 다섯 효의 태도는 밝으면서 어둡다[明而晦]. 각 효의 구체적인 표현은 또한 때에 따라 다르다. 육이는 구원할 수 있는 힘이 있으면 '용증用拯'하여 구원한다. 구삼은 바로잡을 수 있는 힘이 있으면 '남수南狩'하여 바로잡는다. 육오는 밝음을 감추고 바름을 지키니 "기자의 명이"를 말한다. 초구와 육사는 이 세상을 탓하지 않는 부류이니 명이괘의 때에 처하여 몸을 온전히 하고 바름을 지킬 뿐이기 때문에 초구는 "떠나가고 먹지 못하더라도 걸음을 멈추지 않으며", 육사는 "문 뜰에서 나온다[于出門庭]." 상육은 밝지 못하고 어두우니 어두움이 지극한 것으로 끝난다.

이 괘에서 말한 것은 확실히 은주 시기 문왕文王과 주왕紂王의 일이다. 효사에서 이미 명확히 기자를 언급하였고, 공자의 「단전」에서는 문왕이 주왕을 섬기는 특징으로 "안으로 문명하고 밖으로 유순하다[內文明而外柔順]"는 것을 설명하였다. 괘 속에서 나타난 정치사상은 주로 아래의 몇 가지가 있다. 우매한 군주에 대처해서는 겉으로는 어두운 체하고 안으로는 밝음을 취해야 한다. 예를 들어 문왕이 천하를 3등분하여 그 둘을 차지

했으면서도 은나라에 복종하여 섬겼던 것이나, 기자가 미친 체하여 노예가 되어 안으로 그 바름을 지켰던 방법과 같다. 군주가 국가를 통치함에 있어서 자신을 다스리는 데 밝음을 쓰고 백성을 다스리는 데 어두움을 써야 한다. "어두움을 써서 밝게 한다[用晦而明]"라는 것은 밝음을 다 쓰지 않고 관대한 태도로 만물을 용납하고 대중과 화합하는 것이다. 주왕은 이와 반대되는 전형이다. 주왕은 자신을 다스리는 데 어두움을 쓰고 백성을 다스리는 데 밝음을 썼으니, 발전해 가면 결국 밝지 못하고 어두운 폭군이 되어 몸을 손상시키고 나라를 망치는 데 이르렀다. 주왕은 이치상 당연히 『주역』의 질타 대상이 되었다.

지은이

김경방金景芳, 1902~2001
중국 요녕성 의현(義縣) 출생
요녕성 사범대학교 역사학과 졸업
길림대학교 역사학과 교수, 국제유학연합회 고문 역임
주요 저서: 『周易全解』, 『學易四種』, 『周易講座』, 『〈周易 繫辭傳〉 新編詳解』, 『孔子新傳』 외 다수

여소강呂紹綱, 1933~2008
중국 요녕성 개현(蓋縣) 출생
길림대학교 역사학과 졸업
길림대학교 고적연구소 교수, 국제역학연구원 학술위원회 위원 역임
주요 저서: 『周易全解』, 『周易講座』, 『周易闡微』, 『周易辭典』, 『尙書 · 虞夏書新解』 외 다수

옮긴이

안유경安琉鏡
경북 안동 출생
경북대 중문과, 성균관대학교 대학원 동양철학과 졸업(철학 박사)
현 성균관대 유교문화연구소 연구원
주요 저 · 역서: 『갈암(葛庵) 이현일(李玄逸)의 철학사상』
『理의 철학』
『유가의 형이상학』
『동아시아 유교경전 해석학』
『유교는 종교인가(1 · 2)』 외 다수